Judy Herr◎著

Working
with Young Children

幼兒教保概論

與幼兒一起工作

尹亭雲、王慧敏、何素娟、汪麗真、邱書璇、
洪慧娟、張嘉紓、
賴碧慧◎譯

Working with Young Children

Dr. Judy Herr

作者介紹

　　本書是 Judy Herr 在幼兒教育領域超過二十四年經驗的熱情奉獻。Judy 在 Wisconsin-Stout 大學曾經主持過七項幼兒教育的計畫案，目前也在該校擔任人類發展學院的院長，此外，她也是幼兒園園長。

　　Judy 出版了很多幼兒教育的書籍、手冊，也發表了很多文章，她的文章已刊登在知名的期刊，如 *Young Children*、*Journal of Family and Consumer Sciences*、*Early Childhood News* 和 *Texas Child Care Quarterly*。

　　Judy 常在當地的、全國的、國際性的研討會中演講，她在許多專業協會上都有活躍的表現，包括 National Association for the Education of Young Children 和 National Association of Early Childhood Teacher Educators。Judy 已獲頒許多獎項，包括 Shirley Dean Award for Distinguished Service to the Midwestern Association for the Education of Young Children。目前 Judy 正參與哈佛大學知名的管理發展計畫。

譯者簡介

尹亭雲（第十九、二十、二十一、二十五章）
　　經國管理暨健康學院幼兒保育系專任講師兼經國管理暨健康學院附設托
　　　　兒所所長
　　美國威斯康辛州立大學家政碩士
　　主修：Child and Family Services

王慧敏（第三、八、十五、二十二、二十三、二十八章）
　　實踐大學師資培育中心助理教授
　　國立政治大學教育博士

何素娟（第六、十二、二十四、二十六、二十七章）
　　曾任經國管理暨健康學院幼兒保育系兼任講師
　　美國威斯康辛州立大學家政碩士
　　美國北德州大學幼兒教育博士班進修中
　　主修：Child and Family Services

汪麗真（第四章）
　　經國管理暨健康學院幼兒保育系專任副教授
　　美國 Kent State University 哲學博士
　　主修：課程與教學／幼兒教育

邱書璇（第一、二、五、十一、十三、三十一章）
　　經國管理暨健康學院幼兒保育系專任講師
　　文化大學家政研究所碩士

洪慧娟（第九、十六章）

　　竹林中學幼兒保育科老師

　　國立台灣師範大學家政研究所碩士

張嘉紓（第十、十四、二十九、三十、三十二章）

　　經國管理暨健康學院幼兒保育系專任助理教授

　　美國伊利諾大學香檳校區特殊教育系

　　哲學博士、教育碩士

賴碧慧（第七、十七、十八章）

　　經國管理暨健康學院幼兒保育系專任助理教授

　　美國 The University of Iowa 博士

　　主修：幼兒教育

介紹

　　《幼兒教保概論——與幼兒一起工作》是一本專門為你的幼教生涯而寫的書，在考量安全與教育意義的前提之下，本書教導你許多教育孩子的實用方法，這些方法乃是透過多元的日常生活經驗來引導孩子的。

　　要成功地與孩子一起生活，首先要了解孩子，本書一開始會概述孩子身體的、認知的、社會的、情緒的發展特徵。這些訊息將幫助你規劃發展合宜的教學並自信地與孩子互動。

　　一旦你了解了孩子，你就已經在發展並建立自己的引導技巧上做好了準備，本書將會教導你建立並掌握日常例行作息的技巧，也會針對在引導孩子的過程中所可能產生的問題提供有效的建議。

　　規劃安全、健康的學習環境也是幼兒保育的重要環節。閱讀本書時，你將會學到維持孩子的安全、健康、營養的技巧；此外，你將會學到規劃足以引發孩子學習熱情的教學經驗。

　　《幼兒教保概論——與幼兒一起工作》一書另一個重要篇章是嬰幼兒保育，包括規劃發展合宜的課程及幼兒園的親職教育；此外，並提供你正確回應嬰兒、學步兒、幼兒特殊需求的方法。最後，在你準備投入幼教生涯前，本書協助你了解各種幼兒教育機構的型態並訓練你的求職技巧。

致謝

　　在這校正原稿的漫漫數月中,有許多人給予我無盡的鼓勵、支持,及專業知能的協助,我在此真心誠意地感謝他們。

　　首先,我要把本書獻給我的兒子 John 和 Mark,他們每一個成長的里程碑都加深了本書的價值,也增強了「培養孩子的重要性」的信念。我對他們的讚譽不足以表達他們的好,而他們現在也變成更獨立自主、更有生命力且迷人的年輕人。

　　感謝──

　　我的先生 Dr. James Herr,在成書的過程中不斷地支持及協助我。

　　我的編輯 Carolee Samuels 在全書原稿及附錄方面提供了我明澈的視野和構想,以及不斷地支持和鼓勵。

　　Dr. Judy Jax 能看見本書的需要。

　　我的秘書 Vicki Weber、Shirley Gebhart、Betsy Hartford 能幹地處理我的原稿。

　　Deanna Applehans、Sandy Duncan、Karen Maggio、Sue Unger 提供專業支持和友誼。

　　Mary Hopkins-Best 在特殊需求孩子的篇章提供編輯的協助。

　　Sue Dunkley 惠允我在她的幼兒園攝影。

　　Donna Dixon、Eileen Zenk、Margaret Brunn、Judy Gifford、Paula Noll、Peg Saienga、Lori Register、Patti Herman、Janet Massa、Teresa Mitchell、Rita Devery、Dr. Priscilla Huffman、Candy Jordon、Carla Ahmann、Dianne Carriveau、Linda DeMore、Dr. Karen Zimmerman、Dr. Joan Herwig、Elaine Staaland、Janet Mafet、Cari Parent、Betty Misselt、Joanne Fruit、Kari Merritt、Dr. Penny Warnert、Nancy Graese、Nan Olson、Angela La Bonne Kaiser、Paulette Fontaine、Paula Iverson、Jeannette Daines、Sharon Kaminski、Sally Olm、Phyllis Barilla、Irene Larson、Florence Burke、Lori Pioske、Elizabeth Kaster、Jill Behnke,和我的父母 Melba 和 Herb Knutsen 在這個過程中給我的支持和鼓勵。

Yvonne Libby 是以前的同事及其他書籍的合著者。

Chancellor Charles Sorensen、Vice Chancellor George DePuy、Associate Vice Chancellors Esther Fahm、Bob Sedlak、Ed Biggerstaff 和人類發展學院的院長在幼兒教育課程上的不斷支持。

Martin Springer、Kathy Rucker Schaffer 提供大有助益的照片。

食品營養學系教授 Gladys Earl 提供本書食譜。

最後，也謝謝 Wisconsin-Stout 大學的全體幼兒教育學系學生及「孩子和家庭研究中心」的孩子對本書的協助。

Judy Herr

特此鳴謝

American Red Cross, Washington, DC, 圖12-14.

Angeles Group, Inc., 圖9-12.

Children's World Learning Center, 圖4-13, 圖19-9, 圖19-10, 圖21-3, 圖22-3.

Gerber Leisure Products, Madison, Wisconsin, 圖11-5.

Holbrook 1992 Early Learning Years Catalog, 圖18-8, 圖22-3.

Images ©1996 PhotoDisc, Inc., 第2頁, 圖1-2, 圖4-10, 第100頁, 圖7-1, 圖7-2, 圖7-8, 圖7-10, 圖7-12, 圖7-13, 圖23-21, 圖31-6.

Landscape Structures, 第138頁.

Little Tykes, 圖4-4, 圖18-4.

Macander, Jo Ann, Thornridge High School, 圖22-1.

March of Dimes, 圖30-10.

New Horizon Child Care, 圖8-20, 圖8-21.

Springer, Martin, University of Wisconsin-Stout photographer, 圖11-10.

The Kids on the Block, Columbia, Maryland, 圖30-15.

The ServiceMaster Company, 圖2-2.

林　序

　　由於社會進步、經濟發展、婦女就業率攀升，致使幼兒進入學前教育機構的年齡提早。早期可能是在幼兒五歲時進入幼兒園一年，然後進入義務教育的小學；逐漸地，幼兒可能在五歲前、四歲、三歲或更早進入幼兒園所。父母在小孩如此年幼進入園所學習，最最希望的是在幼兒園所的教保工作者擁有喜歡小孩的人格特質，熱衷這份工作，更重要的是具有專業知能，才能勝任所從事的工作。更由於所需人力殷切，近年推行保母檢定考試，這些與幼兒工作有關人員的培養與教育，的確是刻不容緩，有其必要性與迫切性。

　　在幼保知能的培養方面，幼兒教保概論是教保工作者的基礎學科，而《幼兒教保概論——與幼兒一起工作》這本書在美國廣為使用，有口皆碑。作者 Judy Herr 博士積極投入學前教育近三十年，著作等身，獲獎無數，正好是本書翻譯群之一的尹老師在美念書時的指導教授，因此邀幾同好，共同完成此書之中譯。

　　本書原名為 *Working with Young Children*，直譯為與幼兒一起工作，內容具有豐富的教保理論與實務，它是為有志從事幼兒教保工作而準備的，經由各種日常經驗中提供教導幼兒各種安全、教育的實用方法。

　　本書系統地呈現有關幼兒教保的基礎知識。首先介紹主要的學前教育計畫，以及不同年齡幼兒發展的各方面，包括智力、社會與情緒特徵，如此可使我們有信心在與幼兒互動時是了解幼兒發展的，所提供的輔導技能是適當的；當然了解幼兒也可從觀察他們的行為得知，本書亦有詳細的描述。其次是如何創造一個安全與健康的環境，包括空間的規畫、玩具與設備的選擇，都能安全地滿足計畫的目標，並依據均衡營養來規畫餐點；此外還包括幼兒健康的維護、疾病預防，與燙傷、燒傷、發燒等的緊急處理。再者幼兒常規的建立以及與他人相處的指導，須要積極正向的教導，使幼兒學習遵守規則，也是本書的重要部分之一。當然幼兒的學習經驗有賴我們對幼兒教育計畫的目標而定，計畫的品質反應幼兒發展的需要與興趣，本書也提供如何計畫課程以達到幼兒各方面（全方位）發展的目標；各種學習經驗幫助幼兒學

習與成長的方法是多樣的，諸如藝術、說故事、玩偶、手寫、數學、科學、社會、食物與營養、音樂與運動、實地旅行（field trip）等都提供了指導的技能，以及從事這些活動的輔助器材與資源；除了一般幼兒外，對特殊（如語言障礙、病弱，與資優等）幼兒，針對彼等的需要，也提供老師一些特殊的方法。此外，父母參與幼兒的照顧與教導是幼兒園所計畫成功的主要因素，教保工作者須要告知父母有關幼兒在園所發生的事情，如何與父母配合，也在本書中加以著墨。如此看來，本書含蓋了所有有關教保的重要知能，的確是教保工作者必備的用書，而譯者群將它譯為《幼兒教保概論——與幼兒一起工作》，文義兼顧是非常恰當的。

本人在國立政治大學心理系任教多年，一個偶然的機會來到經國管理暨健康學院幼保系，認識了這幾位翻譯的老師們，可說是有緣千里來相會。非常感佩她們在教學、研究之餘，利用時間完成本書的中譯，彼等的動機就是起於盡一點專業的心意，希望教保工作者能有一本好書以充實他們的知能。在感動與敬佩之餘，譯者們也希望本人能為文加以推薦，這是榮幸，也是義不容辭的。

前面提過，由於幼兒教育蓬勃發展，舉凡師範校院與相關大學、學院的幼教系所、幼兒保育系所、嬰幼兒保育系所，本書都是很好的教科書，也是各專科學校、職業學校相關科系不可或缺的用書，當然關心幼兒的父母與對幼兒有興趣的社會大眾閱讀本書也能從中獲益。

經國管理暨健康學院幼兒保育系教授

林美珍　謹識

二○○四年十二月聖誕前夕

目　錄

第一篇

孩子與你

　　你是個怎樣的人以及你所知道的一切，都影響著你和孩子一起工作的能力。在本篇中，你將探究目前在幼教領域的就業機會，你也能了解成功的幼教老師的責任和特質，並且探索早期幼教課程的各種類型。

　　本篇將幫助你了解不同年齡層孩子的特徵，概觀地了解孩子的身體、認知、社會和情緒的發展，你將學習到如何改變你的教學技巧，以符合各階段孩子的發展需求和興趣。

　　觀察孩子是了解孩子最好的方法之一，在本篇中，將探討客觀地觀察和記錄孩子行為的技巧。

和孩子在一起是個挑戰，但也是值得的，你具備在成功的幼教生涯
中所需要的特質嗎？

第一章

你：與幼兒一起工作

邱書璇

閱讀完本章之後，你將能夠

- 解釋社會和經濟的改變為何會增加幼兒托育服務的需求
- 描述幼教領域的就業機會
- 解釋 CDA 執照
- 表列幼教老師的責任
- 解釋哪些人格特質能幫助幼教老師照顧和教育孩子

關鍵辭

幼兒期

保母

住在家庭中做家務，以換取食宿和學語文機會的外國女孩

有執照的專家

創業者

兒童發展協會（CDA）認證

　　瑪莉照顧嬰兒（圖1-1）；蘇西，當了兩年的幼教老師，是幼兒園的主管；她的朋友馬可是當地「先鋒計畫中心」（Head Start Center）的父母協調者；另一個同學湯姆是親職教育者；另外二個同學桑吉和莎莉，最近開了一家童裝店。這些人都在學習幼兒教育，在幼教領域當中，有許多的就業機會和挑戰。

　　你可能問過你自己：「什麼是幼兒期？」幼兒期涵蓋了從出生到九歲的時期，在這期間，成長是非常快速的，孩子在此時發展他們的自我概念以及語言、社會、解決問題和動作技巧能力，

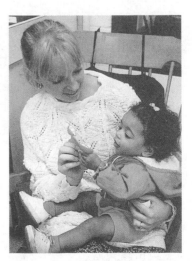

圖 1-1　　照顧嬰兒是學習幼教者的許多工作機會之一

這些成就是日後學習的一個重要基礎。

考慮以幼教領域為職業的人至少會有三個主要的問題：第一、他們要知道自己是否為幼教受訓者所需要；第二、他們也想知道有關幼教工作的職責；此外，他們會問在這領域要成功所需要的個人特質為何。

本章將檢視在社會和經濟變遷下對幼教老師的持續需求，並針對成功老師的職責以及特質提供一些概念。

社會和經濟變遷

在社會和經濟變遷下將持續需要更多的幼教服務，這些改變會反映在家庭、雇主態度、教育者態度，以及工作機會上。

（一）家庭中的改變

家庭不再符合傳統的模式——母親是持家者而父親是養家者，傳統的家庭結構只占了家庭比例的一小部分，而未來這比例將會更小，有幾項趨勢支持這個預測。

> * 婦女的教育程度較高。
> * 夫妻生的孩子較少了。
> * 有學齡前幼兒的婦女重返職場的數目增加，現今估計有一千四百六十萬學前兒童的母親為就業婦女，比過去十八年成長了百分之八十八。
> * 婦女為了經濟理由而工作。
> * 許多就業婦女是寡婦、離婚、單身、分居，或是先生賺的錢不夠維持一個家庭的開銷。

單親家庭的數目持續在上升當中，單單過去十年，數字上升了二倍，於是有更多家庭需要托育服務。

在下一個十年中，預計至少會再增加百分之五的比例，因此，對幼教老師的需求也將會增加（圖1-2）。

圖 1-2　小孩在父母工作時仰賴保育員的養育和保護

（二）雇主態度的改變

　　財團法人或是雇主贊助的幼兒托育預期會增加，這樣的成長表示對幼教專家會有許多的就業機會。美國商業聯盟曾做出報告：許多公司在探索各種不同型式的幼兒托育，以幫助雇主做有利的選擇。

　　藉由提供某些型式的托育福利，公司會得到較確實的報酬，包括：新人的招募、士氣和生產力、人事變動和缺席率降低等正向的影響，其他還有較好的公共關係、稅務津貼、時間表的舒緩，以及提升工作品質。

　　除了提供幼兒托育場所服務之外，也提供了其他類型的托育協助，包含設置有品質的幼兒園之諮詢服務，提供幼兒園負責人名冊、地圖以及小冊子給父母，這種服務形式代表雇員有權力去選擇合適的安排。

　　有些公司甚至雇用幼教專家以提供病童照顧服務，這種模式提供病童短期的家庭健康照顧。一般兒童每年會有十天左右在生病，因此，許多父母被迫請假留在家中，此種模式能幫助父母減低他們無法適當地照顧孩子所產生的壓力、罪惡感以及焦慮。

　　上一代的托育照顧是由一些組織所提供的另一種服務，這模式常被稱為「親屬照顧」，它提供了嬰兒和幼兒的托育服務。

（三）教育態度的改變

就業父母愈來愈體認到孩子發展的需要，他們會為孩子尋找有品質的環境以增進孩子的成長和發展，因此，今日有許多就業父母會選擇有執照的幼兒園。在一九六〇年代，父母均在就業的二十個孩子中，只有一個會就讀幼兒園，時至今日，將近有三分之一父母均在就業的孩子會就讀幼兒園，由此可看出變遷。

全日托育幼兒園的數目逐漸增加中，全國對五歲孩子的全日幼兒園的需求也持續增加，因此，對有證照的老師和助理老師的需求也隨之增加。有些校區會介紹四歲孩子的幼兒園課程，有時也會介紹適合特殊需求孩子的學前課程。

幼教提倡者努力為孩子爭取更多的公立教育資源分配，他們的目的是為孩子尋求目前教育問題上的補救。許多四歲的孩子已參加學前教育課程，他們也許是登記政府所補助的課程，像是參加低收入家庭的先鋒計畫中心，或者參加由中上階層家庭所付費的課程。

幼教的工作機會

沒有比幼教有更多的工作機會了，與幼教課程相關的領域非常廣泛，例如：學校、家庭、幼兒園、商業、公園和教堂，因此，身為幼教專家的你，可在這些工作中做出選擇。保母、做家務以換取食宿和學習語文機會的保母、幼兒園老師和園長，以及有執照的專家，這些都是大家需要的；此外，你也可在商業領域找到其他的工作機會，可參見表1-3。

工作機會

- 公立學校助教
- 到外國做家務以換取食宿和學習語文機會的保母
- 童書作者
- 兒童美容師
- 兒童藝術指導
- 童書銷售員
- 童裝設計者
- 童裝銷售員
- 兒童舞蹈指導
- 兒童家具銷售員
- 兒童圖書管理員
- 兒童攝影師
- 童鞋銷售員
- 兒童滑雪指導員
- 兒童游泳指導員
- 兒童玩具設計者
- 兒童雜誌編輯
- 兒童聚會設計者
- 家庭托育提供者
- 養父母
- 先鋒計畫老師
- 合格的專業者
- 保母
- 父母指導者
- 幼兒園老師
- 幼兒休閒指導
- 幼兒教育指導
- 托育聯盟諮詢專家
- 學齡兒童托育指導
- 學校補給品銷售員
- 托育聯盟之病童照顧專員
- 玩具銷售員
- 幼兒園或先鋒計畫中心主管

表 1-3　幼教領域的各種工作機會

（一）保母和外國保母

　　目前受過訓練的保母有很大的市場需求量，保母提供了在孩子家的托育服務。視父母的需要，有些保母可能住在孩子家，以食宿作為一部分的薪資，有些保母則有自己的家和公寓。

　　雙薪家庭導致了對保母需求的增加，有一位服務業的雇主指出，他們每天接獲超過五十個徵求保母的需求，由於缺乏受過訓練的人，職業介紹所整年中只能提供五十位保母的名額。許多保母來自其他國家，由於嚴格的移民控制，無形中也降低了美國的保母供給量，這也為那些在美國受訓的保母創造了新的就業機會。

　　外國保母來自於國外、住在雇主家中，其工作類似於保母，主要提供幼兒托育以及家事服務以換取食宿和交通。

（二）幼兒園老師

　　雖然並非所有的州都需要幼兒園老師，但還是有此就業機會。公立和私立學校都需要幼兒園老師，甚至許多幼兒園也雇用幼兒園老師為就業父母提

供全天的幼教課程。

（三）幼教老師和園長

隨著孩子進入幼兒園的數目增加，對於受過教育、合格的幼教專業者的需求也跟著增加。到二○○五年之前，美國勞工統計局預測將會有六十一萬一千個工作機會開放給幼教工作者。通常老師會負責規劃課程及教導孩子，園長的責任更廣泛：推廣課程、招生、雇用管理人員以及控制預算都包含在內，某些幼兒園園長也需負責維持幼兒園的營運。

（四）家庭式的托育

家庭式的托育提供六週到十二歲孩子的托育，這類型的托育允許收托者在他／她自己家中實施課程，父母會受此類型課程所吸引，是因為它有較長的托育時間以及像家一般的氣氛。同樣地，提供托育者可能也喜歡這種安排，因為他們也可以同時照顧他們自己的孩子。

（五）有執照的專業者

由於幼兒園的快速增加，有執照者的數目也擴增了。有執照的專業者通常由國家所聘用，這類人物的角色是去維護並增進幼兒園孩子的健康、安全和福利。

有執照的專業者通常會安排行程以訪視幼兒園，在每次的訪視中，專家會觀察幼兒園是否有遵循國家規定，通常會檢視幼兒園的人數、師生比例、設備的尺寸、餐點的提供，以及課程、建築的安全性、健康的維持、教職員工的教育準備以及空間大小。

（六）其他工作機會

身為一個幼教專家還有許多其他的工作機會，有這樣的背景，你可以勝任各種的職位，你可以選擇與商業有關的職業，你可以自己開玩具店或童裝店，有些幼教老師在童書公司和文具公司銷售學校補給品，因為他們了解課程需要；其他工作，像是圖畫書作者或是在公立學校當助理老師。

你可以開一間與幼教相關的店，做一個開創自己商機的創業者，例如：在大城市，你可以開一家專門提供幼兒園代理老師的公司，當幼兒園需要替

補休假、開會或生病的人員時，幼兒園
的行政人員會與你接洽，而你的職責是
去配置一位適當的老師、廚師、主管或
是秘書。

　　親職教育一職也可能適合你，這個
工作是去幫助父母學習擔任父母的技能
（圖1-4），你可在白天、晚上或週末工
作，設計書面資料或是視聽產品以幫助
父母更了解他們的角色以及孩子的天
性。因為教育不再重視目的而是過程，
你甚至可以在網路上進行資料分享。

　　社區休閒負責人需要具備幼兒成長
和發展的知識。孩子的家具銷售員也要
了解這領域的相關知識，以便在父母為
孩子挑選家具時，與父母們分享孩子的

圖 1-4　親職教育訓練員提供父母增進父
母效能的資訊

成長速度和安全需求。事實上，這些工作者還應吸收更多的幼教知識。

（七）與幼兒一起工作所需的教育和訓練

　　如你所見，對幼教有興趣者有許多的工作機會或是相關行業，這些工作
需要哪些教育和訓練呢？

　　較基礎的人員所需的訓練和經驗較少，例如：只有高中學歷的人也許可
以擔任助理老師或是遊戲場監導者，助理老師可以協助老師分配或是督導孩
子的遊戲活動。

　　大部分托育工作對於人員的要求，需要比高中學歷更多的訓練和教育，
許多人的第一步是去取得兒童發展協會（Child Development Associate, CDA
Credential）的證書，那些擁有此國家證書的人會再接受幼教在職教育課程，
並且在與孩子接觸上展現他們的能力。六個CDA資格目標明定幼教專業者所
需的技能，這些目標區分為十三個功能區域，它描述了取得資格必須完成的
主要工作，要取得合格證需年滿十八歲且高中畢業，此外，候選者必須有基
本時數的幼教工作經驗以及上過幼教課程。

　　本章所提到的大部分工作在孩子發展和相關領域上至少要兩年的資歷，

有些要求幼教老師必須有CDA證書，除非老師有副修幼教、兒童發展或具有相關領域的學士學位，那麼就不需要證書了。本學位通常需要至少四年的大學學歷，幼教老師一般需要學士資格。

每個州會設定它們對於立案幼兒園教職員工的資格要求，聯邦政府並無設定一致的標準，資格會視你所找的工作以及你計畫去工作的州而定。因此知道該州的最低標準是件重要的事，你可與當地幼兒園立案機關聯絡，以得知標準是什麼。

老師的職責

在幼教界有許多的就業機會，然而，最主要的還是當幼教老師或助理教師，幼兒園、先鋒計畫中心以及公私立的學前教育學校，都需要這些專業人員，由於此一需求，本書的內容將會把焦點放在幼教老師所需的知識和技能上。

身為幼教老師，你的職責是多元且多要求的，你對孩子將會有直接和間接的影響。在直接方面，你會與孩子互動；在間接方面，經由空間和活動的安排亦會影響孩子。身為一名幼教老師，你將具備雙重角色，你常常需要扮演老師和父母教育者的角色。通常，孩子愈小，你必須提供父母愈多的支持，父母也可能會詢問你有關孩子發展方面的建議，像是如廁訓練、咬人和吸吮姆指等問題。

你也將需要在一天之中擔任朋友、同事、諮商者、管理者、護士、美化者、安全專家，甚至廚師的角色。而且不是所有的工作都令人愉快，有時你的工作可能需要更換污穢的尿布以及處理病童的善後、清理翻倒的牛奶、畫髒的圖或是弄髒的感覺區。

挑戰和回饋是最能描述幼教老師職責的兩個詞彙，在設計發展合宜的課程、教具和處理教室裡發生的行為問題時覺得有挑戰性；有時你也會變得很沮喪，特別是當孩子行為進步得很慢時，然而一旦有所進步，那麼付出的時間和努力都變得很值得。幼教老師常會覺得自己是有用的、被需要的以及重要的（圖1-5），與孩子在一起像是在更好的未來扮演著有希望的角色，因為這些原因，大部分的幼教老師能完全享受他們的工作。

（一）認識孩子的成長和發展

老師必須了解孩子像什麼，不論你是什麼職位，你都需要透徹地了解孩子的成長和發展，你必須去了解在特定年齡層孩子的能力和興趣，這會讓你有能力為孩子準備一個具吸引力和適合發展的學習環境，以及設計一個能促進孩子的認知、技能和自信心發展的課程。此外，了解幼兒發展將協助你設計出具挑戰性且有趣的課程，而不會令孩子感到困難和挫折。

圖 1-5　來自於孩子的愛，使幼教工作成為一份值得的職業

了解孩子的行為將使你有能力和一個或一群孩子相處，你將會知道孩子會出現某種行為是因為那樣的行為帶給他們快樂，因此，這個結果將決定此行為是否繼續出現。一個孩子若是大發脾氣而得到第二次騎腳踏車的機會，並且一而再、再而三，他會更常出現此一行為，因此，你的教育方式會塑造孩子的行為，他們大部分所學到的是來自於其他人和你。

和孩子在一起，你將注意到不同的行為：孩子能夠學成友善的，也可能具攻擊性，身為老師，你要負責教導孩子正向的互動，因此，你必須教他們在與別人相處時要合群且靈巧，為此，你需要學習並利用適合發展的引導及團體管理技巧。

（二）計畫發展合宜課程

老師也要負責計畫發展合宜課程，有品質的課程會把焦點放在孩子的「全人教育」上，同時強調身體、社會、認知和情緒發展，這樣的課程能讓孩子的生命有著長期而正向的影響。

在有品質的幼教課程中，身體發展是一種驅力，經由身體經驗，孩子會發展各種技巧，那是日後學習的基礎。合作性、耐力、彈性、堅持度和感官知覺都包含在內（圖1-6）。

社會發展是有品質課程的另一個重要因素，孩子必須學習與其他孩子和大人正向的互動，同樣地，他們也需要去學習適應幼兒園對他們的期望。

為了了解世界並運用所知，孩子必須去取得資訊，所以，認知發展是幼兒發展中重要的部分，因此，經由一個個活動所建立的問題解決能力，將成為孩子學習的一個重要部分。

情緒發展也是發展合宜課程中的一個重要部分，孩子必須了解自己。感覺必須被了解以發展自我知覺和自我認知。孩子在學習認識、分類和接受他們的感覺時需要幫助，他們必須學習能被社會文化接受且不傷到他人的方式去表達他們的權利。

圖 1-6　讓學習變成主動探索的過程取決於老師的能力

你的課程必須為孩子而計畫，本書中所述有關所有課程的廣泛知識都很重要，你會發現你對科學、數學、音樂、社會研究、藝術、戲劇扮演和說故事的了解程度都將左右你對孩子的影響。

（三）準備環境

教學過程很大的一部分是去準備具吸引力和豐富刺激的學習環境。學習是一種活動過程，孩子由此可得到知識和發展新的技能，你所提供的環境必須能鼓勵孩子獨立實驗、探索和操作（圖1-7）。此外，與教材互動也很重要。

身為老師，你必須提供各式各樣的教材，這些教材將會鼓勵孩子投入正向的社交活動，它們也將促進身體、社會、認知和情緒的發展，質或量的缺乏會導致發展的遲緩，例如：如果沒有足夠的有趣教具，孩子可能就會去搶奪他們所喜歡的少數教具。本書後面的章節會教你如何去安排空間和選擇教具、設備及教材。

圖 1-7　讓學習變成主動探索的過程取決於老師的能力

圖 1-8　當教職員工能對課程互相提供建議時，他們即能給
予孩子最好的照顧

（四）有效的溝通

做為有效能的老師，你必須有良好的溝通技巧，以便能夠對孩子、對他們的家人和你的同事輕鬆地表達想法並取得信任。你不只需要與孩子相處，也需要與他們的父母往來，大多數的幼兒園老師每天都會與孩子的父母和監護人有所接觸，也會一直交換資訊或想法。幼教老師也必須能夠與同事建立有意義的關係，因為要提供孩子有品質的教育課程，所有的教職員工必須一起合作，這需要與他人有充分且開放的溝通。

（五）與同事相處

與同事相處是任何工作中很重要的一部分，幼教是一種團隊工作（圖1-8）。身為團隊的一員，你必須幫助同事感覺到自己是重要的，每個人都喜歡感覺到自己重要且具有價值。

要與同事好好相處，你必須經常在行動和工作上提供支持。以同理心去了解和回應同事的感受、與之分享想法，當同事設計了有趣的活動時，告訴他們，當他們與孩子有意義深遠的互動時，讚美他們，並更進一步地，接受及肯定他們保育的方式。

（六）明智地管理時間

幼教老師沒有足夠的時間去做所有想做的事，因此，時間管理技巧是重要的，時間管理技巧幫助老師聰明而不辛苦地工作、組織你的時間並且設定事情的輕重緩急。

不論你完成了什麼，總是有更多的事要去完成，你可能要再多做一個公布欄，寫信給家長或做新的教具，時間管理技巧將有助於你去做選擇以及明智地運用時間。

（七）持續的學習

專業的發展是一個持續的過程（圖1-9），老師永遠不會停止學習，為了能與這領域保持接觸，你必須成為終生的學習者。會議、在職訓練、課程研討、期刊、學習團體以及書籍都能幫助老師學習有關幼教領域的知能。此外，參與一個或更多的專業組織也是學習幼教新知的重要方法。

全國幼兒教育協會成立於一九二六年，用以促進專業訓練與職前準備，擁有超過十萬個會員，是幼教領域主要的組織。這個組織有州和地區的分支機構，會員服務項目包括每年的州立和全國會議，

圖1-9　閱讀是幼教老師持續學習的一個重要部分

編纂並發行期刊以及其他專業的出版品，閱讀這些資訊將使你得知教學的趨勢、議題、研究、法案、將舉行的會議以及新的出版品，包含圖畫書。

專業的進步通常需要經驗和更多的教育，在完成幼教相關的學位之後，許多學生會研讀學士課程，之後，有些人會繼續攻讀研究所課程。

成功教師的特質

與孩子在一起的人需要某類特別的人。身為幼教老師，你必須建立你自

己的力量和發展自己的風格。每個老師都不同，有些老師擅於交際且個性活
潑，有的則是含蓄而天生安靜，兩者都可成為很好的老師，單單只是抄襲其
他老師的風格，將不會讓你成為一個成功的老師。你必須發展最適合自己個
性的風格，當你的風格適合你的個性時，與孩子和大人在一起，你會感覺到
自在，也會在你的職業中發現更多的樂趣。

雖然老師有很不同的風格，成功的老師仍然有一些共同的特質，表1-10
中的這些特質會幫助老師有效地處理每天工作中會發生的情況。

成功教師的特質

- 有正向的態度
- 喜歡孩子
- 與他人易相處並且自動自發
- 有耐心、信心並且關心別人
- 是個正面的、快樂的人
- 是可依賴、可信賴的
- 容易交朋友的
- 擁有幽默感
- 有彈性的且很能適應別人的需要
- 有同情心的，能接受孩子的強烈情緒，像是生氣、愛
  和焦慮
- 在教室中有創新能力
- 了解課程、兒童成長和發展以及能引領孩子
- 能藉由閱讀、參加會議、研討會和課程而與幼教領域
  同步成長
- 想要不斷地學習
- 喜歡挑戰和解決問題
- 能在同一時間變出一些活動
- 即使是很小的進步也能因進步而感到值得
- 提供有趣的教材

表 1-10 擁有這些特質的老師較易在教學和孩子保育上擁有高度成就

（一）喜歡孩子

幼教老師最重要的特質是喜歡孩子，與每個孩子關係的建立，將會影響

到課程的成功。每個孩子需要被了解和接受，每個孩子的家庭背景、興趣和願望也需要被尊重。

　　身為幼教老師，你必須注意到每個你所教的孩子並表現出關愛，你必須友善、堅定並了解每個孩子。這些行為不只是影響到孩子對他們自己的感受，這也向孩子示範了人與人之間要如何彼此對待，教導孩子有關他人的意識和感覺是很重要的，這是孩子社會發展的一部分。

　　感受到被愛、安全和情感地安定，能幫助孩子發展知性和感性（圖1-11），因為你讓孩子知道他們是重要的，孩子對他們自己會有信心，也會比較願意去嘗試新的活動。

圖 1-11　感覺到被愛的孩子較有學習的意願

（二）耐心

　　有效能的老師也是有耐心的，他們允許孩子有時間去探索、解決問題以及創造。孩子常常需要額外的時間以完成工作，也需要重複工作的機會，大部分孩子的學習是來自於重複。

　　孩子天生好奇且可能不斷地重複簡單的問題，他們不會一直記得你說過的每一件事，重複的資訊和規則的提醒有時也許沉悶，然而，當老師有耐心並願意幫助孩子成長和學習，孩子就能建立自尊。

（三）同情心

有同情心的老師能夠去接納他人而不預做評斷，要有同情心需要能自我認知及自我接受，它包含接受任何來自於他人的情感，像是罪惡感、快樂、害怕、愛或甚至是恨。

有同情心的老師不會只是觀察孩子的感覺，他會參與孩子的感覺並且據以反應，老師會對正面和負面的感覺都敏感。

老師會藉由讚美和稱讚孩子的成功來表達同情，他們也會避免造成孩子感覺自己沒價值的行為，像是處罰和羞辱。

有同情心的老師會努力去幫助孩子了解其他孩子的感覺，並且讓孩子學會彼此尊重。

（四）信心

對你的能力有信心會幫助你在教室中放鬆，放鬆且自然的老師較容易順利和孩子在一起。孩子——尤其是年幼的孩子，很容易變得興奮，藉著保持冷靜和自信，將能影響孩子也跟著平靜下來。

你做明智決定的能力會影響到你的信心，你必須能確定你的選擇對孩子是最好的，例如：當下雨時，孩子不能到外面去，孩子可能不能理解這樣的決定，如果你有信心地一直堅持，孩子就會接受。

（五）幽默感

和孩子在一起時，幽默感是有幫助的，孩子喜歡會笑的大人，笑會幫助孩子放鬆並感到滿足。當孩子看到老師正向、愉悅的態度，他們也較容易保持正向而愉快（圖1-12）。

保持幽默感也能使你的工作較為愉快，能看到孩子有趣的一面是值得的經驗，能看到情境中的幽默之處也能幫助你紓解一些每天教學中所面對的壓力，當然，你必須小心的是，你是在與孩子

圖 1-12 一個會笑的老師能夠鼓勵孩子也愉快地笑

同樂，而非嘲笑他們。

（六）熱忱

在許多方面，幼教老師的工作並不輕鬆，你的精力要很足夠，人們會期待你是精通幼兒發展、幼兒指導和幼教課程的專家，父母會詢問你有關孩子教養的建議，像是「該何時開始如廁訓練？」或是「二歲的孩子該玩什麼玩具？」等常見的問題。

你將發現，要滿足幼教領域的要求需要持續的熱忱，要與這領域的最新發展狀況保持聯繫，你必須不斷地學習，這可經由閱讀書籍和參加研討

圖 1-13　老師規劃發展合宜的課程需要有很高的熱忱且要花費時間

會、課程和會議來達成；此外，與其他老師討論也會有所幫助。

準備每天的教學也是很花時間的，做一個成功的老師，你必須做好準備。身為老師，你必須完全了解每個活動的目的，你必須確定每天所計畫的活動包含了孩子各方面的發展；也必須平衡活動的步調，好讓孩子不會持續進行動態或靜態活動。提供發展合宜且具吸引力的課程以符合孩子的需求，這需要花費時間並細心思考（如圖1-13）。

（七）個人的願望

知道自己真的想要教孩子，對你幼教生涯的成功是重要的，雖然對你而言可能有疑問，但你必須感覺和孩子在一起對你是值得的，聽到孩子的評語，像是「我愛你」或「妳很漂亮」，應該能提升你的自尊，否則，你將不會有足夠的熱忱去做好你的工作。

質疑職業選擇是常常會發生的，你會發現，即使是有經驗的老師，有時也會懷疑為什麼他們要選擇這個行業，這些都是健康的問題。如果孩子能幫助你決定你是屬於幼兒教育的，你會對自己的職業選擇感到更有信心和熱忱。

「教學真的適合我嗎？」只有你能回答這個問題，你必須小心地檢視你

自己的興趣、感覺和滿足感（表1-14）。研讀本書的章節將能夠幫助你思考，每一章都包含了重要的概念，請評估將這些概念運用到一群孩子身上的可能性。

和孩子在一起會增加你的洞察力，然而，要給自己充足的時間，直到你了解孩子如何成長和發展、如何去指導他們，以及如何去發展適當的課程為止，你會感到更多的自我滿足。給多一點時間，你一定能發現與孩子在一起時真正的快樂和價值！

給新老師的一封信

親愛的老師：

當你開始和孩子在一起時，你將會遇到新的挑戰且發現新的答案，在你的教學生涯中，這個過程會一直持續著，像友誼一樣，你會發現成為一名好老師必須照顧你自己、你所教的孩子、他們的家人以及你的同事。

會有許多令人興奮和滿足的日子，孩子會經歷許多新的發現，他們會告訴你很多次「妳很漂亮」或是「你的聲音好好聽」。

你也會有沮喪的日子，教學不是一項簡單的工作，它是生理和心理的消耗，有時，所付出的可能會超過所獲得的。幸運地，大部分的時間你會發現教學是值得的且有滿足感。

當你晚上離開幼兒園時，你常常會想到白天所發生的事，常常會重現孩子所說或是所做的，想一想你的反應是為下一次做準備的方法。

記住你才剛踏入這行業，你為它做了什麼投資？如果需要的話，你必須願意逾時工作並且去尋找新的答案，你也必須為了孩子和他們家人的利益而利用最好的機會去增進你的專業能力。

盡可能試著去學習有關幼兒發展、幼兒指導及課程的專業知能，與你的同事談談、閱讀專業期刊以及參加會議是其中幾種方法，參與額外的課程並且取得更進一步的學位，也將有助於你了解孩子並且強化你的能力，如果你積極地參與，你將永遠不會失去你對教學的愛！

表 1-14　決定是否要成為幼教老師是工作成功的重要步驟

摘要

　　社會和經濟變遷產生了新的幼教工作機會，隨著傳統家庭的減少和愈來愈多的雙薪家庭，對有品質的托育服務的需求也在成長中。雇主們變得較願意去為他們的雇員提供托育福利。幼教提倡者努力提升幼教課程，新的工作機會不斷地增加。大多數托育的工作需要 CDA 執照，要有二年相關的工作經驗或是學士的學位，資格因各州而有所不同。

　　大多數的幼教工作機會是當老師或是助理老師，所以這本書的重點會放在如何成為一位幼教老師。

　　老師有許多重要的職責：必須了解幼兒成長和發展的原則，必須設計發展合宜的課程以及創造教室環境、必須與同事愉快相處並有效溝通、必須明智地管理時間、必須不斷地擴展及更新在幼教領域的知識。

　　成功的老師會發展出適合自己的教學風格，然而，大多數的老師有許多共通的特質：這些老師喜歡孩子、有耐心並且有同情心，對自己的能力有信心，而且知道如何保持幽默感，有教導孩子的熱忱；有強烈的欲望想與孩子一起且引導他們。成功的老師會發現他們的工作是值得而且愉快的經驗。專業的發展是持續的過程，他們會儘量找機會去增進專業的成長。

回顧與反思

- 從出生到九歲的階段稱為＿＿＿＿＿＿。
- 對或錯。社會和經濟變遷產生更多托育服務的需要？
- 為何公司要提供幼兒托育？
- 在孩子家提供幼兒托育的人是＿＿＿＿＿＿或＿＿＿＿＿＿。
- 負責執行州托育法條和規則的是＿＿＿＿＿＿。
- 舉出因具備幼教背景而更有助益的二種工作機會，解釋為何幼教背景對那些工作有幫助？
- 描述 CDA 執照。
- 環境如何影響孩子的發展？
- 在教學中，要明智而不辛苦工作需要＿＿＿＿＿＿技巧。
- 幼教老師主要的專業組織名稱為＿＿＿＿＿＿。
- 含蓄和天生安靜的人無法成為有效能的幼教老師嗎？

● 舉出二個成功幼教老師的共通特質，並解釋為何這些特質是有幫助的。

應用與探討

● 看看報紙的求職欄，列出具有幼兒教育訓練背景者較易找到的工作。

● 訪問幼教老師，請他們分享教學的優缺點，並在課堂上分享你的發現。

● 複習表 1-10 成功老師的特質，做一張你自己所擁有的特質表。

● 設計公布欄，列出成功老師的特質。

● 訪問父母，找出他們所重視的老師特質是哪些？

● 做一頁報告，寫出你為何想去教孩子。

幼教課程的類型

邱書璇

　　為什麼孩子應該上學？許多父母會列出一個或二個理由，將孩子安置在這些學習課程中。

　　研究顯示，孩子在前五年中發展得十分快速，他們的認知、社會、情緒和身體都在成長，為了在這成長時期有最大的收穫，許多父母會讓孩子上學，在這些課程中，孩子能夠學習並積極地參與學習活動，這將能促進他們的成長（圖2-1）。

　　許多孩子的父母都在工作，這些父母讓孩子上學以照顧他們的健康和安全，這種安排使孩子在獲得照顧時，也能同時學習和成長。

　　現在來區分許多幼兒課程的差別：有的提供一天中部分時段的彈性托育，有的

圖 2-1　一個有挑戰性的環境有助於孩子認知、情緒、社會及身體發展

提供全天候的托育，包含用餐和固定的午睡；有的幼兒園著重孩子的身體和社會發展，有的則著重認知發展；其他的差別則視規模大小、設備、教職員工資格、父母參與、所有權和費用而定；有的幼兒園是以營利為目的，有的則以非營利為目的。

有些類型的課程較其他的普遍，然而，所有課程的重要目的都是為了符合孩子的需求。

家庭托育

在美國，最普遍的托育類型稱為「家庭托育」，這種類型課程，托育服務乃在私人家庭中提供，大部分的州要求這些家庭必須要有執照，然而這很難強制執行，有些地方就沒有執照，有些則是忽視執照的規定。

課程

家庭托育中心的課程安排即是該州法規及照顧者技巧的反映，有些家庭著重的是保育，這類的托育提供安全和健康的環境，通常也提供餐點。

在家庭托育的老師已受過幼兒教育訓練，也安排了發展的課程，這包括計畫並安排滿足孩子發展需求和興趣的環境，例如，二歲孩子的課程會著重語言、大肌肉、社會和情緒的發展，會有寬敞的空間讓這些孩子能到處移動。適合發展的拼圖、圖畫書、可推拉的玩具、大積木、扮演玩具以及其他玩具都需要提供。

托兒所

提供全日班課程的機構常稱為「托兒所」或「日間托兒所」，這種類型的課程在父母或監護人工作或就學時提供孩子托育，大部分托兒所的重點在於提供托育和教育，托育需要符合孩子基本的營養、健康和安全需求。教育的課程則強調孩子全人教育，包括社會、情緒、認知和身體的需求（圖2-2）。

大部分的托兒所在一大早即開放，一直到傍晚六點或七點，有的托兒所每天提供二十四小時的托育服務，對於在傍晚或一大早需要托育服務的父

母，這種服務是最方便的。

課程

托兒所提供的課程端視教職員工的
教育背景和專業技能而定，各州規定的
法令也會影響課程的安排。有些托兒所
也和家庭托育中心一樣，只是提供安全
的環境。

理想的課程應該提供所有發展上的
需要：身體、認知、社會和情緒發展，
焦點應在孩子的全人教育上，另外，也
應考慮活動的均衡性。

圖 2-2　許多父母依賴托兒所的專業老師
提供孩子基本需求的滿足

蒙特梭利學校

早在一九○○年代，瑪莉亞‧蒙特梭利發展了她自己的教育方法。蒙特
梭利是義大利第一位獲得醫學學位的女性，她早期的工作是在心智遲緩孩童
診所擔任助理醫師。

在與遲滯孩子相處時，蒙特梭利發展了她的教育理論，她主張孩子最好
的學習是經由活動和動作而來的。蒙特梭利很快地發現這些方法也能用在一
般孩子身上，因此在羅馬貧民區成立了學校。

蒙特梭利教學法於是變成舉世皆知，因此，她被邀請到美國演說，在她
到訪之後，一群人成立了第一個蒙特梭利學會。然而，有趣的是在之後的四
十年，此教學法漸漸沒落，直到一九五○年，藉著雜誌和電視的傳播，蒙特
梭利教學法才又重新聞名。

蒙特梭利教學法

在蒙特梭利的第一所學校，她強調的是適當的飲食、清潔和舉止，孩子
要操作她所設計的教具（圖2-3）。這些教具有自我控制的功能，也能在大人
的指引下修正，教具的組成由簡單到複雜，孩子能經由操作教具學習到動作
和認知技巧、數字概念和書寫技能。

蒙特梭利相信自我教育，蒙氏教學法的主要目標是讓孩子「學習如何學習」，此方法允許孩子在指引下探索教具。老師在安排好的步驟下，提供一定的教具給孩子，這步驟與孩子身體和心理發展有相關，蒙特梭利覺得這種方法是在限制中提供孩子自由。

「獨立」是蒙特梭利學校所主張的，孩子必須學習去照顧他們自己，老師給予很少的幫助，因此，孩子學習扣釦子、拉拉鍊和穿外套和靴子，這些經驗在蒙氏課程中稱為日常生活經驗。

圖2-3　蒙特梭利學校設計使用的教具，能幫助孩子在成人的少許指導之下學習

感官訓練的目的是幫助孩子學習觸覺、聽覺、味覺和視覺區辨。這種訓練的其中一組教具是一套不同粗細的砂紙板，孩子用手指在這些板上摩擦，正確地找出二個相同粗細的砂紙板。各種音高的音感鐘也是以同樣的方法，根據音高，配對出相同音高組。

知識理論也是蒙氏課程所強調的，然而，在孩子接觸這些知識經驗之前，必須先熟悉感官訓練，例如：在教字母時，老師先介紹字母，之後，鼓勵孩子用他們的手指在砂紙板上臨摹字母，數字也是以同樣方法教導，當孩子表現出對字母的認知和興趣時，就可開始閱讀的指導。

先鋒計畫

在一九六〇年代，聯邦政府發展了一個計畫稱為「先鋒計畫」，它是由國家中最成功的幼兒園和家庭支持機構所組織。先鋒計畫是為了優先滿足低收入家庭四歲和五歲孩子的社會、情感、身體和認知需求而設計的。就在最近，先鋒計畫為嬰兒和學步期孩童增加了特定的課程。

第一個先鋒計畫是在暑假當中提供八週的課程，由於他們辦得很成功，因而延長成為全年的課程，這些課程大部分提供半天的托育服務。

（一）教育

先鋒計畫的課程設計符合每個孩子的需求，特別文化及種族背景的孩子

也會予以考慮，其中一個目標是提供孩子健康的自我概念，那會使他將來在學校較易成功。

　　為了符合孩子的需求，各種學習經驗都設計在課程中，四個領域的發展都是這些經驗所強調的，教職員和父母如一個團隊般共同計畫課程並教導孩子。

　　研究顯示先鋒計畫是成功的，在學前成就測驗中，先鋒計畫的孩子表現與其他孩子一樣，甚至比他們好，一旦這些孩子進入學校，他們也很容易成功。

（二）營養

　　許多參加先鋒計畫的孩子在家裡並沒有得到均衡的飲食，營養也是計畫的一個重要部分（圖2-4）。聯邦政府規定幼兒園每天應至少提供一餐點心和一餐熱食，有些地方提供早餐和午餐，這計畫的目標是幫助孩子選擇健康的食物並且培養良好的飲食習慣。

（三）健康

　　所有參加先鋒計畫的孩子都有一份完整的健康計畫，包括了牙齒、醫藥和心理健康服務。在入學之前，這些孩子有許多從沒看過牙醫，還沒實施幼兒預防注射的孩子在他們入學時也會施予。

圖 2-4　有良好組織且衛生的廚房是提供孩子充分營養重要的一環

（四）父母參與

　　先鋒計畫組織中，父母是孩子最重要的老師，因此，父母參與對計畫的成功很重要，父母常被鼓勵去協助召集新生、協助幼兒園以及參加決策會議，因此，先鋒計畫的父母能夠影響行政決策。

幼兒園

一八三七年，第一所幼兒園由福祿貝爾在德國成立，幼兒園課程強調的是遊戲，福祿貝爾相信經由創造性活動——像是遊戲，便能夠發展自我，這園所的孩子專心地從事繪畫、穿線、穿珠、大積木和黏土工，就像現在的許多孩子一樣，孩子們也關心寵物、歌唱和園藝。

一八五六年，美國第一所幼兒園在威斯康辛州的水城成立，是由休茲太太在家中所創辦，這位身兼母親和老師的女士師事於福祿貝爾，休茲太太成立幼兒園原本是為了她自己的孩子和四個姪子的教育。

今日，幼兒園是大多數公立和許多私立學校系統的一部分，他們通常限定孩子至少四歲才能入學。在過去，這些課程一般是半日班，現在則有更多的選擇。

（一）收托時間

幼兒園有三種基本的收托時間：半日、全日以及可選擇天數的教育。半日班通常是每天二個半小時到三個半小時，全日班是每天六到八個小時。選擇性托育則是隨課程變化而定，有些課程每隔幾天一次，有些是要求孩子在第一週的週二和週四來上課，下週則週一和週五來；而其他可選擇的課程可能是要求孩子二個整天和一個半天來，例如：有一組週一和週三全天，再加上週五的上午，另一組則是週二和週四全天，加上週五的下午。對一些孩子而言，這些變動的作息可能會造成混淆；研究顯示有規律作息的孩子會較有朝氣。

（二）目標

幼兒園課程的目標是有彈性的，而基本的目標則包括：

* 能尊重其他孩子的作品、所有物和權利。
* 發展對學校的正向感受。
* 發展正向的自我概念。
* 增進語言、社會和身體技能。

＊ 促進問題解決能力和認知技能。

＊ 創造力的培養。

＊ 對美的事物的鑑賞力。

與學前機構類似，大部分的幼兒園強調的也是兒童的全人發展：身體、情緒、社會以及認知發展。

（三）課程

每個學校的幼教課程可能不同，有的學校強調的是特定的技能，像是學習名字和字母的發音，有的則是將重點放在社會發展上，後者會比前者不具課程的結構性。

幼兒園老師與大多數的小學老師不一樣，他們在設計課程上有較多的自由。研究發現，大多數的幼兒園課程一天中約有百分之五十的時間是用在創造性活動上，包括藝術、木工、大積木、說故事和音樂，剩下的時間則用在自由遊戲、自我照顧和靜息（圖2-5），老師也提供社會活動、算術、語文和科學活動。

圖 2-5　自由遊戲和創造性活動在幼兒園課程中是很重要的

學齡兒童托育

學齡兒童托育提供孩子上學前或放學後的照顧，這種類型常是由學校、教堂或幼兒園所提供，雖然有些幼兒園可發現有十一和十二歲的孩子，但大部分是五到十歲的孩子，這些孩子會做功課、玩遊戲和參加一些其他的活動。

另一種學齡兒童可選擇的照顧類型是臨托服務，臨托服務為孩子安排照顧者，照顧者在自家打電話給孩子，以確定他們平安地從學校回到家了，孩子不需要到照顧者的家裡。對一些家庭而言，這種類型的托育提供了一種成

功的選擇。

父母合作團體

　　父母合作團體是由希望能參與孩子學齡前教育的父母所組成和經營的。父母準備預算、聘用老師、制定政策、為課程設立目標，並且在教室中提供協助。

　　合作團體同樣也提供發展的經驗給成人，特別是在：

* 習得如何擔任父母工作的指導。
* 學習到孩子不同年齡和階段的發展。
* 每個月擁有幾個自由的早晨。
* 變得對創造性活動、材料和設備熟悉。
* 對他們孩子的發展有較客觀的概念。

　　由於這些經驗，許多父母對扮演親職角色覺得有較多的滿足感。

（一）優點和缺點

　　父母團體有許多的優點，因為父母做行政決定、收取費用以及訂製並維修設備，老師因而能夠花較多的時間在孩子和課程上；另一個優點是藉由多次的接觸，父母和老師會培養出特別的關係。

　　父母團體主要的缺點是老師會缺乏某部分的決定權，即使老師扮演指導者的角色，父母還是常負責制定規則。有時，老師和父母之間會有不同的觀點，例如，父母可能會覺得孩子不必幫忙將玩具放回原處，但老師的感覺卻不是這樣，這可能會對許多老師造成困擾。

（二）上課時間

　　父母團體通常運作二到三小時，每週二到五天，有時這些團體的組織是隨孩子的年齡而改變，例如：週二和週四早上是由二歲孩子的父母所組成，週一、週三和週五早上則由三歲孩子的父母所組成。有的幼兒園可能喜歡「家庭式」編組，採用這種形式，則所有年齡的孩子都在同一個團體中。

（三）費用

　　由於有父母的參與，這種托育類型所支付的費用通常比其他類型來得少，費用的降低是來自於只要僱用主教老師，父母則擔任課堂上的助理老師，一般說來，每位家長每個月會在班上幫忙個幾次，此外，義工父母也會完成許多服務性的活動，他們可能幫忙清潔和維持建築物的整潔、準備點心、打通知單，並且做一些特殊的工作，像是油漆教室。

實驗學校

　　實驗學校或是校區學校，是位於專科或是學院校區中（圖2-6）。即使他們為孩子提供了優良的課程，但他們的主要目的是訓練未來的老師以及作為學術研究之用，大部分的學校都有高品質的教職員工、計畫完善的課程，以及優良的設備。

圖 2-6　實驗學校通常擁有高品質的師資、計畫完善的課程以及優良的設備

高中幼兒園

　　在過去二十年，許多高中開始提供托育工作的職業訓練，就像實驗學校一樣，這些計畫訓練未來的托育專業者，許多高中有他們自己的托育實驗機構，學生可與學齡前幼兒相處。幼兒園每週運作二或三天，社區中的學齡前幼兒會來此就讀。

　　高中學生在老師的指導下設計和執行課程，一些學生直接與孩子接觸時，其他學生負責觀察孩子，接下來的一週則兩組人馬交換，原本負責觀察的學生改成與孩子接觸，而另一組則換成觀察。

財團法人幼兒園

　　幼兒園也可由贊助者所成立，基本上來說，有三種贊助者：公立、私立

和雇主贊助的幼兒園。

（一）公立贊助者

公立贊助幼兒園是由聯邦、州或地方政府所成立，有的幼兒園是由校區所成立，有些則由社會服務機構所成立。

公立贊助幼兒園的一個例子是先鋒計畫，大多數孩子參加先鋒計畫的父母不必付費，然而，若是父母的收入超過聯邦對這計畫的補助，則需要付費。此計畫大部分的費用是來自於聯邦政府所收到的捐款所支付，資金通常是年度編列。

州立資金也可幫忙資助因教育目的而設計的托育計畫，這些計畫可能是由大學、學院、中學或假日班所設置，包括：幼兒園、實驗學校以及高中托育計畫。

公立資助的幼兒園、學前機構及實驗計畫除了父母的費用之外，還會得到聯邦所提供的一些財政資助，例如：公立幼兒園的經費可能來自於聯邦資助、社區捐款以及學生學費；另外，經費也常來自於大學運作的預算；同樣地，學院校區的實驗學校經費可能來自於畢業校友的捐款或獎學金。

（二）私立贊助者

最大部分私立贊助計畫是私人擁有的幼兒園，這些幼兒園大多數的經營費用來自於父母的付費。

私立贊助計畫可能是由教堂、醫院或慈善組織所運作，許多這些獨立的幼兒園都是非營利性質，他們也許是由社區義工委員會成員所管理並且經營，以作為對社區的服務。

大部分私立計畫是由私人所營運，這些幼兒園大部分是由家庭所營運，他們經營幼兒園的動機是為了營利而提供服務。

全國托育連鎖機構

有些幼兒園是由大型全國機構連鎖經營的，而有些連鎖經營則是私人所有。典型的中型連鎖經營是以區域為基礎，這些幼兒園常設置在大城市和郊區，為了達到較好的營利目的，登記入學的人數必須要多。連鎖托育機構由行政幼兒園管理，他們也提供經濟支持及管理政策，課程指導由組織所僱請的課程專家發展，並且提供給各地的教職員工。

（三）雇主贊助者

公司提供員工托育服務的數量在增加當中，雇主可能付全部或是部分的托育費用。

雇主贊助幼兒園會減低員工們家庭和工作責任的衝突。研究顯示，有提供托育服務的公司，員工的流動率和缺席率都較少，這樣的公司，員工有較好的工作態度、會吸引較多的新員工、提升社區關係，並且有較好的公共形象，此外，有贊助托育服務者，公司在稅務上會得到獎勵。

公司能以下列幾種方式提供托育服務（表2-7），老闆在工作地點設置幼兒園是一種選擇，這樣的幼兒園可能設置在工作地點或是附近。實施這種計畫者，公司會請一位負責人經營整個托育計畫，有的公司會與托育連鎖機構合作或是請幼教專業者來經營幼兒園。

雇主提供托育服務的類型

- 公司所有，位於公司裡的幼兒園。
- 由一個或多個公司贊助，位於公司外的幼兒園。
- 公司贊助，外租教室的幼兒園。
- 公司提供托育補助。
- 病童的照顧。
- 提供相關資料的服務。

表 2-7　公司能以許多方式協助家庭托育

在父母工作地點設置的幼兒園有優點也有缺點，父母能夠和孩子一起吃早餐和午餐是一項優點。然而在大都市中，這個模式可能無法運作，在遠地工作的員工要利用大眾運輸系統或娃娃車把孩子帶去是很困難的。

另一種是不在父母工作地點的幼兒園，這種模式常用在由幾個公司所組成的組織，每個公司也許沒有足夠的人有托育的需要，藉由共組幼兒園，將費用和危險性由組織的每個公司共同承擔。

不在工作地點的幼兒園可能離父母的家較近，因此，交通的時間較短，如果空間夠的話，也可以服務社區中的其他孩子。

外租教室模式是公司在幼兒園或機構租賃空間作為教室，這種模式對小

型公司是很理想的，它不像開設幼兒園的費用那麼高，不需付費用在開辦、租賃建築或是幼兒園的行政費用上。

當有提供教育券模式時，公司會尊重父母的選擇，父母可從公司收到一定金額的補助，有的公司會付托育的全部費用，有的是付一部分，這種模式可能對於住得離公司較遠的父母較有利，因此，在大都市中的公司，這是種有用的模式。

教育券的一個缺點是，所收到的錢必須申報所得稅，然而，員工也可從聯邦稅中扣除孩子的教養費用（州稅也可抵免）。

有些公司也提供了病童的照顧，這種福利有兩種方式，幼兒園可以為不能到學校的病童提供服務，有這種設置者，可以向健康部門和州政府申報，這項工作對生病復原的孩子是最好的，但對於回到學校的孩子是不夠的。第二種方式是請護士到病童家提供照顧，這可讓父母安心去工作。

對許多父母來說，要在適當距離內找到有品質的幼兒園是一個問題，為了幫助父母，一些公司會提供相關服務資料以符合父母的需求，公司可以僱用他們專屬的專家資源或聘請相關幼兒園的專家。

一般說來，父母會收到一份社區幼兒園一覽表，也會蒐集每個幼兒園特別的資訊並提供給父母，包括：幼兒園的位置、費用、收托時間、教學目標、入學名額、政策、課程、師資以及特別的服務，標示出幼兒園位置的地圖也常提供給父母做選擇。

選擇幼兒園

選擇幼兒園對父母而言是重要的事。研究顯示，很多父母選擇幼兒園是聽從朋友的建議，在許多例子中，機構內孩子的父母彼此是朋友的關係。

其他影響托育選擇的因素包括費用、地點以及所提供的幼教課程。上全日班孩子的父母較受到地點的影響，這些父母在時間上有較大的需求，因此，幼兒園位於工作路線上或附近會較為方便。

半日班孩子的父母似乎較在意幼兒園所提供的教保課程，這些父母有的對於孩子的音樂、藝術和其他創造性經驗感興趣，其餘的父母則重視孩子全面的認知、身體、社會和情緒發展（圖2-8）。

除了徵詢朋友意見之外，父母也會以其他幾種方式尋找幼兒園的資訊，

在訪視幼兒園之前，許多父母會先打電話給園長詢問有關學校政策、課程和費用的問題，之後，若他們還有興趣，可能就會去拜訪幼兒園。

圖 2-8　父母選擇幼兒園取決於他們認為什麼對孩子是重要的

訪視幼兒園可在上課時間之前、當中或之後，較多的父母會在上課之中來訪，大部分的父母會在半日班時訪視幼兒園。

父母會問許多有關課程和教職員的問題，他們通常對於課程類型和與孩子相關的活動安排有興趣。教職員工的經驗和背景可能也會被問到，例如：父母可能會問教職員是否受過幼兒教育或幼兒發展的相關訓練。有幼教基礎的保育員較能敏感於孩子的需求，他們也會提供較多的刺激和以孩子為中心的學習環境。

與父母分享托育資訊的表格舉例於下，此表有助於父母選擇幼兒園。

托育品質的選擇	是	否
1. 孩子是否顯得快樂、積極和安全？		
2. 所有的教職員是否都有合格的教育背景？		
3. 教職員是否參與在職訓練、專業會議，以及例行會議？		
4. 是否有例行教保會議計畫並評估教學活動？		
5. 教職員是否觀察和記錄每個孩子的發展過程？		
6. 課程是否搭配孩子個別的發展速率？		
7. 室內和戶外環境是夠大、足以進行各種活動？		
8. 環境是否具有邀請性、溫暖性和刺激性？		
9. 設備的提供是否能促進身體、認知、社會和情緒領域的發展？		
10. 建築物和遊戲場是否保持安全和衛生？		
11. 老師和孩子之間互動是否正向？		
12. 老師是否適當地運用教學策略？		
13. 是否歡迎父母來觀察和參與？		
14. 是否有足夠讓所有孩子使用的設備？		
15. 幼兒園的氣氛是否「感覺」正向？		
16. 幼兒園是否經由全國幼教學會認證？		

表 2-9　為了幫助父母減輕為孩子選擇幼兒園的負荷，可以將此問卷提供給有興趣的父母

選擇過程

　　由於幼兒園在費用、收托時間和課程目標上都不同，要選擇符合個人需求的幼兒園要花許多的時間，身為幼教老師，了解父母選擇幼兒園的歷程是很重要的。

　　許多父母採取的第一步是去和其他父母交談，他們會列出所有位置方便的機構，之後，他們可能會打電話到各機構去了解費用、收托時間以及幼兒園是否為合格立案。

　　父母之後會去參觀那些符合家庭和孩子需求的園所，到了園所，他們會與園所長及老師談話。

　　教職員流動率高的機構可能會引起父母猜疑，因為園長、老師和助理老師的辭職常是因為薪資問題或是工作環境不佳，另一方面，高流動率也會導致士氣受到影響的問題。不要忘記，為了要有安全感，孩子需要持續而穩定的照顧。

　　在參觀幼兒園時，父母也會觀察提供給孩子遊戲和個人所需的空間是否充足，每個孩子至少需要室內自由空間三十五平方呎以及戶外遊戲空間一百平方呎，此外，也需提供每個孩子放置個人物品和換衣服的空間。

　　父母也會觀察設備的數量是否足夠給所有收托的孩子使用，這也會有很大的不同。

　　班級大小或一個班的人數也是一個重要因素，人數較少會有較正向的互動。師生比例也是另一個因素，較低的師生比例對於教學的品質較有利。

　　為了維護孩子的健康，父母會尋求安全、衛生的環境，建築物和場地應該要安全，電器外要有防護罩，煙霧警報器和消防設備要能使用，緊急處置計畫應該公布出來。

　　父母可能也會關心供給孩子的餐點，如果有供應，應該有使用中的菜單，供餐應該包含營養均衡和各式種類的餐點，菜單的設計要能滿足孩子的營養需要。

　　父母也會觀察上課，看看教職員是否對孩子有耐心並且負責，應該有常態且足夠的教職員與孩子接觸，在工作之中，老師也能共同合作以執行教職。

　　有品質的課程是因為有規劃良好的行事曆，看看是否有這樣的課程表，

有些父母會希望能看到，他們可能也會要求看到每日和每週的計畫表，他們也會希望動態和靜態活動能平衡，天氣許可的話，他們會希望室內和戶外活動能均衡。

父母可能也會想了解孩子使用教具的方式，在高品質的幼兒園中，老師會鼓勵孩子創作他們自己的作品。

父母可能觀察園所是否關心他人的權利，教職員應幫助孩子學習如何去輪流、如何考慮別人的感受及在有需要時能表達；應該幫助生氣的孩子表達他們的情緒；應該讓所有的孩子感覺到自己是很好的。能表達快樂、滿足和安全感的孩子，父母也會受到鼓勵，這些常是幼教課程能符合孩子需求的表現。

最後，在父母決定該幼兒園對他們的孩子是否是最好的之前，他們必須去考慮此幼兒園是否符合他們的需求：他們是否感覺受到幼兒園的歡迎？主管或老師是否歡迎他們？他們是否被鼓勵去參觀？孩子在課堂中的經驗是否有在簡訊、會議或團體討論中被分享？父母對這些問題的答案會幫助他們確定是否幫孩子找到了一所適合的幼兒園。

幼兒園的合格性

幼兒園的合格證明有一套標準，這是一件重要的事。全國幼教協會（NAEYC）分部負責考核系統，這個系統服務的年齡層涵蓋了出生至五歲的孩子，另外，此系統也會負責核定學齡兒童課前及課後托育服務。

此考核系統的目的是在提升團體托育的品質，它能在父母為孩子尋找高品質幼兒園時予以協助。此外，它也會讓父母因為孩子得到好的托育而能放心。公定的認可是幼兒園取得立案資格的主要保證。

要能取得合格證明，幼兒園必須進行自評。自評是由全國幼教協會所設計的評鑑過程，它是由許多有經驗的現場工作主管、教職員工以及父母提供的意見而編定，自評的一部分包含托育工作十個項目，如表2-10。

近來的研究顯示，評鑑可增進幼兒園的品質，幼兒園的主管也反應，最大的改善在於教保課程、行政、健康和安全照顧部分，最小的改進則在教職員和營養餐點提供部分。大部分的主管也反應評鑑增加了他們幼兒園的透明度。

十個幼兒園品質考核的項目

- 評量
- 課程
- 行政
- 健康和安全
- 身體環境
- 教職員工的資格和進修
- 師生互動
- 親師互動
- 教職員工
- 營養和餐點提供

表 2-10　有品質的幼兒園會符合孩子的發展需求，也會促使父母、教職員工和園長間的良好互動

摘要

　　托育服務有許多類型，包含家庭托育、幼兒園、蒙特梭利學校、先鋒計畫、幼兒園、學齡兒童托育、父母參與、實驗學校以及學校附設托育服務，每一種類型皆有其獨特的方法以符合孩子的身體、認知、社會和情緒需求。

　　幼兒園各有不同的贊助方式，贊助的類型會影響到目標和理念。幼兒園可能是公立或私立的，連鎖的幼兒園也可能是私人或公立的。企業贊助的幼兒園是為減輕就業父母的孩子托育的負擔而設計的，雇主會以不同的方式提供員工這部分的補助。

　　由於有各種幼兒園可供選擇，父母會為他們的孩子考慮許多因素，以找尋一個最好的幼兒園。他們可能會先聽取其他父母的建議作為選擇步驟的開始，其他會考量的因素包含：幼兒園的類型、教職員工的品質、師生比、班級大小，以及設備的狀況。身為老師，你必須知道父母在找什麼樣的幼兒園，然後你可努力使你的園所成為父母心目中理想的幼兒園。

　　父母可能會想找由 NAEYC 所認可的幼兒園，它們必須通過一套特定的標準，要通過的幼兒園必須做自評——評鑑的表格是由幼兒園主管、教職員工和父母所參與編定，公定的認可是通過立案主要的保證。

回顧與反思

- 美國最普遍的托育類型是什麼？
- 對或錯。幼兒園有全日班的托育服務？
- 蒙特梭利的教育理論強調孩子的最佳學習是經由＿＿＿＿＿＿＿。
- 根據蒙特梭利理論，什麼是「日常生活經驗」？
- 描述先鋒計畫的目的。
- 對或錯。營養是先鋒計畫的重要部分。
- 列出三種幼兒園基本收托方式。
- 列出幼兒園五個目標。
- 描述如何經營學齡兒童臨托服務。
- 由希望參與孩子學齡前教育的父母所組成和經營的團體稱為＿＿＿＿＿＿＿。
- 實驗學校的主要目的是什麼？
- 公家贊助的幼兒園資金來源是＿＿＿＿＿＿＿。
- 描述雇主可提供員工孩子托育協助的一種方法。

◉ 有很大一部分的父母選擇幼兒園是採納誰的建議？

◉ 為何父母會關心幼兒園是否教職員工流動率高？

◉ 為何父母要選擇合格認定的幼兒園？

應用與探討

◉ 參訪一家家庭托育中心，列出一天的作息表。

◉ 邀請一組幼教老師到班級來，包括：家庭托育中心、父母團體、幼兒園，以及蒙特梭利等各類型的老師，詢問他們的教育理念、課程目標、課程設計等問題。

◉ 參訪一家蒙特梭利幼兒園，列出它們所使用日常生活區、感官區，以及讀寫區的教具。

◉ 蒐集半日和全日班幼兒園的作息表，討論相同處和相異處。

◉ 安排訪問學齡兒童托育服務，看看他們的課程表。

◉ 討論父母團體教學的優點和缺點。

◉ 討論幼兒園合格性的價值。

第三章

觀察孩子：評量工具

王慧敏

閱讀完本章之後，你將能夠：

- ◈ 列出評量目標
- ◈ 比較預備性評量和形成性評量的異同
- ◈ 列出選擇評量方法所需考慮的因素
- ◈ 列出各種評量工具的優缺點
- ◈ 蒐集孩子檔案可包含的內容
- ◈ 總結觀察孩子的指導原則

關鍵辭

評量	發展常模
軼事記錄	檢核表
參與記錄表	評量表
檔案	

　　觀察孩子是一件吸引人的事，只要問問新手父母或感到驕傲的祖父母便知道！年幼孩子笨拙地嘗試新技能或早期想要和人對話溝通的努力，都是令人著迷的，因此觀察孩子是大部分人都愛做的事。

　　觀察尚有其他用途，它是最古老也是最佳的認識孩子方式之一，大部分我們所知道的孩子成長和發展的知識均來自某些觀察的結果。孩子的許多行為無法以其他方式來測量，例如：嬰兒無法以口說或書寫來回答的問題，卻可以透過觀察來了解（圖3-1）。

　　身為一名學習幼兒發展的學生，許多你將學到有關孩子的知識是來自於觀察。

圖 3-1　老師大多會運用他們的眼睛和耳朵來進行觀察

你也許被要求去觀察學校附設幼兒園的孩子，有時你可能被分派去觀察孩子某項行為或發展的特性，甚或被鼓勵非正式地觀察孩子在校外的行為。

嘉法是一位主修幼兒發展的學生，他被指派進行首次觀察，他對於在三、四歲孩子身上看到的發展差異感到相當驚訝：嘉法注意到班在拼十八片拼圖，坐在旁邊的是杭特，她正請老師協助她拼只有四片的拼圖；站在畫架前的是韋特，他正在作品上端寫上他名字的五個字母，在他旁邊的是溫蒂，她在作品上方角落畫圓圈並微笑地表示：「那是我的名字！」；坐在附近的是泰勒，他在使用剪刀時仍需要協助，而娣拉則會剪圓圈。

每個孩子都是獨特的，假如你是班級教師，你將如何規劃課程以達成每位孩子的需求？為了達到此一目的，你最好從蒐集資料開始著手，當然也包括了觀察，你應了解孩子的發展階段以及團體的發展程度，透過資料蒐集可作為規劃課程的基礎並符合團體需求。

評量

評量是指針對孩子成長和行為加以觀察、記錄和製成文件檔案的歷程，其目的是為了決定該提供孩子何種教育。資料內容包括孩子的發展、成長和學習風格。有時評量和評鑑會被交替地使用，但是它們是兩個不同的歷程。評量是蒐集訊息或資料的歷程，而觀察是獲得訊息或資料的多種途徑之一，是評量歷程的一部分；評鑑則是檢視訊息並尋求其價值的歷程。

（一）評量的歷程

評量是相當重要的，之所以重要的原因很多，例如：所蒐集的資料可作為規劃發展合宜課程的依據；透過評量可以讓老師和課程能夠持續地回應孩子的需求；評量可蒐集多面向的訊息內容，包括孩子身體、社會、情緒和認知發展，因此評量內容可涵蓋孩子的能力——需求、特長和興趣。

在評量的歷程中，身為教師的你會了解到孩子的學習風格和需求（圖3-2），他們有什麼優點和缺點？認知程度到哪裡？能力如何？興趣和特質是什麼？最後，他們的需求為何？

個人和團體的問題可經由評量歷程而辨認，一旦孩子的特定行為被觀察和記錄，行為的類型將會益加清晰，當觀察並注意到特殊行為時，將更容易

得到問題行為的解答。

　　班級問題同樣也可藉由評量而了解，並在問題發生時，透過計畫來解決這些問題，例如：在娃娃家出現推撞的行為，經由觀察和評估，你也許會發現本學習區的活動空間應該擴大，如果此舉是不可行的，那麼則應限制本區每次遊戲人數以避免不想看到的行為發生。

　　評量也可使你辨識哪些孩子可能有特殊的需求，也許某個孩子有視力或聽力的障礙，也許有的孩子有情緒或行為問題並需要接受諮商輔導，這些孩子將被篩檢出來並獲得特殊協助。

圖 3-2　觀察歷程中，老師蒐集有關孩子優缺點、需求和興趣等相關資料

　　透過評量，你將能找出孩子目前的發展落點，而老師針對每位孩子所蒐集的訊息，應以規律的時間間隔加以記錄。透過此種方式，你將得以認識每個孩子的發展進程。

　　經由評量所獲得的資料在親師會議中是相當有用的，通常父母會希望了解孩子的進步情形，而所提供的相關資料，將使父母得以確認你是真的認識並了解他們的孩子。

　　評量的最後目的是針對課程內容的評鑑，透過評量所獲得的資料能協助園所教職員工評鑑學校是否能有效達成教育目標。

（二）評量的時機

　　在新學期開始，需要為孩子進行預備性評量，因為你不能假設所有同年齡的孩子都是相同的。孩子在發展上存在著差異，同時在文化、經濟、家庭背景等方面的差異將影響每個孩子的發展，因此，預備性評量的目的是為了了解全班的發展概況，而觀察孩子則是獲得相關訊息的最主要途徑。

　　你在進行預備性評量時也許想要了解孩子的全貌，建議你可以先閱讀已經有的檔案資料，檢視他們的家庭背景資料卡，研讀過去的親師會議記錄，可以的話，進行家庭訪問。因為和家長之間的聯繫是相當重要的，有時家長可以提供你關於孩子學習需求和興趣的有用訊息。

圖 3-3　在班級活動進行中，老師能迅速地為個別孩子做觀察記錄

　　除了預備性評量，你仍須對全班以及對個別孩子進行形成性評量，因為針對能力或表現的單一評量並非完全精確，它只是個指標而已。

　　形成性評量也許耗時費事，但它能提供較多深層資料，所得資料在追蹤孩子的發展情形上相當有用，它提供孩子學習和成熟的實證，這類資料對決定是否修正課程目標也有所助益。

　　你可以在進行班級活動時蒐集評量資料，觀察孩子從事的美勞活動並聆聽他們所說的故事（圖3-3），觀察孩子拼拼圖或搭建積木，傾聽孩子之間的對話。尤其在學習區時間，老師更需仔細地記錄每個孩子的活動情形，因為此時孩子的表現最能真正地呈現他的人格和發展。這些記錄將提供重要的評量訊息。

（三）正式和非正式觀察

　　有兩種不同的評量幼兒途徑——正式和非正式觀察，其差異在於進行觀察時所掌控的情境有所不同。正式觀察包括標準化的測驗和研究工具，其研究結果通常能印證孩子的發展常模。「發展常模」是指在某特定的年齡層中被認為是常態的特質和行為。

　　發展常模可作為比較並注意班上孩子成長和改變的參考（圖3-4），它也可協助你在進入現場前，對觀察孩子做準備。發展常模的範例附於本書附錄，它們是評量孩子發展狀態的有用工具，同時也是規劃發展合宜課程的依

據。

正式觀察法能提供有關幼兒的重要訊
息，它需要特殊的登錄資料訓練，並將資料
登錄在精心設計的表格裡。此外，分析並解
釋資料亦須經過訓練歷程。

學前教師通常會使用非正式觀察法來蒐
集資料，這些觀察法在使用上較為簡易，同
時也更適合課程規劃，包括：教室內觀察孩
子活動、蒐集孩子作品、訪問父母以及和孩
子對話。

圖 3-4　檢視發展常模將有助於你
評估班上孩子的進步情形

（四）選擇評量方法

選擇評量方法時有三個應考量因素，首
先需視評量的行為類型以及所需蒐集的細項
總數而定，其次要考量評量對象是針對個別或全班孩子，最後則是觀察員所
需的注意焦點總數。

某些評量方法需要較多的注意，例如：當你正在進行軼事記錄時較無法
與孩子互動，而在與孩子互動時，使用檢核表、錄影帶和參與記錄表則較容
易進行。

通常老師會用多種方法來蒐集孩子的相關資料，因為沒有任何一種方法
是最有效或能展現有關孩子的全部面貌，最好是多法並用以蒐集更完整的資
料，並降低評鑑的可能誤差。

評量工具

應用在幼兒園的評量工具有很多類型，包括軼事記錄、檢核表、參與記
錄表、評量表、作品樣本、照片、錄音帶等，你也可以訪問家長以獲得相關
資料。

（一）軼事記錄

直接觀察最簡單的形式是針對特殊事件的簡要敘述，稱之為「軼事記

錄」，軼事記錄不需使用表格或受情境限制，它可以在任何情境進行記錄，並且不必經過特殊訓練，你所需要的是紙張和記錄工具，並客觀地記錄所發生的事件，此種觀察法是開放性地持續記錄直到真相大白為止。

　　針對偶發事件的記錄所需要的是一雙敏銳的眼睛和一枝快速的筆，以便能捕捉所有細節。你必須寫下參與本事件的人、事、時、地，並達到迅速且精確的標準，表3-5為軼事記錄所記載的內容要項。

軼事記錄內容

- 參與事件的孩子及其年齡。
- 日期、時間和地點。
- 觀察者。
- 孩子的行為及對話。
- 有關的其他孩子或成人的反應。

表 3-5　軼事記錄應包括的項目

　　當你使用描述性觀察時，你的眼睛和耳朵必須像攝影機一般捕捉聲音和畫面，記錄孩子遊玩、學習和互動的實況。在觀察過程中，你應記錄孩子的語言和非語言互動、行為方式與內容，此外，也應注意孩子的肢體手勢和動作，並詳加記錄孩子和他人及教材教具的互動過程。

1.軼事記錄應保持客觀性

　　在觀察期間，客觀地記錄和描述是重要的，為了保持客觀原則，文字記錄必須通過兩項考驗。首先，它必須只描述可觀察的行動，因此，對孩子的動機、態度、感覺的推論不應包括在內。第二，所記錄的資料必須是非評價的，它不應包括針對事件發生原因的解釋，或是暗示事件本身的對錯好壞，因為貼標籤的舉動是不允許的，任何的評斷或結論都不應在此時提出。下列為描述性觀察的範例：

　　　　莎莉來上學時拉著媽媽的手，她慢慢走向置物櫃，脫下外套並掛到掛鉤上，她轉身向媽媽說：「妳去上班吧！」莎莉的媽媽擁抱她，接著說：「等我下班我再帶妳去看牙醫。」莎莉看著媽媽，大哭說：「我不要去看牙醫，我要留在學校。」媽媽伸手抱住莎莉，莎莉也抱著媽媽繼

續大哭。老師看到了這個場面就走向莎莉，在她的耳邊說了些悄悄話，然後對她說：「莎莉妳看，今天我們學校來了一個新朋友，茉蒂帶她的新槌子來了。」莎莉停止了哭泣，拉著老師的手一起去看新槌子，媽媽看著他們一會兒，然後離開教室去上班。

請注意，以上針對所觀察行為的記錄只有客觀性描述，並且不應包括下列任何一種陳述：原因、情感、解釋、感覺、目的、動機、欲望、目標、需要或欲求。

2.解釋資料

描述性資料一旦被記錄下來，那麼繼之將展開第二階段的活動，也就是解釋資料的歷程，其目的是為了要解釋所觀察的行為並賦予意義。例如孩子行為背後的原因是什麼？可能的動機為何？是否有某人或某事物引發孩子這麼做？這些解釋都需要專業的知識和技能，如果對孩子成長與發展沒有充分了解，那麼資料解釋將不易進行。同樣地，如果沒有解釋資料並賦予意義，那麼觀察本身是沒有意義的。

雖然觀察內容是客觀的事實且非偏差的，但有時也會有各種不同的解釋，因為沒有兩個完全相似的人，也沒有兩個人會以相同方式來解釋事實。每個人在解釋孩子的行為時，也許會以個人經驗為基礎來決定其行為的動機。此外，個人的感覺、價值觀和態度也會影響對行為的解釋。以下例子是有關湯尼的觀察記錄：

湯尼拿起牛奶提壺，他試圖把牛奶從提壺倒進玻璃杯，但是提壺碰到了杯子，杯子倒了，牛奶四溢。

針對湯尼的觀察記錄，他的行為可能有下列數種解釋：

* 湯尼是不小心的
* 湯尼拿提壺的經驗不足
* 湯尼在做事時漫不經心
* 湯尼拿提壺的力道不足
* 湯尼在倒牛奶時缺乏手眼協調能力

為了決定何種解釋最為正確，老師需要花一段時間，在不同情境下多次觀察湯尼，同時老師也必須對孩子的成長和發展有充分的了解。

表3-6為軼事記錄範例表格，雖然很多老師只用資料卡或白紙來進行觀察記錄。老師應該全年度記錄所發生的事件並評量孩子進步情形，長時間的系列記錄可提供豐富且詳細的資料，並且此種資料在檢視孩子的發展、優點、需求、興趣等方面極具價值。

陽光幼兒園軼事記錄

幼兒姓名：＿＿凱莉＿＿　　　　　　日期：＿＿10/9/XX＿

幼兒年齡：＿3＿歲＿9＿個月＿＿

情　　境：＿扮演遊戲＿　　　　　　時間：8：30 到 8：45

觀 察 者：＿吉奈瓦‧皮特森＿

事　　件：

　　凱莉一來上學就直接到娃娃家，把收銀機放到桌上，然後把空的食物容器放上桌。湯尼也到娃娃家，他站在收銀機後面說：「我要玩這個。」凱莉說：「不行，這是我的，我先玩。」凱莉用手臂打湯尼並推他，湯尼看著凱莉，聳一聳肩就走開了。在湯尼走開的時候，凱莉臉上露出一絲笑意。

解　　釋：

表 3-6　老師也許會採用類似本表的格式來進行軼事記錄

3.軼事記錄的優缺點

　　軼事記錄在使用上有其優缺點，操作簡易且沒有特定的情境和時間限制是它的一大優點。軼事記錄可以隨著時間作為持續記錄，呈現孩子的成長和發展過程，因此，老師整年記錄重要事件可做為評量進步情形的依據。

　　軼事記錄也有一些缺點，所觀察的事件通常是以觀察者的興趣為基礎，有時會忽略事件的全貌，記錄也未必全然正確。如果觀察者決定在放學時才寫下發生的事件，回憶的細節就無法詳盡，有時重要的資料也會遺漏。

（二）檢核表

　　檢核表是另一種形式的評量法，檢核表的設計是為了記錄某特定特質或行為是否出現，在進行多項不同觀察時，檢核表的運用相當容易而且有用。它通常包括一系列所要觀察的特定目標行為，也可針對任何發展領域來設計，如身體動作、社會、情緒或認知等。

　　檢核表可以用來觀察一個或一群孩子，你可以事先將目標行為依其相似度分類並按邏輯順序排列，因此，你能夠很迅速地記錄行為出現與否，簡而言之，檢核表所顯示的是行為是否出現。

　　檢核表的結構性很高，老師有時會採用現成的檢核表，大部分園所老師也會自行設計，表3-7為典型的觀察個別孩子的檢核表，本書附錄的發展常模也可以作為孩子個人或團體評量的檢核表，表3-8為評量孩子團體粗動作動作發展的範例。

檢核表的優缺點

　　檢核表的優點之一是，沒有蒐集資料的時間限制，資料的蒐集只要在方案進行的任何時間都可迅速記錄。此外，檢核表容易使用、有效且可在許多情境運用，所蒐集的資料也容易分析。

　　檢核表的缺點是缺乏詳細資料，因為格式的限制只能記錄特定行為，行為的重要因素有時會被遺漏，例如：行為如何表現以及出現多久，而檢核表只能看出行為出現與否。

姓　　名：　瓦特・安德森　

班　　級：　　　　　　　　

年　　齡：　3　歲　6　個月　

觀察日期：　2/9/XX　

觀察者：　莎莉・歐文　

小肌肉動作技能

項目	是	否
剪紙	∨	
用手指貼東西	∨	
用提壺倒水	∨	
仿畫圓形	∨	
畫直線	∨	
用手指撿拾小物件	∨	
能畫至少包括三個部位的人		∨

表 3-7　檢核表的使用具效率且較不費事

三歲孩子的粗動作動作技能團體評量表

	亨利	愛德	喬	維琪	凱瑞	戴伯
・雙手張開接球	∨	∨	∨			
・低手投球		∨			∨	
・向前翻斛斗	∨	∨		∨	∨	∨
・熟練地騎三輪車	∨	∨		∨	∨	∨
・保持平衡地丟球		∨	∨		∨	
・單腳跳		∨				∨

表 3-8　你可以運用類似的大肌肉動作技能檢核表

（三）參與記錄表

　　參與記錄表可用來了解孩子行為的特殊性，在教室內可以有多種用途，例如：發現孩子學習區活動的偏好（表3-9）。

自選遊戲活動偏好									
	布利斯	蒂娜	沙爾	婷	柏吉塔	坦亞	杭特	夏恩	珍妮絲	維達
9：00-9：10	積	娃	美	語	益	娃	美	積	語	感
9：10-9：20	積	娃	美	語	益	娃	美	積	語	感
9：20-9：30	積	娃	益	益	娃	娃	感	積	語	感
9：30-9：40	積	語	益	益	娃	娃	積	積	益	美
9：40-9：50	積	益	益	益	娃	娃	積	積	益	美
9：50-10：00	積	益	感	益	娃	娃	積	積	益	美

美=美勞　積=積木　娃=娃娃家　益=益智　感=感官　科=科學　語=語文

表 3-9　參與記錄表在使用上簡單快速且能提供重要訊息

　　理查是一位經驗豐富的老師，他用參與記錄表來記錄每位孩子午睡入睡時間和睡眠長短，一年進行多次記錄。在蒐集資料後，他據此決定是否應調整午睡作息時間，相同地，午睡的睡眠時間長短亦反映孩子的需要。

　　有時老師會發現孩子的偏好和需要並不相符，例如：蘭蒂的手眼協調能力不佳，參與記錄表上顯示，她大部分時間都在聆聽故事和欣賞音樂，以及觀看別的孩子玩遊戲。為了平衡蘭蒂的發展需求，老師可以建議她去玩有趣的美勞活動、拼拼圖和操作益智區教具，這些材料可以促進蘭蒂手眼協調能力的發展，而手眼協調能力是未來書寫和閱讀的必要能力。

（四）評量表

　　評量表是用來記錄行為的品質或特質的程度，需要你對幼兒行為下判斷。通常檢核表只顯示某特質出現與否，而評量表則是告訴我們該特質出現的程度。

評量表的優點和缺點

　　評量表在使用上較為容易，且所費時間不多，有些評量表只包括連續數字，而有的則對行為詳加界定。

　　評量表的缺點之一是，它只包含了行為片段，為了選擇評量次第，觀察者必須對所評行為有清楚認知，表3-10即為典型的評量表。

社會／情緒評量表

幼兒名字：　喬‧艾倫　　　　　　　　　日期：　4/6/xx

年　　齡：　4　歲　1　個月

觀 察 者：　馬克‧辛克

行為	從不	有時	通常	總是
表現出較高的合作意願			∨	
有耐心且心地善良		∨		
以口語而非肢體來表示憤怒				∨
強烈的取悅欲求		∨		
希望結交朋友並發展穩固的友誼關係			∨	
尊重他人的物權			∨	

表 3-10　老師可利用評量表來記錄某種品質或特質的表現程度

（五）蒐集孩子的作品樣本

　　蒐集孩子的作品樣本是另一種評量工具，這些作品可提供關於幼兒發展狀態的有用資料。所蒐集的作品可包括美勞作品、創作故事和對話記錄，這些樣本可以隨著時間改變而系統地蒐集並加以比較。例如學期之初，查克可能只是在紙上隨意塗鴉，圖3-11顯示他的塗鴉範例。當老師要查克介紹他的作品，查克就向老師解釋說明，老師發現作品當中所展現的不只是塗鴉而已，查克說：「這是我的名字，我也寫了媽媽和姊姊的名字，這是我家狗狗的名字，他叫司魔奇。」現在他已經能畫圓圈了，兩張作品的對照比較，顯示查克的手眼協調能力有長足的進步。

　　孩子的作品可以用資料夾或檔案卷宗加以保存，如果可以的話，可依時間順序保存這些作品或

圖 3-11　在一年當中的數個不同時間點蒐集孩子畫作樣本，你將能評估他們的發展情形

項目，以便評鑑孩子進步情形，或者可以節省和父母討論分享時所花費的時間。

老師可以不同方式來保留記錄，例如將作品樣本拍照、畫素描或製成圖表，這些方法對大型結構作品、不易保存的積木建物或三度空間美勞作品特別有用。

（六）錄音和攝影

使用錄音和攝影來保留孩子發展的相關資料是非常棒的方法，記錄對象可以是個別、小組或全班孩子。攝影可同時保留行為和話語，例如記錄孩子說故事、表演故事或解釋他們的計畫，錄下戲劇扮演和音樂經驗，透過看或聽記錄帶，你可以了解孩子的語言和說話的進步情形。此外，孩子們也非常喜歡觀看或聽他們自己的記錄帶。

你必須注意這些器材的出現不會干擾孩子的活動，在進行之前最好能徵求其他成人，如助理老師或義工家長的協助，使你自己也能同時被錄下來，在檢視記錄帶時，得以對自己和孩子的互動進行自我評量。

檔案卷宗

你所蒐集的形成性評量內容可以放在孩子個人檔案卷宗裡，檔案卷宗是隨著時間蒐集有關個人能力、成就和進步情形的相關資料。你為孩子所製作的檔案卷宗可以展現每個孩子的能力，內容包括隨時間改變的項目，呈現孩子過去和目前的發展狀態。

檔案卷宗可以依蒐集內容的屬性而有不同的保存方式，有些老師喜歡用三孔資料夾，有的則偏愛盒子或大型卷宗夾來保存檔案內容。

內容

孩子的檔案卷宗需要詳細規劃和組織，它不僅只是軼事記錄、檢核表和問卷，大部分的老師會把作品樣本納入，作品可以包括：美勞作品、對談錄音帶和孩子自編的故事。此外，也可以將家長會議和家長問卷摘要放進去，表3-12即為典型的檔案卷宗內容。

檔案卷宗內容
檔案卷宗可以包括： ‧透過評量所蒐集的教師觀察和其他記錄。 ‧發展評量表或檢核表。 ‧父母評語和完成的問卷。 ‧按日期蒐集孩子一系列的美勞或書寫作品。 ‧孩子展現技能或參與活動的照片。 ‧關於孩子說話、唱歌、說故事的錄音帶和錄影帶。 ‧孩子喜愛的書籍、歌曲和手指謠清單。

表 3-12　檔案卷宗包括各種材料和內容

　　老師所蒐集的幼兒個人樣本應能反映其特殊的技能和興趣，如果湯瑪士建造了一座既複雜又有趣的積木建物，老師會用素描或拍照的方式將之存進檔案卷宗，同樣地，老師也會記下孩子對他們所敍說的故事。

　　檔案卷宗必須持續地進行，並做為形成性評量的參考依據。它可能是幼兒發展的概要，所獲得的資料可作為老師設計課程、擬定互動和環境規劃的參考，同時父母也可從親師共同討論檔案中更了解孩子。

　　透過檢視孩子的檔案卷宗，你可以了解每個孩子的特質，例如根據馬克的檔案，他每天都待在烹飪區直到點心準備好為止，有時他也會提供老師其他備餐方法；柯里在積木區搭建精緻且富想像的積木；學習區時間，瑪莉亞總是選擇相同主題，她在娃娃家穿得像女舞者；布萊克被大頰鼠和兔子所吸引，他想要學習更多有關不同種類動物的飲食習慣和行為模式的知識。

觀察孩子的原則

　　在研究孩子期間，你會在許多不同情境觀察孩子，不論在遊戲場、教室或進行戶外教學，表現出合宜的觀察行為是很重要的。不管是在戶外遊戲場或在學校的實驗室，必須遵守某些原則。

　　當你蒐集有關孩子的資料時，必須小心謹慎使用，尤其應尊重其隱私權，此項原則也許是你最應遵守的原則。雖然你有時會在班上討論某個孩子的行為，但在園所以外的場域則應避免進行此類討論。當你在談論有關孩子

的種種，其他人聆聽著，所分享的訊息內容有時可能會令孩子、父母或老師感到尷尬甚至造成傷害。

為了保護孩子的隱私權，老師在進行討論時應避免使用孩子的全名，只有在其他班級才可以提到孩子的姓氏，兩種作法都是為了保護孩子的真實身份，也是避免將來特定孩子離園後資料外流。

當你在進行觀察的時候，外套、書籍和其他個人物品不應被帶進教室。孩子通常對皮包和手提袋感到特別好奇，這類物品也許會引起不必要的分心。此外，化妝品和藥品也會危害他們的安全。

在觀察進行當中，應避免和孩子、其他觀察者或教職員交談。無論如何，你的出現也許會引起某些孩子的好奇，有的孩子可能會問你正在做什麼，這時你最好據實以告，告訴他們你正在看他們遊戲或你正在寫他們如何遊戲的筆記。

了解孩子的最佳方式之一是：觀察他們並記下他們的行為（圖3-13），透過和其他班級成員分享你的觀察，你將更加認識孩子的真實狀況，這些記錄也能協助你進一步了解孩子，並成為一個更專業的幼教老師。

圖 3-13 透過觀察並記錄孩子的行為，你將成為更專業的幼教老師

摘要

　　評量是針對孩子成長和行為的觀察、記錄和建立檔案的連續歷程，以決定該提供孩子何種教育。評量是相當重要的，其最重要的原因是：評量結果可用來規劃發展合宜的課程。所有新生在入學時應進行預備性評量，隨著孩子在校就學期間，即應進行形成性評量。

　　大部分的評量法都包括觀察孩子，由研究者所進行的正式觀察結果可得到幼兒發展常模。發展常模是某特定年齡層孩子常態的特質和行為，而幼教老師通常運用非正式觀察法來蒐集資料。

　　應用在幼兒園的評量工具有很多種類型，包括：軼事記錄、檢核表、參與記錄表、評量表、作品樣本、照片和錄音帶，這些方法都有其優缺點。在評量期間所蒐集的任何資料都應放在孩子個人的檔案夾裡。

　　在觀察孩子時，客觀地描述記錄是重要的，一旦記錄描述性資料，接下來將進行解釋資料工作，解釋資料需要專業知識和技能，並對孩子成長和發展有深入了解。所蒐集的孩子資料應保持其隱密性，這也許是你應遵守的最重要原則。

回顧與反思

- 列出三項評量目的。
- 預備性評量和形成性評量有何不同？
- 下列選項中何種為正式評量法？

  A.檢核表

  B.標準化測驗

  C.評量表

  D.軼事記錄
- 列出三個選擇評量方法的考慮要項。
- 下列何者屬客觀敘述？

  A.倒牛奶

  B.搖晃娃娃

  C.公平

  D.感覺孤單
- 為何軼事記錄被認為是形式最簡單的直接觀察？

◎ 哪一種評量工具可用來了解所出現的行為品質或特質的程度？

◎ 列出檢核表的一項優點和一項缺點。

◎ 你可以選擇哪三種方法來處理三度空間資料，以便放入孩子的個人檔案中。

◎ 列出可以放入孩子檔案卷宗的五種項目。

◎ 說出在觀察孩子時應謹記在心的三項原則。

應用與探討

◎ 準備一份測量一群孩子顏色辨識能力的檢核表。

◎ 運用附錄，發展出評量四歲孩子動作技能的評量表。

◎ 將孩子團體互動歷程用攝影機錄下來，並放給同學們觀看。讓每個人都寫下並描述他／她所看到的，比較敘述內容的差異。

◎ 邀請老師到班上分享他／她如何發展和運用檔案卷宗。

◎ 發展使用戶外遊樂設施的參與檢核表。

◎ 讓每個學生觀察孩子十五分鐘，寫下軼事記錄並比較討論其結果。哪一種記錄方法內容最詳盡？哪一種方法只包括客觀性陳述？是否每一種記錄法都包括解釋性敘述？如果是的話，各是哪些？

◎ 檢視附錄中所呈現的三歲孩子的認知常模，然後製作評量孩子六種認知行為的評量表，運用此評量表來觀察一群孩子，並思考如何運用所獲得的資料。

第四章

了解出生到二歲的孩子

汪麗真

閱讀完本章之後，你將能夠：

◈ 描述發展的領域與特質
◈ 以圖表示出生到二歲孩子的身體發展
◈ 描述出生到二歲孩子的認知發展
◈ 解釋出生到二歲孩子的社會與情緒發展

關鍵辭

發展	成熟
嬰兒	反射
學步兒	動作發展的順序
學齡前幼兒	物體恆存概念
身體發展	延宕模仿
粗動作發展	電報句
精細動作發展	氣質
認知發展	依附關係
社會情緒發展	分離焦慮

　　學習及了解孩子的發展是從事孩子教育很重要的一部分，沒有兩個孩子是一樣的，孩子的身體、認知、社會、情緒的成長方式不同，他們對遊戲、情感、環境中其他因素的反應也不同。

　　想想你所知道的孩子，每一個孩子都和其他的孩子不同（圖4-1），有些孩子總是快樂的、有些孩子的人格特質似乎總是不愉快的；有的活潑、有的相當安靜，甚至你可能發現有些孩子容易討人喜愛。為了幫助所有的孩子，你需要了解他們的發展順序；為了引導孩子與設計符合發展的合宜課程，了解孩子發展是最根本的工作。

幼兒發展

　　發展是指發生在孩子身上的改變與成長，藉由學習幼兒發展，你將對不同年齡的孩子能做什麼有概括性的了解。了解孩子的成長和發展，將幫助你設計出合宜的課程，例如：你學到二歲的孩子喜歡跑步，其中含意就是，你應該提供空間讓孩子自由地活動。同樣地，你將學習到嬰兒是透過感官去探索的，他們經常會用嘴巴咬東西，了解到這一點，你要確定給嬰兒的所有玩具是乾淨和安全的。

圖 4-1　幼兒發展的知識幫助你
與不同人格特質的孩子
相處

　　我們常常使用不同名稱來描述不同年齡層的孩子，出生後頭一年的孩子叫作「嬰兒」，從第一年到第三年的生日我們稱為「學步兒」（此年齡層稱為學步兒是因為他們的步態很笨拙），用來描述三至六歲的孩子通常稱為「學齡前幼兒」。

　　幼兒發展是相當新的研究領域，研究者不斷地發現有關孩子成長、發展、在環境中學習的新資訊。因此，學習基本的幼兒發展只是開始，在你的工作生涯中，需要透過研討會、課程、專業文章、討論會等的方式獲得幼教領域最新研究和趨勢的資訊，專業發展是終生學習的過程。

（一）發展領域

　　孩子發展的研究通常分為三個主要的領域：身體、認知、社會情緒的發展。將發展分成三個領域以便於研究。

　　身體發展和身體的改變，以相當穩定、可預測的順序進行，因此它是有規律的，不是隨機的，包括骨頭密度、視覺、聽覺的改變。身高與體重的改變也是身體發展的一部分（圖4-2）。

　　身體技能的改變，例如爬、走、跳和寫字也是身體發展的一部分。身體技能主要的發展分為兩部分：粗動作發展指運用大肌肉技能的改善，例如

跑、跳和騎腳踏車屬於這類；精細動作發展指
小肌肉的運用，例如抓、握、剪和畫，這些活
動需要小肌肉發展。

環境因素，例如適當的營養、適合的玩具
和活動也會影響孩子的身體功能。

認知發展也稱為智能的發展，意指獲得知
識的心理過程。語言、思想、推理、模仿都包
含在內。辨別顏色、知道一個東西和其他的不
同也是認知發展。

語言和思想是認知發展的結果，兩者有密
切的關係，兩者都需要計畫、記憶、問題解決
能力，這些能力因成熟和經驗而發展。

圖 4-2　身高與體重的改變是身體
　　　　發展最明顯的兩個徵兆

第三個發展領域稱為「社會情緒發展」，把這兩個領域結合在一起是因
為兩者有其關聯性。學習與他人建立關係是社會發展；情緒發展涉及感覺的
精練與表達。信任、害怕、自信、自大、友誼和榮譽都是社會情緒發展的一
部分，其他情緒特質，包括害怕、膽小、興趣、高興（圖4-3）。一個人的自
我概念和自尊也包含在這個領域。

這三個發展領域是有相關的，某一領域的發展對另一個領域的發展有強
烈的影響，例如：以寫字而言，需要精細動
作發展與認知發展才能進行；語言發展是認
知發展的一部分，用來與他人溝通並促進情
緒與社會發展。

（二）發展的特質

雖然每一個孩子都不相同，但發展的基
本型態是可預測的。發展方向由頭向下進
行，稱之為頭尾原則，根據這個原則，孩子
首先獲得頭部控制，其次是手臂，然後才是
腿部，因此嬰兒出生後兩個月內，獲得頭部
控制能力和臉部動作能力；接下來幾個月，
他們能用自己的手臂撐起自己；六到十二個

圖 4-3　學習信任與對他人表達感情
　　　　是社會情緒發展的一部分

月之後，嬰兒開始獲得腿部控制能力以及能夠爬、站和走。

　　發展的近遠原則是指發展從身體中心向外進行，即脊椎先於身體外圍部分。孩子的手臂發展先於手，而手和腳的發展，又先於手指與腳趾。手指與腳趾肌肉最後才發展。

　　發展依賴成熟，成熟指孩子生物上改變的結果，這些改變給孩子新的能力，大部分的成熟依賴腦部與神經系統的改變，這些改變改善孩子思考能力與動作技巧。

　　在孩子獲得某些技巧前，必須成熟到某一個階段（圖4-4），例如，四個月大孩子的腦，還沒成熟到足以允許孩子使用語言；二歲後，在其他人的幫助下，孩子能說話也能了解許多話的意思。

圖 4-4　　孩子在爬之前，增進肌肉力量與協調性是必要的

　　發展的特質幫助你了解孩子發展的順序，然而，每一個孩子有他自己的發展速度，你可能會發現，同年齡的孩子在每一項發展領域有不同的發展結果，了解發展的型態將幫助你了解孩子已獲得何種能力，以及幫助孩子成功的發展新技巧的活動。

出生到二歲的身體發展

　　出生到二歲的生長是快速的，孩子的個子大小、體型、感覺和器官改變了，有些發展是快速的，有些是漸進的，隨著每一次的改變，孩子獲得新的

能力。孩子出生的第一年，大部分時間都在發展動作技能的協調性，雖然動作重複，但嬰兒獲得身體力量與動作協調性。

身為保育員，你必須了解出生到二歲孩子的身體改變，活動、飲食、睡眠休息、安全措施需隨孩子成長而調整。例如：四個月以內的孩子沒有足夠的力氣移動，這些孩子喜歡整天被搖著或抱著，他們也喜歡坐在嬰兒座椅上；然而，十二個月後，嬰兒的大肌肉有更好的發展，這時候孩子需要更多時間與空間來爬和走。

（一）體重與身高

嬰兒的體重幾乎每天都在改變，出生體重平均是七又二分之一磅（約三千四百公克），五個月後體重增加一倍。一歲以後，一般孩子的體重是二十二磅（約十公斤），為出生時的三倍，二歲以後，體重為出生時的四倍。

嬰兒的身高也快速改變，新生兒平均身高二十吋（約五十公分），十二個月後成長十到十二吋（約二十五到三十公分）。第二年大部分孩子成長二到六吋（約五到十五公分），二十四個月後，大部分孩子有三十二到三十六吋（約八十一到九十一公分）高。

二歲前，男孩與女孩的身高與體重不同，在此年齡階段，大部分男孩身高比女孩高，體重也比女孩重。二歲時，男孩身高能長高到成人時的一半，同年齡的女孩身高差一到二吋才能到成人時的一半。

（二）反射

出生時，嬰兒的身體能力受限於反射，反射是身體對刺激的自發性反應，個體無法控制這種反應，例如：眨眼反射是指當某個東西朝向你的臉靠近時的一種反射，有些反射一生都會持續存在，像眨眼反射。嬰兒身上的一些反射，有些在出生後數週或數個月就消失了。

醫生或其他嬰兒工作者會檢查反射以評估腦和神經發展。當嬰兒身上沒有出現正常反射時，它可能是腦與神經受損的一種徵兆；如果這些反射過了應該消失的時間而未消失，可能要懷疑是腦或神經的損傷。表4-5是專業人員測試嬰兒反射的項目，通常嬰兒不會在同一時間獲得或喪失這些反射，表中也顯示這些反射通常會消失的年齡範圍。

新生兒反射	
反射	消失年齡
搜尋反射	3 個月
摩洛反射	5～8 個月
抓握反射	3～12 個月
巴賓司基反射	8～12 個月
踏步或行走反射	2～3 個月

表 4-5　過了反射消失時間而未消失，可能是神經或腦部損傷的徵兆

1.搜尋反射

　　有些反射是嬰兒生存所必須的（圖4-6），這些反射包括搜尋和吸吮反射，搜尋反射讓嬰兒把頭部轉向輕擦他臉部的任何東西，這個動作幫他們找到食物的來源，例如：乳頭。只要一有東西接近正常嬰兒的唇，嬰兒會立刻開始吸吮，此反射幫助孩子獲得食物，通常在三個星期後就會消失。

2.摩洛反射

　　摩洛反射又稱「驚嚇反射」，發生在新生兒被吵雜聲或突然的動作所驚嚇時，嬰兒雙手與雙腿會向外伸展，頭向後仰，然後嬰兒很快把手臂縮在一起並放聲大

圖 4-6　搜尋和吸吮反射有助於嬰兒獲取食物

哭，這反射在第一個月達到高峰，通常二個月後就會消失。

3.抓握反射

　　抓握反射很容易觀察，當你用手觸摸嬰兒的手掌，他的手會緊緊抓著，緊到你可以把嬰兒舉到坐起的姿勢，但可不要真的做這個動作；既然嬰兒無法控制反射，那麼反射就有可能在舉起過程中忽然消失。把其他物品放在嬰兒手掌上也可能有這種反射。此反射在出生後三或四個月就會消失。

4.巴賓司基反射

　　巴賓司基反射出現在正常的足月產嬰兒身上，測試時輕觸足底的外側，從足跟到大姆趾處，此時大姆趾會像扇子往外展開、彎曲、足部會扭轉。通常這個反射會持續一年。

5.踏步或行走反射

　　踏步或行走反射在正常足月產的嬰兒身上可觀察得到，當嬰兒被抱起，將腳放在一平面上，雙腳會出現踏步動作。此反射在出生兩個月後消失，並在一歲後轉為自願學習的行為。

（三）動作發展的順序

　　動作發展的順序指孩子能完成新動作的順序，每一個新動作建立在先前的能力上，動作發展的順序視腦部和神經發展而定。因為這個原因，動作發展以接近腦與脊椎區域為優先。

　　出生後第一個月發展頭與軀幹的控制能力，嬰兒能從一個平面上抬起頭來，也能將頭從一側轉到另一側以注視移動中的物體。

　　嬰兒在四或五個月大能翻身，大部分嬰兒先會從腹側翻到背側，沒多久就能很快地從背側翻成腹側。

　　在四到六個月大時，大部分嬰兒能夠挺直地坐在高椅上，這個動作需要嬰兒脖頸和背部肌肉發展成熟才能完成。

　　嬰兒漸漸能夠自己坐起來，接著發展爬的動作，這個動作發展在他能夠由背側翻成腹側姿勢後不久。為了要爬，嬰兒會用手臂和腹部蠕動，有些嬰兒可能會用到腿部幫忙推進。

　　當手和腿的力量增強，嬰兒就能夠跪爬。跪爬是指嬰兒能用雙手和雙膝力量支撐身體重量（圖4-7），然後他們能移動手和腿前進。當手臂和腿部力量逐漸增強，嬰兒在成人的協助下便能夠站起來，不久，在家具支撐下也能夠站起來。

　　當腿部力量及協調性更好時，嬰兒在成人

圖 4-7　跪爬比爬需要更強的腿部肌肉力量和較佳的腿部控制力

引導下就會走路，不久之後，他們能夠自己站起來。接著，嬰兒能夠在沒有東西支撐下站立，最後就成為真正的學步兒——在沒有支撐及協助下自己走路。

動作技巧的發展有幾個階段，當孩子的動作技能逐漸成熟時，孩子的動作也會改變。想像一下，當孩子第一次嘗試走路，動作是很笨拙的。首先，他很難維持直立的姿態，其次，他常會不預期地失去平衡。孩子的小步伐是以大姆趾朝外的方式前進，且雙腿保持張開才有較寬低的底盤來維持平衡。

漸漸地，走路出現較平穩的步伐，步伐長度加長，手臂揮動減少，雙腿距離較近，減少底盤支撐的力量（表4-8）。

步行的順序

不成熟的階段	成熟的階段
・維持直立姿勢有些困難	・可維持直立姿勢和平衡
・僵硬的外表	・步伐長度增加
・經常失去平衡	・雙腿靠在一起以縮小底盤的支撐
・採取較小的步伐	・放鬆的外表
・大姆趾朝外	・雙臂放在身體兩側
・兩腿張開作為底盤的支撐力	
・雙臂放在腰上的位置	

表 4-8　動作改變後讓步伐更為平穩

手部最初的動作是反射的，在三到四個月時，嬰兒喜歡用力打東西，在這個階段他們仍然無法抓握物體，因為他們不是太早就是太慢把手合起來，到了九個月時，手眼協調能力改善，嬰兒就能撿起物品。

大約十六個月大的時候，嬰兒已經能夠拿起粉筆塗鴉，在二歲前能完成垂直或平行線條的簡單圖畫。二歲的孩子會顯示出較喜歡用哪一隻手，某些孩子的「優勢手」到四歲才建立起來。

在這兩年可獲得許多其他動作技巧，這些技巧列在附錄上，並列出平均年齡，這表示大約一半的嬰兒已發展出這個技巧。因此，如果孩子並非每項技巧都符合發展年齡，你也不必太擔心；然而，當孩子比同年齡的孩子落後太多時，你就必須為孩子尋求幫助，例如：如果十七個月大的孩子不能翻身，就應尋求幫助。

出生到二歲的認知發展

出生後大部分嬰兒的動作發展是反射的結果，當嬰兒成長時，他們開始學習操控，讓事情發生，他們很快便能協調動作去抓奶瓶並喝奶。他們也開始根據不同的需求來反應，肚子不會餓時，他們可能會把奶嘴吐出來，反之則由吸吮奶嘴而獲得滿足。

影響孩子認知發展的兩個主要力量是遺傳和環境，遺傳決定孩子的腦部和感覺何時成熟，且足以學習某些技能，環境因素也影響學習，孩子需有機會去使用他們的感覺和嘗試新的事物（圖4-9）。身為保育員，你需要提供環境，讓孩子能夠發展智能上的潛力。

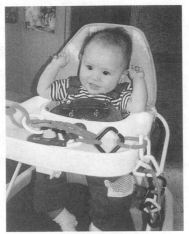

圖 4-9　你提供給嬰兒與學步兒的活動可以促進他們認知的發展

能夠看、聽、感覺、嚐和聞對學習而言是重要的，透過這些感覺，孩子能認識許多物體和概念。所有的感覺在生命的頭兩年發展，尤其視覺和聽覺發展特別快。

（一）出生至三個月

新生兒的視力在出生時是模糊的，出生後幾個星期，物體的焦距出現在嬰兒的視覺範圍的中心，近距離視覺比遠距離發展較好，他們喜歡注視面前八到十五吋（約十三到三十八公分）距離的物體。

當視力改善，嬰兒會比較偏好某些物體。嬰兒似乎對有圖樣的圓盤注視時間較久，喜歡棋盤方格和條紋圖案勝過單一顏色的圓盤。嬰兒似乎較喜歡鮮豔顏色勝於淡的顏色；並專注於臉部輪廓勝於其他物體（圖4-10）。事實上，二個月大的嬰兒注視笑臉

圖 4-10　嬰兒喜歡臉型更勝於其他物體

的時間比注視沒有表情的臉還長。

當嬰兒逐漸長大，對臉部的注意力也跟著提高，一個月大的嬰兒會注意髮線，二個月時會對眼睛比較有興趣，三個月大的孩子對臉部表情最有興趣，這些改變顯示嬰兒對吸引他們的臉部是有些想法的。

聽覺也在生命的早期發展，出生嬰兒會把頭轉向聲音的來源；嬰兒會被大的聲音所驚嚇，通常對這些聲音的反應方式是哭。這些新生兒藉著規律的聲音像搖籃曲或心跳聲會再度哄他們入睡，他們也會忽略其他聲音，只對人類的聲音有反應。在三個星期大時，新生兒會分辨母親、父親和陌生人的聲音。

出生後的頭三個月，嬰兒無法區分自己和周遭的物體，如果嬰兒看見他們的手在動，他們不認為是他們自己在做這個動作，在他們的想法裡，可能是其他人的手。這階段的嬰兒開始對反射動作做實驗，新生兒吸吮任何接觸到他嘴巴的東西，即使在睡覺時也在做這個動作。漸漸地，這些孩子適應對環境中各種物體的反射行為，他們學習用不同的方式吸吮奶瓶、奶嘴和手指。

（二）三到六個月

在這期間，嬰兒開始注意周遭環境之前，他們只是凝視著物體，現在嬰兒更仔細地查看物體，六個月大的嬰兒能夠區別熟悉和不熟悉的臉孔。

嬰兒也開始透過摸一摸、搖一搖，以及敲打的方式來學習他們所看到的物體，他們注意到玩具能夠發出聲音，且記憶力、預測和自我知覺也都正在發展中。嬰兒學習到敲玩具能發出聲音，也學習到他的動作能引發這個聲音出現。

嬰兒在三到六個月開始出現判斷力，例如：他喜歡父母身上的味道和聲音更勝於陌生人，早在出生後的頭三天，嬰兒就會對吵鬧聲有所反應。嬰兒在這個階段也試著找出吵鬧聲的位置，他會把頭轉向聲音的來源，四處尋找聲音的來源，例如：電鈴聲、狗叫聲、發出聲音的鬧鐘，雖然嬰兒常常會轉錯方向。

從出生開始，嬰兒會發出聲音，這階段發聲練習開始增加，當你抱著他或和他玩時，你將會發現這階段的孩子會發出許多聲音。

在這個階段的嬰兒也對他人的觸摸有新的反應，如果吹或輕吻嬰兒的腹

部位置，他可能會笑得咯咯作響，這階段的孩子對輕觸或搔癢會有快樂的反應。

這階段的嬰兒用感覺與動作在思考，四個月大的嬰兒會開始以可預測的方式來認識物體，如果你給這階段的孩子一個物體，你將看到這種反應模式。首先孩子會先注視物體，然後他會放到嘴巴舔一舔或搖一搖（圖4-11），孩子可能也會試著開始在地上敲擊物體，這是嬰兒學習物體能做什麼或如何使用的方式。

圖 4-11 把東西放進嘴巴是嬰兒認識物體的主要方式

這階段快接近結束之前，身體知覺開始發展，玩的時候可能會咬他自己的腳趾，如果有牙齒，他可能因造成傷害而感到震驚，但並不能阻止他自己做這件事，對其他腳趾和手指，他仍然會犯相同的錯誤。

（三）六到九個月

這個階段開始發展物體恆存概念，此概念是嬰兒能了解即使他沒有看見物體，物體還是存在。在這之前，只要離開視線，就如同離開他的頭腦，如把玩具放到地毯下，較小的嬰兒不會去找，此一時期的嬰兒則知道玩具還是存在的。

開始了解物體恆存表示正在發展記憶或目標導向思考方式，孩子將開始尋找已被蓋在地毯下的玩具。這表示孩子記得玩具在哪裡，也表示孩子為尋找玩具而採取行動，如果嬰兒這次無法找到玩具，幾秒鐘內他就會放棄尋找。

你可秀出有趣的玩具來測試嬰兒的物體恆存概念，然後在嬰兒注視下用毛巾或毯子蓋住，如果嬰兒嘗試拉毛巾或找毯子來蓋住玩具，表示嬰兒具有物體恆存概念，也顯示目標導向的行為。

物體恆存概念表示嬰兒了解他人是一直存在的，先前孩子如果不舒服會簡單地哭，或當需要獲得滿足便會停止哭泣。現在，孩子開始了解可以把「哭」當成呼喚父母或保育員的方式，他們了解到：即使一個人不在視線範圍，這個人仍然存在，哭聲將會把人叫回身邊來。

用哭聲把成人呼喚回來也是孩子正在學習溝通的一種訊息，孩子學習製造聲音使成人了解他的需要。這時候，孩子開始用其他方法溝通，當孩子開始發出一個聲音，他會注意傾聽回應，如果你也發出一個聲音回應，嬰兒將會再回應，通常叫到他的名字時他會注意地聽。

（四）九到十二個月

這個階段的嬰兒對自己的目標更加專注，嬰兒確定什麼是他想要的，如果把他放在安全遊戲圍欄內，他可能哭著要出來，一旦出來，孩子可能會爬過房間去拿被禁拿的東西，同時沿路上，孩子可能忽略其他有趣的東西。

孩子也開始參與某些事件。這個階段的孩子看見爸爸或媽媽穿上外套，可能會開始哭，嬰兒已經學到這表示父母將要離去；當孩子看見父母進到嬰幼兒園，他可能開始變得興奮或快樂。

（五）十二到十八個月

從十二到十八個月，嬰兒的聽力與語言持續發展，他們喜歡玩躲貓貓遊戲。這個階段的孩子喜歡嘗試錯誤的問題解決方法，他們嘗試拿物體來做實驗以發現物體新的使用法（如圖4-12），方法可能包括轉動、擲或拋。當他發現玩具能夠發出聲音會很有興趣，並開始了解他所用的力量影響玩具發出聲音的大小及柔和度。

因果關係吸引這些年幼的學步兒，例如：孩子開始會去拍水，然後看水濺出來，孩子也開始學習運用因果關係達到目標，例如：孩子可能學到拉桌

圖 4-12　學步兒常常尋找使用物體的新方法

布就可拿到盤子裡的小點心。

　　語言是一項行為的改變，它是經驗與成熟的結果，它也和孩子的環境有關。例如：在西班牙，孩子學習講西班牙話，在義大利，孩子學習講義大利語，在這個階段，語言變成溝通較主要的一部分。在這之前，一些孩子可能學會說一些字彙，例如：爸爸、媽媽，現在孩子開始學說一些新字彙，孩子第一次的字彙通常包括物體移動或熟悉動作，這些字彙有汽車、卡車、球、挖、上、下、拜拜、濕、髒或燙等。這時期通常用一個或兩個字來溝通，他們還不知道如何結合一些字彙以形成句子。

　　在這時期，書本對孩子更加重要，孩子喜歡坐在你的大腿上聽你說故事。年幼的學步兒能在簡單的圖畫書中辨認出許多圖片來，當你指著圖畫，孩子就會加以命名，大部分的孩子在這個階段可了解的勝於他所能說出來的。

（六）十八至二十四個月

　　當孩子接近第二個生日，他們開始更想要融入生活周遭的環境，這階段的孩子在行動之前會先思考，他們能夠根據對物體的了解來解決問題，不必一再嘗試錯誤，例如：孩子可能知道站在凳子上可以更靠近浴室內的水槽；孩子可能會想辦法拿餐桌上的餐點；孩子可能會拿椅子或打開的抽屜來代替凳子，但他仍然需要藉由行動來思考事情。

　　這個階段的學步兒很努力地改善思考技能或動作技能，這常常使得保育員感到精疲力竭。這些孩子想要主動探索每一件事情，他們盡可能想要發現愈多的新地方或東西，然而，這些孩子還沒大到可以了解探索過程中可能面臨到的危險，例如：他們可能踏在一個打開的抽屜來取到東西，而沒有考慮到抽屜會掉下來。因此，你必須持續地注意學步兒並試著確保他們的環境安全。

　　想像扮演的開始是這個階段孩子世界的一部分，年幼學步兒的扮演通常是延宕模仿的一種型式。「延宕模仿」是指看到一個人的某種行為，之後才仿效這個行為（圖4-13），例如：一位父親每晚幫他的孩子蓋好被子，然後在他的額

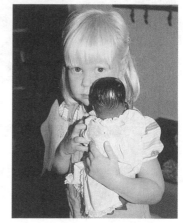

圖 4-13　孩子的想像扮演行為是從家裡學來的

頭上親一下，隔天在幼兒園，孩子可能為洋娃娃蓋好被子並親一下，孩子也可能扮演他看過的動物，例如：狗。

現在這些孩子可能了解符號代表其他真正的物體，例如，較小的孩子可能拿娃娃旋轉或用它來打東西，然而，現在孩子會像抱個小寶寶一樣地抱著娃娃，而且會幫它蓋被子。

孩子學習愈來愈多的字彙，首先學步兒通常每個月會增加一到三個字彙。然而，在十八到二十四個月，可能每個月增加十到二十個新字。當他們的字彙增加到二百個時，他們開始把兩個字結合起來。電報句是結合二個字詞的片語，例如：孩子可能說「狗狗汪」，讓你知道他聽到狗叫。表4-14呈現了這個階段的學步兒常使用的典型的兩個字片語。

孩子喜歡跟你分享他所知道的，當你說到某些物體名稱，他們可能指出那個物體，並告訴你它是什麼東西，他也喜歡指出你說的物體名稱，例如：你可能對他說「摸你的鼻子」，孩子會很快指出身體的部位，之後你可以要他指出房間裡的其他東西。

學步兒典型的電報句

- 強尼打打（Johnny hit.）
- 大球球（Big ball.）
- 給牛奶（Give milk.）
- 我熊熊（My bear.）
- 嗨爹地（Hi daddy.）
- 不牛奶（No milk.）

表 4-14 顯示出這個階段的學步兒所使用的電報句

出生到二歲的社會情緒發展

出生時孩子不會出現複雜的情緒，情緒只分基本的舒適或不舒適，他會使用動作、臉部、表情和聲音來溝通，用咕咕聲來表示他的舒服或愉快，用哭來表示他的不舒服。

在生命的頭幾個月，你可能觀察到某個範圍的情緒，快樂的樣子是嘴角

往後拉，臉頰提高；六到九個月之間，嬰兒開始出現害怕、焦慮和生氣的情緒，害怕的樣子是嘴角向後拉、嘴巴張得大大的、眼睛變寬、眉毛上揚。在第二年快結束時，孩子已會用許多方法來表達情緒。

在社會發展上，孩子較關注少數幾個常親近的成人，在嬰兒第一個生日過後，孩子可能對其他學步兒更有興趣（圖4-15）。然而，成人對這個年齡層的孩子還是很重要，身為保育員的你，需要了解自己的行為對孩子的情緒發展有很大的影響，孩子已準備好建立關係，他需要保育員立即回應他不安的情緒。

圖 4-15　一歲大的孩子開始對友伴有更多的興趣

（一）氣質

即便才剛出生，孩子的氣質對環境的反應方式就已經不同了。氣質是指情緒反應的品質及反應強度、趨避性、反應閾、活動量等。

趨避性指孩子對周遭事物的接受或退縮程度，被動的嬰兒會對新見到的人或事件退縮。

孩子的反應閾或感到不安的傾向各不相同，有些嬰兒容易哭，即使你抱著他們或試著安撫他們，他們仍可能不易感到舒適。有些嬰兒不常哭，這些嬰兒不太會被周遭的改變干擾，成人照顧他們通常較容易得多。

嬰兒的活動類型或活動量也不同，一些嬰兒很安靜、動作不多，睡著之後可能一點也不會動；其他嬰兒則可能不停地移動他們手臂或腿，這些嬰兒即使睡覺也睡不安穩。

在你照顧嬰兒時，對不同氣質的孩子都要給予同等的關注，如果給予耐心、細心的照顧，大部分的孩子會快樂成長並且適應良好，即使是非常不安的孩子也是一樣。

（二）依附關係

依附關係是兩個人之間的強烈情緒連結，大部分的嬰兒很依賴生命早期的主要照顧者，可能包括母親、父親、保育員或年紀較大的手足。年幼的嬰兒在飢餓、尿布濕了或害怕時，就可能要靠這些人使他們更舒適。依附品質視成人而定。

嬰兒會出現數種早期的依附行為，這顯示嬰兒對主要照顧者會有反應與關注的行為。嬰兒特別關注主要照顧者，當他們接近嬰兒時，嬰兒可能露出清晰溫暖的微笑，其他依附行為有咕咕聲、興奮、咯咯聲和大笑聲。哭和緊抱也是孩子的依附行為，這表示嬰兒對主要照顧者的依賴。

依附行為很早開始發展，研究顯示一個月大的嬰兒如果由一位不熟悉的人來照顧就會出現焦慮症狀，這些不安的徵兆會以不規律的睡眠及不同的進食型態出現。

分離焦慮是嬰兒會出現的另一種依附行為。當他所熟悉的保育員離去，孩子會不高興，孩子經常哭即是一種不安的徵兆。分離焦慮第一次出現在大約六個月大時，九個月大時變得更明顯，十五個月大時，則分離焦慮變得更加強烈，之後不安會逐漸減弱。

身為保育員，你需要了解這個年齡層孩子的依附行為，九到十八個月大的孩子剛開始上嬰幼兒園會有很大的困難，為了讓孩子更容易適應，你應該鼓勵父母帶孩子最喜愛的玩具與毯子來。

當孩子出現分離焦慮，你需要提醒自己不要採取個別化的反應，這些孩子只是害怕他們熟悉的保育員離開他們，他們不知道在不熟悉的環境與不熟悉的人際中該怎麼辦。當孩子對嬰幼兒園的人及日常例行作息更加熟悉時，他就比較不會不安。

（三）改變的持續性

出生後的頭兩年，你會發現孩子在社會與情緒發展上改變許多，身為保育員，你的表現將影響孩子如何改變。建立信任感對社會情緒發展是一關鍵因素，信任感發展有可預測性，如果你滿足孩子的需要並鼓勵他們與他人互動，孩子將學會信任和喜歡他人，並因此感到安全與快樂。

1.出生到三個月

剛出生的新生兒沒有精細的情緒，全身性激動和不安是僅有的情緒表現，孩子看起來也許是警覺、微笑或激動的，會透過哭來表示不安。觀察這階段的孩子，你會發現孩子哭的時候並沒有眼淚。

2.三到六個月

三個月大的孩子開始以微笑或大笑來回應身邊的人，當成人跟他玩，抱他或者餵他時，他都會發出快樂的聲音。在這個階段，孩子開始注意到其他嬰兒，並會對他們微笑；孩子仍會透過哭來表達不安，在這個階段早期，眼淚開始出現了，之後，孩子開始運用不同的聲音來表達不同的不安情緒。

3.六到十二個月

在這個階段的嬰兒變得更主動與保育員互動，當成人與他們玩或照顧他們時，孩子會表現出快樂、喜歡和驚訝的情緒，對他人的話也會發出聲音來回應。嬰兒也開始發展害怕的情緒，孩子見到陌生人會哭你應該不會感到驚訝，孩子對保育員也發展出依附關係，當保育員離開時，他們可能會哭甚至生氣。

對孩子、父母或你來說，這個階段最為困難，因為孩子開始出現分離焦慮。結果，當孩子進入嬰幼兒園時，他可能會開始哭泣或緊抱成人。若你試著把孩子帶離父母，他可能會試著把你推開；父母離開之後，孩子可能持續地哭，然而大部分孩子在幾分鐘後會停止哭泣，這種行為可一直持續至十四到十六個月。

4.十二到二十四個月

這階段初期，孩子仍然出現分離焦慮，也會因為某些他們認為以後會發生的事而變得不安，例如：孩子會緊緊抱住即將要離去的父母。

這些孩子變得對探索更有興趣，雖然他們仍然對不熟悉感到害怕，對新的環境和事物感到好奇（圖4-16），孩子若感到有安全感，會比那些對環境覺得不確定的孩子更可能去探索。這階段的孩子開始對其他孩子感

圖 4-16　好奇心有助於學步兒探索新
　　　　　地方和新事物

到更有興趣,他們喜歡緊鄰其他的孩子玩,但還不會與對方有太多的互動。

在這時候,孩子開始變得比較知道自己的能力,這種自覺是孩子樂趣和生氣的來源。當學步兒一直想為自己做些事卻做不到,對孩子來說,這可能會讓他很挫折。

孩子變得更有自覺,也喜歡說:「不要!」這些孩子喜歡知道他們能控制事情的發生,他們不總是想做成人想要他們做的事,有時候他們對你說「不要」,只是想看看會發生什麼事,你需要仁慈而堅定地對待他們,幫助他們了解有規則必須遵守,重要的是,你必須要了解這是孩子的需求。

摘要

　　了解嬰幼兒發展將幫助你成為成功的保育員或幼教老師。嬰幼兒發展的研究分為三個領域：身體、認知和社會情緒發展，孩子在出生到二歲快速地生長，在身體發展上，孩子最初許多的反射最後被自主性動作所取代，他們長得更大、更強壯，嬰兒能夠翻身、爬、慢慢移動，最後能走。

　　認知發展是孩子對環境的反應，例如：嬰兒會把東西含在嘴巴或敲擊物體來了解物體的屬性，他們也開始了解，即使物體看不見，物體還是存在的，孩子開始思考他們如何達到目標，他們最初是透過哭聲，後來則是使用語言。

　　每一個孩子帶著不同的氣質出生，預定了這個階段的社會情緒發展，年幼的嬰兒傾向出現兩種主要的情緒——不安和激動，當嬰兒逐漸成長，他們變得更依附保育員，他們會出現喜歡、快樂、驚訝和害怕的情緒，當所愛的人離開他們，孩子可能會出現分離焦慮。當孩子長大一些，他們會對他人及自己的能力很有興趣，這些孩子也會藉由對規則或建議說：「不要」來試驗成人，然而，他們也會對自己的成就感到驕傲，這些孩子仍然需要成人的愛和關注。

回顧與反思

- 骨骼厚度、視覺和聽覺的改變是 ＿＿＿＿＿＿ 的一部分。
- 對或錯。信任、害怕和驕傲屬於認知發展。
- 列出並解釋三個發展的特徵。
- 對或錯。反射測試可以用來發現嬰兒是否有腦或神經的傷害。
- 為什麼嬰兒在爬之前他們要先能慢慢匍匐前進？
- 如果你把玩具車放在三到六個月大的嬰兒面前，嬰兒最可能做什麼？

  A. 忽略玩具車

  B. 哭泣

  C. 把玩具車放在他的嘴巴

  D. 沿著地板滑動玩具車製造聲音
- 描述如何測試孩子的物體恆存概念。
- 有一天，一位學步兒看著他的媽媽在修剪草地，然後這名學步兒也在嬰幼兒園假裝修剪草地。這證明他是在練習 ＿＿＿＿＿＿。
- 描述「電報句」並舉例說明。

○ 描述影響孩子氣質的三個因素。

○ 對或錯。孩子在第一次生日後才開始出現依附行為。

○ 三個月大和一歲大的嬰兒其社會情緒有何不同？

應用與探討

○ 訪問一家嬰幼兒園觀察之間有何不同。

○ 邀請一位小兒科醫師說明嬰兒的發展順序。

○ 觀察父母照顧嬰兒或陪嬰兒玩的情況，記下孩子是幾個月大，寫一份描述孩子與父母互動的軼事紀錄，在課堂上與同學分享你的觀察。

○ 使用雜誌上的圖片或目錄做一張嬰兒發展的公布欄。

到了三歲時，孩子開始與同儕建立友誼。

第五章

了解二歲和三歲的孩子

邱書璇

閱讀完本章之後，你將能夠：

◈ 描述二歲孩子的身體、認知和社會情緒發展

◈ 解釋三歲孩子的身體、認知、社會和情緒發展

◈ 了解二歲和三歲孩子的發展對老師角色的影響

關鍵辭

語言理解

表達性語言

自我中心

性別角色

自我概念

為了更了解二歲和三歲的孩子，你必須要了解這個年齡孩子的行為。一般而言，二歲的孩子是主動、苛求且好奇的，而三歲的孩子則較為平和，通常他們會試著去取悅人並保持穩定，了解這些差異將有助於你設計出符合每個孩子需求的課程。

二歲孩子的身體發展

二歲的孩子身體繼續成長，但已比嬰兒期的快速成長減緩了些，二歲孩子一年內約會長高二到三吋（約五到八公分），體重會增加五磅（約二公斤），眼、胃、心臟和肺等器官變得更強壯些。

孩子的消化系統成熟緩慢，二歲孩子的食慾每天不同，在點心時間有時很有食慾，有時則可能拒絕吃點心，同樣地，正餐吃什麼也可能不同。

兩歲孩子身體的協調性逐漸進步，他們頭部重量減少且身體重心向下轉移，提供設備、空間和支持，這些孩子更能夠熟練各種大肌肉動作技巧，圖5-1，通常他們能跑、能跳而且不會跌倒，這些孩子的小肌肉動作也在進步之中。

（一）大肌肉動作發展

　　由於協調性和身體控制能力的進步，使好動的二歲孩子玩起球來有很大的樂趣。除了能彎腰撿球之外，他們也能踢動大球，這些孩子通常能丟球而不會跌倒。

　　二歲孩子比之前更能控制腿與足部肌肉的力量，他們能夠一腳一階的上下樓梯（大部分孩子在這個階段移動步伐需要扶著欄杆），他們也能兩腳站在平衡木上。這些孩子會有技巧地用腳尖走路，他們能單腳維持站姿的平衡，也可能會跳，他們能雙腳從數吋高的地方跳下，大部分的孩子能

圖 5-1　二歲時肌肉力量與協調性已有進步

立定跳大約八吋半（約二十二公分）的距離，此外，大部分兩歲孩子能夠坐或騎玩具車且以雙腳移動它。

（二）小肌肉動作發展

　　二歲孩子快速地發展手指的靈活度與控制感，他們能夠把鑰匙插入鑰匙孔且一次翻幾頁書，大部分孩子能夠串起大珠子，或是繞線軸和紙卡（圖5-2），他們也能適當地拿剪刀；二歲之前能夠開闔剪刀。

　　在這個階段，優勢手會完全地發展，許多孩子會使用同一隻手做大部分的小肌肉動作，然而，這些孩子從事某些活動的過程中還是會換手，例如：亞歷士用右手畫畫，但用左手吃東西與丟球。

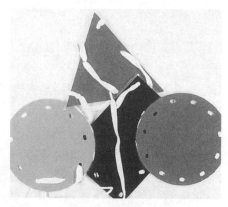

圖 5-2　使用像這樣的洞洞板可幫助二歲孩子增進他們的小肌肉動作技巧

　　你將看到這階段的孩子使用書寫工具。大約二十四個月大的孩子開始塗鴉，一開始，這些塗鴉像糾纏在一起的線；大約三十個月大時，孩子可以畫出水平線、垂直線和圈圈，大部分的孩子是用拳頭握著工具、蠟筆或鉛筆來畫畫的。

　　二歲孩子搭建積木變得更有技巧，他們可以疊六到七塊的積木塔，他們也能使用二塊或更多塊積木來做火車以及推著走。

（三）生活自理能力

　　只需一點點的協助，二歲的孩子便能夠完成許多生活自理技能，他們開始在別人的幫助下練習穿衣，首先，他們能夠自己脫衣。他們能脫下簡單的衣物，像是短襪、鞋子和褲子，也可以成功地打開鈕子；接著，他們開始自己穿衣。剛開始，他們要先試穿簡單的外衣，拉鍊也許拉得起來也可能拉不起來。三十個月大以前，大部分的孩子可以解開大的鈕釦、扣上釦子以及穿上自己的短襪，然而，在他們嘗試這些技能時，你必須從旁協助。

　　這個年齡之前，孩子在沒有協助下就可以用杯子或玻璃杯喝水，他們可能常常潑灑出來，但經由練習就能改善他們的喝水技巧；二歲的孩子也能使用湯匙自己吃東西，但在急著吃時，他們可能會故態復萌地用手指抓著吃。

　　二歲開始可以進行如廁訓練，大部分孩子練習使用廁所，然而意外還是常常會發生。孩子在二十四到三十五個月之間，在大便的控制上已不太會有失控的情況，但仍有幾個月會有尿溼的現象；到三十三個月大時，許多孩子已不需要協助就能夠使用廁所。

❀ 二歲孩子的認知發展

　　二歲孩子的認知發展主要在三個領域，包括：語言理解技巧、語言表達技巧以及數理能力，這些領域反應著孩子的智力。

（一）語言理解技巧

　　一個人對語言的了解稱為語言理解力，有的專家稱之為理解性或是內在語言，對孩子來說，這種語言的形式比表達性的語言更早發展出來，例如：一個二十個月大的孩子也許能夠依照指示做動作，然而，這孩子可能還無法

說那麼多話。

語言理解能力在二歲時快速成長,這些孩子能夠了解和回答常規問題,在說故事時,你可能指著一張圖片問道:「那是什麼?」孩子可能回答說:「小寶寶。」(圖5-3)。

二十四個月之前,大部分的孩子能夠指認至少六種身體部位,孩子可能在他們自己、他人或洋娃娃身上指出這些部位。他們喜歡玩「找一找你的腳趾」或「你的眼睛在哪裡?」這樣的遊戲。

許多其他新的技能發展大約也在二十四個月左右,孩子能夠理解「我」、「我的」等代名詞,他們也能適當回答「是」和「否」的問題。

圖5-3　二歲孩子能回答圖畫書中與圖片相關的問題

在三十個月之前,孩子已到達其他的里程碑,像是在你的要求下,孩子可以拿一塊餅乾給你。他們也能夠做出二個步驟的指令,例如,你能夠告訴孩子:「脫掉外套,然後把它放在衣櫃內。」

這些孩子也能回答四十四個「在什麼地方」的問題,例如,你可以問孩子:「你的衣櫃在什麼地方?」、「你在什麼地方洗手?」

二歲孩子理解話語的能力乃繼續發展,當拿起東西時,二歲的孩子能夠分辨出「輕」和「重」的不同,大小的概念也正在發展中,孩子了解「大」和「高」這樣的字,也開始了解與空間有關的字詞,包括:「上」、「下」、「外面」、「一起」和「離多遠」。

(二)語言表達技巧

表達性語言是指創造出言語的能力,它是用來對他人表達思想的一種工具。對大部分二歲的孩子來說,表達性語言正快速地發展。和其他方面的發展一樣,它也依隨著順序發展,孩子的經驗影響著表達性語言發展的速度與內容,因此,提供刺激語言發展的環境是重要的。

二歲以前,語言通常包含簡單的句子,在開始時可能只使用二個字詞,例如:「強尼痛」(Johnny hurt)、「湯姆狗狗」(Tom dog),後來孩子開

始用三個字詞的句子，例如：「湯姆要回家」（Tom go home）、「我吃玉米」（I eat corn）、「看我的車車」（See my truck）。

當你和二歲孩子相處時，有兩種語言策略是重要的，即輸入法和延伸法。輸入法是你提供孩子語言的策略，例如：如果孩子在玩積木，你可以說：「你在玩積木。」

延伸法是擴展孩子語言的策略，通常是把孩子講不清楚的話重新組合成一個句子，例如，如果孩子說：「車子。」你可以說：「這是一輛藍色的車子。」如果孩子說：「輪子。」你可以說：「這台車子有輪子。」

二歲孩子平均的字彙量是五十到兩百個字，你將發現這階段的孩子還沒完全了解話的意思就開始說話了，你也可能觀察到，通常女孩的語言技巧發展比男孩快。

二歲的孩子不知道如何運用文法來組成問句，他們是使用聲調來替代，他們可能用問句的語調說：「爺爺走了？」或「牛奶倒了？」

二歲的孩子常使用否定句，他們常把「不」這個字加到肯定句裡面，例如，孩子可能說：「不牛奶。」意思是他不想要牛奶；孩子可能說：「老師不這裡。」意思是他找不到老師 。

二十七至三十個月大時，孩子可能開始使用介系詞，例如，孩子說：「餅乾在瓶子裡」（Cookies in jar.）；這個年紀的孩子也開始使用複數，他們可能要求要「cookies」或「candies」。

字彙也增加了修飾詞，用的量詞有「一些」、「很多」、「全部」和「一個」；使用所有格，例如「我的」、「他的」和「她的」。一些當作修飾語的形容詞有「漂亮的」、「新的」和「悲傷的」。

三十一至三十四個月大時，孩子可能開始加「ed」到動詞上來表示過去式；現在式的助動詞出現，這些字包括「can」、「are」、「will」和「am」。

（三）數理能力

當孩子與他人及物體互動時，數前概念就發展了。在你的要求下，孩子能給你一堆東西中的一個，孩子也了解尺寸的概念，如：「大」和「小」，對形狀、類別和顏色的知覺也在這個階段發展，他們開始透過形狀、顏色來分類。

二歲孩子的社會情緒發展

二歲孩子的社會與情緒發展持續進行著，這階段的孩子常出現許多負向的態度，孩子喜歡立即的滿足，要他們等待是困難的，如果你的工作對象是二歲的孩子，就必須對這些特質有些耐性。

（一）社會發展

這階段發展之初，孩子進行的是平行遊戲，他們並不一起玩合作遊戲（圖5-4），這階段的孩子對成人還是比較有興趣，因此當他們玩遊戲時常扮演成人的經驗，包括開車、整理床舖、在電話中交談等。

一般二歲的孩子具有所有權的觀念，通常孩子不會想要去分享，他們會搶著要玩具，也會用身體語言讓人們知道他們對所有權的感受為何。二歲孩子反應是很生理性的，他們可能會推、打或拉開接近他們玩具的其他孩子，但即使他們對分享概念的理解有困難，兩歲孩子還是可以歸還屬於別人的玩具。

由於他們的反抗性與占有慾，二歲的孩子通常是情緒化的，他們可能緊抱或緊握你的手。在

圖5-4　二歲孩子在玩時，與他人並無太多互動

成人的愛與照顧之下，他們也喜歡幫你，不管你是在佈置餐桌或收拾積木，他們都熱衷參與。

（二）情緒發展

這些孩子喜歡控制他們周遭的事物，但因為他們總是不能隨心所欲，有時便會感到挫折與憤怒，試著去做一件對自己來說太困難的工作，也容易引起他們的憤怒（圖5-5）；被禁止去做某事或擁有某物，同樣會激起其憤怒感，二歲孩子可能在不合他們的意時大發脾氣，他們可能大叫、哭喊或跺腳、亂踢，他們的憤怒通常不是針對一個人或一個目標，而單純只是因為受

到挫折，這個階段的孩子仍然沒有學到更多表達憤怒的適當方式。

　　這階段的孩子通常會害怕，二歲孩子常會害怕受傷或被傷害，許多的害怕是來自於他們的想像。二歲孩子還不能夠區分想像與現實，所以他們會害怕故事中的怪獸，一場夢可能令他們害怕，因為他們會認為夢中的人物是真實的。身為老師，當孩子感到害怕時你要安撫他們，即使到學步期，這些想像的害怕仍然存在。

　　這些孩子常會出現愛和關心，他們也需要得到愛與關心的回饋，二歲孩子需要知道即使他們生氣，成人仍然會照顧他，他們也需要知道他們還是可以依

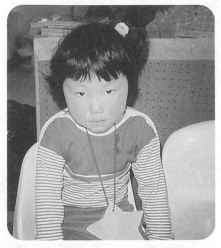

圖 5-5　對二歲的孩子來說，快速達到目標是很重要的，如果不能獲得立即滿足，他們通常會感到憤怒

靠別人的。為了建立信任和安全感，這些孩子需要規律的例行作息，例如：每一次用餐或午睡時，他們可能需要在固定的人或團體旁邊。

教導二歲的孩子

　　二歲孩子的發展會大大地受到你教導以及對待方式的影響，你必須準備好要去掌控這些孩子的典型狀況。

　　如果你觀察過一群二歲的孩子，你首先觀察到的可能是他們負向的行為。二歲的孩子經常說：「不要！」有時說不要的時候，甚至有可能表示「要」，例如，你問：「你還要多一點牛奶嗎？」孩子可能一邊把杯子遞給你要牛奶，一邊說：「不要。」

　　有時你可能會發現自己對二歲的孩子缺乏耐性，他們似乎總要依著他們自己的方法活動，不管你想說故事或帶他們到戶外活動，一定會被一些孩子拒絕，孩子可能拒絕離開他正在進行的活動或拒絕去穿上他的外套，面對二歲的孩子，你需要溫和但堅定的指導。

　　二歲孩子是非常自我中心的。「自我中心」意指他們認為別人所看、所

想、所做的和他們一樣，這不是意謂著他們是自私的，他們相信你的想法正好和他們是一樣的。

你要有心理準備典型的二歲孩子會出現遊盪行為，他們堅持依他們自己的步調做事，因此，日常例行作息可能要花比較長的時間，當你在做日常例行作息時要注意到這種行為型態，二歲孩子需要給他足夠的時間從一個活動轉換到下一個活動，因此，你需要彈性和耐性。

當你進入二歲孩子的教室，首先注意到的是吵鬧聲，這是很正常的現象，當孩子發現一個鼓，他會敲個不停。同樣地，他們可能多次重複發出一個新的語音，如果一個孩子開始拍手或踩腳，其他的孩子可能也會跟進，你可能需要有心理準備去面對高度噪音，而有時要能夠去控制那樣的噪音。

「好奇」是兩歲孩子的另一個特質，這階段的孩子喜歡探索，當教室裡有新東西時，孩子會仔細地觀察這東西，如果你問他想要什麼玩具，他們可能很難選擇，因此，你應該一次只加入少數新的東西。

二歲的孩子最喜歡大肌肉活動，他們好動而且不怕嘗試新的設備，他們愛跑以及追趕其他的人，因此，適當的監督是必要的。在戶外活動時，這些孩子喜歡跑在前面，所以，你可能需要較多的成人幫你監督他們。

二歲的孩子喜歡扮演生活中的角色，他們特別喜歡模仿成人做事（圖5-6），因此他們需要娃娃家，裡面應包括日常生活用品：鏡子、洋娃娃、洋裝、玩具電話、卡車和汽車。

二歲的孩子在這個時期需要一些例行作息，他們喜歡用相同方法做事，這些孩子期待一天中某些固定時段的安排，例如，說故事時間。因此你需要每天按照類似的作息時間進行活動，有一點變化可增加興趣，但孩子還是需要依賴可預期的例行作息。

二歲的孩子也可能大發脾氣，但這是正常的行為，雖然你可能因一位

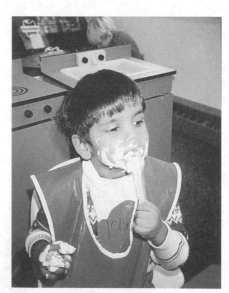

圖 5-6　你應提供許多扮演道具讓二歲孩子能扮演日常生活經驗，如：刮鬍子

學步兒的大發雷霆而感到困窘，身為老師的你可能拿他沒辦法，比較重要的是，你如何掌控這怒氣？保持鎮靜最為重要，用鎮定的語氣對孩子說話，如果孩子踢腳，你可能需要握住孩子的雙腿讓他不能動，如果孩子對其他孩子造成威脅，就把孩子帶到房間的另一個角落。

三歲孩子的身體發展

對三歲的孩子而言，遊戲就是探索，他們不斷地動一動、嚐一嚐、聞一聞和摸一摸，因此他們身體的協調性有很大的進步。你將發現手臂、手、腿和腳都變得更協調，同樣地，身體變得比較不會頭重腳輕而是更流線。三歲的孩子不再需要為保持身體直立而把腿張得開開的，走路時腳拇趾朝前，兩腳較為靠近，走路姿勢也更為自然。

（一）大肌肉動作發展

由於有較佳的協調性，投擲、跳躍、單腳跳等動作技巧進步了。身體協調性的增進也反映在三歲孩子攀爬的技巧上，現在上下樓梯都很容易，事實上，這時候孩子能夠一腳一階上樓梯，平衡感正在進步中。

三十六個月以前，孩子能用他們的手臂來接住大球，他們的接球技巧逐漸變得更熟練，之後他們能用手接住跳起來的球，這個技能通常在三歲底以前出現。

腿部的協調性與平衡技巧也進步了，三歲的孩子能騎三輪車，他們能夠腳跟對著另一腳腳趾走四步，他們能單腳站立維持平衡八秒，也能單腳跳三次。

（二）小肌肉動作發展

三歲孩子的小肌肉動作技巧持續地發展，剪東西的技能更加進步，二歲的孩子只能握著與開闔剪刀，三歲的孩子已能用剪刀來剪紙（圖5-7），他們能夠把五吋的色紙剪成兩半，初期只能把紙剪斷，但還不能沿著線剪。四十二到四十八個月前，孩子能夠沿著線剪，偏離線條不會超過二分之一吋（約一公分）。

圖 5-7　這位三歲的孩子能用剪刀剪紙

　　三歲孩子畫畫的技巧較好，能善用他們進步的小肌肉動作技巧，他們通常會畫簡單的圖形，如果你給孩子看十字形，他們也能仿畫一個，他們也能描出菱形；他們喜歡畫臉，通常會不按比例地畫嘴巴、眼睛、鼻子和耳朵等器官，但卻能夠把它們放在臉部正確的位置上。他們還缺乏創造複雜圖案所需的小肌肉動作協調性。

　　三歲孩子也喜歡玩積木和拼圖，他們可能用九到十個積木建塔，他們也能拼簡單的拼圖。

（三）自理能力

　　三歲孩子的自理能力增加，現在每日生活常規只需要成人的一點點協助，這些孩子只要水龍頭的高度適合，他們就能轉動水龍頭做開關動作（圖5-8），因此他們會做到像洗手、擦手、擦臉，以及自己刷牙之類的常規。

　　三歲孩子自己穿脫衣服的能力更好，現在他們能夠打開鈕釦以及穿上不須綁鞋帶的鞋子。當他們穿鬆緊帶的褲子與較大釦子和開口的衣服時，只需成人一點點協助，但他們還不會扣小釦子與鉤子。三歲孩子不太會分辨衣服

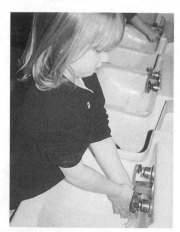

圖 5-8　能開關水龍頭使得三歲孩子的自理能力更進步

的正反面，對於衣服正面有圖案設計或是背面有標籤的衣服，他們比較會穿。

在點心與用餐時間，現在這些孩子能使用刀子，他們能塗抹奶油、果醬和花生醬在麵包上，也能拿小水壺倒水，因此這些孩子吃點心時喜歡當個小幫手。

這個階段中，另一個邁向獨立的指標是有控制力，三歲的孩子幾乎完全能控制如廁時刻，甚至他們可能整個晚上不尿床，這是因為動作控制力進步了。

三歲孩子的認知發展

在三歲時，孩子的思考能力成熟了，他們能夠解決簡單的問題，例如，如果你在一個杯子下面擺東西，而另一個杯子下沒有，孩子會知道東西在哪一個杯子下面；如果你在孩子注意時移動杯子，孩子仍然知道東西在哪個杯子下面。

這個年紀的孩子仍然無法理性思考，他們仍是自我中心的，還沒學會從多種層面來看事情，例如，他們不了解有些東西看起來比他們還高，而實際上卻是比成人還要矮。他們對時間觀念是混淆的，這些孩子也可能對因果關係混淆，例如，如果在每次的點心提供前都有鈴聲響，孩子可能會認為是鈴聲使得點心出現。

即使思考仍不成熟，這些孩子學習得很快，他們的語言理解能力、語言表達能力，以及數理能力持續在增進之中。

（一）語言理解技巧

三歲孩子對語言的認知持續進步中，在要求之下，孩子現在可以給你兩樣物品。這些孩子也可能記住並且做出三個步驟的指示，例如，你可以跟他們說：「去洗手槽，洗手，並且用毛巾擦乾」（圖5-9）。

三歲孩子開始了解「你們」和「他們」這樣的代名詞，他們也了解像是「誰」、「誰的」、「為什麼」以及「如何」這樣的字眼。他們能夠回答這類的問題，例如問孩子：「誰住在北半球？」或是「這是誰的泰迪熊？」說故事時你可以問他們：「為什麼小女孩在哭？」孩子也可以回答像這樣子的

問題：「妳的媽媽要如何切派？」

三歲孩子的空間概念變得較清楚了，在移動東西時，孩子能夠了解妳的指示，像是這樣的字詞：「往哪邊」、「在上面」、「在頂端」以及「離多遠」。

三歲底時，孩子對於空間概念會更精進，他們能了解像是：「周圍」、「在什麼前面」、「在什麼後面」以及「在什麼旁邊」這樣的概念。

（二）語言表達技巧

孩子的語言能力持續進步，到現在為止，孩子能夠使用超過九百個字，三歲的孩子也能夠在文法上有所進步，他們能夠

圖 5-9 三歲的孩子能夠遵照你三個步驟的指示並將之做出來

造出四個或五個字的句子，他們也能夠以連接詞來連接句子，例如，孩子可能說：「邦尼兔死掉了，我們沒有牠了。」

三歲的孩子開始了解過去式和現在式的不同，他們喜歡在英文動詞的過去式加上 ed，這時孩子可能會這麼說：「I taked」或是「Daddy walked」，然而他們還不了解這個規則是有例外的，他們可能會用這樣子的過去式，像是「runned」以及「goed」，他們甚至會使用正確的時態但仍然增加了 ed，例如「ranned」或是「wented」。

孩子開始了解所有格名詞，三歲的孩子會提到「媽媽的車子」、「爸爸的榔頭」以及「老師的外套」。三歲的孩子還不能完全理解否定句，他們了解像「不」、「不是」、「不能」、「沒有」以及「從不」這樣的字是否定的，然而他們在使用否定句時，會使用雙重否定的陳述。

在這個階段當中，孩子開始使用疑問句，特別是問「為什麼」以及「什麼時候」，這些孩子常會在一般的句子當中增加問句，例如，他們可能會問：「爸爸什麼時候會來？」或是「為什麼雲會移動？」

當這些孩子在遊戲時，他們常常會很大聲地跟自己說話，例如，三歲的強尼在畫架上畫畫，他會說：「強尼在畫圖，我要紅色，紅色在哪裡？現在我要黃色，我必須畫黃色。」

（三）數理能力

三歲的孩子繼續學習數學的概念，他們開始理解「滿的」、「較多的」、「較少的」和「空的」概念，在四十二個月以前，大部分的孩子了解「最大」的概念，這些孩子似乎常常會去比較東西，並且說這個東西較大而那個較小。

在這個階段，數數的能力也開始了，在你的要求之下，三歲的孩子能夠給你兩樣東西，這些孩子在對應之下可以數出三樣東西，也能夠背出三以上的數字，但是還不能夠數出三件以上東西的數目。

孩子在這個年齡層能夠區分「一個」和「許多」的不同，為了檢視這樣的能力，可以放一個薯片在桌上，另外放了大量的薯片在附近，要求孩子指出「一個薯片」，重複這樣的問題，要孩子指出「許多薯片」在哪裡，孩子能夠正確回答問題就表示能區別「一個」和「許多」的不同。

三歲孩子的社會情緒發展

在三歲之後，孩子比二歲時常發脾氣和愛唱反調的情狀成熟多了，他們變得較合作、快樂以及令人接受（圖5-10），在這個階段，孩子開始學習以社會能接受的方式去表達他們的感覺，他們能夠較有效地使用語言與人溝通，此外，他們也開始與同儕建立友誼。

（一）社會發展

三歲的孩子渴望幫助其他人，尤其是成人，他們喜歡去做像是傳蠟筆以及倒果汁之類的事。他們學到很多對他人表現關心的方法，他們也學到用正向的方式去吸引其他人的注意，這些孩子較想要得到他們不認識的大人和小孩的注意力，他們對陌生人的適應力也比二歲

圖 5-10　三歲孩子比二歲孩子容易滿足且令人接受

孩子好多了。

　　三歲的孩子開始與其他孩子一起玩，而不是在旁邊看（圖5-11），即使這些孩子彼此互動，他們的遊戲事實上並沒有規則，例如：他們可能玩扮家家酒，而每個孩子扮演的可能都是爸爸。

　　比起二歲的孩子，這個年紀的孩子較無占有慾，他們會與別人分享，但也不喜歡分享太多，因此，三歲的孩子常常只跟一個或二個主要的朋友玩。這些孩子使用較多的語言去跟朋友溝通，例如，他們可能會告訴朋友：「你扮演嬰兒。」而告訴另一個孩子：「你不能跟我們玩。」

　　這個年紀的孩子開始學習性別角色，他們了解男孩和女孩被期待的行為表現，性別角色在以往不是那麼清楚地界定，但那仍然是必須學習的。這個年齡的孩子了解到男孩和女孩生理上的差異，有了合宜的性別模式，他們開始學習如何尊重異性。

（二）情緒發展

　　三歲的孩子有強烈明顯的情緒，他們會興奮、會生氣、會失望，而且他們也會開始了解以合宜的方法來表現這些情緒，他們知道成人不喜歡他們亂發脾氣。此外，他們也渴望去取悅他人，因此這些孩子會發展出控制其強烈情緒的方法，他們可能會對其他孩子大叫：「住手！」而不是去打他們。

　　三歲孩子不像二歲小孩，許多狀況已經不會再引起三歲孩子大發脾氣，因為他們在協調上進步了。三歲孩子做事情時較不會感到挫折，他們也能夠

圖 5-11　即使遊戲還沒有規則，三歲孩子也喜歡一起玩

在語言技巧上進步，當孩子能夠了解為什麼事情會發生時，他們似乎就比較不會生氣，例如，孩子會想要在午餐之前喝飲料，你可以跟他們解釋：「馬上就要吃午餐了，你可以待會兒再喝。」當孩子了解他很快就能喝得到飲料，也就比較不會生氣。

三歲的孩子在事情不是照他們的方式進行時會生氣，他們也開始直接對東西生氣，例如，他們可能會在灑出牛奶時對瓶子生氣。在這個年紀，孩子也較能夠去用語言表達他們的生氣，他們不會像二歲時一樣亂打、踩腳或是哭得那麼久。

三歲的孩子開始發展出自我概念，自我概念是你看待自己的方式，孩子的自我概念包含了他對自己的看法。要求一個三歲的孩子告訴你有關於他自己，他可能會告訴你他的名字、他所有的東西以及外表，因此你可能會聽到像這樣的話：「我是凱莉，我有一隻狗，我有一個哥哥，我有黑色的頭髮。」

在這個階段，孩子較不會對他們所知道的東西感到恐懼，例如，他們不會被車子的噪音嚇到，然而他們會對想像的危險較為恐懼，特別是他們害怕黑暗。這些孩子也變得較害怕疼痛，他們會害怕一隻可能咬他的狗，或是會害怕待會兒看醫生而可能產生的疼痛。

三歲的孩子富有同情心，他們也傾向於要求他人要如此回報，他們可能會跟隨或是幫助成人以得到注意力、贊同或是安慰，但三歲的孩子仍然不會以他人的感覺來想事情。

孩子會看著周圍的成人來學習表達他們的感情，當你表達出驚訝和幸福的感覺時，他們也會表達出這樣的感情，同樣地，如果你擁抱一個傷心的人，給予他安慰，孩子也會模仿這樣的行為。

教導三歲的孩子

三歲的孩子通常是快樂的、社會化的，而且令人接受的，此外他們也很渴望去取悅人，因此他們比較能接受你的建議（圖5-12），他們也較容易去適應新的成人、朋友以及環境，因為這樣的原因，你會發現大部分的成人喜歡和這些孩子相處。

三歲的孩子喜歡遊戲，他們能夠自己單獨遊戲，也喜歡二個或三個人一

起玩，你可以介紹他們一些遊戲的
主題，遊戲的主題可以包括相互的
對待以及安慰他人等，孩子可以幫
助一個受傷或是生病的人。

　　你在教室裡提供的東西會影響
到三歲孩子的室內遊戲，提供一些
烹飪用具、工具箱、電話以及皮箱
等等，是很受歡迎的，這些孩子喜
歡假裝煮菜、修理東西、打電話給
他人以及旅行。

　　三歲的孩子更獨立了，他們需
要靠自己做一些事情，獨立的象徵
包括這樣的字眼：「我會做」或是

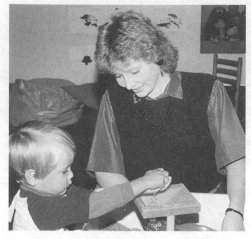

圖 5-12　三歲的孩子較希望接受老師的建議

「讓我做」，這樣的聲明是很健康的，代表孩子對自己的能力更有信心了。

　　有些三歲的孩子在變得較為獨立的過程中需要鼓勵，他們可能會這麼
說：「你做」或是「我不會」，當他們說這些話時，你必須給他們一些鼓
勵，這些孩子需要知道你看重他們的獨立，他們必須感覺到他們可以靠自己
做好這些事情。

摘要

二歲的孩子在許多方面都有所成長而且改變了，他們的動作技巧增進了，所以他們能夠跑、跳以及保持平衡，他們也能夠塗鴉、喝飲料以及脫衣服，這些孩子學習去控制自己的無力感。

二歲的孩子能夠理解並且說很多的字彙，他們能夠回答簡單的問題以及遵從簡單的指示，他們開始學習基本的數前概念，像是大小、數目、形狀以及顏色。

在社會和情緒發展上，這些孩子努力學著獨立，他們想要自己做一些事情，而當他們做不到時可能會發脾氣，這些孩子仍然需要成人的愛及關心。

三歲的孩子在許多方面都比二歲的孩子成熟多了，他們有較好的肌肉控制力和協調力，他們能夠畫畫、使用剪刀以及玩簡單的拼圖，也無須仰賴成人太多的幫助而自己穿好衣服。

三歲孩子的思考能力也進步了，這些孩子對於語言的理解力增進了，他們對於問題以及指令有較好的理解力，能夠使用較複雜的句子去溝通，並開始學習過去式的文法規則，這些孩子也能夠發展出較精進的數以及大小的概念。

社會方面，三歲的孩子更成熟了，他們渴求並且喜歡成人，而他們也開始與其他的孩子交朋友，這些孩子有強烈的情緒，但是他們也學習以合宜的方式去表達這些情緒。

回顧與反思

- 列出二歲孩子的三種動作技巧。
- 對或錯。大部分二歲孩子能夠在沒有成人的幫助下自己穿衣服。
- 二歲孩子的語言理解力和語言表達力哪個較好？
- 比較語言延伸法以及輸入法的策略。
- 哪個句子是典型的二歲孩子會說的？

   A.媽媽（Mommy.）

   B. 媽媽走（Mommy go.）

   C.媽媽走我也走（Mommy go and I go too.）

   D.媽媽要走嗎？（Is Mommy going？）

- 大部分的二歲孩子如何表達他們的憤怒？
- 和二歲孩子在一起時，為什麼你在活動轉換時需要充分的時間？

- 對或錯。三歲孩子能夠容易地上下樓梯。
- 描述三歲孩子的兩種自理能力。
- 部分三歲的孩子在指出相對應物品時,能夠數出多少的數目?
- 為什麼三歲的孩子較二歲的孩子不易生氣?

應用與探討

- 拜訪一所當地的幼兒園,觀察二歲和三歲孩子的動作技巧,記下你的觀察,寫成一份報告,比較這兩組孩子的動作技巧。
- 設計一個玩具、活動或是教具,以幫助二歲或三歲孩子增進自理能力。
- 訪問一位幼教老師,討論二歲和三歲孩子的情緒表達有何不同?
- 拜訪兒童圖書館,找出幫助孩子用正面方式表達他們情緒的書籍,挑出其中一本,寫成一份報告。

四歲和五歲的孩子喜歡有新的經驗和挑戰

第六章

了解四歲和五歲的孩子

何素娟

閱讀完本章之後，你將能夠：

◇ 描述四歲和五歲孩子的身體、認知和社會情緒發展

◇ 解釋身為老師應該如何設計適合四歲和五歲孩子年齡的課程

關鍵辭

清楚地發音

結巴

數數

你與四歲和五歲孩子在一起將會充滿著趣味和挑戰。學齡前幼兒（此章所指的是四歲和五歲的孩子）能有很多基本的自理能力，然而，為了維持成長和學習，他們需要新的經驗和挑戰。學齡前幼兒對於在他們身旁的世界有很多的疑問，幫助他們回答這些疑問將有益於學習。

四歲和五歲孩子的身體發展

對於學齡前幼兒而言，增強的體力和協調性可以做出更有趣的動作來（圖6-1），因為身體的比例改變了，某一部分的體能也變得簡單了。比較身體的比例，學步兒相對看來，腿部較短；但是大部分五歲孩子的腿大約是身高的一半，他們的比例比較類似成人的比例，這讓學齡前幼兒可以很簡單地跑、跳和平衡。

學齡前幼兒的體質成長得比體格還快，他們的骨頭變得更硬、更強壯了，在牙床之下，他們的恆齒已然形成。很多此階段的孩子開始掉乳齒，這些孩子需要良好的營養，才能確保其骨頭和恆齒健全地成長，他們的食譜必須包括富含鈣

圖 6-1　學齡前幼兒喜歡像爬之類的大肌肉活動

和維他命 D 的食物，例如，牛奶和其他乳製品。

（一）大肌肉動作發展

四歲和五歲的孩子使用之前學到的技能來完成更複雜的動作，當他們的身體變得更強壯時，他們會提升自己的能力，在四歲時，孩子可以單腳跳，也可以兩腳交互地下樓梯，四歲的孩子能單腳平衡大約十秒鐘，他們能向後走，用腳尖或腳跟連續走四步。

在第四年的後期，很多孩子可能開始學習如何跳躍，大部分五歲的孩子已經發展此一能力了，較大的四歲孩子可能也會騎有輔助輪的腳踏車。如果有機會，大部分的孩子會在五歲時發展出此能力，並且可以在平衡木上向前和向後走（圖6-2），他們可以爬籠笆、可以跟著音樂行進，也可以從桌子高度的地方跳下，並雙腳著地。

在這些年間，丟和接的能力也進步了許多。大部分四歲和五歲的孩子能舉肩投擲，當他們投球時，他們的成長使他們更能用身體來控球，他們會移動身體，並將重量從後腳轉移至前腳，使用雙手並一直看著球的走向。這些孩子也能接球，五歲的孩子能夠保持讓手靠近身體的姿勢直到接到球。當孩子的腦部發育成熟時，在運動神經和視覺系統會有較好的協調。

圖 6-2　進步的平衡感能讓這位五歲的孩子在平衡木上來回的走

這個年紀的孩子喜歡做些可以提升自己身體能力的活動，他們會試著將自身能力使用到極致，有時，他們甚至可能會變得很魯莽、不小心，例如，他們可能會盡其所能地試著騎踏板車。

（二）小肌肉動作發展

學齡前幼兒的小肌肉動作發展相當快速，他們可以更輕易地穿線，玩些精細的遊戲或拼圖（圖6-3），當他們用積木來搭建高塔時，這些高塔都又直又高。在四歲時，大部分的孩子可以完成五片的拼圖，而到了五歲，孩子可以將八塊或更多塊拼圖拼完。五歲的孩子玩黏土時也變得較靈巧了，他們可

以捏出簡單的造型和圖案。

書寫和畫畫的能力也進步得很快，在四歲時，孩子畫的形狀已較為精美，因此，你會更容易了解他們在畫些什麼。學齡前幼兒也開始認識字母了，他們可以說出字該如何寫，也能仿畫正方形和一些字母，雖然這些字母不是常常寫得很正確，對於學齡前幼兒而言，有對稱字形的字母尤其困難，例如，孩子可能將 b 寫成 d 或甚至是 p，孩子也可能在字母 E 上畫了五或六條水平線。

五歲孩子的運筆能力已有相當的進步，他們喜歡仿畫三角形和鑽石的形狀，也相當會著色而不會畫到外面來。大部分五歲的孩

圖 6-3　四歲的孩子比年幼的孩子更容易完成拼圖

子喜歡他們自己的名字，學齡前幼兒能仿畫很多字母和一些簡單的字，但是有一些字母他們可能一直寫不好。此外，他們也開始了解字母和聲音的關聯性。

（三）自理能力

學齡前幼兒變得愈來愈有自信，他們只需要非常少的幫忙就可以自己穿脫衣服，大部分的孩子能說出衣服的反面要放在前面，然而，你可能需要隨時提醒他們。在四歲時，大部分的孩子會自己扣皮帶並且拉拉鍊。到了五歲時，很多的孩子甚至可以在衣服的背面上扣鈕釦和解開鈕釦，他們也會穿對左右腳的鞋子，有些五歲的孩子甚至會自己綁鞋帶。

對於學齡前幼兒而言，自己進餐也是相當容易的，他們喜歡自己用餐，可以輕易地使用湯匙和叉子。四歲時，孩子會用叉子將食物切成小塊小塊的，他們甚至會試著用刀子來切食物；大部分五歲的孩子能用刀子切開較軟的食物，學齡前幼兒也能在用餐完後清理自己坐的地方。

學齡前幼兒也更能注意自己的衛生習慣，他們變得更會用牙刷刷牙，能用毛巾來擦拭自己的手和臉，也更會梳頭髮了。

學齡前幼兒的認知發展

在此年齡層的孩子知道更多世界上的事，他們變得不需實際去做就能思考，因此，他們對於象徵性符號的了解比年幼的孩子來得好。四歲和五歲的孩子語言理解能力和表達能力也提升了，語言是能幫助孩子解決思考問題的工具。

四歲和五歲的孩子開始有描述其所見和所記得的事物的語言能力，你可以測試一下孩子的記憶力和回想能力。給孩子看十個小的並且看起來很像的玩具，之後把玩具放在一個袋子或盒子裡，問孩子在袋子裡有哪些玩具，回想這些玩具需要先創造心象，雖然孩子可以認得所有十個玩具，但可能只能回想到四或五個。孩子的辨識能力比回想能力來得好。

這個年齡的孩子開始創造他們自己的表徵符號（圖6-4），這可以反映在他們的遊戲裡。他們不僅僅會模仿成人的動作，學齡前幼兒還會加入他們自己的想法，例如，不用碗來裝食物而用它來當帽子。新的表徵符號也會出現在美術作品裡，在四歲之前，孩子會隨便塗鴉或只畫幾個簡單的形狀，現在孩子可以畫出表現真實物品的畫了，這些畫很簡單，並不一定是畫其所見，例如，一隻手可能有六隻，甚至是十隻手指頭。四歲的孩子常會畫出一些畫，然後再為這些畫命名，五歲的孩子會決定他們要畫什麼，之後再下筆去畫它。

為了發展更進一步的認知能力，了解表徵符號是很重要的。表徵符號是學習語言、數學、科學、社會科學和教育的其他領域的一部分，因此，學齡前的認知發展可以幫助孩子為未來小學學習做準備。

學齡前幼兒會專注於學習周遭發生的事，他們可能會問：「為什麼狗要叫？」或者「為什麼船會浮起來？」他們以問號來做結語是因為他們試著了解世界；他們的思考也一直有些不成熟的地方，就像三歲時一樣，透過一再地問問

圖 6-4　四歲和五歲的孩子喜歡在玩合作性遊戲時，加入自己的想法

題，他們的思考會變得更有邏輯。

　　你的課程必須促進孩子的認知發展，當你提供新的經驗時，孩子的字彙也跟著成長，他們將學會新的概念，例如，你可能會給孩子看一隻活的兔子，孩子將會探索有關兔子的概念，如大小、顏色和吃東西的方法。孩子也可以學到新的字彙，例如，你可能會說明兔子是「膽小的」，每一次新的經驗都能幫助孩子在智力上有所成長（圖6-5）。

圖 6-5　拜訪資源人士將能幫助孩子多方面的智力成長

（一）語言理解技巧

　　四歲和五歲孩子的語言理解力持續在增長，有關空間概念的新字詞會提升他們的語言理解力，這些字包括：「旁邊」、「底下」、「背後」和「前面」，他們也了解「下」、「低」、「不同」和「細」之類的字詞，在五歲時，「之後」、「之前」、「第一」和「最後」這些字也都了解了。當你在引導孩子用這些字時，孩子能了解並跟著指令做，例如，你可以告訴孩子：「把綠色積木放在藍色積木的後面。」

　　此年齡的孩子甚至較能跟著三個指令依序做事，例如，你告訴孩子：「撿起這個拼圖，把它放在桌子上，並且洗一下手。」然而，如果你沒有正確地排列指令，孩子就會混淆了。

　　此年齡層的孩子比較能理解單數和複數名詞的不同，例如，你告訴孩子：「在午餐時拿一個三明治。」孩子就會知道他只能拿一個三明治，如果你告訴孩子：「可以拿餅乾。」孩子就知道他／她可以拿一個以上的餅乾。

　　孩子此時也開始了解被動語態，在被動語態的句子裡，句子的名詞是放在主詞之前，有一個被動語句的例子：「橘子被柏克吃掉了。」三歲的孩子常不能理解字詞的順序，他們認為句子的意思是「橘子吃了柏克」，四歲和五歲的孩子知道是「柏克吃了橘子」。

　　因為有很多字和詞有一個以上的意思，學齡前幼兒可能會被這些解釋混淆了，他們常將句子做字面上的解釋，像是：「汪達剛剛奪門而出。」（圖6-6）。當你在跟孩子說話時，你必須小心使用這些字詞，例如，「我快餓死

了。」這樣的句子可能會嚇壞孩子。

閱讀

　　大部分四歲和五歲的孩子還不會閱讀，但是他們正發展閱讀的技巧，這些能力可以讓孩子開始了解什麼是表徵符號。在孩子開始閱讀之前，他們必須了解紙上的一群字母可以代表任何的物品，從一顆球到一架飛機都可以。

　　四歲和五歲的孩子可以認出並說出許多字母，也可以認出自己的名字。在此階段的孩子喜歡一直重複讀一些故事，當你在重念某個故事時，這些孩子可能可以指出並說出他們所認

圖6-6　　學齡前幼兒可能較難理解比喻式的談話

識的字，孩子也會試著猜一猜他們所不認識的字，他們會先看字的第一個字母，並且說出任何開頭字母相同的字來，例如：他們可能指著「ball」這個字說「baby」。

（二）語言表達技巧

　　學齡前幼兒變得很愛說話，當他們的字彙和文法能力增強時，他們喜歡跟別人說話（圖6-7），而且孩子比較喜歡對你說話，而不是與你聊天。當你在說一個主題時，孩子可能會打斷你的話，並告訴你完全不相關的話來，孩子甚至可能會在同一個話題裡告訴你二或三個不相關的詞句來。孩子可以回答你的問題，他們也只聽他們自己問的問題的答案，在往後的幾年裡，這些孩子才會變得有良好的雙向溝通。

1.正確的發音

　　正確的發音是指：在說話時能清楚地發出聲音來的能力。在四歲和五歲時，孩子的發音在很多方面都在進步中，這些學齡前幼兒可以發出每個字的所有的音，但是碰到字中有ch和th時，很多孩子在發這樣的音仍有困難，有的孩子可能是因咬舌的問題而在發s的音時有困難。

圖6-7　　四歲和五歲的孩子喜歡跟你說他們正在進行的事

有些學齡前幼兒也有結巴的問題。結巴是指：在說話時會重複某些音或字，並且停留一段較長的時間。對於大部分的學齡前幼兒而言，結巴是因為他們想的比說的還要快。當他們的說話能力與思考能力相等時，結巴的問題就消失了。

2.字彙

在這兩年裡，孩子的字彙增長很快，大部分四歲的孩子大約有一千五百個字彙，而五歲的孩子則有兩千個字彙，孩子並不一定完全了解所有他們用過的字，他們可能會在某些字上虛構他們自己的意思。

學齡前幼兒在他們的字彙裡有主要且具體的名詞和動作動詞，他們開始會加一些修飾詞語和形容詞，然而，有關字的意思還不完全了解，例如，除非他們只是簡單地模仿成人的用字，在此階段的孩子可能還不會用自由（freedom）或者是不公平（unfair）這類的字。

此階段的孩子常會模仿成人或電視裡聽來的字詞（圖6-8）。在飯後，孩子可能會說：「真是唇齒留香！」這個孩子很有可能是模仿在家或在電視上聽到的詞句，如果你問孩子「唇齒留香」是什麼意思，他可能無法告訴你。孩子也可能使用像「生物工學」、「生物所能分解的」和「電腦晶片」這些字。

3.文法

在此階段，孩子的文法進步很多，他們開始學習過去式中的例外情況，能很正確地用像吃（ate）、跑（ran）和走（went）等不規則動詞，有時候，這些孩子還是會在這些字後面加上 ed。

三歲的孩子也學習到如何正確地問問題，他們可能會問：「為什麼藍的是天空？」（Why the sky is blue?）

圖 6-8　孩子可能會模仿電視上的一句話，如：「我的牙齒十分乾淨清爽。」雖然這些孩子不一定知道句子的意義

而四歲和五歲的孩子會知道要說：「為什麼天空是藍的？」（Why is the sky blue?）

有些文法的規則對於四歲和五歲的孩子來說還太難，尤其是在使用句子中的代名詞上，例如，孩子會說：「他（Him）和我去動物園。」他們在使用名詞與動詞的一致性時也有困難，例如：孩子會說：「湯米沒有蠟筆（Tommy don't have a crayon.）」。

（三）數理能力

對於此階段的孩子而言，數字的概念變得簡單多了，數數的能力進步很快，數數是指依其順序背誦數字，大部分的孩子在還沒全部了解每個數字所代表的數量之前就會背誦了。在四歲時，大部分的孩子可以從一背到九；到了五歲快六歲時，大部分的孩子可以背到二十。在此階段，每位孩子發展數數的能力有不同的速度，因此，你必須觀察這些孩子以確定你的課程是否適合孩子的程度。

真正的數數，也就是數字對應上數量的數發展得較慢，例如，孩子在收拾十個物品時，會指著一個物品說：「一」，指另一個說：「二」，指下一個說：「三」，然而，之後孩子可能指著同一物品三次，並說：「四、五、六」。在此階段的孩子可以數三至四個物品，但是數更多物品時，對他們來說就有困難了。

此階段的孩子開始認數字，四歲的孩子常會認出數字1、2、3、4、5，五歲的孩子也學習認識6、7、8、9、10。到了五歲，許多孩子都會打自己家裡的電話號碼。

在此階段，孩子還發展其他的數學能力，他們變得更會認出形狀了，大約有百分之八十的五歲孩子能認出正方形和三角形，四歲和五歲的孩子也知道更多有關尺寸和數字的語詞，包括短、胖、最高、相同尺寸、第一和最後。

孩子也開始有金錢的概念，大部分的學齡前幼兒可以辨別出一分、五分和一角錢。雖然這些孩子還不是真的知道錢的價值。如果你問這個階段的孩子：「是五分錢多，還是一角錢比較多？」孩子很可能會選五分，因為「五」比「一」大，所以孩子會認為它比較多，他們也還不了解五分錢等於五個一分錢而一角錢是十個一分錢。

　　此階段中，孩子對時間的概念變得比較清楚了，他們開始了解今天、明天和昨天的不同。然而，對於這些孩子而言，很多的時間概念仍是搞不清楚，他們沒有真正的了解一小時或是一分鐘有多長，因為描述時間的方式有很多種，因此，他們也會常搞混，成人可能會告訴孩子的時間是三點三十分、三點半、今天下午或在幾個小時裡。

學齡前幼兒的社會情緒發展

　　學齡前幼兒樂於助人且十分合作（圖6-9），隨著語言能力的進步，孩子變得比較融入彼此，友誼變得更重要了，他們知道朋友就是喜歡你的人。在此階段，孩子的情緒轉變得很快，當他們學習和成長時，快樂、害怕、生氣和悲傷的理由也跟著改變，而且孩子在面對這些情緒的方式也會改變。

圖 6-9　四歲和五歲的孩子常常是笑臉迎人並且相當合作

（一）社會發展

　　對於學齡前幼兒而言，友誼是很重要的，友情、關注和認可也一樣重要。然而，他們也變得更獨立了，他們喜歡自己玩或與其他的孩子玩，他們不會要你或其他成人來參與遊戲，但是，他們仍需要你來幫忙拿材料或化解紛爭。

　　此階段的孩子開始重視自己與他人的朋友關係，他們常常只有幾位朋友而已，也比較喜歡同性別的朋友。孩子遊戲時變得更願意與他人合作，他們可能還會比小的孩子更願意拿最喜歡的玩具給朋友玩，很多此階段的孩子會選最好的朋友，雖然他們「最好的朋友」也常常在換。

　　在四歲時，有超過三分之一的孩子是單獨遊戲的，然而到了五歲，遊戲則包含了更多的互動和合作，遊戲仍舊是只有二位或三位孩子的小團體，但是他們更像一個團體，彼此話更多，互動也更多了（圖6-10）。

此階段的孩子可接受成人的管理,他們知道自己的能力,並且也了解成人訂立規則的理由,這些孩子會接受你的引導,在做某些活動之前都會來問過你,得到你的允許。

圖 6-10　四歲和五歲的孩子更能合作玩遊戲了

(二)情緒發展

四歲和五歲的孩子開始了解表現愛與關心的新方法,他們還是知道擁抱和其他表示愛的肢體動作,他們會給悲傷的孩子一個擁抱。然而,他們開始了解幫助他人也是一種表現愛的方式,這些孩子會分享東西或協助工作來表現對他人的愛,甚至有時你並不需要幫忙時,孩子也會要求要來幫忙,這些孩子希望得到你的肯定。

此階段的孩子開始發展幽默感(圖6-11),大笑變成他們表達快樂的一種方法。這些孩子還不知道多數開玩笑的字彙,但是他們對有趣的臉和動作都會哈哈大笑,他們也會對已經知道的事表現變得非比尋常而大笑,例如:他們聽到故事裡的狗「哞哞叫」時就會大笑。當然,這些孩子也需要好的角色引領,才會知道傷害他人的行為並不是好玩的事。

1.恐懼

恐懼是很普通的,但是大部分的恐懼只持續幾個月而已。在此階段,恐懼的原因會改變,這些孩子還是很害怕幻想性的人物,例如,惡魔和鬼魂,他們尤其最害怕夢境,因為他們覺得那是真的。然而,他們也開始了解真實與想像的不同,這能幫助他們處理一些恐懼的情緒,因此,你會聽到學齡前幼兒很肯定地說:「沒有真的龍。」他們會重複地問你:「這只是個假裝的故事嗎?」

其他的恐懼是因學齡前幼兒知識增加,而更知道有哪些危險的情況,然而,他們並

圖 6-11　這年紀的孩子喜歡幽默

不是真的了解什麼危險、什麼不危險。他們的想像力是很生動活潑的，例如，當孩子知道魚生活在海洋裡，這可能會讓他害怕在海洋裡受傷，孩子也會害怕河流、游泳池，甚至覺得浴缸裡可能有鯊魚。

五歲的孩子比年幼的孩子還要害怕受傷，他們知道更多會傷害他們的事物，他們可能會害怕醫生和牙醫，這是因為他們會將痛或傷口與這些專業人員相連結，他們也會因為之前的經驗而害怕高的地方和狗。

這些孩子有時會透過遊戲來克服恐懼，例如，一個怕狗的孩子會假裝成為一隻兇猛的狗。對於這些孩子而言，遊戲是一種治療，能幫助他們紓解緊張的情緒和處理他們的恐懼。

2.生氣

就像三歲的孩子一樣，此階段的孩子不會像學步兒一樣有那麼多生氣的理由，然而，如果他們不能夠達到目標，他們會生氣，四歲和五歲的孩子比較會用字詞並大叫來表達生氣的情緒。如果他們真的用肢體動作來表達生氣的情緒，他們比較可能對著物品或其他孩子來出出氣，而不常對著成人，因為他們知道這樣的表現是不能被接受的。

有些孩子生氣的肢體反應比其他孩子還要多，也比較容易變得氣呼呼的，他們會用推、打或踢來表現生氣的情緒，這有可能是沒有從成人的示範中學到表達生氣情緒的好方法，也可能是想要得到關注。

3.嫉妒

對於此階段的某些孩子而言，嫉妒是一個問題，大部分的孩子會嫉妒新的弟弟或妹妹，他們怨恨父母花那麼多的時間在陪新的弟妹，而且害怕父母不再那麼愛他了。

孩子的嫉妒會表現在很多方面（圖6-12），孩子會退化至幼時的行為，例如，哭、一直跟著成人，並且有如廁的問題。孩子也會有身體上的不適，例如，胃痛或作惡夢。

這些孩子需要你的再三保證，證明你仍是愛他們的，有時，他們需要一些額外

圖 6-12　嫉妒新生弟妹的孩子在幼兒園會變得退縮或表現出退化行為

的關心，將他們單獨帶離房子，讓他們覺得自己好特別，告訴這些孩子，他們的弟弟妹妹需要一個「大姊姊」或「大哥哥」的幫忙，這樣也會讓他們覺得好過些。

4.悲傷

　　四歲和五歲的孩子開始知道有些情況是悲傷的，他們漸漸有死亡的概念，對於有關死亡的第一次經驗可能是寵物死掉了。學齡前幼兒還不知道死去的便不能復生，因此，需要時間讓孩子了解他的寵物將不會再回來了，然而，一旦他們了解之後，他們常會變得十分悲傷。

　　孩子不一定知道如何表達悲傷的情緒。孩子可能會在遊戲中來處理其悲傷，他們會假扮那隻已死的寵物或者是跟已死的寵物說話，他們常常需要成人告訴他們：「你可以哭。」而且可以說說他們的感覺，他們也需要成人正確地示範如何表達悲傷，並給予清楚的解釋。

　　當有位親近的家人去世時，孩子必須去處理關於死亡的問題，這些孩子需在其理解範圍內，得到盡可能的解釋。他們也需要大人來幫助他們面對失落與悲傷。

教導四歲和五歲的孩子

　　就像三歲的孩子一樣，四歲和五歲的孩子是比較合作且樂於助人的，這些孩子喜歡討你歡心（圖6-13），如果你要求一位孩子幫你，孩子會覺得這是他的榮幸。這些孩子喜歡被需要和重要的感覺，他們甚至也會問你：「我能幫你嗎？」

　　因為這些孩子喜歡幫忙，你必須小心地選擇小幫手，每次都選同樣少數幾個小幫手，會讓其他的孩子覺得他們並不重要。即使是那些不會自願幫忙的孩子，你仍必須常常問他們，這些孩子可能是太害羞而不敢說，或者是他們對自

圖 6-13　學齡前幼兒喜歡用像在照顧寵物的方式來幫助你

己的能力沒有自信，透過請他們來當小幫手，可以幫助他們建立自尊心。

這個年紀的孩子變得很愛說話，他們還是很喜歡玩肢體遊戲，但是他們喜歡花更長的時間說話，你會喜歡與這些孩子聊天，聊天變成是學習活動或故事時間的一部分。在你唸完故事之後，這些孩子喜歡重唸這個故事，他們常有能力很仔細地並且會按照順序重唸這個故事。

你將注意到，在此階段的孩子會模仿你說的話，你會聽到一位孩子告訴另一位孩子：「克里斯多夫，當我們在走廊時，我們用走的不用跑的。」因此，對於你自己的說話方式，你必須很小心，絕不能用那些你不想讓孩子學會的語詞或句子。

這個階段的孩子在跟其他孩子玩時比較有內容了，你已不需常扮演玩伴的角色，然而，你必須處理更多孩子之間的紛爭，這些孩子的表現可能會與班級常規有所衝突，他們將會期盼你的建議以解決這些問題。你也要在遊戲中加入一些新的想法，學齡前幼兒喜歡你所引導的一些簡單、有組織性的遊戲。

有些孩子可能有幻想性的玩伴，一位孩子可能說他的玩伴瑞福要求要跟他來學校，午睡時他會在他的床找一個空位給瑞福，他會整天都跟瑞福說話，這樣的遊戲並不意謂著有問題，它只是一個幻想又有趣的遊戲。

此階段的孩子常對他所擁有的物品和家庭成員感到驕傲（圖6-14），他們喜歡帶最心愛的玩具到幼兒園，他們也會一直注意新鞋和新夾克，當父母來幼兒園時，他們也會很自豪。孩子喜歡與你和其他的孩子談論他們的東西，問孩子有關他們東西的問題有助於建立其自尊心。

在此階段的孩子也喜歡進行學習活動，他們的專注力和目標設定的能力正在進步，孩子對學習的想法有時是來自於與同儕遊戲，或來自於成人的活動，像木工、烹飪和捏黏土等，對於孩子而言是很好玩的活動。當他們慢慢長大，他們會在這些活動中花更多時間，這年紀的孩子在大部分活動中，平均花費的時間是七分鐘。

圖 6-14　學齡前幼兒對於弟妹來到幼兒園感到很驕傲

摘要

　　四歲和五歲孩子的成長幫助他們變得更加獨立，這些學齡前幼兒變得更強壯並且更能協調，身體比例的改變幫助他們改善平衡和動作技巧，這些孩子變得更會跑、跳、丟和接，他們也變得更會畫畫、書寫、捏黏土和拼拼圖，這些孩子的穿衣、進餐，和衛生習慣等能力也進步了。

　　四歲和五歲孩子的思想變得愈來愈像成人了，這些孩子開始了解並在遊戲、畫畫和學習中使用表徵符號，語言能力進步得很快。他們了解並且使用更多的字詞，文法也進步了，很多新知識的增加讓孩子在數學學習上有更好的預備度，包括數數、了解尺寸和數字的概念。

　　在此年紀的孩子變得更能與同儕互動，他們的遊戲變得更具有合作性，孩子還是持續地尋求成人的協助和認可，他們喜歡幫助成人並與成人說話，孩子正在學習用可被接受的方式來表達他們的感覺，他們也會因不同的原因而經歷不同的感覺。

　　身為老師，你會很喜歡與四歲和五歲的孩子一起工作，這些孩子可以獨立，能夠自我照顧，他們喜歡幫助你而且能幫助你，他們喜歡跟你說話並且學習新的想法。

回顧與反思

- 為什麼在四歲和五歲孩子的飲食中需富含鈣和維他命 D？
- 對或錯。四歲和五歲孩子在丟擲球時仍站得很直。
- 描述四歲和五歲孩子的書寫能力。
- 下面哪一項穿衣能力是大部分五歲孩子所具備的？
  A.他們知道將衣服的背面放在前面
  B. 他們能扣皮帶
  C.他們能穿對鞋子的左右腳
  D.以上皆是
- 在什麼年紀的孩子會畫畫，並且能說出他們畫的是什麼？
- 描述四歲和五歲孩子的閱讀能力。
- 對或錯。一個用「模仿」這個字的四歲孩子可能不知道這個字的意思。
- 為什麼四歲和五歲孩子時間的觀念會很混淆？
- 對或錯。五歲的孩子比較喜歡異性的朋友。
- 描寫一種可能導致五歲孩子恐懼的情境，解釋為什麼這個情境會導致恐懼。

◎ 在四歲和五歲孩子的遊戲當中，老師典型的角色是什麼？

應用與探討

◎ 與四歲或五歲的孩子玩抓人遊戲，畫一張素描或書面描寫孩子在抓和丟時的動作，在課堂上報告你的發現。

◎ 邀請一位幼兒園的老師展示其班上四歲和五歲孩子的美術作品，討論在其美術作品中所用的表徵符號。

◎ 做一張公布欄，上面貼著四歲和五歲孩子可能會會錯意的詞句，公布欄裡也包含了學齡前幼兒對這些詞語所做的解釋的畫作。

◎ 寫一篇可幫助四歲和五歲孩子處理死亡概念的建議報告。

◎ 拜訪一所幼兒園，觀察在戶外遊戲場裡不同年紀的孩子，記錄他們的活動和動作，註明不同年紀孩子的不同能力。

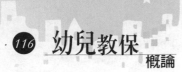

第七章

童 年 中 期

賴碧慧

閱讀完本章之後，你將能夠：

- ❖ 描述學齡兒童的身體、認知以及社會情緒的發展
- ❖ 摘要出童年中期學童潛在的健康問題
- ❖ 解釋在童年時期的道德發展

關鍵辭

童年中期	序列
遠視	分類
近視	社會性比較
氣喘	自我概念
複誦	自尊
操作	同理心
具體運思期	道德發展
保留概念	道德觀

　　童年中期指六到十二歲的年齡，因為這個階段是正式的學校教育的開始，因此這個時間通常稱為「學齡階段」。

　　在童年中期，孩子變得更加獨立自主，他們對於許多的新活動感興趣並會參與，同儕與老師在他們生活中扮演著與日俱增的重要角色，他們的朋友與熟識的人會擴及家庭成員之外，這些朋友間的友誼以及學校相關的活動占據了他們愈來愈多的時間，結果，他們學習到適應新的社會規則與期望。

　　發展上的改變持續到整個童年中期，但是這些改變還不如在嬰兒與學步兒階段時的改變來得大。在學齡期間，大腦經過變化之後能夠發展更多高層次的思考技巧，結果孩子變成更棒的問題解決者，他們對於自我的知識及了解都在增加中。

　　學齡孩子是進入成人世界的開始，他們也會更加注意到自己的需要。他們可以在早上自己起床、穿衣以及吃飯而不需要任何成人的協助。大部分的家庭會對學齡孩子期望更多，因為他們有著較進步的技巧——他們會協助煮

飯、洗碗與洗衣的工作，他們也能夠幫忙照顧較小的弟妹。

身體發展

童年中期的身體發展不如在生命的第一年發展迅速，六到十二歲的孩子會經歷穩定的身體成長（圖7-1）。在體重與身高方面的成長是漸進與持續的。遺傳與環境是造成身體成長兩個最重要不同的因素，健康照護與營養是能夠影響體重與身高的環境因素。

這個階段的孩子對於他們身體的成長很有興趣，他們關心自己比關心別人如何看待他們更多。因此他們的身體大小、形狀、身體能力能夠影響他們如何看待自己。

在此階段初期，孩子對於他們的小肌肉會比大肌肉有更佳的控制力。在技巧

圖 7-1 在童年中期，孩子的發展不如在生命的第一年發展迅速

上，在前六年的階段中，孩子們顯得比先前的階段有更多持續的進步。他們在運動神經、敏捷性與身體力氣上有著更多的進步。這些技巧對於參與遊戲及運動而言都很有幫助。

（一）身高

在這個階段的開始，小男孩通常比小女孩高一些，一直到九歲，男孩會到達極限，然後相反的狀況開始產生，女孩開始迅速成長，在十歲的時候，大部分的女孩成長快速。對於男孩來說，如此快速成長的階段會慢二年，在十一與十二歲之間，大部分的女孩在身高方面遠超過男孩，如此的差異可能是造成有些孩子難為情的原因。

大部分典型的六歲孩子為四呎（約一百二十公分）高，在童年中期，孩子通常一年約成長二至三吋（約五到八公分）。在十二歲之前，孩子的平均身高為五呎（約一百五十公分）。在童年中期的末段，女孩的身高或許已經

到達她們成人身高的90%，同時，男孩或許也已經到達他們成人身高的80%。

身體的比例在學齡期間也會有所改變，頭部在前六年的生活裡會成長快速，現在則是手腳的成長更加迅速，孩子看起來比先前幾年較不會顯得頭重腳輕。

（二）體重

六歲的孩子平均體重大約是四十七磅（約二十一公斤），在十二歲之前體重或許會加倍。孩子在童年中期每年增加五至七磅（約二至三公斤）。

這些體重的差異也呈現在男孩與女孩之間。在出生到學齡前階段，女孩通常比男孩稍微輕一點。在十一歲之前，女孩則會趕上男孩的體重。在十二歲之前，女孩通常會比男孩重三磅（約一公斤）。

（三）大肌肉技巧

藉由觀察學齡孩子在遊戲場中的活動，你便可以了解他們的肌肉技巧是如何增進的（圖7-2）。身體的成長對於這些肌肉技巧的改變很有貢獻，由於身高與體重方面的進步而促進了協調能力，他們的反應時間變得較為快速，所以會有較快的速度與較正確的動作，因此，平衡感也進步了。

圖 7-2　在學齡階段，肌肉上的發展技巧有著持續的進步

較小的學齡孩子會不斷地練習與修正六種技巧，這些技巧是：跳躍、平衡、丟擲、抓取、跑步與連續性的步法動作；他們跑法變得較快了，藉由練習，他們在丟擲、抓取與踢的方面變得更加準確了，而且也可以把球丟到更遠的距離。

在他們長得更大一點時，男孩與女孩也改進了他們的大肌肉技巧，即使在身高與體重方面女孩通常超出男孩，但男孩卻更有力氣，他們在肌肉上面佔有較大的優勢。結果男孩或許在跳躍、抓取、丟擲與打擊方面做得比女孩好，他們通常也可以跑得較快且較遠。

女孩們在需要平衡、協調、彈性與韻律活動的肌肉技巧比男孩們做得好，例如：跳房子、跳舞與跳繩。女孩也具有在使用小肌肉方面的優勢。

（四）小肌肉技巧

在童年中期，孩子們持續顯現出小肌肉技巧上的改善。他們對於手指與手部的小肌肉有更佳的控制力，書寫能力也更好了，因為他們能夠使用更多的手腕動作。字母與字的書寫更加地統一與整齊了，字母與字的空間也更加有所改進。同時這些小肌肉技巧的進步也反映在他們的圖畫中（圖7-3）。

手指靈巧度的成長讓學齡孩子能夠彈奏樂器，例如，彈鋼琴、彈吉他或是吹笛子等；在抓取工具時，他們手眼協調的技巧增進了，也更能控制動作與速度，因此能夠使用像是縫紉機與小型積木組合模型等。

圖7-3　由於小肌肉與手更好的控制能力，孩子們的藝術作品也變得更好

健康的考量

　　童年中期經常是孩子們最健康的時期之一，五到十二歲之間是孩子生病率最低的時候。因此，他們比學齡前較少發生喉嚨痛、上呼吸道疾病以及中耳炎。減少生病的原因之一是因為身體發展出能夠對抗疾病的免疫系統。但學齡孩子並不是完全不會生病，許多學齡的孩子每年仍舊會有幾次的上呼吸道疾病。

　　在童年中期也有幾種慢性疾病會影響健康，其中的胃潰瘍、氣喘以及糖尿病就是一些例子。除此之外，許多學齡孩子在接近青少年期時，會有頭痛以及青春痘的問題，有些孩子或許有聽力與視力上的問題。有些孩子缺乏運動是另外一個問題，其他則是運動太多，讓他們的身體一直處於壓力狀態。對於這些孩子來說，過度使用身體肌肉會造成扭傷、肌腱炎，甚至骨頭斷裂，即使大部分的孩子是在他們最健康的時候，多種其他的疾病也可能會發生。

（一）聽力

　　在童年中期，孩子的聽力通常就已經發展得非常好了。他們首先會對中度的聲音有知覺，再來才會對於高與低的聲音有知覺。在十一歲之前，大部分的孩子已經有成人般的聽覺能力了。

　　耳朵的感染可能是另一個健康方面的問題，如果不治療的話將會造成永久性的聽力損失。對於大部分的孩子而言，耳朵感染的次數將因為身體內部組織的改變而減少，因為耳咽管連接耳朵與喉嚨的器官已經改變了位置，如此的改變能夠預防細菌與液體會從嘴巴跑到耳朵去。

（二）視力

　　在六歲以前，大部分的孩子已經可以閱讀，他們可以用兩個眼睛同時看一個東西，聚焦的能力也增進了。許多學齡前的孩子是有些遠視的，如此意謂著他們在遠距離比在近距離看得更清楚，而在童年中期時，他們的近距離視力也增進了。

　　對整個童年中期而言，近視是最常見的視力問題。近視就是看近的東西

時比看遠的東西更加清楚。孩子專注於閱讀
與近距離工作的時間愈多，近視的機會也愈
高。藉由矯正的鏡片，近視是可以被克服的
（圖7-4），預估有25%的孩子需要在學齡結
束期間矯正他們的視力。很重要的是，孩子
的視力必須要經常檢查以便及早發覺問題。

（三）牙齒

在童年中期時，孩子開始掉落初齒或是
「乳牙」。一、二年級的時候經常會有「無
齒」的微笑！第一顆掉落的牙齒是中間的門
牙，就是在下顎與上顎的前齒（圖7-5）。

圖 7-4　矯正的近視鏡片可以克服大部分的視力問題

在十二歲之前，所有的二十顆乳牙都會掉
落，然後會由恆齒來替換。首先，這些恆齒
好像是超過孩子臉部的比例。然而逐漸地，孩子的臉骨會變大，使得臉部加
長、嘴部變寬，這些改變是為了配合較大的恆齒。

牙齒的掉落對某些孩子會造成心理的影響。他們變得較自我察覺，因為
對自己外表的注意或許會造成他們的心理上覺
得不舒服。

對學齡兒童而言，最普通的健康問題是蛀
牙。在四到八歲之間，孩子們患有蛀牙的比率
最高。健康較差或是多吃食物中含糖量較高的
孩子有較多蛀牙的危險。

作為一個老師，你應該藉由示範正確照顧
自己牙齒的方式——在吃完每餐飯後與孩子一
起刷牙、有均衡的飲食、避免高糖分的食物等
提倡良好的牙齒保健。同時鼓勵家長讓他們的
孩子定期接受牙齒檢查。

（四）氣喘

在你的教室中或許有孩子染患氣喘病。氣

圖 7-5　漢娜掉的幾顆牙齒是她進入童年中期的指標

喘是一種呼吸道不適以致造成呼吸困難、喘氣、咳嗽，以及發出氣喘聲，通常是因為對於空氣中的過敏源、感染物、某種食物或是其他物質有過敏的反應。情緒上的壓力、身體運動或是勞累亦可能引發氣喘的發生。在氣喘發生時，支氣管會腫大，阻塞呼吸道並且妨礙呼吸。有些時候氣喘或許會是一種緊急的醫療問題。

如果可能的話，氣喘的孩子需要學習如何預防氣喘。作為一個老師，當有孩子發生氣喘時，你應該保持鎮靜，而且也要幫助孩子保持鎮靜。你或許要在孩子氣喘發生時給予藥物。

（五）肥胖

肥胖變成是學齡孩子一種常見的問題。肥胖的特色是身體有過多的油質。如果體重與同性別、年齡與身材的人相比，比其他人多重20%以上的人就是肥胖。肥胖大約影響25%的兒童。

肥胖對於孩子的情緒健康會是一個很大的影響。肥胖的孩子經常會被嘲笑或是被同伴取笑。他們的朋友較少，並且在團體作業與隊伍中經常是最後一個被選到的，結果過胖的孩子或許會有較低的自尊。

孩子的肥胖有幾種影響因素。有些孩子有過胖的父母，對他們而言，過胖或許是遺傳的緣故。但是對其他孩子而言，環境可能是一個因素。如果父母跟其他的家庭成員過食的話，孩子也會一樣。然而，某些孩子過食的原因或許是因為家庭壓力。孩子們的飲食習慣會因虐待、家中成員的死亡、酗酒或是離婚而受到影響。任何創傷性的事件都可能引發過食。

許多孩子的過食原因是身體不活動。他們或許比其他孩子看更多的電視。研究顯示，他們花更多的時間看電視與打電動玩具，所以較少做運動，結果更容易過胖。

研究顯示，過胖的孩子在成人時也經常會過胖；過胖的成人可能會有高血壓、心臟病或糖尿病。然而，治療童年期的過胖是很困難的。過胖經常是家庭的混亂問題，孩子行為要改變牽涉到孩子與父母雙方。過胖的孩子需要幫忙學會選擇較為健康的食物。他們需要學習選擇哪種食物具有較低熱量與卡路里，也需要有人示範給他們看如何控制每次進食食物的份量。此外，還應該鼓勵他們做更多的運動。這些孩子或許也需要被協助克服情緒上的問題。

認知發展

在童年中期，孩子開始使用邏輯與象徵性符號思考，他們不再仰賴可以看得到或是感覺到的東西，他們開始使用邏輯思考而非只靠感覺。此外，他們記憶力增加且注意力也增長了，所以可以更加快速地吸收與回想資訊，這些增進的思考技巧允許他們能夠從事學術性的工作。他們的閱讀、寫作、科學，以及數學的技巧在整個學齡期間持續地發展（圖7-6）。

圖 7-6　孩子在童年中期學習閱讀

在童年中期，孩子期望能夠達成目標的慾望對於其本身的認知發展具有重要的影響。成就感通常與動機有關，有些孩子有努力工作與達到目標的內在慾望，其他人則受獎勵或是認同感的影響而引發其學習動機。不管成功的慾望來自於孩子本身或是外在，學習動機都深刻地影響其學習成就。

（一）注意力與記憶力

對認知發展而言，最重要的是注意力與記憶力。孩子在童年中期更能控制記憶力。孩子的年齡、學習動機、健康與態度都決定了記憶力的有效性，因此注意力在此時也增進了。孩子現在有能力不去接收不需要的資訊，他們也可以把注意力放在一個工作的重點上，能夠找出詳細的工作要素並且決定

什麼應該要先做，這些改變使思考技巧變得更加地精細了。學齡孩子善於吸收資訊，結果他們也變成更好的問題解決者。

學齡孩子經常使用一種叫作複誦的技巧來記取資訊。複誦是在使用資訊後，資訊再次地被重複背誦。以下的例子可以說明什麼是複誦。巴比是一個典型的六歲孩子，他可以告訴你他的地址與電話號碼，除此之外，他也可以告訴你他的祖母以及其他幾個朋友的電話，他的鄰居愛麗絲不能了解巴比如何在這個年紀便能記得這些資訊。

巴比使用複誦的技巧。巴比經常把電話號碼寫下來，在記下號碼時可以看到他的嘴巴在動，然後他重複這些號碼很多次，他的記憶力便藉由這種組織方式與過程而增進。

（二）心智運思

童年中期的邏輯與思考能力會改變，逐漸地，學齡孩子可以改變他們處理資訊時思考的過程。學齡前的孩子完全仰賴他們能夠看到或是感覺到的東西，但是有時候他們的感覺是有錯誤的。現在，他們的感覺則更加敏銳，因為他們開始使用邏輯思考。運思被定義為思考是基於邏輯而非感官的運用。在七、八歲之間，孩子進入具體運思階段，這表示他們可以使用邏輯來思考，但是只限於他們曾經經歷或看過的事物。

因為他們能夠在他們的心智運思上使用邏輯，所以孩子在童年中期能夠學習到幾個新的概念。這些概念包括了保留、序列與分類。

1. 保留概念

孩子逐漸學習到保留概念。保留是指物質的位置或形狀改變了，卻不改變其本質，如果沒有加上或是減少任何東西的話，數量就會保持相同，像是重量、長度、質量和容量就不會改變，但是外觀或許會有改變。要測試一個孩子是否了解保留概念可以使用液體、一系列的物品，以及可以改變形狀的物質來做實驗。

以液體保留概念作為說明，給一個孩子兩個相同的玻璃杯，把兩個玻璃杯都裝入等量的水，詢問孩子：「兩個玻璃杯的水是否一樣多？」接著，把一個玻璃杯中的水，倒入另一個較高、較細的玻璃杯中，再一次詢問孩子：「兩個玻璃杯的水是否一樣多？」七歲以前的孩子大概會說較高的玻璃杯裝有較多的水，但在七、八歲進入具體運思階段的孩子則會說兩個玻璃杯裝有

同量的水，並未受到改變，因為他們現在的邏輯控制著他們的感官。

你可以藉由使用一系列一樣的物品，例如，用一分錢去測試孩子對於數量保留概念的了解。把十個一分錢排成五個一列，且放在相鄰的地方，問孩子兩列一分錢的數量是否一樣多，孩子會說一樣多；下一步則把其中一列的各個一分錢間距拉開。如果孩子是處於具體運思階段的話，他就會說較長的那一列仍然有著相同數目的一分錢；如果孩子說較長的這一列的一分錢較多的話，這個孩子則是只著重在長度而非數量上，他只是仰賴他的感覺而非使用邏輯思考來判斷。

孩子對於質量保留概念的了解也能夠被測試出來。給孩子看兩顆有著相同大小形狀的黏土球，問孩子兩顆球是否有相同大小的量，孩子會說是。然後，把其中的一顆黏土球壓扁，之後再重複你的問題。已經具備質量保留概念的孩子會注意到黏土球的量仍然保持一樣。

表7-7是個保留概念的例子，它列出一些問題來測試孩子對保留概念的了解有多少。尚未到達具體運思階段的孩子對於這些問題會回答「不是」。如果孩子回答「是」的話，那他們就已經到達具體運思的階段了。

保留概念實驗

先前狀態	改變狀態	問題
液體		兩個杯子的水仍一樣多嗎？
數量		兩列的一分錢仍一樣多嗎？
質量		兩塊黏土球仍一樣多嗎？

表 7-7　藉由這些問題，你可以確定孩子是否具備保留概念

2.序列

　　序列就是指依東西的屬性，能夠根據重量、容量，或是大小等的增加或減少的次序加以排列的能力。正如保留概念一樣，序列概念通常在六到八歲之間會顯現出來，例如，給孩子一組長短不同的棒子，然後要他把這些棒子從最短排列到最長。學齡前孩子會隨意地排放這些棒子，但是大部分的學齡孩子則會依照順序從最短排到最長。

　　序列也牽涉到故事中事件發展的順序。在聽完一個故事後，孩子應該能夠回想起事件發生的順序，因此孩子能夠再次把這個故事講出來。同樣地，依照食譜烹飪也牽涉到序列，在準備完一個簡單的食譜之後，孩子應該可以回想起先前準備的步驟。

3.分類

　　簡單的分類就是根據相同的屬性，例如大小、顏色、形狀、樣式或功能等，把一組物品歸類起來。一般學齡前的孩子能夠歸類一種物品的屬性，例如，如果給孩子一組不同顏色的多種形狀，學齡前的孩子只能分類出這些屬性中的一個，像是顏色或形狀。而在學齡初期，孩子的心智則能夠解決兩種不同屬性的分類問題，像是顏色與形狀，例如，他們能夠把藍色的四方形分成一堆，同時把藍色圓形分成另一堆。

（三）語言

　　在整個童年中期，孩子的溝通能力逐漸增加。與學齡前的語言發展相較，如此的改變更加明顯。孩子的語彙在六到十二歲之間加倍成長，在學習閱讀時，他們每日學習到許多新的字詞，文法技巧也增加了，他們適切地學習到句子的組織、使用代名詞、複數以及時式。此階段的孩子除了使用口語，也同時使用寫作來溝通表達。

　　對於學齡兒童而言，說謎語與講笑話是一種語言遊戲的形式，認知發展與幽默感有相關性，語言的技巧能夠藉由幽默感的運用而增進（圖7-8）。

圖 7-8　學齡孩子開始發展出幽默感

社會情緒發展

　　學齡孩子的自我了解也逐漸地增加中，此時他們的自我概念正在形成，這會影響到他們的自信，他們曾經經歷過許多的情緒，因此他們變得更加能夠察覺他人的感覺。

　　童年中期的社會關係變得更加複雜，此階段的孩子與父母相處的時間較少，他們寧願多花些時間與同儕相處，友誼變得更加重要。然而在支持孩子的發展上，家庭仍然扮演著極重要的角色。

（一）自我概念

　　當孩子進入學校後，他們開始近身探訪周遭的世界，並開始做社會性比較。「社會性比較」是人們以品質、技巧以及在他人身上所見的特質拿來定義自己的過程，個人的優點和缺點都基於此一比較後的結果。自我概念於焉形成。「自我概念」就是一個人看待他／她自己的眼光。雖然孩子的自我概念在嬰兒期便已開始形成，但學齡孩子能更加意識到自己到底是誰。

　　學齡孩子能夠以非常具體的用語來描述自己的優點或缺點。例如，路易斯是個七歲的孩子。最近，他的老師要他描述一下自己，他說：「我的名字是路易斯。我是個男生，住在科羅拉多州的伯瑞肯里。我有棕色的眼睛，黑色的頭髮，而且我長得滿高的。我的興趣是騎自行車以及滑雪，而且我還滿

厲害的喔！但是說到電腦，我就沒那麼行了。我會跟朋友到休閒中心游泳，他們都很喜歡我，我也常常會幫助他們。老師說我是個拼字高手，所以我總能在拼字方面幫上朋友的忙。」

路易斯的自我描述根據他的性別、外表，以及一些社會性比較而來。就跟其他同齡的孩子一樣，路易斯延伸了他可以找尋得到資料來源的人數。在學齡前那幾年間，他的參考點主要是他的家人，如今他所參照的範圍還包括了同學和老師。他從這些個體中所得到的回饋影響了他自我概念的形成。

自尊

自尊就是一種你相信自己是一個有價值的人的信念。學齡前的孩子通常有非常高的自尊，有時在童年中期會產生改變。要擁有健康的自尊，學齡孩子需要相信自己，藉由不斷地評估自己，有些孩子們會喪失了他們的信心，成人與同儕中傳達出細微的訊息都能夠促進或是貶低他們的自信心。表7-9顯示出孩子評價他們自己的因素。

孩子們評斷他們的自我價值是基於：

・學業成績
・運動能力
・身體外觀
・行為
・社交接受度

表 7-9　學齡孩子評斷他們自己基於這些因素

身為一名老師，你在促進孩子的自信上扮演重要的角色，具有溫暖、愛心的態度很重要。你要避免在孩子間做比較，藉由避免做比較，你可以幫助孩子發展出信任自己能力的自信心，孩子會覺得自己很棒。

成績需要以孩子的努力與能力來做判斷，在大部分的教室中，至少有一個孩子會感到無助，這些孩子覺得，不論他們如何努力也都不可能成功，而你馬上就能認出他們來。在面對新的經驗或挑戰時，他們很快就放棄了，在他們努力嘗試之前，他們會說：「我不知道怎麼做」或是「我不會做」。

幫助童年中期的孩子避免產生無助感的方式，就是要鼓勵他們在困難的工作中努力持續下去，讓他們相信愈努力就愈能克服失敗。你告訴他們說：

「我知道你可以做得到，如果你能夠再努力一些的話。」同時，在孩子成功的時候要非常歡欣，即使是在很小的地方，給他們額外的回饋，並且要說明他們為什麼會成功的原因。

（二）了解他人

隨著經驗與成熟度的增加，了解他人是學齡孩子最主要的進步。他們發展出同理心──了解他人感受的能力。同時，他們也感受到對別人的同情，同情心就是察覺他人的憂愁並且想要幫助他們（圖7-10）。

學齡孩子能夠描述其他人的感情以及人格特徵，在此之前，孩子對於他人只有身體方面的描述，例如，賓還在學齡前的時候，祖母要他描述他的老師，賓說：「她有棕色的頭髮以及棕色的眼睛，她戴著一副眼鏡，而且很漂亮。」在他八歲時，賓的祖母問他相同的問題，賓回答說：「她是一個很快樂的人，她常常笑，

圖 7-10　學齡孩子變得更加能夠察覺他人的情感

並且常常說『很棒』之類的話，有時她會生氣，像是在布萊恩搗蛋時，她就會對他生氣。」

賓發展出從他人觀點看事情的能力。他想像老師的感覺是什麼或是在想什麼的能力正在發展中，這是發展很重要的里程碑。人們終其一生與其他人的相處就是依賴能夠了解他人觀點的能力。研究顯示，社交技巧較差的孩子對於了解其他人的思考或是情感會有困難。

（三）友誼

在學齡期間，友誼占有很大的重要性。在學齡前，朋友可能只是可以分享玩具的方便玩伴，現在交朋友則變得更有選擇性了。性別經常影響對於朋友的選擇，大部分學齡孩子選擇同性別的孩子當成是親近的朋友，有相同興趣的孩子也經常變成朋友。

　　這些友誼對孩子而言很重要，朋友就是能夠分享想法與感情的人，朋友能夠提供陪伴以及情感上的支持，情感上的承諾藉由這些早期的友誼而習得。

　　有些孩子特別被其他孩子所喜歡，因為這些孩子對於其他人很友善。他們也有較高的敏感度以及較好的溝通技巧。在童年中期，同儕的接受度也會被外表與行為所影響。

　　其他有些被同儕拒絕的孩子，放學之後就不會被邀請參加活動或是派對，下課或是午餐時間他們也較受人忽視，這些孩子經常缺乏自我控制、對他人會有攻擊性，他們或許是具有破壞性或是與人敵對的。

　　沒有友誼的話，孩子便不能夠接受到與同儕互動的好處，這對於某些孩子而言是很悲慘的。低自信、缺乏社交技巧以及寂寞是常見的結果，這些孩子通常對於自己的能力也缺乏信心，他們需要特別的協助來確認以及克服他們的行為問題。

（四）同儕團體活動

　　同儕團體活動對於學齡孩子的社會發展扮演著重要的角色。他們或許加入四健會、教會、女童軍或是男童軍等。在這些團體裡，他們能夠學到如何與其他人合作以達成目標，並且學習到團體行為中的規則。

1.性別差異

　　在學齡早期，非正式的團體經常是單一性別的（圖7-11），一群女孩與另外一群女孩聚在一起，男孩也一樣喜歡與其他男孩在一起。在教室中，混合性別的團體或許可以藉由討論、用餐或是共同做作業開始，男孩與女孩或許

圖 7-11　同性別的孩子常變成朋友

喜歡一起踢球或是玩其他遊戲。

互相嘲笑也經常發生在男孩與女孩之間。男孩喜歡干擾女孩的遊戲，當這個情形發生時，女孩的反應就是把他們趕走或是向成人告狀。

在學校，性別經常會造成遊戲區域與空間使用的差別。男孩傾向於控制大型、固定，能夠用來玩團隊運動的空間。研究顯示，男孩控制的空間比女孩多十倍，女孩使用的空間則經常在較接近學校建築物的地方。

男孩與女孩喜好的活動是有差異存在的。女孩喜歡跳繩、跳房子、在運動器材上做特技，而男孩子則喜歡較競爭的運動，例如：籃球、足球，與棒球等。

女孩會參與較多輪流且與其他人合作的遊戲，與男孩相較，她們經常喜歡成對或是與小組互動的遊戲，女孩不像男孩那麼開放，因此她們會選擇更多可以分享祕密的友伴關係。

2.有規則的遊戲

你記得你在童年中期的事情嗎？你可能會記得你喜歡有規則、有組織的遊戲，如果你跟大部分的孩子一樣的話，下課時你會喜歡玩捉迷藏、射紅色箭靶，以及玩矇眼睛的遊戲，你大概也喜歡玩抽籤、跳繩以及跳房子的遊戲，在體育課時則玩籃球、足球以及軟式壘球。

近十年來，孩子花在自我組織遊戲上的時間有減少的趨勢，反而花較多時間在電視、電腦、電動玩具以及成人所組織的運動中，結果孩子的身體變得不強健。此外，他們沒有許多學習遵守規則的機會。

3.團隊運動

由於女孩與男孩身體技巧的增進，他們喜歡參與團隊運動，像是足球、橄欖球、壘球、游泳、體操與籃球等等，都是最尋常的運動，而最受歡迎的團隊運動則是棒球（圖7-12）。透過參與團隊運動，孩子經常會發展出能夠促進一輩子健康生活的運動習慣來。

藉由參與競爭性的運動，孩子能夠得到多種助益，包括：

圖 7-12　學齡孩子喜歡團隊運動

* 他們學習到團體合作的技巧。
* 他們學習到如何與同儕相處。
* 他們從運動中得到助益。
* 活動帶來愉悅。
* 健康的生活型態開始產生。

　　這些同時也是參與團隊運動的缺點，因為沒有一種運動是完全安全的。學齡孩子可能會受傷，像是撞傷、瘀傷以及刮傷是最普通的受傷種類，最嚴重的傷害是頭部與頸部的傷害，這些傷害經常在玩足球時發生。需要教導孩子如何安全地使用器材以減少傷害的發生，也需要教導有關暖身活動的重要性，例如，伸展以及暖身運動。

　　對孩子而言，成人組織的運動隊伍被批評為工作多於遊戲，因為由成人組織的運動隊伍重點經常放在比賽的輸贏，孩子從同儕、父母與教練間感受到要他們不計代價贏得比賽的壓力，因為成人經常控制比賽，因此孩子或許不會發展出做決定以及領導的技巧。

道德發展

　　道德發展就是能被社會所接受的行為標準的發展過程，道德感牽涉到了解以及運用與其他人互動時可以被接受的行為規則，如此一來，行為標準也就被內化成為自己的一部分。

　　藉由與他人互動的方式，孩子學習到道德的行為（圖7-13），學齡前孩子透過獎勵與處罰的方式，開始學習到能被接受的行為，有些行為帶來獎勵，比如說讚美或注意力，其他的行為則帶來處罰。他們仍未內化任何行為的標準，但是他們卻學習到如何去避免處罰。

　　童年中期的孩子更加注意周圍的世界，並且對於他人的情感更加敏感，在他們變得更加關心別人的時候，他們也更想要幫助他人，這個願望影響了他們的道德發展，於是他們開始內化行為的準則。

圖 7-13　童年中期的孩子從父母與其他人身上學習到行為的標準，並
　　　　　內化為自己的一部分

摘要

童年中期是指六到十二歲之間。童年中期的身體發展逐漸從早年時期的快速發展中緩慢下來，此時的孩子每年長高約二到三英吋，且變重五到七磅。大肌肉技巧包括較快的速度以及較正確的動作都在增進中；小肌肉技巧也增加了，有著整齊及正確的寫作。

雖然對孩子而言，這是最健康的階段之一，但幾種慢性病或許多少會影響童年中期，例如，胃潰瘍、氣喘以及糖尿病，視力以及聽力也需要經常做檢查，如果有任何的問題就可以馬上矯正，學齡孩子肥胖的問題變得更加常見。

認知發展持續地進步，使得孩子開始使用邏輯與象徵去做心智上的運思，他們不再只是仰賴所見或所感覺的事物，對於資料的處理與回想也變得更加迅速，記憶力增加並且注意力也加長了。因為他們現在能夠在他們心智運思上使用邏輯，所以孩子能夠在童年中期學習到幾種新概念，這些概念包括保留、序列及分類。字彙以及文法技巧也迅速地增加了。

在孩子仔細觀察周遭世界時，他們開始做社會性的比較。對於他們而言，自身的優點及缺點變得更加明顯，孩子自我概念的形成會影響其自信心，他們同時也發展出對人的同理心與同情心。學齡時期，友誼以及團體活動變得更重要了，大部分的友伴關係是由同性朋友所組成的。

在童年中期，道德感開始形成，之後便內化成行為的標準。

回顧與反思

- 對或錯。十二歲之前，大部分女孩的身高與體重超過男孩。
- 列出女孩勝過男孩的動作技巧。
- 對或錯。一個近視的人看較近的東西比看較遠的東西清楚。
- 列出三種可能導致孩子肥胖的原因。
- 解釋孩子從學齡前到學齡期間心智運思方式的不同。
- 描述一個了解孩子保留概念的實驗。
- 在學齡時期，語言的使用是如何地改變。
- 解釋自我概念與自信心之間的關係。
- 學齡孩子開始發展出同理心。這是什麼意思？
- 描述有關遊戲區域與空間使用的性別差異。

- 為什麼團隊運動對於孩子的發展是重要的？
- 對或錯。道德感牽涉到能被接受的行為規則的內化。

應用與探討

- 在下課時拜訪一所本地的小學並且觀察學齡孩子的動作技巧。
- 邀請一位小學老師來討論學齡孩子們的認知發展。
- 拜訪一家課後托育機構，觀察孩子的社會互動與同儕小組互動情形。
- 邀請四個父母成為專題小組，進行有關成人所組織的團隊運動對於學齡孩子所造成優劣影響的辯論。選擇兩個喜歡學齡孩子參與團隊運動的父母為一組、兩個反對的父母為一組，從他們的辯論中，你可以得到什麼結論呢？
- 拜訪一家課後托育機構，帶十個一分錢以及兩糰培樂多黏土，評量六到七歲的孩子的數量與質量保留概念。

第二篇

創造安全和健康的學習環境

　　身為幼教老師，你的主要目標是確保孩子的安全和健康，創造安全及健康的學習環境需要仔細的規劃及準備。

　　閱讀本篇，你將學會如何安排富有教育意義、有趣、又能兼顧安全的學習環境，也可以認識符合課程目標的安全教具及設備標準。

　　本篇提供你預防意外事件和疾病的安全原則，也會讓你知道，當孩子遭受虐待和忽視時應採取的決定及應負的記錄責任。

　　本篇會教導你設計並提供營養餐點的原則，也提供處理傷口、燒燙傷和發燒等緊急狀況的正確步驟。

不論室內或戶外，老師都有責任為孩子做好準備

第八章

學習環境的預備

王慧敏

閱讀完本章之後，你將能夠：

- ◈ 解釋經過規劃的室內、戶外活動空間的價值
- ◈ 說出幼兒園基本學習區的名稱及其功能
- ◈ 列出選擇遊戲室家具和顏色搭配的考量標準
- ◈ 歸納出影響學習區空間組織的因素
- ◈ 組織歸納教室內和戶外遊戲場基本的活動區域

關鍵辭

保健室	寒色調
教職員辦公室	暖色調
視聽牆	動線類型
吸音設備	感覺桌
分格置物櫃	盥洗設備

　　密西可在奔跑，蘇西在躲貓貓，沒有人發現瑪莉把魚從魚缸抓出來，似乎沒有空間讓喬絲堆積木。這個教室的孩子行為深受空間安排方式所影響。

　　在另一個教室裡，空間被精細規劃過，所有的孩子正在參與建構性遊戲，空間的配置鼓勵著孩子獨立學習和溝通，在這裡很少有問題行為發生。希瑟很開心地笑著，佛瑞德在教室的安靜區看圖畫書，同時，汪和他的朋友正在搭建大型的積木建物。

　　在規劃妥善且發展合宜的環境裡，孩子成長和學習，老師有責任創造出符合孩子需要和興趣的學習環境。

　　活動室安排方式反映了課程的品質，同時，它也提供孩子有關被期望行為的線索。規劃良好的情境通常能夠引發有趣的遊戲，提供孩子選擇的機會，降低問題行為的出現，也鼓勵孩子和其他孩子或成人互動，這和積極主動探索是一樣重要的。良好的空間規劃是以孩子的氣質、發展需要、興趣、幼兒園教育目標等為基礎來安排的，所以活動室也必須是兼具吸引力和邀請性的。

　　具教育意義且安全的環境對孩子的社會、情緒、身體和認知發展是重要的。孩子需要空間和同儕一起建造、活動、分類、創造、扮演、延伸工作，也需要多樣且足夠的材料來吸引他們主動參與，此外，他們同時需要靜態、動態、討論、活動的空間。空間影響孩子主動參與的程度，而孩子做選擇並付諸行動的方式亦受空間所影響，空間甚至會影響孩子的專注力及投入時間的長短。因此，空間的安排必須根據孩子的需求和興趣，並且顧及教職員工作的便利性（圖8-1）。

圖 8-1　有品質的幼兒園提供老師和孩子足夠的空間

規劃空間的價值

　　早期經驗對孩子的認知發展是重要的，在規劃活動室之前，需先檢核幼兒發展目標，例如，二歲的孩子尚未具備精緻的大肌肉動作技能，為了維護安全性並促進動作發展，他們需要寬敞、開放的空間，因而活動室在規劃之前需先考量這些目標。

　　具吸引力且規劃良好的活動室傳達了秩序感，它鼓勵孩子使用材料並為達成自己的目標而行動；同時，空間也塑造孩子的行為，在這樣的教室裡，孩子較具責任感，他們知道何處尋得材料以及用畢歸位的規則。

　　安全性是環境規劃的重要考量因素，當孩子感到安全時，他們才能自由自在地學習。開放空間必須顧及成人是否能環顧全室，而師生比亦將影響安

全性，若成人數不足，則活動室安排最好盡量簡單以方便成人照顧。

　　研究顯示，空間安排同時影響師生的行為，規劃良好的學習區，教師較友善、敏銳和溫暖，也較能教導孩子尊重他人的權利和感覺；反之，規劃不當的空間，老師對孩子亦有較低的敏覺力。

　　規劃良好的空間目標應包括：

* 提供身體安全的環境。
* 提供促進認知、情緒、社會、身體動作發展的學習區。
* 提供教師容易監督的空間。
* 提供吸引師生目光的空間。
* 提供方便孩子能自由拿取的材料（圖8-2）。
* 鼓勵孩子參與活動。

圖 8-2　益智區低矮的教具櫃讓孩子有自己選擇學習活動的機會

物理空間

　　幼兒園的物理空間可分為七個主要區域：

* 校門口
* 園長辦公室
* 保健室
* 廚房
* 教職員辦公室
* 廁所
* 教室或遊戲室

（一）校門口

校門口必須對成人和孩子具吸引力（圖8-3），包括：植物栽種、孩子作

品展示、親職公布欄等設計都可增加吸引力。如果空間許可，擺放椅子和沙發可方便父母等待接送。

（二）園長辦公室

園長辦公室最好緊鄰校門口，學校檔案、孩子的記錄以及與政府、社區等相關的文件必須存放於此。有時這裡也可作為和父母晤談、會議的場地，有的園長會擺放小桌子，方便和老師進行會議或討論計畫。

圖 8-3　這所幼兒園的門口讓孩子有被歡迎的感覺

（三）保健室

有些州要求幼兒園必須有特別的空間作為孩子生病或出現傳染性疾病的隔離用途，稱之為保健室。保健室必須有小床和一些玩具，如果幼兒園空間不足，小床也可以擺在園長辦公室內。

（四）廚房

廚房空間大小必須視每日所需的食物準備量而定，即使幼兒園沒有提供午餐，也必須有可擺放水槽、冰箱、爐具和準備點心的小空間。不管廚房的使用方式如何，當地政府的健康部門人員也會進行檢查監督，並告知幼兒園是否符合標準。

廚房地面必須容易清洗，塑膠或磁磚地板是比較好整理的。

（五）教職員辦公室

成人必須有屬於自己的做事空間，稱之為教職員辦公室。教職員辦公室的設備可包括：存放私人物品的鎖櫃、衣帽架、沙發、桌椅、電話、專業期刊、教學參考書、煮水或煮咖啡設備。教職員辦公室的私密性也是必須考慮的，因為進行父母晤談或同僚討論時，必須尊重個人隱私。

（六）廁所

大部分州政府都有針對孩子便桶和洗手台數量的規定，有的州規定每十

個孩子至少必須有一個馬桶，無論如何，較高比例的數量會比較方便，在一天當中，很多時候是多位孩子同時使用廁所的。

馬桶大小必須視孩子的身高和年齡而定，便桶離地約需十吋（約二十五公分）高，這對兩歲孩子是較舒適的高度，而離地十三吋（約三十三公分）則較適合五歲幼兒。

如果沒有小馬桶，則為年幼的孩子準備穩固的小板凳是必要的，這個小板凳同時也可用在較高的洗手槽，方便年幼小孩洗手。

為了安全起見，熱水器的調溫鈕應轉到低溫，並且必須只有在這裡才有溫水。廁所地面必須好清洗且不易滑，磁磚是較好的選擇，但不需要打蠟。

（七）教室或遊戲室

教室或遊戲室必須在一樓並緊鄰出入口。方正的空間較易監視孩子的行為並且有利於空間規劃。

在高品質的幼兒園，提供孩子足夠的活動空間和各類教具設備空間有其必要。孩子可使用的空間規定隨各州而異，平均每人室內空間為三十五至一百平方英呎，全美幼教協會（NAEYC）建議扣除通道、教具櫃、廁所後，每人室內自由空間至少需三十五平方英呎。

1.牆面

所有的牆面必須耐久且易清洗，大部分老師喜歡在牆壁上布置公布欄，以懸掛作品、張貼書面資料並具有吸音的功能（圖8-4）；此外，牆壁上黑板的設計必須考慮孩子的視線高度，有的幼兒園以白色或灰色的視聽牆作為公布欄、黑板和影片螢幕等多功能用途，但缺點是公布事項時必須以磁鐵黏住紙張，而磁鐵所費不貲。

2.地板

特殊遊戲室地面有愈來愈多使用地毯的趨勢，地毯較容易維護，並有防止墜落受傷的功能。

圖 8-4　對任何教室而言，清晰的公布欄都是受歡迎的

3.窗戶

　　遊戲室必須有窗戶，並且最好能讓孩子看得到戶外。每扇窗戶需加裝紗窗，萬一火災時須能輕易打開以便逃生。

　　窗簾或百葉窗可用來控制室內亮度，為空間增加色彩、吸引力和舒適感，降低強光、日曬和噪音。而它的缺點是易髒，有時會被孩子弄髒的手或美勞材料給污損。

　　為了達到不同的效果，你也許會希望在每個窗戶上懸掛窗簾，這對室內色調有加分的效果，如果你用窗簾或小的百葉窗也都能降低強光。

4.門

　　門的材質要輕，為了避免孩子受傷，最好是向外開，門把裝在方便孩子使用的高度。

5.吸音

　　研究顯示噪音會影響孩子行為，因此降低噪音的設計是必要的。

　　吸音的設備包括：地毯、窗簾、公布欄、枕頭、絨毛玩具、沙等都具有吸音功能，如果能在環境中安裝擺置這些設備，那麼噪音可以被消減或去除。例如，地毯可降低腳步聲，增加視覺吸引力，讓孩子有溫暖舒適感。

　　如果這些設備仍然無法有效吸音，有時天花板上設計吸音磚是必要的，無論如何，天花板高度最好在十至十二英呎（約三至三‧六公尺）高，以降低噪音並增加寬敞感。

6.溫度

　　溫度和濕度對規劃舒適的幼兒空間是重要的，孩子無法在不舒適的環境中學習。

　　室內溫度在華氏六十八至七十度（約攝氏二十至二十一度）之間較為合適，但是在進行激烈身體活動時必須調降室內溫度，為了讓孩子感到舒適，成人也許需要穿上毛衣。

7.濕度

　　濕度和溫度一樣，都會影響環境的舒適度，通常40%至60%的相對濕度較為合宜；相對濕度必須視室內溫度而調整，溫度在華氏六十八度時，60%的相對濕度會比較舒服。因此，當室溫升高時，相對濕度必須調降。

8.電器插座

　　為了安全起見，電器插座必須安裝在孩子搆不到的地方，在不用時以防

護套蓋住。空間安排方式將受插座位置所影響，例如，音樂區必須緊鄰插座以方便播放錄音帶，太長而未固定的電線易使孩子或成人絆倒，有些州甚至禁止教室內使用延長線。

🌿 家具

教室或遊戲室的家具必須易洗、耐久且好收藏，桌子和畫架最好可調整高度以適合不同身高的孩子使用。要檢查畫架的高度是否合宜，可請孩子站在畫架旁，讓孩子摸畫架中央，如果摸得到，表示這畫架的高度適合。

桌椅高度的檢視方式不同，可先讓孩子坐在椅子上，然後向前推椅子，檢查桌子底部和孩子膝蓋之間是否尚有空間，以及孩子是否能將雙腳放平。

（一）椅子

椅子通常被擺放在美勞區、娃娃家和餐點區，它的高度必須是適合孩子的。大部分老師喜歡易收藏的塑膠椅子，塑膠椅子的優點包括：材質較輕、方便孩子搬動、不需上色等好處。成人尺寸的搖椅可放在語文區或娃娃家，有時也可作為老師抱孩子或安慰孩子的特別用途。

（二）桌子

教室桌子必須堅固、平坦且易洗，質地不要太重，最好是可搬動的。大部分老師喜歡可坐四到六個幼兒的桌子，長方形桌子使孩子有自己的工作空間並可降低攻擊機會，圓形桌則通常擺在語文區或娃娃家。

（三）教具櫃

教具櫃最好事先規劃以方便收拾教具設備，例如積木、書、美勞材料、玩具等（圖8-5），良好安排的教具櫃有助於孩子建立獨立拿取及自動歸位的習慣。為了方便搬動，以附有輪子並可鎖住避免滑動的教具櫃較佳，沒有輪子的教具櫃也可以自己買輪子來安裝，在教具櫃的旁邊或背面加上掛釘板或軟木板可作為公布欄使用。

教具櫃擺放高度必須配合孩子的身高，以孩子能搆到為原則，因此最好選擇小且輕的教具櫃。如果教具櫃必須有門的裝置，選擇上下開的門較好，

圖 8-5　在這個教具櫃，積木及其他玩具都規劃安排得很妥當

左右開的門比較有安全上的問題，因為孩子可能喜歡在門的前面玩。

（四）置物櫃

　　如果幼兒園有提供個人物品放置的空間，那麼孩子將發展出對自己所有物的責任感，因此，每位孩子入園時必須擁有個人置物櫃（圖8-6），置物櫃的寬度最好在十到十二吋（約二十五到三十公分）之間，深度最好在十到十五吋（約二十五到三十八公分）；此外，置物櫃上面也要有讓孩子掛衣帽的掛鉤。

　　置物櫃的主要功能是擺放孩子的衣物，同時亦可存放孩子已完成的作品、書、給父母的信或其他物件。有的置物櫃有上下層之分，上層有分格可分類存放物品，通常稱為分格置物櫃，如果置物櫃沒有分格設計，亦可使用小收納盒方便分類存放（圖8-7）。

　　置物櫃或分格置物櫃最好上易洗的油漆，以避免泥濘鞋子或濕褲子弄髒表面。

　　置物櫃最好設在出入口，以節省父母接送時的等待時間，亦可降低上課期間孩子拿取物品時對他人造成的干擾，而且天候不佳時，亦可縮短清潔收拾所花的時間。

圖 8-6　置物櫃上的不同標示，可讓
年幼孩子認得自己的置物櫃

圖 8-7　可使用收納盒存放孩子個人
的小物品

幼兒園色彩的選擇

　　幼兒園的色彩影響師生對教室的感覺，它可促使孩子表現地較安靜或較好動。環境中太多鮮豔色彩會過度刺激孩子，影響孩子的情緒，因此在選擇色彩時必須謹慎。如果要使空間看起來比較寬敞舒適，可以選擇像藍色、綠色、紫色等寒色調，因為寒色調會讓空間看起來顯得比較大；反之，暖色調會使空間看起來比較小，例如：紅色、黃色和橘色。研究顯示，六歲前的孩子較喜歡暖色調，六歲之後才開始喜歡寒色調。

　　其他影響色彩選擇的因素包括：室內採光、使用時間長短等，當室內採光不足時，暖色調會使室內看起來較明亮。

　　幼兒園通常是包括許多動態活動的場所，並且教具本身即有各種顏色，因此以白色為底色是最受歡迎的。孩子對白色的反應尚好，白色給人的感覺是乾淨、寒冷，較適合餐點區、保健室、行政辦公區和語文區，同時也是適合浴室的顏色。

　　很多幼兒園喜歡用淺藍色，讓孩子感覺舒適、和緩與安全，因此適用於寢室、語文區、餐點區和保健室。

淺綠、淺藍和白色一樣會讓孩子有正向反應，例如：安靜、詳和、舒適、清新等感覺，因此和淺藍色同樣適合於寢室等空間。

黃色讓人感到快樂和喜悅，適合美勞區和音樂區，此外，戶外遊戲場的設施也常被漆成黃色。

橘色是一種受歡迎且具活力的顏色，尤其適合小區域如出入口處，但是它必須限制使用。

紅色則和橘色一樣，必須限制它的使用量（圖8-8），大量使用紅色易導致過度刺激，甚至過動，因此紅色適合室內外大肌肉運動器材。

圖 8-8　這個圖案所使用的紅色，給人有趣而無壓迫感

至於紫色則可作為裝飾用，但儘量不要用在語文區。

影響空間組織的因素

有組織的環境可以鼓勵孩子參與每日的活動，空間應被妥善安排以界定可活動的範圍和限制，因此，活動空間應提供幼兒適當合宜的學習經驗。

進行活動室規劃時，必須考慮許多因素，這些因素將大大地影響教學內涵，影響因素包括：立案法規、課程目標、團體大小、尺寸高矮、交通動線等等。

（一）立案法規

各州有自己的幼兒園立案法規，因此，在規劃活動室之前就需先了解本州的法律規定，雖然各州的要求不一，但仍有其共通處，例如，滅火器數量的下限、出入口保持淨空、門必須向外開、每個孩子平均最低可使用面積等。

（二）課程目標

課程目標必須以孩子的能力、年齡和技能為基礎，老師所擬定的活動目標也必須考慮孩子的發展與成長階段（第四到七章有發展階段的討論），學

習環境和有計畫的課室活動同樣都會刺激孩子的成長與發展。

保育員在考慮所有的發展領域時，可以選擇下列課程目標：

* 促進正向自我概念
* 促進獨立自主
* 增進問題解決的能力
* 增進小肌肉協調性
* 增加大肌肉協調性
* 增進自我控制能力
* 提升語言能力
* 促進利社會行為
* 欣賞文化的差異性

列出孩子學習目標之後，檢視這些目標，思考如何透過學習環境來達成這些目標，例如，大部分老師希望發展孩子的獨立性，並且透過環境安排來協助孩子達到獨立目標，包括：教具設備、衣帽掛鉤、教具櫃等放在孩子可自由拿取的高度，如此一來，孩子在使用這些設備時就不需大人時時在旁協助。表8-9列舉達到各種課程目標的方法，課程目標也必須反映各州立案規定，因此，如果州政府規定孩子每日膳食必須包括一次午餐和兩次點心，那麼園所目標必須包括孩子攝食營養的午餐和點心。

（三）團體大小

團體大小是活動規劃時必須考慮的重要因素，一旦空間不足而孩子人數眾多時，將產生許多問題。在擁擠的教室裡，孩子容易煩躁並且有較多肢體衝突；反之，空間太大而孩子人數較少時，也會有行為問題，因為這會鼓勵孩子在教室內奔跑。因此，老師必須考慮孩子人數和空間大小的合宜比例。

孩子人數愈多，所需的空間也就愈大，較佳的比例是活動室的1/2至1/3為開放空間。同時，空間安排不要太複雜，孩子才會有安全感。教具櫃和其他設備也必須依團體大小而定，良好的活動室安排允許老師和孩子能自由地在教室活動，讓老師能輕易地看到孩子的活動情形，孩子也能輕易地看到老師和其他孩子。

透過環境規劃來達成發展目標

發展目標	透過環境規劃來達成發展目標
促進獨立性的發展	相同材料擺放在一起。 抽屜、置物櫃、收納盒以內容物的輪廓外型來標示。 孩子容易拿取材料和設備。 衣帽掛鉤高度能夠讓孩子自行掛衣。 每個孩子都有個人置物櫃。
促進正向自我概念的發展	設備適合孩子發展階段。 展示孩子的作品。 每一學習區有結構性低的材料。 提供各種材料讓孩子選擇。
促進問題解決能力的發展	設備適合孩子的發展階段。 提供開放性材料，如：積木。 提供各種材料讓孩子選擇。 材料定期更換以增進孩子的興趣。
促進小肌肉動作發展	學習區提供操作性材料。 足夠的材料以維持孩子的興趣。 孩子容易拿取材料和設備。 材料定期更換以增進孩子的興趣。
促進大肌肉動作發展	教室有促進大肌肉動作發展的空間。 有足夠空間能提供孩子進行遊戲活動。 交通動線應避免干擾孩子操作活動的進行。 本區遠離安靜區。
促進自制力的發展	每個學習區有足夠空間讓孩子使用材料、進行活動。 交通動線安排要考慮孩子在工作時不被干擾。 動態區遠離靜態區。 每個學習區有足夠種類和數量的材料。
促進語言發展	圖書書展示在孩子的視線高度。 教材教具應貼上標籤。 多樣化材料包括書、玩偶、錄音帶。
促進社會發展	各學習區以矮櫃區隔，提供足夠材料並鼓勵合作遊戲。
多元文化的差異性	利用娃娃、布偶、圖畫書等人物圖片來呈現不同種族和宗教團體的差異性。

表 8-9　明確界定幼兒園目標是良好空間規劃的第一步

（四）尺寸高矮

教室設備必須考慮使用者的尺寸大小，購買或訂製家具設備時應該考慮孩子的身高，例如，公布欄、馬桶、水龍頭、洗手槽、圖畫等應在孩子可使用的高度，老師可用跪膝行走方式，以孩子高度來檢視教室環境，擺設太高的都必須調整高度。

（五）走路動線

活動室規劃時也必須考慮交通動線，即人們在室內各區域的移動路線，例如，孩子從美勞區到積木區時，可以不用穿過語文區。此外，活動型態也會影響交通動線，例如，大部分幼兒園都有提供午餐和點心，這些餐點需要在固定地方準備，不論幼兒園的餐點計畫如何，這些食物都必須運送到廚房，並且在廚房烹製，因此，廚房位置必須靠近輸送口和教室的餐點區。

基本學習區規劃

老師在規劃教室時應考慮如何使孩子自己選擇學習區活動，因此，每一個學習區應該很清楚地讓孩子了解他可以有哪些選擇，例如，美勞區所提供的畫架和美勞材料，可以用吸引並鼓勵孩子來使用它的方式展示。同時，孩子也會從展示方式覺察哪些是可拿可用的，這樣的展示方式也告訴孩子他有機會選擇他想做的。

每一個學習區都有各自的空間，並與達成課程目標有關，各區應該有明確界定，空間運用時也必須具有彈性。此外，教具櫃擺放成 U 型或 L 型時，就會產生各學習區之間的界限，當空間規劃方式改變時，這些櫃子也應該能被搬動。

老師可以依照學習區的功能來規劃教室，包括學習區的活動屬性是濕的或乾的、動態或靜態的（圖8-10），乾的活動必須遠離濕的活動，例如：感覺和科學是屬於濕／動的活動，而美勞、餐點、烹飪則為濕／靜的活動。此外，動態活動必須和靜態活動分開，例如：木工、積木、音樂、娃娃家為動態活動，這些活動將對靜態活動——例如：睡覺、閱讀、益智區等靜／乾的活動——造成干擾，在空間上必須加以區隔。

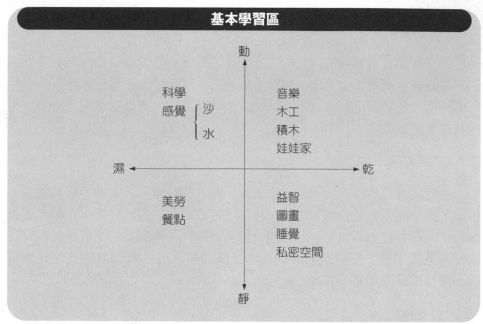

基本學習區

動

科學
感覺 { 沙
　　　 水

音樂
木工
積木
娃娃家

濕　←──────────────→　乾

美勞
餐點

益智
圖畫
睡覺
私密空間

靜

圖 8-10　空間規劃時需考慮學習區活動屬性，並把相同屬性的學習區放在一起

　　大部分老師喜歡畫二至三個平面圖，以釐清哪個平面圖最為有效，並檢視其有效原因，教室規劃原則詳見下頁表8-11。

　　教室規劃並非靜態的，而是動態的，當孩子的興趣改變時，老師就必須重新調整學習區，並增加或減少設備、材料。

（一）介紹學習區

　　向孩子介紹學習區有其必要，因為他們必須知道每個學習區的材料、內容、活動方式、安全規定以及收拾規則，老師應在新學期開始時讓孩子認識學習區，也可以請舊生協助老師介紹學習區給新生認識。

　　孩子必須了解使用及擺放各區材料的例行方式，尤其精細規劃的歸位方式有利孩子維護教室環境的整齊規律。貼上標籤或圖示讓孩子比較有跡可循（圖8-12），標

圖 8-12　有了標籤及圖示的協助，孩子在教室中將更能主動學習

教室規劃原則

- 盡可能把學習區設在教室四周，此有利教室中間區域作為交通動線使用。
- 擺放教具櫃時必須考慮老師是否可以清楚看到整個教室的活動情形。
- 相同活動性質的材料放在一起。
- 美勞區靠近水源。
- 靜態活動遠離動態活動和交通動線。
- 不需用水的乾性活動遠離需要用水的濕性活動。
- 提供開放空間以便進行積木活動和團體活動。
- 將教具櫃擺成 U 型或 L 型，作為學習區之間的區隔。
- 提供私密空間讓孩子可以獨處。

表 8-11　規劃教室空間時，請記住這些原則。你是否還有其他原則要增加的呢？

籤和圖示可以養成孩子在使用教具後物歸原位的習慣，培養孩子成為自我引導的學習者。

（二）積木區

　　積木提供孩子練習分類、比較、組合、做決定、合作和角色扮演的機會，充實玩積木的相關設備並詳加規劃是必要的（圖8-13）。

　　積木區的地面以地毯為宜，因為地毯可減低玩積木時所產生的噪音。用矮櫃來區隔積木區的範圍，並且有足夠的搭建空間，讓孩子可以在建築物的四周走動，從不同角度觀察他的成品。

　　此外，相關的教具是必要的，例如，動物園和農場動物、人物、交通號誌、車輛、滑輪和箱子。

　　矮櫃可以用來區隔擺放設備的空間，老師應檢視是否有足夠的矮櫃可以擺放不同形狀積木。此外，積木應擺在孩子的視線高度以及可自由拿取的範圍內。

　　大型較重的積木和設備應擺在

圖 8-13　積木區很受歡迎，要確定此區有好的設備及寬廣的空間

矮櫃下層或放在地板上以避免意外
發生，反之，較輕材質的積木和設
備則擺在高層為宜。利用圖畫或描
積木輪廓作為標示，孩子可容易拿
取並物歸原位，標示也提供配對練
習的機會和縮短收拾的時間（圖
8-14）。

（三）美勞區

美勞區的位置以靠近水源為
宜，空間大小應能滿足個別或團體
活動需求。本區基本設備應使用易
清洗維護的材質，內容包括：桌
椅、畫架、晾乾架、收納盒等（圖
8-15），清楚的美勞設備標示讓孩
子較容易找到所需材料。

（四）娃娃家

娃娃家常用來進行角色扮演遊
戲，本區常被規劃成類似真實的
家：爐具、冰箱、桌椅、水槽、娃
娃床等都是娃娃家的基本設備。其
他道具亦可為扮演活動增添色彩，
例如，娃娃、廚房用具、清洗工
具、穿戴的衣飾等。娃娃家應坐落於教室的動態區。

圖 8-14　清楚標示教具的貯放位置，可以讓孩子
　　　　　愛惜教具，並且更加獨立

圖 8-15　在高處懸掛晾乾美勞作品的架子，是
　　　　　更有效利用空間的方法

（五）感覺區

感覺桌是感覺區不可或缺的重要設備之一，通常指的是沙桌或水桌。沙
水桌的尺寸需視空間大小和孩子年齡而定，二、三歲的孩子通常很喜歡玩沙
水時的感覺，同時，沙水桌也可提供孩子社會互動的機會。

並非所有幼兒園都有感覺桌的設備，有的幼兒園則利用塑膠游泳池或清

洗盆來代替，不管運用哪種容器，都必須靠近水源，讓師生能盡情享受沙水混合的樂趣。

其他玩沙水的附屬設備包括：防鏽湯匙、鏟子、沙桶、量杯、漏斗、濾網、茶壺、廚房器具等，最好擺放在靠近桌子旁的收納箱以便收拾。如果收納箱不敷使用，可運用塑膠桶或洗衣籃來收拾存放。

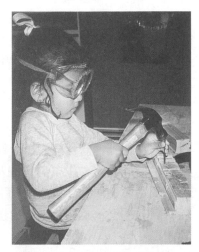

圖 8-16　木工區能讓孩子長時間保持專注力

（六）木工區

孩子通常在做好木工成品後，喜歡用顏料上色裝飾，因此木工區最好靠近美勞區（圖8-16），為了孩子的安全起見，木工區不要坐落在交通動線上。

木工台的設備可以包括：工具、刨木器、泡棉等。木工台旁可依孩子高度釘上掛釘板來懸掛工具，並在板面上畫工具輪廓來協助孩子配對和歸位。

（七）午睡區

大部分幼兒園在午餐後有小憩或午睡時間，但是並非都有獨立的午睡區，如果沒有午睡區，那麼具彈性的教室空間安排就很重要。這種安排有利孩子午餐後能快速且安靜地轉移到午睡區，因此，在規劃時要考慮有無足夠的午睡空間，有些州規定小床之間至少要有兩呎（約六十公分）間隔空間。

（八）益智區

益智區應坐落於乾燥且安靜區域，桌上型積木、拼圖、百力智慧片、鑲木地板的積木、串珠、樂透台、縫工板、有型式卡的彩色接接棒等都可作為充實本區材料，有的教室則包括教學教具和設備。此外，桌、椅、矮櫃也是本區的基本設備。

（九）語文區

語文區應放在活動室最安靜的地方，通常和益智區相鄰。語文區除了擺

放書籍和雜誌,亦可提供紙筆鼓勵孩子書寫。此外,書架、桌椅都是必要的設備(圖8-17),許多幼兒園利用靠墊或鋪地毯、軟墊來增加閱讀的舒適性。

(十)音樂區

節奏樂器、錄音機和錄音帶是音樂區最常見的設備,如果空間夠大,有的幼兒園還會擺放鋼琴。當經費不足或空間有限,那麼電子豎琴或吉他也是不錯的選擇。

(十一)安靜區

老師可在教室內設立安靜區讓孩子有獨處的機會。有時孩子在與他人互動過程中,會覺得有壓力而想要自己一個人獨處,因此,老師可訂定安靜區不受別人干擾的教室常規。

小閣樓是個不錯的私密空間(圖8-18),如果經費有限,大型紙箱或木箱亦可達到相同效果。

安靜區不需太大,以同時可容納一或二人為原則,區內孩子可不被其他孩子看見,但區內的情形則必須能讓老師看得到。

(十二)科學區

科學區的位置以坐落在動而濕的區域為原則,並且需要至少一張桌子和矮櫃,詳細介紹請參閱第二十三章。

圖 8-17 語文區的圖表展示需在孩子的視線高度

圖 8-18 孩子有時喜歡獨處,小閣樓是個不錯的安靜區

（十三）餐點區

如果空間夠大，可單獨設立餐點區，並且最好靠近廚房以方便提供餐點和收拾清理。假若空間有限，則可利用教室有桌椅的學習區，並調整作息表來彈性運用。

表8-19綜合說明各學習區所需家具、材料和設備，每個學習區應盡可能包括有關各種族、文化的設備和材料，例如，畫作、衣飾、工具、器皿、玩具和圖畫書。

（十四）展示孩子的作品

各學習區應有孩子的作品展示區域，公布欄、牆面、曬衣線或紙箱都具有展示用途，作品展示以孩子視線高度為原則，讓孩子可欣賞自己和他人的作品。

牆面若作為展示用途，可製作三十六或五十二吋（約九十一或一百三十二公分）寬的毛氈、粗麻布或帆布來懸掛作品；由於所懸掛作品的長度可能不一定，可縫上縫邊並插入暗榫來固定作品。

彩色紗線或曬衣繩亦可用於展示作品。彩色的塑膠曬衣夾可用於將作品並排夾牢於繩子上。

大型箱子可作為自由擺放的展示區，這種展示方式的優點是方便搬動調整，因此可彈性擺放在各學習區，即便在組裝完畢後，仍可移動。

當所有孩子的作品放在一起時，應能容易指認這些作品的主人是誰。為了保持孩子對展示作品的興趣，每個作品應有展示期限，並經常輪流更換。

學習區	家具	教具和設備
積木區	有標示的積木櫃	大型空心積木；實心單位積木；玩具車：汽車、巴士、卡車、消防車、拖曳車、飛機；各種小玩具人；小型、彩色木頭積木；動物園動物；農場動物
美勞區	可調整高度的畫架 教具櫃 桌子 曬衣架	黏土、鉛筆、蠟筆、彩色粉筆、印章、紙、廣告顏料、小紙片和碎布、錄音帶、膠水、漿糊、刷子、剪刀、工作服
娃娃家	娃娃床、孩子尺寸的冰箱、爐具、水槽及娃娃床可掛衣服的樹幹或樹桌、椅	孩子尺寸的清潔設備：掃帚、畚箕、拖把；娃娃的衣服、娃娃；盤子、鍋子和烹飪用具；桶子、水桶；電話；鏡子、晚禮服、戲服、皮包、背包、公事包
感覺區	感覺桌 教具櫃	漏斗、水壺、湯匙、海綿、容器、濾網、打蛋器
木工區	木工檯	鋸子、螺絲起子、鐵槌、虎頭鉗、釘子、螺絲釘、刨木器、泡棉、膠水
午睡區	小床 墊子	毯子、枕頭
益智區	教具櫃 桌子（視空間而定） 椅子（視空間而定）	手偶、積木、拼圖、塑膠組合玩具、樂高積木、長木條積木、串珠、棋盤遊戲、縫板、接接棒、賓果遊戲、不同尺寸的木棒和積木、數字絨布板、數字拼圖、木頭數子、磁鐵數字、量杯、磅秤、尺、百力智慧片
語文區	桌子 椅子 地毯 軟靠枕 裝豆子的布袋 教具櫃 絨布板 公布欄、黑板	圖畫書、兒童雜誌、孩子自製小書、卡片、遊戲、字母、鉛筆、麥克筆、紙、粉筆、錄音帶

（續表）

學習區	家具	教具和設備
音樂區	鋼琴 教具櫃 錄放音機	節奏樂器、錄音帶、彩帶
安靜區	閣樓 大紙箱 木箱	枕頭
科學區	水族箱 桌子 教具櫃 飼養箱	磁鐵；剪刀；三稜鏡；測量器材、瓶罐和其他空的容器；相關物品的蒐集，如：葉子、果實、岩石及昆蟲；放大鏡；小寵物；磅秤；鏡子
餐點區	桌子 椅子	花瓶、置物盤、盤子、餐具、杯子
書寫區	桌子 椅子 電腦 印表機	照片、不同顏色的有畫線和沒畫線紙張、筆、鉛筆、麥克筆、字母、文字清單、圖畫字典
大肌肉活動區	平衡木 階梯 步道 攀爬架	球、跳繩、呼拉圈、鑽籠、跳墊

表 8-19　提供各學習區豐富的材料和設備，學習區的各項材料可作為每日的學習途徑

戶外遊戲場

　　孩子需要均衡的室內和戶外活動，然而許多教室並沒有足夠的大肌肉活動空間。在秋高氣爽的季節，有時科學、美勞或音樂活動也會在戶外進行，因此適當的戶外遊戲場可滿足這些需求（圖8-20）。

　　各州政府對孩子所需戶外空間的規定不同，大約平均每人需要七十五至二百平方英呎。正方形的戶外場地較易督導與管理，U 字形或 L 形則比較有管理上的死角且規劃不易（圖8-21）。

（一）戶外遊樂場規劃

　　戶外遊戲場和室內空間一樣必須就其功能而分區。規劃良善的遊戲場通常包括大空間和車道，車道可作為遊戲場各活動區的區隔，並使動線更順暢，如果沒有車道設計，那麼孩子可能會撞在一起。為了決定車道的路線走向，老師可以蹲下來以孩子視線高度來檢視。此外，車道必須夠寬且使孩子能清楚看到遊戲場各活動區。

圖 8-20 對孩子來說，戶外遊戲場是一個刺激又好玩的地方

　　大空間最好坐落在遊戲場的正中央，各活動區可環繞遊戲場散置。此外，遊樂設施之間亦需預留緩衝區，例如，有的孩子喜歡在攀爬架下面加上木板或木箱來延伸遊戲活動，因此，預留額外的彈性空間是必要的。

　　戶外遊戲場的規劃原則：

圖 8-21 從這個角度可以看見整個戶外遊戲場，這裡可以有較好的安全指導

* 遊樂設施之間必須有足夠緩衝空間，使孩子不會相互碰撞。
* 所有遊樂設施必須位於老師在室內或戶外可看得到的視線範圍內。
* 孩子不需穿越其他遊樂設施才能玩遊戲。
* 遊戲場的 1/3 至 1/2 空間擺設遊樂器材外，其餘應為可自由活動的開放
  空間。

除了通道和開放空間外，規劃戶外遊戲場尚應考慮其他因素，包括：圍籬、地面、造景、貯藏室、玩具車道、盥洗設備、水源、動物及動物的家。

1.圍籬

許多州為了確保孩子安全，規定遊戲場必須用圍籬區隔。圍籬可避免孩子從戶外遊戲場跑到其他地方，亦可使老師容易看顧。選擇合適的圍籬，應事先仔細思考，尤以孩子安全為第一考量，避免使用易致孩子受傷的尖銳金屬或斷裂的木頭。

幼兒園常見的圍籬有兩種：鐵欄杆和木籬笆，兩種各有其優缺點，例如，鐵欄杆為開放性設計，孩子易於觀察遊戲場外的活動，整個遊戲場也感覺比較開放，但是有的孩子喜歡爬欄杆，這是相當危險的。

此外，多數人覺得鐵欄杆較沒有吸引力，而木籬笆在視覺上比較美觀，無論如何，安全仍是首要考量，設計良好的籬笆是不會讓孩子輕易翻越的。

2.地面

遊戲場的地面應該有一定比例的草地，讓孩子可以跑跳或遊戲。遊樂設施下方的安全地面以鬆軟材質為宜，如樹皮、樹皮屑或沙子，當孩子跌落在鬆軟地面要比堅硬地面較不會受到嚴重傷害，九至十二吋的鬆軟地面對孩子而言是較安全的防護墊。

鬆軟地面的缺點是，某處容易被堆高，尤其在交通動線上的材料會因走動而變薄，且在周邊堆積，因此必須時常用鏟子鏟回原處。

3.景觀設計

有良好造景設計的遊戲場是賞心悅目的，此外，戶外造景有時亦可作為科學教育的一部分，可以鼓勵孩子進行觀察活動並提升學習興趣。不同高矮、顏色、生長季節的花草樹木可以吸引孩子的興趣，同時樹木也可以提供蔽蔭，增加美觀，並能預防噪音。此外，和教室內學習區一樣，戶外遊戲場

亦應提供孩子可以獨處的地方。小山丘的設計可以促進大肌肉動作能力的發展。

在選擇花草灌木之前，宜先向園藝家諮詢，避免種植有毒樹木。此外，園藝家也可提供各種植物生長季節的建議，以確保孩子時時都有季節性植物可以研究和觀賞。

4.貯藏室

三輪車、推車、摩托車、鏟子、耙子、球、塑膠充氣泳池、園藝工具等設備應有適當的擺放地方（圖8-22），貯放的設備應視當地的氣候而定，例如，在天氣較溫熱的地區，許多室內的活動全年都可在戶外進行。如果預算許可，也可重複購買多份設備，如此一來，就不需在室內外來回搬動這些設備。此外，建構、扮演和創造性遊戲的相關設備亦可存放在貯藏室。

貯藏室內的設備應有標示以便孩子能物歸原處，地板上畫地線可作為玩具車的停放格。準備一些大桶子或籃子以收納不同類型玩具，至於耙子則可懸掛於壁面。

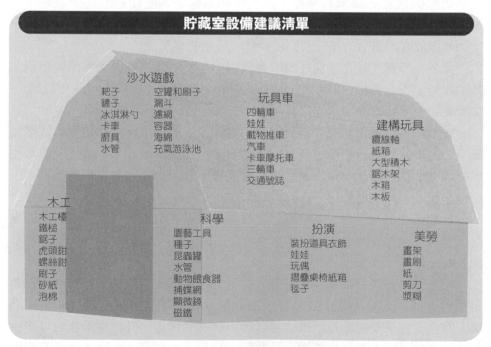

圖 8-22　貯藏室設備依各區而異

5. 玩具車道

開闢車道讓孩子能推拉或騎乘玩具車是必要的，其原因有二：一是基於安全考量，單向車道可避免孩子撞在一起；另一則是作為各戶外遊戲區的劃分，此外，專用騎乘車道亦可避免草皮壓損（圖8-23）。老師必須針對使用車輛和車道立下遊戲規則，並且時常提醒孩子遵守。

車道最好和貯藏室相連，方便孩子駛出並停回貯藏室，車道以彎曲弧形設計為宜，避免直角轉彎而導致孩子翻車受傷。

圖 8-23 玩具車道需要堅硬地面

6. 固定的遊樂設施

攀爬架、溜滑梯、樹屋均為固定在地上的遊樂設施（圖8-24），在遊戲場的不同角落放置大型的固定遊樂設施可吸引孩子的注意力。

7. 沙箱

孩子喜歡花很多時間玩沙箱，如果把沙箱放在太陽下，孩子可能會曬傷，因此，沙箱最好放在有遮蔭的區域，或者在沙箱上方搭建遮陽設施。此外，沙箱以臨近水源為宜，沙水結合將使孩子有更豐富的創造表現。為了避免貓狗跑進沙箱大小便，不用時最好用板子把沙箱蓋好（圖8-25）。

圖 8-24 這些圓形木樁是固定在地上的遊樂設施

8. 水

在天氣酷熱時，戲水遊戲是孩子最喜歡的活動，因此許多幼兒園有游泳池或塑膠泳池的設施。不論採用何種形式的游泳池，都必須嚴密看顧孩子的活動，並且在每日戲水活動結束後將水排空。天熱時，花園水管亦可應用在遊戲場上，只要在水管上方套上旋轉噴頭，就能讓孩子玩得不亦樂乎，亦可達到澆灑花草植物的功能。

9.動物區

　　戶外遊戲場有時可豢養一些動物，而動物種類必須合乎政府保護動物及幼兒園立案規定。為了保護動物，最好用足夠尺寸的籠子讓動物有活動空間，並於下方鋪設容易清理的地面。籠子門閂必須品質優良以免被破壞，並且將籠子放在不會日曬雨淋的區域。

圖 8-25　沙箱不用時，最好用板子蓋好

摘要

　　活動空間是否妥善規劃將影響孩子的學習結果，良好的空間規劃影響孩子選擇獨自工作或與同儕一起合作學習，老師需傳達對孩子行為的期望，這也使孩子的遊戲避免被干擾，因此，他們將更專注地投入遊戲活動，也有較多機會選擇所要進行的遊戲。

　　空間規劃必須反映孩子的發展需要、興趣和幼兒園目標，在此種學習情境中，孩子相形之下比較輕鬆自在和正向積極，他們對自己比較有信心，老師也有較多時間協助孩子的成長與發展，且不需花太多時間在糾正孩子的行為。

回顧與反思

- 合宜的空間規劃是以下列何者為基礎？

  A.孩子的發展需求

  B. 孩子的興趣

  C.課程目標

  D.以上皆是

- 對或錯。教師受教室空間規劃方式所影響。

- 列出四項規劃良善空間的目標。

- 保健室的設置目的為何？

- 教室裡最美觀的是＿＿＿＿＿＿室。

- 視聽牆可以作為下列何者用途？

  A.電影螢幕

  B. 黑板

  C.公布欄

  D.以上皆是

- 吸音設備包括下列哪些材質？

  A.磚牆

  B. 沙

  C.磁磚地板

  D.石頭

- 選購教具櫃需以孩子的＿＿＿＿＿＿為基礎。

- 孩子置物櫃的上層通常稱為 ＿＿＿＿＿＿＿ 。
- 六歲孩子通常喜歡下列何者？

 A.暖色調

 B.寒色調

 C.格菱紋

 D.以上皆是

- 哪種寒色調可能有令人感到哀傷的效果？
- 有組織的空間應該界定活動的範圍和 ＿＿＿＿＿＿＿ 。
- 列出提升下列目標的兩種途徑：

 A.透過教室環境來促進自我控制力

 B.透過教室環境來增進社會技巧

- 當孩子人數少而空間太大時，會產生問題嗎？為什麼會或為什麼不會？
- ＿＿＿＿＿＿＿是人們通過某區所依循的路徑。
- 學習區的範圍界定可透過＿＿＿＿＿＿＿或＿＿＿＿＿＿＿形狀來擺置教具櫃。
- 哪些學習區應坐落於教室的動／乾區域？
- 對或錯。孩子不需要獨處時間。
- 遊戲場的＿＿＿＿＿＿＿可劃分活動區域並使移動更方便。
- 遊樂設施的下方用哪一種地面是最安全的？

應用與探討

- 畫一張包括基本學習區的教室平面圖。
- 閱讀州政府對教室空間設備的立案規定，例如，每個孩子室內、戶外活動面積至少多少平方英呎？四十個孩子需要的馬桶數是多少？
- 訪問幼兒園老師有關環境規劃的方式，並詢問最喜愛的教室空間為何？以及有哪些想要改變之處？
- 選擇教室的色彩，並解釋所選色彩的原因。

第九章

玩具、設備和教具的選擇

洪慧娟

閱讀完本章之後，你將能夠：

- 說明選擇發展合宜玩具、設備及教具的原則
- 能說出購買教具及戶外遊樂設施時，應考量的安全因素
- 知道向經銷商反映不安全的教具和設備的程序
- 列出教具和設備的來源及選擇方法

關鍵辭

低建構性教具	多元文化
生理年齡	合作的
依時間順序而排列的年齡	耗材
發展中的年齡	

孩子的世界是藉由玩玩具、探索教具及與其他人互動來學習的。當提供多樣的玩具及教具給孩子時，他們學得最好，這讓他們有機會做決定。在激發學習的過程中，教具扮演著重要的角色，例如，孩子在玩玩具的過程中能學會說話及扮演的技巧、可以了解並與他人互動。他們做決定、解決問題，且控制著環境（圖9-1）。

發展合宜的教具，刺激且吸引孩子成為積極的學習者。簡單的教具能促進認知的成長，例如，如果孩子的積木建築下方缺少強而有力的地基，建築物就會倒塌，如此一來，他們就學習到物理學的概念了。如果他們把兩個半圓積木放在一起就會變成一個圓，這樣，他們就學到數學的概念了。

圖 9-1 教具讓孩子學到許多技巧，這些孩子在一起玩時學習到重要的社會技巧

選擇的標準

在幼兒教育課程中，為孩子選擇教具和設備經常是老師的責任，你需要事先決定孩子應該學習些什麼，再決定什麼樣的教具最能符合這些需求。察覺這些需求是一件重要的工作，小心地計畫是必要的。

下列是你必須問問自己的問題：

* 教具符合課程目標嗎？
* 新添的教具是否能與現有的教具保持功能上的平衡？
* 教具能在現有的教室空間裡使用嗎？
* 教具需要大量完善的管理嗎？
* 教具易於保養嗎？
* 教具耐用嗎？
* 教具能買足必要的分量嗎？
* 教具能讓孩子有參與感嗎？
* 教具適合孩子的發展階段嗎？
* 教具會吸引孩子嗎？
* 教具是非暴力的嗎？
* 教具是無性別歧視的嗎？
* 教具是符合多元文化的嗎？
* 教具安全嗎？

在接下來的章節將討論這些選擇教具的原則。

（一）課程目標

教室的教具和設備要能反映課程目標，如果課程目標是要孩子發展語言技巧，則發展語言的教具就必須要放在教室中，例如圖畫書、圖畫、錄影錄音帶、光碟、字母卡、玩偶、鉛筆和紙張，這些都可以增進語言技巧。

將你的課程目標寫在紙上，做一張促進教育目標的教具檢核表，再次檢閱目標和教具檢核表，算一算你在教室中已有的教具，然後決定哪些學習區

需要較多的教具和設備。執行這項工作時，有一張計畫表將有所幫助，如表 9-2。

選擇教具的計畫表

課程目標	可用的教具	所需的教具
激發感官探索	水桌、鏟子、杯子、水壺、勺子、黏土、打蛋器、感覺箱、口琴、笛子、吉他	鈴鐺、鼓、織布機、啷筒、漏斗
增進大肌肉發展	低矮的攀爬架、手推車、大龍球、木板、箱子、攀爬架	低矮的溜滑梯、蹺蹺板、腳踏車

表 9-2 寫下課程目標，可使選擇適用教具的工作變得較為容易

（二）各教具功能上的平衡

檢查課程目標對於決定要購買何種教具是有幫助的，但是在買之前要先檢查每一項教具，看看增加了它是否能讓原有教具的功能更平衡。問問自己下列的問題：這項教具能與其他教具結合嗎？它將會讓孩子達到現有教具所無法達到的目標嗎？它能增進人際互動嗎？它是否有助於平衡所有的發展領域，包括身體的、認知的、情緒的和社會的發展？

（三）空間

任何你考慮要購買或製作的新教具，都必須同時考慮所需的空間及存放方式，對於大型設備尤為重要。例加：對許多幼兒園來說，室內的體能遊戲場是很好的教具，然而，如果存放的空間不足，它就是一項不完美的投資，因為它會占用建築物的其他空間，而且如果它坐落的位置出入不便，這個體能遊戲場也就不會被經常使用了。

（四）督導管理

在選擇教具和設備時，要考慮有多少教職員工可以共同負擔管理工作？對你看護孩子的能力有何影響？是否顧及平衡安全及促進發展的需求？安全是最首要的考量，例如，你想在遊戲場增設鞦韆，每十個孩子需要一個成人

的監督者，你能遵守使用鞦韆的安全比例，但你也許會為了維持安全，而需要更多的監督管理，在這種情況下，也許就會認為購買鞦韆是不明智的決定了。

在選擇教具和設備時，也必須考慮到孩子的發展階段，這會影響督導者的人數，例如，許多五歲大的孩子能依規定使用鈍頭剪刀，四歲大的孩子就需要更多的督導。

（五）維修保養

所有的教具和設備都需要維修保養，管理的需求因教具和設備的型態及使用的數量而有許多不同，例如，鋁製的體能器材所需的保養較木製器材少，因為鋁製器材較耐風吹雨淋，木製器材則需每年上漆，否則就會腐爛，這樣的維修費就會昂貴些。

（六）耐用性

孩子的教具需要很耐用，孩子會丟、會站、會坐，也會躺在教具上，生氣時，他們甚至還會摔教具。損壞的教具可能會對孩子造成危險，損壞嚴重的塑膠教具會有割傷孩子的鋒利邊緣，破損的木頭教具會有小碎片。損壞的教具增加了遊戲的危險性，如果教具割傷了孩子的手，他們會有內疚感，為了避免這些問題，最好購買設計精良的教具和設備。

木製及布製的教具是兩種耐用的材質（圖9-3），木製教具禁得起許多孩子使用多年。在買木製教具時，要找硬木製品，例如楓木，這些教具必須不易裂開，且教具的稜角也必須是圓滑的。

（七）數量

在購買教具時，數量與品質同樣重要，在大多數的教室中，兩個或更多個孩子玩相同的教具頗為常見。為了促進這類

圖 9-3　木製設備很耐用，而且禁得起孩子粗野地使用

合作遊戲，就要提供大量的玩具和教具給孩子，如果遊戲教具短缺，令人不愉快的行為就會出現。因此，你想新添任何教具時，記得都要考慮到數量。

在考慮數量時，也要同時想到多樣性，你希望增添的教具是否與既有的教具有相似之處呢？試著讓已生活在多樣性教具環境的孩子，有更多的想像力和創造性。為了提供多樣性，教具和設備要經常更換。

表9-4針對一班十五名孩子，列出了建議的教具和設備。這些項目代表了多樣的教具和設備。

針對一班十五名孩子所列的建議設備及教具	
教具及設備的類型	選　擇
室內積木	• 400 塊硬木的單位積木，每一種形狀都有，有一個單位的、半個單位的、雙倍單位的、四倍單位的、柱狀的、大小圓柱狀的、曲線狀、三角形、斜坡道、Y 型軌道、X 型軌道、車底板、屋頂狀等
地板遊戲教具	• 24 輛車、飛機、船、火車、貨車、螺旋槳飛機、各種大小的列車 • 30 個橡膠、塑膠或木製的農場角色及馴養動物；社區工作者：包括警察、消防隊員、郵差；家庭成員：媽媽、爸爸、男孩、女孩、嬰兒、祖父母 • 1 艘會擺盪的船
家庭生活及扮演遊戲	• 8-10 個橡膠娃娃；娃娃衣服；小男孩、各種文化的娃娃；娃娃衣櫥；奶瓶；兩輛娃娃車 • 一座娃娃床，要又大又堅固，足以容納一個孩子爬進去 • 一座較小的娃娃床或嬰兒床 • 娃娃床用的毯子、床墊、枕頭 • 家庭扮演遊戲的家具：木製爐子、放碟盤的壁櫃、洗手槽、小桌子及小椅子 • 廚房用品：塑膠盤子、茶具、小型烹飪用具、銀製餐具 • 家事用具：長柄掃把、畚箕、熨斗、熨衣板、曬衣繩、曬衣夾 • 夠長的鏡子 • 裝扮用衣服：男人和女人的鞋子、皮包、珠寶首飾、帽子、皮帶 • 其他扮演遊戲的用品：辦公設備、電話、收銀機、消防隊員的帽子及徽章、遊戲錢幣、聽診器、醫生的包包和白袍、護士帽

（續表）

教具及設備的類型	選　擇
桌上及感覺活動	・賓果和抽牌碼遊戲 ・多種難易程度不同的 12 片木製鑲嵌拼圖 ・一座拼圖檯 ・釘板 ・雙人比賽遊戲 ・小型積木組（立方體、鑲拼板、連環扣、暗釦、算數） ・大型桌上骨牌、圖卡、數字卡 ・由大至小的套套積木 ・有顏色的毬果 ・敲擊釘板 ・接接棒、計算板、算盤 ・鐵鎚、釘子及纖維鬆軟的木板 ・紙卡：幾何形的
美勞活動	・2 個畫架 ・美勞作品的晾乾架 ・24 枝畫筆，包括 1/2 及 3/4 英吋手握柄的 ・各種顏色 75-100 夸脫的廣告顏料 ・8000 張白色馬尼拉紙，4000 張 24 英吋乘 36 英吋的白報紙 ・漿糊和漿糊刷 ・20 包指糊畫用紙或光滑的紙 ・24 包各種顏色的圖畫紙 ・4 塊黏土板、2 個保存黏土的有蓋的塑膠桶，以及黏土 ・100 磅麵粉、40 磅鹽 ・18 把鈍頭剪刀，包括左利手用的及訓練用剪刀 ・5 件工作裙和罩衫 ・各種供應品：柳橙汁罐頭、嬰兒食物罐、晾乾架、種花用的金屬線、水管、電線、有色牙籤、通心麵、玻璃紙 ・5 打蠟筆 ・旋轉別針 ・膠帶 ・釘書機和釘書針

（續表）

教具及設備的類型	選　　擇
音樂	・錄放音機 ・電子豎琴 ・木琴 ・領巾、旗子 ・節奏樂器：木笛、沙鈴、響葫蘆、響棒 ・鼓、三角鐵、鈴鼓、鐃鈸、鑼 ・手腳用的雪橇鈴 ・球和球框
木工	・一座低而堅固的工作檯及兩枝老虎鉗 ・工作：四枝 7 盎司的拔釘錘、兩枝 12 吋的橫鋸子、一枝手動鑽孔器、一枝銼刀、一個檔案夾、兩枝螺絲起子、各種大頭釘子及螺絲釘、兩枝大的 C 形螺絲鉗 ・軟木板、合板 ・砂紙 ・各種供應品：鈕釦、洗衣機、軟木、螺絲帽、掛鉤、線軸、瓶蓋
家具	・15 張 8-12 吋高的椅子 ・3 張 18-22 吋高的桌子，用來吃點心、午餐及進行桌上活動 ・可劃分成兩塊空間 ・15 個被墊或睡袋可供午睡用 ・15 個用來放外套、帽子、靴子、其他衣物的衣物櫃
科學及特別的課程	・棒狀及馬蹄狀的磁鐵 ・孩子的烹飪食譜 ・放大鏡 ・大的室內及戶外溫度計 ・管子 ・種子 ・動物：大頰鼠、老鼠、兔子、魚、鴨子、沙鼠（需法律許可） ・磁石 ・圖片蒐集：機械、動物、植物、地理的圖片 ・科學概念的書籍 ・測量用的捲尺、碼尺、直尺 ・刻度尺 ・量杯和量匙

（續表）

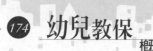

教具及設備的類型	選　擇
科學及特別的課程	・乾電池、手電筒、電線 ・滑輪組 ・小型鏡子 ・烤盤和電子鍋 ・魚缸和玻璃容器 ・鳥籠和寵物 ・孩子使用的打字機
水的遊戲（室內和戶外）	・小水壺、裝水罐、量杯、各種大小的碗、塑膠瓶 ・漏斗、篩子、打蛋器、杓子、吸管、長水管、刷子 ・香皂及香皂盒 ・海綿
戶外設備	・沙箱、罐子、水桶、鏟子、湯匙、小碟子、過濾篩子 ・體能器材 ・梯子 ・橫梯 ・沙池 ・三輪車 ・3 輛讓孩子用雙腳滑動的四輪車或搖搖馬 ・2 輛堅固的娃娃車 ・2 座堅固的木製貯藏櫃（42 英吋*30 英吋*30 英吋） ・2 座堅固的木製貯藏櫃（35 英吋*23 英吋*16 英吋） ・24 個中空的木製積木（51/2 英吋*11 英吋*11 英吋） ・12 個中空的木製積木（51/2 英吋*11 英吋*22 英吋） ・12 低的鋸木架 ・8 個小木桶 ・木梯 ・散步區（柔和的光線）及可彈性利用的體能遊戲區 ・堅固的長繩和澆花水管 ・汽車、飛機輪胎和橡膠內胎 ・不同大小的橡膠球、裝豆子的袋子
語言藝術	・50 本圖畫書，適合不同年齡、文化、興趣的孩子；書本內容必頁包含大量的詩、散文、幽默感、小說及非小說 ・字母書

（續表）

教具及設備的類型	選　　擇
視聽媒材	・黑板、板擦、繪圖紙 ・抽數碼遊戲及圖卡競賽 ・基本的打字機 ・錄音機 ・放映機 ・錄影機 ・電腦 ・照相機 ・電視 ・毛氈板及毛氈圖表
*包括各種藝術媒材的顏料、用以呈現多種色調	

表 9-4　本表中的教具和設備是根據有良好的教室存放空間而列出的，提供老師未來增購教具的參考（附註：轉載自先鋒計畫，幼兒園教職員工的設備與教具指引。）

（八）孩子的參與

　　教具的選擇與孩子有直接的關係，教具應能促進孩子去探索、操作、發明和解決問題，在這種方式之下，孩子會自主學習，並學習運用自己的想像力。

　　避免選購低建構性的教具，例如遙控汽車以及會說話的娃娃，因為這類教具較不需要孩子運用思考能力。此外，昂貴的教具對孩子的吸引力通常是短暫的，孩子將捨棄這些，而選擇有更多想像力的教具。

　　選擇簡單的教具（圖9-5），太多的細節會限制想像力，開放式的教具讓孩子可以自由運用心象且表達他們的創造力。

圖 9-5　這些低結構性教具可以玩出多變的遊戲，因為孩子的想像力是無窮的

積木、黏土、繪畫顏料、沙、建築系列教具都是開放性的教具，孩子可以用這些種類的教具來搭建建築物、做設計、玩遊戲，孩子有無窮無盡的方法來玩這些教具。

使用表9-6的檢核表來檢視「特定的教具可以學習到什麼樣的技巧？」這麼做可以讓你發現教具對孩子的影響，這樣的知識也能運用在購買教具上。

教具中可學到的技能的檢核表		
孩子將學到或增進的能力：	是	否
聽覺區辨？		
平衡感？		
顏色概念？		
計數？		
手眼協調能力？		
聽－做技巧？		
語言概念？		
大肌肉發展？		
配對能力？		
數字概念？		
型式排列？		
看－做技巧？		
自尊？		
感覺區辨？		
順序？		
社會技巧？		
小肌肉發展？		
空間概念？		
力量？		
丟－接技巧？		
視覺區辨？		

表 9-6　在這張檢核表上，你將增加哪些其他的技能呢？

（九）發展合宜的教具

孩子的生理年齡和發展年齡經常很不相同。生理年齡是由生日來定義的，即是依時間順序排列的年齡，發展年齡則是孩子的技能及成長的程度與同齡孩子的常模相較之下的結果。例如，凱西的生理年齡也許是四歲，但卻只有十八個月大孩子的能力；四歲大的孩子也許能串珠了，但凱西卻只能做十八個月大的孩子能做的事，她缺少了串珠所需的手眼協調能力。你在選擇教具時，要記得生理年齡與發展年齡的不同（圖9-7）。

圖 9-7　適合這些孩子發展年齡的教具是具有挑戰性的

適合孩子發展年齡的教具有助於建立自我概念，例如：當李恩學會騎三輪車或把手推車推上小山坡時，將會覺得自己很有能力，在他熟悉此一技巧時，他會獲得控制感，並建立「我可以做到！」的感覺。

教具若與孩子的發展年齡不符就容易造成挫折感，這對孩子自我概念的建立是沒有幫助的，孩子在玩教具時，缺乏成功的經驗會造成負面的影響，例如，兩歲大的孩子不適合拼十八片的拼圖，孩子可能有拼拼圖的動機，但不久就會變得挫折，離開拼圖，而去尋找較能勝任的教具了。

表9-8列出了適合不同年齡層孩子的教具及設備，本表的年齡層是指發展年齡。

發展合宜的教具和設備（六個月到五歲）

年齡層	積木和扮演遊戲	大肌肉設備	娃娃家	感官和科學	藝術創造和圖書	教室家具	其他多種教具
六個月到一歲	抓握教具、泡綿積木、柔軟動物、水桶和積木	海灘球、推拉教具、摺疊式嬰兒車	柔軟的娃娃、絨毛動物、玩偶、塑膠玩具、鏡子	洗澡教具、感官板	塗鴉牆、玩具汽車	嬰兒座椅、嬰兒床、更衣櫃、成人搖搖椅、分格置物櫃、高腳椅	軟球、搖籃、標準的嬰兒床、床墊、音樂盒、波浪鼓
一歲	增加：大卡車、連鎖積木	增加：學步兒階梯、駕駛座椅、大泡綿積木、學步兒滾桶、輪胎鞦韆	增加：娃娃床、娃娃毛毯、娃娃床墊、不易碎的娃娃、木製電話	增加：海綿、水桶、漏斗、水壺、量杯	增加：粗蠟筆、厚紙書、布書、錄音帶、錄音機、黏土	增加：衣物櫃、置物櫃、書架、兒童搖床	增加：單位鑲嵌教具、拖曳玩具、3-5片的拼圖、串珠、毬果、木栓板
兩歲	增加：單位積木、木偶	增加：娃娃推車、中空積木、搖搖船、小型攀爬架、三輪車	增加：簡單的娃娃衣服、娃娃的嬰兒推車、孩子尺寸的水槽、火爐、水壺、平底鍋、圍裙	增加：沙桌、水桌	增加：圖畫書、鈍頭剪刀、漿糊、指糊顏料	增加：書架、積木推車、遊戲桌和椅子	增加：簡單的拼圖、大型木製串珠、小吊床、休息墊及床單

（續表）

年齡層	積木和扮演遊戲	大肌肉設備	娃娃家	感官和科學	藝術創造和圖書	教室家具	其他多種教具
三歲	增加：娃娃家、小娃娃家具	增加：走路板、大木箱、腳踏車、手推車	增加：熨衣板、熨斗、搖搖椅、掃把、畚箕	增加：溫度計、磁鐵、飼養螞蟻、三稜鏡	增加：畫架、顏料、畫筆、膠水、剪刀	增加：工作及閱讀桌椅	增加：木製拼圖、手提式打字機、屏風（空間區隔用）、吊床、植物
四歲	增加：玩偶、玩偶劇場、更多的單位積木	增加：平衡木、鞦韆、溜滑梯、鏟子、水桶、沙耙、三角形模子、推車、大型攀爬架及滑坡	增加：有大抽屜的衣櫃、洗臉盒、曬衣繩、曬衣夾、籃子、圍裙、皮帶等，孩子尺寸的床及搖籃、嬰兒車、衣櫃	增加：溫度計、培養皿	增加：黏土、造型蠟	增加：教具櫃、粉筆、釘好的公布欄	增加：水族箱、寵物
五歲	增加：轉臂起重機	增加：球、滾輪式的溜冰鞋	增加：蒙古包、天平、麥克風	增加：顯微鏡、量尺、馬達	增加：縫紉機、相機、錄影機	增加：工具、工具櫃	增加：巨大的面具、建築物

表 9-8　選擇優良教具的計畫表。在此表中，各個年齡層間的教具是可以混合使用的

（十）暴力及教具

不應該教導孩子以攻擊或暴力來處理衝突，相反地，他們需要找出有效

的方式來發洩他們的感覺，預防攻擊行為的一個方法是避免給孩子怪獸玩具、玩具槍，以及戰爭遊戲。孩子從這些玩具可以學會的東西很少，與這些玩具有關的主題大部分是攻擊和破壞，例如，當孩子玩玩具槍時，他／她很少不以威脅的方式扣起扳機。研究顯示，當孩子玩這些戰鬥玩具及模擬武器時，暴力行為也增加了，玩玩具槍的孩子也較常破壞其他孩子的作品。

許多父母和老師都反對將這些玩具放在教室中，因此，最好避免購買這些玩具。

（十一）無性別歧視的玩具和教具

提供無性別歧視的玩具和教具，讓孩子有機會去探索非傳統的角色。孩子在遊戲時並不會受限於性別，例如，男孩可以當護士、幼教老師，以及家庭主夫，女孩可以當飛機駕駛員、卡車司機，以及鉛管工，這些類型的遊戲也讓孩子對職業有了初步的概念。

身為老師，建立沒有性別歧視的環境很重要，你對教具的態度將影響孩子對性別角色的學習。努力為孩子提供多樣的教具，但同時要切合實際，例如，你也許想建議歐瑪來廚房玩玩，你可以對他這麼說：「在廚房有很多好玩的事情喔！」

（十二）多元文化的玩具和教具

多元文化的玩具和教具代表著種族的多樣性，在選擇手偶、拼圖和娃娃時，要涵蓋大範圍的種族背景。圖畫及圖畫書的選擇也要記住這個原則（圖9-9）。

幼教環境需要包容孩子的不同族群及文化傳統，這會讓孩子有認同感，因此，你所選擇的玩具和教具，將大大地反映出教室中的孩子的文化差異。藉由選擇多元文化的教具，你表達了對所有文化的尊重，表9-10是評量教室中多元文化教具的檢核表。

圖 9-9　教室中所有的學習區都要有多元文化的玩具及教具

多元文化檢核表		
你的教室提供下列的多元文化教具嗎？	是	否
多樣的圖畫書，包含許多不同文化的精確資訊		
象徵不同族群的及背景的玩偶和娃娃		
代表世界各地族群的拼圖		
反映多種色調的藝術媒材及顏料		
代表不同族群的海報和圖畫		
樂器和音樂象徵著孩子不同的文化背景		
在娃娃家中的服飾及烹飪器皿代表著不同的文化		

表 9-10　利用本檢核表來選擇多樣的教具，以反映孩子的文化差異

　　老師多樣地使用象徵不同文化的教具是重要的，在舉行玩偶秀時，所用的玩偶代表著許多族群團體，所提供及閱讀的圖畫書也要包含許多不同的文化團體。

選擇安全教具

　　仔細地選擇教具可提高教具安全的程度，當選購教具時未做正確的判斷，就可能會導致嚴重的意外傷害。我們在此對大多數的成人呼籲：最安全的教具是不會有這些危險的，更確切地說，最安全的教具必須符合本章所列的安全標準，在這些項目中，最重要的安全標準是——教具必須符合孩子的發展。小串珠對許多四歲大的孩子來說也許是有益的教具，但對二歲大的孩子來說，則可能造成危險。

　　許多危險不能忽視或等閒視之，也因此在購買教具前，要先了解這些安全項目，記住，你的孩子經常會拆開教具，大教具的小碎片都可能具有危險。

　　為了確定你給孩子的教具是安全的，在購買之前，你要先回答下列的問題：

* 教具會被吞嚥下去嗎？
* 小零件會被放入耳朵或嘴巴嗎？
* 教具容易清洗嗎？
* 教具有銳利的角或邊緣嗎？

美國消費者產品安全委員會（the U.S. Consumer Product Safety Commission）為了幫助消費者為三歲以下孩子選擇安全教具，設定了小零件的尺寸標準，給這個年齡層孩子的教具的細小部分，至少必須是直徑1又1/4英吋或是2又1/4英吋長（圖9-11），任何小於這個尺寸的零件都具有潛在窒息的危險。一些教具廠商會幫助消費者為年幼的孩子選擇安全教具，他們提供消費者能用來測量教具小零件的塑膠工具。

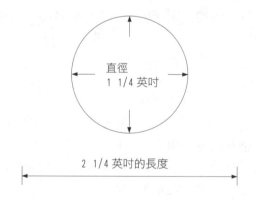

直徑
1 1/4 英吋

2 1/4 英吋的長度

圖 9-11 給三歲孩子的安全玩具，其小零件需符合這項標準：直徑 1 又/4 英吋或是長度 2 又 1/4 英吋

　　要記得，同樣一個教具在這個孩子的手中是安全的，在另一個孩子手中卻有可能是危險的。為了保護孩子，要避免買下列這些教具：

* 易碎的硬塑膠教具。一旦壞了，尖銳的邊緣會危及安全。
* 有尖銳邊緣的金屬教具。
* 有小的、球狀物件在裡面的拖曳玩具。如果這些教具破裂了，這些小物件會掉出來，放入嘴巴則會造成窒息或梗塞。
* 有小零件的玩具車。例如將拔下來的小零件放入嘴巴，結果可能造成窒息或梗塞。
* 氣球。孩子經常將其放入嘴巴吸或嚼，如果吞下去會造成窒息。
* 有鈕釦眼睛或銳利鐵絲的絨毛動物或娃娃。眼睛會被拔下來放進嘴巴，結果易造成窒息或傷害喉嚨，眼睛也小得足以塞進孩子的氣管、耳朵、鼻孔。檢查是否有撐挺玩偶耳朵、手腳爪子及尾巴的鐵絲。
* 設計給孩子玩的用電教具。燃燒、起火或觸電都是很危險的。劣質的電線可能引起火災及觸電的危險，用電教具所引起的高溫會造成火災和燒燙傷。

除了上述的檢核項目，有些特別的項目也存在著其他的危險。在商店架上的娃娃看似安全，但如果孩子改變了他的髮型、拉下了他的手或腿、變換了他的衣服，或抱著他靠近火源就不一定安全了。許多時候，一旦用來別住衣服或頭髮的髮夾、小的安全別針掉了，就可能會傷到孩子。用來綁住娃娃手臂或腿部的繫繩也可能暗藏危險，如果娃娃由易燃材質做成的，危險自然也是存在的。

在買任何娃娃前，一定要閱讀教具商標，只有非易燃材質的教具才能買，也要確定沒有用來夾頭髮的髮夾，最後，要確定手臂和腿十分牢固。

在幼兒園裡，色彩豐富的塑膠攀爬架是常見的設備，然而，許多攀爬架一次只能讓一到兩個人玩，當許多孩子同時使用時就不安全了。根據美國消費者產品安全委員會的報導指出，在幼兒園中，由攀爬架掉落者，是造成重大傷害的主因，該委員會提出警告說：塑膠攀爬設備不應該在室內使用，甚至是已鋪設地毯的地板，如果孩子掉下來的話，地毯並不能提供足夠的保護，結果，嚴重的頭部傷害或甚至死亡就造成了。

安全資訊的來源

　　有許多安全教具的購買資訊，可供你在購買教具和設備前做參考。

　　消費者報導經常測試其所管理之教具和遊樂設施，要經常去查閱最新發布的、你所需要的資訊，以前發布的消息也許是過時的資訊。

　　美國的教具製造商、國家安全會議，以及兒童保護法均設置了選擇教具的標準，標準如下：

* 織物產品：如玩偶、娃娃的衣服應有抗燃或延緩燃燒的標籤。
* 電器設備：包括錄音機、光碟播放機，應有安全檢驗組織的檢驗章，如研究室的擔保。
* 絨布玩具應附有說明其為可水洗，或只是表面可水洗的標籤。
* 所有的顏料應有無毒標示。

選擇安全的遊樂設施

　　在遊戲場給孩子多樣的遊樂設施是重要的，孩子需要可以推、拉、平衡及滑的設備（圖9-12），例如，研究顯示，只能攀爬的戶外設施使用率並不高，孩子爬一爬，一下子就厭倦了，此時，他們就會去尋找其他的遊戲。

　　在購買遊樂設施時，記得要考慮到孩子的身高與設施的高度，設施不應超過孩子身高的兩倍，然而，對於混齡團體的設施較難以如此執行。對大多數四歲大的孩子來說，尺寸合適的體能器材，對許多二歲大的孩子就可能潛藏危險，你需要為兩種身高尺寸的孩子購買不同的遊樂設施。

　　許多遊戲場的意外都肇因於溜滑梯，

圖 9-12　這種遊樂設施可讓孩子有多樣的玩法

要預防這些傷害，則要選擇低的、寬的且有扶手環繞的溜滑梯，很多小孩會同時使用這種溜滑梯，如果是又高又窄的溜滑梯則易對許多孩子造成危險。有些小孩直到從滑溜梯高處看下來時，才知道它有多高，之後他們就會決定慢慢地折回樓梯來，孩子掉落的危險即已存在，如果其他孩子也在樓梯上，這就會增加受傷的機會。

高的溜滑梯對大膽的孩子來說也有危險性，玩膩了只是順勢溜下來的玩法，孩子也許就會試著用其他種玩法溜下，他們甚至會大膽地用站姿溜下來。

所有的梯子都應是傾斜的，階梯之間也應緊靠，這樣可預防孩子失足掉下來。鋼鐵製的梯子較易於維護，它們不需要每幾年就磨光及上漆，但在冬天時會比較冷；木製的梯子則在風化後可能會出現小碎片。

為年幼的孩子設計的遊戲場通常不要有鞦韆，因為鞦韆需要更多的管理，如果不這樣的話，有些孩子在鞦韆的前後走動，就有可能被撞到、擦傷或被擊打到，而且有些大膽的孩子會把鞦韆盪得太高。

遊樂設施的安全

你知道大部分五歲大的孩子有可能在遊戲場受傷嗎？攀爬架、旋轉木馬和鞦韆造成大部分的傷害，因此，在購買戶外遊樂設施時要小心，避免因一時的衝動而購買，要監督遊戲、且維修已破壞的設施。

最常發生的遊戲場傷害是由攀爬架及溜滑梯上掉下來。事實上，幾乎有70%的遊戲場意外肇因於孩子由設施上掉落，當孩子在搖動中的鞦韆前後走動時，也會受傷；傷害也來自於突出的螺絲栓、粗糙的邊緣，以及會卡住手指、腳趾的設備，表9-13（見頁187）列出評鑑戶外遊戲場的項目。

美國消費者安全委員會報導指出戶外遊樂設施的危險之處：

* 如果遊戲場裡有這些易發生傷害設備：蹺蹺板部分碎裂易夾人，沒有蓋頂的搖椅要將其撤除。
* 直徑五至十吋（約十三到二十五公分）的環狀遊樂器材會夾到孩子的頭，需予以撤除。
* 鞦韆座椅上活動式的 S 型長鏈會夾住衣服或皮膚，如果遊戲場上的鞦韆座椅有這種夾人的金屬長鏈，應禁止使用。

* 木製的鞦韆座椅會打中在附近行走的孩子，把木製的鞦韆座椅改成塑膠或帆布製的。
* 狹窄的距離。如要預防傷害，每一項遊樂器材間至少要有六步寬的距離，包括與建築物、走道、圍籬或其他遊戲區域之間。沙池的空間、玩具車道、圍籬和人行道需要事先規劃，以免太靠近遊樂場。
* 戶外遊樂設施中突出的螺絲釘及螺栓會刮傷孩子，大部分的設備會加覆塑膠。然而，使用時難免損壞或脫落，所以要時時檢查所有的設施，如果覆蓋的塑膠已經不見了，要再次修護。
* 堅硬的地表會造成傷害，遊樂設施不能覆蓋柏油、磚頭或水泥，遊樂設施下面都必須覆上防撞材料。這些材質包括：彈性地磚、木製地板、細沙、細石。
* 尖銳的邊緣會割傷人。用你的手小心地摸摸看所有設施的邊緣，把所有尖銳邊緣用膠布覆蓋起來，之後還要常常檢查是否仍有防護作用。
* 要固定沒有完全牢固的遊樂設施，以避免翻覆、掉落、滑落或移動。設施在使用之前需以水泥固定在地面，固定的過程需依製造商的產品說明書執行。
* 設施中的階梯會夾住孩子的頭，豎立階梯時必須靠近，如果兩級階梯之間的距離大於三‧五英吋（約九公分）或小於九英吋（約二十三公分）的話，那麼即使第一階低矮得足以讓孩子的腳構到地面的話，仍會有勒絞的危險，幼小的孩子在害怕之餘，可能會缺乏讓頭部穿過階梯的判斷能力及動作技巧。

戶外遊樂設施的評估		
	是	否
1.建築物耐用嗎？		
2.高度適當嗎？		
3.設備功能是否完整？		
4.活動式的環狀設備直徑是否小於五英吋或大於十英吋？		
5.活動式的 S 型環鏈是否鬆開？		
6.鞦韆的座椅是塑膠或帆布製的？		
7.螺絲釘、螺栓是否鬆開？		
8.是否有尖銳的邊緣？		
9.設備是否完全牢固？		
10.設備是否易於維修？		

表 9-13 遊樂設施的評估有助於找出問題處及可能的危險

報導不安全的產品

如果你有關於安全教具、設備方面的問題，將其報導出來不僅能讓其他孩子免於遭受到相同的危險，更有助於維護孩子的安全。

報導出不安全的教具或設備，寫下來或打電話到美國聯邦政府的「美國消費者產品安全委員會」，熱線電話是800-638-2772，防護及監督會傷害孩子的教具設備是此組織的工作任務。

保護年幼孩子的法律已通過了，兒童保護法在一九六六年通過，此法律要求對於具潛在危險的設施必須加警告標示，並准許扣押沒有遵照法律標準設置的設施，同時也准許處置破壞法律的製造商，這表示在判決下來之前，製造商都必須停止製造這些設施，未依法遵從這些標準的製造商將會得到不利於公司的指控。

在兒童保護法通過後的幾年，兒童保護及教具安全法案也通過了，法案詳述聯邦政府的權力，包括設計給孩子使用的機械、電子、熱量等項目的遊樂設施。

教具及設備的來源

如果你開始選擇新的教具和設備，帶著現有教具的詳細目錄，接著對照課程目標，例如，你也許注意到操作性教具太少，這些就是首要選擇的教具（圖9-14）。

使用你的清單，依據目錄尋找你需要的教具，花時間看看幼兒園中所有的目錄，目錄價格可以很多樣，在訂貨前考慮所有的價格，例如，設備的運費是否會使購買成本提高？如果大量訂購的話，有些公司是不會收取運費的。

圖 9-14 幼兒園裡開架式的教具陳列區是選擇教具及設備的良好來源

設備也能透過合作商店（co-op）來購買，合作商店是由一些有共同利益的人或組織、為了刺激更大的購買力結合而成的團體，合作商店有時由數個小型幼兒園的園長組成，這個合作商店的其中一個目標是以最低的價格購買教具和設備，廠商經常會給大量訂購者一些折扣，園長就可將省下來的錢平分給這些共同購買者。

如果時間允許，你也許希望去跳蚤市場、車庫拍賣會、折扣商店看看，在這裡經常可用較低的價格買到教具。

教具也能在幼兒園自行設計或製作，女童軍、男童軍及其他人也許會自願幫忙，這些人也許會有人專精於製作玩偶、娃娃的衣服、戲服、木頭教具等。

購買耗材

黏土、紙張、顏料、漿糊、膠水和其他藝術媒材都叫作耗材，大部分來說，這些耗材都是用過就不能再使用了，為了節省金錢，有些園所一年只訂購一或兩次。

購買這些耗材的方法有很多。如果是大量訂購，幼兒園會向業者議價，「業者」即是指賣耗材的人，他們的索價即是促銷價。幼兒園也許會在大量

購買時要求業者打九折優待、並免費運送,許多園長在學會議價後都很驚訝,因為這能有效地減少幼兒園的預算。

另一個方法是列出所需耗材清單,把可獲捐贈的耗材做記號(表9-15),註記誰負責募得這些耗材,例如,第一位老師也許負責募得白報紙,其他老師負責募得壁報紙。在一些幼兒園,園長有責任獨自募得所有耗材。

耗材					
數量	項目	購買	募捐	來源	負責人
1 捲	白報紙		×	唐郡新聞節目	安娜
10 罐	紅色廣告顏料	×		ABC 學校提供	茱蒂
10 罐	黃色廣告顏料	×		ABC 學校提供	茱蒂
5 捲	壁報紙		×	麥諾莫尼美術社	安娜
2 桶	鋸木屑		×	彼得森伐木公司	安娜
4 加侖	乾穀類		×	哈帝的穀倉	茱蒂
4 碼	織品布料		×	西北織品	安娜
2 加侖	漿糊	×		ABC 學校提供	茱蒂
1 箱	泡綿、襯墊		×	強森珠寶商	安娜
24 箱	蠟筆	×		ABC 學校提供	茱蒂

表 9-15 許多團體經常熱心捐贈材料給有意義的機構,例如:幼兒園

摘要

選擇教具和設備是一項重要的任務，在購買前，有許多原則必須遵守。關鍵因素是必須考慮教學目標、教具間功能的平衡、空間、督導管理、維修保養、耐用性、數量，以及孩子的參與及發展年齡，而且，教具也應該是無暴力、無性別歧視、包含多元文化且具有安全性。

「安全」是購買教具及戶外遊樂設施的首要考量，發展出檢核原則可以幫助你選擇適合孩子的安全產品。如果產品不完整或不安全，可以向美國消費者產品安全委員會檢舉。

看完檢核原則，就可以開始購買了。老師必須知道去哪裡、怎麼進行採購，如此一來，老師才能明智地使用幼兒園預算。

回顧與反思

- 對或錯。教具能提升特殊技能的發展。
- 列出為年幼孩子購買教具時的六個注意事項。
- 教室中的教具和設備應反映出幼兒園中已發展出的_____。
- 可用空間如何影響教具及設備的選擇？
- 對或錯。在選擇設備時，維修保養並不是一個重要的考量因素。
- 教具必須耐用，因為_____

  A.孩子會坐在上面、站在上面或是拿起來丟。

  B. 損壞的教具是危險的。

  C.孩子把教具弄壞時會有罪惡感。

  D.以上皆是。
- 為什麼在教具的選擇上，教具的數量是一個重要的考慮因素？
- 對部分的孩子來說，_____教具需要較少的活動量。
- 解釋生理年齡和發展年齡的不同。
- 為什麼選擇適合孩子發展年齡的教具很重要？
- 玩暴力玩具經常會_____

  A.有建設性

  B. 有侵略性、破壞性

  C.是一種好的學習經驗

D.以上皆非

○ 什麼是多元文化的教具？

○ 對或錯。吸引成人的是最安全的教具。

○ 列出三個購買教具的安全原則。

○ 下列哪一項是危險的？

　A.環狀器材

　B. 木製鞦韆座椅

　C.螺絲釘、螺栓

○ 說出三個適合用在戶外遊戲場的防撞材料。

○ 什麼是耗材？

應用與探討

○ 列出一張適用於教室分組活動的設備清單。

○ 討論最喜愛的幼教教具及其價值。

○ 與幼兒園園長討論教具及設備的維修與保養。

○ 使用設備目錄，列出一張花費較少時間及金錢的教具及設備清單。

○ 從設備目錄中剪下安全且適合大部分二歲孩子的教具圖片。

○ 拜訪幼兒園，列出一張對孩子有用的教具及設備清單，判斷這些項目是否為開放式的，再列出一張可以增添的教具清單，包括多元文化教具。

○ 從三份目錄中，比較溜滑梯、攀爬架、推車的價格，討論價格不同的理由。

第十章

保障孩子的安全

張嘉紓

閱讀完本章之後，你將能夠：

◈ 列出維持孩子環境安全的目標

◈ 描述保障孩子安全的指導原則

◈ 說出火災的種類及因應各火災種類的滅火器

◈ 簡述處理中毒的步驟

◈ 分辨孩子遭受虐待的跡象

◈ 教導孩子如何防止兒童虐待

◈ 解釋幼教人專業倫理的種類

關鍵辭

A 級火災	B 級火災
C 級火災	催吐劑
非意外的身體傷害	忽略
情緒上的虐待	性虐待
亂倫	性騷擾
法規	法律上的隱私權

　　蒂娜老師對孩子說：「請給我那個壞掉的玩具。」因為老師馬上就看到了不安全的玩具具有潛在危險。同一時間，葛洛麗園長正在檢查美術用品，廚工阿姨正在廚房裡填寫每月的「安全與衛生檢查表」。檢查孩子周圍的安全，顯示出這些幼兒園教職員工對孩子安全的關心。

圖 10-1　孩子非常好動及喜歡冒險，瞬間就可能讓自己陷入危險的狀況，必須在任何時間仔細加以監督

　　危險可以存在於幼兒園的任何角落（圖10-1），電源插頭、清潔用品、木工器具、戶外攀爬架和廚房用具等

都可以引起傷害，教職員工必須要小心並移除這些危險，如果沒有這樣做就可能會導致意外的發生，而這些意外大部分是可以避免的。

當孩子的日常作息被干擾時，意外通常就有可能發生。意外也經常發生在教職員工不在場、忙碌中或疲累的時候。

孩子也可能是因為遭受虐待而導致危險，老師應該要注意孩子遭受身體及情緒虐待的跡象。在法律上，老師必須保護他們的孩子避免遭受虐待。

身為幼教老師，你必須對各種可能會危害孩子安全的意外有所警覺。此外，你的幼兒園更應該要制定安全規則及步驟，教職員工也必須注意他們法律上有關保護孩子的責任。

安全目標

教職員工有義務提供孩子安全的環境，下列是維護孩子安全的基本目標：

* 隨時隨地監督孩子。
* 維持政府規定的基本師生比。
* 制定安全規則。
* 提供安全的環境。
* 舉行消防安全演習。
* 熟悉中毒意外的緊急處理步驟。
* 制定天候引起的緊急狀況應變計畫。
* 分辨孩子遭受虐待的跡象並能通報任何懷疑的個案。
* 教導孩子如何保護他們自己免於遭受性侵害。

下列各節將會簡述達成這些目標的步驟。

（一）隨時隨地監督孩子

幼教老師說：「意外發生得太快了，我才離開一兩秒而已。」這位幼教老師就是不知道孩子不能沒有人看管，即使一秒鐘都不行。負責這組孩子的老師就應該要持續地監管，因為孩子不了解危險的概念，因此孩子的老師就

必須保護孩子，直到孩子可以保護他們自己為止。

　　孩子是無法預測的，他們動作很快，而且無法照顧自己，因此他們常缺少合理的判斷。孩子可能會咬人、丟東西或互相推擠，所有的這些行動不僅危害到孩子本身也危害到其他孩子，問題就出在：孩子也許無法分辨這些行為或行動會導致傷害。

　　監督一群孩子的適當方法應該是：老師必須背靠牆而坐，注意教室內的動靜，整個教室應該都在你的監督範圍內。如果你發現孩子好像沒有遵守教室規則或是需要幫助時，你可以靠近該區域坐著，並盡可能嚴密地觀察四處遊走的孩子，因為感到無聊的孩子最容易製造潛在的安全問題。

　　孩子在擁擠的教室中常容易發生紅腫及瘀青的狀況，請確保每樣設備與家具都有足夠的擺放空間。孩子在遊戲時要有人觀察他們，看看他們是否有足夠的空間，從一個區域移到另一個區域而不會撞到家具或者其他孩子，如果空間無法加大，就移除一些家具或者重新規劃教室空間。

（二）維持基本的師生比

　　師生比對維護孩子安全而言非常重要。通常，年幼的孩子都以分成小班級方式來監督，因此較小的孩子需要較多的教職員工，表10-2列出美國中西部每班孩子最多人數與基本的師生比。

　　政府要求的最基本教職員工數量應該都要遵守，如果不遵守規定，幼兒園的執照會被吊銷或者被公告該幼兒園不合法，請記住，如果孩子受傷而師生比例不合規定，幼兒園是要負責任的。

	每班幼兒最多人數	師生比
嬰兒-1 歲	8	1：4
1 歲-2 歲	8	1：4
2 歲-3 歲	16	1：8
3 歲-4 歲	20	1：10
4 歲-5 歲	24	1：12
5 歲以上	28	1：14

表 10-2　美國中西部規定的師生比，每班幼兒人數與師生比各州均有不同，各地要求依據該州的法律規定

（三）制定安全規則

安全規則可以保護教室中孩子的安全，安全規則要清楚、簡單而且易懂（圖10-3）。

一些常見的規則可以保護孩子，包括：

* 在室內請用走的，不可以奔跑。
* 咳嗽或打噴嚏時要摀住嘴巴。
* 積木是用來玩而不是用來打人的。
* 翻倒東西要馬上擦乾淨。
* 吃東西前與上完廁所後要洗手。
* 當東西打破或壞掉時要告訴老師。

你要時時提醒孩子遵守規則，否則孩子會忽略或忘記要遵守規則，例如，當你看到孩子直接走向餐桌而忘記要先洗手時，你可以說：「我們要先洗手才能吃飯喔！」通常提醒就能改正孩子的行為。如果孩子還是沒有遵守指令，你可以清楚地說明：「你必須先去洗手才能吃飯！」並且除非孩子先去洗手，否則就不要讓他去吃飯。

圖 10-3　利用公布欄教導孩子有關安全資訊

為了教導孩子咳嗽或打噴嚏時要摀住嘴巴，在教室中隨時要放一盒衛生紙，並將衛生紙放在孩子看得到也拿得到的地方。當孩子忘記要摀住嘴巴時，你就必須提醒他們。相反地，如果孩子記得要摀住嘴巴時，你就要讚美他們，例如，你可以說：「謝謝你打噴嚏時把嘴巴摀住，你好棒喔！」

（四）提供安全的環境

近距離觀察孩子及制定安全規則讓孩子有遵循的依據，有助於安全環境的建立，不過這些都只是安全建立的一部分而已。你也必須小心觀察是否有危險的狀況發生，像是教具、設備、電器用品、熱水和清潔用品對孩子都可

能會造成危險。

1. 教具與設備

設備的選擇對孩子的安全很重要，可參閱第九章〈玩具、設備和教具的選擇〉，以獲得更多有關於為孩子選擇安全教具的資訊。

有些必須要記住的一般性原則是：要小心絨毛玩具上的鈕釦或玻璃眼睛，這些東西可以很輕易地被孩子扯下來，一旦被扯下來，孩子很可能就會將物品放入嘴巴並吞下去，這樣就會造成梗塞，而且對於會對布料或填充物過敏的孩子來說，絨毛玩具也是不安全的。

使用塑膠製的、會發聲音的玩具也要注意，這些玩具裡面很多都有小的圓珠，有的還以硬而易碎的塑膠來製造，如果發聲玩具打破了，孩子也許會將裡面的小圓珠或塑膠的碎片放進嘴巴裡，同樣也會造成梗塞。

記住，某個玩具對某個孩子是安全的，對另一個孩子卻可能是危險的。當孩子使用太難操作的玩具時，可能會發生意外，例如，五歲的孩子都喜歡玩大彈珠，同樣的彈珠對一歲大的嬰兒，甚至於二歲大的孩子而言都很危險，年幼的孩子可能會將彈珠放進嘴巴並吞下，進而造成梗塞。

你必須經常檢查教具的安全性，例如，你可以檢查布偶的縫線，看看是否會被撕開或者車縫不牢，用力拉一下玩具的不同部位來檢視拉扯耐用度，如果玩具不耐拉扯，要將它從教室中拿走。你可以視玩具的狀況及價值來補強或丟棄。

應該要檢查塑膠和木製的教具是否有尖銳或扎手的角，看看玩具是否有任何小零件掉下來或者碎掉，如果塑膠或木製玩具需要修理，要馬上將它從教室中拿走。

2. 遊戲場的設備

如果沒有正確的使用，即使是遊戲場最安全的設備都會造成意外，要避免意外的發生，教職員工的監督及遊戲場的規則建立就十分重要。老師必須教導孩子安全玩耍的方法，如果適合孩子的發展，老師可以邀請孩子一起來建立遊戲場的規則，老師要持續地要求孩子遵守遊戲場規則，如果孩子在遊戲場安全地玩耍，記得要讚美孩子。

要經常檢查遊戲場的設備是否有下列的危險：縫隙、有尖角、不穩固、生鏽、磨損或彈性疲乏的繩索以及設備等（圖10-4），有些幼兒園會利用安全檢核表來維護孩子的安全。

和當地政府的兒童福利或社會服務部門聯繫可以取得對設備安全的相關規定。你可以依據政府對設備安全的相關規定製作自己的安全檢核表，並養成每週定期填寫安全檢核表的習慣，如果發現問題就要向幼兒園反應。

大部分在遊戲區發生的傷害都是因為跌倒引起的，要保護孩子免於跌倒傷害，遊戲場的地板表面應該要用鬆軟的材質，例如，孩子在草地上跌倒受傷的機會要比在水泥地上跌倒受傷的機會小。要避免跌倒引起傷害，你可以在攀爬架、鞦韆和溜滑梯下面鋪一層細沙、

圖 10-4　為了保護孩子的安全，這個遊戲場的設備下加鋪了軟墊

樹皮、草皮或墊子；然而遊戲場還是需要堅硬的地面以方便孩子玩玩具車，除此之外，遊戲場的地面可以是比較軟的。

3.幼兒園的娃娃車

交通工具的意外對孩子的生命會造成最大的威脅，不管是小型車、大型車或其他車種，幼兒園的娃娃車都必須有緊急逃生門及安全帶，且對年幼的孩子而言，要裝設符合孩子年齡標準的座位。幼兒園可以訓練所有的教職員工及義工父母如何正確使用安全座椅。當孩子坐在幼兒園的娃娃車時，孩子應該要繫上調整好的安全帶或坐在安全座椅上，禁止孩子將他們的頭及手伸出窗外。當搭娃娃車的孩子超過一定數量時，另外再配置一個隨車人員也許是必須的。

幼兒園的娃娃車內應該有處理緊急事故的設備，幼兒園的每台娃娃車都應該要有可以用來處理小意外傷害的急救箱。此外，每部娃娃車也都應該配備有滅火器及換輪胎的工具。

4.建築物的安全

很多幼兒園發生的意外都與建築物或建築物的設備有關，像窗戶、地板及樓梯都可能引起傷害。

除非窗外是走道或有堅固的阻隔物，否則要隨時將窗戶關起來，並且保持地板乾燥。如果地板有打蠟，要使用不會滑的蠟。在樓梯走道要鋪上地墊

或不會滑的墊子，並確保樓梯走道的燈光明亮而且沒有堆放雜物，你可以在樓梯兩邊與孩子肩膀等高之處都加裝扶手。

電動玻璃門、有把手的玻璃門及加裝推進器的門都有危險，根據「產品安檢局」估計，每年超過二十五萬人被玻璃割傷；要保護孩子安全，幼兒園的玻璃要使用安全玻璃，電動玻璃門上，在孩子眼睛高度要加裝防撞條提醒孩子玻璃的存在，否則孩子是不會注意玻璃的。

把建築物內所有沒有使用到的電源插頭蓋起來，避免使用延長線，特別是要把延長線放在地毯或踩腳墊下面，因為延長線的電線有磨損時就會引起火災。

（五）舉行消防安全演習

為了要提升消防安全，幼兒園必須定期檢查是否有發生火災的危險。對抗火災的最好辦法就是避免火災的發生，例如，將火柴或打火機放在孩子拿不到的地方，孩子便無法意外地玩火引起火災。身為老師，你的責任是發現並避免會引起火災的危險，表10-5列出了消防檢核表，請參考這份表格內容，你便可以發現危險在哪裡，並很快地檢查一下你的幼兒園。

幼兒園應該每個月至少檢查煙霧警報器一次，以確保功用正常運作。如果煙霧警報器是裝電池的，電源警示燈亮起時就要更換電池。

1.滅火器

每家幼兒園都需要數個滅火器（圖10-6），廚房及每個教室的裡面或附近應該都要放置滅火器，另外在洗滌區也需要放置滅火器。檢查一下幼兒園滅火器的放置位置是否符合政府的相關消防法規，滅火器應該定期檢查以確定功能及運作正常。

滅火器並不是對每一種火災都可以發揮作用，事實上，火災可以分成三級，而滅火器也有四種不同的種類。A 級火災是和一般可燃性物質有關，包括：塑膠、布料、紙類和木材；B級火災則和可燃性的液體有關，例如瓦斯、石油、油漆、溶劑；C 級火災則是電力方面的失火。

酸鹼滅火器是專為 A 級火災所設計的，因此無法拿來撲滅 B 級或 C 級火災。事實上，酸鹼滅火器可能使得 B 級或 C 級火災更加嚴重。

酸鹼滅火器有三個缺點，首先是它們的用途不廣；第二，滅火器裡的水可能會結冰，除非是使用不會結冰的液體；第三，酸鹼滅火器很重，通常會

消防安全檢核表		
	是	否
1.逃生路線及逃生口沒有家具或設備擋住。		
2.廁所的門鎖可從外面打開,教職員工可以很容易就打開。		
3.沒有使用的電源插頭都有用防護蓋蓋起來。		
4.使用固定的電源線而不使用延長線。		
5.牆壁的電源插頭不可以插上兩種以上的電器。		
6.火災逃生路線及計畫有公布並張貼。		
7.防災演習要每個月舉行。		
8.會產生火花的易燃物及其他危險物品要做記號,並儲存在只有教職員工才可以拿到的地方。		
9.孩子不可以在地下室活動(沒有逃生梯)。		
10.地下室的門要常保緊閉。		
11.樓梯間不可以用來儲存物品。		
12.滅火器放在明顯的地方並定期檢查。		
13.煙霧警報器及火災警報器每月至少檢查一次。		
14.火柴或打火機要放在孩子無法拿取的地方。		
15.玩具桌椅及其他設備採用不易燃燒的材料。		
16.地毯及腳踏墊是採用不易燃燒的材料。		

表 10-5　消防安全檢查表也許包含許多的項目,你可以再增加一些項目到本檢核表嗎?

超過二十磅。

　　紫色 K 化學乾粉滅火器可以用來消滅 B 級或 C 級火災,這種化學乾粉滅火器對抗 B 級火災比對抗 C 級火災稍微好些,而一般的化學乾粉滅火器也可以用來消滅 B 級和 C 級火災。

　　多用途的化學乾粉滅火器則是唯一可以用來消滅三種火災的滅火器。

　　在你購買任何形式的滅火器前,最好先和當地的消防隊聯絡,消防隊可以根據你的需要做最好的滅火器購買建議。此外,消防隊可以為你提供維修的資訊,也可以在滅火器用完後指導你如何補填滅火器。

在消防設備正式啟用前，最好先安排一場滅火器演練，有些幼兒園園長比較傾向由消防隊來進行這樣的演練。但不管由誰演練，幼兒園每年都必須安排園內全體教職員工進行年度的滅火器使用演練。

2.火災操演及疏散步驟

很多法律條文均規定幼兒園要有火災及天然災害的操演，在美國甚至有許多州規定災害的演練必須要定期舉行，例如，一個月一次，這些操演可以讓幼兒園教職員工及孩子在面對真正的火災或其他緊急狀況時不會驚慌失措。在操演過程中，記錄孩子出缺席的點名簿要隨身攜帶，因為在確定所有孩子都安全疏散及安全回到教室時，都必須用到點名簿以確定全部的孩子都在。

圖 10-6　檢查滅火器上的維修記錄及使用說明

每個幼兒園都必須有一個計畫完善的疏散步驟，在步驟中必須包含逃生路線、教職員工的工作分配職掌及警鈴的位置圖，這些步驟連同緊急求救的電話號碼必須張貼在每個教室容易看見的地方。為了避免唯一的逃生路線發生堵塞，替代的逃生路線也應該及早規劃，表10-7提供了疏散步驟的範例。

如果幼兒園發生火災，應該馬上啟動警鈴，並保持冷靜，因為如果老師很慌張，孩子也會跟著很慌張。接著，即使你沒看到火苗也要馬上疏散孩子離開建築物，因為濃煙——而非火本身——更容易引起死亡。離開教室前不必關燈，但是要將教室的門關起來，因為燈光可以讓消防隊員在濃煙密布的空間中看得更清楚。

當孩子和教職員工皆已從建築物中淨空，立刻一一點名。在消防隊員到達時，告訴指揮者建築物裡還有沒有人。

疏散步驟

1. 啟動警鈴。
2. 淨空建築物。
3. 離開建築物前打開燈光，並關上門。
4. 離開建築物前打電話給消防隊。
5. 當孩子到達安全地方立即點名。
6. 當消防隊員到達時，立刻向消防隊員報告是否所有孩子及人員都已經離開建築物。

表 10-7　和孩子一起複習疏散步驟，把疏散步驟張貼在明顯的地方

　　當規劃疏散步驟時，要注意嬰兒或學步兒比會走路的孩子更難疏散，因為嬰兒或學步兒還不會自己走路，而一個成人又往往一次最多只能抱起兩個小孩，因此當幼兒園嬰兒或學步兒與老師的比例超過二比一時，疏散步驟規劃時就要格外注意。有些幼兒園會在疏散操演時，利用嬰兒床搭載數名嬰兒後，再將嬰兒床推離建築物，而學步兒則利用遊戲時的拖車搭載離開建築物。

　　此外，老師應該將適合孩子發展年齡的預防火災及預防燒傷的教案納入教材中，例如，教導孩子如果身上著火了應該如何處理，圖10-8呈現了停止、跪下、翻滾的滅火技巧。

（六）天災或其他緊急狀況

　　大風雪、颱風、水災、暴風雨、龍捲風及地震都屬於天災或其他緊急狀況的範圍，這些狀況都可能對孩子及教職員工造成危害，因此幼兒園必須針對這些天災或其他緊急狀況提出處理計畫，而這個處理計畫必須根據幼兒園所在地的地理特性制定。

　　如果幼兒園所在區域經常發生天災，孩子的疏散演練就必須一個月進行一次，亦即，疏散步驟必須成為孩子例行作息的一部分。

　　有些天災發生後，幼兒園必須做出關閉學校的決定，因此老師必須計畫如何通知家長，讓家長知道天災的處理狀況，而孩子的交通問題也必須特別安排。

　　幼兒園也要預先準備天災發生所需的物資，例如，事先準備使用電池的收音機及手電筒，並且放在方便拿取的地方。有些天災則需要預先準備好保

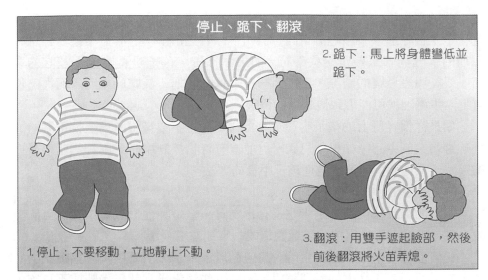

圖 10-8　如果衣服上著火，可以使用停止、跪下和翻滾的技巧滅火

暖用的毛毯、飲用水、食物和急救箱。

（七）中毒的處理

　　研究顯示，每年五歲以下孩子的中毒人數幾乎占全體中毒人數的三分之二，幾乎所有物質在某些狀況下都可以變成有毒物質。美國的國家安全單位發現：在美國，每個家庭幾乎都潛藏超過四十個有毒物質，表10-9列出了一部分家中潛藏的有毒物質。

有毒物質
刮鬍水、馬桶清潔劑、殺螞蟻劑、電池、漂白劑、蠟燭、感冒藥、蠟筆、洗衣劑/洗衣粉
水管清潔劑、花和植物（杜鵑花、貝母、黃水仙花、風信子、繡球花、歐鈴蘭、斛寄生、黃藥、大黃葉、橡膠藤、菸葉、紫杉）、膠水
檸檬油、安全火柴、硫磺火柴、成分不明的藥物、驅蟲劑、漱口水、指甲油、去光水、滴鼻劑、油漆
松香水、香水、植物做成的食物、減肥藥丸、洗髮精、鞋油、肥皂、去污漬油、防曬油、浴室清潔劑、維他命

表 10-9　上列家中常見的物品都是有毒的，應該放置在孩子拿不到的地方

　　孩子經常將成人意想不到會放到嘴巴的東西吃進去，而成人也經常不確定孩子是否吃進了不該吃的東西，例如，你看見孩子拿著一個空藥瓶在玩，而他的嘴巴周圍還殘留一些藥粉，如果你不確定孩子是否吃了不該吃的東西，要先假設最壞的狀況，否則萬一孩子真的吃進不該吃的東西，而你又沒有進一步處理就可能導致更嚴重的傷害。

　　如果你懷疑班上的孩子吃進了有毒物質，先不要慌張，馬上打電話給最近的毒物控制中心，如果幼兒園附近並沒有毒物控制中心，則打電話給最近的醫院，請他們指導緊急處理孩子中毒的方法。

中毒的緊急處理步驟

　　中毒的緊急狀況通常是指吃進有毒物質，但是其他形式的中毒也可能發生，像是吸進有毒物質或化學氣體造成眼睛或皮膚受傷。

　　任何形式的中毒狀況發生時，請遵循以下指示，不要依照急救資訊中的解毒劑對照表或產品上的處理資訊，因為這些資訊通常都已過時或不正確，如果照著錯誤資訊進行中毒處理，孩子可能遭受更大的傷害。

　　孩子發生各種中毒時，永遠要記得先聯絡幼兒園當地的毒物控制中心，當打電話給毒物控制中心時要準備好一些特別資料，像是孩子的中毒情況描述，以及你目前已實施的急救處理等，其他像是孩子吃進有毒物質的時間，孩子的年紀及體重等也必須告知，再來你可能必須提供有毒物質的名稱，如果孩子是從容器中取得有毒物質，在你打電話時記得帶著容器以便告知，孩子吃進多少有毒物質也必須一併告知，而除非你確定孩子吃進去的量有多少，否則多估計一些量會比少估計好。

　　每個幼兒園都應該備有催吐劑來因應孩子中毒的發生，催吐劑是一種可以將吞進去的東西引起嘔吐反應的物質，吐根植物就是一種催吐劑，給孩子吐根植物的時機要特別小心，除非毒物控制中心的醫師建議這樣處理，否則不要給孩子吐根植物。有些毒物像是乾洗劑或鹼液，如果進行催吐，可能對孩子的食道引起嚴重的傷害，因為他們吃下去會將孩子的整個食道灼傷一次，催吐時又會將整個食道再灼傷一次。

　　幾個主要引起孩子中毒的物質之一就是植物，當孩子吃進某些植物可能引起孩子皮膚紅腫、胃不舒服，甚至於死亡。很多家中常見的植物都有毒，要避免孩子在幼兒園發生植物中毒，老師在購買植物之前須先請教園藝店或花店的人員何種植物有毒。最後，老師也要教導孩子在詢問老師之前，不可

以將任何葉子、花朵或果實放進嘴巴。

兒童虐待

身為孩子的專業照顧人員，老師一定會關心幼兒園內孩子的健康與安全，並盡全力讓幼兒園成為孩子覺得安全的地方，但是畢竟孩子無法整天二十四小時都在幼兒園度過，有些孩子就在你看不到的時間裡遭受到虐待。因為老師每天都和孩子在一起好幾個小時，當孩子遭受到虐待或忽視時，老師應該可以發現到一些蛛絲馬跡。遇到兒童虐待的疑似案例時，老師的責任就是通報社政單位。

兒童虐待有四種：非意外造成的身體外傷、忽視、情緒虐待和性虐待等。須注意下列各類型的兒童虐待跡象。

（一）非意外造成的身體外傷

兒童虐待最容易觀察到的是非意外造成的身體外傷，這種兒童虐待是外力施加於身體上的虐待，這些遭受身體外傷虐待的孩子通常到學校時會有瘀青、咬傷、燙傷或其他傷害的痕跡，他們也經常會抱怨身體上的疼痛。

遭受身體虐待的孩子通常不會對老師講他們受的傷，這有可能是因為虐待兒童的施虐者威脅受虐兒童如果將事情告訴別人，他們會受到更嚴重的傷害，但還是有些孩子會告知成人他們所遭受到的嚴厲處罰。

通常身體外傷的受虐兒到幼兒園時會用衣物遮蓋他們受傷的部位，因此他們的衣著和天氣狀況不相符合。

而遭受身體外傷虐待的結果也會導致某些受虐兒害怕成人，卡蒂娜就是其中一個例子。卡蒂娜遭受親生父親的身體虐待長達兩年，直到幼兒園的老師懷疑卡蒂娜遭受虐待通報社政單位後才被發現。卡蒂娜的狀況就是會害怕成人，尤其是他的父親，只要是他的父親來接送，卡蒂娜都會退縮並避免和父親有眼神的接觸。

懷疑孩子是否遭受身體外傷的虐待還有其他線索。卡蒂娜來到幼兒園時經常有很明顯的瘀青痕跡，她也經常穿著和天氣不相符合的衣服來幼兒園，像在大熱天穿著長袖的套頭衣服。老師因為擔心卡蒂娜會不會穿得太熱中暑，就將卡蒂娜的上衣脫掉，這才發現她身上有很多瘀青的痕跡，而卡蒂娜

無法交代是怎麼會瘀青的。

（二）忽視

如果成人不提供孩子最基本的生存要素或將之剝奪時，孩子就成為忽視兒。忽視的型態有很多種，一個忽視兒可能是在適當飲食、醫療照顧、居家環境或是衣著等各方面被剝奪，而孩子長時間沒有成人予以照顧關心也是忽視兒的一種，忽視兒不一定是施虐者故意造成的，但是忽視對孩子一定會造成傷害。

孩子如果穿著太小或很髒的衣服，很有可能就是遭到成人的忽視，而忽視兒也可能穿著和天氣不符的衣服到幼兒園，如果孩子經常邋裡邋遢也可能代表孩子已經遭受忽視。

忽視兒的另一個特徵可能表現在孩子的健康上，因為被忽視可能造成孩子很瘦或營養不良，經常感到疲倦、生病，而滿口的蛀牙或口腔衛生不佳也可能是忽視兒的特徵之一。

幼兒園必須提醒老師注意忽視兒的一些特徵，但是老師也必須注意到，有些特徵和父母不同的兒童教養方式及文化期待與價值觀是有關係的。

狄克是一個忽視兒的例子。狄克的老師剛開始發現他比同年齡的孩子個頭要小，經過幾個月的觀察後，老師發現狄克的發展和同年齡的孩子已經有明顯的差距，甚至已經落後比他年紀小的孩子，狄克經常問老師什麼時候可以吃點心或吃飯。在烹飪活動時，狄克會把食物吃掉或拿走，且經常抱怨肚子餓。狄克的情形就是缺乏適當飲食及營養的忽視例子。

帶班老師在觀察狄克的種種情形後，他懷疑狄克遭到成人忽視，在幼兒園與所有老師分享及交換資訊後，帶班老師知道必須通報疑似受虐案例，否則狄克可能無法有適當的營養達到應有的發展潛力。

（三）情緒虐待

情緒虐待是以語言或行動貶低孩子的自我概念或自尊。孩子如果持續遭到言語的虐待，他們的自尊就會降低。父母或監護人對孩子過度或不恰當的要求會造成孩子在情緒上的傷害，事實上，情緒虐待就是起因於孩子得不到父母或監護人足夠的愛、照顧或支持。

遭受情緒虐待的孩子可能連續超過幾個月重複同樣的行為，仔細參考下

列的情形：

* 拒絕開口說話
* 不尋常或無法預測的行為
* 過度地黏人或哭泣
* 退縮
* 破壞性行為
* 行動協調較差，和年齡不符
* 害怕成人

（四）性虐待

性虐待是強迫孩子和成人發生性行為，強暴、愛撫和猥褻的暴露都是性虐待的一種，無論是哪一種性虐待，都涉及成人利用孩子來達成他們自己的快樂。亂倫是親戚好友造成的性虐待，而性騷擾是家庭成員或親戚好友之外所造成的性虐待。

性虐待有好幾個跡象可循，首先，孩子可能在走路或坐下時會有困難，孩子也可能抱怨生殖器會癢、會痛或者紅腫，有些被性虐待的孩子在生殖器、陰道或者肛門會有瘀青，而瘀青部位還可能包含嘴巴和喉嚨，有些孩子也可能抱怨尿尿時會痛。

被性虐待的孩子通常和同儕互動不良，這些孩子可能出現非常干擾或攻擊的行為，而他們也經常退化到一些比較幼稚的行為，例如：童稚語言、吸吮手指或尿床，而有些則會出現食欲不振，這些孩子通常會以不恰當的方式表現出其遭遇。

安娜貝爾是一個遭受性虐待孩子的例子。安娜貝爾會拒絕老師幫她脫去外套，而老師認為這種行為舉止很不平常，在觀察到安娜貝爾的另一個行為後，老師們懷疑安娜貝爾遭到性虐待；安娜貝爾喜歡查理（和安娜貝爾同組的一個小男生），好幾次老師發現小組活動時安娜貝爾用手在查理的胯下摩擦。

老師們觀察到安娜貝爾這些行為後就通報社政單位，因為他們知道，如果想再等多一些的證據時，安娜貝爾可能會遭受更大的危險。

（五）通報兒童虐待

法律規定：醫生、社工人員、學校行政人員和老師有通報疑似兒童虐待案例的義務，有關於這些人員通報義務的條文都記載在相關的法律中，如果有需要，可逕向各地的社政單位、律師事務所等索取。

當老師懷疑有孩子遭受虐待時，應該和當地負責業務機關聯繫，因此知道要向哪個負責業務機關通報就變得很重要。這些負責業務機關的名稱會依照地區而有所不同，像是地方社會局的青少年福利課、兒童課等，或是中央的兒童局等。

在通報的流程上，老師要馬上以電話通報疑似的受虐案例，通報內容必須包括：孩子的姓名、年齡，以及和父母同住的地址等。其他還包括讓你懷疑孩子受虐的事實或證據，最後並詢問協助如何進行下一步的通報步驟，以電話通報後再以書面的方式確認你的通報內容，並影印一份自己存底。

如果兒童虐待案例造成要上法庭，你也許會被要求上法庭作證，即使如此，你還是必須通報所有的疑似受虐案例。事實上，身為老師，如果通報是以孩子的利益為出發點，即使是錯誤的通報也不會讓老師陷入刑責中。

（六）保護教育

老師必須要為孩子在教室外的安全做計畫，也就是說孩子需要學習如何處理教室外遇到的危險。孩子必須學習何謂兒童虐待，特別是性虐待，並學習如何保護他們自己免於受到各種虐待。

老師通常會教導孩子要小心陌生人，但是陌生人虐待孩子的案例只占兒童虐待案件的百分之十到十五左右，其他百分之八十五到九十的案例都是熟人所造成的，包含鄰居、親戚、家人的朋友、兄弟姊妹或父母等，而且大部分的施虐者都是男性，不過女性施虐者也時有所聞。

所有的孩子在八歲之前，有百分之三十到四十六都有被性侵害的經驗，而這些性侵害有百分之十是發生在孩子五歲的時候，通常女孩比男孩較容易遭受虐待，也有研究顯示，種族、智商、家庭收入和社會階層與兒童性侵害的發生並沒有關係。

老師要教導孩子如何抵抗而不被性侵害，例如，鼓勵孩子「叫和說」，「叫」是指孩子首先必須抵抗侵害者，並向侵害者說「不」；「說」是指之

後孩子必須告訴可以信賴的朋友或親戚侵害事件的發生經過。老師可以將「叫和說」的過程以角色扮演的方式教導孩子，在過程中並教導孩子一些有用的處理方法，讓孩子發現他們自己遭遇到麻煩時可以使用，例如：

＊ 如果有人想親你，用握手代替親吻。

＊ 如果有人試著讓你坐在他／她的大腿上而你不想這樣做時，就跟他／她說：「不要，現在不要。」

＊ 如果有人想抱你而你不想給他抱時，就跟他／她說：「謝謝，我不要。」

＊ 如果有人想摸你的重要部位時，要跟他／她說：「住手，這樣是不對的，不可以！」

＊ 如果有人撫摸或拍你的臀部，要跟他／她說：「不要這樣，我不喜歡！」

老師可以利用團體討論的方式教導孩子如何保護他們自己，老師可以問下列問題，例如：

＊ 如果有陌生人說要帶你回家，你要怎麼辦？

＊ 如果有陌生人給你糖果或餅乾，你要怎麼辦？

＊ 如果鄰居想親你，你要怎麼辦？

＊ 如果親戚拍你的臀部，你要怎麼辦？

＊ 如果有人把手伸進你的衣服裡，你要怎麼辦？

＊ 如果有人試著把你抱到他／她的大腿上，你要怎麼辦？

＊ 如果保母告訴你把衣服脫下，他／她要玩或看你的重要部位時，你要怎麼辦？

＊ 如果鄰居邀請你到他家玩祕密遊戲，你要怎麼辦？

老師也要教導孩子，如果有人攻擊他們要如何說以及要跟誰說，老師可以使用玩偶、圖表、影片或其他教具來教導孩子如何保護自己，例如，你可以設計教案，利用玩偶玩一個「你會告訴誰」的遊戲。

記得，身為老師，相信孩子所說的話是很重要的，孩子並不會為受虐而說謊，如果孩子跟你說他遭受虐待，你要相信孩子，並將事情告知幼兒園園長或是適當的法律顧問。

責任義務

　　在法律規定下，孩子是無法照顧他們自己的。在幼兒園，照顧孩子的責任主要就落在教職員工的身上，因此幼兒園的教職員工最重要必須保障孩子的安全和健康，其次才是教育孩子。

　　幼兒園園長有義務要對幼兒園教職員工的行為負責，即使教職員工的義務與責任可能會因為不同幼兒園而有所差異，幼兒園園長應該雇用會注意到幼兒安全及身心健康的教職員工（圖10-10）。一旦員工被雇用，幼兒園園長必須觀察員工的行為，以確保他們使用適當的教導技巧。

圖 10-10　會注意幼兒安全的教職員工在所有情況下都會注意孩子的安全

（一）責任義務的種類

　　教保人員有義務要遵守法律規定，幼兒園的教職員工如果沒有進行下列步驟，就可能已經發生違法的情形：

* 為每個孩子從合格的醫生處取得經過醫生簽名的健康證明。
* 來幼兒園工作前要求教職員工取得健康證明。
* 提供安全的室內及戶外設備。
* 幼兒園內的師生比符合法律規定。
* 提供孩子適當的監督指導。
* 提供適當的食物儲存。
* 提供教職員工有關特殊孩子的資訊，包括：視力問題、聽力問題、過敏、癲癇、情緒問題或家庭問題等。
* 適當地維修圍牆及門戶的鎖，並保持良好狀態。
* 禁止體罰或處罰。
* 提供安全的建築物結構。

* 處理無法控制自己、會傷害自己或其他孩子的問題孩子。
* 將插頭用防護蓋蓋起來。

　　幼兒園園長及教職員工必須不斷地關注幼兒園裡的設備，以確保設備是安全的，並且不會危及孩子的健康。新進老師需要幼兒園園長及其他教職員工的大力支持，當新進老師已經學習到周圍環境安全的重要性時，對新進老師的協助就可以減少。

（二）表格格式

　　每家幼兒園都應該設計一些和孩子安全及健康相關的表格，這些表格可以指導老師如何照顧孩子，並保護教職員工免於陷入違法的困境，兩種幼兒園最普遍使用的表格是傷害報告單及不同用途的釋出單或同意單。

　　每家幼兒園都應該有制式的傷害報告單，如果幼兒園受到控告，傷害報告單上記載的任何資料都是有用的。此外，父母也會想要知道孩子發生意外傷害的詳細記錄，表10-11是傷害報告單的範例。

傷害報告單
幼兒園及家庭托育中心

受傷幼兒姓名：＿＿＿＿＿＿年齡：＿＿＿＿＿＿

發生日期：＿＿＿＿＿＿＿＿　受傷時間：上午／下午＿＿＿＿＿＿

目擊者：＿＿＿＿＿＿

受傷地點：＿＿＿＿＿＿

發現幼兒受傷的教職員工：＿＿＿＿＿＿

發現幼兒受傷的時間：＿＿＿＿＿＿

幼兒受傷時的指導人員：＿＿＿＿＿＿

意外的描述：（包含特定的資訊，如：幼兒在哪裡玩、和誰玩、拿什麼玩等）

幼兒對受傷的反應：

受傷情形描述：

表 10-11　傷害報告單上的資訊對父母及老師都有用處

不同目的的同意單也必須存檔。當孩子註冊進入幼兒園時就必須要填寫某些同意單,例如,特殊的篩檢測驗同意單或同意進行戶外教學等,其他像是避免孩子從幼兒園被陌生人帶走(如果未經父母允許的人或甚至沒有監護權的父母來接送孩子),幼兒園就必須備有接送卡,接送單上必須包含來接送孩子的成人名字、與孩子的關係及電話號碼等,如果父母想增加或移除某個接送孩子的成人時,就要重新填寫新的接送單,表10-12為孩子接送單的範例。

幼兒接送單
喜樂地幼兒園

經過我的同意,以下人士可以接送我的孩子_____(幼兒姓名):

接送人姓名	和幼兒關係	聯絡電話
_____	_____	_____
_____	_____	_____

家長簽章_____
日期:_____
如果以上資料有所變動,家長必須將最新變動名單告知幼兒園。

表 10-12 孩子接送單列出可以接送孩子的成人的基本資料

(三)個人隱私權

個人隱私權是針對保護孩子所設計的,它主張孩子的所有資料檔案在未經家長同意下,不可以給父母以外的其他人,而且要在父母的書面同意下才可以給孩子的資料或檔案。在收到父母簽下的書面同意書的四十五天內要將資料寄出,孩子檔案瀏覽同意書可以在每個孩子的檔案中都放置一份,範例可參考表10-13。

父母在法律上有權瀏覽自己孩子所有在幼兒園的檔案,包括:篩檢報告、發展評估、親職活動記錄報告等,幼兒園老師大部分會在家長座談會中與父母分享這些資訊,這些家長座談會或親子活動部分在第三十一章家長參與有詳細介紹。

本檔案中的資料具有保密性，在沒有事先取得家長的書面同意書前，不可以在幼兒園外傳閱。

美國公法 93-380 中規定：「家長有權力取閱孩子教育相關的任何檔案。」根據法規：
1. 你在未取得家長或監護人的書面同意書前，不得將孩子檔案中的任何資料透露給任何人。
2. 你必須告知家長他們有權關心和安排孩子的生活。
3. 家長有權閱讀孩子的檔案，而且他們可以要求修改孩子檔案中的資料。
4. 在四十五天內，幼兒園必須回應家長的要求。

本檔案借閱記錄：
借閱人姓名及職稱：＿＿＿＿＿＿＿＿＿＿＿＿＿＿＿
借閱人地址：＿＿＿＿＿＿＿＿＿＿＿＿＿＿＿＿＿＿
借閱原因：＿＿＿＿＿＿＿＿
借閱日期：＿＿＿＿＿＿＿＿

表 10-13　幼兒園可利用如上所述的表格記錄孩子的檔案的閱覽情形

摘要

提供孩子一個安全的環境是需要時間及精力去規劃的，孩子在幼兒園中隨處都可以發現潛在的危險，這些危險可能會危害孩子生理和心理的健康，而老師最重要的職責就是保護孩子免於遭受這樣的危險。

幼兒園的所有教職員工都必須準備好應變任何種類的緊急狀況，例如，教職員工必須知道如何使用滅火器，而在火災或其他天災發生時知道如何安全地疏散孩子；教職員工也必須知道如何處理孩子意外的中毒情形；其他像是認識孩子受虐的跡象和如何通報疑似的案例等等，幼兒園的教職員工也都必須知道。

幼兒園的教職員工也有可能誤觸法網，因此了解孩子及父母相關法律權益的規定也就相對重要。

回顧與反思

- 說出四種安全目標。
- 幼兒園教職員工的主要角色是什麼？
- 對或錯。幼兒園中發生的大部分意外都是可以預防的。
- 通常年幼的孩子比年紀大的孩子需要＿＿＿＿＿＿教職員工的監督照顧。
- 指出三個在幼兒園中放置滅火器的理想之處。
- 請將下列火災分級，並指出你會使用哪一種或哪些滅火器種類來滅火。
  A.烤麵包機著火。
  B. 塑膠牛奶罐著火。
  C.食用油罐著火。
  D.畫在紙上的畫著火。
- 對或錯。會造成更多傷亡的是濃煙而不是火焰本身。
- 在玻璃門上大約眼睛的高度可以塗上＿＿＿＿＿＿，讓孩子看得見玻璃門的存在。
- 對或錯。幾乎所有物質在某種狀況下都可以變成有毒的。
- 什麼是催吐劑？
- 指出四種兒童受虐的種類。
- 列出三種情緒受虐兒的行為模式。
- 指出三種幼兒園必須為孩子安全負責的狀況。

◎對或錯。家長只有部分的權力可以閱讀幼兒園保存的幼兒檔案。

應用與探討

◎為教室設計一份安全評估表。

◎使用本章提供的有毒物質表，為你的住所進行安全檢查，並列出在家中找到的有毒物質。

◎安排一次幼兒園觀摩以學習該幼兒園的安全目標，並要求參考一下他們幼兒園使用的安全檢查表。

◎詢問當地的消防隊有關於你的幼兒園使用滅火器的疑慮。

◎安排一次到當地醫院急診室的戶外教學活動，並和值班醫生討論處理中毒狀況的流程。

◎設計一齣布偶教學，將遭受性侵害孩子可能使用的語言編入戲劇之中。

第十一章

營養餐點的計畫

邱書璇

閱讀完本章之後，你將能夠：

❖ 列出好的營養計畫目標

❖ 解釋健康飲食的重要性

❖ 描述因為不良飲食所引起的營養問題

❖ 說出食物指導金字塔的食物群及其所提供的主要營養素

❖ 為孩子設計營養及具吸引力的餐點

關鍵辭

營養

營養食物

營養不良

營養失調

食物指導金字塔

　　這是在新荷瑞森幼兒園的午餐時間，尼塔想要再吃剛剛吃過的菠菜，瑪莉亞說馬鈴薯很美味，珍薇亞要媽媽在她生日宴會上提供橘子，在整個用餐過程中，老師跟孩子說明他們食物所含的成分。

　　餐廳是用十二個很大的冰淇淋甜筒圖案所裝飾的，每一個甜筒代表一個月份，孩子們的名字和生日配合著生日月份寫在冰淇淋上，。

　　在餐廳的另外一側，有一大張紙做的胡蘿蔔圖案，胡蘿蔔上有測量身高的刻度尺，每個孩子的身高都標示在尺上。

　　在這教室中，孩子會直接或間接地學習到營養的概念，例如，所提供的食物種類、老師對飲食的要求都是直接的學習經驗；孩子會學習到很多食物的種類，用餐時間是一段愉快的時間，在餐廳中，正向的態度和愉悅的環境是間接的學習經驗，藉由朋友和老師，孩子會對食物發展出健康的習慣和態度。孩子對食物的許多態度和行為都是來自於成人，他們將很有可能建立起長期、健康、均衡的飲食模式。

　　教導孩子營養概念是老師重要的責任，孩子健康的成長和發展需要適當

的飲食，孩子的行為和學習能力也與適當的飲食有關，一些研究建議：孩子能夠學習選擇健康的飲食，才能夠終生健康，因此教導營養概念是幼兒園老師的責任。

教導營養概念需要良好的營養計畫，好的計畫會把焦點放在孩子的需要上，包括他們的種族背景。這些營養概念需要整合在所有的領域當中，計畫的目標應該包括以下各項：

* 提供營養的餐點
* 介紹營養的新食物
* 鼓勵健康的飲食習慣
* 提供孩子飲食相關活動
* 提供父母營養的資訊

為了符合這些目標，你將必須了解身體如何吸收食物的營養，此外，你也必須認識各種營養素以及其來源，孩子也需要符合目標的飲食計畫和食物經驗。

營養

營養是食物以及身體如何吸收食物營養的科學（圖11-1），營養素是食物中的化學物質，可以幫助建立和維持身體所需。對於培養強壯的身體及心理，有些營養素是必要的，即六大營養素：蛋白質、醣類、脂肪、維生素、礦物質和水，表11-2列出這些營養素及其功能與來源。

食物也提供身體熱量，每一種食物有不同的熱量，這些熱量是以卡路里來計算的，食物中的熱量維持身體的循環功能，像是呼吸和血液循環，它們也能夠維持重要的器官——心臟、肺、肝和腎的運作，並能維持體溫。

圖 11-1 設計健康的點心需要營養學的知識

營養素	功能	來源
蛋白質	建構和修補組織 抗體、酵素、荷爾蒙和一些維生素的 　成分 調節細胞中液體的平衡 調節許多生理功能 當需要時提供熱量	肉類、家禽、魚、蛋、奶、花生、花 生奶油、扁豆
醣類	提供熱量 構成有機體的重要成分 幫助身體有效地分解脂肪	糖：蜂蜜、果醬、果凍、糖、糖漿 纖維素：新鮮水果和蔬菜、全穀類和 　麵包 澱粉質：麵包、穀類、玉米、豌豆、 　豆類、馬鈴薯、麵糰
脂肪	提供熱量 攜帶脂溶性維生素 保護重要器官 保護身體免於撞擊及溫度的改變 增加食物的味道	奶油、人造奶油、起司、肉類中的彈 　性組織 豆類、全脂牛奶、橄欖、巧克力、蛋 　黃、培根 沙拉油和調味料
維生素 維生素 A	幫助促進成長 幫助維持皮膚的乾淨和平滑 幫助促進黏膜細胞的健康 幫助預防夜盲症	肝、蛋黃、深綠色和黃色水果與蔬 菜、奶油、蛋黃、強化的人造奶油、 冰淇淋、乾酪的起司
維生素 B1	幫助促進正常的食慾和消化 幫助維持神經系統的健康 幫助身體轉換食物成熱量	豬肉、其他肉類、家禽、魚、蛋、全 穀類麵包和穀類、乾燥的豆類、醱酵 的酵母
維生素 B2	幫助細胞使用氧 幫助維持皮膚、舌和唇的正常 幫助預防嘴巴和鼻子周圍組織的鱗狀 　化 幫助消化	牛奶、所有種類的起司、冰淇淋、 肝、其他肉類、魚、家禽、蛋、深綠 色蔬菜
菸鹼酸	幫助維持神經系統的健康 幫助維持皮膚、嘴、舌和消化系統的 　健康 幫助細胞使用其他的營養素	肉類、魚、家禽、牛奶、全穀類的麵 包和穀片、花生、花生油、乾的豆類 和豆類

（續表）

營養素	功能	來源
維生素 C	幫助維持牙床和薄膜的健康 幫助治療受傷和損傷的骨頭 幫助身體對抗感染 幫助建立維持身體細胞結合組織	柑橘類水果、草莓、哈密瓜、花椰菜、青椒、甘藍菜、蕃茄、綠色蔬菜、馬鈴薯以及剝皮煮的甜馬鈴薯
維生素 D	幫助孩子建造強健的骨骼和牙齒 幫助維持大人骨骼的健康	強化牛奶、奶油和人造奶油、魚肝油、肝、沙丁魚、鮪魚、蛋黃、日照
維生素 E	真正的功能還未知，但扮演著抗氧的角色	肝以及其他種類的肉、蛋、綠色蔬菜、全穀類、沙拉油、油酥以及其他的脂肪和油脂
維生素 K	幫助血液的凝結	內臟、綠葉蔬菜、花椰菜、其他的蔬菜、蛋黃
礦物質 鈣	幫助建造骨骼和牙齒 幫助血液的凝結 幫助肌肉和神經功能的正常 幫助調節身體內其他礦物質的運用	牛奶、起司、綠色蔬菜、沒有骨頭的魚
磷	幫助建造強壯的骨骼和牙齒 幫助調節許多生理的機能	蛋白質和鈣食物的來源
鐵	與蛋白質結合以製造血紅素 幫助細胞使用氧	肝、瘦肉、蛋黃、乾的豆以及豆類、綠色蔬菜、乾果、全穀類的麵包以及穀類
水	血液和液體組織的基本成分 幫助攜帶營養素給細胞 幫助從細胞中運送廢物 幫助控制身體的體溫	水、飲料、湯以及大多數的食物

表 11-2　每一種營養素的特定功能以及來源

　　一個人所需要的卡路里量端視年齡和活動量而定，孩子比大人需要更多的熱量。這也與體重有關，例如，一個四歲的男孩重四十二磅（約十九公斤），每天需要約一千八百卡，一個四十五歲的男人重一百六十磅（約七十三公斤），每天需要約二千七百卡，因此，孩子每磅重需要四十三卡，而男人每磅重需要約十七卡的熱量。孩子的成長速率比大人來得快，也比較好動，他們所有的生理活動都要用到比較多的能量。

（一）營養問題

　　營養不良和營養過剩是影響孩子健康和發展的兩個問題，一些研究已經發現：飲食不良的結果會影響認知能力，為了計畫均衡營養的餐點，你必須知道這些問題的影響。

　　營養不良是飲食中缺乏適當的營養素，它可能是由於吃的食物不足或是沒有均衡的飲食所引起，甚至也可能發生在吃適當食物量的孩子身上，因為身體沒有辦法運用食物中的營養素。

　　有這些問題的孩子常常會比同齡的孩子還矮小，長期的營養缺乏會使得成長緩慢或甚至停止，其他營養不良的徵兆包括：易怒、腿彎曲、凹陷的眼睛、不健康的牙齒以及疲勞。

　　營養過剩是指吃入了超出身體正常功能所需要的食物，造成過度飲食有許多原因，有的是吃入超過身體所需的食物，也有的是吃了太多的點心、零食。不幸的是，營養過剩會引起許多健康和情緒上的問題，尤其是過度肥胖。

　　過度肥胖在成人的生活當中會導致許多其他的健康問題，包含高血壓（血壓過高以及相關的問題）、糖尿病、心臟疾病、動脈硬化以及其他許多的疾病。

　　過度肥胖也會引起情緒的問題，許多太肥胖的孩子有較差的自我概念，也會變得較孤獨。

　　預防過度肥胖比治療要來得容易，首先，注意到每一個過重孩子的活動量，鼓勵他們去參與較大量活動的遊戲，其次，與教職員工和父母討論孩子飲食的問題。

（二）食物指導金字塔

　　為了確定有較好的營養，孩子必須去吃各種種類的食物，一種簡單的均衡飲食計畫的方法是去使用食物指導金字塔（圖11-3），這個指引分成以下六個群組：

* 麵包、穀類、米和通心粉
* 蔬菜
* 水果
* 肉類、家禽、魚、乾豆、蛋和豆類
* 牛奶、優酪乳和起司
* 脂肪、油和糖

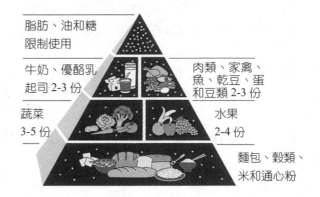

食物指導金字塔
每日食物選擇指導

脂肪、油和糖
限制使用

牛奶、優酪乳
起司 2-3 份

肉類、家禽、
魚、乾豆、蛋
和豆類 2-3 份

蔬菜
3-5 份

水果
2-4 份

麵包、穀類、
米和通心粉

圖 11-3　食物指導金字塔能夠幫助你選擇各類食物群組，以形成均衡的飲食

　　首先，五種食物群組必須包含在孩子的每日飲食當中，第六組的食物則應該被限制，表11-4列出應該包含在食物指導金字塔的食物，也列出孩子飲食攝取量的建議。

食物群、來源以及每日的需要量

食物群	來源	孩子所需要的分量數	提供孩子的分量大小
麵包、穀類、米和通心粉	富含麵粉、穀類的烘培食品、餅乾、麵粉、通心粉、麵、燕麥捲	6 份	1/2 片的麵包 1/4 杯的穀類、通心粉、麵、飯或是義大利麵 1/2 杯可食的穀類 3 片餅乾 1/2 杯的燕麥捲
蔬菜	維生素 C：蕃茄、甘藍菜、青椒、馬鈴薯、花椰菜 維生素 A：甘藍芽、花椰菜、蘿蔔、菠菜、南瓜、馬鈴薯	3 份 每天攝取一份富含維生素 C 的蔬菜 每週攝取幾次富含維生素 A 的蔬菜	1/2 杯的蔬菜汁 1/4 杯煮好的蔬菜 1/2 個馬鈴薯
水果	維生素 C：橘子、葡萄柚、草莓、奇異果 維生素 A：哈密瓜、杏	2 份 每天攝取一份富含維他命 C 的水果 每週攝取幾次富含維生素 A 的水果	1/4 杯的果汁 1/4 杯煮過的水果 1/2 個蘋果或香蕉
肉類、家禽、魚、乾豆、蛋和豆類	牛肉、小牛肉、豬肉、魚、貝殼類、各種肉類——像是心、肺、肝等內臟	2-3 份 （總共 5 盎司）	1 個蛋 1 盎司的瘦肉、家禽或魚 2 湯匙的花生奶油 1 個香腸 1/2 杯的乾豆、豌豆、扁豆 1/4 杯罐頭魚
牛奶、優酪乳和起司	牛奶：全脂、1%、2%脫脂奶、酸奶、煉乳以及沒有油脂的乾燥牛奶；起司、優酪乳	2-3 份 總共兩杯	1/2 杯的牛奶 1/2 杯的優酪乳 1/2 杯烤的乳蛋糕 1/2 盎司的起司 3/4 杯的脫脂起司

表 11-4　使用食物指導金字塔計畫出的營養飲食（附註：當孩子長大時，所需要的量會隨之增加。）

1. 牛奶、優酪乳和起司

　　孩子從每日的食物群中最少需要 2-3份的量，在這個群組中，最主要提供的營養素是鈣（圖11-5），也提供了維生素 B2、蛋白質以及磷。強化奶和牛奶製品也能夠提供維生素 A 和 D。

　　在這個食物群組中，牛奶被認為是鈣的最好來源，牛奶的產品像是起司和優酪乳也是很好的來源。全脂奶對大多數學齡前幼兒來說是較好的，內科醫生有時候會建議提供體重過重的孩子脫脂或是低脂牛奶，如果你必須提供低脂牛奶要確定它是強化牛奶。

圖 11-5　牛奶中的鈣幫助建造強健的骨骼，這對成長中的孩子非常重要

2. 麵包、穀類、飯和通心麵

　　孩子每日的飲食應該包含六份的麵包和穀類，碳水化合物、鐵和維生素 B 群是這些食物的主要營養素。

　　麵包和穀類食物群組包含了全穀類和富含營養的麵包，也包含了煎餅、通心粉、餅乾、熟的或生的穀片。應該提供給孩子全穀類和豐富的產品，大部分的麵包和穀類產品都是全穀類富含營養，然而，還是要檢查一下產品的營養標示。此外，如果你在幼兒園做麵包，要確定使用全穀類或是營養的麵粉。

3. 肉類、家禽、魚、乾豆、蛋，以及核果

　　在孩子每天的飲食中，應該要包含這一類食物二到三份，這些食物所能提供的最主要營養素是蛋白質，而肉也是維生素 B、鐵和磷的主要來源。

　　動物性食物提供了高品質的蛋白質，這些食物包括：牛肉、豬肉、小牛肉、羊肉、蛋、海鮮以及家禽類。乾豆、乾豌豆以及核果也包含在這類食物中，這些食物的蛋白質不像肉類製品的蛋白質品質那麼高，然而，對於只攝取牛奶、牛奶製品、麵包或穀類的人來說，它們也是很好的來源。

4. 蔬菜

　　學齡前幼兒應該要從每日的食物中攝取三份蔬菜，這一類食物是維生素 C 和 A 的主要來源（圖11-6）。

維生素 C 的主要來源包括：青椒、甘藍芽、花椰菜、蕃茄。深黃色和深綠色的蔬菜富含維生素 A，蘿蔔、南瓜是深黃色蔬菜，菠菜、花椰菜和蘆筍是深綠色的蔬菜。

在計畫孩子的每日飲食時，要確定包含了維生素 A 和維生素 C 的來源。每天至少要提供一份維生素 C 的食物，而每週需要提供富含維生素 A 的食物數次，蔬菜應該要提供生的，否則也盡量少用煮的，這是因為在水中煮過會降低食物中維生素 A 和 C 的含量。

圖 11-6　在點心時間供給水果和蔬菜，能提供孩子所需量的一份

5. 水果

學齡前幼兒每天需要兩份這類的營養，和蔬菜一樣，水果是維生素 C 和 A 的主要來源，盡量提供生鮮的水果或是稍稍烹調過的，以保留其營養素。

富含維生素 C 的主要來源包含柑橘類水果，像是檸檬、酸橙、橘子和葡萄柚，草莓和奇異果也是來源之一，深黃色的水果像是杏和哈密瓜也富含了維生素 A。每天應提供至少一種維生素 C 來源的水果，而每週提供數次富含維生素 A 的水果。

6. 脂肪、油和甜食

這一類的食物除了提供卡路里以外，並沒有很高的營養價值，這樣的食物像是奶油、人造奶油、果凍、糖漿和沙拉調味醬。此外，麵食、糖果、甜甜圈，以及其他的甜食和點心也包括在內。

吃了大量的甜食和脂肪會導致體重增加和肥胖症，如果孩子吃飽了脂肪和甜食就會拒絕吃其他的食物，因而無法攝取所需要的營養素，這就是為什麼限制提供這一類的食物是那麼地重要。提供新鮮的水果或是有起司的餅乾當作點心，以取代這樣子的食物。當然對孩子而言，偶爾吃這些食物是可以的，只不過要確定你也提供了足夠的其他五大類營養素。

餐點的計畫

計畫良好的菜單中，營養是最重要的部分，然而也有許多其他的因素需考量，例如，提供適合孩子胃口的分量，通常孩子的攝取量差不多是成人的一半，孩子攝取的量較少，胃口也常常在改變，特定年齡層的攝取量建議表詳見表11-7。

食物	年齡		
	一歲	二到三歲	四到六歲
牛奶	1/2—1 杯	1/2—1 杯	3/4—1 杯
麵包	1/2 片	1/2—1 片	1—1 又 1/2 片
穀類	1/4 杯	1/3 杯	1/2 杯
蔬菜			
·維生素 A 來源	2 湯匙	3 湯匙	4 湯匙
其他	2 湯匙	3 湯匙	4 湯匙
水果			
·維生素 C 來源	1/4 杯	1/3—1/2 杯	1/2 杯
其他	2 湯匙	3 湯匙	4 湯匙
肉類、煮的無骨瘦肉	1/2 盎司	1—1/2 盎司	1 又 1/2—2 盎司
蛋	1 個	1 個	1 個
煮的乾豆類或是豌豆	1 湯匙	2—3 湯匙	3—4 湯匙
花生油	1 湯匙	2—3 湯匙	3—4 湯匙
乾酪	1/2 盎司	1—1 又 1/2 盎司	1 又 1/2—2 盎司
脫脂起司	1 湯匙	2—3 湯匙	3—4 湯匙
奶油或是人造奶油	1/2 茶匙	1 茶匙	1 茶匙

表 11-7　計畫餐點時要考慮孩子的年齡層

（一）食物的吸引力

如果食物能吸引孩子，他們將會吃多一點，舉凡食物的種類、口感、口味、顏色、形狀、溫度以及對食物的喜好，都會影響到孩子對食物的接受

度。

1.變化性

孩子喜歡有變化的食物，食物都是相同的口感或顏色會讓孩子覺得無聊，孩子也喜歡嘗試新的食物。新的食物應該要與他們所熟悉而且喜歡的食物加在一起，並且慢慢增量，這是因為如果一次提供太多新的食物會讓孩子不知所措。

2.口感

軟的、硬的、可咀嚼的、糊狀的、塊狀的、碎狀的、稠狀的以及粗糙的，這些都是口感的種類，在計畫孩子的餐點時，結合不同的口感是很聰明的作法，這會使得孩子對餐點較有興趣。例如，可在用餐時提供一種軟的食物、一種碎的食物以及一種可咀嚼的食物（圖11-8），結合對比的口感也會有很好的效果，這也提供你一個在用餐和點心時間時帶入食物相關語言概念的機會。

圖 11-8　沾有花生醬的香蕉結合了柔軟、易咀嚼以及稠狀的口感

孩子較難吞嚥乾的食物，乾的食物應該與兩種或是更多種較濕的食物一起提供，在乾的食物上淋奶油汁或是肉汁，孩子會較喜歡。

對小孩來說，有些肉類咀嚼起來是有困難的，孩子的牙齒不像成人一樣容易去咀嚼，因為這樣，孩子常常會喜歡漢堡肉、有醬汁的肉、義大利麵的肉以及蒸的肉，這些都是提供肉類各種口感的方式。

3.口味

一般而言，孩子較喜歡清淡的食物，只使用食譜中一半的鹽量便是清淡飲食的指標，如果可能的話，盡量保持食物的原來風味，也就是說只用很少量的糖和調味品。

4.顏色

孩子喜歡他們的食物有很多顏色，如果你提供的食物沒有很多顏色的話，你可增加一種或是更多種食物的顏色，例如，以蘋果汁的粉紅色來調色，在復活節時，你可以在香草布丁添加上綠色。

5.食物的形狀

食物的分量一口不要超過1/2吋（約一公分），孩子的肌肉協調技能發展較慢，他們會發現要拿好湯匙和叉子進食是很困難的（圖11-9）。因此，要煮條狀的紅蘿蔔以及大片的蔬菜還不如將它們切成小丁狀，試著增加丁狀的蔬菜在其他的食物中，例如，增加丁狀的胡蘿蔔到糊狀的馬鈴薯泥中。

喝湯對許多孩子來說是很困難的，他們會覺得用湯匙很累，當他們把湯灑在衣服上或桌上時會感到很挫折。

有兩種方法會使得喝湯變得較容易些，一種方法是使湯變得濃稠些，這可藉由增加食物的成分或是較多的食物去增加

圖 11-9　在沙拉中的大塊水果可讓孩子較容易以叉子或湯匙去取用

它的濃稠度，像是麵粉；第二種方法是讓孩子用杯子去喝湯。

可能的話，準備讓孩子可以用手拿著吃的食物，例如，提供一整片生鮮蔬菜以取代拌過醬的沙拉。

6.溫度

孩子比成人對熱和冷敏感，因此，他們喜歡食物接近室溫，提供溫溫的熱食；水果、沙拉以及其他的冷食則不要冰凍或是太冷，而應該是涼涼的就好。

（二）食物的喜好

一個孩子早年的家庭環境會影響他對食物的喜好，包括家庭的飲食習慣以及文化，例如，墨西哥裔的美國人可能會比歐洲背景的美國人較喜歡辣的食物。

當你計畫飲食時，要考慮到孩子的背景，提供他們所熟悉的食物，然後偶爾加入其他文化的食物以增加變化（圖11-10）。

飲食的供應

飲食需求表會列出幼兒園須為孩子提供的食物次數以及分量，這些需求每一州都不一樣，通常孩子在幼兒園的時間長短會影響餐點所提供的量。大多數的州規定，孩子在幼兒園少於四小時的應該要提供果汁、水果或是牛奶以及點心，在幼兒園時間五到八小時的，必須要提供正餐以及點心。

圖 11-10　偶爾提供新食物會讓孩子較容易欣然接受

是否供應早餐，常常決定於兩個因素：留在學校時間的長短，以及孩子家裡到幼兒園的距離長短。幼兒園如果是整天的課程，或是孩子到幼兒園的距離較長的，則常常會提供早餐。

（一）早餐

整夜十到十四小時的空腹，在吃了早餐後，可以提供早上活動所需的熱量。研究顯示，有吃營養早餐的孩子，在生理上和心理上都表現得比較好。

一頓好的早餐至少應該包含不可或缺的五大食物群組中的四種，美國農業部門的幼兒食物計畫建議：

> * 水果或果汁
> * 富含蛋白質的食物
> * 牛奶
> * 有奶油或人造奶油的麵包

水果飲料或是混合飲料即使有強化的維生素 C，也不能取代新鮮果汁，新鮮果汁較沒有添加物及糖。

自助式的早餐

自助式的早餐受到幼兒園教職員工的歡迎，這是因為孩子可以在他們各自到達的時間吃早餐，他們可以依自己的胃口選擇吃什麼以及吃多少，自助

式的早餐給了孩子為自己準備早餐的機會。

許多預先包裝的早餐是依孩子的食量所準備的，包括：乾的穀片、優酪乳以及蛋糕，果汁和牛奶也是以孩子的食量大小來包裝。

（二）點心

大部分的孩子每次吃東西的量不多，一天只吃三餐或許對營養的攝取是不足的，因此需在正餐之間提供點心，點心能夠填飽肚子並且達到每天飲食的標準量。

大多數的幼兒園，如果沒有提供早餐的話，大部分會在早上活動時間的一半提供點心，而在下午活動時間的一半再提供一次。點心不應該干擾了孩子對正餐的胃口，因此，最好至少在用正餐前的一個半小時提供點心。

點心應該包含一種或是更多種以下的食物：牛奶、水果、蔬菜、果汁或是富含蛋白質的食物，此外，點心也應該包含麵包或是穀類的產品。

選擇點心應該要依據食物指導金字塔，計畫點心要根據每天的菜單，而且要考慮餐點的營養、顏色以及口感。點心的選擇也要能夠補充正餐的營養，避免脂肪、糖分及高鹽類的食物，像是馬鈴薯片、脆餅以及玉米片。孩子常常喜歡簡單的點心，他們可以用手抓來吃，點心的建議列在表11-11。

（三）午餐

美國農業局建議可以使用下列方式以確保孩子在午餐中能夠得到適當的營養：

* 富含蛋白質的食物（正餐）
* 蔬菜或水果（兩種不同的種類）
* 麵包（全穀類米飯或是通心粉）
* 在需要時提供奶油或是人造奶油
* 牛奶
* 甜點

試著將不同文化的食物納入午餐之中，這將有助於孩子發展出對其他食物的欣賞，孩子也會學到人們有不同的食物喜好，在有些文化中，米食是主要的成分，而其他的地方可能是以麵包為主食。

點心的計畫

麵包、穀類、米食和通心粉	水果
米製蛋糕	水果（各種種類）：石榴、蔓越莓、杏、鳳
乾的綜合穀片（無糖的）	梨、橘子、奇異果
綜合種子（南瓜、葵花子、芝麻、罌粟屬植	水果沙拉
物、香菜）	果汁和綜合果汁
烤的麥莓、麥胚芽、麥麩捲	水果蛋糕、優酪乳以及水果奶
各種麵包（玉米餅、袋餅、薄餅、薄煎餅、	棗子、梅子……等等
英式鬆餅、餅乾、貝果、酥餅）以及穀類	乾果（葡萄乾、梅子乾、蘋果乾、無花果
（全麥、黑麥、麥片、麥片粥、蕎麥、麥	等）
片捲、麥胚芽、麥麩）	肉類、家禽、魚類、乾豆、蛋、堅果
土司（加奶油的、塗醬的、肉桂的）	肉條、肉角、肉塊
自製酵母和速食麵包	肉球
三明治	肉捲（包有起司、馬鈴薯或菠菜等）
全穀類和菠菜通心粉	肉類沙拉（鮪魚、雞肉、火雞肉等）
有奶油的通心粉	沙丁魚
冷的通心粉沙拉	水煮蛋
蔬菜	調味的蛋
蔬菜（有浸泡或沒浸泡的）：甜的和白的馬	蛋沙拉製品
鈴薯、櫻桃、蕃茄、包心菜、花椰菜、蘿	甜菜或是醃蛋
蔔、胡椒、蘑菇、南瓜、茄子、秋葵、豌	豆類、醃豆、豆泥或是豆類製品
豆、蕪菁、豆莢、南瓜幼苗	豆類的湯
沙拉	豆漿和綜合豆類沙拉
蔬菜汁和綜合蔬菜汁	碎的堅果製品
蔬菜湯	堅果麵包
芹菜、菠菜、生菜、甘藍菜	花生醬等製品
牛奶、優酪乳和起司	
起司（球狀、塊狀、切角以及鋪在表面的）	
有水果或果汁的牛奶、優格	
加可可粉的製品	
有蔬菜的起司	
起司製品	

表 11-11　計畫點心可搭配食物指導金字塔

　　甜點是可選擇的，不需要每一次午餐都提供，要小心地計畫甜食，許多

甜點都含有很高的脂肪和糖分，它們有較多的卡路里卻有較少的營養，例如，餅乾和蛋糕，其營養價值較低，但是有較高的卡路里。相對地，可以在菜單中加入紅蘿蔔或是南瓜，以提供維生素A，乳蛋糕和布丁則是可以考慮作為甜點，因為它們含有鈣質和蛋白質。

甜點必須作為正餐的一部分，像是蔬菜或是麵包，它們不必被視為是正餐以外的其他部分，永遠不要告訴孩子「想吃甜點就必須吃完盤子裡的所有東西」，這將顯得甜食很特別。

表11-12是每日食物計畫中一餐或是點心的範例，注意到正餐和點心之間如何互相搭配。

（四）提供安全的餐點

在計畫營養的餐點時，要記得它的安全性，記住，小孩子正在學習如何去咀嚼和吞嚥，當他們在匆忙之中，很可能會一口吞下食物，他們所吃的食物形狀會有窒息的可能性，如果整個吞下去可能會阻塞了孩子的氣管，所以要避免提供那樣的食物，以預防梗塞。要避免的食物包括：有子的櫻桃、硬的餅乾、鬆軟的糖果、堅果、一整匙的花生醬、爆米花、脆餅、生的芹菜、完全生的胡蘿蔔、整顆的葡萄以及整塊的肉製品（除非有切成一口食用大小的製品）。

每日飲食計畫正餐和點心的範例

（其他的食物也可使用，以增加孩子所需的營養及符合不同的卡路里需求）

類型	一	二	三	四	五	六
點心	果汁 全麥麵包 奶油	蘋果切片 起司	牛奶 香蕉	全熟的蛋 蕃茄汁	沾花生醬的芹菜 蘋果汁	牛奶 花生醬和餅乾
午餐	牛肉餡餅 豆子 剝皮的胡蘿蔔 營養的餅捲 牛奶	烤火雞肉 花椰菜 馬鈴薯泥 全麥麵包 牛奶	魚條 焗馬鈴薯 燉蕃茄 全麥麵包 牛奶	有豆子的火腿 綠色芥菜梅 玉米麵包 牛奶	攪拌的蛋 菠菜 煮的蘋果 餅乾 牛奶	微波雞腿 玉米塊 蕃茄條或是青椒圈 全麥麵包 牛奶

類型	七	八	九	十	十一	十二
點心	蘋果汁 起司土司	牛奶 葡萄乾和花生	葡萄柚汁 小塊的肉塊	馬鈴薯條 起司	蕃茄汁 有起司的玉米餅	當季的新鮮水果（草莓、瓜類、橘子……等等）
午餐	肉塊 青豆 烤馬鈴薯 胡蘿蔔條 營養麵包 牛奶	全麥麵包的鮪魚三明治 蕃茄汁 生的甘藍菜（小塊） 杏 牛奶	有起司的斑豆 蕃椒 蕃茄、洋蔥、萵苣 玉米餅 牛奶	有肉球和蕃茄醬的義大利麵 南瓜 桃子 法國麵包 牛奶	肉球捲 甜的馬鈴薯 蘋果、香蕉和橘子的沙拉 黑麥麵包 牛奶	牛排塊 花椰菜 煮胡蘿蔔 全麥捲 牛奶

表 11-12　計畫性的菜單是教導營養概念的第一步

摘要

教導孩子飲食的營養是很重要的責任，學會選擇健康飲食的孩子，能夠在他們的生活中運用資訊，適當的營養會促進孩子的成長和發展。

為了要教導飲食的營養，首先你必須要了解身體是怎麼利用食物的營養。你也必須要了解營養素、營養來源，以及營養素如何提供身體熱量，之後，你可以使用這些資訊來計畫營養的餐點。食物指導金字塔對於計畫菜單是一個有用的工具，如果你將你所提供食物的口感、口味、顏色、形狀和溫度都考慮進去的話，食物將會更吸引孩子。

回顧與反思

- 對或錯。學會選擇健康食物的孩子，能夠終生健康。
- 列出好的營養計畫的四個目標。
- 定義營養。
- 什麼是營養素？
- 列出六大營養素。
- 食物的熱量測量單位是＿＿＿＿＿＿＿＿。
- 描述營養過剩和營養不良的差別。
- 什麼是食物指導金字塔的六大食物群組？
- 牛奶是什麼的良好來源？

    A.鈣

    B. 維生素 B2

    C.磷

    D.以上皆是

- 什麼是麵包和穀類的主要營養素？
- 哪一種維生素食物應該一週提供數次？哪一種維生素的食物要每天提供？
- 奶油、橄欖、蛋黃和堅果是什麼的主要來源？
- 為什麼提供給孩子的食物大小應該要一口的大小？
- 列出美國農業局所建議的營養早餐食物。
- 對或錯。告訴孩子吃完盤裡的所有食物就能吃甜點是一個好辦法。
- 列出預防孩子梗塞不應該提供的四種食物。

應用與探討

- 計畫一群三歲孩子一週的早餐、午餐和點心菜單。
- 邀請一位營養學家到你的班上討論均衡飲食的重要性。
- 觀察一群孩子的午餐時間，描述他們對食物的喜好，根據美國農業局的建議，他們的午餐所缺乏以及不缺的是什麼。
- 準備一個甜點的表格，列出每一個甜點的營養資料，它們營養嗎？為什麼營養或為什麼不營養？
- 討論預防肥胖症要比治療來得簡單的理由。

年幼的孩子喜歡照餐桌墊畫好的餐具形狀來排好餐具

第十二章

孩子的健康指引

何素娟

◈ 發展在幼兒園可實行的健康策略及方法

◈ 列出控制食物製備所引起的疾病步驟

◈ 解釋急救訓練的重要性

◈ 認識不同的傷害並概述其處理步驟

◈ 解釋照顧在幼兒園生病的孩子的方法

◈ 描述你照顧特殊疾病孩子時的責任

關鍵辭

政策	第一級燒燙傷
傳染性疾病	第二級燒燙傷
因食物製備而引起的疾病	第三級燒燙傷
細菌	過敏性休克
食物中毒	頭蝨
傷口	過敏
閉鎖性傷口	糖尿病
開放性傷口	胰島素
擦傷	癲癇
狂犬病	人體免疫不全症候群（愛滋病毒）
燒燙傷	愛滋病（後天性免疫不全症候群）

　　杜林的健康影響了他的表現、學習能力及行為。杜林一直有著內耳感染的問題，也有聽力障礙，聽力的喪失可能影響到他語言能力的發展、同儕互動及一般的行為。

　　當你在計畫、準備並維持教室環境時，孩子的健康是一個很重要的考量因素（圖12-1）。

　　對孩子而言，健康的環境首先要有健全的健康政策，為了避免疾病的傳播，必須要強調個人衛生及食物製備的安全，要規劃出控制緊急狀況時的步

驟,例如頭蝨的控制。還有,處理突發性的疾病的機制也不可少。除此之外,還要持續地學習知識及技能以便有需要時能施行急救。

健康指引的目的

你的責任是保護、維護,以及促進孩子的健康,因此,你需要創造健康的環境。以下的目的是必須考慮的:

圖 12-1 適時地與父母聯絡,討論孩子的健康議題

* 發展幼兒園的健康政策。
* 再檢查一次孩子的健康記錄,以確定孩子都已打過疫苗。
* 在做每日的健康觀察時,要確認出生病的孩子。
* 隔離可能生病的孩子。
* 適時地與父母討論健康的議題。
* 設計安全的環境以避免意外。
* 提供急救。
* 參加有關健康的在職訓練。
* 在孩子的課程裡含括健康的議題。

健康的政策

政策是用以控制未來結果的一套行動。對幼兒園而言,有一套健康政策相當地重要,這些政策將可以幫助你持續地做出有關孩子健康的決策。

在大多數的州,幼兒園孩子的健康都由州的規定及法規所規範,他們的目的是在保護孩子。這些規定及法規僅僅著墨於基本的健康需求,幼兒園可能需要更多詳細的健康政策。

(一)健康檢查

所有的孩子在註冊之前都必須要做入學前的健康檢查,這個檢查將可幫

助你了解：

> * 孩子對傳染性疾病是否免疫（這些疾病是會傳染給其他人的）？
> * 孩子是否已做了全部的預防注射？
> * 孩子是否有任何已知的過敏？
> * 孩子是否有任何會影響到他入學的特殊健康問題？

　　為了提供孩子最佳的環境，教職員工也必須有最佳的身體與心理狀況，以及健康的情緒。他們必須在工作第一天之前就做檢查，而這些檢查的記錄必須保存在員工檔案內。

（二）預防注射

　　為了保護孩子的健康，每一位孩子在進入幼兒園之前必須有完整的預防注射，這個政策的唯一例外是：當這個孩子是由州法律因宗教或醫療因素而得到豁免權，否則幼兒園就不能讓沒有完整預防注射的孩子入學，因為部分的預防注射並無法對抗許多疾病。對學齡前幼兒而言，建議需施打的預防注射包括：小兒麻痺口服疫苗、TP（白喉、百日咳、破傷風混合疫苗）、麻疹疫苗、麻疹腮腺炎、德國麻疹混合疫苗，及 B 型肝炎遺傳工程疫苗，B 型肝炎遺傳工程疫苗可對抗細菌感染。表12-2列出了每個年齡層必要的預防注射，

學齡前孩子的預防注射	
年齡	預防注射
兩個月	白喉百日咳破傷風混合疫苗、小兒麻痺口服疫苗及B型肝炎遺傳工程疫苗
四個月	白喉百日咳破傷風混合疫苗、小兒麻痺口服疫苗及B型肝炎遺傳工程疫苗
六個月	白喉百日咳破傷風混合疫苗及 B 型肝炎遺傳工程疫苗
十二到十五個月	小兒麻痺口服疫苗、麻疹腮腺炎、德國麻疹混合疫苗及 B 型肝炎遺傳工程疫苗
十五到十八個月	白喉百日咳破傷風混合疫苗（追加）
四到六歲	白喉百日咳破傷風混合疫苗、小兒麻痺口服疫苗（追加）

表 12-2　大部分政府核准的機構內都需要有合適的預防注射的健康政策

表12-3則列出典型的預防注射表格。

健康安全局　　　　　　　　　　　　　　　　　　　　　　　威斯康辛州
健康部門

幼兒園注射記錄

給家長的話：在入學後三十天內完成並交回幼兒園。

州法律規定幼兒園的所有孩子，在入學後三十天內，必須交出書面文件以證明已針對某些疾病施打預防注射疫苗。只有在幼兒園已歸檔的文件中，以健康、宗教或個人信念為由簽署，方可免除這些預防注射的條件。

個人資料　　　　　　　　　　　（請用正楷填寫）
步驟 1

姓名（姓、名）	生日　　　　年／月／日	電話
家長／法定監護人（姓名）	地址（郵遞區號、城市、街）	

預防注射記錄
步驟 2

列出孩子接種以下預防注射的年份、月份及日期。請不要用（ˇ）或（×）。假如你家中沒有孩子的預防注射記錄，請聯絡你的醫生或公共健康單位以得到日期資料。

疫苗	型態	第一劑 年／月／日	型態	第二劑 年／月／日	型態	第三劑 年／月／日	型態	第四劑 年／月／日	型態	第五劑 年／月／日
白喉、百日咳、破傷風混合疫苗										
小兒麻痺口服疫苗										
B 型流行感冒嗜血菌										
麻疹疫苗、麻疹腮腺炎、德國麻疹混合疫苗										
B 型肝炎遺傳工程疫苗										

（續表）

條件
步驟 3

以下所列的內容是孩子入學時至少要有的預防注射，這並不是給嬰兒及學齡前幼兒的建議施打日期，請跟你的醫生或當地的健康單位確定日期，當孩子到一定的年齡或年級時，必須將他們的記錄更新，加入必要疫苗注射的施打日期。如果你的孩子在四歲後已接種過第三劑的白喉、百日咳、破傷風混合疫苗或小兒麻痺口服疫苗，會建議再進一步接種這些疫苗，但並不是一定要接種。麻疹腮腺炎、德國麻疹混合疫苗則必須在一歲之後接種。

年齡／年級	劑量
十五個月至二十三個月	3 劑白喉、百日咳、破傷風混合疫苗
	2 劑小兒麻痺口服疫苗
	1 劑麻疹疫苗
	1 劑麻疹腮腺炎
	1 劑德國麻疹混合疫苗
兩歲至入幼兒園前	4 劑白喉、百日咳、破傷風混合疫苗
	3 劑小兒麻痺口服疫苗
	1 劑麻疹疫苗
	1 劑麻疹腮腺炎
	1 劑德國麻疹混合疫苗
進入幼兒園後	依據學生預防接種法中年齡／年級的需求

注意：B 型流行感冒嗜血菌及 B 型肝炎遺傳工程疫苗在此時是建議施打，但並不是一定要的。

承諾的日期及豁免
步驟 4

孩子已達到所有的條件
請在步驟 5 簽名並把此表格交回幼兒園
或者
孩子沒有達到所有的條件
勾選以下適當的選項，簽名並將此表格交回幼兒園
□ 雖然我的孩子在他的年紀並未完全接種必要的疫苗，但是至少每一種疫苗（白喉、百日咳、破傷風混合疫苗；小兒麻痺口服疫苗，麻疹疫苗，麻疹腮腺炎疫苗，德國麻疹混合疫苗）的第一劑都有接種。我了解我必須在一年內帶我的孩子去接種必要的白喉、百日咳、破傷風混合疫苗及小兒麻痺口服疫苗，並且告知幼兒園接種的日期。

（續表）

注意：沒有依照時程向幼兒園呈報疫苗注射日期，將可能會有法律上的刑責及高達每天美金 25 元的罰金。

☐ 因為健康的因素，這位學生無法接種以下的疫苗：_____

_____

（請列出步驟 2 中任何已接種的疫苗）。

　　　　　　　　醫生簽名：_____

☐ 因為宗教的因素，這位學生不能接種疫苗（請列出步驟 2 中任何已接種的疫苗）。

☐ 因為個人信念的因素，這位學生不能接種疫苗。（請列出步驟 2 中任何已接種的疫苗）。

簽名

步驟 5

這張表格已完成並盡我所能正確無誤

_____

　　家長或法定監護人簽名　　　　　　　　　　日期

表 12-3　這張表格提供一份證明孩子都有施打預防注射的書面文件，家長或法定的監護人及孩子的醫生必須在表格上簽名

（三）出席政策

　　為了所有孩子的安全，幼兒園必須有說明生病的孩子何時必須在家休息的政策，例如，你的政策裡可能會說明若一位孩子有以下任何的症狀，就必須在家休息。

* 體溫超過華氏 100 度（攝氏 38 度），除非這個孩子的平常體溫就高於平均值。
* 腸胃不適伴隨著拉肚子或嘔吐。
* 眼睛疼痛或有分泌物。
* 鼻子非常不適。
* 發燒出疹子。

　　也建議孩子發燒後，應在家休息二十四小時，請父母向幼兒園教職員工告知孩子的所有病史。

（四）控制藥物

為了保護教職員工免於訴訟，大部分的幼兒園有一些藥物使用的政策，這些政策必須與州政府的要求相符合，但是有時可更嚴格，例如，州政府可能會要求只有醫生的處方藥物才能給孩子，你就必須遵守這個規則。除此之外，如果州政府要求記錄生病的孩子名字、時間、日期，及藥物的量，你也必須保留這些記錄。

這些藥物必須適當地保存，需要冷藏的藥物必須放在安全且有標籤的盒子內，不需冷藏的藥物則必須放在有上鎖且孩子拿不到的地方，藥袋裡必須有寫上孩子名字的標籤、醫師名字、藥物的名稱、劑量，及服用的時間。

（五）午睡

健康政策中，必須要有可以預防疾病擴散的午睡，孩子不能共用幼兒床，幼兒園必須提供每一位孩子一個可清洗的幼兒床及乾淨的毯子（圖12-4）。乾淨的毯子必須每個星期換洗一次，若有孩子生病、孩子大量流汗，或毯子弄髒時，就可能必須更常更換毯子。

（六）每日的健康檢查

為了保護孩子的健康，每天要做非正式的健康檢查。這個檢查最好是在每個孩子剛到學校時，觀察孩子是否有疹子、疼痛發炎、紅腫或瘀傷、眼神是否不同、流鼻涕、皮膚發紅、咳嗽、打噴嚏及是否滿身是汗。

圖 12-4 每天都必須用抗菌清潔劑來清潔桌子表面

甚至在到學校時的健康檢查之後，隨時觀察孩子生病的徵兆，觀察孩子一整天的易怒程度、如廁次數、睡眠狀況、是否有嘔吐及有不正常的攻擊行為，也必須觀察是否有傳染性疾病的症狀（表12-5），如果孩子顯然生病了，要趕緊聯絡父母。

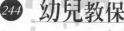
感染的徵兆

- 輕微發燒
- 傷口或皮下化膿或流膿
- 發高燒
- 被感染的部位紅紅的
- 傷口延伸出紅紅的線條
- 淋巴腺腫大
- 被感染的部位變軟
- 陣陣作痛

表 12-5　感染是非常危險的，有時甚至會致命，要知道感染初期的徵兆

　　學齡前幼兒比較容易有傳染性疾病，這些包括了水痘、結膜炎（兔子眼）、流行性感冒及麻疹等。這些疾病的每一種症狀都要觀察，讓所有的教職員工得知這些資訊，並將傳染性疾病的表格貼在教職員工的辦公室裡（表12-6）。

傳染性疾病

疾病	潛伏期（第一個徵兆出現的時間）	徵兆	傳染期的注意事項及限制	其他資料
水痘	二至三週，通常是十三至十七天。	突然的發作，輕微發燒，常先在頭皮上出現水痘，之後是臉及身體，三至四天有大量的水痘，之後結痂。	留在家中直到所有的水痘結痂，通常是開始紅腫之後的五到六天。	對於孩子而言是不嚴重的疾病。對於成人或患有癌症的孩子、血癌及其他高危險群的人而言或許比較嚴重。

（續表）

疾病	潛伏期（第一個徵兆出現的時間）	徵兆	傳染期的注意事項及限制	其他資料
結膜炎（兔子眼）	二十四至七十二小時	眼白的部位紅紅的，或許會流膿，也或許不會；眼睛會不舒服。	傳染期間依原因而定，但通常是在發炎及流淚時發生。在傳染期時須留在家中並接受醫生的診斷及治療。	大部分的感染是由病毒感染，有些則是細菌感染。可能會透過手眼的接觸而傳染給他人，也可能是麻疹的早期徵兆。有些徵兆可能是過敏並無傳染性。
A型肝炎病毒（以前感染的）	十五至五十天，平均是二十五天	常會突然地發燒、疲勞、沒有食欲、嘔心及腹痛。孩子較成人少有黃疸的徵兆。	在生病的第一個星期及黃疸之後的一星期以上是傳染期。留在家中休息，而且在傳染期時不要準備食物或照顧病人。	疫苗是不夠的，可能還會跟B型肝炎搞混，不同的病癥對於預防及控制相當地重要。仔細地洗手是重點。家族中的帶原者必須盡可能地給予免疫血清球蛋白。
感冒	二十四至七十二小時	快速地發燒、發冷、頭痛無力、肌肉酸痛、喉嚨痛及咳嗽。	在發病後的三至七天是傳染期。留在家中休息直到症狀消失。	可打疫苗，且必須是那些會引起嚴重併發症的慢性病患及老年人。
麻疹	八至十三天	高燒（華氏101度或以上）、咳嗽、流鼻水及／或結膜炎。在早期徵兆後三至五天，疹子出現，開始是臉，之後是全身，持續四天或更久。	從發病或有呼吸疾病開始，一直到出現疹子後四天都是傳染期。留在家中休息直到疹子出現後的第五天。	是一種非常嚴重、高度感染，但可經由疫苗預防的疾病。

（續表）

疾病	潛伏期 （第一個徵兆出現的時間）	徵兆	傳染期的注意事項及限制	其他資料
感染性單核血球病	二到六週	典型徵兆有發燒、喉嚨痛，以及發炎紅腫的淋巴結。	依醫生指示，留在家中休息。	在孩子身上，這種疾病通常輕微而且難以辨識。
腮腺炎	十二至二十六天，通常是十八天	發燒、疼痛及下巴紅腫（包含一或多個唾液腺）。很多的感染是沒有任何徵兆就發生了。	留在家中休息直到唾液腺消腫或其他的症狀已消除。	很早即可感染。大人可能引發併發症。可注射疫苗。
長蝨子 （頭蝨）	蛋孵出需一星期，至成蟲需二個星期	常抓頭或身體的其他部位。淺灰色的蝨子把卵下在頭髮裡，尤其是頸背及耳後。	留在家中休息直到治療為止。	避免共享個人物品，如衣服、頭套、梳子及刷子。
輪癬 （頭皮，皮膚，腳）	不一定，一至三星期	頭皮：頭皮上的癬導致暫時性的禿頭。感染的頭髮易斷。 皮膚：可能會癢、沒光澤、發炎、一碰到就有灼痛感。 腳：皮膚成鱗狀或脫落，尤其是腳趾間一直有水泡。	只要病灶存在就會傳染。留在家中休息直到開始有適當的治療。	預防的方法最好是有良好的衛生習慣。所有與受感染者接觸的家人、寵物、農場動物都應一併檢查及治療，因輪癬是接觸傳染，包含受感染的人或動物接觸過的物品表面。
德國麻疹	十四至二十一天	有輕微的症狀，輕微的發燒，紅疹持續三天，通常是在頭及頸子（尤其是頸背及耳後）。	留在家中休息直到出現紅疹後四天。	高度的傳染性，但是可由注射疫苗來預防的疾病。除非懷孕時胎兒受感染或可能發生傷害，不然併發症是輕微的。如果懷孕者感染了此病毒，則需立刻請教醫生狀況。

（續表）

疾病	潛伏期 （第一個徵兆出現的時間）	徵兆	傳染期的注意事項及限制	其他資料
百日咳	五至十天	開始是下呼吸道症狀。之後開始有持續增加的咳嗽，並且經常因咳而伴隨著嘔吐。	從開始持續咳後二十一天或開始有治療之後的五至七天，需留在家中休息。	對於學齡前幼兒是相當危險的。超過六歲的孩子則不建議作預防注射的。易被感染的人必須被治療並且追蹤其呼吸道疾病。
疥瘡	第一次感染是四至六週，再度感染則是幾天	有紅色及小面積的凸起，且連接著灰白色的線，部位會癢。通常發現部位大多在：皮膚的皺褶處、手指、手腕、手肘、大腿、腰圍、腹部、乳頭、屁股。	留在家中休息直到有適當的治療，並且沒有看見其感染傷痕。	所有的家族成員及有過身體接觸的人都應同時治療疥瘡。
鏈球菌所導致的感染，包括猩紅熱（鏈球菌性喉炎）	一至三天	猩紅熱的徵兆有發燒、喉嚨痛、輕微淋巴腫並有紅疹。	如果沒有治療，需從發作開始，留在家中休息七天，若有適當的治療則是二十四小時。	建議依病人的症狀來服藥，因為有可能會引發併發症，其中包括風濕病。很少建議用培養菌觀察。

表 12-6　知道傳染性疾病的徵兆及處理方式是很重要的，以免疾病透過幼兒園而擴散

（七）聯絡父母

　　孩子可能在到達幼兒園時並無症狀，但是沒過多久就出現了疾病或傳染病的症狀，你該在何時決定要聯絡父母將生病的孩子接回去休息呢？每一家幼兒園回答這個問題的答案都不同，是否必須聯絡父母主要是依幼兒園的資

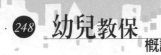

源及父母的指示而定,有些幼兒園有一間保健室及一位彈性調配的老師,當孩子生病時,孩子會被帶至父母可進入的保健室,一位教職員工要陪伴在孩子身邊直到父母來接孩子。

當孩子出現生病的徵兆時,幼兒園通常都會與父母聯絡,跟父母描述孩子的症狀,如果孩子病得很厲害,父母就有責任在一限定的時間內來接孩子,幼兒園必須很明白地說明其政策。

每一位孩子的個人資料夾內必須包含緊急聯絡人的資料,記錄父母或監護人家中或工作地點的電話,也要記錄家庭醫生及牙醫的電話,表12-7是緊急聯絡人資料的範例。

緊急聯絡人基本資料

幼兒園

幼兒名字＿＿＿＿＿＿＿＿＿＿　　　　　生日＿＿＿＿＿＿＿＿＿＿
家中地址＿＿＿＿＿＿＿＿＿＿＿＿　　　家中電話＿＿＿＿＿＿＿＿＿＿

母親
家中地址＿＿＿＿＿＿＿＿＿＿＿＿　　　家中電話＿＿＿＿＿＿＿＿＿＿
公司地址＿＿＿＿＿＿＿＿＿＿＿＿　　　公司電話＿＿＿＿＿＿＿＿＿＿

父親
家中地址＿＿＿＿＿＿＿＿＿＿＿＿　　　家中電話＿＿＿＿＿＿＿＿＿＿
公司地址＿＿＿＿＿＿＿＿＿＿＿＿　　　公司電話＿＿＿＿＿＿＿＿＿＿

如果發生緊急事故,該聯絡誰?

姓名＿＿＿＿＿＿＿＿＿＿＿＿　　　　　電話＿＿＿＿＿＿＿＿＿＿
姓名＿＿＿＿＿＿＿＿＿＿＿＿　　　　　電話＿＿＿＿＿＿＿＿＿＿
家庭醫生＿＿＿＿＿＿＿＿＿＿　　　　　電話＿＿＿＿＿＿＿＿＿＿
家庭牙醫＿＿＿＿＿＿＿＿＿＿　　　　　電話＿＿＿＿＿＿＿＿＿＿
地址＿＿＿＿＿＿＿＿＿＿＿＿

表 12-7　在緊急時刻總是需要有聯絡父母的基本資料

如果孩子已感染了傳染性疾病時,必須先告知父母。甚至只有一位孩子感染到頭蝨也要通知每位父母,表12-8是通知函範例,通知函中包括了孩子的姓名、感染的疾病名稱,以及日期。

親愛的家長：

這是要通知您，您的孩子＿＿＿＿＿＿＿＿＿＿，在幼兒園所已接觸到＿＿＿＿＿＿＿

＿＿＿＿＿＿＿＿＿＿。

簽名＿＿＿＿＿＿＿＿＿＿（主教老師）

日期＿＿＿＿＿＿＿＿＿＿

表 12-8　當孩子已接觸到頭蝨或任何其他的傳染性疾病時，通知父母是很重要的

（八）個人衛生

個人衛生是一個健康環境的重要因素，當個人清潔愈獲重視時，那麼孩子及老師就很少會生病了。

向所有新進的教職員工及義工強調乾淨的重要性，這可透過在職進修、員工手冊及新進人員訓練來完成，每一個人必須遵守基本的清潔習慣：必須每天洗澡及保持其頭髮的乾淨；在廚房工作時必須戴頭套；在幼兒園裡不能抽煙；衛生紙必須用過即丟，一旦用過了，衛生紙就必須丟棄；當咳嗽或打噴嚏時，必須掩住口鼻。

向教職員工強調與孩子在一起時，正確洗手的重要性，在一天的開始、吃東西或製備食物之前、使用過廁所及換過尿布後都必須洗手。在咳嗽、打噴嚏、揉過鼻子或用過手帕之後也要洗手，洗手能幫助幼兒園預防傳染性疾病的擴散。研究顯示，當遵守正確的洗手政策時，有很多疾病，例如腹瀉，就能有效地降低。

控制因食物而產生的疾病

因食物而致病常是因為食物不當的儲存或用不清潔或不安全的方法來製備，有很多因食物製備而產生的疾病可溯因至教職員工，因此，所有新進的教職員工都必須有完整的健康檢查，其中包含胸部 X 光或結核病檢測。當教職員工生病時，他們就不能負責準備食物，因為導致教職員工生病的細菌可能會感染食物，並將細菌帶給孩子及其他的教職員工。

食物中毒

　　小的微生物稱為細菌，能導致因食物製備而產生的疾病。會發生腸胃的疾病可能源自於吃的食物裡含有害的細菌或其他微生物，這叫作食物中毒。最普通的症狀就是嘔吐及腹瀉，其他的症狀包括發冷、腹部絞痛、發燒、頭痛、肌肉疼痛、噁心及虛弱。

　　細菌或細菌病毒（中毒）的影響是很多樣的，細菌的類型、數量，及每個人對細菌的反應會影響其疾病嚴重的程度。普遍來說，細菌愈多就愈快引發嚴重的疾病，此外，孩子、老年人及生病的人通常較會有嚴重的反應。

　　人們可以用多種間接的方式透過食物來傳遞細菌，這些方法中最主要的就是不清潔的烹飪器具。為了能預防食物中毒，要完完全全地洗淨所有的廚房用具（圖12-9）。每天換廚巾、不允許教室的寵物與人們共用餐盤、告訴孩子每次只要與教室裡的動物玩過就要洗手。

　　食物必須適當地處理、準備、保存及分配，以避免細菌滋長。食物必須保存在華氏40度（攝氏4度）以下或140度（攝氏60度）以上。細菌在常溫下增長很快，低於華氏40度以下，細菌較不活躍，而在華氏40度以上，細菌開始活躍，並迅速繁殖。高溫（華氏140度或更高）將會摧毀大部分有害的細菌。

圖12-9　冰箱的乾淨及良好的冷藏功能可以控制因食物而傳播的疾病

急救護理

　　在每一家幼兒園，受傷和生病常常發生，有時可能只是抓傷或撞到膝蓋，有時則可能是突然的高溫引起。

　　急救護理訓練提供處理緊急醫療照顧時所需的知識及技巧。有了適當的訓練，你將會知道如何及何時處理疾病及受傷事件，你也知道何時要有專業

的醫療救助。

幼兒園的所有教職員工必須有美國紅十字會的急救認證，這個證書不論在之前的課程或之後的工作上都是必要的。如果一位教職員工沒有得到證書，他必須先獲得此證書才能工作，所有的幼兒園每年都要有急救護理的在職訓練，包含秘書、工友、廚工以及娃娃車司機都要做此訓練，而訓練內容必須是美國紅十字會最新的急救護理步驟。

急救護理醫藥箱

為了能做急救護理，你將需要一些基本醫療用品，大部分的藥局、百貨公司及學校的購物目錄賣的醫藥箱裡就包含了這些基本醫療用品。你也可能分開買，然後再將這些醫療用品全放在醫藥箱裡。

所有的急救藥品存放在同一個地方，不要讓孩子拿到，但切勿將醫藥箱放在一個有鎖的櫃子裡，因為在緊急時，你可能沒有時間去找鑰匙。

每一個月檢查醫藥箱內的藥品，確定所有的急救箱內有必要的醫療用品。為了確實做到這點，可照著表12-10的檢查表來一一確認。有很多幼兒園有一位專門人員來負責這項工作，並更換所有已過期的醫療用品。

如果有些孩子有特殊的健康需求，你將需要增加其額外的急救醫療用品，對於那些會過敏的孩子，抗組織胺劑及蜂螫包可能也要增加；有糖尿病的孩子則可能需要糖或蜂蜜。為了以防萬一，在戶外教學時也常常要帶著醫藥箱。

傷口及其處理

傷口是指皮膚表層或身體細胞受到傷害。基本上，有二種類型的傷口：閉鎖性傷口是指直接地傷害皮膚表層底下的細胞組織，它不包括表皮的裂傷；而開放性傷口則是表皮有裂傷。

（一）閉鎖性傷口

孩子經常因跌倒、相撞或撞到物品而有閉鎖性傷口，大部分的閉鎖性傷口是皮膚下的軟層細胞組織，最常見的閉鎖性傷口是瘀傷，閉鎖性傷口最常有的特徵是受傷的部位會變軟且會痛，要降低疼痛則要冰敷或將受傷部位包

紮起來（圖12-11）。

數量	品名	完整	更換
醫藥箱的醫療用品			
日期 _____	負責人簽名 _____		
1	醫藥箱快速查詢手冊		
15	1/2 吋、3/4 吋及圓形的自黏繃帶		
10	2*2 吋消毒過的緊急包紮用品、燒燙傷及開放性傷口用的各一袋		
10	4*4 吋消毒過的緊急包紮用品		
1 捲	紗布繃帶寬 2 英吋、長 5 碼		
2 捲	自黏膠帶，寬 1 英吋		
20	用過即丟的紙巾及衛生紙		
1 條	用來洗淨刮傷及傷口等的肥皂		
1 對	可取出小碎片的鑷子		
1 把	鈍頭剪刀，可以用來剪膠帶及繃帶		
1 包	安全別針		
1 瓶	爐甘油（用作昆蟲咬的潤膚劑）		
5	每瓶 1 盎司的催吐劑糖漿		
1	手電筒		
1	綜合的冰敷包		
1	長條形可貼在孩子前額的溫度計		
20	含酒精的擦拭物		
1 包	棉球		
1 瓶	抗菌的皮膚清潔劑		

表 12-10　確定醫藥箱有充足的醫療用品

（二）開放性傷口

　　皮膚的割傷及刮傷則稱為開放性傷口。首先，受傷的孩子可能會快速地失血，如果是這樣，他很可能會休克，再來就是受傷的部位可能會被感染。

　　有些開放性傷口會大量流血，降低感染的危險，有些傷口則只流少量的血，反

圖 12-11　冰敷能降低閉鎖性傷口的紅腫

而比較容易感染。

在皮膚表層的開放性傷口需要做簡單的處理。要先用肥皂及水來清洗傷口，如果傷口很深或不停地流血，就必須去醫院處理了。

1.擦傷

擦傷是指皮膚的某部分有刮傷，孩子經常因跌倒及拿粗糙不平的物品而擦傷。在教室裡，常會有很多孩子擦傷膝蓋、刮傷手臂或因握繩而擦傷。

擦傷常常是只有少量的血從破裂的微血管（小的靜脈）流出，但細菌或髒東西可能會進入傷口，進而感染傷口。事實上，髒東西可能會抑制復原的過程，有時，擦傷旁的微粒會造成永久的疤痕。

2.割傷

割傷或者是切入性傷口常是因碎掉的玻璃、金屬或尖銳的邊緣而造成，如果割到動脈時，血會流得很嚴重，割得深的話，神經、肌肉或肌腱也可能會受傷。

3.刺傷

刺傷常是因為尖銳物品所造成，例如釘子、小碎片、大頭針，甚至是棍子。刺傷皮膚時，物體與皮膚所接觸的力道必定很強，通常不會流太多血，且傷口洗不到，因此可能產生感染。有害的細菌，例如破傷風桿菌會在潮濕又溫暖的地方滋長，因而會進入人體。

4.咬傷

咬傷是刺傷的一種，是由人或動物而引起，如果被溫和的動物咬到，你可能只需要將傷口的地方完全洗淨就可以，但如果皮膚有破皮，就要立刻給醫生看，若是被動物咬傷的，這個步驟尤其重要，因為會有感染的危險，像是狂犬病。

狂犬病是一種會導致神經系統及腦部感染病毒的疾病，感染的人無法吞嚥，因為喉嚨的肌肉緊縮的關係。

狂犬病是經由患狂犬病的動物的唾液所傳染，當動物的唾液進入開放性割傷時，人就會被感染。因此，被有狂犬病的動物咬破皮膚時，常常就會因此感染此一病毒。

如果孩子被動物咬傷，要立即送醫，告知警察動物的體型及顏色，如果動物沒有抓到而無法做狂犬病測試，那麼孩子必須接受狂犬病免疫注射，這種針很痛，但是沒有打這一免疫針，孩子就有死亡的可能。

所有的動物咬傷都很危險，其中存著極大的感染危險，大部分動物的嘴巴含有大量的細菌，不僅只有狂犬病病毒，因此，當孩子被動物咬到時，採取立即的行動就相當重要了。

（三）開放性傷口的照料

有些開放性傷口需要額外的照顧（表12-12），身為老師，你常會處理到輕微的傷口，例如，擦傷及小割傷。首先，用溫水清洗受傷的部位，之後，當你用繃帶時，要將傷口周圍也包進去，這樣可以預防疤痕的形成。

需要就醫的開放性傷口
· 被動物或人咬傷，且已破皮。
· 試過所有的方法來止血，但仍血流不止。
· 臉上或身體的其他部位有割傷，且割傷很明顯。
· 傷口很深，已深入表層皮膚。
· 傷口內有異物，例如，在細胞組織內有髒東西。
· 傷口內有異物且拿不出來。

表 12-12　認識傷口的嚴重性可以幫助老師確定是否需要就醫

假設任何的失血對於孩子都是有害的，為了止血，可以放一塊消毒過的紗布在傷口上，用手掌來壓傷口。這個目的是用壓迫血管至某一硬物——如骨頭或肌肉來控制流血。

如果沒有骨折的徵兆，可將腿、手臂、頸或頭的開放性傷口提高，提高受傷的部位到孩子的心臟部位之上（即「提高傷口」），地心引力會幫助降低在受傷部位的血管壓力，因此可減緩失血。

燒燙傷及其處理

燒燙傷是指因熱、輻射或化學物品而受傷，燒燙傷的大小、深度及嚴重性很不同，燒燙傷常用程度或深度共可區分為三類：第一級燒燙傷，第二級燒燙傷及第三級燒燙傷。一件意外事件會有不同種類的燒燙傷受害者。

通常孩子的燒燙傷是因熱水、廚房及電器用品、開火、玩火柴、化學藥

品，例如強烈的清潔劑及酸性物質，和過度在陽光下曝曬造成的（圖12-13）。當孩子到了適當年齡時，你必須教孩子，如果身上著火時，要停下來，讓溫度下降，並且在地上滾一滾以滅火。

圖 12-13　在這些易燃物旁時，必須小心維護孩子的安全

第一級燒燙傷

　　第一級燒燙傷是燒燙傷傷到表皮層皮膚，它是所有嚴重燒燙傷中最輕微的，它可能是因為短暫地接觸到熱的物品、過度在陽光下曝曬，或者是被熱水或蒸氣燙傷而造成的。普遍的徵兆包括紅起來或輕微的變色、疼痛，及輕微的腫，一般來說很快就治癒了，因為此燒燙傷程度並不深。

　　第一級燒燙傷並不需要特殊的醫療處理，用冷水沖燒燙傷部位常可幫助減低疼痛。

第二級燒燙傷

　　第二級燒燙傷是指燒燙傷傷到真皮，這是比第一級燒燙傷還嚴重的燒燙傷，它常因極過度在陽光下曝曬、碰到熱的液體、碰到從汽油、煤油及其他產品而突如其來的火所造成的。

　　第二級燒燙傷的特徵是疼痛、起水泡、紅腫及皮膚顏色改變。過了幾天之後，燒燙傷的部位還是有些腫，就是因為這嚴重的燒燙傷，所以需要醫療處理。不要將燒燙傷的水泡弄破或在燒燙傷部位塗上藥膏，這樣可能會導致感染，如果引起傷口的感染，第二級燒燙傷很快地會轉變成第三級燒燙傷。

第三級燒燙傷

　　第三級燒燙傷是破壞了皮膚層及末梢神經，其形成是因大火、燒到了衣服、被熱水淋到、碰到熱的物品、碰到有電的電線所造成的。第三級燒燙傷非常地嚴重，需要立即接受醫療照顧，一發生就要馬上叫救護車。

曬傷

孩子會因在紫外線下過度曝曬而有第一級或第二級燒燙傷，通常是在陽光下曝曬三至十二個小時會產生曬傷。一般來說，曬傷並不需要去看醫生，然而，因為會紅腫、疼痛、頭痛及發燒，曬傷會導致孩子好幾天不能去學校。

當孩子在幼兒園時，要提供好的防曬油以預防孩子曬傷，防曬指數（SPF）至少要15，幫孩子全身都擦上，包括耳朵、下巴、鼻子及肩膀，這些部位都是容易曬傷的部位。要避免把戶外活動時間安排在早上十點至下午三點之間，這是陽光最強的時段。

小碎片

孩子常會被碎片弄到，你的工作即是將碎片取出，小鑷子是最好的工具。首先要用肥皂及清水清洗受傷的部位，之後，順著小碎片插入皮膚的方向將之取出，不要在傷口塗上任何藥膏或抗菌藥品，蓋上一塊已消毒過的繃帶直到醫生來。如果你無法取出碎片就要立刻就醫。

昆蟲螫傷

黃蜂、蜜蜂、大黃蜂、雀蜂及火螞蟻全都是會叮人的昆蟲，對於所有的孩子而言，螫傷是很痛的；對於那些對昆蟲螫傷過敏的孩子而言，螫傷更有致命的危險。當孩子被螫傷時，反應要快，大部分因昆蟲螫傷而致死是在意外發生的兩個小時之內。

紅腫是輕微過敏反應最常出現的徵兆，而過敏性休克則是因為嚴重的過敏反應所導致。休克症狀的歷程發展得很快，這些症狀包括虛弱及衰竭，其他的症狀包括：呼吸不良、血壓下降及嚴重的發癢，且可能伴隨著嘔吐而發生腹部痙攣、絞痛等情況。要細心地觀察孩子，如果你發現這些任何的症狀，要立即就醫。

那些對螫傷過敏或以前被螫傷過的孩子可能有他們自己的醫療用品及注射器具，要確定在危急時是可用的，當你離開學校時要帶著這些用品器具。

異物梗塞

　　孩子——特別是小於四歲的孩子，他們常會將小的物品放在嘴巴裡，有時也可能會將很多的食物一次塞進嘴巴裡。這些情況下，不論是異物或食物都會卡在氣管裡而導致梗塞。

　　對於孩子而言，免除異物梗塞的最好方法是把它咳出來，如果孩子能哭或說話，最好的方法是等一下並觀察孩子是否能將異物咳出。然而，如果你看到孩子不能呼吸或說話，就該採取緊急的措施，這個步驟是常用在異物梗塞的緊急救護裡，稱為「漢默李奇」技術（使堵住喉嚨的異物吐出的急救措施——腹部推擠法）（表12-14）。

有關牙齒的緊急狀況

　　牙齒的緊急狀況包括割到或咬到舌頭、嘴唇、下顎、敲到或跌斷牙齒，有以上的問題時，要快速採取行動並保持冷靜。

　　如果孩子抱怨牙齒痛，幫助孩子用水清洗被感染的部位。如果臉腫起來時，要冰敷，並趕緊請父母帶孩子去看牙醫。

　　如果孩子割到或咬到嘴唇、舌頭、下顎時，可在受傷的部位冰敷。如果你有看見血，拿一塊乾淨的紗布或衣服覆蓋在上面，輕輕地壓它，如果血流不停超過十五分鐘時，要聯絡孩子的父母；如果割傷得很嚴重，則要帶孩子至急診室處理。

　　為了能緊急處理被敲掉的牙齒，首先要找到牙齒，而且是要撿起齒冠而不是齒根。如果牙齒很髒，小心地在流動的水中清洗，但避免不必要的處理。保持牙齒濕潤，如果牙齒沒有碎斷，將牙齒放在齒臼裡，並輕輕地將之固定。有些孩子可能拒絕讓你這麼做，或者是腫起來而不能做，如果是這樣，將牙齒放在乾淨的冷水杯內或放在牛奶裡，立刻打電話給孩子的牙醫和父母，為了保存好牙齒，孩子必須立刻去看牙醫。

對異物梗塞的孩子的緊急處理

1. **請求幫助！**
   - 不要拍孩子的背。
   - 不要將孩子倒立。
   - 不要用你的手指挖孩子的喉嚨。

2. **認識異物梗塞。**
   發現孩子沒有知覺、沒有呼吸，也沒有任何其他傷口時，大多可能就是孩子發生了異物梗塞，藍色的嘴唇及指甲也是異物梗塞的徵兆。如果孩子能說話、能呼吸或臉色紅潤，則不需做任何措施。

3. **從後面抱起孩子的腰。**
   將一隻手的拳頭放在肚臍上面，但需剛好在胸腔下面，握住另一隻手的拳頭。對於非常小的孩子而言，則用兩根手指頭。

4. **快速地用雙手向上拉起，但是要很輕柔地做三至四次。**
   如需將物品從氣管逼出，則重複此動作。對於年幼的孩子要減輕推的力量。

5. **如果孩子太大而無法抱起，讓孩子跪著。**
   將手剛好放在肚臍上面及胸腔下面，向上壓著胃並快速地推三至四次，如果需要的話，可以重複此動作。

6. **如果所有的措施都失敗了，用後肘。**
   讓較小的孩子或嬰兒趴在你的手臂或大腿上往下垂下，孩子的頭會因此往下，孩子的腹部必須靠在你的手臂或大腿上，用力拍打孩子兩個肩胛骨之間三至四次。

7. **觀察其呼吸及檢查脈博。**
   準備給予口對口人工呼吸。

表 12-14　漢默李奇技術可以救一個梗塞孩子的性命

頭蝨

為了保持健康的環境，你必須知道什麼是頭蝨。頭蝨是住在人們頭髮及頭皮上的小昆蟲，體型很小，長約一吋的1/10至1/8，牠們沒有翅膀，也不會飛，在牠們的嘴巴裡有六對勾子，牠們用這些勾子來勾住頭髮。短短的腿及大大的爪子幫助牠們緊握住頭髮，牠們會生小小圓圓的蛋，也就是牠們的卵，這些卵看起來像一粒粒的砂子一樣。

用肉眼很難看得到頭蝨，然而，有幾個徵兆可供你作為辨識參考：

* 頭皮持續地癢，尤其是耳朵後面及頭皮底層，孩子常常會在頭皮上抓傷及頭皮紅腫。
* 頭髮上有小的銀色的蛋，通常用放大鏡或顯微鏡可以發現這些蛋。
* 在嚴重的情況下，腫大的淋巴腺會出現在脖頸或手臂下面。

頭蝨會透過直接接觸頭髮而傳染給他人，梳子、刷子、帽子、床單是傳播的主要來源，頭蝨也可以從一個人身上爬到另一個人身上。

如果在教室裡有一位孩子有頭蝨，很可能其他大部分的孩子及老師也會有頭蝨。即使只有一位孩子感染頭蝨，也要告知所有的父母。在某些地區，鄉鎮或市的公衛護士每天會到已爆發頭蝨感染的幼兒園檢查。

去除頭蝨最好的辦法是尋求醫療支援，大部分的醫師處方是醫療用的洗髮精。醫生也會建議將所有的個人物品，例如帽子、梳子、刷子、衣物、床單及絨毛玩具拿去煮沸或乾洗。不能水洗或乾洗的物品必須封在塑膠袋裡三十天，這是頭蝨的生命週期。地毯，裝上軟墊的家具及床墊也必須用吸塵器吸乾淨；梳子及刷子必須煮沸十分鐘或泡在漂白水裡一個小時。

照顧快要生病的孩子

不論何時，只要孩子快要生病，他就必須立刻被移至另一個獨立的空間內。在每個幼兒園必須要有一間保健室，有些州會要求幼兒園要有保健室，由於缺乏空間，有些幼兒園並沒有為此而特別設立的房間。取而代之的是在

園長辦公室裡放一張床以備緊急之用。

當孩子快要生病時,他們可能會嘔吐,進而拉肚子或發燒。幼兒園的教職員工必須知道如何處理這些生病的症狀。

當生病時,孩子常會嘔吐,吐過後他需要一個地方可以休息並保持溫暖。孩子可能會想要食物和飲料,然而,你只能提供孩子一點點水,進食任何食物都可能會導致嘔吐。

記錄孩子嘔吐的次數及吐出的量,同時將孩子隔離,任何的後續嘔吐狀況都要告知父母。

腹瀉(拉肚子)可能是因為病毒、食物感染或過敏所引起,很多的疾病會導致腹瀉,典型的腹瀉會持續二或三天左右。慢性的腹瀉可能是感染、腸胃炎或過敏的徵兆,慢性的腹瀉可能會持續高達十天。孩子有腹瀉時會比正常孩子如廁的次數還要多,而糞便可能是很稀的、水狀的,而且不成形。

有腹瀉的孩子需要隔離,將他們從教室中隔離並聯絡父母,他們必須連續二十四小時不拉肚子才能回幼兒園。

體溫的緊急狀況

通常人體維持在穩定華氏98.6度(攝氏37度)的溫度,正常的體溫範圍是從華氏97度(攝氏36度)至華氏100度(攝氏38度)以下,因此,把每一位孩子正常的溫度記錄在其健康表格內是很重要的。

孩子體溫輕微的改變是身體準備對抗疾病的一個徵兆,體溫高於正常溫度至少二度是要注意的,大部分孩子的體溫會比成人發燒時的溫度還要高,但並不是全部。

孩子有輕微的發燒可能有很多原因,例如,感染會讓孩子的體溫升高、太多的體能活動也會讓體溫上升、體溫也可能會依一天中的時間而有所改變,有時體溫在早晨會比傍晚還要低。

如果孩子發燒時,要馬上告知父母,並說明其他任何不尋常的徵兆。

特別的健康照料

如果孩子在剛入幼兒園就有特殊的身體狀況,你必須為這個孩子的健康及身體訂定特別的計畫。首先,和孩子的父母親討論孩子的情況,要確定你

知道你將來可能會面臨到的危急狀況，找出幼兒園必須採取哪一種方案，孩子是否需要一些特別的餐點、藥品，或特殊的運動？也要跟父母親討論你該如何才能自然地幫助孩子。

（一）過敏

孩子有過敏是很平常的，你必須更了解它。過敏是指身體對環境中物質的一種反應，普通的反應是打噴嚏、流鼻水、咳嗽、眼睛癢、皮膚有疹子、蕁麻疹、腹瀉或嘔吐。

當孩子一直處在可接觸到過敏物質的環境中，過敏就會慢慢形成，身體的免疫系統對其物質過分的反應，於是導致過敏。導致過敏的物質可能是可吞的、吸的或碰的，有些是因為食物，例如，蛋及牛奶引起的反應，其他普通的過敏物質是灰塵、花粉、動物的毛，或是可接觸到皮膚的乳液及肥皂。

過敏的處理方式包括讓孩子遠離那些會引發過敏症狀的物質，藥品可能要由醫生開出，並依照父母的指示來處理。

（二）糖尿病

糖尿病是一種身體無法適當地控制血糖的疾病，血糖太多或太少會導致嚴重的健康問題。

有糖尿病的孩子不能產生足夠的胰島素，胰島素是一種荷爾蒙，它是讓血糖保持適當程度的必需品，當胰島素被釋出時，血糖就會下降；當血糖過高時，健康的人體內會自行生產胰島素，但有糖尿病的孩子則不能，因此，有糖尿病的孩子常需注射胰島素，而且也必須平衡食物的攝取及運動。如果這些無法平衡，胰島素反應則可能會發生。

胰島素反應的症狀很不同，舉凡飢餓、易躁易怒、頭痛、心煩、疲勞、哭鬧、多汗及愛睡等都是。如果孩子的反應很嚴重，他可能會昏倒，發生這種情況要立刻帶孩子去急診室或馬上通知醫生，這種情況是很危險的。

為了避免胰島素反應，在一天裡間隔地給孩子餐點及點心，若有這樣做，葡萄糖會持續地維持在某個程度，當孩子做運動時，食物的攝取量就必須增加，這是因為運動降低所需胰島素的量及減低葡萄糖含量。如果有胰島素反應時，就要準備足夠的糖果、飲料及果汁給孩子。

（三）癲癇

癲癇是間接性發作的一種狀況，這可分成兩種發作狀況：重癲癇病發作包括全身持續地抽搐或痙攣；輕癲癇發作是比重癲癇發作還要輕微一些，發作的人可能會有一些短暫的肌肉痙攣或對周遭事物環境混淆。

大部分的發作可因適當的醫療照顧而避免，如果在你的幼兒園有癲癇的孩子，要和父母討論一下處理方式，你可能必須給孩子吃藥或採取其他的動作。

如果孩子重癲癇發作，你必須確定孩子沒有傷到自己，淨空孩子周圍的環境，確定孩子躺下並有呼吸，在癲癇發作時，不要放任何物品在孩子的嘴巴裡，看顧著孩子直到癲癇發作結束。之後，解開孩子頸部任何緊的衣物，帶孩子到一個安靜的地方，讓孩子在床上休息。

在任何的癲癇發作後，甚至是一個輕癲癇，都要聯絡孩子的父母親或醫生，醫生可能想要知道癲癇發作之前發生了什麼事，這個訊息可能幫助醫生找出新的方式來預防未來的癲癇發作。因此，只要你有機會的話，試著記錄在癲癇發作之前的正確發生時間。

（四）人體免疫不全症候群（愛滋病毒）

人體免疫不全症候群（人體免疫缺損病毒，愛滋病毒）破壞了身體的免疫系統，甚至導致愛滋病（後天性免疫不全症候群），大部分因感染人體免疫不全症候群的孩子是從媽媽懷孕或生產時得到病毒的，人體免疫不全症候群也可以透過已感染了人體免疫不全症候群的媽媽的母乳傳染給嬰兒。對於感染到人體免疫不全症候群的孩子而言，潛伏期很短，大部分的孩子在最少二年內會變成愛滋病患者。

最可能在童年發生感染的幼兒園裡，感染人體免疫不全症候群的孩子是處於極大的危險之中，這些孩子的免疫系統常常不能適時地預防感染。透過在幼兒園其他孩子的疾病，例如麻疹或水痘，便可能導致嚴重的疾病，如果感染人體免疫不全症候群的孩子處在這些感染性疾病的環境中，要立刻通知父母。對於這些孩子而言，適時的醫療是很重要的，如果孩子有疼痛，不停地流鼻血、腹瀉或露出其高危險且已被感染的血污，疾病管制局建議被感染的孩子需被隔離至群體之外。

　　幼兒園必須保持並保護所有孩子的健康，幼兒園園長必須經常保持警戒，不管是否有被感染人體免疫不全症候群（愛滋病毒）的孩子來幼兒園就學，在幼兒園的有些孩子可能免疫系統較差而易導致其他的疾病。經常鼓勵教職員工做洗手的練習，建議教職員工在處理孩子的糞便、血液或體液時必須戴上用過即丟的手套。在實施急救時，也必須戴著用過即丟的手套，並且使用用過即丟的毛巾、尿布及衛生紙，用消毒水清洗所有堅固的表面，被感染過的物品則必須密封在塑膠袋裡。

摘要

在幼兒園裡，每天都可以用很多的方式來保護、保持及改善孩子的健康，這是老師的工作中很重要的一部分。

開始引導孩子健康的最好方式是制定健康的政策，政策裡可能包含了需要所有的入學孩子去做身體健康檢查並預防注射，與父母聯絡討論有關於健康的議題，也可放在你的健康政策裡。

引導健康的第二步是擁有多種疾病的知識，你必須知道如何控制疾病的傳播，你也必須知道在幼兒園的孩子受傷或快要生病時，所該採取的照顧步驟。

保護、保持，甚至是改善孩子的健康都是老師的主要責任，應該信任老師會照顧所有的孩子。

回顧與反思

- 什麼樣的入學前健康檢查可以幫助你在孩子入學前了解其狀況？
- 列出學齡前幼兒所需預防注射的年紀：
  A.十二到十五個月
  B.十五到十八個月
  C.四到六歲
- 對或錯。在午睡時，都應提供每一位孩子一張可洗式的床及乾淨的被子。
- 說出你每天必須觀察的四個生病的徵兆。
- 對或錯。不論孩子有任何的生病徵兆，都應聯絡父母。
- 什麼是食物中毒？
- 為了避免細菌的增長，要將食物保存在溫度＿＿＿＿＿以上或＿＿＿＿＿以下。
- ＿＿＿＿＿＿是破壞皮膚表層或身體的細胞。
- 大部分最普通的閉鎖性傷口是＿＿＿＿＿＿。
- 擦傷膝蓋、刮傷手臂或因握繩而擦傷是＿＿＿＿＿＿的例子。
- 如果孩子被動物咬傷，為什麼必須馬上通知醫生？
- 哪一個是最嚴重的燒燙傷，是第一級燒燙傷或是第三級燒燙傷？
- 如果孩子是因觸摸熱的物品而燒燙傷，你該如何處理？
- 大部分因昆蟲螫傷而死是在意外發生多久時間以內？
- 對於孩子而言，什麼是讓孩子不會被異物梗塞氣管的最好方法？

● 列出頭蝨的兩個症狀。

● ＿＿＿＿＿＿是一種可維持血糖濃度的荷爾蒙。

● 什麼是癲癇？

應用與探討

● 邀請一位急救護理的講師來示範漢默李奇技術（腹部推擠法）。

● 準備一份資料，上面列著幼兒園為學齡前幼兒準備的健康政策。

● 成立一個專題討論小組，討論促進孩子健康環境的方法。

● 寫出一個影響孩子的嚴重疾病報告，解釋疾病並破除任何關於疾病的不正確觀念，說明疾病的不同處理方式。

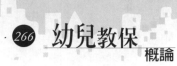

第三篇

引導孩子

　　當你在幼兒園工作，引導將成為你與孩子相處經驗中的一部分，孩子需要正向的引導以學習如何與人相處及維持安全。

　　在本篇中，你將學習和練習完整一天的引導孩子的技巧，並深入地掌握像是負面感覺和恐懼這方面問題的引導方法。

　　你將學習在整個教室中建立和執行班級常規的引導方法，本篇也將教你引導孩子如穿衣、飲食和休息等常規方法。

　　了解孩子的行為是引導中重要的一部分。

了解孩子的行為是引導他們的一個重要部分

發展引導的技巧

邱書璇

　　艾莉莎坐在角落看著圖書館的書，她緩緩地翻著書頁。在教室的另一側，亞特推倒了杭特的積木塔，然後她快速地走到美勞桌並搶走了瑞德的黏土；在同時，梅進入教室，問候了其他孩子後，將她的外套丟在地上。

　　如果你是老師，你會怎麼做？要怎麼去引導這裡的每個孩子？引導孩子是一個複雜的過程，了解和引導孩子的行為需要先了解孩子的成長和發展，及每個孩子的行為，這是一個永不結束也永遠持續的過程，身為老師，你將會不斷地從引導孩子中學習到更多。

✿ 引導的目標

　　引導包含成人所使用直接和間接的行為以幫助孩子發展合宜的行為模式（圖13-1）。有效的引導應該要維持孩子自尊並在行為上產生所期望的改變，自我控制是引導的長期目標，也就是說，孩子應該學習在沒有外在控制下，

也能引導他們自己的行為。

圖 13-1　年幼的孩子常比年長的孩子需要更多的引導

　　另一個引導的目標是去增進孩子之間的社會化行為。社會化行為包含對他人友善的舉止，有些行為能展現合作和樂於助人的特質，以下是社會化行為的例子：

* 接收他人的感覺
* 口語和肢體上安慰別人
* 在遊戲和收拾時間與他人合作
* 分享玩具和物品
* 分享感情
* 表示關心

引導與你

　　身為老師，你的人格特質將會影響你照顧孩子的行為。許多研究顯示，有效能的幼教老師對孩子行為有決定性效果的具體人格特質是：能鼓勵孩子並且能表現出對孩子的興趣，這些老師使用較多的建議語句而非命令句，孩子對建議會比對命令反應快些。

根據研究，老師應該常與他們的孩子互動並且以開放式問題發問。這些問題需要回答比單字更多的答案，這種環境下的孩子將會表現正向人格特質，包格獨立、以言詞表達、合作、對工作的專注，以及高度自尊（圖13-2）。

研究也顯示，不溫和的老師的教室中有較多反應過度、具破壞性和討人厭的孩子。另一方面，話很多的老師其教室裡的孩子則傾向於較害羞，和善的老師其教室裡的孩子較容易與他人互動。

部分孩子攻擊和引起注意的行為也是受老師的影響，這種行為最常發生於放任的老師的班上。這樣的老師常常沒有去處理或是阻止孩子的攻擊和引起注意的行為，有此行為的孩子看到老師的放任會認為是老師對這些行為的贊同。

圖 13-2　孩子能經由與老師互動而學習到很多

研究也顯示，老師的行為會受使用空間的影響，當孩子的遊戲空間較小時，老師有較多的要求，他們會去限制遊戲，例如，學習區遊戲可能會局限在桌上玩玩具；同樣地，孩子有較大空間者則會有較放鬆的老師。

引導的準備

發展有效的引導技巧有一些普遍的原則，研究這些指導技巧會幫助你成為一個有效能的老師。

引導的有效原則的第一步是對孩子的觀察，觀察並注意在特定的情境下每一個孩子的反應，這將會幫助你了解班上的孩子。複習第三章所描述的觀察技巧。

問問你自己對班上每個孩子反應如何，你有任何的原則嗎？對於不同種族、性別、個性，或外表的孩子有特定的反應嗎？你所持的刻板印象可能會影響你對某個孩子的看法，例如，你會因為可拉蕊絲的父母都是醫生就期待她會表現得比較好嗎？誠實面對自己的態度及他們對你行為的影響，會讓你變得較為客觀。

另一個重要的原則是去和其他老師會談，分享觀察、感覺和建議會幫助你完整地了解孩子。其他老師也許能夠增進你對孩子的觀察（圖13-3），藉此，你將更能了解為什麼孩子會拒絕參與美勞活動。

圖 13-3　有了其他老師的幫助，你可以更加了解在你幼兒園中的孩子

第三，當你在教學時，不要和其他成人談話，除非很重要，否則孩子的需求應該永遠被放在第一位。要察覺這些需求需要你全部的注意力，你要練習只有在絕對必要時才與其他老師談話，其他的事情都留到下課後再做。

最後，儘量和孩子坐在一起，你將會較貼近孩子的層次，藉此，他們會較容易與你接近且得到你的注意。不要打斷活動，除非那樣能增加知識性或安全性，讓孩子與你保持互動，記得去培養他們的獨立性和自信心，不要去幫孩子做他們能夠自己做的事。

直接引導

引導孩子可能是直接或間接的，影響行為的間接引導牽涉了外在的因素，像是幼兒園的格局就是一種間接引導的形式，間接引導在本章後面將會有所討論。

直接引導包含非口語（心理的）和口語的行為，非口語行為包括面部的表情，像是眼神的接觸、一個微笑，或甚至是一個驚訝的表情，你說的話也是直接引導的一種形式。

臉部表情能夠傳達各種訊息，從不贊成、哀傷到贊同和放心等，都包括

在內。肢體語言是直接引導的另一種類型，像是把手環著孩子的肩就是直接引導的一種方式。

年幼的孩子會從非口語行為接收到許多的訊息，他們可能會知道照顧者的心情和期待，嬰兒和學步兒大部分注意力的焦點放在他們看到和感覺到的，而較不是口語的提示。即使當孩子開始將較多注意力放在說話時，他們仍會依賴非口語的行為去幫助自己了解訊息。

你的非口語行為必須增強你口語所要表達的，注意你所說的話要與非口語訊息相符合，例如，如果你要求孩子停止某個行為，你的臉部表情必須也要傳達出不贊同。當成人說的話和行為所傳達的訊息不一致時，孩子會覺得混淆。

直接引導的原則列於表13-4，遵循這些原則將有助於你發展直接引導的技巧。

直接引導原則

- 使用簡要的語言
- 以輕鬆的聲調說話
- 要正向
- 謹慎地提供選擇
- 鼓勵獨立與合作
- 要堅定
- 要一致
- 提供轉換的時間
- 考量到情緒
- 需要時介入

表 13-4　這些直接引導原則列出有效引導所需要的口語和非口語技巧

（一）使用簡要的語言

使用簡要的語言是重要的，孩子有字彙上的限制，使用他們能理解的語言會溝通得清楚些。要考慮孩子的年齡，調整適合他們年齡的字彙，例如，二歲的孩子在學會「很大」之前常先學到「大」，因此，對這些孩子要使用「大」這個字。對三歲的孩子，也許可以使用「很大」，然而，這也要視孩

子發展的程度而定。而面對四歲和五歲的孩子，要再調整你所使用的字彙，對這些孩子，你就可以使用「巨大」這個詞。

（二）以輕鬆的聲調說話

以平靜、安詳、輕鬆的聲調說話，孩子會聽這樣的聲音，將大聲說話留到緊急事件時再使用，在那種時候，你大聲說話會得到孩子的注意力。如果你在平日上課時提高你的聲調，孩子會變成習慣這種頻率，當緊急事件發生時，你將無法得到他們的注意。除此之外，當你提高聲調時，孩子也會提高他們的聲音，教室將會變成一個很吵的地方。

（三）要正向

引導孩子要告訴他們要做什麼，而不是不要做什麼。使用正向的話，會讓孩子感覺較舒服，例如，不要說「不要把拼圖放在地上。」而要說「將拼圖放在桌上。」（表13-5），這會提醒孩子拼圖是在桌上使用的規則。

使用正向的引導	
負向	正向
「不要把拼圖放在地上」	「把拼圖放在桌上」
「不要亂碰任何東西」	「把手放在口袋裡」
「不要跑」	「請用走的」
「不要尖叫」	「小聲一點」
「不要甩筆」	「把筆在容器裡抹一抹」
「顏料不要弄在衣服上」	「穿上畫畫的工作服」
「不要撕破書」	「小心翻書」
「不要從濕鞦韆前面走過」	「請從濕鞦韆周圍過去」
「不要用手指」	「使用你的叉子」

表 13-5　注意你所使用的負面話語，試著以正向話語去取代

（四）謹慎地提供選擇

新來的且較沒技巧的老師有時會在引導時提供給孩子選擇，例如，在午餐時，老師可能會說：「你們要不要進來吃飯了？」這種問法表示要讓孩子

做選擇，如果孩子在那時對吃飯沒興趣，他們可能會回答：「不要。」

只有當你要讓孩子有選擇時，才提供他們選擇，在這個例子中，較好的引導應是「現在要吃飯了！」或是「我們必須進來吃飯了！」你要確定，一旦你提供選擇，也就表示孩子可以採納他們自己的決定，例如，你問孩子他們喜歡澆花還是餵魚？如果孩子選擇餵魚，你就要接受他們的決定，不要試著去改變他們的心意，當你真的這麼做時，你是在告訴他們，其實他們是沒有選擇的。

（五）鼓勵獨立與合作

給予孩子所需要最少的幫助，這樣子他們才會有機會去學習獨立，例如，鼓勵孩子自己穿衣服和吃飯，鼓勵他們一起負責維持教室清潔和秩序的責任。

有些孩子在學校開始變得獨立，在家裡，這些孩子有成人或兄弟姊妹會給予他們幫忙，因此，這些孩子來到學校便期待老師幫他們穿衣服，在他們後面收拾以及幫他們解決問題。從一開始就鼓勵他們獨立，會改變他們的行為，例如，當優俊說湯米欺負他時，問問優俊這時他的感覺如何，如果他說他不喜歡這樣的話，請他去和湯米分享他的感受。同樣地，如果泰莉亞不想分享她的黏土，優俊必須告訴泰莉亞因為她不願分享，所以他很生氣。

孩子只有在給予機會時才會變得獨立，當提供機會給孩子時，許多人會驚訝三歲、四歲、五歲孩子的能力（圖13-6）。

這些孩子也必須學習互相幫忙，鼓勵孩子合作去完成一件事。當杜比告訴你他不會拉外套的拉鍊時，你就跟他說：「問問珍，看她是否能幫你。」如果瑪蓮不會綁鞋帶，告訴她：「問問露易絲能不能幫妳綁。」這些經驗能幫助孩子學習社會行為。

圖 13-6 如果給予機會，即使年幼的孩子都可以自己做些事

（六）要堅定

在管教孩子時要堅定，同時也要以平

靜的聲調說話,有些孩子是很拗的,當你告訴他們不能做什麼時,他們會哭,有的甚至會大發脾氣,如果你不允許這種行為繼續,你必須要保持堅定態度。

當孩子發脾氣時,你可能會想要投降,如果你真的這麼做的話,那麼下一次,當孩子想要依他的方式去做時,他就會故技重施;因此,有效的引導需要堅定。

(七)要一致

孩子很會測試成人,如果他們感覺成人在管教時不堅定,他們會重複那些不被接受的行為,事實上,他們會想要看看,如果他持續不被接受的行為時會怎麼樣。因為這個原因,約束和贊同應該要一致,例如:在遊戲時間跑到門口,不要有時禁止、有時贊成。

要確定你也做到孩子間的一致性,孩子很快就會發展出公平感。如果在收拾時間你告訴一個孩子要收拾,所有的孩子也必須要收拾,當你沒有保持公平性時,孩子將會挑戰你的要求。

(八)提供轉換的時間

小孩需要時間去改變活動,提供他們充足的時間去轉換是很重要的,沒有這個時間的話,孩子會變得很混淆。提供時間能讓孩子有調整的空間,例如,在很冷的天氣裡,如果孩子準備要去外面,給他們時間穿上外套、戴上帽子和手套,這個時間會讓他們準備好去面對新活動和新環境。

(九)考量到情緒

學習感覺和情緒是幼兒園任何一天很重要的一部分,即使它並不總是在每天的課程計畫中。孩子必須去認識、了解和表達自己的情緒。

孩子常常都會有很強烈的情緒,這些情緒常常受到周遭環境的影響,這樣的情緒也常與他們的身體、兄弟姊妹、飲食、朋友和如廁有關。

情緒的討論最好是以小組或是單獨和孩子談較好,對有些孩子而言,談論情緒和感情是很困難的,幫助孩子了解他們的情緒是你的責任(圖13-7)。

去面對別人的痛苦對孩子而言也是一件困難的事,你會觀察到孩子不知道如何去處理他人的痛苦。當一個新生初到學校,因為和父母分開而哭泣

時，其他的孩子常常不會介入，有的會假裝沒有看到或聽到，有的則是臉上有痛苦的表情，但雖然他們可能感到同情，他們也傾向於不介入。通常只有在有孩子受傷流血時，他們才會介入，他們會把孩子帶去你那裡擦藥，然而，他們也很少會安慰那個孩子。

你可以教導他們如何去幫助這些孩子，例如，派屈克在哭時，把你的手放在他的肩膀上，這樣做會教導孩子彼此安慰的方法，他們能學到哭泣會因為擁抱而感覺較好些。

孩子也必須學習如何去補救錯誤。當一個孩子打翻牛奶或是弄壞玩具時，不要反應過度，告訴孩子如何去補救錯誤（圖13-8），例如，提醒打翻牛奶的孩子必須清理牛奶，教導孩子如何去做，視情形而決定自己是否要幫忙清理。

圖 13-7　許多孩子不知如何控制自己的情緒，他們可能需要你的幫助以感覺到舒服

（十）需要時介入

身為有效能的老師，你必須知道在什麼時候介入。允許孩子自由探索，只有在能增加他們的知識或促進他們的安全時才介入。例如，如果一個四歲的孩子說：「聖誕節時牛會生產蛋酒」，應該澄清這種說法，除非有你的介入，不然聽到的孩子會信以為真。

提醒安全性常常需要語言和行動，如果強恩爬溜滑梯時沒有注意安全，你必須走過去提醒他規則，告訴他會跌下來的危險。如果你正看著一群孩子，而注意到其中一個孩子有受傷的可能時，這時也需要你的介入。在危險發生之前，重複引導遊戲或提供協助介入是很重要的。

為了孩子健康目的的介入也是必要的。

圖 13-8　對於幫助收拾的孩子要給予鼓勵

在冬天要到戶外玩時，提醒孩子多加一件衣服；孩子咳嗽時，提醒他要遮住嘴巴；在烹飪時，提醒孩子不要使用烹調器具試味道。

孩子必須學習和所有的孩子交朋友，因此，不要允許孩子因為年齡、種族或性別而排除別的孩子參與遊戲。當愛瑞克說「只有男生能夠進來遊戲屋」時，你的介入就很重要，處理這種情況的方法是去聲明「這學校是大家的」，藉此，你將會給孩子一個觀念：他們必須去維護他們參與的權利。

當孩子無禮時，你也必須去介入，有時你會聽到孩子說「我不喜歡你」或是「你很醜」，聽到這樣的話時，你必須去介入，向孩子指出這樣的話會傷害到別人。對於孩子，這麼做就足以使他們停止這種行為。

教具的爭奪可能也需要介入，幼兒園的教具不屬於孩子，而是屬於學校，因此孩子必須彼此分享。當發生爭奪時，要提醒孩子去分享，如果這樣沒有用，給一個孩子設定好一段時間去玩教具，然後另一段時間換另一個孩子，例如，對曼蒂說，她可以在早上玩卡車，但下午則輪到馬克玩，要確定每個孩子都可以輪到。

讓孩子學習不去搶奪別人的東西是很重要的，不論孩子有多麼想要那樣東西，他人也有權利去使用，孩子都需要能夠輪流畫畫板、參與烹飪活動，以及為植物澆水（圖13-9）。當孩子在學習和發展這些行為時，你必須去介入，這就是為什麼在許多園所教室中，你會聽到老師一天中說好幾次「下次

圖 13-9　這些孩子已學到在參與活動時必須輪流

就可以輪到你」或是「她完成之後，就換你畫了」。

間接引導

回想一些影響行為的間接引導因素。幼兒園的硬體設置就是間接引導的一種形式，它對孩子和老師的行為都有間接影響，例如，良好設計的設備會使得督導容易些，可以適當督導會讓你感到放鬆，事情在掌握中，而孩子知道「自己是受到保護的」，也會覺得較安全。

為了能小心監護孩子，開放的教室是最好的，當你的背靠著牆壁，就應該能看見整個教室，這樣的安排會讓你在孩子需要時能夠看到並給予幫助，如此也讓你不那麼累，因為你將不必在孩子之間走來走去。

經由硬體設備的擺放會促成一個健康、安全的環境。在一個大教室中，你能夠看到所發生的每一件事（圖13-10），因此，當危險情況產生時，你可以介入，例如，二歲孩子的行為需要較近的觀察，許多二歲的孩子並不說「我不喜歡那樣」，而是直接去打其他的小孩。藉由適當的硬體設置，你可以觀察到這樣的情況發生並且立即處理。

年幼孩子，尤其是二歲的小孩，常常還沒有發展出很好的大肌肉動作技巧，他們常常跌倒、絆倒、或掉下來。為了降低這些意外的發生，較大、開

圖 13-10　　當大家坐在較大的教室時，老師就能夠看得到所有的孩子

放的空間是最好,例如:教具櫃應該設置在教室牆壁的周圍。

孩子的獨立性也可以經由環境的設置而被引發出來,獨立性應該包含在孩子每日的學習課程中,不論孩子是在什麼年齡或有什麼能力,例如:如果孩子在發展他們的如廁能力,你應該鼓勵他們去使用廁所,因此,廁所也應該要容易找到和使用,洗手槽、馬桶和烘手機應該設置在孩子的高度。

應該鼓勵孩子去掛他們自己的外套並且幫忙作清潔工作,因此,提供較低的掛鉤以吊外套和帽子,較低的架子和水槽能鼓勵孩子去幫忙清潔。所有的玩具和教具應該放在教室的固定位置,在教具櫃或收納箱上放上教具的照片,是一個可以協助孩子歸位的方法。當收納箱上有標示後,老師就較能教孩子將玩具和教具放回適當的位置。

經由這些安排,你將會節省協助孩子的時間和精力,這會使得你有較多的時間去觀察、與孩子在一起並且去設計有意義的活動。

有效引導技巧

身為幼教老師,你要教導孩子可被接受的行為,同樣地,你教室裡的孩子也會互相教導學習,你對孩子行為所做的努力,也會使孩子彼此影響。

有一些特別的引導技巧對孩子行為的指引是有用的,這些技巧包括正增強和運用行為結果,此外,也包含警告、暫時隔離、我-訊息、讚賞和肯定、建議、提示、勸導、轉移注意力、示範、傾聽、忽略以及鼓勵。

(一)正增強

孩子的行為常會因獲得正向回饋而塑造出來,這個技巧稱為正增強。例如,如果你感謝孩子按住門,他就很有可能會再次地按住門,你已對孩子的行為提供了正增強,正向的訊息會鼓勵孩子重複他的行為,重複正增強將導致重複的行為。

(二)運用行為結果

「結果」對於塑造孩子行為來說是很重要的,因為它跟隨著行為之後而來,在塑造行為時,「結果」非常有效。結果有二種類型:自然的行為結果和人為(法定)的行為結果。

自然的行為結果是那些經驗中自然會跟著行為而來的後果，並不需要任何人的介入，例如，忘了去把畫作收起來，自然的行為結果就是畫作可能在收拾時間時被丟掉；忘了戴手套，自然的行為結果是你的手會變冷。自然的行為結果在引導孩子的行為時可能很有效，但如果孩子的安全有問題時，就不能使用，例如，如果孩子跑到馬路上沒有注意到車子，那麼他可能會被車子撞到，此時成人必須介入以確定孩子會在過馬路前停下來看看來車。

當自然的行為結果無法用來引導孩子時，可能要建立人為的行為結果，人為的行為結果（也稱為法定的結果）是那些由成人故意設計好讓孩子了解如果破壞規則會發生的事，結果應該盡可能與行為有相關。

在使用人為的行為結果時，孩子首先必須知道規則，然後，他們必須了解如果破壞規則時，你（或幼兒園）所建立的行為結果是什麼。例如，如果巴德將他的跳板車騎向勞倫斯，你要叫他停下來，並提醒他如果沒停下來的後果可能是他再也不能輪流騎車子。如果巴德還是再騎向勞倫斯，你就必須執行結果，因此，巴德將學到車子騎向別人是不被接受的行為。

（三）警告

當孩子沒有遵守教室規則時，你必須針對他們的不良行為提出警告，及將會有的後果，這樣是在警告孩子，警告只有一次，如果行為持續的話，就執行結果。有效的警告只包含二個部分，第一，陳述不適當的行為，然後陳述結果，例子包括：

* 「瓊，沙必須在沙箱裡玩，如果妳再丟一次，妳就不能再玩了。」
* 「楚德，你要在圈圈裡選個地方，不然我就要幫你選了。」
* 「曼蒂，不能把積木當槍來玩，如果妳再這樣，妳就必須離開積木區了。」

在警告孩子時，要使用堅定的聲調，你的聲音應該反應出你對孩子的行為表現感到不愉快。

（四）暫時隔離

暫時隔離是使孩子離開其他人一段時間的一種引導技巧，暫時隔離的使

用時機是在你不能對孩子的破壞行為坐視不管時。孩子需要時間去冷靜，一些教室中，在孩子生氣失控時，就可以使用此技巧。為了保護其他孩子，老師將生氣的孩子從團體中移至另一個安靜的地方，這是讓孩子獲得自我控制的一種方法，然而，暫時隔離永遠不能當作一種處罰的方式來使用。對一些孩子而言，暫時隔離可能是一種有效的引導工具，四歲和五歲的孩子通常會比更小的孩子了解其目的，這個年齡，大部分的孩子已有能力了解他們的行為會導致負面的結果，暫時隔離是人為行為結果的一個例子。

事先告訴孩子怎樣的行為會導致被暫時隔離，如果你決定使用暫時隔離，要以一種非情緒化、且直接的方式去進行，簡潔陳述孩子所破壞的規則並且說：「暫時隔離！」接著，快速地將孩子移出團體，但在你視線所及的地方，不須再多說什麼，不要讓這名孩子得到額外的注意。隔離時間為三分鐘，如果孩子回到團體又持續破壞規則，就可在原來的時間之外再多增加幾分鐘。

不是所有的老師都同意使用暫時隔離的方法，這些老師會覺得即使用了，次數也應該少些。

（五）我－訊息

當孩子有不妥的行為時，使用「我－訊息」去表達你的感覺，「我－訊息」能告訴孩子你對他的行為有什麼感覺。這與責備是不一樣的，責備會讓孩子覺得他是個壞孩子，「我－訊息」則會幫助孩子得知他人是怎麼看待他的行為。

「我－訊息」的陳述應該包括三部分：(1)孩子的行為；(2)你對該行為的感覺；以及(3)行為的結果。在陳述「我－訊息」之後，應該說明你要怎麼做，例如，你可以說：「當我看到你打亞瑟時，我很不高興，因為你傷害了他，我要你停止打他。」在這個例子中，孩子的行為是打人，這使你感到不高興，其結果是造成其他孩子受傷，「我－訊息」能讓孩子理解到，別人是怎麼看待他的行為。

（六）讚賞和肯定

讚賞會讓孩子得到成就感，孩子會因讚美而成長茁壯，當你說「凱德瑞克，我喜歡你幫忙的方式」時，你是在告訴孩子他是重要的，這是一種口頭

讚美的方式（表13-11）。非口語的讚美也能夠被成功地使用，一個微笑、眼神或是輕拍背都是非口語的讚美。將孩子的作品呈現在公布欄上也是一種表現讚賞的方式，有些老師會在孩子完成的作品上畫星星，這也是非口語的讚美。

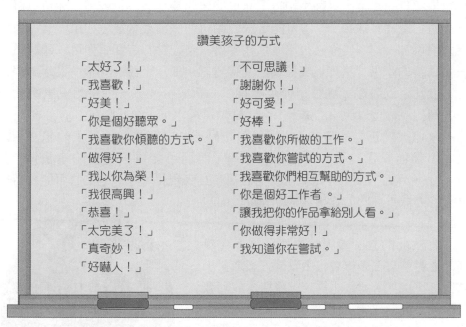

讚美孩子的方式

「太好了！」　　　　　　「不可思議！」
「我喜歡！」　　　　　　「謝謝你！」
「好美！」　　　　　　　「好可愛！」
「你是個好聽眾。」　　　「好棒！」
「我喜歡你傾聽的方式。」「我喜歡你所做的工作。」
「做得好！」　　　　　　「我喜歡你嘗試的方式。」
「我以你為榮！」　　　　「我喜歡你們相互幫助的方式。」
「我很高興！」　　　　　「你是個好工作者。」
「恭喜！」　　　　　　　「讓我把你的作品拿給別人看。」
「太完美了！」　　　　　「你做得非常好！」
「真奇妙！」　　　　　　「我知道你在嘗試。」
「好嚇人！」

表 13-11　要盡可能地讚美孩子

讚美孩子時要記住以下重點：

* 要做適合孩子年齡的讚美。
* 要立即讚美；當孩子仍在行為中就給予讚美最為有效。
* 讚美時，要保持眼神的接觸。
* 不要過度使用讚美，否則，這招將不再有效。

藉由確認和界定正向行為會幫助孩子自我肯定。就和成人一樣，孩子也喜歡被認可，且他們會重複被認可的行為，老師應該使用這樣的肯定，例如，「你喜歡幫助他人」或是「勞倫斯喜歡你與他分享玩具」，當行為被肯

定時，這些行為就會重複出現。

（七）建議

建議的意思是提供孩子一個想法，讓他去考慮。這常常也會成為行動，例如，當肯迪在桌上打翻牛奶後，你可能要建議他去收拾乾淨，你可以說：「肯迪，這裡有抹布。」這可能足以鼓勵肯迪去清理善後，如果沒有，你可能必須再加一句：「你必須清理那些牛奶。」在點心時間，你可以建議孩子去試試新的水果，這可以直接或是間接建議，簡單地說一句：「這水果很好吃！」就足以鼓勵一些孩子伸手去嘗試。對於一些孩子則可用更直接的方法，例如，你可以說：「媞米，今天試試這種水果，很好吃喔！」

永遠要做正向的建議，使用能引起動機的方式去引導孩子的想法和感覺。如果你要告訴孩子仔細地聽故事，他們可能會照著你的建議做（圖13-12），然而，如果你跟孩子說他們很吵且表現得不好，他們將可能會持續這樣的方式。負向的建議常常會導致負面的行為。

有效能的老師每天都會使用許多次建議，你將會有很多機會經由建議去塑造孩子的行為，例如，達蓮也許忘記將積木放回教具櫃裡，此時建議可能就用得上。可瑞娜在進教室時也許將她的外套丟在地上，這時建議也會有用。

（八）提示

在要孩子停止一種不被接受的行為，或是要去開始一種被接受的行為時，常常需要提示，提示也能應用於孩子的準備轉換活動時。提示和建議並不相同，因為提示需要有回應，口語提示的例子包括：

圖 13-12　這名男孩的老師建議他坐在方塊地毯上聽故事

「默斯，你記得我們的麵粉糰放在哪裡嗎？」
「葛倫達，我們騎腳踏車的規則是什麼？」

「米歇爾,你記得要將你的畫放在哪裡嗎?」

提示也可能是非口語的,你可能在團體時間時將你的手指放在嘴唇上以表示「請安靜!」在佈告欄上公布的規則(如果年齡適合的話)也是非口語的提示。皺眉可以表示出你的不贊成,即使將孩子轉個身去注意團體活動都是一種提示的形式。

一般說來,要讓提示簡單且不具批判性,以一種平和、非針對個人的態度去提示,你也許可以問孩子:「你認為應該怎麼做?」或是「在我們吃點心之前應該要做什麼?」

在可接受的行為建立之前,提示常常需要重複,一個新來幼兒園的孩子可能需要經過好幾天的提醒,才能建立起把他的外套掛起來的行為,在孩子遵守時,要予以鼓勵。

(九)勸導

經由勸導,你可藉由滿足孩子基本需求的方式使他們表現出合宜的行為,從孩子的角度看事情會使你更容易達到目標。

將孩子的行為和感覺連結在一起,例如,在活動時間躊躇著不知做什麼的孩子,可以勸導他去參與他想參加的活動,你可以說:「艾莉貝絲,我們這個很好玩,妳要不要一起玩?」

孩子去干擾其他孩子的活動時也需要勸導,你可以勸導干擾他人的孩子去了解被他干擾的人的感受,例如,你可以說:「肯尼,珍妮怕你再一直跳,會弄倒她的積木。」

(十)轉移注意力

孩子常需要被轉移注意力到其他的活動,在轉移注意力時,你要改變或是轉移他的注意力到不同的方向。轉移的其中一種方法是分心:一個在父母離開後一直哭泣的孩子可能就需要被轉移注意力,可以選一個好玩的玩具或一本有趣的書去轉移孩子對父母的注意力。

轉移注意力是鼓勵孩子以社會較能接受的方式去表達他們自己,例如,好動的孩子可能一直去推擠其他的孩子,以釋放他的精力。這時,你可提供活動去滿足他的生理需求,玩拳擊袋、木工遊戲,或是玩麵粉糰都能讓孩子

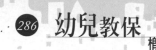

釋放精力，轉移注意力的關鍵是要提供吸引孩子的東西。

（十一）示範

　　孩子是由模仿他人而學習的，當你在說話或行動時，你都在做行為的示範。示範有口語和非口語的，和孩子相處時，它是個有力的工具，年幼的孩子會從他周遭的成人去感知行為，因此，良好的示範是很重要的。社會發展是幼兒課程的一個重要部分，大部分孩子所學到的是他觀察到他人和模仿他人行為而來的結果，表13-13列出模仿的社會行為的例子。

（十二）傾聽

　　傾聽就是給予孩子完全的注意，尤其是你能站在孩子的立場更是重要。點頭也能表示你的注意，一種傾聽的類型稱為「積極傾聽」，透過積極傾聽，你會先聽到孩子在跟你說什麼，然後複述一次你所聽到的，這會讓孩子知道你有聽到他所說的，而且接受它，然而，這並不是表示你解決了問題（圖13-14）。

　　例如，傑諾在娃娃家玩，他想要使用雪莉在用的掃帚，他問雪莉：「我可以用掃帚嗎？」雪莉回答：「不行，我在用，而且是我先拿到的。」傑諾生氣了，他跑去和助理老師講這件事，老師仔細地聽完傑諾所說的並確認她所聽的是正確的，便對傑諾說：「你很生氣是因為雪莉不讓你用掃帚。」傑諾會知道有人在聽他說話，且他的感覺是被接受的，然而，他還是必須自己解決問題。

（十三）忽略

　　不要鼓勵了不適當的行為，當孩子能藉由可憐的聲音、哭泣，或是大發雷霆而得到你的注意時，你就已強化了孩子的行為，孩子會去持續這種行為而不是去控制它。

　　如果孩子不適宜的行為並不會引起危險時，盡量避免給予孩子注意；不要直接看著孩子，避免去注意該行為，這個叫作忽略。另一方面，當孩子表現出合宜的行為時則應給予讚賞。

　　當孩子的行為對其他的孩子具有傷害性，那麼不管是口語或是生理上的，就不適合用忽略的方式引導了；同樣地，忽略對於一個破壞公物的孩子

也不適合。如果你選擇去忽略行為，你應該告訴孩子什麼行為是你所忽略的，而且也告訴孩子什麼行為是你所想要的，然後，不要看著孩子，確定孩

表 13-13　在幼兒園裡，有許多示範的機會

子的不當行為不會因為你的行動或所說
的話而得到了強化。當孩子表現良好的
行為時，給予讚賞。

例如，葛西亞太太注意到，每次米
蘭達要什麼，她就會用可憐兮兮的「嬰
兒語言」。葛西亞太太告訴米蘭達，除
非她使用大女孩的語言，否則她不會注
意到她，葛西亞太太也會向米蘭達說明
那是什麼意思。當米蘭達持續用可憐兮
兮的嬰兒語言，葛西亞太太便忽略她的
要求，最後米蘭達使用適當的語言，葛
西亞太太才給予回應。

圖 13-14　積極傾聽是一種幫助孩子發展自尊的非口語技巧

要改變小孩的行為通常不是一個很
快速的過程，事實上，行為在改善之前還可能變得更糟！因此，耐心是很重
要的，除非你能百分之百忽略不好的行為，否則這類行為似乎都會再度發
生。

（十四）鼓勵

鼓勵是一種引導技巧，能幫助孩子相信他們自己，而經由鼓勵孩子，你
能夠知道他們的努力和進步，你可以觀察到成功的老師常常使用這種技巧，
他們要孩子覺得他們自己很好，你可以使用的鼓勵例子包括：

> * 你能夠自己做到的！
> * 你知道怎麼做。
> * 我知道你能修好它。
> * 你上個禮拜能夠做到。
> * 你一定會很高興。

增進正向的自我概念

在引導孩子的行為時，你的行為應該要能增進每個孩子正向的自我概念。孩子的自我概念常是來自於他對他行為表現的認知，那常常是他對自己的信念、感覺和觀感的結果（圖13-15）。

孩子的自我概念反映出他們的行為（表13-16），一個缺乏自信的孩子可能表現出他能力不足的感覺，例如，孩子不願意嘗試新活動、從經驗中退縮、較沒有好奇心，或是表現得過度焦慮或是過度依賴，這孩子也可能是具有敵意的、尋求注意，或是表現較不好。

圖 13-15 一個有健康自我概念的孩子不怕嘗試新的和不同類型的遊戲

評估孩子自我概念的量表		
	是	否
孩子對他自己的看法正向嗎？		
孩子對他的表現感到自豪嗎？		
孩子對成就感到驕傲嗎？		
孩子能接受失敗嗎？		
孩子願意嘗試新的經驗嗎？		
孩子能自己做決定嗎？		
孩子夠獨立嗎？		
孩子能分享他的東西嗎？		
孩子願意說出他的想法嗎？		
孩子有自然的好奇心嗎？		
孩子能經常顯得平靜而有控制力嗎？		

表 13-16 觀察是社會研究的一項重要工具，不只可用以決定社交技巧程度，也可用以評估孩子的自我概念

有正向自我概念的孩子會感覺到自己是有能力且重要的，他們接受並尊重自己和他人，這些孩子常常能判定自己的技巧並且面對問題，一般說來，他們較為客觀且能了解其他人的行為。

你的話語和行為能夠增進或降低一個孩子的自我概念，老師會以許多微妙的方式影響孩子對自己的感覺，你的反應可能給予孩子感覺他們是很壞或是打擾人家的。例如，你可能必須要求孩子保持安靜，要考慮孩子所收到的訊息，如果你因為他們太吵而要求他們安靜，他們可能會覺得他們是壞孩子，因為他們製造了太多的噪音。如果你要求孩子不要太吵，因為那會打擾你，孩子就會覺得保持安靜是在幫助你，他們不會認為自己是壞的、吵鬧的孩子。

如果孩子打翻了果汁，你會不會叫孩子「笨蛋」或做出皺眉的負面反應？或者相反地，你會接受這是孩子的普遍行為並且幫忙他收拾？細心的成人能夠區分孩子和他們自己的需要，也能更清楚地看出成人和孩子需要之間的差異。

增進正向自我概念的教師檢視表

☑ 在我說話前有仔細觀察過孩子嗎？
☑ 我是個心胸開放的人嗎？
☑ 我能夠認識和重視孩子的差異嗎？
☑ 我有不斷努力去認識世界並且和孩子分享嗎？
☑ 我有提供孩子能夠獨立做決定的機會嗎？
☑ 我有不斷學習增加我的人際關係技巧嗎？
☑ 我能以一種正向態度去引導孩子嗎？
☑ 我有鼓勵父母和我分享他們的看法嗎？
☑ 我有避免表現出偏袒嗎？
☑ 我有聽孩子說話嗎？
☑ 我有幫助孩子整理他們多樣的情緒嗎？
☑ 我有安排增進適合發展的活動嗎？
☑ 我有尊重孩子的文化差異嗎？
☑ 我有給予足夠時間去完成活動嗎？
☑ 我有提供孩子之間正向互動的機會嗎？
☑ 我所做的期待夠清楚嗎？
☑ 我有注意到孩子在工作中的嘗試過程，把它和結果視為同等重要嗎？
☑ 我有鼓勵孩子有自信地自我表達嗎？

表 13-17　老師的行為會增進或是損害到孩子正向自我概念的發展

　　每天你都會以口語及非口語形式的回饋提供一些微妙的訊息,這些訊息可能會增進或是減低孩子的自我價值感。你能夠藉由接受、關懷和尊重。讓孩子感覺被欣賞、被重視、被愛而且是安全的,幫助孩子發展出尊重自己和別人的性格的態度,那並不容易。小心地聽聽你對孩子說了什麼,以及你是怎麼說的,想一想你的話對孩子的影響,留意你和孩子之間互動的小小點滴,你應該要一直傳達「他們是很重要的」訊息,看看表13-17所呈現的檢視表,你可測知自己是否有增進孩子的正向自我概念。

　　身為老師,有許多方法能夠增進正向自我概念的發展,你可以設計一些活動,重點在於讓孩子對自己和自己的能力有正面的感覺,參考表13-18,你也可以提供孩子一些他們成功的經驗。

建立正向的自我概念

- 在戶外活動之後,做一個經驗圖表,包括孩子的名字和他們所說的話。
- 在孩子生日時,提供一張特別的椅子和王冠,拍張立可拍。
- 做一場幻燈片秀活動:戶外郊遊、舞會或是正在進行的活動,將這些幻燈片放映給孩子看。
- 在分享和說話時間裡記錄孩子的故事,放在後面的公布欄,命名為「我們的新聞」。
- 做一張孩子的喜好表,例如,可以列出孩子喜歡的顏色或動物。
- 做一張孩子頭髮和眼睛顏色的表,以強化孩子對種族相似和相異的概念。
- 幫孩子錄故事錄音帶。
- 做一張身高和體重表。
- 在教室中增設一面全身鏡。
- 在孩子的置物櫃和美術作品標上他們的名字。
- 做一張流動板或公布欄放孩子的照片和名字。
- 提供孩子有家人面具的玩偶,鼓勵孩子使用這些玩偶想像扮演家庭的情況。
- 在一張大紙上描繪出孩子的身體,讓孩子去畫畫和上色。
- 提供扮演戲劇的道具,鼓勵孩子去嘗試新的、感興趣的角色,例如,木匠的道具包括帽子、圍裙、鐵鎚、鐵釘、盒子或是木屑。
- 呈現圖片要在孩子的眼睛高度的範圍。
- 在歌唱和遊戲中常常用到孩子的名字。

表 13-18　這些活動在幫助孩子建立正向的自我概念時是很有用的

摘要

　　有效的引導技巧對有效能的老師是必要的，有效的引導應該能維持孩子的自尊並且在行為中產生所想要的改變。自我控制是引導的長程目標，也就是，孩子需要學習在沒有外在控制的狀況下去引導自己的行為，另一個引導的目標是去增進孩子的社會行為。

　　引導孩子可能是直接或間接的，直接的引導包含動作和口語的，本章所描述的直接引導原則將有助於你更有效地引導孩子的行為。間接的引導包括影響行為的外在因素，一個間接引導影響的重要因素是教室的擺設。

　　引導技巧將對你有幫助，你會希望使用的技巧包括：正增強、自然和人為的行為結果、警告、暫時隔離、我－訊息、讚賞、肯定、建議、提示、勸導、轉移注意力、示範、傾聽、忽略以及鼓勵。

　　在引導孩子行為時，你的行動應該要一直能增進每個孩子的正向自我概念，孩子的自我概念和他們對所表現的行為的看法極有關聯。

回顧與反思

- 什麼是社會行為？
- 研究顯示怎麼樣的老師會教出具破壞性和無聊的學生？
- 為何放任的老師常會使孩子表現出攻擊性和尋求注意的行為？
- 描述一個在有效引導孩子時所應遵守的引導原則。
- 列舉三個在直接引導時有用的行為。
- 使用正向引導的陳述重寫以下句子：
  A. 不要尖叫！
  B. 你畫畫畫到衣服了。
  C. 不要打翻牛奶。
  D. 停止奔跑！
- 舉出以下每個例子中所使用的直接引導原則：
  A.潘妮昨天因為跑著經過烹飪區而被處罰，當她今天跑著經過烹飪區時，她又被處罰了。
  B.孩子在美勞區玩，再十分鐘就午餐時間了，老師告訴他們：「孩子們，快要吃午餐了，請收拾美勞區。」

C.亨利從蹺蹺板的一頭跑到另一頭，他的老師走過去告訴他：「亨利，停下來，你可能會受傷。」

D.一位老師告訴孩子：「星期五我們將會在戶外吃午餐，你們可以選擇要吃熱狗還是漢堡。」

- 舉一個例子說明教室裡的動線如何設置，就能鼓勵孩子的獨立性。

- 為何老師要使用正增強？

- 解釋自然的行為結果和人為的行為結果之間的差異。

- 對或錯。讚賞可以用在一天結束時，對整天中所觀察到孩子任何正向的行為。

- 提示和建議有何不同？

- ＿＿＿＿＿＿＿的關鍵是去提供具吸引力的替代物。

- 解釋積極傾聽的過程。

- 對或錯。當孩子的行為在言語上傷害到其他孩子時，忽略是適合的引導技巧。

- 列出可以鼓勵孩子正向自我概念發展的三種方法。

應用與探討

- 觀察老師和孩子的互動一個小時，記錄所有口語引導的頻率。

- 練習口語引導技巧去教一位朋友如何玩拼圖。

- 討論一些老師在教室中必須介入的情況。

- 進行自我觀察，使用錄音機，錄下你和孩子的互動，聽聽你們之間的互動正向嗎？你有幫助孩子了解並找出正向的行為嗎？你要如何改變一些你們之間的互動使孩子更正向？

- 做一個能增進孩子正向自我概念的活動表。

老師們必須幫忙引導孩子去面對壓力事件

第十四章

行為問題的引導

張嘉紓

閱讀完本章之後，你將能夠：

- 找出會引起孩子緊張的狀況和情緒
- 描述孩子情緒緊張所引起的行為問題
- 引導孩子學習正確的行為

關鍵辭

刺激過度

沮喪挫折

壓力

四歲的蜜西很會打其他孩子的小報告，她到達幼兒園後就跟老師說杜比昨天推她一下，在點心時間她很大聲地說杭德摸過那個麵包卻沒拿走，一會兒在收拾時間她告訴老師賈法沒有收拾拼圖。

小雅不喜歡在睡覺時間午睡，所以當吃完飯接近睡覺時間，她就開始大哭；亞蓮達通常都十分合作，但最近，就在她弟弟出生的幾個禮拜後，她就變得不太合作了，在遊戲區，她不再和其他孩子輪流玩，而是搶其他人的玩具，而你也看見她會打其他孩子。

在你的教學生涯中，你很可能會遇到幾個像蜜西、小雅或亞蓮達這樣的孩子，很多時候問題行為的發生會中斷教室的教學與例行作息。問題行為可能是危險行為，也可能會損害其他孩子的權利，其他還可能發生的包括：欺負教室裡的寵物；破壞教室裡的設備、材料或教具等。

問題行為通常是壓力造成的，例如：刺激過度、例行作息的改變和噪音等都是引起孩子壓力的幾個原因，因為孩子不知道如何處理壓力問題，所以他們就經常以問題行為來表現，例如：推人、干擾其他孩子工作、奔跑和大聲喊叫等（圖14-1）。

對你而言，幫助孩子正面地處理壓力引起的問題是很重要的，你必須要了解在何種狀況及情緒下會造成孩子的壓力，而了解由壓力造成的行為模式也同樣重要。之後，你才能幫助孩子處理他們的壓力問題。閱讀完本章後，

你將能夠有效地引導或幫助這些有壓力的孩子。

引起壓力的原因

造成孩子壓力的原因有很多，包含某種孩子不知道如何處理的狀況及情緒。此外，身體問題也會引起孩子的壓力，所以你注意到會引起孩子壓力的狀況和情緒是很重要的。下列資訊可以幫助你避免或至少減少造成孩子的壓力。

（一）刺激過度

孩子可能會因為很多事情變得過度興奮或刺激過度，例如，和其他孩子玩，對某些孩子就可能會造成刺激過度（圖14-2）。通常人數愈多，發生刺激過度的機會也就愈大，因此在任何時間你都應該限制某個區域的幼兒人數不要過於擁擠，這樣就能避免太多孩子一起遊戲引起的混亂。例如，在益智區貼上牌子限制在某個時段只能容納四個孩子，對無法閱讀的年幼孩子用四個人偶代替文字，也可以達到相同的效果。教室的其他學習區都可以用相同的方法處理。

有些孩子會因為課程更動而變得刺激過度，例如，聖誕節和情人節等假期，對某些孩子來說也可能刺激過度，所以不要太早規劃假期慶典，否則有些孩子會在假期很久之前就開始興奮。

設計太多活動也有可能引起刺激過度，在這種情形下，有些孩子會不知道如何做出選擇，造成他們在各個活動中遊走，而無法固定完成一個活動或工作。此

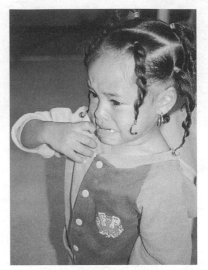
圖 14-1 有些孩子在感受到壓力時會大叫並且變得很情緒化

圖 14-2 戶外活動加上劇烈的消耗體能遊戲會導致某些孩子刺激過度

外,他們的四處遊走和興奮的情緒很快就會感染其他的孩子。

(二)日常例行作息改變

　　固定的例行作息對孩子來說十分重要,因為例行作息可以讓孩子知道及預測何時該做何事。如果日常作息不固定的話,孩子就會產生混淆,問題行為也就可能發生,例如,吉米一般都在十二點半睡午覺,而某天沒有在固定時間睡覺時,吉米也許就會體力不濟,接著導致他做出打擾別人的行為。

　　所有的孩子都需要固定的日常例行作息,靜態活動之後應該要接一個動態活動,因為孩子如果坐著不動太久,就會對活動失去興趣,然後變得焦躁不安。如果必須更動例行作息,像是戶外教學,在進行戶外教學前,就要先讓孩子準備好適應作息的改變,例如,告訴孩子例行作息將會如何改變、戶外教學如何進行等,此外也要告訴孩子戶外教學前、進行中及戶外教學後對他們的要求或期望。

(三)噪音

　　噪音對孩子的影響程度不一,當孩子聽力十分敏感時,對噪音的反應也就愈容易心煩,例如,當火警警報器響起時,對噪音敏感的孩子會將他們的耳朵遮住;他們在救護車警笛響起時,也很有可能會蜷曲身體。所以當噪音發生時,有些孩子只是試著逃離噪音的情境,而對噪音敏感的孩子則可能以推人或打人的方式來反應。

　　要避免噪音產生的問題就必須控制錄音帶和CD的音量,此外,也要多注意你自己的音量,因為當你很心煩時可能會提高音量,而不幸的是,你的高音量會導致一連串的反應。當你的音量提高時,孩子的音量也會跟著提高,如此循環下來就會使孩子對噪音很敏感,造成的結果就是混亂的場面。

(四)等待的時間

　　要孩子等待一段長的時間時,通常他們的行為表現就會不太好,因為孩子天性好動,總是喜歡動來動去,因此如果要他們等很久才能聽故事,他們可能就會開始打來打去。儘管這個行為並不是孩子的錯,但是老師都會怪罪到孩子身上,因為老師認為是孩子自我控制能力較為薄弱的原因。

　　要減少孩子等待的時間就要事先準備好活動所需的教材或教具(圖

14-3），如果你要唸一本書給全組的孩子聽，事先就要先選好要讀的書，並將書本放在容易拿取的地方。其他不管是團體或小組活動都要事先將教材準備好。如果孩子可以主動選擇要玩的活動，事先的準備工作就要更長一點。所以你必須妥善運用與掌握時間，這樣就可以減少等待時間，並減少因等待時間引起的行為問題。

圖 14-3　事先準備好教具可以減少孩子等待的時間

（五）沮喪

　　孩子有時會感覺他們無法控制自己，他們就覺得自己沒有用或不被認同，這些情緒就是沮喪，沮喪會造成孩子的壓力（圖14-4）。每天小心地計畫當天活動可以避免讓孩子感到沮喪，你為孩子選擇的活動必須符合幼兒園裡每個孩子的需要及興趣。

　　有些孩子活力充沛地來到幼兒園，這些孩子需要一些動態活動，你就可以提供一些像玩玩具車、堆積木或木工的活動。有些孩子來到幼兒園時很安靜，這些孩子就會比較喜歡靜態的活動，像是看書、拼圖、串珠、捏黏土或靜靜看其他同伴玩等。你只要仔細觀察班上的孩子就能提供適當的教具、教材及設備。

　　強迫孩子參加他們還沒準備好要加入的活動也會讓他們感到沮喪，比較好的作法是讓孩子決定他要不要加入這個活動。

　　為玩具起爭執也會讓孩子感到沮喪，因此，你要準備多種的玩具讓孩子有其他選擇的機會，如果可能的話，同一種玩具多買幾份。聰明的你會買一部以上的三輪車、馬車、消防車和汽車。

圖 14-4　自我控制對孩子來說十分重要，如果他們無法控制自己就會感到沮喪

此外，你必須選擇配合孩子發展的教具和設備，這樣才可以讓孩子感受成功的經驗及建立「我可以完成」或「我很棒」的態度。當孩子是以混齡的方式組成時，就會產生特殊的問題，你必須提供開放性的教具，像是積木、黏土和沙坑，因為所有年齡層的孩子都會以不同方式玩這些玩具（圖14-5），你也可以提供不同能力層次的拼圖和書籍。

圖 14-5　一個感官桌和油漆對很多年齡層的孩子都很具有吸引力

必要時，你要重新引導孩子選擇適合他自力的玩具或教具，因為一直無法完成的玩具或教具會使孩子感到沮喪進而生氣，生氣的孩子也許就會捏人、打人、推人、踢人或咬人。

孩子因為沮喪而無法控制時，站在成人的立場，你也許會感到生氣，在這種情形下你要試著放鬆自己，要小心自己的遣詞用字及行為。如果孩子察覺你的沮喪，他們反過來會覺得更沮喪，孩子需要感受你是冷靜、溫和及可以預期的。

（六）身體問題

健康不良和其他的生理問題會造成孩子的壓力和行為問題，例如，彼德生老師就有這樣的困擾。雅森第一天來到彼德生老師工作的幼兒園，雅森對於彼德生老師的所有指示和建議都聽而不聞，雅森看起來也好像很焦慮，彼德生老師和其他老師都在觀察雅森，因為他們擔心雅森會有行為問題。

雅森的行為很快成為彼德生老師沮喪的來源，彼德生老師不只一次質疑幼兒園是否應該招收雅森，他害怕幼兒園裡的其他孩子會模仿雅森的行為，彼德生老師也很擔心自己是否有足夠的能力處理雅森的行為，這樣擔心的狀況持續了幾個星期。

最後，彼德生老師決定請求園長幫忙觀察雅森的行為，園長在觀察雅森十幾二十分鐘後，就確定可能引起雅森問題的原因了。首先，園長注意到雅森很少回應彼德生老師或其他孩子口頭上的要求，園長也注意到當雅森和其

他孩子互動時，雅森會很靠近孩子的臉，於是幼兒園長懷疑雅森的聽力有問題。為了確定是聽力問題，園長於是撿起兩塊積木，其他孩子聽到敲擊聲不是跳開，就是回過頭看看發生什麼事，而雅森對聲音卻沒有回應。

在跟雅森的父親溝通雅森的問題前，彼德生老師持續重複敲打出聲音的測試，而雅森也都無法做出回應，幼兒園其他教職員工在雅森看不到他們時，也都試著和雅森說話，同樣地，雅森也都無法回應他們，之後園長才和雅森的父親討論幼兒園老師觀察到的情況，並鼓勵雅森的父親帶雅森去檢查聽力。

對於雅森、雅森的父親、幼兒園的教職員工和其他孩子而言都很幸運，因為引起雅森行為問題的原因被找出來了。雅森檢查完聽力後，開始配戴助聽器，他的行為問題改善了很多，說話能力也進步了。

孩子也可能因為其他的身體問題變得過動或緊張（圖14-6），例如，孩子如果缺乏妥善的牙齒或醫療照顧而引起持續性的疼痛，這也會讓孩子行為失當。

藥物也會影響某些孩子的行為，具體的觀察特徵包括：放大的瞳孔、無精打采、說話含糊不清、協調性很差和疼痛等，美國很多州都規定父母必須向幼兒園報告孩子使用藥物的情形。

長期生病或會復發疾病的孩子在幼兒園中也常缺席，如果孩子經常缺席，部分孩子會無法和班上其他孩子維持友誼，所以這些孩子要再融入幼兒園就有點困難。因此有些孩子就會成為旁觀者——就是他們只在旁邊觀察其他孩子而不加入他們的活動，而有些孩子則會成為攻擊者，他們藉由外放的攻擊方式想引起其他孩子的注意，無論是旁觀者或攻擊者都需要你的協助，你必須仔細地觀察他們，並把精神放在他們的需要上。

旁觀者需要多參與活動，因此你可以先建議他們試試看適合他們能力的活動以鼓勵他們多參與活動。如果孩子沒有回應你的要求，你可以輕輕拉著孩子的手，和他走向一

圖 14-6 頭部外傷引起的疼痛讓孩子緊張而且不合作

個看起來很有趣的活動，也可以陪伴他玩一會兒，或者邀請其他孩子加入該活動中。

攻擊者則需要冷靜的安撫，你可以引導孩子加入需要消耗體力的活動，例如，引導具攻擊性的孩子加入木工、雕刻或玩水活動。

營養不良或營養不均衡也可能會影響行為，研究顯示，四分之一到三分之一的學齡前幼兒對於卡路里的攝取都沒有達到建議的量，而孩子如果沒有攝取足夠的卡路里或營養的早餐，就會注意力不集中或動作遲緩、做事慢吞吞，如此一來，孩子的動作發展及學習動機都會受到影響。要避免這種情形，幼兒園通常都會提供餐點。

（七）壓力

所謂的壓力是指身體對於生理或心理因素引起的反應，而身體反應最常表現的方式就是緊張，偶爾的壓力不會造成問題，但是經常性的壓力就會引起許多問題，這是因為壓力本身會累積的原因，也就是由一種情形造成的壓力會累積到另一種情形造成的壓力上。

孩子對壓力的忍受程度有很大的不同，有的孩子在壓力下容易生病，有的孩子的發展則會變得遲緩，有的可能會在團體中退縮或緊張，而另一些孩子則會表現得十分易怒，當然有些孩子在壓力下還是很達觀，好像沒有事情能夠影響他們一樣。

1.引起壓力的原因

負面和正面事件都可能引起壓力，會引起孩子壓力的負面事件之一就是家庭的瓦解，其他像是：身體的虐待、不認同孩子、和家人分離，以及家人的爭吵等負面事件也會引起孩子的壓力。引起孩子壓力的正面事件包括：生日派對、到朋友家過夜、養新寵物和弟妹的出生等。

和家庭相關的事件通常是孩子壓力的來源，例如，父母失業或父母、手足或祖父母的死亡都可以引起孩子的壓力。新弟妹的出生也會影響孩子，新的保母同樣會對孩子產生壓力，甚至每天的例行活動都有可能在家中產生充滿壓力的氣氛。一個家庭如果從早忙到晚也會造成緊張的氣氛，在這樣的家庭中，當父母和手足努力盡到他們的義務時，孩子的需要通常會被忽略。

身為老師，你要注意孩子家中發生的事件會不會影響孩子的行為，特別是當你被告知一些重要的家庭事件，例如，有關於出生及死亡的事件，如果

孩子的行為模式突然改變，原因可能和壓力有關，你就必須和父母談談在家中發生什麼事情。

2.孩子有壓力的徵兆

通常遭受壓力的徵兆列在表14-7，這些徵兆也可能是其他嚴重問題的徵兆，那又如何區分孩子遭受壓力呢？

首先，觀察孩子的行為，孩子無法融入其他孩子的團體中也許會感到壓力。相對地，孩子如果很容易生氣，或者過度懶散、侵略性很強，就可能是他正處於某種壓力之中。

其次，仔細觀察孩子的行為或習性是否有所改變。例如，貝利一直都是個友善安靜的小孩，但是最近你發現貝利和他的朋友打架，此時貝利也許正遭受一些壓力。如果你能注意到班上每個孩子正常的行為模式，就會注意到他們行為的改變。

孩子和成人一樣可以感受到壓力，但是孩子不像成人有了解及控制壓力的技巧，所以你就必須幫助有壓力問題的孩子。

當孩子行為改變時你能做什麼？第一，你要接受孩子表現出來的行為，責罵孩子吸吮手指的行為並不會阻止該行為的發生。相同地，強迫孩子吃飯也無法讓孩子吃進食物。當你注意到孩子反常的行為時，你可以陪在孩子身邊並安撫孩子，讓孩子知道你很關心他們。

孩子可能遭受壓力的徵兆	
·發生意外	·打人
·生氣	·踢人
·焦慮	·失眠
·沒有胃口	·結巴
·使用「嬰兒語言」	·消化不良
·尿床	·吸吮手指
·咬人	·心跳加速
·哭上一陣子	·磨牙
·不加入團體	·咬指甲
·經常攻擊別人	·呼吸道疾病
·經常無精打采	·毫無目的地亂說話

表 14-7　表上所列的問題可能就是壓力的徵兆

　　要幫助孩子減少壓力，就要提升正面的環境，當孩子做對事情要多讚美他們，幫助孩子以正面、有意義的方式看待自己，傾聽他們的話語，幫助孩子釐清他們的情緒，並導正孩子對於他們自己或情緒上任何不正確的觀念。

孩子對緊張的反應

　　當孩子緊張時，他們通常會表現出一般無法接受的行為：不遵守指令、偷竊、生氣、咬人、暴露身體、吸吮手指和恐懼等，這些反應提醒了你：孩子也是人，你必須處理並導正他們的行為，就如同成人一般。

（一）不遵守指令

　　學齡前幼兒會為反對而反對，特別是在兩三歲之間的孩子（圖14-8），在這年紀的孩子常常不遵守你的任何指令，因為他們想要變得更獨立，所以很多時候他們會說：「不要！」來表達他們獨立的企圖，例如，你說：「請你把積木撿起來。」孩子只是看看你，然後說：「不要。」

不遵守指令的引導方法

　　記住，在不違反幼兒健康與安全的規定下，接受年幼的孩子不遵守指令的行為，例如，吃東西前要洗手，如果孩子吃東西前拒絕洗手，你必須帶著孩子去洗手，並告訴孩子：「你一定要洗手。」用堅定的語氣及你的身體語言告訴孩子你期待孩子與你合作。

　　對於不合作的孩子不可以催促，如果他們被催促的話，反對的態度會更加強烈，假以時日，等孩子過了這個發展階段就會好些了。

（二）偷竊

　　學齡前幼兒分不清楚「你的」和「我的」之間的不同。以三歲以下的孩子來說，如果他們拿了東西就走並不是偷竊，因為他

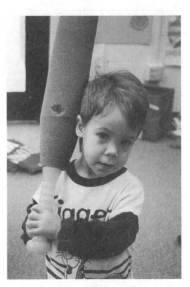

圖 14-8　孩子可能會反抗你說要好好愛惜物品的指令

們還不懂偷竊的觀念。學齡前幼兒在考慮別人的需求前，總是先以滿足自己的需求為優先。對某個具有吸引力的東西，孩子產生想要擁有的慾望，這也許和孩子自然想擁有的天性相結合，結果就是拿了不屬於他們的東西。

如此一來，一些小東西，例如：玩具車和拼圖片，就會從教室中消失，當你注意到這些東西不見了，你可以告訴其他老師，提醒他們要仔細觀察孩子的行為。

偷竊的引導方法

你要幫助孩子學習如何尊重其他人的東西，如果你看見孩子拿走某些東西，不要問孩子「偷走」東西的原因，而且也不要長篇大論地教導孩子不可以「偷」東西。相反地，你只要請孩子將東西歸還原位即可，否則的話，孩子可能持續地拿別人的東西，記住，學齡前幼兒並不了解所有權的概念。

有效地教導孩子了解所有權的方法，就是教導孩子尊重擁有物品的權利，也就是說，在玩喬迪的新拼圖之前，先問喬迪可不可以玩，如果你看見孩子看著喬迪的新拼圖，可以告訴孩子說：「你可以去問問喬迪，看看你是不是可以玩他的拼圖。」

你同時也要減少造成孩子偷竊的機會，當孩子從家裡帶玩具或其他東西來幼兒園時，問題就有可能發生。如果玩具可以帶來幼兒園進行分享，就要制定明確的規定讓孩子遵守，玩具最好是放在孩子的置物櫃，而且只能在睡覺時間或分享時間拿出來。為了避免偷竊的潛在問題，許多幼兒園規定孩子不可將玩具帶到幼兒園來。

（三）發脾氣

孩子發脾氣可以代表有意義的目的，你可以因此注意到什麼事情讓孩子生氣，然後你可以幫助孩子學習如何處理怒氣。孩子大約在一歲半左右最容易發脾氣，過了一歲半以後，孩子發脾氣的情況就會大大地減少。年齡的大小也會影響孩子如何表達怒氣，年幼的孩子會利用整個身體來表達怒氣。孩子二歲以前會以停止呼吸很久的方式表達怒氣，其他方式例如：尖叫、踢人、打人、以頭撞牆等，也都是他們表達怒氣的方式。到了三歲左右，孩子通常會以語言暴力來表達怒氣。而四歲時，則會直接叫喊名字來表達。

發脾氣的引導方法

禁止傷害自己或別人的行為，孩子不可以打別人，即使他們生氣時會想

要打人。當孩子打人時,你要立即阻止打人行為,並跟孩子說:「對不起,不可以打人,傑夫不喜歡這樣。」同時,你可能要握住孩子的雙手讓孩子不再打人。此外,因為孩子可能會轉而打你,對年紀較大的學齡前幼兒,你可以表達一些心理感受,例如:「你通常都很乖,你這樣打人讓我好訝異!」

當孩子發脾氣,使用忽略孩子行為的方式也是有效的。當然,忽略的方式只能在孩子不威脅到其他孩子的健康及安全的情況下。如果孩子發脾氣的行為可以引起你的注意或控制你,孩子就會持續地做那個行為,例如,如果凱莉以哭泣及尖叫的方式要再吃一塊餅乾,然後也得到餅乾了,下次凱莉就會以哭泣及尖叫的方式取得她要的東西。相反地,如果她吃不到餅乾,她就學到哭泣及尖叫的方式是無法被接受的。

孩子需要表達他們的情緒,並以他人可以被接受的方式表達情緒,你可用其他活動來幫助孩子發洩怒氣,例如:指糊畫、捏陶、打沙袋、敲打鐵槌和玩感覺桌等(圖14-9),這些活動都必須用到手、手臂和腿,孩子的怒氣可以被轉移到肢體的活動中,記住,要確認這些活動有足夠的物品和設備,並訂定一些使用規則。

其實製造噪音也可以舒緩孩子的怒氣,尖叫、打鼓、放音樂跳舞和學動物叫都可以舒緩怒氣。要注意的是,噪音是會傳染的,如果幾個孩子製造太多噪音,其他的孩子也許會變得吵鬧。

最後,你要在孩子玩出問題行為前及早察覺孩子的怒氣,例如,如果你看到瑪蒂想要把湯米的積木踢倒時,趕快阻止她,並跟瑪蒂說:「妳喜歡湯米把妳的積木踢倒嗎?」這樣瑪蒂會被迫想想她剛剛想做的行為。

(四)咬人

當孩子沮喪時,他們通常會咬人,尤其是二歲的孩子。對絕大多數的二歲孩子而言,咬人只是暫時的問題,他們會咬人

圖 14-9 孩子可以透過肢體的活動來舒緩怒氣

是因為他們無法用語言表達，對他們而言，咬人是一種身體語言。

咬人的引導方法

你必須幫助會咬人的孩子，首先讓這些會咬人孩子的遊戲時間盡可能地簡單，在任何時間都要限制和這些小孩一起玩遊戲的人數，因為團體活動通常會形成有壓力的情境，因此，咬人的孩子就會變得緊張，然後就會咬人。

你必須很快地回應咬人事件，以避免孩子彼此互相傷害。將孩子隔離有時可以幫助孩子根除這個習慣，當孩子咬人時，可以跟孩子說：「寶拉不喜歡這樣。」然後再說：「對不起，你咬人了，你要坐到這裡來。」讓孩子獨自坐一會兒，以不超過五分鐘為限，然後才允許孩子回到學習區。

不要忘記處理被咬的孩子，他們需要有安全感，為了讓他們感到有安全感，你要緊密地觀察，不要讓孩子咬回去，咬回去並不會防止孩子被咬，只會製造更具攻擊性的行為而已。

（五）愛告狀

愛告狀似乎在許多教室中都會發生，特別在許多年幼孩子的行為中是很常見的，大部分愛告狀的孩子是沒有安全感的，然後以愛告狀的方式來引起你的注意。你也許會覺得孩子愛告狀很煩人，但是你還是要傾聽孩子說話，你讓孩子注意到教室內的規則很重要，但也不需要每次有人不遵守規則時就跑來告訴你。

孩子愛告狀的引導方法

要避免孩子愛告狀，先試著建立孩子的自尊心，這樣就會讓孩子覺得更有安全感。對缺乏安全感的孩子，在引導期間，你要經常在孩子身邊，讓孩子知道有關心他的大人在旁邊是很有幫助的。

你可以試著讓每個孩子每天都有一對一個別談話的時間，你可以安排在自由時間或小組時間進行，在談話時間，你可以針對孩子好的特質給一些回饋，例如你可以說：「雪莉絲，我好喜歡妳幫助了馬可。」或者說：「愛琳，布萊恩好喜歡妳幫忙他拼拼圖。」正增強可以幫助孩子降低愛告狀的需求。

另外，你可以試著忽視愛告狀的行為，如果傑瑞向你告狀說諾尼拿了他的剪刀，你可以跟傑瑞說：「你要跟諾尼說，請他還你剪刀。」這樣就會鼓勵傑瑞跟違反規則的孩子說話。相同地，如果克里斯多福告狀說茉莉亞騎走

了他的三輪車，你可以鼓勵克里斯多福想想可以解決問題的方法，你可以跟克里斯多福說：「茉莉亞騎走了你的三輪車，那你可以怎麼做？」如果孩子一直談論其他孩子，你可以制止孩子並跟他說：「我喜歡跟你說話，但是我們不要一直說其他人的事情。」

（六）探索身體

孩子很早就會開始探索他們的身體，一歲的孩子在換尿布時就會探索自己的生殖器，當孩子開始可以控制身體的功能後，也就開始發展對生殖器的興趣。三歲左右的孩子就可以注意到性別的不同，事實上，小男生也許開始懷疑為什麼女生沒有「小鳥」。到了四歲時，孩子想上廁所時可能會摸著他們的生殖器，你此時就要提醒孩子去上廁所。到了五歲，孩子可能會開始玩弄他們的生殖器，方式可能包括：以枕頭在雙腿間摩擦或夾緊雙腿，有些孩子衣服太緊也會抓生殖器的部位來減少刺激。

探索身體的引導方法

在孩子發展上，探索身體是很正常的，但是問題出在不該在公共場合或大眾前探索身體，因此，你不要在大家面前暴露孩子的身體，這點很重要。

午睡時你也許會看到孩子摸自己的身體，而有時孩子要睡覺時會摩擦自己的生殖器幫助入睡。如果是這種情形，你千萬不要羞辱或威脅孩子，盡可能地使用正面的方式來引導孩子，例如，告訴孩子在公共場合做這種行為是不禮貌的。

（七）吸吮手指

孩子就像成人，也會感到壓力或緊張，為了要舒緩壓力，有些孩子會吸吮手指，研究顯示，幾乎一半的嬰兒都會吸吮手指。十八個月時是最高峰；然後，尤其是白天時間，吸吮行為會漸漸減少。四或五歲的孩子通常只有在他們要睡覺前才會吸吮手指，這階段的孩子會因為累了而吸吮手指。

很多父母都很擔心孩子吸吮手指的問題，你可以跟父母說不必擔心這個行為，鼓勵父母接受吸吮行為，因為它是成長的正常過程。大部分孩子到了六、七歲就會過了吸吮手指階段。

吸吮手指的引導方法

孩子對吸吮的渴望可以提供奶嘴來滿足，使用奶嘴的好處之一，是奶嘴

不會對嘴巴或下顎的頂端造成壓力，還有另一個好處，是大部分的孩子在一兩歲之間就會戒除奶嘴。事實上有些孩子只有在剛出生的前幾個月有密集吸吮的需要，當這些孩子停止吸奶嘴以後，奶嘴就可以永久戒除，但是如果孩子回過頭來吸吮手指時，就要再給奶嘴讓他們吸吮。

如果你注意到孩子在吸吮手指，不要把手指從他們的嘴巴裡拉出來，因為這種方法並沒有效果，有些例子還更增加孩子吸吮手指的次數。在三歲以前愈努力要孩子戒除吸吮手指就會愈難戒除，你應該以接受及忽視的方式來引導，通常自然而然孩子在四、五歲時就會戒除。

上幼兒園也許也可以幫助某些孩子戒除吸吮手指的行為，在幼兒園裡，孩子會發現新的興趣及新朋友，結果孩子就不再吸吮手指了，許多時候孩子只有在午睡或累了的時候才會吸吮手指。

（八）恐懼

每位孩子都會經歷恐懼，到了三歲，大部分的孩子都有許多不同的恐懼，有些恐懼是真實的，有些則是想像來的。當孩子愈來愈大時，真實的恐懼會被保留而想像的恐懼就會被遺忘。

通常孩子時期的恐懼包括：從高的地方掉下來、把臉淹進水裡、閃電、黑暗、穿制服的人、消防車、救護車和各種動物，而對於未知的恐懼在年幼的孩子當中也很常見。你也許會在孩子來到幼兒園的第一天看見這種恐懼，孩子也許會哭泣、緊抓不放並拒絕離開父母，你要準備好應付孩子的這種恐懼，最好事先也要先告知父母這種常見的恐懼。

恐懼的引導方法

在引導孩子時，了解孩子的恐懼是很重要的（圖14-10），例如，怕黑在年幼的孩子中很常見，你在午睡時間或放映電影時會發現孩子有這種恐懼，你就要了解孩子這種恐懼是因為他們對環境的不熟悉，造成孩子無法入睡或無法專心看影片。取而代之的

圖 14-10 你須準備如何應付孩子在戶外教學時因對環境不熟悉而引起的恐懼

是孩子專注在黑暗空間造成陰影的可怕想像中，你可以在這些時候點小燈，讓空間不至於完全漆黑一片，以此來幫忙孩子克服恐懼，此外，你也可以允許孩子抱一個熟悉的玩偶或毯子在身邊。

你要接受孩子的恐懼，對年幼的孩子，即使是最可笑的恐懼都是真實的，當孩子因為消防車經過幼兒園的學習區而被嚇哭時，你要馬上安撫孩子。你可以握住孩子的手，彎下身體並把你的雙臂環繞孩子，或者把孩子抱在大腿上，這樣做，你就滿足了孩子的立即需求，在事情結束後，你可以和孩子談談他的恐懼。

孩子也許需要扮演使他們害怕的情境來克服心裡的恐懼（圖14-11），例如，杜比的祖母在醫院過世了，當杜比回到幼兒園，他邀請其他兩位孩子和他玩扮演醫院的遊戲。杜比就扮演醫生的角色，而其中一個孩子則扮演護士，這個扮演過程就是杜比克服因為祖母在醫院過世所產生的恐懼的方法。

圖 14-11　扮演醫院幫助許多孩子克服
　　　　　對醫院和醫生的恐懼

和孩子談談也可以幫助孩子控制恐懼，例如，馬克去他表哥查利斯家，當馬克回到幼兒園時就告訴你說「表哥家有鬼，再也不要去表哥家了。」於是你就要跟馬克談談他去表哥家的經驗，你跟馬克解釋說：「因為你從來沒有去過表哥家，睡在不熟悉的地方，所以你才會覺得害怕。」

例如，珍妮佛會害怕新買的小白兔，而珍妮佛很幸運，她的老師非常貼心，以漸進式的方式介紹新的小白兔，讓珍妮佛去面對她的恐懼。首先，老師要珍妮佛放一根紅蘿蔔在籠子裡，然後他鼓勵珍妮佛看小白兔吃紅蘿蔔的樣子。隔天，老師又鼓勵珍妮佛摸摸小白兔的毛，一點也沒催促珍妮佛接受小白兔，這樣大約持續一星期。最後，老師這才問珍妮佛：「想不想抱抱小白兔？」珍妮佛居然說「要。」於是老師小心地從籠子裡抱出小白兔，並把牠放在珍妮佛的大腿上。

當孩子感到不安全或陌生時，他們也許會拒絕接受人或情境，例如，孩子也許會對一個新的助理老師說：「我討厭你，你走開！」如果發生這種情形，不要責罵孩子，而且要孩子喜歡那個新的助理老師也沒有幫助。相反

地，你應該接受孩子的情緒，然後可以說：「布朗是新來的老師，當你跟布朗愈來愈熟的時候，你就會喜歡上他了。」

　　有時候當孩子感到害怕時會打人，例如，義工父母來到四歲孩子的班上，並帶來一條大蛇做教學表演，當珍妮絲看到那條蛇，她開始做出暴力的行為，她打了蘇珊和佩姬，於是老師介入處理，他跟珍妮絲解釋說：「蘇珊和佩姬也會害怕。」但是他接著又跟珍妮絲解釋說：「這種蛇是沒有危險性的，並不需要害怕。」

摘要

　　打擾上課秩序的行為通常是緊張引起的，刺激過度、日常作息改變和噪音只是引起孩子緊張的幾種原因而已，其他像是沮喪、身體問題，以及壓力也會引起孩子緊張。而壓力通常是孩子的家庭問題所引起的，例如：父母離婚、家人失業或甚至於死亡，因為孩子不知如何處理緊張，他們通常以打擾上課秩序的行為來反應他們的緊張，這些比較常見的行為包括：不遵守指令、偷竊、發脾氣、咬人、探索身體、愛告狀、吸吮手指和恐懼。

　　幫助孩子正面地處理緊張引起的行為是你很重要的工作，你必須先了解引起孩子緊張的情形和感覺，而組織引起孩子緊張的行為模式也很重要，最後你要有能力去幫助孩子處理緊張的情緒。閱讀完本章之後，你應該能夠有效地引導及幫助有行為問題的孩子。

回顧與反思

- 為什麼當孩子經歷緊張時，會表現出打擾秩序的行為？
- 舉出四個會引起孩子緊張的事件。
- 對或錯。通常孩子人數愈多愈可能發生刺激過度的機會。
- ＿＿＿＿＿＿＿讓孩子知道什麼時候該做什麼。
- 對或錯。噪音影響每個孩子的程度都相同。
- 舉出可以減少等待時間的兩種方法。
- 何謂沮喪？並列出兩個會引起孩子沮喪的原因。
- 沮喪可以用下列何種方式避免？
  A. 提供所有孩子相同的物品或教具。
  B. 讓孩子選擇喜歡玩的工作。
  C. 不管孩子的能力如何，強迫孩子玩某些物品或教具。
  D. 一天內只安排一兩種活動。
- 舉出四種會影響孩子行為的藥物。
- 只在旁邊看其他孩子參與活動，自己卻不加入的孩子稱為＿＿＿＿＿＿＿。
- 何謂壓力？
- 舉出幫助孩子處理壓力的兩個步驟。
- 如果你催促一個不遵守指令的孩子將會有什麼結果？

◎ 解釋你遇到下列情形時，應該如何有效地引導孩子：

A.每當你說收拾的時間到時，菲力浦就會開始發脾氣。

B.當喬治拿走瓊恩的積木時，瓊恩就咬了附近的孩子。

C.每當有孩子違反教室的規則時，亞伯會一直跑來跟你告狀。

D.當小丑來班上進行教學時，馬丁就開始哭泣。

◎ 對或錯。探索身體在發展上是很自然的一個階段。

應用與探討

◎ 準備一張避免引起孩子刺激過度的檢核表。

◎ 和老師討論減少等待時間的策略。

◎ 參觀一家幼兒園，觀察孩子是否有任何感到壓力的徵兆，記下你看到的徵兆，等回到學校來討論或分享你的發現。

◎ 從孩子的觀點討論吸吮手指的好處。

◎ 邀請幼兒心理學家到班上談談孩子的恐懼。

◎ 邀請義工父母討論當他們到班上引導孩子時發現的問題。

第十五章

建立班級常規

王慧敏

閱讀完本章之後，你將能夠：

- ❖ 解釋班級需要常規的原因
- ❖ 列出建立班級常規的原則
- ❖ 描述執行班級常規的方法
- ❖ 為不同的學習區和活動條列常規

關鍵辭

常規

一致性

彈性規則

在團體中，人們需要規則以便有效地工作和運作。在幼兒園裡，有效的常規能具體而微地反映園所的目標。因此，常規應該包括能夠反映幼兒園目標的措施和行為。身為一名園所教師，你所訂下的常規對園長和其他教職員而言是重要的。反之，當常規被破壞時，你應能事先洞悉將發生的事情，並知道接下來該怎麼辦。

教室裡應有各學習區的使用常規。你的責任是能祥和執行這些常規。解釋規則時，必須在孩子能理解的範圍內，教職員與孩子也需要知道訂定這些常規的原因。每個老師都是執行這些規則的榜樣。此外，這些規則應被書寫並張貼在老師辦公室和教室內。

建立常規

教室必須建立常規的原因有三。首先，根據法律規定，孩子的健康和安全必須受到保護，而常規可確保教室成為提供孩子安全活動的場所。第二，孩子將明確了解你會阻止他們的不當行為，因此在常規的範圍內，他們能更自由地探索（圖15-1）。第三，規則可協助孩子發展自我控制的能力，一旦孩子學習如何去接受並遵守常規，逐漸地，這些常規將成為他們生活的一部

分。幼兒園的教育目標之一是，必須發展孩子富有責任感的社會行為，而建立常規將使孩子達到此教育目標。

建立常規的原則

常規內容宜簡明扼要，強調重點即可，並使用孩子易懂且簡要的語言。你與孩子必須對常規內容及含義建立共識，並確定所使用字眼能精確描述所規範的行為。孩子通常對乖乖、停止等籠統的用語感到模糊困惑，因為這些用語可能代表很多含義，而且也未能明確說明你要他們怎麼做，因此你最好用正向且具體的行為用語來陳述規則。

圖 15-1 建立常規將讓孩子有能夠自由探索的感受

訂定的常規必須要合理，這表示孩子有能力來執行它。對每次規則說明其訂定的目的，如果你無法想出訂定某規則的理由，那麼請再三思，因為不合理的規則將使孩子感到憤怒與挫折。

常規不要一次訂太多，先訂幾項規則在執行上會比較容易，孩子也比較不會忘記。此外，你應明確界定可接受和不可接受的行為，並決定如何處理這些不當行為。通常最好的方式是，立即以堅定的語氣來禁止這些舉動，即使孩子會因他的行為被禁止而感到生氣（圖15-2），孩子可能以抗拒規則、嚎哭、咆哮或怒視來回應。

你必須時常檢視這些規則的訂定與實施，因為孩子的行為會隨著發展而日漸成熟，因此你應檢討常規，隨著孩子成長而修改內容及原因，若規則已不適合團體的需求，就應該刪除它。修改規則也必須經過師生共同討論的歷程。如果班級有某些問題產生，應與孩子充分討論這些問題，並思考解決的方法。在討論歷程中，鼓勵孩子以正向方式來陳述常規，並協助寫下

圖 15-2 不當的行為應該被禁止，即使這會使孩子覺得心煩意亂

這些新的規則，最後以顯目方式張貼公告之。

執行常規

當常規穩定一致地被執行時，其成效最佳，因為當有一致性時，孩子也較能清楚地知道他被期望的行為是什麼。雖然有時孩子會挑戰這些常規，老師最好以平常心視之，同時必須堅持自己的立場，不要害怕或退縮，例如，假若你要孩子只畫一幅畫，那麼要確認沒有人畫兩幅，這時你最好用和善語氣提醒他：「如果你畫完，就該輪湯米畫了，他也想畫一幅畫。」

有時執行常規也必須有些彈性。彈性常規必須視孩子個別的情況而定，例如：要孩子三十分鐘吃完午餐，假若有孩童生病那就可能需要更多時間來完成。戶外教學時，因為戶外沒有餐桌，孩子就可以坐在草地上用餐。因此，常規有時應具有彈性才能面對不同的情況（圖15-3）。

圖 15-3　有彈性的常規能容許孩子的個別需求

你對孩子違反常規的反應方式會影響孩子的安全感，當孩子認知常規是用來保護他們的，他們比較會有安全感。但是，一旦常規被某個孩子破壞時，其他孩子的安全感就會受到威脅，例如，當孩子以暴力打人來表達他的憤怒情緒時，你必須明確告訴他打人是錯誤的行為，被打的孩子也會受到此一事件影響，他／她會失去一些安全感，因此，你也必須對被打的孩子多加關心與注意。事實上，關心被打的孩子也就表示了打人並不是博取注意的好方法。

各學習區及活動的常規

每個幼兒園因為有不同的條件，像是設備、設施、教職員工等，而訂有不同的常規。但不管幼兒園坐落地點在哪裡，都會有類似的活動，例如：烹飪、搭積木、閱讀書籍等，因此大部分的常規適用於所有的幼兒園。

（一）感覺區

有的班級每天都進行感覺活動，沙桌、水桌是常見的設備。典型的水桌活動可應用刮鬍膏、冰塊、雪、顏料或肥皂水等材料來玩遊戲，而乾豆、玉米籽、燕麥、米粒或彈珠都可應用在沙桌上。

你可以視所使用的材料而些微修正某些常規，例如，當孩子在玩乾玉米籽的時候就不需要穿工作服，但是當搖奶泡的時候就需要穿了，因此孩子必須遵守的常規包括：

* 容易弄濕或弄髒的活動必須穿工作服（圖 15-4）。
* 必須立即擦乾灑出或濺出的地方。
* 沙水必須保持在沙箱內。

丟擲沙水是被禁止的，老師必須明確地說明這項常規。假若孩子未能遵守規則，那麼你要請孩子到其他學習區去玩了。

（二）娃娃家

娃娃家有時又稱為戲劇扮演區。娃娃家扮演道具的主要功能是協助孩子了解自己和周遭的人事物，以及適度抒發情感。因此，為了提供孩子較不受限制的情境，本區常規包括：

圖 15-4　在容易弄濕衣物的活動中，穿上工作服可讓孩子保持潔淨乾爽

* 必須把濺濕的地方擦乾。
* 道具用完務必物歸原處。
* 尊重其他孩子的參與。

（三）益智區

本區包括許多遊戲和小物件，能夠協助孩子發展建構、比較、分類、排序和配對等能力，以及學習顏色、數字、大小、形狀的概念。在幼兒操作教具的同時，他們也發展精細動作能力和手眼協調能力，因此本區常規包括：

* 玩具用完必須物歸原處。
* 遊戲組件及拼圖拼片必須維持放在本區，不外帶。

（四）烹飪區

孩子可經由參與烹飪活動來學習食物概念，烹飪能讓孩子有成就感，透過舌嚐、鼻聞、膚觸、耳聽、眼視等活動，來協助孩子發展語言、數學、順序以及物理的概念。此外，烹飪活動必須包括健康與安全常規，本區常規包括：

* 烹飪之前必先洗手。
* 穿上圍裙或工作服。
* 灑出物品必須立即擦乾。
* 只有老師能端拿燙熱水壺和平底鍋。
* 只有在點心和午餐時間才能吃烹飪活動的食物。
* 每個孩子都要協助收拾工作（圖15-5）。

圖 15-5　在學習區活動後，孩子必須協助收拾

烹飪活動必須在你的督導下進行，用電的廚具還在運轉時，老師千萬不可離開，如果需要其他材料，可麻煩其他老師拿給你。此外，要使用加上隔熱墊或隔熱握把的烹飪器具。

所有烹飪活動應製作食譜卡，讓孩子能依據食譜卡來操作，並學習順序的概念。同時，食譜卡亦可讓孩子注意到書面文字的重要性。詳細烹飪活動可參閱第二十五章。

圖 15-6　積木只能用於搭建

（五）積木區

積木活動具有鼓勵建構與創造的功能，也提供孩子宣洩精力的管道，因此本區的安全性是重要的考量因素，在訂定常規時必須強調安全原則。你應該隨時注意孩子的活動，因此積木區只能在某特定時間開放。本區常規包括：

* 積木僅能作為建造用途（圖 15-6）。
* 積木只能放在積木區。
* 用畢必須將積木放回教具櫃。
* 除非徵求過他人同意，否則僅能碰觸自己搭建的積木作品。

（六）音樂區

所有的孩子都喜歡音樂活動（圖15-7）。音樂是世界共通的語言，透過參與音樂活動，孩子發展其自我表達、聆聽欣賞、語言和協調合作的能力。本區常規包括：

* 只選擇自己想要使用的樂器。
* 樂器用畢歸回原位。
* 樂器僅用於彈奏音樂（不可用於打人或敲打其他樂器）。

（七）美勞區

　　美勞對孩子而言是令人感到愉快的活動，因此他們喜歡花很多時間待在美勞區，大部分園所的每日學習區時間也都會開放美勞區。老師應鼓勵在本區活動的孩子探索各種美勞材料，他們不應被限制該做些什麼成品，作品也不應被拿來互相比較。本區常規包括：

圖 15-7　孩子喜歡聆聽並創作音樂

> ＊ 桌面應先鋪設塑膠布。
> ＊ 會弄髒衣服的活動應先穿上工作服。
> ＊ 潑灑時應立即擦乾。

（八）語文區

　　語文區具有發展孩子語言及閱讀能力的功能，因此應鼓勵孩子參與圖書閱讀活動（圖15-8），協助幼兒認識其家庭、社區和其他文化。本區常規包括：

> ＊ 一次翻一頁。
> ＊ 毀損的圖書要交給老師。
> ＊ 書看完後，要放回書架上。

　　為了鼓勵幼兒探索圖書內容，書籍應定期更換，有的老師一週更換一次書籍，並保留幾本最受歡迎的書籍不換。此外，老師應控制陳列的書籍數目，一次擺太多反而讓幼兒難以選擇，歸位也不容易。

圖 15-8　在語文區，孩子能學習到有用的語言及閱讀能力

（九）科學區

　　所有的孩子都必須有參與科學活動的

經驗，因為科學活動能鼓勵他們探索發現所處的生活環境，一旦他們進行觀察或產生懷疑時，他們方能洞悉其間關係並下結論。

規劃科學活動時必須遵循某些規則，包括各種室內及戶外活動，老師應強調親自動手操作的活動，並允許孩子有機會去探索其周遭環境（圖15-9）。此外，科學活動進行時，應鼓勵孩子透過觀察、觸摸、操作、提問來參與活動。

身為老師，你必須示範科學區的使用常規，例如，如何抱起小兔子、如何為植物澆水，或餵食寵物的方式。此外，需先示範各項設備操作方法，有時亦可請孩子協助清理寵物的柵籠。本區常規包括：

＊ 只能在老師監督下為寵物餵食或為植物澆水。

＊ 科學設備必須放在科學區。

＊ 抓取寵物應小心。

（十）戶外遊戲場

在戶外遊戲場活動時，孩子可以運用創造的方式來表現他自己，他們可以用木料及其他素材來造船、蓋房子、建碼頭及搭建其他設施。透過遊戲活動，孩子發展其動作協調能力、社會遊戲技巧及同儕合作的態度。你首要考慮的是孩子的遊戲安全，你有責任協助孩子發展安全的遊戲習慣，同時遊戲常規必須清楚訂定及確實執行，使孩子能快樂且安全地在遊戲場遊玩。遊戲常規必須因應不同設施而有不同規定：

圖 15-9　親自動手操作的活動讓孩子更關心周遭的世界

1.鞦韆

並非所有遊戲場都有鞦韆，因為它需要老師時時的嚴密監督。假若幼兒園有鞦韆可以玩，那麼孩子必須嚴格遵守其遊戲常規，包括：

* 一座鞦韆一次僅能坐一名孩子。
* 盪鞦韆時必須坐在鞦韆座椅中央。
* 雙手必須握好。
* 鞦韆停止搖晃時才能下來。
* 只有老師才能推搖孩子盪鞦韆。

2. 溜滑梯

溜滑梯對年幼的孩子而言也是危險來源，通常意外發生於孩子相互碰撞，有的孩子因站著溜下來或頭下腳上俯衝而受傷，因此使用溜滑梯的遊戲常規包括：

* 上階梯時必須雙手扶好。
* 前後溜下的孩子必須保持一個手臂的距離。
* 必須等前方孩子溜下並站起後才可溜下。
* 溜下時必須坐好並雙腳朝下。
* 溜到底端時應趕緊站起離開。

3. 攀爬架

攀爬架對孩子非常具有吸引力，因為孩子的本質是喜好冒險的，因此孩子使用攀爬架時需要老師在旁嚴密監督。必須教導孩子正確及安全的遊戲方式包括：

* 一次僅能容納 4-5 個孩子遊玩。
* 雙手必須抓牢（圖 15-10）。
* 攀爬時必須注意不要踩到下方孩子的手。

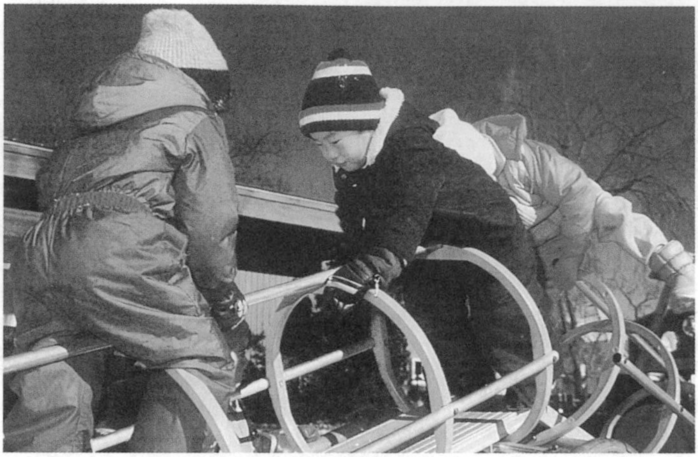

圖 15-10　當孩子在玩攀爬架時，必須雙手抓牢

4.蹺蹺板

　　蹺蹺板也是需要老師在旁嚴密監督的遊樂設施，因此其常規應首重遊戲的安全性，包括：

> ＊ 雙手必須抓牢把手。
> ＊ 盪下時雙腳不要擺在座板下方。
> ＊ 蹺蹺板碰到地面時應停止。
> ＊ 下來時要先告知對方。

說明規則

　　用什麼方式能使常規很清楚地傳達給孩子呢？如前所述，常規必須簡要、清楚及合理。有些老師將規則分為三大類：⑴安全方面；⑵禮儀方面；⑶整潔方面。當老師提醒孩子常規時，可應用此三類規則（表15-11）。

類別	舉例
注意安全！	・盪鞦韆時雙手要抓好。
	・使用剪刀時要先坐好。
注意整潔！	・外套要掛在掛鉤上。
	・畫畫時要穿上工作服。
注意禮儀！	・接受他人幫助時要說謝謝。
	・進門時為別人扶住門把。

表 15-11　使用簡單具體語言將常規傳達給孩子

摘要

　　有關行為舉止的常規反映了幼兒園的教育目標，常規必須涵蓋所有的學習區和活動。作為一個班級教師，解釋、訂定及執行常規是老師的責任，解釋常規時必須考慮孩子的理解程度，同時教職員工和孩子亦需知道訂定這些規則的原因。

　　常規應該一致且公平地執行，才能營造安全輕鬆的氣氛，此外，規則應具有彈性以適應個別差異或不同情境需求。每個學習區的常規不盡相同，必須常常檢視這些常規，並視實際需要而進行修訂。

　　訂定常規是為了培養良好的公民，孩子必須知道別人對他的期望，同時成人也應知道什麼是符合期望的行為，那麼孩子和老師都將發現幼兒園是個令人快樂愉悅的地方。

回顧與反思

- 解釋訂定常規對園所的重要性。
- 列出班級必須訂定常規的三個理由。
- 說明訂定幼兒常規的三個原則。
- 舉一負向陳述的常規例子，並以正向陳述方式修正之。
- 常規是否可改變？為你的答案提出解釋。
- 為什麼一致性地執行常規是很重要的？
- ＿＿＿＿＿＿＿常規可讓你因個人或情境的需求而做調整。
- 遵照食譜卡的操作步驟，孩子可以學習＿＿＿＿＿＿＿。
- 條列出兩種鼓勵孩子在語文區閱讀圖書的方法。
- 說明下列遊樂場設施的遊戲常規：盪鞦韆、溜滑梯、攀爬架、蹺蹺板。

應用與探討

- 討論隨著孩子成長而修正常規的方法，並舉數例說明之。
- 蒐集兩個幼兒園的班級常規，並討論其異同。
- 扮演下列場景：
　A.托比在圖書區看書，一不小心把書頁撕破。
　B.湯米玩溜滑梯溜到底端，坐在那裡一動也不動。
　C.莎拉和法蘭克在玩蹺蹺板，莎拉突然跳下來。

D.烹飪活動進行時，馬克不小心打翻牛奶。

⊙ 從目錄圖片剪下兩座遊樂設施，並寫下其遊戲規則。

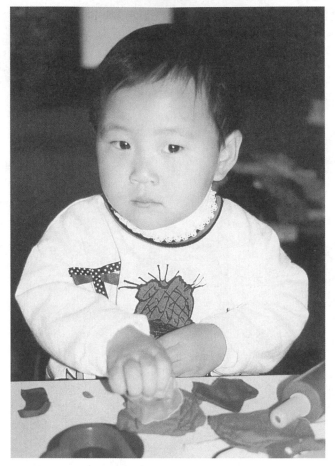

例行作息有助於孩子熟悉日常事務

第十六章

掌握日常例行作息

洪慧娟

閱讀完本章之後，你將能夠：

❖ 解釋日常例行作息的重要性

❖ 引導孩子藉由日常例行作息，順利地完成穿脫衣服、用餐、午睡、上廁所、清潔收拾等工作

❖ 解釋如何運用銜接技巧以順利地轉換活動

關鍵辭

日常例行作息

異食

遊蕩

轉換活動

聽覺訊號

　　日常例行作息，例如：穿脫衣服、用餐、午睡、上廁所，是每天都要做的，日常例行作息會使每天出現相同模式的生活，幼兒園的孩子會較有安全感，藉由作息表，孩子知道每日作息的順序，他們會知道接下將發生的每一件事。

　　日常例行作息讓孩子有獨立自主的機會，年幼的孩子在為自己做每一件事時會有很大的滿足感，記得，在他們需要時適時予以小小的協助，這會讓孩子有成長的機會（圖16-1）。

　　日常例行作息需要你的引導，沒有引導，例行活動會變得浪費時間又無效果，學習掌握日常例行作息，會使你的班級經營順暢，孩子也會覺得輕鬆而且愉快。

日常例行作息

　　計畫良好的日常例行作息，為每日的活動提供了架構，幼教課程的作息表隨課程不同而改變，例如，全日班的作息順序和半日班就不會相同，課程

持續的時間及孩子來園的時間等則必須一致。

　　日常例行作息的計畫必須符合孩子的生理與心理需求，健康和安全是很重要的考量，許多年幼的孩子需要有用餐及休息的時間。就跟成人一樣，年幼的孩子也有心理需求，對安全感而言，他們需要一致的、可預期的日常例行作息。

　　作息表的設計要包含基本的例行作息，表16-2顯示出典型的作息表安排，裡面必須包括動態和靜態的遊戲時間。在春天、夏天、秋天較寒冷的天候裡，可以安排較長的戶外遊戲時間；當天氣變得更冷了，則必須縮短戶外遊戲時間。此外，規定用餐及休息的時間也是必要的。

圖 16-1　教導孩子如何扣緊鞋子會讓他們更獨立

　　在計畫作息表時，要包含長時段的開放時間，至少每半天要有一段學習區時間，當年幼的孩子成功地做出選擇，他們會享受所選擇的活動，且決定每一個活動要持續多久，許多學齡前孩子的注意力較短暫，完成工作的速度也不一樣，提供較長的時間，比較能符合孩子的個別需求。

典型的作息表
1.到園
2.室內活動
3.老師安排的團體活動
4.戶外學習區活動
5.用餐時間
6.休息時間
7.室內或室外的學習區活動
8.點心時間
9.離園

表 16-2　日常例行作息能給予孩子安全感

　　每一個孩子對作息表的反應不同，速度太快，有些孩子會覺得有壓力，速度太慢，其他孩子則會覺得無聊。孩子的反應經常依他們在幼兒園的時間

而定，上全日班的孩子也許會與上半日班的孩子感覺不同。

（一）到園的例行作息

到園的孩子應該有規律的例行作息可遵循，這樣他們就知道怎麼開始這一天，你要全然注意到孩子到園時的需求，晚一點再開始進行團體活動。

典型的到園例行作息是迎接每個孩子入園，蹲下到與孩子一樣的高度，讓每個孩子都覺得你很歡迎他們來上學，接納孩子從家中帶來的任何事物。接著，要引導孩子放好他的外套，把其他攜帶物品放進他的置物櫃。然後，他們能在其他人都到齊之前自由選擇活動。

孩子與父母分離時的表現不盡相同，當其他孩子哭泣時，有些孩子仍寂靜無聲，有些孩子拒絕進入教室，有些則會從家裡帶來心愛的玩具。每個孩子分離焦慮持續的時間不同，有些孩子一兩天後就覺得舒服了，有些孩子也許需要一個禮拜或甚至幾個禮拜的時間。身為老師，對分離焦慮的認知及反應是重要的，你的關心及了解將是幫助孩子度過這段時間的關鍵因素。

（二）團體活動時間

大部分的課程中，作息表是包含團體活動在內的，你可以把說故事時間，或圍圈時間歸類於團體時間，這個時間經常用來說故事、唱歌、玩手指謠，以及進行討論。如果引導得恰當，你也可以使用這段時間來討論天氣和日曆。

在孩子有足夠的休息及營養時，即可安排團體活動，例如早上十點左右——因為並不是所有的孩子都在相同的時間到園，避免在一早開始就安排團體時間，否則較易受到干擾，而無法培養好的聆聽技巧。在午餐前安排團體時間也會出現問題，通常孩子在一天的這段時間承受著最大的壓力，他們既累又餓，而這是會影響他們的行為的。

團體時間必須在幾乎不會分散注意力的地方進行，孩子的座位也必須遠離書籍、拼圖以及其他可能碰得到的材料。許多課程的團體時間會在地毯上進行，有些老師更喜歡使用個人的地毯，老師或助理老師會在團體活動之前預先鋪好地毯，以確定孩子彼此之間不會坐得太靠近，這也讓孩子能與老師坐得較近，而不會擋到其他孩子的視線。

團體時間能順利進行的關鍵就是老師事先規劃並準備課程，能立刻以手

指謠、玩偶或歌曲抓住孩子的注意力，這能鼓勵游移的孩子調整他們的步伐，並加入團體。

（三）分組活動時間

分組活動的安排大約是十到十五分鐘，典型的分組中有四到六個興趣或能力相似的孩子，在這段時間，孩子會和老師或助理老師一起工作，也許教導一些顏色、數字、形狀或大小等特殊概念。

（四）學習區活動時間

作息表中最長的時段是學習區活動時間，這也許會被歸類在團體活動時間或自由遊戲時間之中。活動可以在戶外或室內進行，要能夠提供許多發展合宜的活動，這些活動通常與課程或現在正進行的主題有關。

孩子遊戲的時間較長，較能更深入地參與活動並延長專注力，而這對老師也很有助益，因為你可以與孩子談話、問問題，並做觀察評量。

（五）餐點時間

半日班或兩小時班的學齡前課程通常提供十五分鐘的點心時間，全日班則會提供午餐，午餐通常都是半小時左右。用餐時間的長短也需考慮孩子的年齡及班級人數。

（六）午睡時間

查詢你的州對休息或午睡時間的規定，大部分的州會要求全日班孩子要午睡，大約睡一到兩個小時，午睡作息在本章後段會討論到。

日常例行作息

幼兒園一整天下來會有許多例行作息，身為老師，你必須知道如何掌握這些例行作息。你必須鼓勵孩子獨立完成這些基本的例行作息而不需要你的協助，這些例行作息包括：穿脫衣服、用餐、午睡、如廁，以及清潔收拾。

（一）穿脫衣服

　　身為老師，你必須鼓勵孩子盡可能自己穿脫衣服，剛開始要告訴孩子你的期望，這很重要。當四歲大的法蘭克把他的外套遞給你，不要幫他穿上，相反地，要告訴法蘭克他可以自己穿上。如果需要，就在口頭上指導他，一旦他能自己穿上外套，不要忘了去讚美他的成就，這會讓他更喜歡獨立的感覺（圖16-3）。

　　孩子也有責任掛好自己的外套，你也許注意到，許多孩子只是簡單地把他們的外套放在衣物櫃，不要讓這情形發生。相反地，如果你看見艾倫把她的外套放在衣物櫃，你可以說：「艾倫，妳需要把妳的外套掛在掛鉤上。」如果她不了解，示範給她看如何把外套掛在掛鉤上，然後再把外套從掛鉤上取下來，讓艾倫自己掛上去。

　　為孩子的衣物櫃貼上標籤，這樣孩子就能找到他自己在衣物櫃的位置了，隨著孩子的年齡不同，貼標籤的方法也有多種變化。嬰兒的衣物櫃通常會寫上姓名，這樣對老師和父母都有幫助。對於二歲大的孩子，可貼上孩子的照片。對於三歲大的孩子，寫上姓名及做記號都很有用，如果孩子認不得自己的名字，他還能找到自己的記號，記得要給每一個孩子不同的記號。大部分四到五歲大的孩子已能認得自己的名字了，如果不能，也能被教會。

圖 16-3　讓孩子知道自己有能力自行穿脫衣服，可使他
　　　　　們更加獨立

1.給父母的建議

對於老師和孩子來說，穿衣服的常規訓練會花一些時間並產生挫折感，因此，一些幼兒園會給父母一張孩子衣著的建議清單，這張清單通常包括：

* 在幼兒園多留一套孩子的衣服，這些衣物可在緊急情況時備用，例如，孩子也許掉到泥巴裡了、褲子破了或在廁所有什麼突發狀況。
* 在孩子衣物的內裡貼上標籤，許多孩子常有相同款式及大小的衣物，貼上標籤才不會搞混。
* 為孩子選購有大拉鍊、大鈕釦，或大暗釦的衣服，這對小肌肉發展還不是很好的孩子來說，穿衣服會變得比較容易。
* 靴子和鞋子要大小剛好，易於走動。
* 鞋帶不要太長，因為這樣容易使孩子絆倒，而且孩子也不擅長繫鞋帶。你可以選擇黏貼式的鞋子，這對更年幼的孩子來說，會更容易自己穿脫鞋子。
* 考慮買有鬆緊帶的長褲和短褲，而非鈕釦或暗釦式的褲子，在孩子上廁所時會更容易處理。

2.示範

扣釦子、拉拉鍊、拉上靴子、繫鞋帶、戴手套等等，都是可以示範的活動，在孩子眼睛的高度示範是最有效的。有時候，孩子最需要口頭的引導，其他時間，你也許需要開始活動，允許孩子完成此過程，他／她將會覺得有成就感，例如，席拉能穿上外套，但不會拉拉鍊，你能由拉拉鍊開始教起，到席拉能自己拉上拉鍊為止。

A.繫鞋帶：

繫綁是需要高度協調的技能，大多數的孩子到五歲大時開始學習此項技能。

有幾種方法可以教孩子綁鞋帶，其中一種是把孩子置於你的膝前，從這個角度，孩子可以觀察到繫鞋帶的過程，對於大多數的孩子而言，最簡單的方法是把兩條鞋帶拉成像兔子的耳朵一樣，然後打一個結。鼓勵孩子重複練習。

有些孩子穿黏貼式的鞋子，而不穿綁鞋帶的，帶著需要綁鞋帶的鞋子到

幼兒園來，以教導這些孩子怎麼綁鞋帶，讓他們用這些鞋子來練習，這將使他們學習到繫綁的技巧。或者，你也可以讓他們在鞋帶框上練習（圖16-4）。

B.靴子：

靴子太小時是很難穿上去的，可以在孩子的鞋子或腳跟放一根塑膠墊，讓行走更為容易。

有些幼兒園把多餘的靴子放在一個盒子裡，當孩子的鞋子太小而穿不下時，老師能幫他們做更換；如果孩子忘了從家裡帶靴子來，也可以從這個盒子拿出來用。

孩子能練習穿上及脫下他自己的靴子，或者他們也可以拿盒中多餘的鞋子來練習。

圖 16-4　鞋帶框對於教導孩子綁鞋帶是很有用的

C.外套：

示範外套的穿法，將孩子的外套平放，打開鈕釦或拉鍊，放在地板上，孩子在衣領後跪著。告訴孩子，把自己的手和手臂伸進袖子裡，然後把外套拉過頭頂，用你自己的毛衣或夾克讓孩子練習這項技能（圖16-5）。

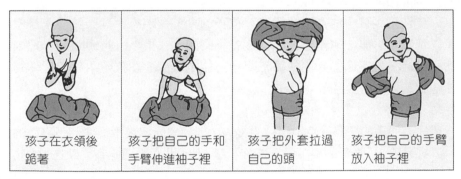

| 孩子在衣領後跪著 | 孩子把自己的手和手臂伸進袖子裡 | 孩子把外套拉過自己的頭 | 孩子把自己的手臂放入袖子裡 |

圖 16-5　幫助孩子如何穿上外套的技巧

（二）用餐

幼兒園營養餐點的供應是多樣化的，有些幼兒園只提供午餐，有些也許

也提供早餐，非全日班的幼兒園也許只提供點心。有些幼兒園要求孩子帶自己的便當袋。當大多數的幼兒園提供較大的孩子午餐時，他們同時會要求父母親提供孩子在嬰兒時期的飲食習慣的資料。

身為老師，在用餐時間裡，你將要關心的是提供孩子喜歡的營養餐點，這在第十一章「營養餐點計畫」有談到。

對老師來說，另一件需要關心的事就是，讓用餐時間保持愉快的氣氛並有秩序地進行著（圖16-6），也就是餐點要適合孩子的年齡、能力，以及興趣。在用餐時間也需要教導餐點禮儀。

圖 16-6　適當並有秩序的餐桌禮儀，有助於愉快用餐

你會注意到孩子的食慾改變了，孩子的食慾受疾病、發展階段、身體活動，以及體重影響，情緒也會影響食慾，例如，在早上，麗娜的父母把她留在幼兒園時，她哭過了，在午餐時間她可能不太餓。在孩子用餐時，你需要彈性地調整他們的食量。

1. 嬰兒

嬰兒有明確的喜歡以及不喜歡的食物，嬰兒會吐出或拒絕他們不喜歡的食物，這並不是一件奇怪的事。另一方面來說，他們也會渴望吃到喜歡吃的食物。

對於六到七個月大的孩子來說，可開始用杯子來餵食。首先，孩子只能吞嚥一點點東西，七個月大的孩子進餐時，食物可能會流出來。之後，孩子會喜歡自己用杯子吃東西，給這些孩子可以防止食物溢出的杯子。

一旦孩子變得好動，他們對食物的興趣會降低，在這個階段，有些孩子會有一段很長的時間喜歡走來走去，而不願意坐下，即使把他們放在高腳椅

或餵食桌前，他們還會設法走開並繼續玩遊戲。

無論何時，盡可能地提供嬰兒可用手抓的食物，藉由拾起小塊的食物，孩子將會發展出好的肌肉控制能力及手眼協調技巧，這也會帶給他們成就感，並幫助他們獨立自主。

十五到十八個月大的時候，孩子喜歡拿湯匙餵自己吃東西，在這個學習的過程中，你必須要有耐心，幫助他們把食物裝在湯匙上，因為常常會灑出來，所以孩子必須穿圍兜。你也要有「食物會灑到盤子、高腳椅和地板」的心理準備，灑出來時立刻把它擦乾，這樣其他的人就不會滑倒了。

2.二歲大的孩子

二歲大的孩子在控制杯子及湯匙的技巧上變得愈來愈成熟，為孩子準備尺寸適合的湯匙和小而不易碎的杯子，杯中的食物只要裝五分滿，如果飲料灑出來了，需要擦的範圍就比較小。

給二歲大的孩子使用小的牛奶或果汁壺（十六盎司），鼓勵孩子裝滿自己的杯子，小心地看著並提供協助（圖16-7）。

3.三歲大的孩子

三歲大的孩子會分辨所偏好的食物（圖16-8），他們也許會因為食物的顏色、形狀、口感而拒絕吃某些食物，你所表現出來的態度，將幫助孩子接納這些食物。此外，家庭的飲食習慣及偏好也會影響孩子所吃的食物。其他的孩子也可以影響食物的偏好，有些孩子在家絕不吃青菜的，在孩子們的注視下，也許會變得喜歡吃呢！

圖 16-7　在旁督導二歲大的孩子裝飲料，他也許要人幫忙扶著水壺

圖 16-8　披薩是孩子特別喜愛的食物

三歲大的孩子已經夠大了，可以在用餐時間幫忙，你可要求他們布置餐桌、擺放盤子、玻璃杯、叉子和湯匙，並鋪上墊子。

這些用餐前的流程將使孩子合宜地布置餐桌，而極少需要你的協助。提供叉子和湯匙以協助孩子發展控制能力、使用底部厚重的玻璃杯以免打翻、使用有蓋子及有壺嘴的水壺、淺碗可讓孩子看見碗裡頭有些什麼。

孩子為自己服務時，要告訴他們牛奶倒五分滿就好，一次只拿一小份食物，對任何年齡的孩子都適用的簡單原則是：取一大湯匙份量的食物，如果孩子需要更多的食物，他們可以要求第二份。

在桌上放一塊濕海綿，孩子打翻食物時，接受這個正常的現象，引領孩子把灑出來的食物擦乾淨，不要斥責他。

4.四到五歲大的孩子

四到五歲大的孩子喜歡在用餐時間幫忙，他們能擺放餐桌、端菜，並在飯後協助清潔收拾。他們喜歡幫忙準備餐點，你要鼓勵他們去做這些事，在烹飪活動中，他們可準備布丁、捲餅或其他簡單的食物（圖16-9），之後，端上這些餐點當點心或午餐。

較大的孩子喜歡在用餐時交談，你也許希望引發他們對談，說一些他們看過、聽過或做過的活動，他們就會互相交談，通常也會談到別的主題。

5.常規

用餐的常規與孩子的年齡有關，然而，一般的常規如下：

圖 16-9 孩子喜歡幫忙準備他們待會兒要吃的食物

* 在要求第二份食物之前，要先把所有的食物吃完。
* 等到每個人都吃完才離座。
* 把自己灑出來的食物擦乾淨。
* 只吃自己盤中的食物。

6.用餐的問題

用餐的問題在學齡前孩子中是很普遍的，這些問題在三歲時達到高峰，25%四到五歲大的孩子也有這些問題，大部分的問題會在六歲左右結束，拒食、遊盪、異食和嘔吐等用餐問題會變嚴重。

A.拒食：

拒食問題是對食物興趣缺缺，拒食經常在一到二歲間出現，此時，孩子對食物的需求減少，有些孩子一天可能只需要一餐，因不需要那麼多食物而拒食，則不能算是問題。然而，當孩子不吃他們所需的食物，那就是拒食問題了。

缺乏運動或活力、精力旺盛及生病都會使孩子對食物沒興趣，這些很普通的問題，有時會自己導正過來。可以採取一些幫助拒食孩子的步驟。

鼓勵孩子進食，給少量的食物（圖16-10），不要催促他們快點吃，而是要告知父母有關孩子的問題，並對於孩子在家吃什麼進行了解。雖然孩子在幼兒園拒絕用餐，但在家也許能得到適當的營養。

對於不吃早餐和午餐的孩子，兩餐之間不要供應他們點心，如果你整天都提供這些孩子點心，他們在正餐時間就不會覺得餓了。

B.異食：

異食是對非自然的食物的渴望，包括：紙、肥皂、抹布，甚至玩具，在大部分的學齡前孩子，這種情況是很少見的。

如果你認為孩子有此問題，可請求園內其他老師一起觀察他，與你的觀察記錄做比較，跟園長討論這個問題，並結合父母、醫療專家和老師一起努力解決此問題。

圖 16-10　胃口小的孩子會較喜歡吃更少量的食物

C.閒蕩：

當其他孩子都吃完食物了，有些孩子卻只吃一兩口。在幼兒園中，有一些孩子吃得比較慢是很常見的，這就是「閒蕩」。有些小孩會把食物含在嘴巴很久，不咀嚼也不吞嚥，有些忙著與鄰座的人交談而忘了吃飯，有些則在盤中推擠或玩食物，這些孩子都是對食物缺乏興趣的。

有些時候閒蕩是為了獲取注意，因此，不要催促或威脅閒蕩的孩子。反之，要提供這些孩子少量的食物，給他們合理的時間吃完，清潔餐桌而不多加批評。孩子將會學習到，如果他們想吃，就必須在時間內完成這些事。

D.嘔吐：

年幼的孩子可能會有嘔吐的現象（有意圖地出現的），如果一個孩子在你的班級中常常嘔吐，而沒有其他生病的徵兆，他／她可能是自己吐出來的。

如果你很確定孩子沒有生病，則忽略他一再的嘔吐，很快地清理穢物，不要有情緒反應，如果孩子得到任何關心，他／她又會開始嘔吐以獲取你的注意。

然而，你必須與孩子的父母分享他的行為，發現他在家吃飯時是不是也這樣，如果是，你將必須與園長、父母一起來解決問題。

（三）午睡

「我的孩子需要午睡嗎？」為孩子在幼兒園註冊的父母經常會問這個問題，有些孩子在家可能會因為長大了而不再午睡，你必須依據該州的幼兒保育執照的規章及幼兒園的政策作回應。

大多數的州均會要求學齡前孩子至少要午睡一小時（圖16-11），如果幼兒園希望的話，可以再久一點，例如，如果一州要求五歲以下的孩子要午睡，幼兒園則可要求所有註冊的孩子均須午睡，在任何情況下，你應針對你的需求檢視該州的指導原則。

大多數的幼兒園有午睡時間，這段時間結束時，多數的孩子醒了，如果沒有，他們也慢慢醒了。你會注意到，如果有些孩子每天都要人家叫醒，他在家的睡眠也許是不足的，先與園長商討，看看誰來負責告知父母此事，如果你必須與父母接觸，用積極的方式與父母分享你的觀察，設法一起同解決。

午睡儀式

在睡前安排靜態的活動，這時孩子通常喜歡聽故事，選擇可以撫慰孩子的故事，四

圖16-11　許多州均規定必須午睡

歲大的孩子喜歡看著圖畫書，直到睡著，你可以放些輕柔的音樂。

年幼的孩子睡眠不足會變得容易生氣，大多數學齡前孩子，不論累不累，都會拖延睡眠時間。較小的孩子也許只是哭泣，但較大的孩子也許會反覆地引起你的注意，他們也許會要求喝水或去上廁所，大多數都只是要引起你的注意。

預防孩子在午睡時間有太多的要求，需做出事先的計畫。首先，讓孩子在躺好前先上廁所、刷牙、洗手、喝水，問問孩子需不需要衛生紙或者是安靜地看一本書，確定孩子都拿到自己的毛毯和絨毛玩具後，為他們蓋上毛毯。但是，如果孩子又要喝水或又要去廁所，這些睡眠「儀式」對多數二到三歲大的孩子來說似乎再自然不過，他們由衷地相信自己的需求是真實的，如果你允許這些孩子在午睡前滿足自己的需求，他們將能更早地安靜下來（圖16-12）。

在午睡時，並非所有的孩子都會睡著，他們需要的睡眠不同。一些五歲大的孩子很多都還是醒著的，然而，如果午睡時間的限制明確且確實執行，那麼五歲大的孩子就會乖乖合作了。

孩子睡醒時，也許會告訴你他們睡眠時會作夢，有的孩子也許會在睡覺時叫喊、哭泣，如果這樣，平靜地靠近孩子，讓孩子知道你在他的附近，握著他的手或幫他蓋上被子。

你要能尊重孩子睡眠的需求，因為有些孩子要睡著是不容易的。盡可能保持安靜，午睡時間不要與其他的老師說話或在教室裡外走來走去。

（四）上廁所

嬰兒必須使用紙尿布，因為嬰兒不能控制排泄、腸子及膀胱的鬆緊，對他們來說，排泄是一種反射動作。出生後的幾個禮拜，嬰兒也許一天要排泄很多次，如已排泄，他們會哭泣。當孩子更大一些，排泄的次數將會降低，但排泄量卻增加了。到二十八週時，孩子也許

圖 16-12　在午睡時間，允許孩子脫下鞋襪，這樣他們將會更舒服、更放鬆

可以維持一到兩個小時不尿尿，但當他們要尿尿時，尿布通常是完全濕透的。除非馬上換尿布，否則就會漏出來，所以要時時檢查並更換尿布，以預防尿布疹。

孩子如廁訓練的時間表是有個別差異的，有些孩子早在八個月大時就開始大小便訓練，有些孩子要兩歲半到三歲才能察覺膀胱滿漲，並控制腸子。要訓練孩子大小便，有的只要幾天，有的則需要幾個月。

1.排泄訓練的時機

要等到孩子中樞神經系統成熟才能教導他控制排泄，這要到兩歲以後才會發生。在這個年齡，大多數的孩子可以表達他們想上廁所的需求，有的孩子可以脫下他的褲子坐在馬桶上，有的孩子會告訴你他要去廁所。

每一個在幼兒園的孩子有他自己的排泄訓練時機，在孩子還沒準備好的時候，不要強迫他們學習，反之，當觀察到孩子愈來愈不會尿在褲子上，要讚美他們。能控制排泄是邁向獨立的第一步，對於年紀小的孩子來說，這是很有成就感的。

有些因素會影響孩子排泄訓練的時機，生病、家中有新生兒、天氣的轉變，都是常見的因素。你也要記得，當孩子剛上幼兒園的前幾週，不小心排泄在褲子上也是很常見的，這些意外說明了孩子對新環境感受到的情緒壓力。另一項因素是在家中訓練排泄時的態度及練習狀況，在一些家庭中，成人對於孩子不小心排泄到褲子上會表現過度的不悅，這些孩子會為不能控制自己的排泄而感到差恥。在幼兒園，你必須對孩子發生小意外時的感覺很敏感，冷靜地幫助他們換上乾淨的衣服。

2.引導

你對於排泄訓練要有切合實際的態度，羞辱和責罵對排泄訓練一點幫助也沒有，相反地，要教導孩子技能，並且鼓勵他們保持乾爽。

提供廁所座椅或便盆是有幫助的，可以提供廁所座椅，並提供一張能踩著以坐上馬桶的小凳子。並不是所有的孩子都喜歡坐在馬桶上，有些孩子會怕掉到馬桶而被沖走，這些孩子較喜歡便盆。

在排泄訓練時，孩子的衣物要很容易穿脫，容易拉下來的褲子會比難解開的褲子要好得多。這個時候，在幼兒園也可以放一些成套的內衣和衣物。

孩子要上廁所時通常會有一些徵兆，有些孩子會扭動身體，有些孩子的腿會交叉，當你注意到這些訊息時，可以提醒孩子：「上廁所的時間又到

囉！」或是「勞斯，你要上廁所嗎？」在孩子上完廁所後，提醒他們要沖馬桶並洗手，同時你自己也要洗手（表16-13）。

引導排泄訓練的小細節

- 每一個孩子有他自己的排泄訓練時機，在他還沒準備好時，不要強迫他學習。
- 維持切合實際的態度。
- 當孩子愈來愈能保持褲子的乾爽時，讚美他們。
- 不要羞辱或斥責孩子。
- 提供廁所座椅或便盆是有幫助的。
- 當孩子想上廁所時，注意他們所表現出來的徵兆。

表 16-13　記得這些有效的排泄訓練原則

（五）清潔收拾工作

清潔收拾在孩子的教室中是很重要的例行作息，孩子學著負責自己帶來的物品和教室的材料及設備。收拾對新老師來說是很有壓力的，看看凱洛，他最近開始在幼兒園任教，他說他發現自己經常在訓練孩子收拾工作時提高聲量、斥責孩子或嘮叨。凱洛的挫折是不必要的，以下的建議也許有幫助：

引導

對於收拾工作要有積極的態度，責備或對孩子嘮叨是沒有用的，你會發現有些孩子沒有反應而且不願意參與。

一開始先訂定穩固的規則並執行，期待所有的孩子參與收拾工作，你必須處理不想參與收拾工作的個別孩子，你可以說：「天亞，你要把拼圖放回去。」看著她開始收拾，如果她跑開了，拉著她的手，然後說：「天亞，來，妳必須把拼圖放回托盤。」如果天亞仍然拒絕收拾，必須讓她知道以後她將不能再玩拼圖。

你要去發現一些需要鼓勵或提醒的孩子，你可以說：

＊ 幫我把積木放回去。
＊ 告訴我拼圖要放哪裡？

* 娃娃的衣服要掛哪裡？
* 媞米，妳很認真搭建積木，現在讓麥可看看怎麼收拾積木。

藉由視覺上的提示讓孩子知道教具和設備應放回哪裡，這可以培養孩子的獨立性，例如，在木工區，在一張標籤卡上畫下一樣工具的輪廓。娃娃家可以釘上懸掛衣服的掛鉤，幫孩子在每一件衣飾繫上八吋（約二十公分）長的雙線；在積木區，每種積木依外形及大小分類放置。益智區中不同的教具均需有明確的分類。

年幼的孩子喜歡討人歡喜，他們會想要得到你的讚賞，因此讚美孩子對於收拾的用心是很重要的，你可以說：「莎莉，我喜歡妳幫法蘭克收拾積木的樣子。」或是「安培瑞，我喜歡你能撿起所有的拼圖。」

轉換活動

轉換活動是由一項活動換到另一項的過程，或是從一個地方換到另一個的活動，每天會發生很多次，孩子也許必須結束學習區活動去如廁、用餐或到戶外遊戲，轉換活動必須經過仔細的規畫才能使孩子在一天的例行作息中不致過於忙亂。

用五分鐘的時間來轉換活動，讓孩子有時間完成他正在做的工作，你可以彈五分鐘的琴或用煮蛋計時器。

有四種基本的成功轉換時間的方法。你可以使用：直接說明、視覺訊號、新穎活動和聽覺訊號，在一天的轉換活動中，你也許會使用很多種方法，記住要前後一致，年幼的孩子對於可預期的事情會做得較好，因此，在各個不同的活動中最好使用相同的轉換方法，例如，每天彈同一首「收拾歌」讓孩子知道收拾時間到了。

（一）直接說明

使用直接說明的方法引導孩子地點或活動的轉換（圖16-14），例如：

「蓮，把圖畫放回妳的置物櫃。」這即是告訴蓮要進行下一個活動了。

「蘿絲，掛起妳的外套。」蘿絲將從戶外進到室內。

「婷，這裡有一些黏土，把它拿到美勞桌。」婷就會開始進行美勞活動了。

「旭帕，把這些毛巾掛回浴室。」這表示收拾時間結束了。

（二）視覺訊號

使用視覺訊號是另一種轉換活動的方法。在轉換活動時，孩子必須能看見這些訊息，例如，當你讓孩子看一張午餐時間的圖卡，孩子就會往餐桌移動了。故事時間後，你可以舉起一張戶外遊戲的圖卡，當孩子看到之後便會穿上外套，站在門口等你，表16-15還有其他視覺訊號的例子。

圖 16-14 把玩具拿走有助於孩子轉換至下一個活動

剛開始在使用視覺訊號時，你需要向孩子解釋說明，用幾次之後，孩子就知道這些訊號是什麼意思了。

（三）新穎活動

新穎的轉換活動是用一些不尋常的、新的活動或方法來轉換活動，運動是其中一種方法。孩子用動作來進行轉換活動，例如，要求孩子想像自己是大象，邁著重重的腳步走向點心桌，或讓他們變成躡手躡腳走路的猴子。

唯一會限制以運動為轉換活動的，只有想像力，孩子能遊行、跳躍、倒退走。然而，在介紹轉換活動前，要考慮孩子的能力，例如，不要要求兩三歲大的孩子跳躍，他們也許還沒發展出這項技能。

運輸工具也是另一項新穎的轉換活動，孩子能以運貨車、噴射機、公車或汽車的方式移動，每次介紹一種運動或運輸工具的轉換活動，讓孩子都能參與，示範你要孩子移動的方式。

使用視覺訊號的轉換活動	
視覺轉換活動的方法	方法的應用
有意義的紙張	作為孩子分組之用。把藍色的、紅色的、綠色的或黃色的紙張放在每一張桌上，把孩子分成四組，一組一色，讓他們找到自己的桌子坐下。
手勢	在戶外遊戲場，以手勢引導孩子進教室或到一個特定的地方。
閃光	用以引起孩子的注意，或提醒孩子要完成手邊的活動了。
時鐘	對較大的孩子使用的，告訴他們：「當長針指到 12 時，就是午餐時間到了。」
文字	用來讓孩子從團體中離開，為每一個孩子做名字卡，一次舉起一張卡，當孩子看見自己的名字時就可以離開。

表 16-15　以許多視覺訊號的方法來進行轉換活動

　　指認身分的遊戲也常用於新穎的轉換活動中，例加，你要讓孩子由一項活動到另一項活動中，你可以問：「今天誰穿紅色的衣服？你們可以到廁所洗手，準備吃點心了。」（圖16-16），繼續叫穿其他顏色衣服的孩子，直到所有的孩子都離開。

　　使用字母標示，也是一種新穎的轉換活動，要孩子進行另一項活動時，你可以說：「誰的名字開頭是字母 T 的？你可以到戶外了。」繼續叫其他字母的孩子，直到所有的孩子都到戶外為止。

（四）聽覺訊號

　　聽覺訊號是以聲音的方式告知孩子活動的轉換，用鈴聲、計時器、電子豎琴、鈴鼓或鋼琴來告知孩子活動的轉換。有些老師以簡單的歌曲或音樂和弦當作轉換活動的訊號，例如，當安德魯老師在鋼琴上彈奏「瑪麗有隻小綿羊」時，就表示收拾時間到了。

圖 16-16　在進行轉換活動時，以顏色指認身分的遊戲可以抓住孩子的注意力

聽覺訊號也需要有個別化的訊號，這是用於當你只要傳遞訊息給某一個孩子的時候，例如，你可以小聲地告訴一個孩子，他／她必須收拾玩具或到餐桌，這叫作「個別的轉換活動」。

用聽覺訊號來提出預警是很有效的，例如，清脆的鈴聲是告訴孩子，再五分鐘遊戲時間就要結束了，在最後的五分鐘，他們知道這是收拾時間。

摘要

　　日常例行作息為每一天提供了生活的架構，在這個架構下，孩子有機會發展獨立性，可預測的作息表幫助孩子掌控日常例行作息，會讓幼兒園運作得更順利。

　　計畫良好的作息表，提供了每日活動的架構，對於不同課程模式的幼兒園來說，作息表也不盡相同，例如，課程進行的天數、孩子到園的時間，都需要考慮在內。

　　日常例行作息表的計畫必須符合孩子生理和心理的需求，健康及安全是重要的考量，許多年幼的孩子需要用餐及休息的時間，就跟成人一樣，孩子也有心理上的需求，以安全感來說，他們需要一致的、可預測的例行作息。

　　穿脫衣服、用餐、午睡、上廁所、收拾工作是每天的例行作息，在每一天中，以上每一項例行作息都有其挑戰及問題，例如，要求孩子參與收拾工作似乎是一種可預測的活動，然而，如果沒有適當的引導，這項工作對老師及孩子來說都將是一種挫折，因此，學習積極引導的策略以使孩子有責任感極為重要。

回顧與反思

- 如何讓孩子在日常例行作息中獲益？
- 為什麼在作息表中提供一大段的開放時間有其重要性？
- 描述一個典型的來園例行作息。
- 為什麼有些幼兒園會要求父母多放一套孩子的衣服在學校呢？
- 列舉會影響孩子胃口的五個因素。
- 列出你會要求孩子的三個用餐常規。
- 提出兩個處理孩子拒食的建議。
- 什麼是異食？
- 幼兒園有權利決定午睡應包含在日常例行作息裡嗎？解釋你的答案。
- 多數的孩子已準備好、可以進行排泄訓練的年齡是幾歲？
- 描述一種你鼓勵孩子參與收拾活動的方法。
- 列出四種型態的轉換活動，並各舉一例。

應用與探討

- 運用本章教導過的技巧，練習穿上你的毛衣或夾克。
- 以坐姿，練習教導一位同學打結、扣鈕子、拉拉鍊。

- 向一位經驗豐富的老師詢問成功進行午睡時間的技巧。將所得結果做成一份報告。

- 觀察孩子的收拾工作,記錄老師用以鼓勵孩子參與收拾的技巧,與同學討論你的發現。

- 訪問父母,他們的孩子需要去上廁所時會有什麼徵兆?與你所觀察到的徵兆做比較。

課程應包含多樣的材料資源

第四篇

孩子的學習經驗

　　對孩子來說，好的學習經驗是需要在幼教課程目標上仔細地計畫過的，有品質的課程反映出孩子發展的需求和興趣。在本篇，你將學到如何以全人發展為基礎來設計課程，亦將學習到適合發展及書寫課程的方法。

　　提供多樣的學習經驗可以幫助孩子以多種不同的方法學習和成長。當你閱讀此部分，你將學到引導不同類型的學習經驗的技巧：美術、說故事、偶劇、運筆書寫、數學、科學、社會、食物和營養、音樂和律動、戶外教學。

　　每一章都將提供你計畫並督導活動的引導，你將學習到許多可以與孩子一起嘗試的特殊活動的構想，你也會發現帶領這些活動時，需要什麼型態的教材以及資源。

規劃一個豐富多樣的計畫以運用於孩子的學習經驗中

第十七章

課程

賴碧慧

❖ 發展課程目標

❖ 指出是誰參與課程發展

❖ 列舉在課程設計中評量的重要性

❖ 解釋課程發展中，以內容與過程為中心的教學法

❖ 描述課程設計中需考慮的因素

❖ 列舉課程設計中，以主題為基礎的教學法

❖ 設計一週的課程，包含區塊計畫與教案

關鍵辭

課程目標	內容與過程為中心的教學法
直接學習經驗	間接學習經驗
領域敏感性	領域獨立性
視覺學習者	聽覺學習者
主題	螺旋形的課程
主題網	概念
區塊計畫	教案
學習目標	引起動機
結束	

閱讀一個故事、餵兔子、唱歌、到戶外遊戲，均為課程的一部分。烹調蘋果醬、在紙上塗鴉、搭建積木、在娃娃家玩扮演遊戲，同樣也是課程。課程包括使用多種的教具和設備（圖17-1）。即使空間中的布置亦反映出課程。

良好的幼教課程是以孩子如何發

圖 17-1 就課程來說，孩子在身體的、情緒的、社會的，以及認知上的需求都同等重要

展與學習為基礎。它包括大範圍的概念、經驗與教材的設計,以配合孩子發展上的需求。這些需求包含了社會的、情緒的、身體的以及認知的需求。它包括決定什麼是孩子必須要會、必須要知道的。良好的幼教課程同時會注重孩子的學習方式與特性,常利用主題的方式來組織重要的概念。

　　好的課程對於支持孩子的學習與發展很重要,它需要有詳細的計畫以及幼兒發展方面的知識。本章將會描述有關設計課程時所需要考慮到的因素。

發展課程目標

　　在設計課程之前,必須先決定幼兒園本身的課程目標。幼教課程目標概述了幼兒園的教育理念,課程目標就是根據最後希望達成什麼結果而訂定的廣泛聲明,有些人描述目標為課程中「為什麼」的部分。

　　課程目標根據幼兒發展中強調「全人」的概念,幼兒園裡對於孩子的教育目標可能包括下列:

* 對學習發展出正向的自我概念與態度。
* 發展獨立性。
* 思考具有批判性,以及發展問題解決的技巧(圖17-2)。
* 尊重與了解文化的差異性。
* 在聽與說方面,發展有效的語言技巧。
* 發展小肌肉協調。
* 發展大肌肉協調。
* 發展個人的主動性。
* 發展對世界的好奇心。
* 發展正面的社會互動技巧,包括合作與相互依賴。
* 發展尊重個人與他人的權利。
* 發展對於人、事、物相互關係的了解。

　　以上這些目標每一個都很廣泛。由於適性發展的課程是全人教育，所以這些目標包括了所有四個領域的發展。

達成目標

　　老師、可利用的資源與活動環境都會影響目標是否能達成。舉例來說，如果其中一個目標是要培養獨立性，那麼就要給孩子最少的協助，如此便會增加許多促進孩子獨立的機會；教室中的活動應該要求老師較少涉入，孩子就可以在沒有成人協助的情況下參與大多數的

圖 17-2　公佈欄活動是教導問題解決技巧的好方法

活動，因此活動的設計就必須配合孩子的能力。

　　教室中的環境包含空間布置也可以促進孩子發展獨立性。掛衣鉤、面紙、桌子、椅子以及設備若能放置於孩子可以拿到的地方都是有幫助的，如此一來，孩子便能夠自動自發，而不需要一直依賴老師的幫助。

是誰規劃課程

　　課程發展可以牽涉到一個至數個教職員工的參與。在小型的幼兒園裡，主教老師通常就是設計課程的人（圖17-3），老師對孩子有興趣的事物、需求、學習方式與先前經驗擁有第一手的知識，而在有些幼兒園裡，許多人會參與此過程，園長、老師、助教與父母，有時甚至連廚工都可能參與其中。在課程設計中，每一個人都可以提供有幫助的資訊。較大的幼兒園或許會雇用課程專家來規劃課程。

　　園長在課程發展中通常扮演關鍵的角色，在大多數的幼兒園裡，園長督導所有園

圖 17-3　自己設計的課程能幫助老師創造出適合孩子的遊戲

所中的活動，所以也包括課程的督導。

有些連鎖的幼兒園會提供園長已規劃好的整套課程，園長負責向教學的老師介紹此種課程，在修正以符合孩子的需求之後，老師會被要求使用此套課程。

一套事先規劃好的課程有其利與弊，對於一個訓練較少且經驗不足的老師來講，事先規劃好的課程是有幫助的，活動過程與建議經常都會詳細地摘要出來，有了這些課程的點子可以利用，便能夠節省許多時間與精力。

事先規劃好的課程亦有些缺點，它或許無法把不同幼兒園中孩子的個別差異與學習方式列為重要的規劃因素，課程需要根據學習者的能力規劃，才能將未知的知識建構於孩子已知的知識之上，有經驗的老師或許會覺得被一套事先規劃好的課程所限制，因為他們較有經驗，所以比較可能觀察到孩子的需求與課程間的落差，一旦這種狀況發生的話，有經驗的老師可能會覺得很沮喪。

評量：課程計畫中重要的一步

每一個孩子都是獨特的，即使在某些年齡階段會表現出許多的相同性，設計出符合個別差異及發展年齡的各領域的課程評量是必要的。

評量過程可以提供設計課程的有用資訊。前評量提供有關「什麼是孩子已經知道的」以及「什麼是他們已經會了的技能」的資料，此種資料可以幫助你規劃適合個別孩子的課程，同時也可以幫助你向父母說明他們孩子在一段時間之後的進步情形。

評量應該是根據孩子在幼兒園中所從事的活動而來，它應該是著重於孩子知道什麼與會做什麼，也包括蒐集孩子的作品，例如：美勞作品、故事與研究計畫。老師的觀察記錄與摘要也許也可以包含在內。

內容與過程為中心的課程

雖然對於課程規劃上有許多的教學法，但是其中最受歡迎的仍然是以內容與過程為中心的教學法。學習是一種不斷對環境探索與提出疑問的過程。親自動手做的課程頗受注重。所有四個領域的幼兒發展——社會的、情緒

的、身體的與認知的發展都被包括在
內，提供適合各年齡層的教材與經驗以
豐富學習環境（圖17-4）。教材與設備的
使用也需符合孩子的能力、文化背景與
發展。

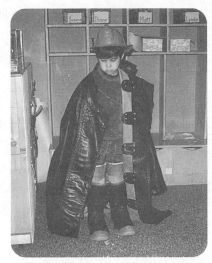

　　基本的學習教材在以內容與過程為
中心的課程中扮演著關鍵角色。這些教
材由老師有系統地挑選與規劃，可能包
括拼圖、遊戲盤、積木、沙子、水、
書、錄音帶，以及提供戲劇扮演與科學
研究的用具。

　　外在的環境也針對學習內容仔細地
加以規劃與準備，它應該要評量孩子的
發展需求與興趣，一旦設立環境後，孩
子需擔負起選擇他們自己所要從事活動
的大部分責任，所以孩子有權決定大多
數時間、空間與設備的運用方式。

圖 17-4　在以過程為中心的環境中，孩
子藉由試穿消防隊員的制服，
學到更多與消防隊員有關的事
物

　　好的課程包括直接與間接的學習經驗。直接的學習經驗是計畫好的，且
有一個要達成的特定目標，例如：木工活動是為了促進小肌肉發展與教導使
用護目鏡的安全措施而設計的；教室布置是設計來培養孩子完成此活動的獨
立性，以及引起學習的興趣。

　　間接的學習經驗發生在特別的時間點，例如：看著琳娜扣鈕釦時，杜懷
恩或許學習到如何扣他自己外套的鈕釦；雪莉或許在看著馬克畫畫時，也學
會了畫畫；凱西在混合不同水彩顏色時，或許學到在藍色水彩裡加入紅色水
彩可以變成紫色。

課程規劃時應考慮的要素

　　當你開始規劃課程時，有一些要點必須謹記在心，首先你必須決定課程
要包含哪些內容。在決定課程內容時需要問到三個問題，選擇的學習活動必
須均衡，且為了達到均衡有幾個要點是需要考慮的；除此之外，孩子多樣的

學習方式與學習特質也必須考量進去。

（一）選擇課程內容

當你開始規劃課程時，你必須決定什麼內容是必須包括在內的，三個基本問題可以幫助你思考。第一，考量此問題：這項內容值得知道嗎？試想一下當地的文化，因為在有些社會中某種學習成果或許是重要的。這種學習成果將會幫助這個孩子適應他／她的周遭環境嗎？

美國的孩子在某段時間必須學會閱讀，我們的文化很強調閱讀的重要性，於是在幼兒園裡我們為孩子讀了很多故事，透過聆聽，孩子學會喜歡與欣賞文學。在一個不用讀寫的社會裡，這些技能是不需要的，而其他技能卻變得很重要。

第二個需回答的問題：此項學習內容可試驗嗎？換句話說，孩子應該可以直接看出此項學習內容是具有真實性的（圖17-5）。許多時候老師根據私人的喜好選擇活動。他們喜歡這個活動，例如，有關恐龍的活動長久以來就出現在許多園所的課程中，依據上述的問題想一下這個活動：「孩子曾經看過活的恐龍嗎？」這個活動是不能試驗的。另一種活動將會比較適宜——閱讀孩子所知道的一種動物的圖畫書，如果有機會的話，讓他們到動物園去看一看，以此種方式來取代閱讀有關恐龍的圖畫書。

圖 17-5　如果孩子可以看到母牛並摸到牠，則有關母牛的學習
　　　　　內容即可試驗

這裡有另外一個例子，如果你要做一個有關食物的單元，奶油的製作將會是可試驗的活動。開始此項活動時，告訴孩子乳脂可以做成奶油，然後給孩子看乳脂的濃稠度。之後給每個孩子一個有著泡打乳脂的容器，讓他們看如何搖晃此容器，請孩子不斷地搖，直到混合物變得濃稠為止。乳脂變成奶油之後，讓每個孩子嚐一嚐奶油的味道，如此可以幫助孩子試驗他們的知識。

剩下的第三問題即為：此項資訊是適合發展的嗎？給予三、四歲孩子剪刀與紙的活動即是適合發展的，這個年齡的孩子可以適當地使用剪刀；對十八到二十四個月大的孩子來說，這個活動就太難了。

閱讀小紅帽的故事或許是不適合發展的，你可能發現，甚至有些五歲的孩子可能都還沒準備好要聽這種故事，許多學前的孩子不能把幻想與真實分開，於是這本書可能造成他們的恐懼。它也可能教導錯誤的概念，例如，雖然書裡的狼會說話，但狼事實上是不會說話的。

（二）均衡的學習活動

適宜的課程包含均衡的學習活動，以支持所有的發展領域，這些活動必須小心選擇，讓孩子一直都很忙碌的活動並非總是最好的活動。同樣地，只因為孩子喜歡某種活動，並不意謂著就必須將之包含在課程中，你必須評估每個活動，以確定它對孩子是適合的。

良好的課程平衡組織性與非組織性的學習活動。非組織性活動的例子為建構積木、美術拼貼、玩水、玩沙遊戲，孩子應該花較多的時間來玩自發性的非組織性的遊戲，此種遊戲讓他們有練習新近發展的技能的機會。

有組織性或封閉式的學習活動也必須包含在內，這些活動間接指定了孩子的行動，串珠、玩拼圖，以及烹飪都是這種活動的例子。

儘可能均衡地規劃室內與戶外活動（圖17-6）。當地的氣候將會影響此規劃是否可行，在極熱或極冷的天氣裡，孩子應該待在室內，此時應提供孩子可運用大肌肉的室內活動。

在氣候溫暖、天氣許可下，許多室內學習活動可以移到戶外，像是畫畫、玩水、說故事與音樂時間，都可以到戶外進行。

動態與靜態的學習活動也必須是均衡的，接連著規劃太多動態的學習活動，對有些孩子來說或許會太刺激，結果可能是一團混亂，要預防這種情形

發生的話,在動態的學習活動之後應該安排靜態的活動,例如,戶外活動之後安排說故事與分組活動時間,將會是個均衡的選擇。

接連著太多靜態的學習活動也有缺點,孩子會變得浮躁不安,結果可能跟提供太多動態的學習活動一樣,也是一團混亂,孩子也可能對活動失去興趣而開始動來動去或交頭接耳。

(三)考慮學習方式

在為孩子規劃課程時,需考慮到個人學習方式的差異,基本的學習方式包括:領域敏感性、領域獨立性、視覺學習者與聽覺學習者。

圖 17-6　戶外活動提供給孩子新鮮空氣並發洩過剩的精力

1.領域敏感性

使用領域敏感性學習的孩子喜歡與其他人一同工作(圖17-7)。他們在團體活動中很能幫得上忙,他們會自動協助他人、把積木撿起來、將桌子排好、替積木片找一個地方放好。使用領域敏感性學習的孩子也會試著得到你的注意力。

在介紹新活動時,使用領域敏感性學習的孩子要有一個可模仿的對象,他們或許會要求你示範這個活動給他們看,如果沒有可模仿的對象或示範,他們或許會等著,當其他人開始時,他們會先觀察,之後才開始工作。

2.領域獨立性

使用領域獨立性學習的孩子喜歡嘗試新的活動,他們喜歡去發現,這種孩子不必催促他們嘗試新活動,大部分的情況是,他們是首先去嘗試新活動的

圖 17-7　使用領域敏感性學習的孩子喜歡與其他人一起遊戲

人，使用領域獨立性學習的孩子很少找老師幫
助，他們喜歡在沒有老師的指導或協助下，沉
浸於新的工作。

　　使用領域獨立性學習的孩子喜歡自己獨立
工作（圖17-8），然而，他們喜歡競賽的同時
也喜歡自我認同。使用領域獨立性學習的孩子
也是工作取向的，當他們沉浸於一個活動時，
他們通常不會注意到周遭發生了什麼事。

圖 17-8　使用領域獨立性學習的孩
　　　　子喜歡獨立工作

3.視覺學習者

　　視覺學習類型的孩子深深依賴視覺，這類
孩子會注意到環境中很小的改變，如果科學區
的桌子上多了一盆植物，他們會是第一個注意到的人。視覺學習類型的孩子
喜歡看書以及看其他的東西。

4.聽覺學習者

　　聽覺學習類型的孩子最好的學習方式就是透過聽力，這類孩子就是第一
個聽到教室裡有一隻蒼蠅或戶外有鏟雪車的人。你會發現到，聽覺學習類型
的孩子很喜歡聽聲音，為了符合他們的需要，課程中需要準備錄音帶、故事
和詩集。

　　你或許會發現每一個課程計畫中的學習方式都不相同，在去年可能有較
多屬於領域敏感性學習的孩子，但是今年卻有
較多屬於領域獨立性學習的孩子。主要使用視
覺學習的孩子人數也每年都不同，這些資訊對
於規劃符合孩子學習方式的課程內容是很重要
的。

　　大部分的孩子使用合併感官的方式──那
就是說，他們使用視覺與聽覺兩種方式學習，
為了配合這些孩子的需要，就要規劃包含多種
感官的活動（圖17-9）。例如，在拿一本書起
來念的時候，同時也給孩子看其中的圖畫，這
樣，孩子應該記存更多知識，也會覺得活動令
他們更滿意。

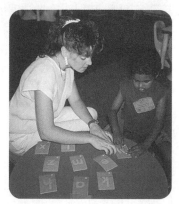

圖 17-9　一邊說一邊給孩子看一
　　　　個新的活動，會引起他
　　　　視覺與聽覺感官的興趣

（四）考慮學習特質

每一個教室中都有許多不同學習特質的孩子，有些孩子做事的速度較慢，有些則較快；有些孩子是很專注的，有些則很容易覺得無聊；有些很快就下決定，有些則很謹慎。

評估孩子與你自己學習特質的關係，如果你是做事速度較快的人，在規劃課程時把這個特質謹記在心，當你在為孩子示範時要慢下來，讓他們可以了解這些概念，閱讀或說話的速度避免太快。

在規劃分組活動時要謹慎小心，如果喬伊工作的速度極慢，湯米很快，而兩人又在同一組的話，可能兩個人都會感到沮喪，最好的方法是把做事速度相同的孩子安排在同一組。

有些孩子的專注時間較長，他們可以長時間集中注意力坐著，然而，其他的孩子是很容易分心的，要讓這些孩子繼續保持他們的興趣的話，就要規劃新奇與有趣的分組活動。例如，在說故事時間時運用多種的教學方式，一星期之中使用至少三種的教學媒體：絨布板娃娃、可拉動的圖表、玩偶、邊畫邊說的圖表，以及錄影帶都可以用來講故事。

孩子下決定的方式也不同，有些孩子很快地下決定，此種下決定的類型叫做衝動型，當你給予機會時，衝動型的孩子就馬上行動。

其他的孩子下決定比較慢，此種下決定的類型叫做謹慎型，此種孩子在接觸新活動時很小心，在開始之前他們會先研究一下環境。

記得，不是所有的孩子都能在同樣的時間之中完成活動，孩子以不同的行動速度來學習，身為老師，在規劃課程時需要察覺個別的學習方式與特質。

主題

老師規劃課程時經常使用主題，主題即為規劃教學活動環繞的一個主要的論題或概念。成功的主題考慮到孩子的年齡、能力以及興趣，在選擇主題時其他需謹記在心的標準為：時令與可利用的資源。

一旦選好了主題，活動就可以延伸開來（表17-10），這經由小組腦力激盪最適宜，活動的數量與類型會跟隨主題而變，環境與學習經驗的規劃也是

為了延伸主題活動，例如，蘋果的主題或許可以包括一趟蘋果園之旅，或許也可以布置一個有三種不同顏色蘋果的公布欄，團體時間就可以閱讀《強尼蘋果籽》給孩子聽。

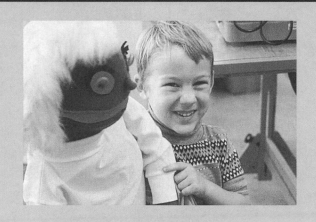

以玩偶為主題的活動

小肌肉動作
手偶
玩偶的製作
・紙袋偶
・花生偶
・襪子偶
・紙盤偶
・棍子偶
・紙牛奶盒偶
・湯匙偶

美勞
・設計與製作手偶。

社會研究
・參加木偶表演。

語言學習、說故事與戲劇扮演
・使用一個玩偶說故事。
・上演一齣偶劇。
・說一個皮影戲的故事。
・學習有關玩偶的新字彙。
・小組時間時觀看玩偶的圖片。
・使用多種的玩偶設立一個玩偶的舞台。

感覺桌
・提供不同材料做成的多種玩偶。

表 17-10　幾個老師互相腦力激盪之後，產生了以玩偶為主題的延伸活動

　　蘋果的主題可以延伸至烹飪活動：蘋果泥、烤蘋果、蘋果蛋糕、蘋果麵

包與蘋果醬都是可以做的；美勞活動或許可以包括剪下蘋果形狀、蘋果印畫；亦可使用三種不同顏色的蘋果——紅色、黃色與綠色，設計樂透遊戲；可以在科學桌放置不同大小與顏色的蘋果。把蘋果切開，也可以切片放到顯微鏡下研究，表17-11列出主題的例子。

主題的例子

五種感官	・祖父	藝術	馬戲團
動物園的動物	・阿姨姑媽	刷子與掃帚	測量
寵物	・叔叔舅舅	如何照顧自己	金錢
狗	・姊妹	帽子	方向
農場	・兄弟	剪刀	姿勢
顏色	鐘錶	我們的城鎮	露營
音樂	食物	水中的動物	形狀
花卉	・蔬菜	輪子	昆蟲
健康	・水果	交通工具	植物
天氣	・麵包	・陸地	運動
水	・肉類	・水上	花園
我們來創造	・日用品	・空中	醫院
我們來跳舞	季節	符號與圖畫	電話
我們來唱歌	・夏季	警察	安全標誌
我們來演戲	・秋季	消防隊員	童話故事
玩具	・冬季	卡車司機	聲音
安全	・春季	木工	報紙
情感	影子	醫生	大自然
幻想與真實	家	護士	圖書館
家庭	假日	技工	電腦
・媽媽	衣服	溫度	機器
・爸爸	社區工作者	朋友	
・祖母	玩偶	旅行	

表 17-11　主題可以從孩子的周圍環境的所有環節而來

　　大部分活動的規劃不一定跟主題有直接的關係，有些主題會比其他的主題有更多相關的資源可運用，故事與作品展只是兩種與主題較相關的活動。

（一）主題的點子

一般來說，某些主題較會引起某些年齡層孩子的興趣（表17-12），年幼的孩子的興趣集中於他們直接接觸到的周遭環境，直到孩子越來越長大，他們的興趣範圍也會增大。像一個螺旋形一樣，根據此種概念規劃的課程叫作「螺旋形課程」。

螺旋形課程		
兩、三歲孩子的主題		
所有的我	我正在學的概念	
就是我，我很特別	・大／小	
我的家庭	・上／下	
我的朋友	・軟／硬	
我的家	・濕／乾	
我的玩具	可以動的東西	
我的感官	・汽車	
我吃的食物	・卡車	
我世界中的顏色	・船	
我看見的形狀	・飛機	
・圓形	我世界中的動物	
・四方形	・狗	
・三角形	・貓	
・長方形	・農場動物	
・心形	・動物園動物	
三、四歲孩子的主題		
我世界中的人們	・秘書	
・我的家庭	・電腦程式設計師	
・我的朋友	・職員	
・警察	・衛生工程師	
・消防隊員	・領航員與飛機空服員	
・麵包師傅	・加油站服務員	
・肉販	・汽車技工	
・圖書館管理員	・油漆工	
・印刷業者	・木工	

（續）

・醫生	・水電工
・護士	・農人
・藥劑師	・花匠
・救護車人員	所有的我
・銀行人員	・我的感官
・廚師	・我的情感
・服務生	・我的家
・音樂家	・我的學校
・髮型設計師	
・攝影師	

四、五歲孩子的主題

我的身體	運輸工具
・良好的健康	・空中
・運動	・陸地
・營養	・水上
溝通	工具
・說話	・園藝
・傾聽	・木工
・玩偶	・技工
・演戲	・美容師
・寫作	・牙醫師
・收音機	
・電視	
我的世界	
・寵物	
・植物	
・花卉	
・蟲子與蜘蛛	

表 17-12　孩子越大，興趣也就越廣泛。此圖表為螺旋形課程概念的範例

　　兩歲的孩子對直接經驗的世界很感興趣，例如：光線、聽一聽、摸一摸、嚐一嚐以及聞一聞都會讓他們很感興趣。家庭、顏色、形狀、寵物、農場動物與食物，對兩歲的孩子來說也是好主題。根據你選擇的主題在教室的學習區規劃出多種不同的活動，這樣會使得年幼的孩子一直很感興趣。

　　三歲的孩子對他們的家人很感興趣，同時，他們也對鄰居與社區感興

趣。超級市場、麵包店、圖書館、郵局、消防隊與警察局的主題是這些孩子特別感興趣的，他們的興趣如同螺旋形般，由直接經驗的周遭環境中，逐漸擴展。

與動物相關的主題為三、四歲的孩子所喜愛，這些主題可以著重於動物群，動物群可包括農場、森林、水域與動物園中的動物。昆蟲、鳥類、狗與貓也讓這些孩子覺得有興趣。

四、五歲的孩子喜愛不同的廣泛主題，主題又可以被分成一些大類別，例如，較廣泛的主題可能包括：我的世界、我喜歡做的事情、可以動的東西以及運輸工具。

這些類別可以分成一些次主題：我的學校、我的家、我的情感與我的家庭，這些只是在「我的世界」主題中幾個次主題的項目。

節慶的主題

替孩子規劃節慶的主題時要小心，學齡前的孩子對於時間缺乏清楚的概念，如果太早介紹節慶的主題，他們或許會太興奮，例如，如果在十月的第一個星期就為孩子介紹第四個星期才會到的萬聖節的話，孩子會變得很困惑，他們會不知道什麼時候該期待萬聖節的來臨。

對孩子來說，節慶主題的活動經常是令人興奮的，但如果此種興奮持續四個星期，孩子可能會發生行為上的問題，以致需要更多的輔導。

（二）主題的長短

孩子的注意力長短與可利用的資源，是影響主題長短的兩個主要因素，例如，如果孩子覺得有興趣，且有資源可以利用，情人節的主題應該被限制於一星期內完成。

有些主題可以進行一個月或更久，社區中工作人員的主題可以一直持續到某些時間，許多的社區工作人員可以輪流成為次主題。

（三）使用主題網發展主題

有效發展主題的一種方式為使用資源書籍，許多的幼兒園會準備一套百科全書作為背景資料的參考，看完之後，主題網就可以畫下來了。主題網摘要出有關主題的主要概念。

畫主題網就是列出與主題相關概念的簡單方法，例如，在發展玩偶的主

題時，去查詢資料，列出所有你可能延伸的概念（表17-13）。玩偶主題網的子主題可能是字彙、動作、種類、舞台、材質與特徵。

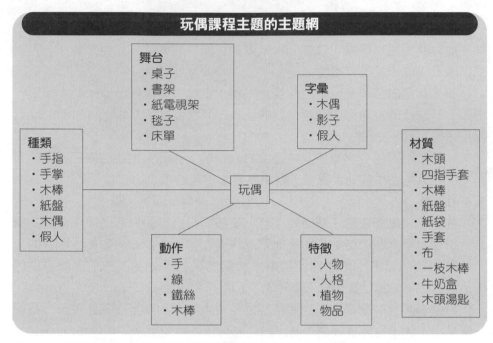

表 17-13　發展主題網時可以使用百科全書等作為資源

畫完主題網之後，下一步就是寫下目標。研究主題網可以寫出的目標，例如，根據表17-13的主題網孩子或許能做到：

* 分辨六種玩偶。
* 發展使用棒偶、懸絲偶與手偶的技巧。
* 欣賞一齣玩偶劇。
* 學習新字彙：木偶、影子、假人。
* 使用多種材料製作玩偶。
* 使用玩偶表達思想與情感。
* 在看完玩偶劇之後，練習使用玩偶。

（四）根據主題的概念

　　課程主題是幫助孩子組織概念的良好工具，概念就是一個概括性的想法或觀念，學習基本的概念幫助孩子了解世界，藉由概念的形成，孩子學習到用有意義的方式把他們的經驗分類。

　　概念可以環繞著一個主題發展出來，你可以這麼做——先回顧你的主題網，然後寫下概念。例如，如果你的主題是鳥類的話，可以包含的概念如下：

> ＊ 鳥類有許多種。
>
> ＊ 有些鳥類是寵物。
>
> ＊ 鳥類會孵蛋。
>
> ＊ 大部分的鳥類會飛。
>
> ＊ 鳥類住在鳥巢、樹上、房子以及籠子裡。
>
> ＊ 鳥類有頭、身體、翅膀、鳥喙與羽毛。

書面計畫

　　在考慮你的教學法之後，就要寫下主題、概念與活動的書面計畫。許多幼兒園要求兩種書面計畫，區塊計畫是全盤的課程觀點，它摘要出一般的計畫；教案比區塊計畫更為詳細，它摘要出用來達成目標的特別行動與活動。

（一）區塊計畫

　　區塊計畫是規劃均衡課程的關鍵，沒有這種書面的區塊計畫，課程領域或許會被忽視，你或許覺得這些領域已經包含在內了，但是沒有書面的記錄來檢視，你就不能真正確定。

　　區塊計畫通常包含星期一到五的日子、時段與預定的活動。表17-14為區塊計畫的範例。

　　區塊計畫必須保存在檔案中，並可做為了解本年度課程活動的參考。這個計畫也包含了多種活動，如果合適的話或許未來幾年都可以使用。

上午班：兩歲
星期　8月27~31　　主題　我的學校

星期	9:00-10:10 自由遊戲／學習區	10:10-10:25 團體	10:25-10:40 點心	10:40-11:00 分組 #1	#2	#3	11:00-11:30 戶外
星期一	•水彩 •感覺桌：水與玩具 •鑽籠 •網球鞋顏色配對	我的幼兒園故事卡片 / 如果你高興而且你知道	餅乾與乳酪醬 牛奶	串珠	積木桌	串珠	•玩沙玩具
星期二	•蠟筆與色筆 •感覺桌：黏黏的東西 •開玩具車 •積木	•在鄰近周圍散步 / 我的幼兒園	小玉米餅乾 牛奶	積木桌	串珠	積木桌	•球類
星期三	•玩油土 •感覺桌：保麗龍片 •平衡木 •彩色小丑	小紅馬車歌曲 〈小紅馬車〉	蜂蜜蛋糕 牛奶	書：《它在哪裡？》（唐娜赫本著）	拼圖	感覺箱：在教室周圍探索事物	•用水畫畫
星期四	•象牙白雪指糊畫 •感覺桌：水 •搖搖船	學校之旅	蔬菜與醬 牛奶	感覺箱	《它在哪裡？》	拼圖	•吹泡泡
星期五	•滾筒畫 •感覺桌：沙子 •攀爬架	如果你高興而且你知道 / 學校之旅	奶油花生餅乾 牛奶	拼圖	感覺箱	《它在哪裡？》	•搖搖船

表 17-14　這是一個給兩歲孩子的區塊計畫。注意主題以及有關的團體活動

根據以下這些步驟來寫區塊計畫：

* 回顧幼兒園的目標。
* 回顧你對孩子的觀察與評量。
* 注意孩子的興趣。
* 考慮資源的可利用性。
* 選擇一個主題。
* 發展概念。
* 選擇活動並在區塊計畫中記錄下來。

（二）教案

教案比區塊計畫更加詳細。如果在區塊計畫中只給予書的名稱，在教案中就要提供分享本書的一步一步的引導，表17-15為教案的範例，教案並包含以下內容：

* 單元目標
* 行為目標
* 概念
* 所需材料
* 引起動機
* 活動過程
* 結束／轉換
* 評量

教案範例

日期：9/21　　　時間：上午 10:00

班別：四歲

活動：烹飪經驗——蘋果醬

單元目標：

- 練習按照指示進行活動。
- 練習使用刀子。
- 發展安全的烹飪習慣。
- 學習一顆蘋果的各個部分：
  籽、心、肉、皮與蒂。
- 藉由烹飪前的洗手練習個人衛生。
- 品嚐蘋果醬的原料。
- 品嚐煮過的蘋果。
- 觀察一顆蘋果之美。
- 觀察在蘋果上加熱時，蘋果的構造與顏色的變化。

行為目標：

給孩子蘋果、刀子、量杯與湯匙，一個碗、一根攪拌用的湯匙、一台微波爐、糖、肉桂粉與一份食譜圖表，讓他們幫忙削蘋果皮與測量原料，以準備做蘋果醬。

所需材料：

6	支削皮刀	量杯與湯匙
12	顆蘋果	水壺
	食譜圖表	碗
	水	攪拌用的湯匙
2	杯糖	微波爐
3	大匙肉桂粉	

引起動機：

在烹飪區放置食譜圖表、烹飪用具與裝有食物的盤子。詢問孩子：「我們可以用蘋果做出什麼？」聆聽孩子的回答。告訴他們：「今天我們要做的是蘋果醬。」

活動過程：

1. 請孩子去洗手。
2. 複習食譜圖表上的每一個步驟。
3. 把蘋果切成半。給孩子看一顆蘋果的各個部分：籽、心、肉、皮與蒂。
4. 示範如何使用削皮刀，強調安全性。
5. 把蘋果與削皮刀傳下去給孩子，再次強調安全性。
6. 鼓勵孩子觀察與觸摸蘋果。
7. 削蘋果。
8. 削完蘋果之後，引導孩子注意看食譜圖表，按照以下指示一步一步地進行，直到煮成熱的果醬。

（續表）

9. 討論每一種原料，如果孩子想試吃的話，就允許他們品嚐。

10. 要求每一個人測量糖、肉桂粉與水的份量。

11. 在烹煮的時候引導孩子注意看蘋果醬。藉由問問題以澄清過程。例如，蘋果怎麼變得不一樣了？

12. 把蘋果醬拿來當點心。

結束／轉換：

分配孩子負責各項清潔工作。告訴孩子蘋果醬會在點心時間享用，然後讓孩子預備戶外的遊戲。

評量：

表 17-15　教案比區塊計畫多了更多詳細的內容。撰寫烹煮蘋果醬教案必須注意到所有細節

1. 單元目標

　　單元目標就是告訴我們「為什麼」要有這個活動，它們比園所目標更為明確。在表17-15中的教案範例中，列舉出教四歲大的孩子煮蘋果醬時可以達到的目標。寫下教案的單元目標時，要小心地思考每一個活動，問問你自己「孩子可以從這項經驗裡學到什麼？」然後如上述摘要一般，寫下所有與學習相關的教案。

2. 行為目標

　　行為目標是描述對活動所期望的結果，以用來規劃教學方法。行為目標有三個部分。這三個部分是：(1)表現情境；(2)行為動詞；(3)表現水準。表17-16是包括行為目標每一部分的例子。

行為目標
表現情境：說明孩子可以表現的情境狀態。 　　　給予三片拼圖…… 　　　給予蠟筆與鉛筆…… 　　　給予一組積木…… 　　　沒有老師的協助…… 　　　給予農場動物…… 　　　在五分鐘時間的限制中……
行為動詞：說明孩子會做什麼。 　　　……孩子會剪…… 　　　……孩子會畫…… 　　　……孩子會搭建…… 　　　……孩子會唱…… 　　　……孩子會配對…… 　　　……孩子會爬…… 　　　……孩子會跳…… 　　　……孩子會輕輕跳…… 　　　……孩子會堆成……
表現水準：說明達到標準的最低程度。 　　　……四吋…… 　　　……所有…… 　　　……至少三呎…… 　　　……三次中有兩次…… 　　　……在五分鐘內……

表 17-16　研究這些行為目標的每一部分可幫助你寫出有效的目標

　　表現情境列出孩子會用到的教材、教具或工具，可能包括拼圖、紙、剪刀、珠子或任何其他在環境中可以發現到的教具與設備。表現情境也可能包括孩子會拒絕的，例如，他們或許需在沒有老師的協助下完成一組拼圖。

　　行為動詞是孩子以行動做出來的任何可觀察到的活動，它告訴我們孩子將會做什麼。選擇行為動詞時，避免使用有開放意思的字彙，如：知道、了解、喜歡、相信與欣賞都可能是有很多意思的字彙，你如何判斷孩子已經了解了呢？適當的行為動詞列在表17-17中。

			行為動詞	
能問	能探索	能標示	會替換	會拿出
能回答	能發現	能混合	會還回	會輕敲
能嘗試	能完成	能移動	會滾動	會嘗試
能吹	能抓起	能釘釘子	會跑	會告訴
能扣上	能分類	能命名	會說出	會摸
能抓住	能打	能打開	會選取	會丟
能選擇	能握住	能畫	會分開	會綁
能爬	能套住	能黏貼	會排序	會轉動
能關	能餵食	能挑出	會表現	會使用
能蒐集	能發現	能剝開	會唱出	會使用兩手
能梳理	能跟隨	能安放	會解決	會等待
能評論	能按照指示	能指出	會吸掉	會清洗
能著色	能跳躍	能倒下	會坐下	會秤重
能貢獻	能穿線	能印出	會唱出	會擦掉
能拍手	能找出位置	能把手放在	會輕跳	會寫下
能剪下	能看	能照順序放	會解決	會拉拉鍊
能弄乾	能做動作	能移走	會站立	

表 17-17　在陳述行為目標時，學習使用具體的動詞

　　表現水準說明最小的完成標準，應該注意的是你想要這個孩子做到多好，許多時候表現水準是可以了解的，因此它不需要一直寫在行為目標裡。

3. 材料

　　在教案中的材料部分，列出活動所需的每一種東西。例如，如果你要做布丁的話，就要列出包括牛奶、布丁粉、碗、攪拌器、湯匙、刮削用具與量杯。 如果你要做手指畫的話，就列出手指膏顏料、紙、圍裙與濕海綿。

4. 引起動機

　　引起動機描述你要如何引起孩子的注意，最好的策略就是用孩子有興趣的東西。一張小貓的圖片是在講有關貓的故事時，可能使用到的引起動機方式。引起動機的策略包括圖片、布偶、字母、錄音帶、資源人士、卡片、美術作品、照片、絨毛動物玩具、衣物與面具。

5.活動過程

活動過程的部分與食譜步驟相似,應該提供簡單的、一步接著一步的指示,且指示應該是按照順序的,如果需要的話,把每一步驟編號以便記得順序。每一個單元目標都應該包含在活動過程裡,例如,如果有一個目標是讓每一個孩子都嚐一嚐原料,在活動過程裡就必須有此一步驟。表17-18是活動過程的範例。

活動過程圖

活動:視覺認知(此種活動鼓勵孩子發現東西間的細微不同)。
1. 在桌上放置幾張不同的卡片,正面朝下。
2. 給每個孩子一個遊戲板。
3. 示範如何玩這個遊戲,強調輪流的重要性。
4. 開始遊戲時,要一個孩子從放在桌子上的卡片選出一張。
5. 孩子抽出卡片之後,問他「在你的遊戲板上有像這張卡片的東西嗎?」
6. 如果此項東西不吻合,指引孩子把卡片放回桌子中間,正面朝下。
7. 下一個人繼續,直到有人把所有遊戲板的空間都填滿為止。

表 17-18 在設計活動過程時,你應該包含活動的每一個步驟

6.結束/轉換

結束指一個活動如何結束,它或許包括收拾工作或是試吃烹飪活動的食物。轉換指把一個活動銜接到另一個活動的技巧。在某些情況下結束與轉換是相同的工作,例如,在創造性戲劇活動的結尾,你可能要孩子像大象一樣重重地走到點心桌去。

7.評量

有品質的幼兒園教職員工會持續不斷地評量課程,在某些幼兒園裡,每天會保留一些時間來做評量的工作,然而,許多幼兒園所並沒有此種主教教師以外的教職員工的資源可以做這個工作,取而代之的是教師評量他們自己帶領的活動,這個過程牽涉到三個步驟:(1)評量學習的經驗;(2)評量孩子與他們的反應;(3)評量你自己的教學策略。

在評量學習經驗時,問一下你自己:這個活動是否適合此年齡層的孩子,例如,如果孩子剪紙時出現困難,有可能是因為幾種原因造成的,剪刀

銳利嗎？刀緣黏著乾掉膠水的剪刀是不好剪的，紙張的厚度也可能是問題，孩子在學習剪東西時，需要薄的紙與適合的工具。

成功的學習活動給予孩子試驗知識的機會，例如，藉由參與活動，孩子會學到更多有關做蘋果醬的知識，而非只是讓他們看著大人做。

你的專業知能只有在孩子學習的時候顯得有意義，因此研究孩子以及他們對活動與你的反應是很重要的。首先，看看孩子是否達成了教育目標，如果他們不能的話，把整個活動想一遍，問一問自己，你可以做些什麼改變；同樣地，如果有行為問題的話，試著去找出原因。

你會發現缺乏組織是會影響活動結果的，如果你在烹飪活動時忘記拿某些原料而離開孩子，這也許會影響結果，當你不在時，有些孩子可能已經開始混合原料了，而如果原料沒有測量得剛剛好的話，成品或許就做不出來。

表17-19是活動評量的範例，你可以影印幾份此種表格，以幫助評量過程。用過此表幾次之後，你會發現你可以記得表格的三個部分，包括一些特殊的問題。在剛開始，或許你要在評量表上記下評量的結果，但最後你終將不用紙筆完成整個評量。

活動評量的範例

活動：故事──「不要跟陌生人講話」
班別：五歲
I. 活動：選擇與發展
　A.內容（概念）值得知道嗎？
　　對五歲的孩子來說，這個內容是有價值的，因為它教導了個人安全，隨著兒童虐待事件的增加，這是一個重要的議題。
　B. 它適合發展嗎？
　　雖然這個故事中有想像的內容，但幾乎所有的孩子都能了解。
　C. 孩子覺得有興趣嗎？
　　除了唐之外，所有的孩子都會聽故事而且有反應，在有重複句子的地方，孩子會跟著唸「不要跟陌生人講話。」
　D. 這個活動包括給孩子使用或試驗他們知識的機會嗎？
　　讀完故事之後問孩子問題，包括：
　　──祖母是陌生人嗎？
　　──鄰居是陌生人嗎？

（續表）

——你以前從未見過的人是陌生人嗎？

E.你會延伸的活動是什麼？

明天閱讀有關兒童虐待的圖畫書給孩子聽，也與孩子玩「好的觸摸與壞的觸摸」遊戲。

II. 孩子：反應

A. 所有的孩子都達到目標了嗎？如果沒有，為什麼？

除了唐之外，所有的孩子都達到目標。

B. 有行為問題嗎？如果有，你認為是什麼原因造成的呢？

如果唐與賓在讀故事時分開坐，唐或許會更專心；同樣地，賓覺得唐的行為擾亂他人，他試著離開唐，但是另外一位老師卻要他坐下來。

III.老師：策略

A. 你很有組織嗎？

是的，書已經放好，所以我可以很容易就找到。在戶外遊戲時間，個人用的四方形小地毯已經放好，要給每個孩子使用，每塊地毯大約留十吋寬的距離，這樣的空間大小大概可以掌控這個團體。

B.在達成單元目標時，你滿意你教學策略的效果嗎？如果沒有，為什麼？

我應該在事前練習說這個故事，除此之外，我應該把書拿到所有的孩子都能看到的高度。

C. 你有效地引導或掌控這個團體嗎？

是的，除了唐之外，我能有效地掌控這個團體。

D. 你利用引起動機的方式介紹概念嗎？

書的封面很吸引孩子，讀完這個故事之後，兩個孩子要求再讀一次。

E. 你有讓孩子參與結束活動嗎？

是的，我有讓孩子透過回答一連串的問題來參與結束活動，陌生人與安全的概念都討論到了。

F. 如果你可以再重新進行這個活動，你會想要改變什麼策略？

首先，我會把唐與賓分開。在閱讀那本書之前我也會先練習幾次，這樣的話會讓我自己較不依賴故事的行句，我會更有信心地把圖分享給孩子看。

表 17-19　評量是課程發展過程的最後一步，可用來評定你的課程執行的狀況

　　起初你或許發現評量過程很花時間，然而你會知道這是一個有用的過程，繼續不斷地評量將會使你的教學技巧與課程更進步。

摘要

良好的幼教課程是根據孩子如何發展與學習而來的，它包含了廣泛的概念、經驗與教具的設計，以符合孩子發展上的需要。在規劃課程之前，幼兒園的課程目標需要先確立，課程目標是強調全人教育的；評量也是規劃課程時重要的一部分，它確認什麼是孩子已經知道與可以做的。

以內容與過程為中心的課程規劃，為最常使用的方法，學習是不斷探索周遭環境的過程，在規劃課程時有幾個因素需要考量：你必須先決定課程內容，也要考慮到學習活動的均衡性、個人學習方式與特質。

活動的選擇經常根據主題而來，主題網或許可以用來發展與主題相關的點子，概念也可以用主題來做有系統的陳述，書面計畫將包括所有教室學習區的活動，區塊計畫與教案兩者都需要寫下來。最後一步即為評量。提供有品質的幼教課程的教職員工會持續不斷地評量課程，以改善他們的教學計畫。

回顧與反思

- 什麼是課程目標？
- 對或錯？課程發展只牽涉到負責那一組孩子的老師。
- 列出兩個預先計畫課程的好處。
- 描述以過程為中心的課程發展。 解釋教材與環境與此教學法的關係。
- 直接與非直接的學習經驗有何不同？
- 列出三個問題來問問自己如何選擇課程內容。
- _____孩子喜歡與其他孩子一起工作，而且經常自願幫忙。
- _____孩子喜歡嘗試新活動，而且自己獨自工作。
- _____孩子喜歡看書與其他東西。
- _____孩子喜歡與錄音帶、故事、詩集相關的活動。
- 解釋螺旋形課程的意義。
- 什麼是主題網？
- 區塊計畫與教案有何不同？
- 單元目標與行為目標有何不同？
- 說出行為目標的三個部分。解釋每個部分。
- _____部分的教案給予一步一步的指示。

● 在評量特別的學習活動是否成功時,你會運用那三個步驟?

應用與探討

● 要求一名幼兒園的老師到你的教室來談談課程計畫。

● 邀請一位採用預先規劃課程的連鎖幼兒園園長到你的教室來演講有關這類課程的優缺點,要求這位園長帶一些教材來作為範例。

● 分成四組,每一組準備不同的主題網,並相互比較異同。

● 寫一個煎餅教學的教案。

● 寫下五個行為目標,與同學交換看並評量這些行為目標。

● 討論符合本章中課程目標的策略。

第十八章

美術、積木與感官經驗的引導

賴碧慧

閱讀完本章之後，你將能夠：

❖ 解釋美術經驗如何促進身體的、社會的、情緒的與認知的發展

❖ 描述引導美術經驗時的技巧

❖ 列出美術技巧的發展階段

❖ 編輯一張完備的教室美術用品需求表

❖ 規劃多種適合孩子的美術、積木、感官與木工活動

關鍵辭

抽繩畫	香料畫
對印畫	蔬菜蓋印畫
粉筆畫	油土
紋路畫	拼貼
鹽畫	架橋

　　學齡前的孩子對他們周圍的世界感到十分好奇，他們因為動手做的經驗而茁壯成長。對他們來說，美術活動乃是學習的機會，運用他們的想像力，就可以思考、規劃與創造出自己的想法。孩子們有動作、自我表現與成就感的需求，在玩造型材料時能夠得到滿足。在使用美術材料發展基本技巧的同時，孩子也表達出自己的情感與想法。

美術經驗的重要性

　　美術能促進孩子身體的、社會的、情緒的與認知的發展，透過畫水彩、上色、描繪圖畫或甚至塗鴉的動作，得以促進身體的發展（圖18-1），所有的這些動作都能促進小肌肉動作

圖 18-1　在美術活動時，孩子使用小肌肉可以促進他們的手眼協調能力

發展。當孩子捏黏土時,他們能夠控制手指與手部的肌肉。所有的美術活動都能促進運動神經與手眼協調,如此也幫助了其他領域的成長。

圖 18-2　在美術活動時,學習合作是一項重要技巧

美術也促進社會領域的成長,孩子學習到負責任,例如,他們知道在畫水彩之前必須把工作服穿上,也知道在完成之後,必須把作品放到安全儲藏的地方;要學習與他人一起工作與分享(圖18-2)。在許多的幼兒園裡,幾個孩子需要共用一個調色盤或是一盒蠟筆,他們學習到尊重他人的所有權,也學習到珍惜工作與他人的意見。

美術經驗同時也促進情緒領域的成長,透過創造性的活動,孩子的情感得以抒發。例如,在木工工作檯上敲打、揉麵糰或用蠟筆塗鴉,會讓生氣的孩子得以用他人可以接受的方式發洩挫折的情緒;同時,孩子也有機會選擇自己的活動,例如,在水彩課時,孩子可以決定要畫什麼,他們的選擇,例如一隻寵物、一個朋友或一朵花……都經常都是他們情感表達的方式。透過美術他們學習到不用語言來溝通情感。

最後,透過探索與實驗許多材料與工具,孩子的認知能力也增進了,在這個過程中,他們學會了科學家如何作研究的技巧。他們也學習到了重要的概念,例如:顏色、尺寸、質地與形狀。藉由操作與控制工具,孩子學到了畫畫與使用剪刀的技巧,他們學到了「剪」可以把東西分開來,然而「貼」與「串」可以把材料連起來。視覺與觸覺能力也發展了,滾一滾、聞一聞、揉一揉、敲一敲與撕一撕都使用到視覺與觸覺的感官,視覺的感官與光線相關,而觸覺的感官與觸摸相關。

引導美術經驗時的技巧

身為老師,你必須要常常觀察,以便發現新方法來拓展孩子的學習經驗,透過小心地選擇多種美術材料與創作的機會,可以激發創造力的成長。好的美術課程允許孩子表達他們的想法,也要提供他們時間、實驗與探索新

的材料與技巧的機會，這些經驗應該包括五種感官——視覺、嗅覺、味覺、觸覺與聽覺。

　　在美術課時，幫助孩子是一件重要的工作，如果做得好的話，孩子會接受你的幫助，然而如果做得不妥當的話，孩子會覺得你是一個干擾者。例如，露比才剛開始剪出紙的形狀，她的老師來了，且幫她的把其中一個形狀剪完，於是露比就離開桌子。在那個時候她並不需要老師的幫助，她喜歡自己動手來剪。為孩子做事情或強迫他們去做，經常會造成他們的壓力與不悅。

　　要培養獨立性，在每次上課時可以告訴孩子今天會提供什麼材料與工具，鼓勵他們去使用這些材料（圖18-3）。例如，如果他們從未用過棉花球，你可以告訴他們說：「我想你們會喜歡用這些棉花球畫畫，它們很軟喔！」

　　當你在教室走動時，可以觀察孩子正在做什麼，但最好不要問他們正在做什麼，他們或許只是正在實驗不同的材料與工具，在此種情況下，他們並不知道他們正在做什麼。要謹記在心的是：有些孩子缺乏說明他們美術作品的語言技巧，問他們問題或許會造成他們的不安。

　　讓孩子決定什麼時候作品才算完成，要等他們說完成了才可以把作品拿走，不要催促他們填滿作品中的空隙或加畫更多東西，如此會減損他們的自尊與自信心。

　　記得要經常讚美孩子的作品，但也要避免單獨選出一張最好的作品，你可以用讚美的方式讓每個孩子學會尊重他人的作品，例如，你或許會說：「瑪莉喜歡紅色與藍色」或是「馬克的顏色是高興的顏色」。把孩子的作品掛起來，並告訴他們：「你們的作品是很有價值的。」

　　在學齡前孩子的美術作品中，顏色並沒有扮演重要的部份，顏色的選擇經常與美術作品中所畫的東西無關，孩子選擇他們喜歡的顏色，而與在生活中真實可見的顏色有差異，一顆蘋果或許被畫成明亮的粉紅色或是一隻大象被畫成了紅色。研究顯示，孩子確實有顏色的偏好，根據孩子

圖 18-3　在上課時提供新的材料，並為孩子示範使用方法

的說法，漂亮的顏色包括：黃色、藍色、橘色與綠色（圖18-4）。至於咖啡色、白色與黑色則被視為是很醜的顏色，你或許會想儲放大量孩子喜歡的顏色的材料在手邊。

圖18-4　孩子喜歡用明亮的顏色畫畫，例如黃色與綠色

美術技巧發展的階段

孩子歷經三個不同的階段以建立起他們的美術技巧，這三個階段是塗鴉、基本形狀，以及第一圖示階段。認識這些階段可以幫助老師規劃合適孩子技巧程度的活動。

（一）塗鴉階段

最常發生於十五個月到三歲的年齡間，是第一階段的美術技巧，孩子的動作控制與手眼協調尚未完全發展好。然而，他們可以畫出鋸齒狀、螺旋狀與圈圈。在塗鴉階段，孩子並未意識到他們畫在紙上的東西與他們的動作有關，他們所畫出的塗鴉通常是經驗的產物，他們喜歡用身體感官去製造線條。

要幫助此一階段的孩子就要讓他們察覺他們自己的動作，談論他們如何努力壓下他們的鉛筆、來回移動的手臂有多快，或是他們的動作移動得有多大，這類的話語可以幫助孩子意識到他們的動作與他們創作出的藝術有關聯。

談論孩子的美術作品也是有幫助的，例如，你或許會說「這是一條長長的線」或是「這條線有一個彎彎的地方」。說話時，用你的手指描下這些線段，孩子的注意力會集中到線段所創造出的形狀。

（二）基本形狀階段

孩子第二階段的美術技巧發展是基本形狀，這個階段經常發生在三歲到四歲的年齡之間，孩子學會基本形狀的畫法，例如：橢圓形、長方形與圓形。現在孩子對動作較有控制力，並有較好的手眼協調能力，於是他們就可以用線畫出大小與形狀，此階段的孩子開始喜愛創造形狀的能力。

在這個階段的孩子也開始了解到他們的動作與所畫線條之間的相關性，在此之前，孩子的塗鴉純粹是移動他們手臂與手掌的結果，現在孩子則把這些動作連接到他們的美術作品上。在這個階段，孩子甚至開始為他們的畫作命名。

　　在塗鴉階段時，藉由談論孩子的動作，你可以幫助他們了解並討論他們的作品，例如，你說：「你的手臂照著一個大圈圈在移動。」你或許也會描述最後的成品說：「你畫了一幅大圖畫。」

（三）第一圖示階段

　　第三階段的美術發展大約在四歲到五歲的年齡之間（圖18-5），在這個階段中，孩子創造出第一幅真實的作品，他們試著畫出對這個世界的看法，使用了基本形狀的技巧，他們開始創造自己所知道的物品與事件的象徵。他們的畫作常常很大、物品是隨意放置著、顏色並不真實、粗糙地使用直線畫出人的手臂與腿更是常見，之後，孩子就會經常在美術作品中加入動物、樹、房子、車子、船與飛機。

圖 18-5　第一圖示階段的作品表現出孩子對世界的看法，顏色與現實世界常常沒有直接關係

美術用品與工具

　　你必定有想要購買或自製美術材料與設備的想法。大部分的老師需要購買的基本用具，例如：剪刀、水彩筆、切餅乾器、畫架與打洞機，這些工具可以在小店或家庭車庫拍賣會中買到，也或許在其他地方，包括：學校美術用品、文具店、五金行、油漆店、藥房與雜貨店也可以找到，你或許也希望有家長或商店可以捐贈。

（一）廣告顏料

　　在許多幼兒園裡經常使用到廣告顏料，它有一點點味道，而且嚐起來像粉筆，在乾掉的時候，它畫過的表面容易裂開與脫落；廣告顏料可以買到液

狀與粉狀兩種，許多老師喜歡粉狀的廣告顏料，因為它比較便宜，粉狀的廣告顏料是水溶性的（可以溶解於水中）；混合顏料的濃度可以從黏黏的糊狀物到流動的液體，為了避免滴下，可以把顏料混合到像濃濃的乳液一樣，不過濃度也會影響到顏色深淺。

為了降低費用，許多老師把粉狀的廣告顏料加上火山灰風化的膠狀黏土——這是一種增厚劑，此種火山灰風化的膠狀黏土可以在造景或園藝店中購買得到，把火山灰風化的膠狀黏土加到粉狀的廣告顏料裡，可以節省百分之八十的顏料費用。

有些老師先混合足夠一或兩星期使用的顏料，有些老師則是混合一天夠用的顏料，不管你喜歡哪一種方式，記得加水之前先把粉狀的廣告顏料放在容器裡，為了避免顏料太稀，只要在廣告顏料裡加入少量的水後不停攪拌，如此就會產生很黏的糊狀物，然後再慢慢加入更多的水，直到你想要的濃度為止。

可以使用表18-6的配方準備大量的廣告顏料，有些老師只準備每天用的顏料，因為沒辦法存放。取而代之的是他們製造基本的顏料／火山灰風化的膠狀黏土混合物，可以與任何顏色混在一起。混合物的配方在表18-7中，你會注意到在這個配方裡粉狀的顏料是被加到水裡的，這個方法不同於加入其他液體的混合廣告顏料與無攙雜其他東西的液體（水或純火山灰風化的膠狀黏土）。

廣告顏料

7 到 10 大匙的灰風化的膠狀黏土
　　1 個大碗或罐子
　　1 磅罐裝粉狀廣告顏料
　　2 大匙的肥皂屑或洗衣粉
　　3 杯液狀澱粉
　　水

把純火山灰風化的膠狀黏土放入大碗或罐子中，加入所有容量的粉狀廣告顏料，把肥皂屑／洗衣粉與液狀澱粉加入攪拌，再加水直到想要的濃度為止。

表 18-6　這個配方會製造出大量單色的廣告顏料

初成的火山灰風化的膠狀黏土

3/4 杯洗衣粉
　1 杯粉狀火山灰風化的膠狀黏土
　2 夸特水

用攪拌器或金屬打蛋器混合所有的原料，把混合物放在陶製或塑膠的容器中，放置二到三天，在你準備好要混合顏料的時候，把一些初成的火山灰風化的膠狀黏土從容器中拿出來，加入足夠的廣告顏料做成想要的顏色。

表 18-7　使用這個配方製造火山灰風化的膠狀黏土——一種顏料的增厚劑

（二）畫筆

提供給孩子多種的作畫畫筆，包括從二分之一到一英吋寬的畫筆，最小的孩子應該用最寬的畫筆，當他們的小肌肉動作協調愈來愈好的時候，可以給予較小的畫筆；較大的孩子或許可以使用線段、棉花棒及羽毛做為畫筆。

（三）畫架

提供堅固的、可調整的畫架做為作畫的地方，畫筆與顏料放置於固定住的托盤上。在畫架上方的螺絲鉗或鉤子可用來固定畫紙（圖18-8），畫架應該調整到使畫板的表面為有角度或是向外傾斜的，如此可以減少顏料的滴漏與流出，清潔時間也會減少。

（四）蠟筆、粉筆與彩色筆

孩子喜歡使用蠟筆、粉筆與彩色筆，但是使用這些東西比用顏料還要困難。一般來說，使用這些工具時，年幼的孩子要用力去控制還不是發展得很良好的小肌肉；然而，用顏料畫畫則容易流動。

蠟筆有一般給與幼兒園孩子的尺寸大小，幼兒園孩子的尺寸是圓形、大枝且旁邊是平的，這種蠟筆不容易斷裂，也不會滾下

圖 18-8　畫架是有用的工具，在顏料畫或其他筆畫的活動中，畫架可用來固定紙張

桌，蠟筆可以儲存在碗、籃子或盒子裡。

粉筆有美術用或是黑板用兩種，美術用的粉筆有各種不同的尺寸，像蠟筆一樣，粉筆有大的、胖胖的長條狀。粉筆要選擇明亮且色彩豔麗的基本顏色。小心別讓孩子在黑板上使用美術用粉筆，美術用粉筆的線條在黑板上是擦不掉的。粉筆可以儲存在籃子、盒子、托盤或碗裡。

彩色筆有可洗掉與防水墨色兩種。在園所裡永遠購買可洗掉的彩色筆（圖18-9），確定你購買的任何種類的色筆都有牢固的蓋子，這樣可以預防色筆乾掉，提醒孩子使用後要蓋回蓋子。

圖 18-9　孩子喜歡使用彩色筆，這可能會弄髒衣物。你要確定墨水是可以洗得掉的

（五）紙張

有許多種類的紙張可以成功地用在美術活動中，包括：白報紙、馬尼拉紙、書面紙、壁紙、紙板與舊報紙，其他在美術活動中可供選擇的紙張種類列於表18-10。

美術活動可以選擇的紙張

砂紙　　紙袋
蠟紙　　面紙
錫箔紙　皺紋紙
包肉紙　壁紙
雜誌　　包裝紙
雞蛋盒　盒子與
　　　　紙捲筒

表 18-10　美術活動中使用的紙張有多種樣式，以上有些種類的紙張可以花很少的錢或根本不用錢就能取得

最不花錢的紙張是白報紙，不僅耐用而且容易使用，捲軸的白報紙可以

在當地的白報紙印刷廠用很少錢或不用錢就能買到，把大張的紙剪成你要的尺寸，記得年幼的孩子肌肉控制較不成熟，因此他們在畫畫時需要大張的紙。尺寸合宜的畫架的畫紙面積是18×24英吋大。

（六）著色簿

研究顯示著色簿對孩子的創造力有不良的影響，美術的價值在於表現的方式，孩子的設計能力會因著色簿的限制而喪失了，之後，孩子會對自己的美術能力變得忸怩、懷疑。例如，莎拉在畫有小貓輪廓的著色簿裡塗顏色，下次有人叫她畫東西的時候，她回憶起那隻在著色簿裡的完美小貓，她知道自己不可能畫出那隻完美的小貓，於是她說：「我不會畫。」她對自己的能力變得缺乏自信，也或許不再嘗試畫出許多屬於她自己的東西。

有些老師認為使用著色簿無害，而且覺得孩子喜歡使用著色簿，著色簿很容易買得到並放在手邊，然而，為了豐富美術經驗，應該設計一些美術活動，允許孩子探索有趣的材料並體驗過程與結果。

（七）漿糊

活動室的黏貼使用較輕的黏貼紙效果很好，漿糊可以自己調製或購買，許多老師喜歡購買加侖裝的漿糊，因為比較經濟，其他老師喜歡自製漿糊（表18-11）。為了改變黏合力，你或許可以在漿糊中加入小量的黏著劑，對年幼的孩子來說，水溶性的漿糊是最佳選擇。

漿糊

1 杯冷水
2 杯麵粉
2¼杯熱開水
1 茶匙粉狀明礬
3/4 茶匙冬青樹油（非必須的）

混合冷水與麵粉攪拌至平滑，加入熱開水時繼續攪拌，在雙層鍋爐裡用低溫烹煮混合物至平滑，混合物在此時看起來應該帶些藍灰色而且亮亮的，把它從爐火中移開，加入冬青樹油可以產生有趣的味道，在陰涼地方存放。

表 18-11 製造漿糊很容易，而且可以節省開支

（八）白膠

最好的多用途黏膠為白色液體狀的白膠，它可以用來貼厚重的紙、紙板、布料、塑膠與木材。白膠比漿糊更持久，但通常也比較貴，如果購買加侖裝是比較經濟的。許多建築材料供應店販賣加侖裝的白膠。

在使用白膠時要先有警覺，黏在衣服、地毯與美術桌子上的白膠很難拔起來，因此，濺出來的白膠要馬上擦乾淨，孩子應該穿著工作服，桌子表面應該鋪上報紙；如果要使用的話，你可以提供小瓶裝可擠壓的白膠，或是把少量白膠倒到淺盤或罐蓋中，孩子用完就要馬上擦拭白膠瓶子。白膠濕濕的時候是很容易清理的，一旦變乾則清理起來就很難，讓年齡較大的學齡前孩子使用，因為他們比較不會弄翻白膠。

（九）清潔用具

把清潔用具放置在美勞區，一旦有翻倒的事情發生時，它們就能派上用場。準備小水桶、海綿、拖把、多種尺寸大小的海綿，把這些用具放在孩子拿得到的地方，把拖把的柄切短以符合孩子的身高尺寸，如此能鼓勵孩子負責清潔工作。

（十）空間與儲藏

規劃良好的美勞區能夠鼓勵孩子進入使用。美術作品的儲存與展示區是良好空間的一部分，書架可以用來儲存原料，包括：紙、剪刀、漿糊、白膠、拼貼材料、蠟筆、水性彩色筆、粉筆、膠帶與顏料。

需要準備存放顏料、漿糊、剪刀與拼貼材料的容器（圖18-12）。嬰兒食品罐、塑膠杯子與塑膠碗經常用來存放廣告顏料，在美勞區裡，淺盤，包括空的保麗龍盤與冷凍食品容器都可以用來放顏料，用完之後顏料可以蓋起來儲存。

圖18-12 在個別的容器中儲存材料

漿糊的容器可大可小，或許可以小到讓一個孩子使用，也可以大到足以讓一組孩子使

用，尺寸大小由活動來決定。空的番茄醬或芥末醬的擠壓瓶與嬰兒食品罐對於個別活動來說是很好用的；錫箔或小塑膠盤子則是給幾個孩子一起使用時較佳。

剪刀應該放在孩子容易拿取的地方，或許可以購買特殊的剪刀架，剪刀架也可以由教職員工來製作，翻過來的蛋盒經常被用來放剪刀。

拼貼材料需要分類放置以吸引孩子，應該放置在乾淨的塑膠盒、鞋盒、塑膠洗滌盆或籃子中，把這些容器放置於孩子視線內的架子之上。

繪畫活動

要知道繪畫活動對孩子的意義，就要學習傾聽與觀察，你會注意到，大部分的孩子對於自己的作品都感到滿意。兩歲孩子的美術作品與四歲孩子的美術作品不同，在孩子的美術發展階段中，他們畫的東西會從簡單的點與線條進步到粗略的人形，有些孩子喜歡使用工具（圖18-13），其他孩子喜歡繪畫的感覺與所畫的圖形。

圖 18-13 許多孩子喜歡使用不同的繪畫工具

想想看，你或許會遇到像這樣的小孩：諾亞是一個兩歲大的孩子，他似乎對繪畫很著迷，他用筆沾上顏料在整張紙上畫出大圓圈；他的朋友蕊芮也很高興地來回揮動手上的畫筆，當她用筆沾上不同顏色的顏料時，她忽略了清潔的過程。

馬克是一個活潑的三歲大孩子，在整張紙上畫出大點與鋸齒狀的線條，他較不注意顏料的顏色，但是卻小心地看著自己畫的線條；海蒂是另一個三歲大的孩子，在不同顏色上面再加畫上不同的顏色，結果她的紙都浸濕了，於是她就用她的手去感覺這些顏料，然後她把她的畫從畫架上拿下來，結果她的畫撕破了，但海蒂並不以為意，就像大部分三歲大的孩子一樣，她只對於過程有興趣，而不是作品，她把一種顏色塗在另一種顏色上面，並且喜歡觀察不同顏色產生的變化。

強生是一個具有良好說話能力的五歲孩子，他拿起畫筆來很自在，他先

畫出一個人的圓臉，然後再畫兩條直線代表他的腳，畫一個較小的圓圈作為嘴巴，兩個大圓點作為眼睛，以及畫一個 V 字形作為鼻子。在他畫畫的時候，不斷地為他畫的人重新命名與虛構相關故事。首先，他告訴站在他旁邊的孩子說：「這個人是一個警察。」之後，他聲稱同樣的這個人是一個「消防隊員」。

像強生這樣的孩子是很常見的，有些孩子在畫畫的時候會評論自己的畫，他們似乎在與自己的畫作對話，而這些評論也很平常，它可以讓你知道孩子的感覺與想法是什麼，有時孩子渴望去討論他們的美術作品，但是有些時候就不是了。

有許多種繪畫活動是孩子很渴望去做的，包括：畫架畫、指糊畫、抽繩畫、紋路畫、鹽畫、單一畫、調味料畫與粉筆畫。從這些繪畫活動裡，孩子學會使用正確分量的顏料與辨認顏色與形狀。

（一）畫架畫

在所有的幼兒園裡，畫架畫應該是每日的活動。提供畫架紙、畫筆與顏料，畫架調整到給孩子使用的正確高度，在畫架托盤上提供各種不同大小的畫筆並有長長的握柄（大約十二吋長）；你給孩子的紙張大小應該視活動方式與孩子的年齡而定，提供年幼的孩子大張的白報紙，這種尺寸的紙張會鼓勵孩子使用大肌肉作畫，在特殊的時機下，你或許可以提供有顏色的紙張與白色的顏料。

事先設計畫畫架畫的時段以確保活動能順利進行，只提供少量的顏料，因為孩子經常會弄倒，顏料只倒出足以蓋住容器底部的分量，如此會節省清潔的時間。在早期的體驗階段，先只提供一種顏色，在加入第二種顏色時，同時也另外提供一枝畫筆。

一次只能有一個孩子使用一個畫架。鼓勵孩子穿工作服，並把袖子向上拉到手肘上方，以免顏料沾到袖子。

教導年幼的孩子使用畫筆，輕輕地把畫筆浸入有顏料的容器裡（圖18-14），然後把畫筆在容器的邊緣抹一抹，如此會抹掉畫筆上過

圖 18-14　回收裝食物的塑膠容器來放置顏料

多的顏料。當孩子學到技巧之後，給予他們較小的畫筆與紙張去作畫。畫筆使用之後要清洗乾淨，在儲存的容器裡把筆桿朝下放置，直到下次再度使用，如此會讓筆毛乾燥。

（二）指糊畫

指糊畫是一種感官的經驗，它可以促進表達與情感的宣洩。對年幼的孩子來說，它是最能令人滿足的活動之一，有些孩子在第一次接觸時或許會抗拒，因為他們怕會弄髒。這些孩子在有機會去觀察這個活動之後，或許會開始使用一隻手指作畫，等到他們感覺自在時，便會使用手掌與手臂作畫。

指糊畫比其他的繪畫活動需要較多的督導，因此不要一次讓超過四個孩子同時工作，孩子需要待在桌子旁邊直到他們完成畫作，畫完之後必須立即洗手。

指糊畫顏料配方在表18-15中可以看到。指糊畫的顏料或許也可以利用即溶布丁、肥皂屑加水攪拌、部分成型的加味凝膠與刮鬍膏去製作，孩子喜歡使用多種不同的顏料。

指糊畫顏料
速成指糊畫顏料
1 杯洗衣用的澱粉漿 3 杯肥皂屑 1 杯冷水 混合所有的原料。如果想要有顏色的指糊畫顏料的話，加入食用色素或是有顏色的廣告顏料。
攪拌過的指糊畫顏料
1 磅重的粉狀廣告顏料 1/4 杯液狀澱粉漿 1/3 杯水 1 大匙洗衣粉 把原料放入攪拌器中混合，直到指糊畫的顏料攪拌均勻為止。

（續表）

玉米粉指糊畫顏料

1 杯乾的澱粉
1/2 杯水
1½ 杯熱開水
3/4 杯洗衣粉

在耐熱的碗中混合澱粉與 1/2 杯水，加入 1½杯（1.5 杯）熱開水，並迅速攪拌，混合 3/4 杯洗衣粉直到均勻。

表 18-15　使用配方可以讓你製作出想要的各類與各色的指糊畫顏料

（三）抽繩畫

剪下數段粗紗線或細繩以準備抽繩畫活動，在桌上放置有色廣告顏料的托盤一或數個，以及紙張。為孩子示範如何使用紗線浸染顏料，再放到紙上，然後把線放在一張對摺的紙中壓住再拉出來。

（四）對印畫

對印畫由一般的指糊畫而來，把一張8×12英吋的紙覆蓋在指糊畫上，把兩張紙輕拍在一起，之後再分開來。

（五）粉筆畫

製作粉筆畫要先把粉筆浸水，然後再在書面紙上作畫，使用至少一吋厚的粉筆，根據粉筆的顏色來決定書面紙的顏色，在水中加醋以加深粉筆的顏色。

（六）紋路畫

使用液狀廣告顏料或是混合粉狀廣告顏料與液狀澱粉來製作紋路畫的顏料，再把沙子、鋸木屑或是咖啡渣加到混合物中。為求最好的效果，顏料應該是濃稠的。

（七）鹽畫

鹽畫所需的材料包括書面紙或紙板、白膠或漿糊、棉花棒或壓舌器，以

及在調酒器中混合的鹽與有色顏料。讓孩子先在紙上把白膠或漿糊塗開,然後讓他們把鹽的混合顏料抖動到紙上,再把多餘的顏料抖掉,然後放在一旁使之乾燥。

(八)香料畫

香料畫源自於氣味畫,在膠水裡加入少量的水,給予孩子足夠的膠水以塗滿他們的畫紙,孩子可以使用手指來畫,然後再把調味料抖到紙上,畫乾掉的時候看起來會和它聞起來一樣有趣。

肉桂粉、洋蔥粉、蒜頭粉,都可以用來製作香料畫,還可利用月桂樹葉、丁香樹葉或是咖啡渣以增加紋路。幼兒園的預算或許會規定你可以使用哪一種或哪幾種香料,除此之外也必須考量幼兒園對使用食物的看法,有些園長傾向於不鼓勵使用食物作畫。

(九)蔬菜蓋印畫

蔬菜蓋印畫為把印模沾上顏料,然後蓋印到紙張上(圖18-16),如此會做成一幅蓋印畫。在蔬菜畫中,印模是由蔬菜做成的,蔬菜洗完後弄乾,對半切開,把切開的蔬菜與顏料盤一起放在桌上,孩子會把蔬菜沾上顏料後蓋印到紙上。

圖 18-16　孩子喜歡使用蔬菜與其他的物品製作蓋印畫

幼兒園如果不提倡在美術活動裡使用食物,或許也可以使用一般家庭用品,試著使用湯匙、曬衣夾、奇特形狀的木片、松果與罐頭蓋子。

🌟 捏塑

油土與黏土都是可以用來捏塑與塑造的材料。孩子喜歡這些材料,因為它們具有觸感的特性、可以重新塑造形狀,也可以讓孩子隨心所欲地呈現心中的想法。你可以觀察到孩子戳洞、滾動、揉長、敲擊、擠壓、捲成圈、弄平與撕開黏土或油土。它也可以做成一個球、雪人、貓咪、薄餅或蛇。孩子

常會使用一些用具配件，例如：平底鍋、餅乾切割器與滾釘等，來做派、餅乾與其他「烘焙商品」。

孩子玩弄捏塑材料時，反映出他們發展的程度，兩歲大的孩子會拉扯、打擊、推動與擠壓；會做出與球或蛇一樣形狀的作品。四歲左右，孩子可以做出複雜的形狀，並會對有些形狀加以命名。五歲左右，孩子經常在開始做之前宣布他們要做的是什麼。

黏土在本地的美術材料用品店與透過學校目錄可以購買得到，它有兩種顏色——白色或紅色可以使用，當黏土潮濕的時候，呈現灰色，因為紅色黏土會沾染衣服，所以大部分的老師喜歡採用白色黏土；適當混合後應該被儲存在塑膠袋、有蓋提桶或垃圾桶裡以避免乾掉。黏土可在大塊的塑膠墊、塑膠桌布或磁磚上玩以節省清理時間。

油土軟軟的且易彎折，比黏土的質地更軟，較易於揉動，且觸感不同，每一種油土都有不同的特性，使用表18-17的配方以提供給孩子多種不同的油土，進一步加入米、玉米粉、小石頭、沙子、燕麥片與咖啡渣，你可以改變這些油土的質地，也可以加入有香氣的油，例如：薄荷油與冬青油來增加香味。

油土
冰存的油土
1 杯鹽
2 杯麵粉
1 大匙明礬（隨意）
1 杯水
3 大匙油
食用性色素或廣告顏料
混合鹽、麵粉與明礬，如果喜歡的話，加入油、水與色素以及混合物，檢查濃度，如果太黏稠的話加入更多的麵粉，放在有緊密蓋子的容器中，並冰在冰箱裡儲存。
鋸木屑油土
3 杯麵粉
3 杯鋸木屑
1 杯鹽
把這三種原料混合在一起，如果需要的話，加水做成一個軟麵團。

（續表）

煮熟的油土

1 杯鹽

1/2 杯麵粉

1 杯水

在一個平底鍋裡把三種原料混合在一起，用中火烹煮並經常攪拌，當變得黏稠、有彈性時，把混合物從火上移開。煮過之後混合物不會太過黏稠。儲存在密閉的容器中。

表 18-17　你可以改變油土的種類，以提供給孩子多種不同的感官經驗

　　許多老師使用油土做造型。油土是一種油性商業製造用來捏塑的合成物，它有許多明亮的顏色，有藍色、綠色、橘色、紅色與黃色可以使用。

　　油土不會乾掉，它不像自製油土與黏土，而是可以一再重複使用，即使是每天使用它也不需太費心。然而油土也有缺點，那就是它會把油油的殘餘物留在孩子的手上與桌面上，因此有些老師沒有提供油土。

剪割

　　孩子每一天都需要有時間、用品與空間可以讓他們從事剪割的活動。年幼的孩子可以學習到剪割的技巧，因為他們喜歡使用剪刀。首先，孩子只是剪出一條直線，給孩子一條一條的書面紙或包裝紙，紙必須要夠長，孩子在剪時才能夠很快地握住紙的另一端；避免使用厚重的包裝紙、皺紋紙或樹脂紙，因為孩子沒有足夠的小肌肉力量以剪開這些材料。當孩子有進步的時候，他們或許希望剪成曲線，如此便需要良好的手眼協調技巧。

　　讓孩子先只使用一種紙張，這樣子的話，他們可以熟練一種材料與工具，給予孩子品質良好的剪刀以避免挫折；提供專門給慣用左手孩子使用的剪刀，並用有色的膠帶做標記。所有的剪刀都應該是鈍頭的。

拼貼

　　「拼貼」這個名詞意謂著在一個平面上選取以及鑲嵌材料，拼貼是對許多材料做二次元的排列。製作拼貼畫應給予孩子選擇的機會，他們可以決定

那種材料要放在那裡。兩歲大的孩子或許在每層材料上面黏貼許多層材料。拼貼活動也為孩子介紹了許多材料的對比顏色與質地,可以使用的拼貼材料列於表18-18中。

可拼貼的物品		
錫箔紙	禮物包裝紙	塑膠片
烤蛋糕用的紙杯	問候卡	砂紙
瓶蓋	花邊	種子
粗麻布	皮革	果殼
鈕釦	樹葉	鞋帶
罐頭標籤	毛氈	小型磁磚
糖果包裝紙	雜誌圖片	海綿
紙捲筒	網子	吸管
五彩碎紙	報紙	仿皮織物
軟木塞	紙杯	面紙
棉花球	紙盤	樹皮
小飾巾	紙緞帶	小樹枝
蛋盒	小石頭	壁紙樣本
布料	打包帶	木頭削片
羽毛	用過的禮物盒	塑膠或木頭捲筒
花瓣	衛生紙或紙巾捲筒	碎線、細繩與緞帶
貝殼	塑膠牛奶瓶或果汁罐	

表 18-18　可以用來拼貼的物品種類幾乎是無限的。除了以上列的物品,還有哪些其他有趣的物品可以使用呢?

　　用來拼貼的底紙應該是較厚重的材料,像是書面紙或紙板就頗為理想,也可以排列拼貼的材料在吸引人的容器上,孩子可以先瀏覽這些容器,選擇他們想要拼貼的物品。記得要提供黏膠,膠水對孩子來說是一種很好的材料,因為便宜且容易使用,當孩子具備製作拼貼技巧的時候,就可以使用其他種類的黏著劑,例如:漿糊、強力膠與白膠,漿糊在黏貼面紙的時候很好用,強力膠或白膠則適合用來黏貼較重的材料,例如鈕釦。要增加趣味性則可以使用廣告顏料把白膠染色。

建構積木

　　積木對年幼的孩子來說是一種很重要的學習工具，而且大概也是在幼兒園裡最受歡迎的教具了。當孩子在玩積木的時候，他們增進了手眼及肌肉協調的能力，透過積木遊戲，孩子也學習到了許多新的概念與技巧。表18-19列出積木遊戲在四個發展領域裡的貢獻。

透過建構積木的學習	
領域	學習
身體發展	・大肌肉與小肌肉的發展與協調。 ・手眼協調技巧。 ・了解物體－空間的概念。 ・藉由抬高、運送與堆高的動作發展肌肉的協調。
認知發展	・了解平衡、重量與大小的概念。 ・探索形狀、尺寸與比例。 ・了解數的概念，例如：大於或小於。 ・了解語言的概念，例如：在……之上、在……之下、相同、相異與在……旁邊。 ・試驗平衡重力與因果反應。 ・發展預測與比較的技巧。 ・發展分類與分級的技巧。
情緒發展	・成就感與成功的感覺。 ・培養耐心。
社會發展	・培養合作的技巧。 ・練習分享與輪流。 ・學習尊重其他人的作品。

表 18-19　孩子從建構積木的經驗中得到許多益處

（一）建構積木的階段

　　當孩子愈來愈大時，玩積木的方式也會有所不同。孩子建構積木的階段

如下：

階段一：在兩歲時，孩子帶著積木走來走去，但是不會從事建構的活動，他們喜歡用積木填滿容器以及把積木丟出去。

階段二：兩歲到三歲時，孩子開始搭建積木，孩子不是把積木垂直堆高，就是水平平放成列，他們努力建築較高的塔直到倒塌下來，他們也會建構愈來愈長的「路」。他們通常繼續搭建，直到用光了所有積木或空間為止。

階段三：簡單的架橋在此階段發生。架橋為垂直地分開放置兩塊積木，然後疊上第三塊積木的過程。孩子一直重複不斷地建造這些橋與隧道。

階段四：孩子開始建造圍牆。他們喜歡建造房屋、公寓、農場、商店、動物的洞穴與其他類型的建築物。

階段五：在三歲到四歲時，孩子開始建造更精細複雜的建築物。現在這些建築物變得更高、更寬、更精巧，孩子開始小心選擇積木以完成他們的設計。

階段六：孩子開始為他們的建築物命名，並發展戲劇遊戲，他們或許會為了玩具飛機而建造一座飛機場。

階段七：五歲左右，孩子在建構之前會先決定好他們要建什麼，他們的建築變得更具象徵性，且更常使用在戲劇遊戲中，他們會建造飛機場、車庫、房屋與農場，一旦積木建造完成加入道具與配件後，他們的戲劇遊戲便會變得更有創造性。孩子經常好幾天都玩同一個建築物。

（二）積木的種類與配件

積木的質料有許多種，包括：木頭、紙板、塑膠、橡膠與泡棉。對年幼的孩子來說，以輕質料製造的四方形與長方形積木為最佳；三歲到六歲的孩子則較喜歡不同形狀與大小的積木。

孩子在積木遊戲中喜歡使用配件，通常他們喜歡簡單的人物，例如動物與人。他們常常把有過的經驗再次呈現在佈景中，在一次的農場戶外旅行之後，他們或許會建造一座農場。其他的佈景包括飛機場、消防隊、停車場、動物園、賽車場、火車站與公車站，偶爾輪流使用這些配件以保持孩子的興

趣，購買兩套配件以促進分享與合作。

感官經驗：沙與水的遊戲

沙與水的遊戲通常被認為是感官經驗，許多幼兒園都會為孩子提供這類遊戲。這兩種活動都可以在室內或戶外進行，孩子從這些材料裡發現了樂趣，在與這些材料互動時，他們很放鬆而且也解除了緊張。沙與水的遊戲在孩子並排站著玩或與其他人玩的時候，也鼓勵了彼此的社會互動。

（一）沙的遊戲

沙箱應該有一個八到十二英吋的架子，用以展示孩子的沙子模型。在沙子潮濕的時候，架子也提供了孩子一個乾燥的區域。在戶外，沙區應該被放在遊戲場裡的安靜區域（圖18-20）。可能的話，要接近水源，沙子可以經常保持潮濕，潮濕的沙子可以用來壓入模型與罐子中做成城堡。潮濕的沙子比乾燥的沙子更好，是因為它不易跑進眼睛、鞋子或頭髮裡。把沙區放在距離建築物入口較遠的地方，如此沙子比較不會被帶入，當孩子穿越過遊戲場時，有些沙子應該會掉下來。

室內沙箱應該放在接近水源的地方，它通常放在美勞區或是接近美勞區域的地方，這樣比較容易清理。地板，水泥磚與油布地板是不錯的選擇。

應該提供多種可以把沙子倒出、弄平與塑型的不同容器，罐子、水桶、

圖 18-20　當孩子在戶外玩的時候，有頂篷的沙區可以防止陽光直射

塑膠杯、凝膠鑄模、切餅乾器、過濾器、漏斗、管子、蛋糕模型、烤盤、鏟子與湯匙都可以用。孩子使用這些器具可以建構出道路、洞穴、隧道與城堡，在沙子上，孩子喜歡使用卡車與車子，塑膠或橡膠製的動物及人物也是孩子喜歡的配件。

（二）水的遊戲

對所有的孩子來說，水的遊戲是另一種適合發展的活動。水的遊戲可以使用水桌、塑膠箱、洗衣桶或淺的小泳池在戶外玩。為了增加變化性，你可以把桶子添滿雪花、食物染色劑與肥皂等也可以增加趣味性。你或許偶爾可以在水桌裡使用刮鬍膏，刮鬍膏能夠配合不同的節日加以染色。

多種不會破的廚房用具可以放在水桌裡使用，例如：海綿、量杯、塑膠擠瓶、打蛋器與管子。孩子或許也喜歡玩小船、洗澡娃娃以及洗娃娃的衣服。

木工

孩子喜歡木工活動。釘鎚東西通常是他們的首要興趣。當提供合適的工具給他們時，他們可以玩釘釘子持續二十分鐘之久。對於發展來說，木工是一種有價值的經驗，它能夠促進手眼協調、小肌肉與大肌肉發展以及創造性的表現，除此之外，它提供了孩子情感宣洩的管道。

如果使用得宜的話，工具的使用對孩子來說應該是安全的（圖18-21），老師需要示範如何安全地使用這些工具，在有些教室裡，老師使用高爾夫球座與保麗龍示範釘鎚東西。有些老師則用一大塊切割下來的樹幹給孩子看，他們把一罐釘子與一根鐵鎚放在一塊兒，以鼓

圖 18-21　在木工活動裡應該提供合適安全的工具

勵孩子的參與，孩子第一次使用鐵鎚前，或許需要你先開始釘鎚以作為示範。

在木工區裡的工具應該小心選擇，這些工具都應該是輕型以及有把手的，如此才容易讓孩子緊握。木工的工具包括齒狀鐵鎚、螺絲起子、鉗子、砂紙、滑輪組、老虎鉗與鋸子。大頭的細釘子較容易讓孩子使用，也應該要提供木工用膠水。

摘要

對孩子來說，美術活動是很重要的學習經驗。透過創造，孩子表達出他們的想法以及情感。美術促進孩子身體的、社會的、情緒的與認知的發展。

良好的美術活動可以培養獨立性。讓孩子自己決定什麼時候完成作品，經常讚美孩子的作品，運用讚美詞鼓勵孩子尊重每個人的作品。

孩子增進美術技巧時會經過三個明顯的階段。了解這些階段可以幫助教師規劃適合孩子技巧程度的活動。

老師在引導美術活動、建構積木與感官經驗時，是在執行一個很重要的職務。老師必須要決定介紹何種活動，也應該要運用多種的材料與技巧，對老師來說，了解如何執行此項工作，讓孩子從此種經驗中得到助益是很重要的。

回顧與反思

- 美術經驗如何促進社會的發展？
- 為什麼最好不要問孩子們在畫什麼？
- 指出美術技巧發展的三個階段，並詳細解釋每個階段。
- 對或錯。孩子小心地選擇反映出真實生活的顏色，而非選擇他們喜歡的顏色。
- 解釋如何把廣告顏料混合到想要的濃度。
- 對或錯。當孩子美術技巧增進時，應該提供較細的畫筆。
- 對孩子來說，為什麼粉筆、彩色筆與蠟筆比顏料更難使用？
- 摘要出有關使用著色簿的爭議。
- ＿＿＿＿＿＿畫是一種感官經驗，會促進情感的釋放，而且讓孩子很滿意。
- 兩歲與五歲的孩子在玩黏土時的差異性在哪裡？
- 你會為孩子選擇何種捏塑材料？說明你選用的理由。
- 指出孩子從建構積木經驗中得到的三種益處。
- 指出孩子或許喜歡使用的三種木工工具。

應用與探討

- 蒐集孩子的畫作，判斷每一幅畫作代表什麼發展階段，並說明你判斷的理由。
- 列出可以從捐贈中蒐集到的美術材料，並指出每一種材料的使用方式。
- 列出可以在繪畫活動中使用的工具。

◎ 準備與使用手指膏的每一種顏料配方，討論哪一種質地最好。建議儲存顏料的方法。

◎ 準備每一種自製油土的配方，計算製作每種配方的成本，並與購買的油土比價。

◎ 複習設備的目錄，並列出放置在積木區裡不同種類的積木與配件。

說故事常常是每日例行作息的一部分

第十九章

說故事經驗的引導

尹亭雲

閱讀完本章之後，你將能夠：

- ❖ 解釋「說故事」的優點
- ❖ 列出童書的四種典型
- ❖ 討論該如何選擇童書
- ❖ 列出對孩子說故事時的步驟
- ❖ 解釋各種說故事的方法

關鍵辭

說故事	圖畫書
故事書	家庭生活故事
動物故事	童話故事
瀏覽	道具
看圖說故事	簡報架
法蘭絨板	

對孩子而言，「很久很久以前……」這句話擁有無比神奇的魔力，而「說故事」藝術長久以來也為幾百萬孩子帶來了無窮歡樂，藉著引領孩子投入似夢似真的冒險世界，說故事者同時擁有一種強而有力的教育工具。

對幼教老師而言，說故事是個重要的工作，它包含了講述故事或朗讀童書。在大多數幼兒園中，說故事是每日例行作息之一（圖19-1），說故事對孩子而言是個相當寶貴的經驗，透過每天的說故事時間，除了可引發孩子對故事及書籍的喜愛，同時更強化了他們的語言發展，甚至

圖 19-1　說故事時間是老師及孩子的快樂時光

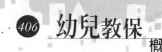

能在聽完傳統故事後，對文化及習俗有所認識。

說故事的重要性

說故事可幫助孩子發展以下多種技能：

* 了解他人。
* 培養對書籍積極正向的態度。
* 培養聆聽技巧。
* 建立對物體的正確概念及想法。
* 啟發新的想法。
* 增加字彙。
* 知道印刷字是有意義的。
* 培養對書籍的鑑賞力。
* 培養閱讀的興趣。
* 知道人們閱讀的方向是由上而下，由左到右。

謹慎挑選故事是「說故事」中關鍵性的一環，引用孩子生活背景寫成的故事將幫助他們更了解自己。孩子除了可從中學到描述自己情緒和經驗的字彙之外，遇到類似情境時，他們也會學著用新的觀點切入，故事將帶領孩子探索他們自己的世界。

同時，故事還提供了可接受的行為模式及正面的社會互動模式，當置身在形形色色的角色中時，孩子將從中領會到其他人通常和他們有相同的感受，而且在明白人們如何表達自己的情感之後，他們也變得更能了解他人的需求。

「說故事」可幫助孩子學習閱讀的技巧，當老師大聲說故事時，孩子會跟著由上到下、由左到右瀏覽，而從旁觀察說故事者在念故事時，也讓孩子了解到口語和書寫文字之間的關係，此外他們還學會了聆聽，各種童書也將協助孩子學習字母、數字和語言。「說故事」也是一種很棒的休閒活動（圖19-2），由於聽故事是一種靜態的活動，所以孩子在這期間就不會四處走動或忙著和其他孩子打交道。

各種童書都是故事的來源之一

童書是故事的重要來源之一，童書大致上可歸納成圖畫書及故事書兩大類。由於圖畫書通常是由單字、簡單的句子或單純的情節所構成，所以它們就順理成章地變成孩子最早接觸的童書。

繼圖畫書之後，故事書跟著登場。故事書通常可細分為家庭生活故事、動物故事及童話故事，這些書雖然都有插圖，但用字遣詞及情節都較圖畫書來得複雜。故事書的情節大多環繞在愛、安心、成就感這類的主題上。〈彼得兔〉就

圖 19-2　由於孩子聽故事時需坐下來凝神靜聽，所以聽故事也是種讓孩子放鬆身心的好方法

是個最好的例子，它同時涵蓋了這三大主題，故事中的彼得兔出外探險，最後終究安全返家（成就感），之後媽媽泡茶給他喝且安頓他上床睡覺（這充分流露出愛和安心）。類似的故事還有〈小熊〉、〈莫利根和他的挖土機〉及〈小提姆〉。

家庭生活故事包含社會關懷的主題，故事中的主人翁總是會遇到一些好笑或嚴肅的問題，但所有的難題都在愛和包容的前提之下迎刃而解，所以這類故事的目的就在於希望透過分擔他人的感受、問題及困境，進而讓孩子擁有關懷社會的精神，〈約翰克龍的花園〉、〈我的狗不見了〉、〈我的爺爺〉、〈膽小的提摩西〉及〈我會有朋友嗎？〉都屬於家庭生活故事。

年幼的孩子對動物故事很感興趣，這些故事中的動物總是帶點人性化，通常故事中動物英雄都有番不尋常的作為或具備特殊能力，這類的故事包括：〈小棕熊〉、〈所有的狗狗狗兒〉、〈全都是貓貓貓兒〉及〈安格斯和貓〉。

童話故事是另一種廣受較年長的孩子歡迎的典型，它多以「成功」為主題，故事裡的主角或英雄為求功名而必須完成許多艱鉅的任務，他們必須對抗巨人、巫婆，及克服種種險阻，但仁慈、善良、勇氣，再加上敏銳的判斷力終究會戰勝邪惡。〈三隻比利羊〉、〈三隻小豬〉及〈灰姑娘〉都是膾炙人口的例子。

替孩子挑選童書

說故事是一門需要研究及練習的藝術，如何說個精采的故事呢？關鍵就在於童書的挑選，情節豐富的童書可讓孩子在「從旁觀看」外還能有「身歷其境」的感受。模擬孩子情感經驗的故事最能抓住他們的感覺和想法，只有能引起孩子共鳴的故事才稱得上是好故事，且若想讓說故事成為效果顯著的課堂活動的話，老師本身就應享受及肯定自己說的故事，不然是很難以生動逗趣的方式和孩子分享的。

選擇故事書對新進老師而言也是一大難題，不過公立圖書館提供了書評的服務，也就是藉由瀏覽那些有用的書目及書籍簡介可幫你找出書名、作者及出版社，你也可向美國圖書館協會兒童服務處索取書評。

（一）故事內容

故事內容應符合孩子的身心發展及體驗，為孩子挑選童書時，要注意故事內容、插圖、字彙、持久性、長度及書的材質。熟悉的人、事、物或情境較能吸引孩子，而和他們生活情境及作息相似的故事更是他們的最愛。

由於大多數學齡前孩子無法區分真實和幻想的事物，所以挑選真實的故事是很重要的。因為兒童在五歲後才漸漸能分辨兩者之間的不同（圖19-3），所以最好避免選用以擬人法來呈現動物及非動物（如：樹、花等）的童書。

（二）插圖

插圖可引起孩子的興趣及啟發他們的想像力，童書中的插圖，本身就具備了敘事功能，透過插圖來「閱讀」故事，將使

圖 19-3　幻想故事可能會使孩子感到恐懼或困擾

他們的興致更加高昂。

　　插圖應以簡潔易懂為前提，太多細部描繪、明暗變化或沒有顏色都會使孩子感到迷惑。相反地，顏色鮮豔、構圖大而明確的童書最能引起他們的共鳴。總而言之，插圖應具備以下幾個特點：

> ＊　構圖大，且用色豐富多樣。
> ＊　能代表文字。
> ＊　能呈現劇情。
> ＊　避免不必要的細節。
> ＊　構圖逼真且色彩迷人。

（三）字彙

　　好的童書會先針對某個年齡層的孩子，運用該年齡層的孩子所能了解的字彙來書寫，只有少數新詞彙會出現在故事中，同時重複字詞所帶來的律動感也可提高孩子的興趣，這也就是為什麼〈鵝媽媽〉這一類童話故事會廣受孩子歡迎的原因了。

（四）持久性

　　成人應該讓孩子捧書及翻頁，也正因為如此，童書封面及內頁的材質必須堅固強韌才行，封面以耐擦洗的素材為佳，內頁除了以易翻閱為原則外，攤開讀本時還要避免反光，裝訂面也要能平放。

（五）長度

　　隨著孩子年齡的不同，適合的童書長度也不同，嬰兒及學步兒可能只讀得下幾分鐘書，所以他們的讀本通常只有幾頁而已；兩歲大的孩子對書本的專注力大約能持續五到八分鐘；三歲大的孩子約能持續六至十分鐘；四歲大的孩子約能持續八至十二分鐘，而五歲大的兒童約能持續十到十五分鐘，隨著專注時間的增加，童書頁數也跟著增加。

（六）根據年齡來挑選適合的童書

選擇童書時，「年齡」是一大考量，為不同年齡的孩子挑選童書時應注意一些事項（表19-4）。

嬰兒及學步兒需要耐用的圖畫書，材質方面最好是可洗的布料或硬紙板，因為厚厚的一頁頁翻起來較容易，書中的插圖除了大且構圖清晰外，還得包含孩子生活中簡單的物品，因為剛學走路的嬰兒通常很喜歡觸摸圖中的東西。

兩歲大的孩子偏好和他們所熟知的事物相關的童書，當提及奔跑、吃飯、穿衣這類他們熱衷的活動時，他們就會報以熱烈的迴響，而動物及年幼的孩子也是他們喜愛的主題。兩歲大孩子的童書除了仍須耐用、擁有很多大且清晰的插圖外，圖中所呈現的活動及聲音也必須是他們所熟悉的，同時人及物的顏色也應力求真實，例如：我們不應把山羊塗成紫色，以免有些孩子就此信以為真。

童書參考事項

學步兒	兩歲大的孩子	三歲大的孩子	四歲大的孩子	五歲大的孩子
內頁厚些／含簡單物品的插圖／大且清晰的插圖	模仿熟悉的聲音／和孩子自身的經驗重疊／內頁厚且包含大插圖／包含熟悉的事物	包含家以外的人事物／解釋人物角色及事件發生的原因／呈現孩子自身的經驗／包含反覆音節的字	包含現實生活中的幽默情節／涵蓋新字彙／解釋劇情如何發展及事件發生的原因	加入可增加知識的情節／帶領他們穿越時空／蘊含新資訊並在熟悉事物間建構出新關係

表 19-4　不同年齡層的孩子有不同的故事喜好

三歲大的孩子傾向看標題來挑故事且偏愛和他們所熟知的事物相關的故事（圖19-5）。他們也喜歡認識家裡以外的人，以及社區服務人員，例如：警察、郵差、清潔隊員相關的故事都是他們的最愛，因為他們想知道這些人在做什麼及為什麼要這麼做。書中的插圖應符合事實、簡單明瞭，每頁的句數也應有所限制。

　　和三歲前的孩子比較起來，四歲大的孩子不那麼自我中心，且對周遭環境相當好奇，他急於知道事物運作的原因及方式。這年齡的孩子喜歡誇張且劇情簡單的短篇故事。透過書中的插圖，四歲大的孩子得以了解整個故事，並愛上故事裡古靈精怪的把戲。

　　五歲大的孩子喜歡可幫助他們增長知識的故事，且常能一字不漏地把故事背下來，超越時空或突破現實規範且想像力豐富的故事通常是他們的最愛，例如：〈小紅帽〉、〈彼得兔〉、〈歌蒂菈與三隻熊〉。他們一方面樂於追求新資訊及建立新關係，另一方面又執著於保留既有知識，這年齡的孩子已能清楚表達自己的好惡。

圖 19-5　孩子喜歡閱讀描繪
　　　　熟悉主題的童書

（七）避免強調刻板印象的故事

　　挑選適合孩子年紀且不持刻板印象的故事是很重要的，而「刻板印象」就是對他人的某一特質，例如：性別、年齡、國籍或宗教信仰等，抱持著先入為主的態度，這是很不公平且應避免的。所以在選擇故事前，一定要仔細閱讀並研究故事中的字句及插圖，有時候在插圖中很容易就可發現刻板印象的投射，基於圖畫對孩子的衝擊性遠較文字大，所以務必仔細檢閱童書中的插圖。

　　童書必須避免性別歧視的觀點，而性別歧視就是針對他人性別所做出的任何價值評斷，例如，以往的出版品都不曾呈現過擁有廣泛興趣及精湛技能的女性形象，大多數童書中的女性總是穿著圍裙、忙著做家事，小女孩也總是被動地跟著媽媽在家忙得團團轉。相反地，男孩卻顯得積極活躍、充滿冒險進取的精神。醫生、律師和警察多半是男性，但教師、護士則很少由男性擔任。

　　觀察插圖中的男女比例，按理來說，男女人數應當相等，同時注意書中描述人物的方式及圖中他們所從事的活動（圖19-6）。企圖跨越性別歧視藩籬的童書將賦予女性活力充沛並積極從事許多有趣活動的形象；相對地，男性則是愛家、顧家、熱愛朋友的一群。

孩子也可經由童書認識不同膚色、語言，甚至不同飲食偏好的人，明白人與人之間的差異性，無形中提高了他們的包容力，不論在內文或插圖中，都應以正面的態度來描繪各個種族及國籍的人。

最後，請檢查童書中是否曾出現對老年人的刻板描繪？我們應讓孩子對老年人有實際且正面的了解，並呈現長輩和孩子間溫馨快樂的相處情景。這樣一來，他們才能學會尊重及接納生活周遭的年長成員。

圖 19-6　描繪男性和家人間的互動，或從事有趣工作的女性之類的書籍就不會直接或間接鼓吹性別歧視

為孩子說故事

把故事說得精采動聽是極需時間和努力的，說故事給孩子聽之前，一定得做以下三個準備工作。首先，選一個孩子和你都喜歡的故事，然後充分熟悉故事情節，最後再決定你將以什麼方式來呈現它，故事說得成功與否就看你否夠投入，以及你是否能帶動氣氛。

（一）準備說故事

先演練幾回以便熟悉故事情節，然後再匆匆地瞄一眼以提醒自己接下來的劇情發展，如此一來才能和現場孩子有密切的眼神交流。至於如何熟記故事呢？其實並沒有一套完美的規則，大家就各顯神通吧！

當說故事時，口語技巧就顯得格外重要了，其中一個培養口語技巧的方法就是站在鏡子前面練習念出故事來，此外還可把自己在念的狀況錄下來，藉由這些方法，你可修正你發現到的所有缺失，比如說：你錄下自己念的故事，然後問問自己以下三個問題：

* 我是否很投入？
* 我的音調生動活潑嗎？
* 遇到不同角色時，我的音質是否有所變化？

　　當你熟悉故事後，再決定究竟要「朗讀故事」還是「說故事」。面對年幼的孩子時，「朗讀故事」有其優點，例如：孩子可邊聽邊看插圖，有些孩子可能因此對閱讀產生興趣，同時當他們看著你讀時，也會發現文字和口語之間的關係，而說故事的優點就在於較方便揣摩劇中人物的性格及動作。

　　若要營造成功的說故事時間，那麼舒適的環境是絕對必要的。孩子必須遠離那些會讓他們分心的誘因，然後聚在一起，坐著聽故事。有些老師也喜歡讓孩子坐在地毯或小枕頭上，鋪上一條彩色的小薄被也很實用。這樣的座位安排主要是讓孩子不要四處走動，靜下來專心聽故事。

　　聽故事時應讓孩子依年齡及興趣分成兩組或更多小組（圖19-7），這樣才能和孩子有較多且好的互動。

　　大多數孩子需要一段時間才能靜下來，為了幫助孩子早點安頓好，有些老師會帶著他們念念手指謠，有些則用布偶和他們說話，其他則簡單地和他們聊聊今天發生的事。

（二）開始說故事

　　先營造好氣氛才開始說故事，藉著問問題、說說自己的想法，或把書拿出來秀一秀等以吸引孩子進入故事中，不過這個過程通常只需幾句話簡潔帶過即可。

圖 19-7　小組中的孩子可自由地和老師互動

　　說說自己的看法也是種導入故事的方法，你可談談自己是在哪兒聽到這故事的，例如：「這是我小時候，外婆告訴我的故事喔！」

　　你也可幽默地問問他們：「你們當中有幾個人愛開懷大笑呀？」或者你也可把童書豎起來，那麼封面上的圖片就可隱約透露出故事內容了。

　　小道具也很適合在開場白時使用，「道具」就是任何和故事劇情相關且能吸引孩子目光的物品，例如，當你準備說〈彼得兔〉的故事時，你可帶隻活生生的兔子，或一個兔子玩偶，或一張兔子的照片（表19-8）。

　　將道具藏在故事圍裙中，當你介紹故事時，從圍裙口袋中一次拿出一樣

道具，而說故事用的袋子也是一樣的使用方式，且也可用來收藏語文區裡的書。開始說故事時，得先對孩子解釋他們不懂的任何新字詞，例如當你準備念〈巨大的象〉時，得先解釋「巨大」這個新詞。

開始時，先製造一種即將和大家分享某一特別事物的興奮氣氛，你可藉由熱切的語調或愉悅的臉部表情來傳達這個訊息。

介紹故事用的道具	
紅氣球	〈紅氣球〉
紅蘋果	〈這蘋果是紅的〉
洋娃娃	〈威廉的洋娃娃〉
黑貓	〈黑貓的故事〉
紫色蠟筆	〈阿羅有枝彩色筆〉

表 19-8　慎選道具就可立即擄獲孩子的心

（三）說故事

看書說故事時，記得要語帶感情且和孩子保持眼神的交流，介紹新人物出場或引進新點子時，務必先停頓一下。

請用正常講話速度來朗讀故事，因為講話語調太柔或音調過高都可能讓孩子失去興趣，把你的聲音當成一種工具，你可適時地輕聲細語或大聲咆哮以提高他們的注意力，或者你也可模仿某種聲音，加快或減慢說話的速度，或調整你的音調。例如：當妳讀〈歌蒂菈與三隻熊〉，輪到小小熊出場時就提高音調，而輪到爸爸熊時就降低音調。

（四）處理打岔的狀況

在說故事時孩子經常會打岔（圖 19-9）。孩子可能會問這樣的問題：「為什麼小小熊是棕色的？」接受他的打岔且耐心地回答。可能有些小孩會不斷地問問題，在這種狀況下，你可對他說：「馬克，聽完故事後再問吧！」

坐立不安的孩子會讓其他孩子也跟著分心，千萬不要小題大作，最好是故意忽略他的毛躁不安，繼續說故事。另一種較積極的作法就是稱讚那些乖乖坐好的孩子，例如，你可說：「喬林，我很喜歡你這麼安安靜靜地坐著。」這將強化喬林的行為，同時也有暗示及鼓勵那些坐立不安的孩子安靜坐下來的功效。

圖 19-9 不要被孩子的打岔所影響，孩子喜歡針對他聽到的故事來下評論或提問題

（五）保持興趣

我們可從孩子的笑聲、專心程度及表情得知他們對故事是否有興趣，假如孩子不喜歡這個故事的話，就說快一點。你也可多加點強調的語氣，或跳過一些瑣碎的細節，或是藉著問孩子一些和故事相關的簡單問題，以重新燃起他們對故事的興趣。例如，你可以對某個感到很無聊或心不在焉的孩子問道：「露易絲，小小熊是什麼顏色的？」不過有時儘管你已使出渾身解數，那個故事仍可能顯得索然無味，這時候就該當機立斷和孩子說：「我看今天不太適合講這個故事喔！」然後做個結語。

（六）結束故事

故事的結尾和起頭一樣重要，孩子需要知道你何時會把這故事說完，所以做結語時應清晰明快，你問孩子一些和故事相關的問題，例如：「你最喜歡故事中的哪一段？」你也可問他們一些和故事情節、情境及人物性格相關的問題。有時候一句簡單的「謝謝你們這麼專心聽我說故事」就已足夠。遇

到某些特別的日子時，你可準備一些小東西，讓孩子聽完故事後帶回家，例如，讀完〈小熊維尼〉的故事後，你可送他們一些氣球。

　　要有心理準備，你可能必須一再反覆說同一個故事，聽到孩子說：「拜託你再說一次那個故事」時，你該感到很高興，因為這請求意謂著他們非常喜歡這故事。

（七）評估自己的表現

　　說完故事後，你也須評量一下自己所使用的方法，孩子的反應就是最好的回饋。孩子的反應愈多愈熱烈，就表示你的方法愈好。相對地，如果他們不感興趣也可能是因為你講得太快或太慢，有時候你可能太小心翼翼而忘了加上表情及語調變化。

　　除了缺點外，也要了解自己的優點，當孩子哈哈大笑、微笑或看得目不轉睛時，這表示你已找到一些抓住他們胃口的方法了，那麼以後說故事時要記得好好發揮自己的優點。這裡有些有效的說故事絕招供你參考（表19-10）。

有效的說故事絕招
・選擇符合孩子身心發展的故事。
・使用好的開場白以營造故事氣氛。
・解釋生字及生詞。
・鼓勵孩子參與。
・以平常說話的語調來說故事。
・師生間要有眼神的交流。
・語帶熱情。
・好的肢體語言。
・用不同的聲音表情呈現不同角色，以增加孩子對故事的興趣。
・咬字清楚。
・敘事節奏活潑。
・鼓勵孩子對故事發表評論。

表 19-10　發掘你的優點和缺點有助於增進說故事技巧

變化說故事的方式

除了將故事大聲讀出來之外，還有其他呈現故事的方式，至於表現時的注意事項和大聲讀故事時相同，首先，決定究竟要用童書還是自己創作，接著站在鏡子前演練，直到滾瓜爛熟為止，且把過程錄下來，這將對你有很大的幫助。

說故事時，若能多種方法交替使用，將特別有助於延長孩子的專注力，身為一名幼教老師，你必須熟悉各種說故事的方式。

（一）看圖說故事

看圖說故事或是畫圖說故事，也是其中一種方式。當你說故事時可一面在黑板、18×24英吋白報紙或標籤卡上畫畫，也可從出版品目錄及書商那兒買到內附插圖且能以圖呈現完整劇情的教科書。有些老師偏好先挑選一本故事書後，再自行改編，而當中的插圖可能被刪掉、合併或增加。一般而言，圖的部分不應超過五張紙。

如果你並不擅於畫畫，或許可利用投影機來幫你準備圖片，先找本書，再將它擺在投影機上，在牆上貼張厚紙板或紙輕輕地用鉛筆把圖描下來，然後正式說故事時再用鮮豔的彩色奇異筆重描一遍。

看圖說故事的圖片可事先多準備幾份，這樣就可多用幾次，在原來用鉛筆描畫的底稿上蓋上投影片，用油性筆描邊後再上色，最後用一塊毛氈和窗戶清潔劑來清除描線。

（二）錄音、錄影帶

包含音效及音樂的有聲故事對孩子而言是很有吸引力的，有聲故事組通常還會內附一本插圖小冊子，好讓孩子可邊聽邊看。很多炙手可熱的故事都已灌錄成有聲書。

影片可抓住大多數孩子的心，唯一的缺點是，有些孩子可能已在電視上看過那些影片，不論是買來的或是老師自行編製的影帶，都可在說故事時派上用場。你也可在學校合作社、書籍目錄或幼兒協會的展示區中買到實用的影帶。

為了節省經費，一些老師選擇自製錄
音帶，如果你也想效法的話，首先你需要
一台錄音機、一捲錄音帶和一本童書，當
你開始錄製錄音帶時，口齒要清晰，每隔
兩頁暫停一下，並插入一種音效。例如，
你可用湯匙敲敲玻璃杯或按下一個琴鍵，
這個特殊的音效將告訴正在聽故事的孩子
該翻頁了（圖19-11）。

圖 19-11　即便尚無閱讀能力的孩子
　　　　　，也能跟著錄音帶看故事

（三）玩偶

玩偶對孩子而言總是魅力無限，利用
玩偶來說故事不失為轉換故事進行步調的
好方法。讓玩偶成為會對故事內容做出評
論及提問的聆聽者，你可善用錫罐、壓舌板、襪子或其他便宜的材料來做玩
偶，手套也可做出很棒的玩偶喔！先在紙上剪出眼睛、鼻子和嘴巴，然後再
將它們貼在手套上，之後就可上演〈失蹤的手套〉了，絨毛玩具也可如法炮
製一番，例如一隻棕色的泰迪熊玩偶就可用在〈小棕熊〉這個故事中。

說完故事後，你可將玩偶留在語文區，因為玩偶將有助於孩子建構整個
故事大綱，並表現出他對故事的了解程度（圖
19-12），同時請參照第二十章〈戲劇和玩偶劇
經驗的引導〉。

（四）單獨說故事或大家一起合作說故事

假如有機會的話，孩子也能成為優秀的說
故事者，遇到戶外教學、外賓來訪或其他特別
場合時，就可要孩子以此為主題，錄製一個故
事。你可先幫他們分組，邊聽孩子說故事邊幫
他們做筆記，之後再讓孩子看看你記下來的腳
本，他們便能明白文字和口語之間的關係，你
可將他們的點子寫在黑板或標籤卡紙上，也可
用手提錄放影機將這些故事錄下來，稍後再放

圖 19-12　玩偶可協助孩子表達
　　　　　他們對故事的了解程
　　　　　度

給孩子欣賞。

（五）故事圖卡

　　故事圖卡就是畫在大張標籤卡上的故事，假如你很缺乏繪畫天分的話，這時投影機就可幫上大忙。在你描完底稿，上完色之後，記得在卡後按順序標上號碼，這麼一來，說故事時，故事圖卡就已按劇情發展就定位，同時也可將文字寫在每張卡後。為了保護故事圖卡，可把它們護貝起來。

　　說完故事後，可將故事圖卡放在語文區，孩子就有機會自己用故事圖卡，再把故事重說一遍，有些孩子還很喜歡把手上的圖卡依故事的發展排列出來。

（六）投影片

　　用投影片說故事通常是以戶外教學或派對之類的班級活動的照片為主題，你可選擇在年初或歲末時用投影片來說故事。在某些特殊事件上，父母也很喜歡用這種方式對孩子說故事。

（七）法蘭絨板

　　用法蘭絨板來說故事通常是孩子最喜愛的活動之一，故事中的角色及道具都是從法蘭絨布上剪下縫製並在法蘭絨板上演出（圖19-13）。你可從學校合作社、商品目錄上買到法蘭絨板或是自己製作。怎麼做法蘭絨板呢？首先你需要一塊 $27 \times 17\frac{1}{2}$ 英吋可在木材行買到的泡棉隔熱板，將板子的正反兩面都蓋上 $29 \times 19\frac{1}{2}$ 英吋的法蘭絨布，這兩塊顏色不同的布正好提供兩種不同的背景。

　　主角及道具的材質可用紙、厚紙板，或是法蘭絨布做，可自己動手做，也可用真的或從故事書上剪下來。法蘭絨板書本中包含許多故事，當中也有許多人、物，以及道具造型，這些都可在學校合作社中

圖 19-13　使用法蘭絨板時，讓孩子有機會將法蘭絨製的玩偶擺在板上

買到。

其中一個快速製作玩偶的方法，就是利用一塊沒有織紋的布，將布放好，再用黑色畫布專用筆在布上描出人及物，最後上色。

也可從故事書中的插圖取材，並將它們做成法蘭絨材質的人及物，你必須在你選定的那一頁的背面先墊張複寫紙，在複寫紙後再墊一張厚紙板，將這三層紙用迴紋針夾在一起後再開始描，這樣圖形就可拓印到厚紙板上，剪下厚紙板上的圖形後就大功告成。也可將模型放在法蘭絨布上描，假如你需要大一點的圖，也可藉著投影機將原圖放大。

運用法蘭絨板來呈現故事

呈現法蘭絨板的故事之前，得先做些準備工作。先練習讀幾次故事腳本，並檢查放在法蘭絨板上的道具及人物是否齊全，再將它們按順序排好，說故事時就將它們放在腿上的平底盒子及籃子裡，不要把它們放在地板上，免得某個孩子拿來把玩，這將使效果大打折扣。

一次只將一個角色擺在法蘭絨板上，就像寫作一樣，擺的時候應由左到右，多練習說故事，同時擺上道具，若想強調某人物，將它擺上法蘭絨板時，就得緊緊盯著它瞧。

用法蘭絨板說完故事後，你可將人物、道具，連同法蘭絨板一起留在語文區，這樣孩子便可拿起板上人物及道具，將故事重新演繹一回，或者自行創作一些新故事。

藉著從旁觀察及傾聽，你可知道他們對故事究竟了解了多少。若想鼓勵孩子創作他們自己的故事，你可提供他們一些其他故事中的主角或道具。

展示書籍

語文區是教室裡極重要的空間之一，書籍、法蘭絨板、錄音帶及其他輔助說故事的教具都陳列在這一區，擺設書籍時應以能立即吸引孩子目光為前提，例如，書籍封面應以清楚易見、足以挑起孩子興趣為考量（圖19-14）；擺放書籍時要考慮書和書之間的間隔，確定當你拿走其中一本時，其他書籍不會跟著掉落。

　　語文區應設在遠離喧囂市街的區域，且藉著教具櫃和教室裡的其他活動空間區隔開來，這樣一來才可營造出平靜的氣氛。剪刀、蠟筆及圖畫一律禁止攜入本區，這些規定都是為了避免書籍遭到毀損及弄髒。

　　謹慎挑選語文區中的童書，以能兼顧每個孩子成長過程中的各類需求為前提，你可加入班上孩子正面臨的一些主題，例如：父母離異、病痛及死亡等，有些備受孩子喜愛的圖書可在語文區中陳列久些，而其他書籍則可常更新，以激發孩子閱讀

圖 19-14　展示書的封面以吸引孩子前來翻閱書籍

時的興緻及熱情。有趣的書籍是本區絕不可少的，你可向公立圖書館、朋友、家長借書，使語文區更加充實。

摘要

說故事是幫助孩子學習的工具之一，透過聽故事，他們可發展出對童書的喜愛並學得許多技能，包括組織新點子，以及增加字彙。

挑選故事時應謹慎小心，故事內容應配合孩子身心發展及生活經驗。此外，還要避免落入刻板印象的描繪。

插圖應活潑生動，足以激起孩子一探究竟的欲望，字彙及故事長度應配合孩子的發展。最後，選擇的圖書應採耐磨損的材質。

說故事給孩子聽之前應做好準備，而呈現故事的方法有許多，例如：看圖說故事、有聲故事，以及用法蘭絨板呈現故事等。

回顧與反思

◉ 故事內容應描繪孩子的 _____，以增進他們對自我的了解。

◉ 對或錯。說故事也是一種休閒活動？

◉ 下列何種通常是最先拿來和孩子分享的書籍類型？

　　A. 圖畫書

　　B. 童話故事

　　C. 動物故事

　　D. 家庭生活類的故事

◉ 家庭故事中常採用什麼主題？

◉ 在_____中，寬容與善良總是戰勝邪惡。

◉ 對或錯。老師本身是否喜歡這個故事並不重要，只要孩子喜歡就好。

◉ 插畫的功用是什麼？

◉ 所謂的合適的童書長度會隨孩子的_____而改變。

◉ 什麼是性別主義？

◉ 對或錯。老師應選擇以正面態度描繪各種族及國籍的童書。

◉ 舉出三種呈現故事的方式。

◉ 故事的_____必須清晰明瞭。

◉ 舉出兩種增進口語朗讀能力的方法。

◉ 說明任一種說故事的方法。

應用與探討

- 應用本章所提及的任一種說故事方法來準備說故事，並和班上的孩子分享。
- 準備一份你可能會用在說故事時間的童書目錄，目錄中請將書籍照適用年齡分類，例如：學步兒、兩歲、三歲、四歲及五歲大的孩子。
- 自己寫一份故事的引言，讀引言時，同時搭配道具使用。
- 將涵蓋多元文化的童書加入語文區中。
- 聽完兒童有聲故事後，列出可讓孩子聚精會神的策略。
- 用攝影機錄下自己為孩子說故事的狀況，並評估自己的表現。

玩偶是有趣又有效的教學道具

第二十章

戲劇和玩偶劇經驗的引導　　尹亭雲

閱讀完本章之後，你將能夠：

- ◈　描述遊戲的發展階段
- ◈　解釋各個階段的遊戲所使用的素材
- ◈　歸納出社會劇的優點
- ◈　規劃課堂環境及指導社會劇的演出
- ◈　歸納出偶劇的優點
- ◈　製作及使用三種玩偶
- ◈　撰寫及說個玩偶故事

關鍵辭

戲劇	道具使用的運用階段
社會劇	道具使用的想像階段
投射	角色扮演
單獨遊戲	指導
平行遊戲	示範
合作遊戲	道具箱
擬人法	玩偶劇
道具使用的操控階段	衝突

　　遊戲是孩子生活中極為重要的一環，孩子喜歡扮演並完全融入情境，而這些想像力豐富的遊戲除了提供他們成長和發展的機會外，也鼓勵他們盡情實驗及發掘，孩子都絕不會是患舞台恐懼症的演員，他們勇於說出自己的感受，也樂於體會自己說的話。觀察遊戲中的孩子將使你更能洞悉他們認知的、社會的及情緒的發展，遊戲是一扇通往孩子心靈的窗。

　　戲劇也是遊戲的一種，由一個孩子模仿他人或演出某個情境，而社會劇則由多位孩子模仿他人或一起演出某些情境（圖20-1），這是我們在幼兒園裡所見到的戲劇形式中最複雜的一種，但在小於三歲的孩子的活動中很難見到社會劇的蹤跡。

圖 20-1 社會劇至少包含兩個進行角色扮演的孩子，圖
中的孩子正在扮演農夫市場的員工

　　玩偶倒是另一種提供孩子模仿機會的遊戲，孩子手中的玩偶可能是一隻
狼、一個警察或是一個巫婆，透過這個遊戲，孩子可暢快地和他人分享自己
的內心世界。孩子會將自己的感情及感受注入玩偶中，這就是我們熟知的
「投射」作用。

遊戲的發展階段

　　在演出社會劇之前，孩子必須歷經三個階段性的遊戲形式，首先是獨自
遊戲，接著是平行遊戲，最後才投入合作遊戲。

　　嬰兒常自己和自己玩耍，這就是我們所說的單獨遊戲，他們的遊戲在本
質上探索意味十分濃厚。

　　單獨探索起初只是為了蒐集資訊，等嬰兒九個月大後，才開始探索單一
物件，最後便能多個物件同時並進。

　　平行遊戲是兩歲孩子的遊戲典型，此時他們會聚在一起，但各玩各的，
他們幾乎都在玩同一個遊戲，但彼此之間少有互動。該怎麼玩自己手上的玩
具，才是這年齡層的孩子關注的重點。

　　合作遊戲是兩三個或更多孩子的遊戲，當孩子的情感面及社會面漸漸成
長時，他們開始會花一部分時間和同伴玩耍，漸漸地，他們學會了尊重他人
的物權，這可發現他們已從中學得一些社會技能（圖20-2），同時他們除了樂

意和他人分享外,也學會了使用別人物品之前,必須先徵求他人的同意。

　　社會劇就是在合作遊戲這個階段才開始的,因為孩子投入合作遊戲後,會對人際關係萌生興趣,並試著發展及維持自己的同儕關係,社會劇就此應運而生。

　　合作遊戲時,侵略性較強或合作性較差的孩子可能會遭遇到一些困難,為了要順利加入遊戲,他們必須友善些,學著和別人相親相愛,還要顧及別人的需求和感受,並且要試著了解他人的想法。

　　當你觀察這三遊戲階段中的孩子,你將發現他們常用擬人法。擬人法就是為沒生命的東西添上人類特質,例如,孩子或

圖 20-2　孩子在合作遊戲與社會劇中學習社交技巧

許會和玩偶或洋娃娃說話,他們表現得好像這些玩具真的聽得見他們說話似的。很多日常生活情境也在他們和玩具的互動之間上演,孩子可能會對洋娃娃說:「媽媽現在要餵你囉!」也可能對玩偶說:「你現在要去散步了」,他們還會加上誇大的動作和聲音,不過這就是大多數孩子的典型舉動。

遊戲中各個階段所使用的道具

　　孩子將經歷遊戲中道具使用的三階段,然而並非所有孩子都會到達第二及第三階段。

　　第一階段稱為「操控階段」,這階段的孩子會操控道具。例如,當你給他一個奶瓶時,他會旋開或關好瓶蓋。

　　第二階段稱為「運用階段」,這階段的孩子會在和其他孩子玩耍時,依照自己的想法來使用道具,例如,手上握著奶瓶的他會假裝正在餵娃娃喝奶。

　　第三階段稱為「想像階段」,這階段的孩子並不需要真正的道具(圖20-3),他們已能考慮到用替代品,例如,他們可能會用自己的手指、一根棍子、別針或鉛筆代替奶瓶來餵洋娃娃。同樣地,掃地時若找不到掃把,他們

也會用碼尺來代替。

通常處在想像階段的孩子總是有源源不絕的點子可用在社會劇中，他們可能會用某個玩具來代表恐龍、用娃娃車代替超市的購物推車，或用紙袋代替廚師帽，當上演和餐廳相關的戲碼時，他們還會自製紙鈔來購買食物。

圖 20-3　用紙黏土做漢堡就是想像階段的特徵

有些孩子覺得手上如果沒有真實的器具就很難融入角色裡，就拿扮演餐廳服務生當例子吧！操控或運用階段的孩子會說：「沒有紙和鉛筆，我沒辦法演出這角色。」但已到達想像階段的孩子可能會把他們的手當成紙，而手指當成鉛筆來運用，並非所有的孩子都可以到達想像階段。

社會劇

當孩子參與社會劇的演出時，他們會模仿成人的角色，他們可能扮演丈夫、妻子、父親、母親、醫生或警察，這也就是我們所說的角色扮演，它給了孩子嘗試各種角色的機會（圖20-4）。例如，當一個孩子扮演美髮師時，其他人可扮演顧客，且每個角色都必須遵守孩子所共同制定的社會規範。投入角色扮演的孩子對於彼此扮演的孩子也會下明確的指令，例如：「你演警察，然後我演那個小女孩。」條件交換也是很常見的現象，例如：「我要演，但我非演那個公車司機不可！」

（一）社會劇的優點

參與社會劇的演出將使孩子獲益良多，這種形式的遊戲讓他們在社會的、情緒的、身體的及認知的發展有所成

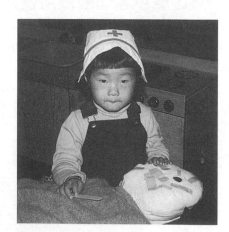

圖 20-4　孩子正在扮演護士

長。

藉演出的活動，例如：掃地、替娃娃穿衣服及假裝為家具上漆等，都可促進他們的成長。製作演出所需的逼真道具也有助於培養強健的體能。

參與社會劇的演出也可促進孩子的社會及情緒發展。在演出期間，有時某些困擾孩子已久的負面情緒及處境也能透過角色扮演呈現出來，有了這些經驗，孩子將對人際關係有所體驗，他們知道什麼行為會讓其他孩子感到不悅，除了積極發掘重要的社交技巧外，也學著如何和他人融洽地相處。漸漸地，在遊戲時，他們會尋求一個人我之間的平衡點並試著取悅他人。

圖 20-5　孩子在娃娃家使用縫紉機時，即已促進認知的成長了

認知的發展也可透過社會劇而得到提升，孩子在戲中扮演的角色琳瑯滿目，從嬰兒、父母、小熊到太空人等，充沛的想像力使他們能順利地演出和現階段生活相差十萬八千里的角色。演出社會劇時，孩子必須下決定及做選擇，也因此他們必須學習解決問題的技巧（圖20-5）。此外，語言概念也隨活動進行而更加成熟，他們學到器具的名稱，且從同儕那兒激發出新點子，當他們設計劇情及寫劇本時，就已將語言技巧、想像力及創造力全融入其中。

（二）戲劇主題

社會劇的主題可能因戲而異，但常環繞在孩子每天的生活經驗上（表20-6）。孩子可能會模仿技師修理汽車、廚師料理晚餐，或是油漆師傅漆房子等。老師可提供孩子感興趣或目前缺少的工具。

戲劇主題將隨孩子年齡而改變，三歲大的孩子遊戲時較偏重程序問題，而無所謂的主題和預先構想的劇情，他們還無法區隔自己真實的身分和假扮的角色，因此他們表現出來的都是如假包換的自己。固定的日常例行作息對他們而言是很重要的，所以他們每天都會進行相同的活動。

戲劇主題		
和職業相關的角色	其他主題	
藝術家、麵包師傅、理髮師、建築工人、公車司機、電腦操作員、廚師、牙醫、DJ、醫生、農夫、漁夫、園藝家、消防隊員、清潔隊員、加油站員工、食品商、美髮師、圖書館員、郵差、機械技工、藥技師、機師、攝影師、警察、郵局員工、水手、科學家、秘書、鞋店店員、老師、卡車司機、餐廳服務生、獸醫	機場、海灘、露營、馬戲團、戲服店、農場、鋤草、帽子專賣店、醫院、寵物秀、郵局、廣播電台、餐廳、Spa、商店、電視公司、劇院、動物園	

表 20-6　許多角色及情境都可發展成戲劇主題

　　四歲大的孩子較能參與社會劇的演出，遊戲時的他們不再只是一味地著重於家庭生活的點點滴滴，反而涵蓋了一些較具侵略性的行為，例如，他們很喜歡模仿妖魔鬼怪及電視影集裡的武打英雄。看著他們演出的社會劇時，你會發現戲裡的男性及女性特質都被誇大了，例如扮演母親的角色時，他們將需要用到下列各種道具：手套、帽子、皮包、高跟鞋及披巾。

　　孩子時常改變自己所扮演的角色，幾分鐘前，她還是個職業婦女，但下一刻她卻已變成無助的嬰兒，孩子能否參與遊戲得看他和大團體的屬性，例如：性別、膚色、衣著等是否相容而定。

　　五歲大的孩子演出的社會劇是種規則清楚、有時帶有恐懼等負面情緒的遊戲，這年齡的孩子已能分辨真實和幻想的世界，因此你可能聽到他們說：「這只是演戲而已啊！」

　　不論是現實生活中的角色，還是民間傳說裡的英雄人物，都是構成社會劇的一環（圖20-7），國

圖 20-7　五歲大的孩子喜歡扮演他們每天所看到的角色

王、皇后、護士、老師、新娘、蝙蝠俠或大鳥叔叔都是家喻戶曉的主題，同時他們還對〈灰姑娘〉這類浪漫愛情故事很感興趣呢！

（三）老師的角色

老師應扮演的第一種角色就是資源及空間的供應者，根據研究顯示，待在一個已備有相關道具的教室時，五歲大的孩子喜歡扮演日常生活中常見的角色。孩子會多花一點時間投入劇中，而教室中的活動及玩具品質也會影響他們投注在社會劇的時間及意願，提供有趣且貨真價實的物品也對演出有所助益。也就是說，與其給扮演消防隊員的孩子一頂小塑膠帽，還不如給他從當地消防局借來的正式帽子。替換物品、道具通常也能保持他們對活動的興趣。

此外，老師應扮演的角色還包括指導者、示範者及增強者。「指導」就是傳授孩子遇到困境時可行的破解方法，例如，遇到某個孩子因為沒有廚師帽而拒絕扮演廚師時，老師可建議那個孩子用紙袋來代替廚師帽。當看見一個小孩打人時，老師應制止打人的那個孩子，除了告訴他對方不喜歡被打外，還要提醒他當活動氣氛不對時，其他人是無法繼續玩耍的。

「示範」就是當演出社會劇時，老師應向孩子示範什麼是合宜的行為，例如，演出鞋店這場景時，孩子或許不知道該如何買鞋子，此時你可以說：「你今天想買鞋子嗎？」孩子看了你的作法後，也可自行在劇中如法炮製一番。

言語上的引領和教導是相當有用的，雖然你仍須繼續充當旁觀者，但還是可給孩子一些建議和評論（圖20-8）。例如，當你見到某個小孩無法參加演出時，你可以對他說：「你的兒子看起來很餓喔！你是不是該去店裡買點東西給他吃呢？」這番話就可鼓勵他扮演父母的角色，且讓他有機會加入那群以雜貨店為戲劇主軸的孩子。老師應增強孩子在演出時所表現出來的正向行為，只有當孩子做出令人讚賞的行為時才下評論。例如，當莎麗讓山姆使用餐廳裡的收銀機時，你可說：「莎麗，我很高興妳願意讓山姆用收銀機！」

圖 20-8　老師有時需要鼓勵孩子參與社會劇

（四）排定時間

　　戲劇表演最好排在自由活動時間，這樣一來孩子才有足夠的時間實踐他們的創意，很多幼兒園都把這類活動放在每天早上的第一個小時進行。避免排定太多活動，因為這將影響參與社會劇演出的孩子人數。也就是說，如果你只見到極少數的孩子投入表演，那表示你已排入太多活動，試著減少活動數量，唯有能相輔相成的活動才排在同一時段，堆積木、玩偶、木雕、藝術活動等都能刺激戲劇活動的發展。

（五）準備演出社會劇時所需的設備及器材

　　籌劃演出社會劇時，首先必須畫出遊戲區的範圍，若將遊戲區設在教室中央，那麼孩子投入演出的時間也會跟著增加。小場地適合一人單獨玩耍，而大場地則可刺激更多社會劇的產生。透過與孩子年齡相符的道具的輔助，社會劇的品質也得以提升，為了營造和諧的玩耍氣氛，務必準備足夠的道具並將他們放在遊戲區內伸手可及的地方。

1.道具箱

　　藉著設置道具箱來豐富孩子的遊戲，道具箱內應包含許多鼓勵孩子探索各類角色的道具，道具箱的大小要一致、標示清楚且紙質輕盈、方便儲存和攜帶。道具箱的主題應涵蓋秘書、鞋店老闆、畫家、髮型設計師、郵局職員、麵包師傅或木匠，而每個道具箱內只包含一個主題所需的道具（表

20-9）。倘若可行的話，不妨試著整合那些可用來描繪同一主題的書籍。此外，箱內的道具不應帶有性別歧視的意味，且還要能呈現多元文化，例如，以髮型設計師為描繪主題的道具箱內，應該同時放入可為男性及女性做造型的產品和器具。

2. 服飾區

每個戲劇表演區都應畫出服飾區，且當中陳列的戲服也應隨當時排演的戲碼而更替，例如，如果本週的主題是社區服務，你就必須準備可和主題相呼應的戲服，例如：消防隊員、護士、醫生、郵局職員等戲服都可派上用場。如果今天的主題是萬聖節，那麼各式各樣的萬聖節戲服更是不可或缺。戲服必須包含各國服飾，例如你可將草裙、木鞋及和服同時展示出來。演出結束後，利用質地輕盈的紙箱來收納這些服飾，清楚地標示紙箱中的物品以便日後搜尋。

3. 娃娃家

每個活動室都應有娃娃家，因為這常是社會劇或其他戲劇演出的地點，區內要有孩子用的家具及道具，例如：廚房用品、家具和家用品，這類可突顯主題的物品都應一應俱全，為引出孩子的興趣，記得常更替區內的器具。

美容院道具箱	
· 圓梳子	· 電熱棒
· 吹風機	· 大齒梳
· 空的洗髮精瓶	· 潤髮乳
· 定型液的罐子	· 鏡子
· 髮捲	· 毛巾
· 圍裙	· 攀爬架
· 報章雜誌	· 化妝品
· 玩具紙鈔	· 收銀機

表 20-9　以美容院為主題的道具箱，至少應包含表格中的部分物品

4. 戶外活動空間

孩子活動的戶外空間必須具備攀爬架、沙包、家用品、玩具車、玩具卡車、木頭箱子、厚／薄木板、鋸木架等可刺激社會劇演出的設備，而帳棚、毛毯及帽子這類雜物，用處也不小喔！有了上述物品，孩子便能建造碉堡、

房子和船隻。

玩偶劇

玩偶劇就是在劇中使用玩偶演出，而這些劇碼眾多的玩偶形象都和真實人物相仿，人們只需用手指、手腕及手臂便能操控玩偶，有了可動的嘴巴、腿部和手臂，玩偶也會有喜怒哀樂。

玩偶是促進孩子學習的有效工具，有了玩偶，一個有自覺的孩子就可透過它傳達自己的憤怒、愛等情緒，由於孩子在使用玩偶

圖 20-10　孩子能用玩偶來表達感覺

時常常化身為劇中的角色，所以每一個孩子都可藉由玩偶劇的演出，學到如何表達自己的情感和思想（圖20-10），他們可能會將一些平時不對人說的祕密告訴玩偶，老師從旁聆聽後，就可明白他們的喜怒哀樂。

對老師而言，玩偶是種可運用於各科教學的理想教具，表20-11指出運用玩偶教學的優點。通常老師會用玩偶來引發孩子的學習動機，鼓勵他們和別人分享心得，並激發創意，玩偶也可用於和孩子打招呼，談談今天的天氣，或介紹今天的活動等，好替團體活動時間拉開序幕。遇到特別節日時，不妨替玩偶做特殊造型，例如，「聖派翠克節」時，可讓玩偶穿上綠衣服。

玩偶也可用在幫孩子解決問題，當孩子在打掃時間裡未能通力合作時，玩偶可說：「我好傷心喔！因為大家都不幫忙收拾玩具。」此外，玩偶也可用來提建議，例如：「跟睿卡多說換你玩了！」

（一）玩偶的種類

玩偶可分成三類：手偶、祈福偶，以及徒手偶，每種玩偶的價值端視孩子的興趣及需要而定。

1.手偶

手偶是最易操控的一種，既不需要懸線，也沒有操控棒，只需將中指及食指放在玩偶的頭部。這麼一來，手指較不會僵硬，玩偶的身體也會隨之開展。拇指、無名指及小指則分別負責操控左右手。表演時，為了方便做出玩

偶的站姿、坐姿以及蹲姿,你可將手偶放在面前或頭頂。

2. 祈福偶

　　有些老師選擇在教室裡擺個祈福偶,且通常一擺就是一整年,所以它的材質及做工一定要禁得起老師及孩子的一再把玩。

玩偶與課程	
學習區	玩偶的實用價值
美勞	提供宣洩情感的機會 給予感官刺激 提升大小肌肉的發展 鼓勵孩子解決問題及作決定 提供探索各種素材的機會
數學	鼓勵透過問題來思考 介紹概念 發展分類技巧 鼓勵發展測量、組合及計算技巧
社會研究區	提升溝通技巧 發展與人分享與合作的互動模式 發展審慎的思考模式 展示友誼、自尊等概念
語文區	鼓勵語言技巧的發展 鼓勵聆聽及口語技巧的發展 提升抽象概念的發展,例如:上方、下方、正下方、前方以及後方
娃娃家	提供宣洩情感的機會 提升聆聽技巧 提升解決問題的技巧 提升作決定的技巧 提升自我表達能力及創造力 提供透過團體互動,獲得自信心的機會
科學	將食物分類 發掘五種感官的價值 觀察物品材質、形狀,以及大小的變化 評估想法 透過五種感官來辨識食物

表 20-11　玩偶是可運用於教室許多學習區的輔助工具

祈福偶適用於許多教室日常活動中，它除了可當作教具幫忙介紹新活動及班級新成員之外，還可帶入合宜的教室禮節，為達成這些目標，玩偶必須具備強烈的性格和豐富的表情。祈福偶也可用來教導班規，如果孩子忘了規則，老師可藉著祈福偶來提醒他。

3.徒手偶

老師也可教孩子如何把自己的手當成玩偶，這就是我們說的徒手偶。製作徒手偶時，你必須準備無毒的馬克筆、不織布、假毛草、描圖紙及雙面膠，親手示範怎麼做徒手偶，先用紅色馬克筆描出虎口內側的弧線，這條線將會是玩偶的嘴唇，再用其他顏色的馬克筆加上眼睛，並用描圖紙或假毛草做出玩偶的頭髮，然後用雙面膠把做好的頭髮貼在指關節處。

當你擺動拇指時，告訴孩子怎樣才能讓玩偶的嘴巴開開合合，及怎麼讓它開口說話，鼓勵孩子創作以人及動物為主題的玩偶。學齡孩子上學第一天多半都很喜歡做徒手偶，做完玩偶後，孩子可利用玩偶來認識彼此及了解對方的年齡、嗜好、年級、最喜歡的故事等任何值得分享的事物。

（二）做玩偶

很多老師利用自己設計的或從店裡買來的模型，製作手偶及祈福偶，表20-12包含了一系列可用來製作玩偶的材料，剪出大輪廓後，就可縫上眼睛、

製作玩偶的素材		
毛巾布、絨布、不織布、蒼蠅拍、抹布、老虎鉗、掃把、木湯匙、絲絨、麂皮、手套、襪子、帽子	壓舌板、將拇指和其他四指分開的手套、泡棉包裝素材、掛大衣的衣架、色紙、錫箔紙、蛋盒、紙袋、紙盤及紙杯	紙巾或衛生紙筒、塑膠瓶、信封、盒子、假毛草、緞帶、鈕釦、泡棉球、厚的圓紙筒

表 20-12　只要你想像得到的素材都可用於玩偶的製作

鼻子、嘴巴、耳朵等部分。用膠水黏會快些，但唯一的缺點是不持久，因為當膠水一乾掉，剛黏上的東西又會脫落，而縫的時候也必須預留四分之一英吋的縫邊，且製作手偶時，記得要沿玩偶的外緣縫。

（三）玩偶劇的舞台

　　玩偶劇的舞台其實可有可無（圖20-13）。但大多數教室中都有輕巧、好搬動的展示架。玩偶劇的舞台必須易摺疊及收藏。一塊在織品店裡買的厚硬紙板實際上就是個很棒的舞台，若紙板太高的話，也可把它裁成適合孩子的高度，為了使舞台看起來更活潑有趣，你可畫上或貼上花樣，或者蓋上一層布或魔鬼氈。

　　一根可伸縮的竿子也可幫忙製作出玩偶劇的舞台，你可將竿子橫架在門上，再加上可拉動的門簾，就可變成一座臨時舞台，門簾以簡單樸素為主，以免有喧賓奪主之虞。你也可從郵購目錄上買到玩偶劇的舞台，但一般而言，你買到的都是笨重的木製舞台，相對地，老師自己做的舞台卻有易搬動且經濟實惠的優點。

圖 20-13　矮書櫃也可變成玩偶劇的舞台

（四）創作玩偶故事

並非所有的玩偶故事都可在書中找到，實際上很多玩偶故事是由老師自行創作出來的，這些故事常常都是為了切合孩子當下的興趣及需要而寫成。

決定創作玩偶故事後，首先挑選出一個易於安排事件發生順序的故事主題，故事可以朋友、親戚或周遭其他人為出發點，個人體驗、禮節、安全問題、友誼、長短假期及最有趣的經驗等都是很不錯的主題。表20-14還有一些可供你參考的玩偶劇主題。

創作玩偶故事時，最具挑戰性的莫過於擬定情節發展了，劇中事件發展必須合乎邏輯，孩子才能夠順著故事演出，一開始先點出主題，中間穿插一些事件及問題，別忘了那些問題就是趣味及戲劇張力的引爆點。

實用的玩偶劇主題

- 歐弟跌斷的牙齒
- 我的狗海弟
- 凱西的槌子
- 我的表弟皮樂
- 杭特的外婆
- 巴比的朋友艾瑞克
- 夏洛絲嬸嬸家的聖誕節
- 我最喜歡的禮物
- 動物園之旅

表 20-14 孩子不需要複雜的故事主題，簡單熟悉的故事主題反而更吸引他們

故事終了，一切衝突都圓滿解決，故事中的「衝突」就是雙重或多重相對力量的互相拉扯對抗。衝突可增加故事的趣味，製造衝突場景之前，先想想同義字及反義字，並列出一系列反義字，例如：美與醜、貧與富、強與弱、硬與軟、善與惡等。

（五）操作玩偶

當你在教室面對孩子使用玩偶時，玩偶應總是呈現出合宜的溝通技巧，玩偶說話時應有肢體語言且面對孩子，而當你或孩子說話時，玩偶應靜下來面對說話者。

運動你的手指、手臂及手腕來塑造手偶的肢體語言。移動你的手指可小

幅牽動玩偶的手臂和頭，移動你的手腕則可運動玩偶的腰，移動你的手臂則可讓玩偶出現大動作。表20-15說明該如何運用你的手指、手臂及手腕來塑造玩偶的肢體語言。

（六）說個玩偶故事

這時候你必須已多次演練過這個故事，且可熟練流利地操作玩偶。當你已準備好說個玩偶故事給孩子聽時，先營造故事情境及安頓孩子。

教室中必須充滿聽故事的氣氛。舉個以馬戲團為主題的故事來說吧！你可在說故事者的身旁擺些彩色氣球；如果是遇到和情人節相關的主題，就可擺個心形盒；同樣的道理，柔和的燈光也能增加萬聖節故事的氣氛，這種種準備工作都是為了讓孩子能融入故事情境，並享受聽故事的樂趣。

玩偶故事開始的頭幾分鐘主要是用來舖陳故事氣氛，所以一定要使盡全力好抓住孩子的注意力，你可試著使用預錄好的配樂，大聲地把門關上，或讓孩子唱首歌等方式來引起動機，不過仍須預留點驚喜在稍後穿插演出。

玩偶的聲音

運用特別的音調好塑造玩偶的性格，既然玩偶並非真實的人，所以他們的聲音不應和人聲過於相似，音調高低十分重要，如果你手上有兩個玩偶，那麼應讓其中一個聲音低沉，另一個高而尖。

演出玩偶劇時，應讓孩子可清楚地聽到你的聲音，你的聲音要保持一致，好讓玩偶在劇中的音質能夠連貫，例如，一個玩偶在故事剛開始時的聲音高而尖，那麼結尾時，它的聲音也應是保持一貫的高而尖。

玩偶的聲音應配合它的大小及特質，體型巨大的老虎應配上低沉渾厚的聲音。相對地，蜘蛛的聲音應是細小微弱，而老人玩偶的音調則應比孩童玩偶的音調來得緩慢。

玩偶的動作

手指的移動

- 將藏在玩偶頭部的手指上下移動，好做出點頭的動作，這動作除意謂著「是」之外，也可代表「我知道了」及「我辦得到」。
- 藉著將藏在玩偶頭部的手指移向玩偶本身來表達「我」及「我的」概念。
- 藉著將玩偶的手朝它的身體揮動，示意他人「過來」。
- 藉拍手及跳起來，來傳達快樂及興奮。
- 用手「指」可傳達「你」或「在那邊」的概念。
- 揮手可用在說「哈囉！」或「Bye-bye」時。
- 搓搓玩偶的雙手意謂著「它覺得很冷」或「正計畫做些偷雞摸狗的勾當」。
- 很多方式都可代表玩偶正在思考，例如，它可雙手交叉環抱胸前或輕敲自己的頭。
- 輕輕地用手指上下移動玩偶的頭部，好做出哭泣、打呼及擤鼻子等動作。

手腕的移動

- 將玩偶前後翻轉以表示「不」。
- 想呈現玩偶坐姿時，得先轉動手腕，讓玩偶從台前移到舞台側邊之後彎彎手腕，讓玩偶坐上椅子。
- 要玩偶彎腰鞠躬時，你的手腕得先向下彎同時移動手指讓玩偶指向自己。
- 想表現玩偶由左而右閱讀書籍的樣子時，可藉手腕左後轉動，並搭配移動位於玩偶頭部的手指，以模擬出讀書的模樣。
- 想呈現玩偶四處找東西的模樣時，可先前後轉動手腕並搭配一些手臂的動作，讓玩偶可上下打量舞台的側邊。
- 想讓玩偶抬東西時，得先像做出鞠躬動作時一樣彎彎手腕，再藉手和手指的移動讓玩偶可抓住東西。

手臂的移動

- 模擬玩偶跑步時，得先敏捷且有韻律地上下移動手腕，讓它可快速地衝過舞台。
- 模擬玩偶走路時，先讓玩偶站得筆直，當玩偶走過舞台時，上下擺動它的雙手。
- 模擬玩偶跳躍時，每一跳都必須精心設計，為求變化，可讓玩偶繞圈圈跳，且每一跳最後都必須著地。
- 模擬玩偶飛翔時，得移動整隻手臂，且玩偶必須時時面朝自己飛行的方向。
- 模擬玩偶昏倒或跌倒時，得移動整隻手臂，且讓玩偶背先著地，而玩偶背著地的速度就看你所需要的戲劇效果而定，先讓玩偶靜止幾秒鐘之後再倒下，可營造出最強烈的戲劇張力。

表 20-15　玩偶演出時可運用的簡易手指、手腕及手臂技法

摘要

遊戲是孩子日常生活中很重要的一環，在正式演出社會劇之前，孩子必須歷經下列三種遊戲形式：單獨遊戲、平行遊戲，以及合作遊戲。孩子同時也體驗了遊戲中道具使用的操控、運用及想像階段。社會劇及玩偶劇是孩子最喜歡的扮演遊戲，且分別對孩子的成長幫助不小。

社會劇提供孩子體驗各種角色的機會，透過這種遊戲，孩子在社會的、身體的、情緒的及認知的發展都能有所成長。社會劇的主題琳瑯滿目，有了老師適切的引導，再配合與孩子年齡相符的教具，社會劇的確是孩子的最佳遊戲形式。

玩偶劇提供孩子探索情感、思想及各種情境的機會，他們可將自身的情感投射在玩偶身上，而透過玩偶劇的演出，老師則必須協助他們學會如何以建設性的態度處理他們所遭遇到的困境，並且宣洩負面情緒。

視孩子的需要來選擇玩偶類型，玩偶可用真的或自行製作，大多數的玩偶故事都是老師的創作。

回顧與反思

- 為社會劇下一個定義。
- ＿＿＿＿＿遊戲就是遊戲時，孩子會聚在一起，但各玩各的，少有互動。

  A.合作

  B. 平行

  C.單獨

  D.戲劇

- 對或錯。社會劇是最簡單且孩子最早接觸到的遊戲形式。
- ＿＿＿＿＿階段的孩子會打開及關上奶瓶瓶蓋。
- 對或錯。所有孩子都會發展到想像階段。
- 指出什麼年齡的孩子會運用下列遊戲主題：

  A.模仿妖魔鬼怪

  B. 沒有預先設定主題

  C.曾採用現實生活中的角色，但也會選用民間故事中的英雄

  D.將某個容器裝滿、清空，或鬆開

- ＿＿＿＿＿就是當演出社會劇時，老師應向孩子示範什麼是他們所應有的合宜行為。

- ＿＿＿＿就是當演出社會劇時，老師應指導孩子遇到困境時可行的破解方法。
- 如何巧妙安排社會劇的演出時間？請提出兩個建議。
- 道具箱中應包含什麼？
- 玩偶如何協助老師更深入了解孩子？
- ＿＿＿＿偶是利用表演者的手製作而成。
- 為什麼衝突是玩偶故事中舉足輕重的環節之一？
- 說明你會如何利用聲調來搭配玩偶的體型和性格。

應用與探討

- 腦力激盪想出一系列適合放在秘書、畫家、麵包師傅，以及木匠的道具箱裡的道具。
- 設計一個手偶。
- 邀請手偶師傅來和孩子談談他的工作。
- 寫一個玩偶故事。
- 製作一個質材輕盈，好收納易攜帶的玩偶劇舞台。
- 拜訪當地的幼兒園，並觀摩它的娃娃家，你見到了什麼類似的遊戲？那些孩子又處於什麼階段？
- 觀察及比較一群兩歲大和一群四歲大的孩子，描述他們遊戲時的差異。

印刷體書寫的引導

尹亭雲

- ❖ 了解印刷體的書寫的定義
- ❖ 列出鼓勵學齡前孩子應培養書寫技巧的理由
- ❖ 說明可協助孩子發展寫作技巧的活動
- ❖ 遵行 Zaner-Bloser 書寫系統來寫字母
- ❖ 列出孩子學習字母的順序及大綱
- ❖ 討論協助孩子發展寫作技巧的準則

關鍵辭

印刷體的書寫

手眼協調

（飛機放煙書寫的）空中文字

　　一位訪客關切地問：「幼兒園就要開始寫字嗎？學齡前的孩子根本還不會讀呢！」他忽略了教導學齡前孩子正式的書寫能力，其實是不適合他們身心發展的，正確的拼字、形式和風格、並非我們關注的焦點，這階段的重心在於發展書寫時所需的技巧和所應具備的態度。當孩子開始展開探索時，他們將學會符號與意義的連結。在孩子學習符號的過程中，美術及遊戲扮演了舉足輕重的角色，學習書寫，就是個發掘探索的歷程。

　　當孩子開始能用符號或圖像表達自己的想法時，他們便已開始書寫了。仔細觀察這些孩子，你會發現他們塗鴉時常使用短的線條及圓圈圈，我們要鼓勵這些已準備好用書寫來傳達訊息的孩子，並讓他們浸淫在豐富的書寫環境中。同時，我們應構思一些可鍛鍊小肌肉並提升手眼協調能力的活動，好協助那些尚未準備好開始書寫的孩子，最後他們才會對書寫感興趣。

　　印刷體是書寫文字中最簡單的一款，我們也常在童書、報紙、街上的各類雜誌，以及電腦螢幕上看到。印刷體文字較不像書寫體那麼需要靠手部肌肉的協調和控制，字母間不需要連結，只需一些簡單的筆劃及線條，且各自獨立的字母便已足夠。印刷體的筆劃由直線（｜）、橫線（－）、斜線

（／），以及圓圈組成。

　　尚無良好的小肌肉協調能力的孩子都可經鬆地完成這些基本筆劃，再加上這些筆劃各自獨立，所以在書寫速度上較書寫體慢得多，但由於印刷體易於辨識閱讀，所以孩子會學得快些。

　　印刷體的書寫並非幼兒園的課程重點，大多數孩子的身心也未準備好迎接這項挑戰，本書中納入這一項，只是為了介紹提升孩子成熟度的活動、學習書寫印刷體的步驟，以及教導老師正確的字母書寫順序。所有老師自行製作的教具都需使用合宜的印刷體書寫技巧（圖21-1），你的作品都是孩子學習時的範本，對四歲或五歲的孩子特別有所啟發，他們會從中辨識二十六個字母，並試著自己寫寫看。

圖 21-1　老師應仔細地製作教材，以作為孩子學習的範本，所有
　　　　　字母的書寫方式，都應像照片中這張遊戲圖般清晰正確
　　　　　，遊戲圖上有趣的圖樣或物品，也會吸引孩子的目光

發展文字書寫的目標

　　我們有充分的理由鼓勵幼兒園培養學齡前孩子的書寫能力，特別是對那些身心狀況已經準備好了的孩子而言。孩子需要學習下列各項：

＊　注意每個字母構造的差異。
＊　學會 26 個字母及數字。

* 知道單字是由字母組成的。
* 知道字母代表聲音。
* 知道英文文字的方向是由左而右、由上而下的。
* 知道字母和讀音之間的關聯。
* 知道單字拼法和它的讀音有關。

若要孩子順利達成以上目標，仍需下列四項因素的配合：老師的教學熱忱、全心投入、清楚的教導，以及對孩子的支持與包容。

開始書寫前所應具備的技巧

印刷體的書寫主要是一項需運用大小肌肉來觀察及執行的技巧，在孩子學會用印刷體文字來溝通之前，他們必須具備兩種技巧：小肌肉協調技巧及手眼協調技巧。孩子必須具備小肌肉協調技巧，才能握住鉛筆和寫出基本筆劃。此外，他們也需要手眼並用，所以老師必須將一些可協助他們提升這兩種技巧的活動，排入每日例行作息中，這樣才能確保孩子已學得書寫印刷體所應具備的技巧。

（一）小肌肉活動

小肌肉活動就是鼓勵孩子使用他們的手及手指小肌肉的活動，表21-2已列出活動進行時可使用的教具，觀察孩子使用教具時的興致及活用程度，並隨時提供其他有趣的教具，讓他們在學習印刷體書寫前，有更多練習小肌肉協調技巧的機會。

可提升小肌肉發展的物品及活動

- ・紙黏土
- ・沙
- ・拼圖
- ・餐具組
- ・玩珠子串珠
- ・架起畫架來畫畫
- ・帶磁性的字母

- ・黏土
- ・積木
- ・指印畫
- ・小型有輪子的玩具
- ・鈕釦及鈕釦洞
- ・橡皮章
- ・木製字母

表 21-2　這些物品的使用將牽動小肌肉，也因而帶動小肌肉的發展

（二）手眼協調活動

　　手眼協調就是雙手必須能根據眼睛所觀察到的解決方式來完成手邊的工作，這當中的關鍵在於眼睛和雙手的肌肉控制度。表21-3列出可促進手眼協調度的活動，由於這些活動都能增進書寫能力，所以老師應經常加以採用。

可增進手眼協調技巧的活動

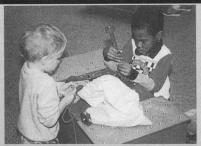

畫畫、黏東西、指印畫、串珠、編織、打字、玩積木、將釘子放在釘板上、敲東西、素描、描圖、抄寫、裝訂、切割

表 21-3　手眼協調活動可幫助孩子手眼並用，以完成複雜任務

書寫系統

老師手邊都有琳瑯滿目的印刷體書寫系統，而這些系統之間也只有筆劃順序、字母形狀之類的些微差別，根據過去研究報告看來也是不分軒輊，所以不論你採用哪一套系統，只要把握「熟練」及「持續一貫」這兩個原則即可。

或許 Zaner-Bloser 是目前最為普及的書寫系統（圖21-4）。本書之所以採用這套系統除了它的普及性外，對孩子而言，它的好學易懂更是一大優點。有些幼兒園會用 D'Nealian 系統，但由於它的字母書寫順序較複雜，所以學齡前孩子較少使用這套系統。

圖 21-4 Zaner-Bloser 書寫系統確實易學易教

（一）教具

學齡前孩子的手眼協調尚未成熟，無法使用有格線的簿子書寫，所以先給他們一大張沒畫線的紙，例如白報紙，等他們的肌肉控制度及握筆技巧成熟時，再換小一點的紙，孩子的書寫工具包括：粉筆、蠟筆、水彩筆、彩色筆和鉛筆。過大的鉛筆由於太大不好握，反而不適合孩子使用，所以給他們一般的鉛筆即可。

（二）書寫順序

以下是孩子最常採用的字母學習順序。首先，孩子得學會區分直線及弧線，接下來，他們開始辨認圓形的字母（如：O、C）和弧形字母（如：S、D）之間的不同，然後再學習有交點的弧形字母（如：B、R），最後才是包含斜線的字母（如：K、X）和包含平行線的字母（如：L、H）。

對孩子而言，有些字母較其他字母好學，Zaner-Bloser 建議從印刷體小寫字母開始學習，因為印刷體小寫字母使用頻率較高，Zaner-Bloser 建議的字母學習順序如下：

litoadcefgjqusbhprnmvywkxz

l, 2, 3, 4, 5, 6, 7, 8, 9, 10

LITOADCEFGJQUSBHPRNMVYWKXZ

由直線及圓圈組成的字母是最容易學的，當你設計習字帖時，也可參考這個順序。

建構書寫技巧

遵照一些基本的書寫規則後，就可發展出一套適用的書寫技巧，經過反覆的練習及身心發展成熟之後，孩子就會明白字母大小、比例，字母和字母之間的距離，及寫出來的字是否成一直線等的重要性。你必須引領他們解決一些常見的問題，例如字母開口方向相反，同時你也必須處理一些左利手孩子所面臨的特殊問題。

（一）字母的大小和比例

　　為了讓孩子有足夠的範例可臨摹，你也必須精進自己的書寫技巧，你的字母大小及比例一定要準確，小寫字母通常只有大寫字母的一半大，無論你的字跡大小、或你在哪兒看到這些字（例如：名條、圖表、黑板、或遊戲裡），這個通則絕不會改變。

圖 21-5　這些字跡顯示出三階段的書寫技巧。珍娜需多練習以提升她的書寫技巧

　　孩子的字跡大小反映出他們小肌肉發展及手眼協調能力，孩子剛開始的典型字跡除了大之外，比例、大小都不固定；當他們的協調技巧成熟後，字跡就會漸漸縮小。同一教室內，孩子所需精進的技巧也各不相同，請看圖21-5的三種字跡，對四歲孩子而言，凱薩琳的字比例及大小相當，表現十分成熟。愛咪的字在比例及大小就沒這麼平均，再給她多點時間練習，她也能抓準箇中訣竅。珍娜的字跡看起來仍像塗鴉，即使她和凱薩琳及愛咪同年，她仍缺乏清楚寫出自己名字的技巧，珍納需要玩更多小肌肉及手眼協調活動。

（三）間隔問題

　　對許多剛開始學寫字的孩子而言，如何在字和字、字母和字母之間留下適當間隔是相當困難的。留下適當間隔時所需的小肌肉控制技巧遠超過學齡前孩子的發展程度，不過有個方法可協助他們達成這項目標，你可告訴孩子在字和字之間插入字母 O。不過，這對一些學齡前孩子而言仍太難，那麼試著引導他們將自己的食指放在每個字後，好預留合適的間隔，然後將下一個字的第一個字母寫在食指的右方，除非那個孩子的手指特別粗，不然這招應可奏效，讓他們的字和字間間隔平均。

（三）每行字的品質

　　觀察孩子每行字的品質，若字跡看起來高高低低沒個準的話，通常可能意謂著他們的小肌肉發展尚未成熟。同時，寫得太慢、只移動手指而沒移動

到鉛筆，也是造成歪斜字跡的原因，這狀況下的孩子其實是在「畫字」而非「寫字」，但總括而言，孩子那一行行歪斜的字跡告訴我們，他仍缺乏足夠的小肌肉控制力好握穩書寫工具。為彌補肌肉控制力的不足，孩子通常會多用手臂的肌肉而放鬆握力，無法辨識的字跡則是另一個常見的問題，通常是由太尖或太硬的鉛筆蕊所造成。

（四）方向相反

孩子在學習字母開口方向時，可能會遭遇困難。孩子習字初期常會出現字母開口方向相反的問題，使得這個字母變成了那個字母，例如，他們原要寫 d 卻誤寫成 b，有時他們也會將字母反過來寫，例如，要寫 J，尾巴卻勾錯邊；孩子有時也會將單字中的字母順序整個反過來寫，例如，將 Mark，寫成 kraM。

你可藉著指出方向上的不同來教導有倒反問題的孩子。若孩子常將 b 和 d 混淆，你可對他們說：「b，直線，圓圈。」那麼他們便知道 b 的寫法就是先寫直線再畫圓圈；同樣地，若孩子無法正確地寫出 d 的話，你可對他們說：「d，圓圈，直線。」有了你的指引後，有些孩子寫 b 和 d 時，還會大聲地複述你的口訣呢！

（五）練習

孩子需要許多練習寫字的機會，在這時期，你應仔細挑選可提升孩子書寫技巧的工具和練習活動，千萬不要讓練習活動成了無意義的機械式抄寫，例如，當孩子必須同一字母連寫十遍時，他們很容易覺得疲倦及厭煩，結果最後一遍的字跡可能比不上第一遍工整及正確，而且由於孩子常將上一個剛寫完的字當成下一個的範本，所以可能會有一再重複錯誤寫法的情形發生。

當練習使用書寫工具時，你必須向孩子示範如何正確地把筆握好。首先，要他們仔細地看你握鉛筆的方式，把鉛筆放在你的食指和拇指間，並將食指輕放在鉛筆上方，同時告訴孩子如何用食指的力量來控制字跡的深淺（圖21-6）。

（六）左利手孩子

大約有百分之十的孩子是左利手（圖21-7），以下這一連串的活動都可幫

助你確認孩子寫字時較偏好使用左手還是
右手？你可請他們撿起一張紙、叉子或湯
匙，你也可邀他們投球或把釘子放在釘板
上等，為免過分強調左手或右手的使用，
把物品擺在孩子正前方，若孩子一再重複
使用他的左手時，表示他偏好使用左手。
吃飯及讀書時，應將左利手孩子排在桌子
的最左側，這樣他的左手臂才不會和其他
右利手孩子的手臂撞成一團。

早期的書寫經驗

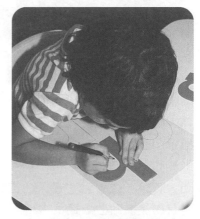

圖 21-6　有了正確的握筆姿勢，孩子
　　　　　表現得可圈可點

　　孩子的早期經驗常可決定他是否喜歡
這個活動，因此，我們必須慢慢引領他們
進入狀況，並讓孩子參與不會引發他們挫
折感的活動。既然大多數孩子都對他們名
字裡的字母寫法感興趣，我們一開始就可
鼓勵他們臨摹自己的名字（圖21-8）。大
多數孩子都曾寫過或曾見過成人寫他們的
名字，你應注意孩子是否學到正確的字母
書寫方式，不要將他們名字裡的每一個字
母都大寫，當發現在家的名字寫法和在學
校不同時，他們將困擾不已，例如，當我
們寫「Tom」時，應先寫大寫的 T，再寫小
寫的 o 及 m。

圖 21-7　指導左利手孩子時首先得確
　　　　　定他們的書寫環境是否舒
　　　　　適，孩子坐在桌子最左側，
　　　　　恰可伸展她的左手臂

（一）鼓勵書寫的技巧

　　你的主要任務就是細心地為孩子準備一個鼓勵他們書寫及塗鴉的環境，
待在充滿書寫資訊的環境中的孩子，較能順利地培養出書寫意識。有些孩子
受環境啟發後，不但會試著辨認自己的名字，還會積極學習環境中的其他字
彙，為了鼓舞他們，你需要許多教具（圖21-9）。

　　讓孩子擁有一份他們名字的正確寫法，然後做個公布欄並貼上孩子的照片，且在每個人照片下方擺上正確的名字。

　　讓孩子在用餐時間使用寫有他們名字的桌墊，這也是鼓勵書寫的方式之一。此外，將名字統一寫在桌墊的左上角，或者標示出教室內所有物品及家具的名稱也有鼓勵書寫的效果，例如，將餐桌、窗戶、門、時鐘、洗手台、書架、窗簾，及其他所有物品都貼上標籤。

圖 21-8　藉由協助孩子認識自己名字中的字母，帶領他們踏入文字書寫的世界

　　在自己的名牌之外，也讓孩子注意到他人的名字，你可將所有孩子的名字都寫在標籤卡上，並統一收在籃子中，一次只抽出一張姓名卡擺在標籤板上，這麼一來所有孩子都有機會熟悉它。

　　鼓勵已會寫自己名字的孩子在自己的美術作品後面簽名，為了讓孩子學會由左到右的閱讀技巧，要孩子將名字簽在左上角，漸漸地，他們就學會了書寫英文由左向右、由上而下的原則。

　　當教導一個無法寫好特定字母的孩子時，試著使用「空中文字」——站在孩子身邊，透過在空中寫字的方式告訴孩子正確的寫法。先要求孩子仔細地看著你寫，然後再握著他寫字的那隻手將筆劃順序重複一次，最後，持續觀察以確定孩子是否已學會正確的寫法。

　　務必使用正確的術語，例如：練習大寫字母時，你必須告訴孩子這就是「大寫字母」，而練習小寫字母時，也一律用「小寫字母」來稱呼。

　　利用砂紙剪出字母圖樣並將它們貼在標籤卡上，藉著觸摸這些字母，孩子認識了每個字母的形狀和構成方式。另一種技巧就是將字母預先寫在紙上，然後在上面再蓋層醋酸纖維，

圖 21-9　由於字母積木給了孩子仿寫及組合的機會，他們因而更加熟悉各個字母

孩子可用手中的油性筆依樣描字，最後你可用不織布或窗戶清潔劑來清除孩子描出的字母，而醋酸纖維板也可一再重複使用。

（二）團體經驗

我們可利用許多團體活動來鼓勵孩子書寫（圖21-10），例如，在孩子面前寫字，或讓孩子為你邊唸邊寫封邀請函、信件，或感謝函。注意正確的書寫格式，例如：句首字母大寫、句尾要打句點或問號，及專有名詞的第一個字母要大寫。

圖 21-10 這張全班共同製作的超大型感謝卡讓孩子迫不及待地運用他們的書寫技巧

（三）書寫環境

對四歲及五歲大的孩子而言，語文區有其特殊的吸引力。我們可利用書架、簾子，及可移動的公布欄等，將語文區和教室其他學習區分隔開來，這樣才可營造隱密寧靜的書寫氣氛。你必須提供孩子各種書寫工具，例如：蠟筆、鉛筆、粉筆、水性麥克筆等，同時讓孩子擁有各種大小的紙張、圖畫字典及字母範本（圖21-11）。

你也可以編出必須正確組合大寫及小寫字母才可得出答案的字謎，同時也應在教學環境中多陳列一些能鼓勵孩子書寫的物品，例如：字母表、砂紙字母及沙盒。有了沙盒，孩子就可用食指在沙上練習書寫各個字母。大黑板也是個極實用的教具，黑板的大空間讓孩子可隨意自在地移動，而他們的書寫品質也因此而益發流暢平順。此外，遍布教室各學習區的圖表及標籤也是孩子易於仿寫的對象。

觀察孩子學習書寫的過程既愉悅又有成就感，看著孩子寫出簡單的字母時，就可準備把他們的作品掛在顯眼的地方以茲慶祝。

圖 21-11 組織健全的語文區是有助於發展孩子書寫技巧的正向學習環境

摘要

　　學習書寫是一個複雜的過程，學齡前的孩子也能觀察及練習書寫印刷體。印刷體是由筆觸簡單，各自獨立的字母所組成，孩子在觀察及練習書寫印刷體過程中所學得的技巧，無疑將是他們未來學習更高階書寫形式時的基礎。在老師適切地引導之下，孩子也可因而發展出閱讀技巧。

回顧與反思

- 印刷體──
  A. 是一種複雜的書寫形式
  B. 比書寫體更難學
  C. 不需要學習書寫體時的肌肉控制
  D. 以上皆是
- 對或錯。老師應正式教導學齡前孩子書寫印刷體。
- 列出幼兒園中鼓勵書寫的三樣物品。
- 為了讓孩子達成學習目標，老師應具備哪四個特質？
- 老師應推動哪兩種活動，以鼓勵孩子發展書寫技巧？
- 對或錯。書寫系統之間的差異很小。
- 為什麼老師應避免讓孩子在進行文字書寫時使用有格線的紙？
- 依孩子熟悉字母的先後順序，重組下列四組字母：
  A. 帶有弧線且有交點的字母（B、R）
  B. 圓形字母（O、C）
  C. 直線及弧線
  D. 帶有斜線的字母（K、X）
- 對或錯。大寫字母的大小是小寫字母的一半。
- 大寫字母的別名是什麼？
- 什麼常見的書寫問題會導致孩子將 b 寫成 d，或將 d 寫成 b？
- 列出三種可陳列在教學環境裡以鼓勵孩子書寫的物品。

應用與探討

- 蒐集、比較及討論一群五歲大孩子的書寫作品。

● 依照 Zaner-Bloser 書寫系統，寫下字母。

● 先練習用印刷體寫某字母，寫完後，請檢查整行字的品質、間距和字母寫法。

● 為孩子準備兩組字母描寫卡，一組大寫字母，一組小寫字母。

● 腦力激盪出一組教室中必備的設備名稱，並將這些設備都貼上標籤。

● 準備一個內含紙張、彩色麥克筆、蠟筆及油性鉛筆的文具盒。

第二十二章

數學經驗的引導

王慧敏

閱讀完本章之後，你將能夠：

❖ 列出早期數學經驗的目標
❖ 運用兩種基本的評量工具來了解孩子的數學能力
❖ 認得各種能用來增進數學經驗的事項
❖ 辨識能促進重要數學概念發展的數學經驗
❖ 設計能增進特定數學概念的數學經驗

關鍵辭

特定的評量作業	幾何積木
分類	配對
分組	指認
集合	空集合
一對一對應	合理計數
數字	

「一、三、五、二」以及類似的句子常可在孩子口中聽到，當他們在唸這些字的時候，似乎在尋找某種意義。背誦數字是學習數學概念的首要步驟，數學有時被定義為形狀與數字的科學，對孩子而言，數學是思考並組織經驗以了解世界的一個主動歷程。

孩子從新的經驗、訊息和已知的舊事物之間的關聯性而產生數學概念。有意義的學習需要具備洞悉型式的能力。教室裡的設備、教材和活動必須提供孩子透過遊戲來認識型式。幼兒的早期數學經驗應該強調探索、發現和理解，透過可動手操作的材料並發現其間的關係來發展概念。數學概念通常經由每日教室的非正式活動來進行教學。與數學概念有關的活動很多，包括：美勞、烹飪、團體遊戲、扮演、閱讀和說故事活動等（圖22-1），幾乎每個學習區活動都能增進數學的探索。

孩子可能經由美勞活動或搭建積木而學習形狀、顏色或順序（邏輯）概念。烹飪活動教導孩子該放多少量及其烹煮順序，例如，告訴孩子「先打

圖 22-1　遊戲可以協助孩子學習很多數字概念

蛋,接下來加糖,最後加香草。」班級遊戲也可以最高數目和最低數目教導第一和最後的概念;如果運用骰子玩遊戲,加法概念也可以用來教導年長的孩子;戲劇活動提供許多的教學機會,例如,商店扮演活動可學習金錢概念(圖22-2);此外,有些兒歌、故事、手指謠也包含了數字和數學用語。

　　日常例行作息也包含了數學概念,例如,你可以問:「椅子夠嗎?」「今天大家都來了嗎?」或「每個孩子都有一塊餅乾嗎?」數學概念可應用在任何合宜的場合,例如,你可以透過特別指出「克萊西帶三隻小貓來學校」來介紹數學概念。

　　轉換時間(活動之間的時段)也是呈現新的數學概念的好時機,例如,你說:「現在是兩點,我們該去圖書室了。」在收拾時間的時候,假如裘安和妮基各拿一片拼圖要放回架子,那麼此時就是教導一對一對應的最好機會;此外,在團體活動之後,你可以請穿紅色衣服的小孩先去上廁所來教導分類概念。

圖 22-2　當孩子玩商店遊戲時,他們開始形成金錢概念

早期數學經驗的目標

　　良好規劃的課程所提供的遊戲經驗也

可以提升孩子的數學能力。這些數學經驗協助孩子形成各種概念，例如：顏色、形狀、分類、測量、數算、時間、溫度、空間和容積概念。幼兒期的數學經驗應該著重於下列內容：

* 觀察和描述具體物。
* 辨認顏色、型式和屬性。
* 進行物品比較並以「比較多」和「比較輕」等名詞來描述數量。
* 進行物品分類。
* 複製型式。
* 認識形狀概念。
* 認識並書寫數字。
* 使用邏輯字眼如「全部」、「沒有」、「一些」。
* 使用一對一對應。

數學能力評量

在規劃數學活動之前，首先要確認孩子的能力程度，為了要正確且合宜地理解孩子的能力，應該進行個別評量。最普遍的評量方式為，進行觀察評量和實施特定的作業評量。從這些歷程所獲得的訊息將有利於你對孩子能力和需求的了解，亦將有助於你規劃適合發展的教學活動。

（一）觀察評量

觀察評量包括孩子在學習區活動時的非正式觀察（圖22-3）。所要觀察的特定行為包括：

圖 22-3 在孩子遊戲時記下有關數學的
活動來進行觀察評量

* 辨認顏色和形狀。
* 將物品分組或分類。
* 數算物品數目。
* 正確擺設桌子。
* 小心倒水並觀測倒水量。
* 進行型式排列。
* 書寫數字。

透過觀察，將能了解孩子的需求，如果發現孩子不會分類，那麼你應該多設計分類活動的課程，有關的特定活動將列於本章末。

（二）特定的作業評量

特定的作業評量包括提供孩子一系列活動以了解他的能力或需求，例如：

* 拿蠟筆給孩子並說：「請告訴我，它是什麼顏色？」在孩子回答之後，再說：「數數看這些蠟筆有幾枝？」
* 拿四個一分錢銅板和七個一分錢銅板，問孩子：「哪一邊的錢比較多？」
* 拿出圓形、菱形、正方形和長方形，對孩子說：「請找出正方形。」然後讓孩子一一指認其他圖形。
* 拿出四個不同大小的球，問孩子：「哪一個球最小？」以及「哪一個球最大？」
* 在孩子面前放十個積木，問：「我一共放了幾個積木？」

透過觀察，有助於老師獲得規劃數學活動的相關訊息。

數學設備

班級物理環境應該能夠培養孩子的數學思考能力。提供孩子各種材料以增進身體的和認知的發展。你可透過蒐集各種材料來鼓勵數算、觀察、創

作、分類、討論、建構、排序和比較。經由這些活動，孩子可發展數學概念。表22-4列出學習數學概念的相關材料。如果教室有這些材料，那麼孩子將可探索並發現許多數學相關概念。

數學活動的相關設備		

法蘭絨板 護貝數字板 各種大小、顏色、數字和形狀的護貝圖樣 碎布 木嵌板 形狀磁鐵 日曆 0 到 20 數線 尺、量尺、捲尺	室內戶外溫度計 鬧鐘 煮蛋計時器 大的木製骨牌 大型數棒 體重計 不同輕重物品：石頭、銅板、軟木 不同大小和形狀的液體量器	可數算和分類的鈕釦 中空的框框 幾何拼圖 鋸形拼圖 序列拼圖 量匙 觸覺字板 算盤 型式積木

表 22-4　許多教具可用來增加數學經驗

數學活動

學齡前孩子的數學活動應能促進許多能力的發展，例如，孩子應該學習辨認、分類並了解同組的概念。此外，孩子亦應學習數算並認得數字以及了解空間、大小、體積、時間的概念。課程設計的藝術是你要能把孩子的需求和興趣相結合，要達成此種境地需要嫻熟的觀察技巧以及對孩子的發展有充足的知識與了解。

（一）顏色概念

顏色被認為是一種數學概念，因為它能幫助孩子區辨物體，孩子可運用顏色進行分類、型式排列以及序列（圖22-5）。此外，指認顏色亦幫助孩子的語言發展，它需要具備回憶名稱並與視覺印象相連結的能力，因此，隨著孩子語言能力的發展，他們也增加了為顏色命名的能力。

根據研究顯示，孩子先學會指認顏色，再來才是形狀，學齡前孩子把顏色和形狀搞混是很尋常的事，例如，當你問孩子物品是什麼形狀，他卻常會回答你那是什麼顏色。

圖 22-5　本公布欄的顏色可協助孩子分辨圓形、蠟筆、男生和女生的相異處

四到六個月大的嬰兒已開始能分辨顏色，紅、黃、藍（三原色）比綠、紫、橘色更容易辨認。在二歲以前，許多孩子已能將顏色和樣式相配對，然而有一些孩子在三、四、五歲大時還不會將顏色配對，有這個問題的孩子可能是色盲。色盲可經由仔細觀察孩子學習顏色所遭遇的困難而發現。色盲的孩子通常會將綠、紅陰影處看成棕灰色，甚至將所有顏色看成灰色；一旦發現孩子有色盲問題，應立即告知園長，以便與孩子的父母討論並決定是否需要進行色盲測試。

顏色概念可經由正式或非正式教學而學得，你可運用顏色積木來教導顏色名稱。用紅積木問孩子顏色名稱，然後請孩子指出教室內的紅色物品，並以同樣步驟進行其他顏色積木的教學；你也可以利用轉換時間進行顏色辨認活動，例如，在說完故事後，你可以說：「請穿紅色衣服的小朋友去上廁所。」用不同顏色重複此步驟，直到所有孩子都上完廁所。

以顏色進行物品分類可用來教導顏色概念。提供每個孩子裝有各種顏色和形狀的小袋子，引導孩子先依顏色再依形狀分類；統計表也是教導顏色概念很好的方式，可教導孩子應用畫圖來統計人數，例如「眼睛顏色統計表」，將板子等分成四直行，並畫上足夠全班孩子人數的橫線，如果孩子會

寫自己名字，鼓勵他把名字寫在自己眼睛顏色所屬的方格內（表22-6）；如果孩子不會寫名字，讓他貼上自己的圖片和記號，接下來問：「哪一種眼睛顏色最少見？」以及「哪一種眼睛顏色最常見？」

　　彩色形狀也可利用圖表來分類統計。例如，在色紙上剪下基本形狀，以麥克筆或鉛筆在紙上畫四條等距橫線，接下來再畫五到六條等距直線，並在第一欄方格內貼上不同基本形狀（表22-7），發給孩子形狀進行配對。

表 22-6　本表可用來協助孩子了解眼睛顏色的概念

表 22-7　本表協助孩子學習分辨形狀，孩子在認得形狀之前，必須先注意到形狀的外緣輪廓

　　用感覺箱或紙袋來教導顏色也是非常好用的。把彩色鈕釦、紙張、觸覺板或積木放進箱子或紙袋內，讓孩子畫下從袋內拿出的物品並進行顏色指認活動。在教室玩找顏色遊戲也是教導顏色概念的有趣方式：先讓一位孩子選一種顏色，其他孩子則指出教室內相同顏色的物品。

　　討論活動能幫助孩子學習指認顏色。先讓一孩子選定一個顏色，然後問他該顏色會令他想到什麼，有的孩子也許選紅色並說：「紅色讓我想到消防車和愛情。」另一個孩子也許選藍色並說：「藍色讓我想到天空。」

　　其他進行顏色概念的教學活動包括：

* 拿一張綠色色紙，請穿綠衣服的孩子站起來，然後每次用不同顏色重複相同指令。為了增加四歲和五歲大的孩子的遊戲興趣，你可以下比較複雜的指令，例如：「請穿藍色衣服的孩子用一隻腳站立。」
* 把所有的蠟筆倒進籃子或箱子，準備數個空籃子或空箱子，每個裡面放一枝蠟筆，鼓勵孩子依蠟筆顏色分類。
* 在板子上放數個彩色形狀，然後把相同形狀但不同顏色的加上去，問孩子：「哪個不屬於同個家族？」本活動亦可以不同形狀來進行遊戲。
* 玩「猜猜我說的是什麼？」遊戲。首先以教室內明顯物品當謎底，然後說：「哪個東西是紅色的？」鼓勵孩子輪流猜你心中所想的是什麼東西。如果孩子猜不著，那麼你可多提供一些線索，最後請猜對的孩子來發號司令。

（二）形狀概念

　　孩子總是對形狀感到困惑。剛開始，他們會說圓形和正方形是一樣的，因為它們兩個都有封閉的邊緣。過一陣子之後，他們就會自己注意到邊線的特色了。

　　辨認形狀的能力和畫出形狀的能力並非同時發展的。孩子通常先學會說出形狀，之後才會畫出形狀。當仿畫形狀時，圓圈對孩子來說最簡單，接著是正方形、長方形和三角形。大部分的孩子要到五歲左右才會畫圓形之外的形狀。在此之前，他們的畫法都帶著圓圓的角度以及不等長的線條。

　　要學習基本的形狀概念，可設計各種強調形狀的觸摸、抓握及配對活動，每一個活動都必須強調該形狀。形狀的定義為「沿著輪廓繞一圈」或物品的邊線（圖22-8），為了協助孩子獲得形狀的概念，你可讓孩子順著形狀的外緣畫圖形。

圖22-8　孩子在辨認形狀之前必須學習注意其外緣輪廓

有的老師喜歡用幾何積木來教導形狀概念，此種積木是一種利用幾何分割成不同顏色和形狀的積木。當孩子對積木熟悉時，你可以拿起一塊積木並讓孩子找相同的，接下來，用三或四塊積木做簡單的設計，最後讓孩子做出一樣的圖形。

其他鼓勵孩子辨認形狀的活動包括：

* 在板子上裁下一個彩色幾何形狀，讓孩子說出形狀名稱並加以分類。
* 在板子上放圓形，讓孩子說出教室裡屬於圓形的物品，並以正方形、長方形和三角形為例重複本活動。
* 用跳繩、膠帶或粉筆在地板上做（畫）出形狀，問孩子形狀名稱，並讓孩子在形狀上行走。

* 給每個孩子一個從板子上裁下來的形狀，然後讓孩子互相尋找手上拿著相同形狀的小朋友，本活動尤其適合四歲和五歲大的孩子。
* 向孩子介紹「神祕袋」遊戲，讓孩子透過觸覺來說出形狀名稱。首先你在袋裡放各種形狀板或積木，拿起一種形狀並讓孩子摸出袋內相同形狀的物品。
* 設計教室裡的尋寶遊戲，引導孩子在教室內找各種形狀的物品，例如，圓形時鐘為圓形。

不要企圖同時教導形狀和顏色概念，最好等到孩子具備顏色概念再來教形狀，否則有些孩子會把形狀和顏色名稱相互混淆。一般而言，形狀概念比顏色概念難教，因為顏色語詞在平時說話較常使用，對孩子而言亦較容易了解。例如，孩子常可聽到一些語詞，例如一隻黑狗、黃色襪子、紅色襯衫和綠色房間等。

（三）分類

分類也是孩子早期發展的數學概念之一。分類是在心智上以某個屬性為基礎將物品或想法分組成類別或組別的一個歷程，例如：大小、顏色、形狀、型式或功能等。如果某物品屬於某一類別，那麼它將有一個或數個特性

與其他物品相同。透過分類，人們較容易點算數量大的物品。

配對是分類的一種形式，它包括把相似物體放在一起的活動（圖22-9）。分組也包括分類，是在行動上依特定特性將物品分開的一個歷程。

孩子在他生命初始的前幾週已經開始學習分類，兩個月時，他開始把愉快與不愉快的經驗分類，喝蘋果汁也許是愉快的，而坐在嬰兒椅上面也許是不愉快的。

圖 22-9　最簡單的配對活動包含將兩個相同物品放在一起

嬰兒透過過去反覆的感官經驗將物品分類而獲得訊息，這也使他們有能力將過去和現在經驗相串連，此種歷程即為再認，再認是分類的一種簡易形式。

首次在學校的分類經驗最好是單一特性的，例如顏色、大小或形狀（圖22-10），所提供的項目也最好是有明顯差異的。對孩子而言，依照大小、長度、高度、形狀、顏色或厚度等分類都是適合的。

適合孩子的分類活動包括：

圖 22-10　這些積木可由它的形狀或顏色來分類

* 提供一組黑色和紅色鈕釦，讓孩子按顏色分類。

* 提供有輪或不帶輪的玩具車，讓孩子依有輪無輪將車子分成兩堆。

* 從舊雜誌剪下孩子熟悉或不熟悉的事物，讓孩子依「我知道它的名字」和「我不知道它的名字」分成兩堆。

* 提供一籃家事用品，並將水桌裝水。讓孩子將各項用品放入水中，然後請他們依「會浮起來的」跟「會沉下去的」分成兩堆。

* 提供廚房和浴室用品，讓孩子依用途分類。

一旦孩子建立分類的能力，那麼老師就可以在活動中提高共同的特性

（圖22-11）。此種遊戲可以用兩種玩法來進行，一是增加類別數，一是增加各分類內的內容物數量。

　　進階的分類活動包括將教室物品依功能分類，例如，有的作為聆聽用途，有的作為談話用途，有的則作為書寫用途。此外，亦可提供孩子衣服布料，讓孩子依花色，例如條紋、格子、圓點和素色等來分類。

　　當孩子學會分類，他們開始會去注意和描述物品的特性。首先孩子也許會說蘋果是圓的和紅的，然後他們才將之分類為有益的食物，最後才將之歸類為「水果」。

圖 22-11　本分類遊戲包括使用指針和教室常見的物品

（四）集合

　　在孩子上小學開始學加法和減法之前，他們需要先了解集合的概念。集合指的是一組物品在某些地方是相似的，因此成為一個群組。某一集合的共同特性可能是顏色、形狀、大小、材質、型式、質料、名字和用途。早期數學活動的主要目標之一是培養孩子的組織能力，當物品屬於某集合即為其成員，而一個集合可以有一些或很多成員，例如，一組玻璃杯通常有好幾個杯子，可能是四個或十二個，而沒有任何成員的集合稱為空集合。

　　為了了解集合的概念，孩子首先要認識所謂「集合」包括有相類似屬性的成員。這種概念的教學最好在分組活動時進行。同一集合的物品有相似屬性的成員，例如：拼圖、積木、蠟筆、色紙（圖22-12），你可以一次介紹一組物品，例如：「這些是什麼？這些都是積木，我們把它們叫作一組積木。」然後再介紹其他組，重複此歷程，並強調組的概念，最後提問：「教室還有哪些

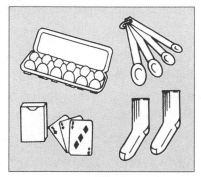

圖 22-12　許多常見物品可用來教導集合概念

成組的東西？」作為活動的結束。

　　為了增強集合的概念，你可以讓小團體的孩子分組。首先分為深色和淺色頭髮兩組，然後再以不同方式，例如依性別、年齡、眼睛顏色或衣服顏色重新分組。

　　你可以利用點心時間教導空集合概念。例如，給每位孩子裝有切成五片香蕉的盤子，先讓孩子吃掉一片香蕉，並解釋現在剩下四片香蕉，然後再吃掉一片香蕉，問孩子：「盤子裡還有幾片？」告訴孩子本數目代表這個集合成員的數量，持續進行本活動直到所有的香蕉都被吃完，解釋某一群組沒有任何成員即稱為「空集合」。為了增強此概念，可讓孩子說出教室內其他的空集合，例如，缺桌腳的桌子或留鬍子的孩子為空集合。

　　其他解釋空集合的概念可透過經驗來進行，例如，用五個空罐，第一個罐子是空的，第二個罐子放一個一塊錢，第三個罐子放兩個一塊錢，第四個罐子放三個一塊錢，第五個罐子放四個一塊錢，讓孩子觀察並比較每個罐子裡的銅板數。

（五）計數

　　計數是一種基本的數學能力，因為它是重要的問題解決工具，所以必須包含在課程當中。計數的基礎為一對一對應。一對一對應是為了解某一群體與另一群體有相同數目，這是算術最基本的概念。

　　計數並非都在家庭中教導，因此有必要在幼兒園進行。大部分的孩子能往上數到他的年齡，例如，三歲大的孩子通常能數到三，有的則可以數更多，而多數四、五歲大的孩子則能數超過他們年齡的數目。

　　孩子通常最早接觸計數的經驗是大人為他們數手指數或腳指數，經過多次重複相同的過程，孩子也就開始能夠附和地跟著數；相同的技巧也用在數其他物品，例如：豆子、拼圖、積木等。只有等孩子學會唱數，他們才開始學書寫數字「二」和阿拉伯數字「2」。

　　孩子計數能力發展歷經兩個階段：唱數和合理計數，前者比後者要早學會。唱數是依數字順序背誦，所需技能是記憶力，而非理解力。合理計數是把數字對應到一群組物品（圖22-13）。例如，桌上有一盒蠟筆，如果你向孩子要一些蠟筆，他會一次把一枝蠟筆放在桌上，並且在放蠟筆的同時，依序給每枝筆一個數字。

許多孩子能夠以正確順序唱數，但未必能了解數字的意義。三歲的妲美具備典型的數字能力，以下活動能夠展現她的理解力：

* 老師把 7 毛錢放在地板上，並讓妲美數數看。妲美從 1 數到 9 並把手指在最後一個銅板上面。
* 老師把銅板排成圓形，並讓妲美數數看，她開始感到困惑並多次從頭開始計數。
* 老師把 7 個銅板疊成一堆，並另散放 7 個銅板在桌上，當被問到哪邊銅板比較多時，妲美指出散放的銅板比較多。

孩子應該用具體實物來進行合理計數，最簡單的方式是透過身體動作的引導。你可運用鈕釦、書籍、磁鐵、桌上型積木和蠟筆，將物品排成直線，在孩子數的時候抓著他的手，並在數的同時用手點到每個物品。起初，也許你需要協助孩子大聲唱數。在孩子有許多計數經驗之後，你可以測試他的理解力，例如讓他拿四枝蠟筆、兩張紙或三個積木。

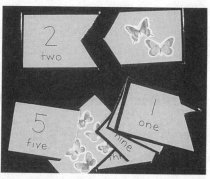

圖 22-13　合理計數包括將數字和一系列物品放在一起

（六）辨認數字

數的符號稱為數字，每一個數字代表一個數量，數字是說出數量多少的方法，為了要讀和寫，孩子必須能夠辨認書面數字及其符號，一旦周遭出現書面數字，他們就逐漸發展辨認的能力。你應把握提供孩子數學經驗的機會，通常團體時間是加強數學的最佳時機，例如，讓孩子協助你統計出席記錄或每天討論日曆。

教導數字符號的有效活動，例如走數字遊戲。你可以用十張9×12英吋的紙張，標上數字1到10（紙張可以護貝以增加持久性），然後隨意把紙張排成圓形放在地上。讓孩子走在紙上並播放熟悉的音樂，中斷音樂，讓孩子說出他腳下所踩的紙張的數字。

另一種教導符號的方式是在娃娃家設立商店，蒐集空罐並貼上一到五分

錢的標籤，本活動也可用在玩具店或藥房扮演遊戲中。此外，也可讓孩子尋找測量工具、日曆、書籍或拼圖上面的數字。

數線是另一種教導數字的方式，此種教具是以長度單位而非物品來呈現，你可以用數線來做日曆，利用每日團體時間指出當天日期位置。

孩子應有機會用他們自己的符號來書寫數字，即使數字常常會寫反，但隨著年齡的增加，孩子會漸漸自我修正。孩子有時喜歡寫數字勝於寫字母，你可以讓孩子在日曆或圖表上仿寫。

（七）空間概念

描述物體在空間的位置也是早期數學經驗的重要內容，孩子應該學習的空間概念詳列於表22-14。你必須了解介詞是抽象的，它們代表在空間的坐落位置，為了認識這些介詞的意義，孩子最好有具體的範例，因為坐落點和空間是在孩子身體之外的覺知，因此最好讓孩子利用身體的移動來學習。

空間概念
前、後
高、低
上、下
這裡、那裡
遠、近
在……上面、在……下面
在……前面、在……後面、在……之間
裡面、外面
頂端、中央、底部

表 22-14 這些字彙強調的是空間概念

空間概念的教導可利用收拾、美勞、搭建積木或其他活動時間來進行。教導空間概念的活動還包括：

＊ 用表22-14的字彙玩「老師說」遊戲，對孩子下指令，例如：「老師說，把你的手指放在頭頂上。」以及「老師說，舉起你的右手。」玩簡單的空間概念遊戲通常沒有太大問題，即使和二歲半或三歲大的孩子亦可玩。

教新概念時，你最好先示範，也可運用動物玩偶、絨毛玩具或娃娃來引導遊戲的進行。為了讓孩子有更多的參與，可讓他們輪流操作玩偶並下指令。

* 在絨布板上面放一些水果圖片，問孩子：「哪一種水果在橘子的下面？哪一種水果在蘋果的上面？哪一種水果在葡萄下面？」

* 給每個孩子三項不同的物品，例如積木、一分錢和鈕釦，以空間字彙下口頭指令：「把一分錢放在積木上面，把鈕釦放在積木下面，用你的右手把積木撿起來。」

* 用熟悉的圓圈遊戲，例如「叫賣遊戲」來教空間概念。

* 把五個熟悉的物品，例如一分錢、木棒、石頭、衣夾和拼圖堆放在桌上，然後問：「什麼在最上面？什麼在最下面？什麼在中間？」此外，用一堆彩色積木或拼圖來教導頂端、底部和中間的概念。

* 請注意，孩子需要經常的複習來維持任一已習得的技能，孩子跟成人不一樣，他們並不會因反覆經驗而厭倦，因此你的熱情和支持是很重要的。

（八）大小概念

只有透過經驗才能讓孩子發展大小概念，你可介紹並強調一些字彙來指導大小概念（圖22-15）。這些字眼可運用在日常生活中。

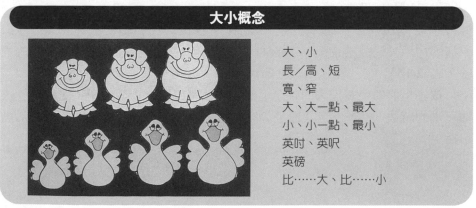

大小概念

大、小
長／高、短
寬、窄
大、大一點、最大
小、小一點、最小
英吋、英呎
英磅
比……大、比……小

圖 22-15　運用適當的詞語和視覺輔助可協助孩子獲得大小概念

（九）容量概念

　　學前教師也要提供讓孩子探索容量概念的機會，沙桌和水桌是引導孩子學習容量概念的合宜設備，你可以準備不同大小和形狀的測量容器，在孩子使用這些容器時，向他們介紹空、滿、一點點、很多等概念。當孩子學會這些概念，他們就會以數量角度來思考世界。

（十）時間概念

　　四歲大的女孩莫莉問其他的孩子：「昨天是聖誕節嗎？」莫莉的問題對一般孩子而言是很普遍的，因為時間概念不易被了解，而且「時間」代表許多不同的情境，過去、現在、未來、明天、馬上等都是時間概念。

　　研究顯示，孩子對時間只是一個模糊的概念，事實上，五歲大的孩子只知道下午和上午、晚上和白天的分別，通常在七歲大時才會看手錶或時鐘。

時間概念
白天、晚上
之前、之後
分、秒
現在、等一下
早上、下午
昨天、明天
早、晚
春天、夏天
新、舊
秋天、冬天

表 22-16　運用上述語詞來描述時間，並增強對時間概念的了解

　　你可以利用日常例行作息來教導孩子時間概念，例如，你說：「吃完午餐後，我們就要去睡午覺。」或「媽媽在戶外遊戲結束後會來接你。」你也可利用正確字彙來提供時間的經驗（表22-16）。

　　孩子也必須學習過去的時間，例如，你可以問：「你還記不記得小丑來幼兒園的時候？」或「上次你是怎麼捏黏土的？」教導孩子時間概念的活動包括：

* 提供大型月曆,利用每日團體活動時介紹。與孩子討論一星期的天數,並使用昨天、明天、上星期、下星期等字彙。
* 鼓勵孩子玩玩具鬧鐘。
* 在孩子視線高度懸掛大的時鐘。
* 烹飪時運用計時器,有的老師也會在轉換活動時利用計時器來提醒孩子,例如:「再五分鐘就要收拾。」
* 提供時間記錄設備,如碼錶、鬧鐘、腕錶、沙漏等並放在桌上,讓孩子自由操作探索。

(十一)溫度概念

你可利用烹飪和戶外活動介紹例如:溫度計、熱、冷、溫、冰等溫度概念,其他有關烹飪活動詳見第二十五章。

將電腦統整在學習區

電腦科技是每日生活的一部分,並且廣泛應用在家庭、工作和學校。隨著科技的進步,電腦在教育上的角色益形重要。從幼兒園開始,電腦愈來愈常運用在教學上,為了具備電腦素養,孩子必須學習最基本的電腦知識並具備使用電腦的經驗。

教室內的電腦應該是培養孩子探索、學習、想像、創造的工具。電腦無法取代玩拼圖、積木及其他操作性教具的價值。即使使用電腦,其他各類遊戲仍不可偏廢,並提供社會互動的機會。

選擇電腦軟體

由於電腦科技的進步,電腦教學軟體的品質愈來愈好,作業指令愈來愈簡化,鍵盤操作的知識也就不再如此必要,有時只要會按一兩個按鍵或觸摸板即可。

你必須慎選適合發展的軟體,有些適合孩子的軟體強調數字、顏色、聲音、形狀等特徵。選擇時有兩個重要的特性必須考慮,一個是適合孩子年

齡，另一個是容易操作。此外，軟體尚需具備下列特色：

> * 清楚、易操作，孩子容易遵照指示操作而不需太多的成人協助。
> * 色彩豐富活潑，圖畫真實並能吸引孩子注意。
> * 具邏輯的順序。
> * 和孩子有互動。
> * 透過選擇來增進問題解決能力。
> * 提供探索選擇。
> * 有回饋。

　　介紹電腦時，你必須選擇性地介紹內容，孩子的首次操作步驟必須相當簡單，二到三歲大的孩子可選擇簡單的「因果關係」軟體。為了讓操作更簡單，觸摸式螢幕是可以考慮的，否則選擇只需用到一、二個字母鍵來輸入的軟體。

　　四、五歲大的孩子喜歡獨自玩電腦或和同儕一起玩。他們也喜歡自己開機、選擇軟體或替換磁碟片，無論如何，電腦也可以促進語言互動。研究顯示，孩子在操作電腦時，每分鐘說話的字數是其他活動的兩倍。

　　大部分六歲大的孩子已能遵照圖片選單來操作電腦，他們喜歡向別人展現如何操作電腦，通常也會有喜愛的軟體，並樂於教別人或和他人一起玩。

摘要

　　幼兒園提供孩子的數學經驗應強調探索、發現和了解的重要性，尤其針對這個年齡層的孩子更需要廣泛且基礎的經驗，一旦他們具備這樣的根基，那麼未來將可發展更高階的數學能力。

　　對年幼的孩子而言，數學經驗在本質上可以是非正式的，透過每日事件及日常例行作息來提供非正式數學經驗，此外亦可由遊戲活動來充實。

回顧與反思

- 列出四項早期數學經驗的目標。
- 說明並敘述兩種評量數學能力的方式。
- 對或錯。數學教材設備應該只包括傳統教具，例如算盤或閃示卡。
- 為什麼顏色被視為一種數學概念？
- ＿＿＿＿＿＿界定為「沿著輪廓繞一圈」。
- 同時教導形狀和顏色概念是否適當？為什麼？
- ＿＿＿＿＿＿是一種在心理上根據一些特性將事物分組的歷程。
- 分類和配對的差異為何？
- ＿＿＿＿＿＿是一群在某方面相似的物品，因此被歸類在一起。
- ＿＿＿＿＿＿是孩子不易發展的概念，因為這個字代表過去、現在和未來。
- 列出三個字彙用來教導溫度概念。
- 列出兩項選擇適合發展的電腦軟體的要件。
- 大部分幾歲大的孩子可以操作簡易電腦軟體？
    - A. 三歲
    - B. 四歲
    - C. 五歲
    - D. 六歲

應用與探討

- 檢視學校設備目錄並列出可以用來教導空間概念的設備。
- 討論協助孩子了解大小概念的方法。
- 列出父母或照顧者可以教導數算的方法。

- 找一份食譜，進行烹飪活動並教導孩子溫度概念。
- 討論可以教導孩子集合概念的活動。
- 邀請一位幼兒園教師到你的班上來分享數學教學經驗。
- 拿一本圖畫書討論所包括的數學概念。

第二十三章

科學經驗的引導

王慧敏

閱讀完本章之後，你將能夠：

◈ 解釋科學的意義

◈ 討論研讀科學的原因

◈ 摘述規劃科學活動的步驟

◈ 列出各種科學活動和設備資源

◈ 解釋教師在引導孩子科學經驗所扮演的角色

◈ 學習幫助孩子認識各種感官的方法

◈ 命名並解釋各種教導科學概念的途徑

關鍵辭

科學

科學桌

開放性問題

封閉性問題

感覺箱

　　二歲的瑞卡多第一次接觸蝴蝶可說是個意外，他對昆蟲的研究雖然短暫但很強烈，這過程中主要牽涉到有關視覺和觸覺的感官活動。他很快地把蝴蝶撿起來並問：「這是什麼？」他的媽媽回答：「是蝴蝶。」這個經驗開啟了瑞卡多的自然科學世界之門。後來每當瑞卡多看到蝴蝶或蛾，他總會重複地說「蝴蝶」這個他所學的新字。

　　科學是無所不在的。大部分孩子所學的是有關於科學的概念，而他們首次所學的科學概念通常是簡單卻深具意義。你可以透過科學經驗來協助孩子形成科學概念，同時教導科學概念亦可養成他們尊重環境的態度。

什麼是科學？

　　科學是對自然歷程及其結果的探究，也是探求宇宙萬物的途徑。孩子為

了要了解所處的世界，必須進行探索和提問。一旦孩子進行探索活動，他們將主動建構屬於自己的知識，因此，孩子早年在科學過程和結果的經驗都應該運用動手操作法，而動手操作法讓孩子使用並思考在環境的所見、所聽和所聞。你的角色則是以充滿動手操作的活動來提供豐富並具吸引力的環境。

科學是一個具創意的研究領域，它需要好奇心和想像力，一旦孩子進行觀察、探究、懷疑，他們就是在學習有關於科學的概念。科學活動應該與孩子每日的生活經驗有關。

科學可以讓人了解行為事件發生的因果關係，研究科學可以啟發孩子察覺並投入所處環境，因而發現某些問題的解答，例如：這個將如何改變？如果……可能會發生什麼事？

科學活動包括觀察、探索、測量、比較、分類、預測和發現，孩子的科學活動則是強調觀察和探索（圖23-1）。幼兒是很好的觀察者和探索者，因為他們會以嶄新觀點來看待這個世界，而且他們對世界和大自然運行方式沒有先入為主的觀念。

我們對所處世界的認知均始於觀察，使用感官來觀察即為發明之鑰，透過運用感官知覺，孩子開始看見不同事件之間的關係，也開始將訊息加以組織並歸納。

圖 23-1　這個孩子透過放大鏡觀察並探索蒐集來的自然採集物

為什麼要學科學？

研究顯示，科學活動可以增進孩子的好奇心（圖23-2），孩子開始建立以相似性和相異性分類的能力，所學字彙也逐漸增長。透過討論，孩子可以增進語言能力，並獲得如圓形、三角形、大、小等一般知識概念，這些能力更可提升閱讀預備度。

進行測量、採集樣本、操作物品等活動都可促進孩子小肌肉動作發展，並增進手眼協調能力，此外，秤重和數算亦可提升數學能力。

規劃科學活動

有些很成功的科學經驗可能是未經規劃的，例如，你可能在路上發現一條小蛇並把牠帶到教室，此舉可能是以蛇為討論主題的引爆點。當蜘蛛從地板爬過，你可以觀察、研究並討論牠。突然颳起一陣風來，吹起遊樂場的落葉碎片，你就可以和孩子討論風的概念。

無論如何，大部分的科學經驗是需要被規劃的，透過主題活動，協助孩子經由架構並組織訊息來認識世界。因此，老師需要規劃科學活動，準備教材、設備，並

圖 23-2　引起孩子好奇的彈珠台，可以指導重力加速度的科學概念

安排科學區。你也會發現，科學活動其實可以和每日活動相互呼應統整。你可以計畫一個水、食物或感覺活動來教導科學概念。手指遊戲、故事、戶外、數學、體能、美勞等活動都可以是科學概念的基礎。

提供孩子充裕的時間玩耍、檢視，並嘗試科學材料和設備（圖23-3），科學活動應提供孩子下列機會：

* 觀察。
* 注意相異處和相似處。
* 解決問題。
* 採集樣本。
* 發展新的興趣和技能。
* 傾聽聲音和錄音帶。
* 看幻燈片和錄影帶。
* 查閱書籍。
* 蒐集圖片。

（一）科學區

科學區通常和教室其他學習區分開，並且最好是和廚房相鄰，以便接近熱源和水源，而熱和水對科學活動是重要的。此外，桌子、教具櫃、貯藏櫃等都是必要的設備。有時候幼兒園也會用到戶外的科學區，包括花園栽種區、天氣觀測區和飼養兔子、小鳥等小動物飼養區。

利用戶外儲藏空間來存放園藝工具，昆蟲網和水管等設備都可用來鼓勵孩子使用戶外學習區。

圖 23-3 有機會玩耍、檢視及使用科學設備，有助於提升孩子的科學知識

（二）設備和材料

科學區的設備和材料所需經費不一定很昂貴，大部分項目是免費或花費不多的。選擇設備材料必須考慮兩個因素，一個是安全考量，另一個是孩子能力考量（表23-4）。

科學設備		
學校設備	・地球儀 ・黏土 ・吸管 ・繪圖用紙 ・剪刀 ・釣魚線 ・測量工具	・顏料 ・粉筆 ・色紙 ・方格紙 ・漿糊或膠水 ・積木 ・放大鏡
資源回收的物品	・小鏡子 ・故障鬧鐘 ・鎖、鑰匙 ・製水罐 ・漏斗	・大湯匙 ・鋸木屑 ・閃光燈 ・飛機、摩托車小零件

（續表）

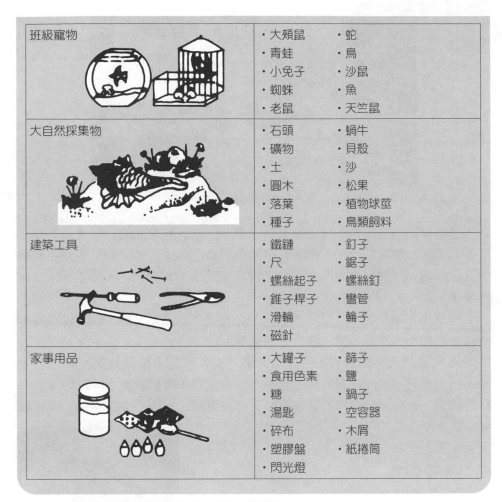

班級寵物	・大頰鼠	・蛇
	・青蛙	・鳥
	・小兔子	・沙鼠
	・蜘蛛	・魚
	・老鼠	・天竺鼠
大自然採集物	・石頭	・蝸牛
	・礦物	・貝殼
	・土	・沙
	・圓木	・松果
	・落葉	・植物球莖
	・種子	・鳥類飼料
建築工具	・鐵鏈	・釘子
	・尺	・鋸子
	・螺絲起子	・螺絲釘
	・錐子桿子	・彎管
	・滑輪	・輪子
	・磁針	
家事用品	・大罐子	・篩子
	・食用色素	・鹽
	・糖	・鍋子
	・湯匙	・空容器
	・碎布	・木屑
	・塑膠盤	・紙捲筒
	・閃光燈	

表 23-4　可以使用於科學經驗的材料幾乎是無窮盡的

　　許多幼兒園有科學桌（圖23-5），以科學桌來展示與科學相關的物品。老師通常會更換科學桌的設備，無論如何，科學桌應該有主題或焦點，所蒐集的項目也應該能引導孩子學習的方向。你可放置一組塑膠製爬蟲動物在科學桌上，附有爬蟲類圖片的資源書也應該放在這些爬蟲類旁邊，方便讓孩子比較圖片和模型的異同；最後，與科學概念有關的文學書籍也可以放在科學桌；你可以鼓勵孩子帶相關設備來科學桌，通常孩子喜歡添加的採集項目包括：樹葉、堅果、石頭、昆蟲、窩巢、繭和種子。

圖 23-5　科學桌有許多有趣的事物讓孩子去探索

　　孩子會因為自己的動機來探索科學桌。因此，科學桌的材料設備應常常
更換。如果材料放置太久，會讓孩子感到無聊而失去興趣。你也可以用較吸
引孩子的方式來展示採集品，例如：帳篷、商店組、洞穴組、攤位、拖車或
小拉車。

　　科學桌不須靠牆，這樣可以讓孩子在桌子四周自由活動，也可以在探索
時自在地摸一摸、聞一聞、聽一聽和觀察。放在點心桌或餐桌中央的擺飾可
以增進孩子對自然的興趣，例如：毬果、葫瓢或花束將把科學世界帶入室
內，它們都可增進在用餐時討論有關自然的話題。遊樂設施也可以用來教導
科學概念，例如，踩腳踏車踏板可以了解移動腳踏車所需要的能量，蹺蹺板
可以展示平衡原理等。

教師角色

　　身為幼兒教師，你的角色是規劃各種科學
活動和方案（圖23-6），你必須知道何時該讓
孩子獨立工作以及何時該加入孩子的活動。有
時一些簡單的建議對受挫的孩子將有所幫助。
另一方面，不必要的協助有時反倒會扼殺了孩
子的好奇心，並摧毀持續實驗的慾望。

　　你所規劃的活動應包括孩子的學習材料。
孩子必須有充裕的動手操作機會以便和材料互

圖 23-6　老師教導科學經驗時，
要知道何時應該抽身，
讓孩子自己去探索

動，此種歷程能讓孩子探討並思考自己所獲得的概念以及相互之間的關係。

科學活動應能促進下列五種基本的科學過程能力的發展：

> * 運用眼看、膚觸、舌嚐、鼻嗅、耳聽等五種感覺來觀察。
> * 以過去經驗及所獲得的知識為基礎，對目前的觀察下結論。
> * 以一個或數個所觀察到的屬性將事物分類。
> * 透過測量或數算比較事物異同。
> * 經由描述事物之間的關係和事件的前因後果來進行溝通。

你可以提供更多機會讓孩子練習如何當個細心的觀察者，孩子通常喜愛觀察並充滿好奇與懷疑，戶外教學、看幻燈片、欣賞圖片以及觀察科學桌上的物品都是協助孩子建立觀察能力的合宜方式。

為了鼓勵孩子積極探索，你應運用有效的提問技巧。有時很多的問題未必有效，問題不在多，而在於是否需要較深入思考。開放性問題能增進討論並需要做決定的能力，而封閉性問題（有時又稱謂單一答案的問題）只需要一些做決定能力，並且通常只需要回答對或錯（表23-7），不良的提問技巧將鼓勵孩子使用猜測法來回答。

開放性和封閉性問題	
開放性	封閉性
你在觀察什麼？	它是什麼顏色？
你如何把他們分類？	你能用形狀把他們分類嗎？
炸漢堡會發生什麼結果？	漢堡有沒有改變顏色？

表 23-7　你是否能列舉其他互相對照的開放性和封閉性問題？

孩子需要時間來思考開放性問題，你必須對所有答案給予正向回應。當孩子提出較好的答案，你應能解釋此種解答並和其他答案串連。孩子也需要有人傾聽，你對孩子的傾聽可增強他的參與慾望。

老師通常會在教室營造學習科學的氣氛，最簡單的原則是以孩子好奇的事物為基礎。你不要對孩子沒有提問的問題提供答案，盡量讓孩子應用聽、

看、讀科學的能力。為了營造良好的學習氣氛,你應提供所有孩子學習所需的材料,聆聽孩子之間的對話,最後,只提出奠立在孩子既有知識的問題。

發展孩子對感官知覺的了解

當孩子學習愈多關於感官知覺的經驗,他們也就愈能察覺並解釋周遭事物。你可以透過剝橘子來教導孩子專注地感覺他們如何運用感官知覺,在此經驗歷程,孩子可運用眼睛看和鼻子聞,剝完橘子後,用手觸摸和舌頭嚐味道來了解橘子的特性。透過剝橘子活動,孩子可學習下列概念:我們用眼看、用鼻聞、用膚觸,以及用舌嚐。

(一)感覺

透過科學活動,可以做有趣且重要的感覺探索。如果時間許可,可讓孩子感覺教室內的事物。你可利用大型紙箱,裁剪足以讓手放入的圓洞來製作感覺箱,有時也可用看不到內容物的感覺袋來代替。將不同的物品和材料放入箱內,並且讓每位孩子有機會嘗試感覺並辨認物品,如果孩子無法正確反應,你應提供些許線索,例如,假如內容物為湯匙,老師可以提示說:「我們每天早上吃麥片要用的東西。」

你有時也可用各種不同材質的織品樣本來協助孩子發展觸覺,素材可以包括天鵝絨、皮毛、法蘭絨、針織、粗麻、不織布和棉布等,在孩子觸摸後鼓勵他說出並解釋每種材質的感覺;你也可增加其他材料,例如松果、樹葉、皮毛、砂紙、玻璃紙、海綿、礫石和軟木;為了增加多樣性,你可以把這些材料放在科學桌並讓孩子根據材質加以分類。

(二)嗅覺

學齡前孩子需要學習到有時也可依氣味來辨認物品。你可運用教室中有明顯氣味的物品來教導,例如:顏料、奇異筆、蠟筆、黏土、香皂、鋸木屑、小沙鼠食物等。每種物品取少量並用小紙杯裝盛然後讓孩子玩氣味辨物遊戲。

食物有時也可應用在嗅覺活動,例如,取少量的番茄醬、芥茉醬、蘋果醬、巧克力糖漿、柳丁汁等常見材料,用小紙杯盛裝並重複相同步驟。

（三）視覺

視覺經驗和嗅覺經驗是同等重要的。在幼兒園常玩的「猜猜看我看見什麼」遊戲，你說：「我看見一個綠色東西，它是圓圓小小的，放在美勞區。」說完後靜默片刻，讓孩子猜猜看是什麼，如果孩子仍然猜不出，那麼再多提示一些線索。

你有時可以玩一對一或小團體的視覺記憶遊戲，讓孩子猜猜什麼東西不見了。蒐集教室常見物品，例如：蠟筆、積木、拼圖、筆刷，玩具罐等，然後把孩子聚在一起，先向孩子展現這些物品，告之將拿走一樣東西，然後使孩子閉眼或遮眼，在你取走某物後，讓孩子猜猜什麼不見了。

這個遊戲有許多的變化玩法，例如增加物品數量，或將三、四個物件排序並讓孩子猜測哪樣順序被調換。此外，你也可以把二、三個物件自一群物品中取走，並讓孩子猜猜什麼東西不見了。

（四）聽覺

聽覺是使孩子了解並解釋周遭環境的另一種感官知覺。為了讓孩子更加覺察此種感官活動，錄音機的使用是不錯的選擇。錄下每個人的聲音可以教導孩子每個人聲音都不同的概念。為了鼓勵孩子說話，可以讓孩子告訴你關於他的家人、最喜歡的人或一個故事。錄下全班所有孩子的聲音後，在團體活動時播放，並且讓孩子分別指認每位孩子的聲音。

（五）味覺

味覺能力的建立可以透過食物來教導。你可以使用一般食物來規劃品嚐大會，讓孩子矇著眼睛並拿食物樣本讓他猜猜看這是什麼食物，反覆進行並讓每個孩子有機會玩到。有些老師喜歡在團體活動時進行這個活動，此外，你還可以為每個孩子準備每道食物樣本來品嚐。

用顏色教導科學概念

顏色是科學的一部分，孩子每天都在觀察顏色。將顏色命名是孩子描述周遭環境的一種方法，有時顏色也被作為分組的依據。你可以把紅、黃、藍

三原色在科學區介紹給孩子，然後將紅色、黃色、藍色玩具如珠子、積木等，和相同顏色的箱子玩配對遊戲。接下來，你可以把紫、綠、橘等次色系介紹給孩子，並且進行同樣的各種顏色玩具和箱子配對活動。

圖 23-8 食用色素可用來指導孩子顏色混色的概念

有些老師會設定顏色日，例如星期一是橘色日。為了準備這天的到來，老師會事先發通知單給父母，讓孩子在這天穿橘色衣飾來學校，例如：髮帶、別針、髮夾等。老師也會進行田野散步來觀察顏色。此外，點心也可和顏色日配合，如紅蘿蔔、橘子切片、甜瓜等可在當日提供。

混色是另一種教導顏色概念的途徑，將原色系和次色系混合，讓孩子學習顏色如何產生。因此，一旦孩子學習顏色概念，他們將對周遭環境有較高的知覺敏察度。你也可以用玻璃紙來教導混色。此外，在科學區擺放透明的塑膠瓶罐，把水倒入並滴下數滴食用色素（圖23-8），用顏色「比較淡」、「比較深」或「一樣」等字詞來強調顏色的比較。

用水來教導科學概念

幾乎每個孩子都愛玩水，當孩子用玩水設備來遊玩時，他們正在學習某些科學概念。可利用水來教導的概念包括：

* 倒水時，水會流動。
* 水會溶解某些食物。
* 水有不同型態。
* 水會使物品濕掉。
* 水可以用容器裝盛。
* 有些物品會浮在水上。
* 有些物品會吸水。

（一）設備和材料

如果幼兒園沒有玩水桌，那麼大型水槽、臉盆或塑膠游泳池等都可加以利用（圖23-9）。玩水時，你可以運用水桌道具包括：漏斗、湯匙、澆花器、罐子、塑膠杯、打蛋器、量杯、濾網、軟木塞、海綿、水管、香皂、顏料等。為了避免一再反覆進行清潔工作，可以在地面鋪上塑膠布，或者讓孩子穿上塑膠工作服來保持衣服清潔。

容器的裝水量應視孩子年齡而定〔較年幼的孩子只需要裝二或三吋（約五或八公分）高的水〕。孩子在玩水時最好能有玩水設備，並且盡量讓孩子自由地遊玩。

圖 23-9　透明的水桌可以讓孩子進行觀察

（二）活動

透過水結成冰的活動，孩子可以學習到：

* 冰是由水結凍而成。
* 冰會融化。
* 冰融化後就是水。
* 冰可以被拿起。
* 冰在溫暖的地方會融化。

老師可以教導孩子某些材料具有吸水性。運用海綿、毛織品、衛生紙、廚房紙巾、卡紙、保鮮膜、蠟紙、報紙、畫指糊畫的塑膠布等物品來嘗試；老師最好列出各項目，製成表格來記錄這些材料的吸水性。從這個活動，孩子也學會了哪些物品會將水吸光。

水也可用來教導浮力概念。在水桌裡注入一半的水量，提供木製積木、鉛筆、紙、塑膠英文字母、金屬湯匙、大釘子、鋁箔等材料，讓孩子在觀察表上記錄會漂浮的項目，孩子將學習到有些物品會浮在水上的概念。

透過觀察和參與，孩子也學習到什麼材料可在水中溶解的概念。讓孩子用嬰兒食品罐或塑膠瓶裝水，並提供可溶於水的物品，例如鹽、方糖、蘇打粉等，以及不溶於水的物品，如沙拉油、米或奶油，讓每個孩子攪拌後問：「當你把鹽、米等放入水裡，發生了什麼事？」鼓勵孩子討論每項物品放在水中的結果。

用水作畫是最適合在戶外進行的活動。提供孩子裝水罐和寬刷子，讓他們在水泥地畫畫，然後問他們將會發生什麼結果。本活動可以在不同天氣進行。孩子會發覺，天熱時水會蒸發，而天冷時水會結冰。你要注意本活動最好不要在孩子走路的動線上進行，以免發生意外。

用食物來教導科學概念

如果科學實驗結果是可食的，那麼將兼具趣味性和教育性。經由烹飪活動來觀察食物變化，可使孩子學習改變固體型態的方法。有些物體加熱後會軟化，有些則會變硬。加熱也可能會改變食物顏色並混合氣味。教室內的食物烹飪活動指引詳見第二十五章。

烤麵包也是一種包括歷程和結果的科學活動，師生必須遵循下列程序：

* 詳讀食譜。
* 蒐集食物材料、鍋子和相關器皿。
* 取適量材料並加以混合。
* 將烤箱溫度設定好。
* 檢查麵包是否烤好並取出。

有些老師喜歡將烹飪活動和每週主題或單元相結合。例如，秋天、萬聖節和／或感恩節，烹飪活動可以用南瓜、蘋果或蔓越莓為主。活動包括：

* 以不同烹飪方式（炸、烤、煮）來進行。
* 使用各種廚具（攪拌器）。
* 觀察食物內部構造（馬鈴薯去皮，蘋果切片）。
* 觀察準備過程中食物的變化過程。

此處列舉一些容易準備的食物（表23-10）。

孩子可以烹飪的食物	
冰淇淋	炒蛋
餅干	可可
南瓜麵包	奶油
蘋果醬	冰
麵包	布丁

表 23-10　類似本表所列的食物，可讓孩子經驗依照食譜製作食物的歷程

　　孩子學習食物會因大小、形狀、顏色等特性而不同，而且有些食物比其他食物重。教導這些概念的方法之一是提供孩子紅蘿蔔、芹菜、蘋果、香蕉、橘子和葡萄等食物當作點心，讓孩子討論這些食物之間的異同。

用孩子自己的身體來教導科學概念

　　學齡前孩子的身體成長變化很大，這種變化在老師和父母眼中是非常明顯的，而孩子自身卻不自覺。為了讓孩子了解他自己身體變化的最佳途徑是透過科學活動。用照片和畫下孩子身體部位是相當有效的方法。

　　依照人的外型特徵以辨認個別差異的科學概念可以介紹給孩子了解。為了教導孩子這個概念，你可以用立可拍為每位孩子拍照並展示陳列。鼓勵孩子討論有關照片的問題，如果孩子沒有反應，你可以問一些特定問題，例如：「你在照片中穿什麼衣服？你的眼睛是什麼顏色？你的頭髮是什麼顏色？」

　　有些孩子也許難以將照片和他們自己連結在一起，例如，要教導雙胞胎這個概念有時相當困難，當雙胞胎照鏡子或看照片時通常會誤指為雙胞胎的另一人，類似此種經驗對教導有特殊身體特徵的孩子特別有用。

　　一張成長記錄表也能教導測量的概念（圖23-11）。你可以在板子上描出一個紅蘿蔔的形狀，然後把它剪下來做成長記錄表。用橘紅色做為紅蘿蔔，綠色做為它的葉柄，在這紅蘿蔔的中央垂直貼上一條量尺。把紅蘿蔔掛在門

上、牆上，或者公布欄上。讓每個孩子站到量尺旁。把孩子的身高記錄在板子上。

同樣的方式也可用來教導重量的概念。製作一張圖表，記錄每個孩子的體重。你也許會想在年初就把孩子的體重記下來，到了年中再記錄一次，就能向孩子展示重量的概念了。

身體輪廓也可用來教導測量和成長的概念。讓每個孩子躺在兩張大紙上，沿著身體畫出外形並剪下來，其中一張當正面，另一張當背面。正面的那張讓孩子畫他／她的臉、頭髮和衣著，並在背面那張將衣著和頭髮塗上顏色。兩張紙背對背並黏上一側，用報紙填塞後將整個外型黏住，最後懸掛在教室作為孩子成長的參考架構。

圖 23-11　彩色成長圖表是指導孩子測量的有趣方式

用園藝來教導科學概念

對園藝和種子的研究可以引發孩子對植物的成長產生興趣。大部分五、六歲以前的孩子能夠辨認一般常見的西瓜、蘋果、桃子等水果的種子。無論如何，少數孩子知道他們在吃香蕉時已把種子吃下去。同樣地，也僅有少數孩子知道核桃、大胡桃、米和碗豆同樣也是植物的種子。

（一）種子和食物

運用種子的科學實驗可以在點心或午餐時間進行，並且最好一次只介紹一種種子，例如，問孩子：「橘子是什麼顏色？橘子表面有什麼？」然後在開始剝橘子之前，發給每位孩子一顆橘子。你可以示範如何剝橘子以及如何把每片果肉剝開，鼓勵孩子：「找找看，種子在哪裡？」問一些關於橘子種子的相關問題，例如：「你的橘子裡有幾顆種子？每顆種子都一樣大小嗎？種子的外形如何？種子摸起來如何？」當孩子答對了這些問題，讓他們把種子放在科學桌。

利用點心或午餐時間介紹新種子，進行的步驟和前面相同，並且比較不同水果種子的大小、顏色和質地。同樣地，蒐集這些種子以及各種不同水果

的種子，然後放在科學桌展示。

種子舞會

　　你可以舉辦種子舞會，教導孩子某些種子有外殼保護。蒐集可食用的堅果，例如：花生、核桃、大胡桃、椰子等，讓孩子把殼打破並取出種肉，然後討論每種種肉的氣味以及分辨哪些是生長在地下的。

　　西瓜、向日葵、黃豆子以及混合堅果等都可以拿來烤，在烘烤的過程中可以問一些問題，例如：「哪些種子是屬於堅果類？烹煮後味道有什麼改變？烹煮有沒有改變它的質地？」

（二）觀察種子

　　老師可以在戶外散步時教導孩子種子是來自植物果實的概念。在出發之前，發下寫有孩子名字的紙袋，有的老師喜歡把膠帶環貼在孩子手腕，以便一旦發現種子時可以黏在膠帶上。散步的地點可以在公園或種子豐富的區域，並且鼓勵孩子蒐集種子。回到教室後，讓孩子選三種種子放在科學桌，保留其餘種子做美勞展示。

　　種子旁邊可以擺放放大鏡（圖23-12），鼓勵孩子用放大鏡來觀察種子的形狀、大小、顏色和質地，以便孩子察覺各種種子的相似性和相異性。

圖 23-12　這孩子正用放大鏡在觀察自戶外蒐集來的種子的外形、大小、顏色和質地

（三）栽種種子

　　栽種種子是另一種教導孩子有關植物概念及其成長過程的方法。讓孩子在紙杯、瓶子、牛奶盒或陶罐等容器裡，分別栽種豆子、玉米、蘿蔔種子，而且如果可以的話，可用透明的回收容器方便孩子觀察表土下的根部生長情形。每個容器上寫下孩子名字，並提供土壤以便種植。最好用花園土或有機土，因為它土質肥沃、濕度合宜並可控制排水。先在容器內填滿土壤，再讓孩子選擇要種植的種子，你先示範用手指在土裡挖洞的方法，接著放下種子並用土壤覆蓋，每個瓶子標示種子名稱，然後教導孩子用澆水器澆水。

大部分種子在適宜的濕度和溫度條件下會成長，當嫩芽從土裡冒出來後，把容器移放在有陽光處，鼓勵孩子每日觀察種子生長情形。向孩子提出相關問題：「哪一種種子最先發芽？每種植物都有相似葉子嗎？每一種植物有幾片葉子？」從上述經驗，孩子可獲得的概念包括：

* 種子種在土裡，需要水、溫度和陽光才會生長。
* 有些種子比較快萌芽。
* 當植物生長時，它們的外型大小會改變。

1.托盤花園

用鳳梨、鬱金香、紅蘿蔔或甜菜頭做成托盤花園。首先切除葉根部1或1¼英吋（約二·五或三公分），然後放到內有沙水的空盤，最後放到科學桌以便孩子觀察其成長情形。

2.瓶子花園

蒐集洋蔥、地瓜、酪梨核以及足以放下蔬菜的空瓶，用牙籤貫穿托住（圖23-13），適時地加入少量水分。隨著蔬菜發芽，瓶內水位將下降，幼兒可觀察根、莖的成長情形。

圖 23-13　用這種架起懸空的方式來栽種的蔬菜不需要太多照顧

用空氣來教導科學概念

孩子每天都有和空氣相關的經驗。他們觀看飛機和小鳥飛行、放風箏、吹氣球，以及感覺風吹在他們的身體和衣服上。

（一）教導空氣概念

為了教導孩子空氣占有空間的概念，你可以把氣球放氣使之變成扁平，並在團體時間進行本活動。首先展示洩氣的氣球，然後讓孩子觀察吹氣後氣球的變化情形，氣球膨脹後，你可以問孩子：「氣球裡面有什麼？」發下氣

球並鼓勵孩子吹氣。

　　利用泡泡溶解現象也可以教導孩子空氣占有空間的概念，老師可以買現成的泡泡水或參照圖23-14來製作。發給每位孩子吸管和紙杯，用鉛筆在紙杯底端挖一吋（約二‧五公分）的洞，讓孩子將吸管穿過洞口，把杯口朝下放進泡泡水，最後，把杯子拿起來，杯口朝上再吹氣。

　　鼓勵孩子吹泡泡並問他們：「泡泡裡面是什麼？你怎麼把空氣弄進泡泡裡面？怎樣才能把泡泡變大？如何把泡泡變小？」

　　拿水族箱或玻璃攪拌瓶等乾淨的容器來進行另一項實驗，讓孩子把吸管放入容器然後吹氣（圖23-15），這時，你可以問孩子：「用吸管吹氣把空氣吹到水裡，將會發生什麼事？」

（二）教導風的概念

　　你可以用撕成長條的報紙或皺紋紙條來教導風能讓物品移動的概念。為了讓活動順利進行，最好選擇有風的天氣，帶孩子到戶外並帶著紙條。你先示範拿紙條的方式，再問孩子：「風吹的時候，紙條會怎樣？風移動的方向如何？如果你跑得很快，將會發生什麼事？」

（三）運用天氣

　　你可以運用每日天氣來發展孩子對環境的知覺，例如，下雪、颱風、下

泡泡水

½ 杯甘油
（可到藥局買）
2 杯水
3 湯匙液體清潔劑

圖 23-14　泡泡水很容易製作

圖 23-15　孩子吹泡泡後會知道泡泡中的空氣是占有空間的

雨、雷雨、彩虹等都很吸引孩子。利用團體時間來發展天氣記錄表，內容包括：記錄者、各季節服裝、雲朵、太陽、下雪、下雨，每天讓孩子選擇代表天氣的衣服和符號。

用磁鐵來教導科學概念

孩子常被磁鐵所吸引，磁鐵概念可以透過老師指導和動手操作活動來學習（圖23-16）。

你可以在書店或是文具店購買這些科學設備，準備馬蹄形、條形、圓盤形、棒形等各種形狀的磁鐵。

孩子操作磁鐵時可以觀察下列現象：

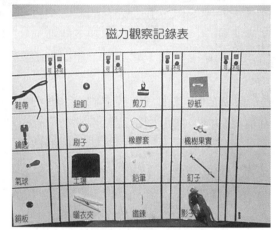

圖 23-16　利用圖表來學習磁鐵概念

* 磁鐵可以推動某些物品，有些則不行。
* 磁鐵有的大，有的小。
* 有的磁力比較強，有的比較弱。
* 磁鐵可以把鐵製品吸起來。

為了協助孩子建構這些概念，你可以把磁鐵放在桌上，蒐集可被吸的物品，例如：螺絲釘、訂書機、釘子、夾子等和其他小型金屬製品，以及不可被吸起來的物品，例如：紙張、布料、木鉛筆、蠟筆、鉛筆等物品。把馬蹄形和條形磁鐵放在一個小盒內，另外再把粉筆、牙刷、紙、釘子、剪刀、塑膠湯匙等放在第二個盒子，讓孩子指認物品並說出它可以或不可以被吸起來。

孩子也喜歡製作磁鐵臉譜。首先在紙板上畫臉，放鐵粉在紙板上以透明的塑膠布覆蓋，再用膠帶封邊。最後示範如何移動紙板下的磁鐵來畫頭髮、眉毛和鬍子。

用輪子來教導科學概念

孩子每天都會看到輪子，他們也許是乘車上學，或者在幼兒園看到推車、三輪車、摩托車或其他有輪子的玩具。在家裡，他們會看到帶輪器械，例如吸塵器、除草機。也許在搭機旅行時他們曾經看過有些人拖著附有輪子的行李箱。這些經驗都有助於孩子學習使用輪子的概念。

孩子可以學習下列關於輪子的概念：

* 輪子是圓的。
* 輪子可以滾動。
* 輪子通常有軸心。
* 輪子可以幫助人們工作。

為了學習這些概念，可以讓孩子認識各種的輪子。你可以用推車和獨輪手推車來呈現輪子的概念，也可以用感覺箱或感覺袋讓孩子認識輪子。把球、木頭積木、立方塊、橡膠輪子放在盒裡，讓孩子觸摸盒內的物品並找出輪子。

另一種教導輪子概念的方法是從雜誌剪下輪子並張貼起來，包括：消防車、汽車、卡車、拖曳車、推車、飛機、高爾夫球推車、手推車、摩托車、溜冰鞋。然後剪下其他種類的交通工具，例如：水上摩托車、帆船、雪橇、木筏、小雪橇、溜冰鞋、驢子、大象、馬。當你完成時，讓孩子指認帶輪的圖片。

進行戶外教學來教導科學概念

戶外教學可以增進好奇心，提供探索機會，並鼓勵孩子和環境互動。在戶外教學的過程中，孩子可以觀察機器如何使工作更精確、容易和規律地進行。例如，參觀消防局時認識火災警報系統、消防梯、斧頭、水管、滅火器。有時「科技之旅」也是一種戶外教學，可以提供孩子觀察電腦、打字機等的使用。表23-17列出戶外教學地點和可觀察項目。

科學戶外教學	
地點	所學習科學概念
木料行	天然木頭和木屑
摩托車和腳踏車店	齒輪、鍊子、輪子、工具的使用
雜貨店	食品型態
寵物店	昆蟲、植物的生命、寵物屋
印刷場	印刷機器
洗衣店	清潔劑、烘乾、洗衣漿
市場	新鮮蔬果
室內裝潢店	纖維布料、顏色的使用
電器行	聲光的產生和傳送
消防器材行	卡車、消防車、雲梯
寵物醫院	寵物照顧
玩具店	玩具材質，如：塑膠、木頭
建材行	土壤、石頭、建築材料
動物園	鳥、昆蟲、動物
園藝店	植物的生命
博物館	岩石和其他地質形成

表 23-17　戶外教學可以教導各種科學概念，例如，參觀水果店可以教導植物和種子概念

用動物來教導科學概念

　　某些動物可以作為班級寵物，科學概念也可以透過養寵物來教導。例如，孩子可以學習動物體型的差異、所吃的食物、如何被飼養，以及和環境互動的方式。利用寵物也可以教導孩子尊重生命的概念，在觀察比較各種動物之後，讓孩子從他們的經驗來為動物概念下結論（圖23-18）。

（一）照顧動物

　　所有帶到教室的動物都應該得到人性的關懷。孩子應該學習動物被適當照顧和對待的方式，提供基本的需求，例如：食物、飲水、光線、空氣、移動的空間和運動的需要。

（二）動物的價值

　　透過照顧動物的經驗教導孩子下列概念：

圖 23-18　飼養寵物，讓孩子在日常例行作息中有觀察、照顧及學習有關寵物知識的機會

* 動物——尤其是寵物需要被照顧。
* 寵物依賴人類的正確照顧。
* 動物種類很多，有的小型，有的大型。
* 動物需要喝水、適當食物、庇護和運動。
* 動物有不同的外皮，有羽毛、鱗片、皮毛，有的則為光滑表皮。
* 動物以不同的方式移動，有飛、游、走、跑、爬，還有跳。
* 觀察動物很有趣。
* 動物足部數目不同，有兩隻腳、四隻腳、六隻腳、八隻腳，有的則沒有腳。
* 動物會發出不同的聲音。
* 我們可以透過聲音來辨認動物。

（三）教室養的寵物

　　有些動物可以作為班級寵物，例如鼠、蛇、蟾蜍、蝸牛、青蛙、兔子、天竺鼠常被運用在學前的教學活動，表23-19顯示常見班級寵物的壽命。

班級寵物的壽命	
金絲雀	11-15 年
大頰鼠 沙鼠 老鼠	6 年
天竺鼠	5-9 年
兔子	10-12 年

表 23-19　班級寵物若得到妥善照顧，將會活得更久

1. 大頰鼠

健康的大頰鼠體型圓胖、毛色光亮且眼睛明亮，要購買大頰鼠依規定要在有健康管制的寵物店購買（因為大頰鼠可能會散播腦膜炎），最好飼養在金屬、防鏽的籠子，並且最好有運動彩輪，因為大頰鼠能把某些材料的籠子咬破並從小洞逃脫，因此鐵籠是最適合的。在地面鋪刨木屑或鋸木屑，每天更換以保持清潔，把報紙放在籠內方便大頰鼠撕成碎條以築巢，因為它有兩對囓齒，喜歡咬軟木料，同時囓咬也可以使牠的牙齒維持在健康的長度。

餵食大頰鼠的食物包括一或兩個大的狗飼料，或1½湯匙的穀物，大頰鼠幾乎喜歡吃所有的綠色植物，例如萵苣、苜蓿、紫花苜蓿、青草等。此外，用寵物店賣的特殊瓶子來餵牠們喝水，此種特殊瓶子可以避免水濺灑並確保持續有飲水供應。

通常大頰鼠如果得到妥善的照顧和餵食，牠就會非常地友善（圖23-20）；一旦被粗魯對待或暴露於噪音下，牠就會咬人，因此你必須訂下照顧規則並嚴密督導。

2. 蛇

無毒的蛇可以是教室裡很好的寵物，牠們不太需要照顧，並且如果處理得當，很少會有咬人

圖 23-20　大頰鼠是受到老師及孩子歡迎的寵物

事件發生。養蛇也可以避免或減少孩子對蛇的恐懼感。水族箱是很好的飼養設備。在底部鋪設報紙，並在報紙上灑放碎石和木屑。選一個角落用石頭蓋個洞穴以建造隱密空間，並且放置一小碟水。為了避免蛇逃脫，可在頂端覆蓋安全的罩子。

不同種類的蛇需要不同的食物，你可以向當地銷售員或動物保育專家洽詢不同蛇的每日需求，通常小型蛇只要吃昆蟲、蚯蚓、肉，而大型蛇則吃青蛙和老鼠。有些老師傾向於安排當地寵物店來餵食大蛇。

3.蟾蜍和青蛙

蟾蜍和青蛙是常見的教室寵物，牠們也可以被養在水族箱。為了避免產生臭味，最好經常清掃，並且每週至少須更換兩次水盤，青蛙喜歡坐在水盤上以保持身體濕潤，這是牠們維持生存的必要方式。

蟾蜍和青蛙喜歡吃小蚯蚓或昆蟲，同時牠們也能接受生的牛肉以及青蛙罐頭食物。通常孩子喜歡觀看蛙類用又長又黏的舌頭來捕食小昆蟲。

4.魚

對一些老師而言，魚是最理想的班級寵物，因為牠們比大部分的寵物較不需要長時間的照顧。如果要把魚當作班級寵物，那麼你必須先決定要養熱帶魚或淡水魚。一般而言，淡水魚價格較便宜而且所需的照顧設備較為簡單。

魚必須飼養在水族箱內，大部分老師喜歡用二十加侖的水族箱，也使孩子較容易觀賞魚的生活。水溫應隨時保持在華氏七十至八十度之間，為了維持水溫的穩定性，最好準備溫度計或購買水族箱溫度自動調節器。

水質的酸鹼度也很重要，應該保持在中性，假若水質偏酸性，那麼可加入些許蘇打來調節，這些材料通常在寵物店可買到。此外，最好也購買小桶子來測水質。

在水族箱內加水並穩固擺放。通常每一英吋的魚需要半加侖的水，放置一星期以達到標準水溫和酸鹼值，才把魚放入。購買魚的時候，必須事先洽詢餵食量和次數，魚飼料或小蝦米是不錯的餵食選擇。

5.兔子

兔子通常是幼兒園師生們最喜愛的班級寵物。無論如何，並非所有老師都喜歡在室內養兔子，因為必須頻繁地為牠們清理以保持乾淨。

兔子最好養在有足夠活動空間的大型鐵籠，籠子角落最好擺設木箱以便

兔子蔽護躲藏，此外，底端鋪設些許木屑和稻草作為兔子睡覺的床鋪。

你也許比較喜歡將兔子養在室外以避免教室產生臭味。養在室外須注意風吹日曬的問題。如果戶外遊戲場有圍牆，那麼也許可以讓兔子在籠外活動一些時間。

因為兔子嗜食，牠們需要大量食物和水分，比如綠色或葉菜類蔬菜，包括：萵苣、甘藍或芹菜葉。如果為了避免強烈刺鼻的尿騷味，也許可以減少提供甘藍或其他氣味較強的蔬菜。

6. 天竺鼠

大部分的孩子和老師都認為天竺鼠是不錯的班級寵物，因為牠們易養且溫馴不咬人。牠們喜歡被孩子握住輕撫，此外，牠們也容易觀察和照顧。金屬籠子是最適合的飼養屋，通常建議的尺寸大小是2½至3英呎長，1½呎深，1½英呎寬。鐵門必須和門洞吻合以避免動物逃脫。此外，尚需考慮小動物躲藏、運動和睡眠的需求，並提供適當的設備。

天竺鼠的食物和兔子相似，牠們也喜歡顆粒狀食物或穀物，包括玉米、麥片或燕麥；此外，青草、苜蓿、紅蘿蔔等植物亦是不錯的選擇，一般老師喜歡用較方便的顆粒狀食物來餵食。

對地球的關懷

孩子需要透過維護環境清潔來學習保護地球的概念（圖23-21）。你可以在教室設置資源回收箱，明顯標示紙張、玻璃、金屬、塑膠類，鼓勵孩子進行資源回收分類。

圖 23-21　不論何時都應鼓勵孩子隨手做環保

摘要

現代化生活使得研究科學更顯重要，你可以在學習區透過簡單的日常經驗來介紹科學。

為了引導這些科學經驗，你必須了解科學教育目標，同時也必須示範如何引導孩子來達到這些目標，你必須詳加規劃。

有了完善的教學計畫，你得以設計各種教學活動來教導科學概念。許多教學方法和材料可以用來教導這些概念，包括：顏色、水、食物、身體、園藝、空氣、磁鐵、輪子、戶外教學和寵物。

回顧與反思

- 科學的定義為何？
- 因為科學是創造的，它需要孩子_____和_____的發展。
- 列出三項為何要學科學的原因。
- 對或錯。所有科學計畫都需要規劃細節。
- 在科學經驗歷程中，孩子應有機會去_____
  - A. 觀察
  - B. 解決問題
  - C.蒐集樣本和圖片
  - D.以上皆是
- 為什麼科學區應該靠近廚房？
- 什麼是科學桌？
- 對或錯。不必要的引導會扼殺孩子的好奇心，因而阻斷繼續實驗的慾望。
- 列出五項基本的探索過程的科學技巧。
- _____性問題能促進討論，但是_____性問題會導致單一的答案。
- 說明四種教導科學概念的方法，並擇一詳細解釋。

應用與探討

- 列出可放在科學桌的項目清單，並解釋這些物品對孩子科學經驗的幫助。
- 腦力激盪列出可以協助孩子發展科學概念的點心或午餐食物。
- 繪製科學區藍圖及其所需設備。

- 查閱食譜並列出包括歷程和結果的烹飪活動。
- 發展幼兒園中可以讓孩子烹飪的食譜檔案。
- 布置一個包括鳳梨、鬱金香、紅蘿蔔、甜菜頭的托盤花園，並記錄其發芽時間。

孩子喜歡為節日或特殊事件而忙碌

第二十四章

社會經驗的引導

何素娟

閱讀完本章之後，你將能夠：

- ◈ 解釋社會經驗的重要性
- ◈ 概述老師在設計及引導社會經驗時所扮演的角色
- ◈ 在課程中描述包括多元文化、跨世代、政府、生態、地理、社區生活、假日及新聞的概念的方法

關鍵辭

偶發性的學習

觀點

文化

遺漏

生態學

孩子會熱情並積極地探索教室的生活，他們對每天發生的事情有興趣，並且常會有滿肚子的問題。例如，他們可能會問：

- ＊ 「非洲在哪裡？」
- ＊ 「警察怎麼幫助我？」
- ＊ 「為什麼她沒有爸爸？」
- ＊ 「什麼叫踰越節？」

在日常的教室活動中會自然而然地產生這些問題。孩子的問題可能與社會技巧、文化、職業、假日、新聞、歷史或地理有關。這些問題都圍繞著課程中的社會領域。

社會領域包含了相當多的主題，這些主題可以幫助孩子學會有關自己及其他人的事物，也學習社區中其他家庭及人們的事物。除此之外，他們還可以學習與人生活的正向技巧（圖24-1）。

當孩子思考著他們周圍的世界時，他們便可建立起社會概念。例如，當

孩子用積木建造一架飛機或者到社區附近走走時，他們就學習到重要的社會概念；看很多不同類型的房子可以發展社會概念；角色扮演醫生、郵差、清潔隊員或是媽媽可以促進對社會的了解；嘗試做以及吃異國風味食物的過程，或者聽一則有關社區支援者的故事也有相同的功效。持續上述這些課程，孩子便可以學習社會概念。澆花、餵食教室內的寵物及將積木放回原處可教導孩子如何在這世界上與人相處。

圖 24-1 透過社會經驗，孩子學習接受他們自己，並且與人相處

社會的重要性

　　孩子必須了解其他人類是怎麼生活的——他們的生活型態、語言及觀點。社會能幫助孩子獲得生存的技巧，將社會經驗放入課程當中，孩子將可以：

* 發展自尊及健康的自我概念。
* 發展自我控制的能力及獨立性。
* 學習如何分享想法及資源（圖24-2）。
* 發展出與人工作的良好方法。
* 獲得在民主氣氛生活下所需的態度、知識及技巧。
* 發展出對他人的感覺、想法和物權應有的尊重。
* 學習有關在真實世界中人們的角色。
* 學習對過去及現在抱持著感恩的心。

圖 24-2 學習分享想法幫助孩子建立溝通技巧

　　此外，社會課程的價值在於它能讓孩子更了解他們的世界、他們所扮演的角色以及角色定位。

社會中老師的角色

良好的社會知識活動其關鍵在於你的技巧及你所帶到教室中的知識（圖24-3）。你所感興趣的社會將被納入課程當中，透過你的練習，你將會明白使用社區資源、更改學習方式、主題、小組分配、觀察及評量的必要性，以豐富社會知識活動。

圖 24-3　在有品質的社會活動中，老師扮演極重要的角色

為了提供有品質的學習經驗，你必須每天觀察記錄，這些例行的檢核表能提供你一些有關孩子的興趣、能力、發展階級、態度及知識的資料。從這些資料中，你可以確定孩子必須知道什麼，並決定哪些行為必須做引導改變。

（一）確定孩子的興趣、能力及特色

每一小組孩子都會有完全不同的興趣，有些孩子對飛機、火車或者是地理感興趣；有些孩子則可能喜歡學習社區的志工。為了確定孩子的興趣，你可以：

圖 24-4　孩子興趣很廣泛，為了確定每一個孩子興趣，遊戲時間是觀察的絕佳時機

* 在孩子遊戲時觀察他們，並記錄他們遊戲的型態，以及所用的教材和設備（圖 24-4）。
* 不經意地跟孩子互動，問他們喜歡什麼。
* 要求父母與你分享孩子的興趣。
* 觀察孩子所選擇的書籍。

就跟興趣一樣，每一個小組的孩子所擁有的技能，都會影響社會活動。

在任何一間教室裡，孩子不論在認知的、身體的、社會的及情緒的發展上都不同。身為老師，你必須找一些可以配合每一個孩子能力的教材及設備。

你可用下面的方法來確定孩子的能力：

* 觀察孩子的社交技巧，例如，他們和其他孩子玩的狀況。
* 回顧孩子的身體成長及健康記錄。
* 為每一位孩子設計不同的學習課程，並記錄他們的成功經驗。

為了了解孩子的技巧及能力，要花很多時間來蒐集資料，而且蒐集資料沒有任何的捷徑。然而，這些資訊是設計適合發展的社會課程的重要指標。

孩子的發展階段是設計社會活動的關鍵，這些特徵可觀察得到，並且可被當成設計社會課程的一個起始點，表24-5中列出其發展特徵及施行方式。

有關孩子發展特徵的活動	
發展特徵	施行方式
對鄰近的環境感興趣	提供機會去探索學校、家庭及鄰居
喜歡自我表達的機會	盡可能地提供分組時間
對熟悉的人感興趣	請孩子有興趣的資源人士做分享
透過直接經驗學習得最快	提供具體的教材及可直接參與的活動
喜歡模仿	提供很多戲劇扮演的機會及道具
自我中心傾向（我）	提供尊重其他人的權力的引導

表 24-5 觀察孩子的發展特徵。社會活動可用來增強或消弱這些特徵

（二）發展課程

一旦確定了孩子的興趣、能力及特徵之後，你便可開始規劃課程，鼓勵孩子一起參與課程設計，透過這個過程能幫助孩子組織他們的想法，表達他

們的意見及共同經驗這個結果。

　　在計畫的過程當中，允許孩子去做決定，將所有的孩子納入同一個團體中，你或許會發現，有些孩子可能很害羞，如果給他們一個可以在小組中獨自計畫的機會，他們或許會感覺比較好。

　　孩子有能力在他們的活動中計畫出下列的事：

　　＊　和誰一起玩。

　　＊　這個計畫中所需的教材。

　　＊　要去拜訪的地方。

　　＊　邀請來班上的資源人士。

　　＊　如何慶祝生日及假日。

1. 主題

　　很多老師在設計社會活動時會使用主題的方式（圖24-6），一個主題可以結合很多不同活動的學習機會。因此，不同的經驗可以幫助孩子學習許多概念（若需要更多有關主題的資訊，請參見第十七章）。

2. 利用社區資源

　　仔細找找你們社區中可提供不同學習機會的資源，記錄一些可能有趣的商店、博物館、畫廊、公共服務、社區義工及房屋種類的名字，提供這些服務的人或許也可以對課程目標及目的做一些建議。

圖 24-6　寵物的主題可以教導
　　　　　許多社會經驗

（三）偶發性的學習

　　設計一些促進偶發性的學習的機會，在一天的課程裡常會發生這樣的學習經驗。你或許可以設計一些偶發性的學習，例如：把油漆罐的蓋子打開，讓油漆乾掉；放一些照片在語文區；或者加放一些道具到娃娃家，這些情景可引發孩子提問題並且自主學習。

　　每間教室都會有自己的偶發性的學習經驗，如以下的例子：

* 修理教室及遊戲場。
* 教室的常規。
* 幼兒園其他教職員工的角色，例如工友、司機或是秘書。
* 處理紛爭。
* 當地社區所發生的事情。

（四）評量

評量是規劃社會活動的重要關鍵，評量的過程中可以幫助你檢視教學目標是否已達成、需要什麼樣的新目標，以及現在的目標是否需要修正。我們可以和孩子一起做這件事，例如，你或許可以問孩子以下的問題：

* 你最喜歡什麼？
* 你為什麼喜歡？
* 你想學些什麼？
* 你想要多學些什麼？
* 什麼事你會想要再做一次？

建立社會概念

孩子想要了解身處的世界，他們透過感官來學習。從這樣的活動中，孩子建立起知覺（知覺是孩子經由感官而學到的一種用以建構關係或事物的概念，或者是由事物的概念所形成的）。重複的經驗可形成一連串的知覺，這就是概念的形成，例如，孩子看過一隻黑白相間有四隻腿的牛，之後，他看見黑白相間的狗，他就會叫牠是牛，這時，給孩子適當的回饋，將可讓他們學習到狗與牛的不同點。

概念幫助孩子去組織、分類及排列其經驗，並幫助他們更了解世界。一旦已學習到這些概念，將更有助於孩子彼此的溝通。

人格、經驗、語言技巧、健康、情緒、社會關係都影響著正確概念的形

成，很多不同的經驗幫助形成更多的概念。感覺及情緒會影響經驗，因此，多與他人溝通接觸，孩子可學會不同層面的思考。有良好的語言能力及技巧的孩子會建立起有用的概念，而健康的身體及精神幫助孩子建立合適的感官概念。

有一些概念的建立是透過社會活動，例如：多元文化、跨世代、政府、生態、地理、社區生活、新聞及假日的概念。

（一）有關多元文化的概念

社會學者用「文化」這個字來描述不同種類的人的生活方式。這包含了一個群體的想法及做事的方法，有傳統、語言、信念及習慣，然而，文化是一種社會行為的學習模式。

孩子的文化就是孩子判斷世界的顯影，文化影響著感覺、思想及行為，它將所有的經驗排列順序及賦予意義。文化提供孩子一種生活模式，包括吃什麼東西，以及何時吃東西。文化變成人類生活的重要部分，結果，孩子會不明白他們的有些行為可能與其他文化不同。

在規劃社會課程中，多元文化的觀點非常重要。研究顯示，孩子對於他們自身的認同及其他族群概念的建立是在學齡前階段，他們早在三歲大的時候就知道種族及膚色了。

當你在設計多元文化課程時，必須時時刻刻將以下的目標放在心中，你將讓每一位孩子發展出：

> * 尊重每個人是一個有價值、且有能力的個體。
> * 接受並尊重每個人的相似性及差異性。
> * 能尊重每一個人自身的種族背景。
> * 對所有的孩子有正向的互動。
> * 能了解做事的方式有很多種。

你可以邀請父母加入，或選擇並準備適當的學習教材及活動以達成這些目標。你的行為也將影響你的社會課程的成功與否。

1. 父母參與

父母在達到多元文化課程目標中扮演重要的角色，身為老師，要了解每

一個孩子的文化背景,而父母或家中其他成員就是你的最佳資源,他們能提供你一些孩子因文化而表現出的態度及技巧的資訊。拜訪父母並與父母談談,能提供你一些對家庭的看法,並了解他們的需求、所關心的事以及期望。父母也可以透過參與學校的活動而彼此分享他們的文化傳統(圖24-7),他們可以分享故事、遊戲、歌曲、舞蹈、食物及有關於他們文化的假日風俗。

圖 24-7　鼓勵父母參與孩子的教室活動,以促進多元文化的觀點

2.選擇並準備教材

　　選擇可反映出所有孩子的種族傳統及背景的教材。達成這個目標可藉由以下各個主題:廚房用具、國旗、編織物、傳統的遊戲、不同種族國籍的書籍、錄音帶及 CD、照片及錄影帶。

　　你必須檢視這些教材是否適合教導社會概念,如果在教材中有偏差,老師必須註記,之後,在教學上發展一些克服這個偏差的方法。

　　在選擇一些教室用的教材時,必須確定這些教材是否表現出刻板印象。刻板印象會忽視每個人的個別差異性,在選擇遊戲、書籍、拼圖、錄影帶、教室的裝飾品及可見的輔助教材時都要小心。

　　遺漏某些教學教材是顯見的另一個偏差。遺漏意謂著在我們的社會裡有些族群就是比其他的族群不受重視,在教學教材裡有時會遺漏某些族群的象徵物品,在所有的教學教材中都必須包含並尊重每個族群(圖24-8)。為了要建立孩子的自尊及自信,可以從所有的文化背景中示範正向的角色模範。

3.鼓勵多元文化觀點的活動

　　研究顯示,孩子的注意力比較集中在人的差異性,而不是相似性,因此,你必須盡可能的將焦點集中在人的相似性。在課程或活動中,都可以呈現出,所有的人無論是在家裡或在其他社會族群中,生活的型態都很類似,強調所有人的相同需求,包括:食物、衣著及房子,而語言、藝術以及音樂則是表現不同的觀點、感

圖 24-8　玩偶必須展現出社會中的不同種族

覺、想法及知識的方法。

也可以設計一些注意相似性的特別活動，例如，為一個孩子訂定一天「特別日」，在團體討論時間，這個孩子可以分享他／她最喜愛的玩具、食物或者是顏色。要求每位孩子帶一張家族成員的照片，他們可以利用這些照片來觀察相似點。此外，不同文化的食物、烹調方式、進餐禮節也是另一種強調多元文化概念的方式。

（二）有關跨世代的概念

孩子對於「老的、年長的」概念不見得都是正向的。問一群學齡前的孩子對一些老年人所持的觀點時，他們的說法包括：

> * 「嗯，他們一定有很多額外的皮膚。」
> * 「我爺爺會修理我的腳踏車。」
> * 「他們走路走得慢，而且常要坐下來休息。」
> * 「他們生病了。」
> * 「假如你老了你會禿頭。」
> * 「他們會幫你做餅乾。」

孩子這樣的反映顯示出，我們必須將跨世代的概念放入幼兒教育的課程之中。

美國現今社會中的老年人持續而穩定地增加，也因為這樣的成長，有必要告知大家年老的益處及所面臨的問題。今日有許多孩子跟老年人相處的機會只限於他們的祖父母，這樣可能會造成孩子對年老人片面的看法。因此，孩子必須學習從老年人的觀點來看老年人。

負面的刻板印象是老年人所面臨的最大問題，而這些刻板印象觀念也深深地影響著孩子，研究顯示，有些孩子早已對老年人有著一些刻板印象。

研究並顯示，在人生的早期就會建立起一些態度，這些感覺及想法會影響著人的一生。一般來說，孩子對老年人的態度都是源自於家庭，或許對老年人負面的刻板印象是因為資訊不足，或許是很少接觸老年人，老師可以邀請長輩來參與教室的教學。跨世代的接觸不論是對年輕人或對老年人都有益處，多接觸老年人將可建立對老年人的正向概念。教育及從錄音機、電視或

報紙而來的資訊也可以改變這樣的觀點。

　　將跨世代的概念加入課程中，可以鼓勵孩子對老年人有更正向的看法。幼兒園的課程目標列在表24-9，幼兒園課程必須支持這些目標。因此，和老年人互動是必須的，用於教學的書籍、錄影帶及照片都必須不帶任何偏見地描述老年人，這些教材必須包含老年人不同的興趣、能力、靈活度及健康。

跨世代課程的目標

- 鼓勵孩子與老年人互動。
- 增進對老年人的健康、能力、靈活度，及興趣的不同認識。
- 挑戰對老年人的刻板印象，例如：死氣沈沈、不快樂、沒有能力等。
- 用不同的角度去觀察老年人的行為及特徵。
- 發展出尊重其他人的觀點。
- 促進對老年人的身體健康的了解及正向態度。
- 促進他們自我概念的健康發展，以減低臨老時的害怕。
- 提供機會向所有的人學習，包括他們自己是如何跟著生活週期而改變。

表 24-9　跨世代課程的目標應該包含這些項目

1.選擇並準備教材

　　有很多教學資源可用來教導孩子「老年學」——這是一門研究老年人的學問。當你選擇時，必須小心使用，書籍及其他的教材必須以正向的方式來描述老年人，必須顯現孩子與老年人之間和樂的關係。如果教材不完整，可以利用想像力去設計你自己的活動，可從雜誌上剪些照片或替老年人照些照片，之後再將這些照片整理結合，並用它們來說故事。

2.發展跨世代概念的活動

　　這個課程必須包含一些有關老年人的概念，這個概念是可以培養對老年人正向的看法。很多主題裡有可分享的概念（表24-10），例如：在主題「我，我自己」中，孩子可以將焦點集中在他們「變老」這件事上面。孩子

可以把嬰兒時代的照片帶來，當作說明成長及發展的基礎，或許你也可以討論未來其他的改變，也可以比較身高及體重記錄。之後，孩子可以猜想如果他們繼續成長會有什麼的變化。如果適合發展年齡，孩子也可以做一本書來說明他們小時候喜歡做什麼，而當他們長大時，他們在想什麼，他們可能會做什麼。

如果不可能每天與老年人接觸，那麼也可安排一些機會讓孩子與老年人接觸。戶外教學可拜訪一些年老的鄰居，或是養老院及市民中心；或許你也可以安排一些季節性的活動，例如，唱聖誕歌曲或做五一勞動節的吊籃。其他教學活動還包括：讓孩子從雜誌剪下圖片或照片來做一個大型的拼貼圖，或者用口語以正面、活潑的角色（游泳、慢跑、溜冰、養育）來描述老年人。一個類似「老的時候也可以很有趣」這樣的標題也可以放在拼貼圖中。

能包含老年人概念的主題	
· 家庭	· 朋友
· 幫手	· 手工藝
· 遊戲	· 我最喜歡的老年人
· 衣服	· 兒歌
· 祖父母	· 鄰居
· 嗜好	· 假日
· 房子	· 祖父的工作
· 音樂	· 我們的城市
· 我，我自己	

表 24-10　你可以想到以這些主題為中心的延伸活動嗎？

3. 老年人在課程中

老年人可能會對教學很有貢獻，例如，他們或許可以幫忙做活動、可以與需要特殊照顧的孩子工作，或者直接指導一個小組。老年人的角色是依據老師的、孩子的以及老年人本身的需求而定。

注重老年人發展中的正向概念的跨世代課程設計，必須考慮到老年人的需求，就像其他需要義工幫忙的課程活動一樣，必須小心設計才容易成功，可考慮以下的原則：

* 必須確定每一位老年人在教室裡有明確的角色可扮演。
* 將每一位老年人看成是獨立的個體，運用他／她的特殊才能、興趣及所受的訓練來參與教學。
* 學校行政、老師及義工之間必須保持密切的溝通。
* 設計並提供老年人一些訓練及分享的機會。

跨世代課程對於老年人及孩子都是有益的，他們常會喜愛成長及被關愛的感覺。當老年人與孩子分享特殊才能時，他們便有機會觀察孩子的興趣，而孩子也可以從老年人身上獲得一些對老年人的認識及了解，並對老年人存著一份感恩尊重的心。

（三）有關政府的概念

在五歲以前，孩子對政府的概念主要是從視聽媒體、家裡及幼兒園而來。這個年齡的孩子常常可以指出國旗及總統的照片，他們也可以了解國歌及宣讀誓言。

為了幫助孩子學習政府的概念，團體活動的設計要有民主的素養，這樣可以幫助孩子了解規則及法律的目的。以下所列的一些簡單的活動可以幫助孩子建立起有關政府的概念：

* 當你的班級有一隻新的寵物時，讓孩子自己投票表決寵物的名字。
* 在烹飪活動時，讓孩子投票表決要做哪一種食物。
* 當有一個新的玩具時，讓孩子訂出使用規則。
* 鼓勵孩子提出戶外教學地點的建議。
* 當他們要去野餐時，讓孩子自己設計三明治的口味（圖 24-11）。

圖 24-11 讓孩子在室內的野餐活動中學習選擇三明治的口味

（四）有關生態學的概念

生態學是研究生命循環的一門學問，主要研究水、土地、空氣、草、樹木、鳥類及昆蟲。為了發展生態學的概念，孩子必須有良好的觀察技巧，藉此建立對環境尊重的態度。他們也可以學到在地球上各種生物相互依賴的概念，這些活動就是要發展孩子對環境的關懷，以下是一些生態學的簡單活動：

* 帶孩子到附近走走，當你們在走路時，指出植物、樹木、花朵、灌木及鳥類。
* 在教室或在遊戲場裡種植植物或飼養動物（圖24-12）。
* 提供一些有漂亮圖片的雜誌，孩子覺得漂亮就可以剪下來，讓每一位孩子解釋為什麼這張圖片漂亮。
* 給每一位孩子一個紙袋，並在遊戲場設計一個「垃圾之旅」，鼓勵孩子撿起垃圾，並將垃圾放在紙袋裡。

（五）有關變化的概念

孩子必須學習到變化對生活的影響是多層面的，而且是持續不斷的。為了幫助孩子學習這個概念，可以用自然及家庭為主題，因為親自經歷的經驗能幫助孩子學習接受「變化」的概念。

圖24-12 讓孩子種植屬於自己的植物，可幫助他們學習照顧環境的重要性

孩子可透過觀察自然，學習了解變化的概念，設計一個自然之旅吧！在散步中，可指出櫻桃樹正在發芽，葉子正在變顏色，花正在開，而果實正成熟呢！每一次的經驗都能幫助孩子了解事物的變化。

人們也常常會改變，為了幫助孩子了解他們是如何改變的，包括他們所經驗過的所有變化的概念，你或許可以嘗試以下幾點：

* 看嬰兒的錄影帶。
* 在年初、年中及年尾時,記錄孩子的身高及體重,與孩子討論他們的改變。
* 蒐集很多不同嬰兒期的衣服及玩具,擺在桌子上讓孩子自由探索。

(六)有關地理的概念

當孩子變得靈活自在時,他們是小小地理學家,他們探索空間、玩水及雪,還會挖泥土,他們會注意濕沙和乾沙的不同,並且開始建立一些有關地球的概念。

對很多人來說,地球就是家,讓孩子知道人類與地球的關係是很重要的,他們必須知道地球提供給人類食物、居住地及原始的素材。因為這些概念相當複雜,正式的課程大部分會在小學首次介紹,然而,你還是可以利用一些非正式的活動來讓孩子了解,例如,允許孩子在沙箱或花園的某個角落挖洞,並且在沙箱內玩車子、卡車、桶子、鏟子等。你或許可利用一些標的物讓孩子練習去閱讀地圖。最後,再設計一個公布欄,用地圖標示出在幼兒園附近的街坊鄰居,孩子可以研讀公布欄,並且做街坊鄰居戶外教學的導遊。

(七)有關社區生活的概念

學齡前孩子會變得愈來愈了解家以外的世界,他們準備好要去探索他們的社區,並向他們所遇到的人學習。孩子是從居家附近的鄰居開始探索,他們將會發現什麼樣的建築物及行業?他們所遇到的是些什麼人?這些人在做些什麼?他們如何幫助你?讓孩子回答這些問題,將有助於他們發展社區生活的概念。

可以到社區裡提供服務的許多地方做戶外教學,這些地方包括圖書館、博物館、警察局、消防局、公共汽車終點站、郵局、火車站、電台、電視台或報社。向孩子介紹在這些地方工作的人,必須說明這些人是社區的幫手,因為他們幫助了住在這個社區的所有的人,有一些社區的幫手,例如:警察、消防隊員、郵差及圖書館員可能可以跟孩子說說話。

也可以拜訪社區中的各行各業，如此一來，孩子可以看到人們是如何工作的，或許在當地有許多企業十分歡迎孩子去參觀，你可以帶孩子去參觀商店、餐廳、農場、寵物店、美容院或者是診所。

你也可以邀請不同職業的資源人士來學校，告訴孩子這些人的工作是什麼，並請他們帶一些材料或工作時所使用的工具來。或許你可以邀請牙醫、醫生、護士、老師、秘書、銀行行員、廚師或其他的工作者來訪，這些活動將可以發展對職業的認知概念。

（八）有關新聞的概念

學齡前的孩子通常並不知道他們生活環境之外的事情，因此，我們必須鼓勵他們去分享影響自己生活中的事件，表演並說明可以幫助孩子了解現在所發生的事。或許孩子可以分享一些事件，包括個人的成就、家族的事件及特別的慶祝活動。

有一些教室會發展出一個時事公布欄，稱為「新聞」，孩子可以放置卡片、照片、邀請函、報紙的圖片、畫作及水彩畫。你也可以放在教室活動或戶外活動的照片。

（九）有關假日的概念

在你的教室裡，從慶祝各種不同的節日的經驗中，孩子開始學習豐富的文化資產。適合發展年齡的經驗及活動將教導孩子社會中每一個假日的重要性，他們也將會開始學習有關於人的一生的概念。

當你要介紹假日的概念時，有一些事情需要注意。你要避免在假日來臨前的一個星期之前就開始介紹，否則孩子可能會搞混，因為他們的時間概念並未發展完全；選擇一些跟孩子最相關的慶祝活動，例如，假如你的班級的孩子絕大部分都是猶太人，那麼你或許要慶祝一個以上的猶太假日，考慮在春天慶祝踰越節，而在秋天慶祝贖罪日或新年，也可以考慮設計「特別人物日」，邀請祖父母、叔叔、舅舅、嬸嬸、阿姨、鄰居及義工來參加這個慶祝會。

將孩子納入你為假日及特別事件所計畫的活動中。孩子將會很樂意參與其中，或許他們會建議一些特別的食物、歌曲、書籍或遊戲，甚至會建議邀請那個特別的人來。你或許可以在介紹一種新的食物、手指謠、歌曲或故事時，增廣他們的見聞。

摘要

　　社會概念幫助孩子了解他們所生活的世界，以及他們在民主社會中應習得的生活技巧、態度及知識。設計良好的社會活動教導孩子每人的不同，讓孩子學著去接受並尊重其差異性。

　　在設計社會課程時，你必須確定孩子的興趣、能力及特徵，並藉此發展不同主題及利用社區資源的課程。偶發性的學習也是提供教導社會概念的機會。

　　有用的社會課程教導孩子了解不同的文化及不同世代的人，他們學得民主的素養，也學習生態學及地理學，這些社會活動只是幼教課程中的眾多社會主題中的某一部分而已。

回顧與反思

- 列出孩子必須在社會活動中學習的三項技能。
- 描述確定孩子興趣的四個方法。
- 你對於孩子是否有能力來設計活動有何看法？
- 定義何謂「偶發性學習」，並舉例說明。
- 什麼樣的過程將可幫助你檢視是否達到教育目標、還需要什麼樣的新目標，以及現今的目標是否需要再修改？
- 根據一套有關聯性及事物的經驗而產生的想法稱之為＿＿＿＿＿＿＿。
- 列出多元文化課程的目標。
- 解釋為何在選擇教學教材時，遺漏是一個必須避免的偏差。
- 對或錯。孩子比較喜歡著眼於人的相似性而非差異性。
- 對或錯。孩子尚未發展出對於老年人的刻板印象。
- 舉你自己的例子，你如何將有關政府的概念教導給孩子。
- 解釋這個句子：「變化是持續不斷的。」
- 如何在社會課程中運用演說活動。

應用與探討

- 當班級選了一個主題之後，再腦力激盪列出一些活動，這些活動是可用在社會領域裡的。
- 腦力激盪列出一些可利用的社區資源，包括：博物館、藝廊、商店及服務站。

● 拜訪一家玩具店，並且找出一些可以反映不同文化差異的玩具。

● 問一群學齡前的孩子對於老年人的看法，他們所認為的是否與本章所列的看法相似？或者是不同？他們是否有任何刻板印象？

● 為學齡前孩子設計一堂有關資源回收的課程，讓他們學習保護環境。

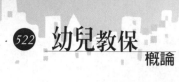

第二十五章

食物與營養經驗的引導

尹亭雲

閱讀完本章之後，你將能夠：

❖ 解釋食物與營養經驗的價值

❖ 引導孩子正面、可促進健康飲食習慣的食物與營養經驗

❖ 列舉出幼兒園與父母共同滿足孩子營養需求的方法

❖ 列出幼兒園所應教導的營養概念

❖ 概述引導烹飪經驗的過程

❖ 選擇並準備簡單食譜，供孩子在初期烹飪經驗中使用

❖ 指出孩子的各種飲食問題

❖ 教導孩子擺設餐桌

關鍵辭

營養概念

活動廚房

　　食物與營養經驗包含多種活動：準備食物、擺設餐桌、享用點心與正餐，以及清潔收拾，這些活動能為孩子提供獨立自主的學習經驗，也能建立獨立、負責及成就感，這些活動是教導營養概念的機會。「營養概念」是指幫助孩子發展良好的終生健康飲食習慣的基本概念。

　　食物與營養經驗將就認知的、身體的、社會的以及情緒的發展方面，來促進全人教育。

　　就認知領域而言，孩子透過參與食物及營養經驗，學習觀察與獨立思考的技能；透過測量、比較、分析、觀察材料的改變及預測結果，孩子學習到科學與數學概念；透過學習烹飪字彙以及食物準備工具的名稱，孩子發展讀寫萌發的技能；透過遵照食譜的一系列指示，孩子發展閱讀寫作所需的從左到右進展的技能。

　　就身體領域而言，食物與營養經驗可促進大小肌肉的發展。透過壓揉、搗碎、削皮及攪拌，孩子發展肌肉的控制能力，透過測量、舀取以及切割，他們同時也發展手眼協調技巧。

就社會與情緒領域而言，食物與營養經驗可以提升自尊心，孩子因為能夠參與成人活動而感到驕傲；透過共用廚具、材料及輪流操作，孩子學習合作技能；透過和同儕參與食物與營養經驗，他們也學習到飲食文化；最後，透過參與烹飪活動，孩子也學習到終身受用的獨立生活技能。

有效的食物與營養課程的關鍵，在於以正面的態度呈現烹飪活動（圖25-1），食物經驗很容易流於緊張與成效不彰，有些孩子可能會偏食，有些孩子可能會拒絕幫忙任何一項工作，還有些孩子可能會吃太多，或者是一手包辦到令其他人無法插手的地步。遵守下列簡單的規則，將可促成快樂、輕鬆的食物與營養經驗：

圖 25-1　當你的孩子採取正向態度，食物經驗經常可以順利進行

* 在用餐時間之前，安排靜態、輕鬆的活動。
* 提供孩子尺寸大小的餐桌、椅子及上菜餐具。
* 跟孩子一起用餐。
* 鼓勵孩子自己動手盛菜。
* 對於意外要有心理準備。孩子會打翻飲料或掉落食物，在各個烹飪區要準備易取用的濕海綿，鼓勵孩子自己清潔善後。

與父母互動

父母必須注意他們很可能、也的確會影響孩子的飲食習慣，這些影響可能是直接的或間接的，例如，給孩子點心就是直接的影響，家中的用餐氣氛則是間接的影響，在孩子發展的關鍵時間，有幾項有效的方法可以用來與父母互動。

許多幼兒園有附設的圖書館，這些圖書館就是成人共享營養資訊的好地方。父母與監護人可以借閱各式小冊子、雜誌以及書籍，以學習或更新他們的營養知識，在這樣的環境下，食譜也可以流通共享。

親師懇談會、座談會、父母成長團體等，也是與父母互動的有效方法。在這裡，父母、監護人以及老師可以討論關於孩子營養需求的正確資訊、處理用餐時間的常見問題的方法，以及社區的食物資源。

有些幼兒園也發現，每週或每月簡訊是讓父母或監護人得知新訊息的好方法。這些簡訊可以包含很多有用的資訊，例如在家庭用餐時複習從幼兒園學到的營養經驗、設計菜單、餐桌服務以及對營養的強調。此外，一份幼兒園的菜單也很有用，父母可以用它來平衡家裡與幼兒園提供的食物。

營養概念

如果說營養知識可讓人一生受用，那麼，教導營養經驗就成為引導食物經驗的重要部分，例如，孩子學到身體需要多樣化的食物，在點心或用餐時間，我們可以介紹各種食物來教導孩子這個概念。這些經驗也教導孩子了解到食用這些食物的方式有許多種，例如，蘋果可以生吃，也可以煮來吃，蘋果可以做成蘋果醬、蘋果麵包、蘋果煎餅、蘋果派、蘋果汁，以及蘋果餃。表25-2摘要在幼兒園所應包含的其他營養概念。

孩子的營養概念
・營養即是身體如何使用我們所攝取的食物，以產生能量、成長以及保持健康的物質。 ・有許多種食物可供我們選擇。食物來自植物與動物兩類。此外，同一種食物可以做出許多不同菜餚。 ・食物的顏色、味道、口感、香氣、大小及形狀各不相同。 ・食物可以分為幾種基本食物類別： 　✓ 麵包、麥片、米及義大利麵類 　✓ 蔬菜類 　✓ 水果類 　✓ 牛奶、優格以及乳酪類 　✓ 肉、家禽、魚、豆、蛋及堅果類 　✓ 脂肪、油及醣類 ・均衡飲食應包括來自上述各類別的食物。 ・可以強化飲食經驗的因素如下： 　✓ 食物美學

（續表）

✓ 食物備製方法
✓ 乾淨、禮儀
✓ 環境、氣氛
✓ 慶典
· 我們選擇食物的理由如下：
✓ 有益健康且容易取得
✓ 家庭及個人習慣
✓ 食物美學
✓ 社會及文化習俗
✓ 大眾傳播媒體

表 25-2　孩子需要學習基本的營養概念

烹飪經驗

　　孩子喜歡烹飪課程，這些經驗可以促進語言、數學及科學的概念和技能。孩子學習烹飪字彙，他們的字彙中增加了字詞，例如攪拌、測量及斟倒；他們也學到基本的數學概念，如形狀、大小、數字及溫度改變。透過「閱讀」食譜，孩子學習如何遵從指示；透過探究食物的相同與相異處，他們發展獨立思考的技能；透過找尋混合材料的新方法，他們也學到創意思考的技能。

　　藉由參與食物與營養經驗，孩子學習如何使用烹飪廚具以及團隊合作（見圖25-3），他們學習如何使用開罐器、削皮刀以及打蛋器。當你協助孩子閱讀食譜時，他們學習從左到右閱讀的技能。烹飪也是自然學習如何遵從指示的方法之一。

圖 25-3　食物與營養經驗幫助孩子學習器具的使用，如木製攪拌匙

（一）「烹飪區」

　　大多數老師都知道烹飪經驗的價值，為了增進學習並減低安全與健康上

的傷害發生，請遵循下列動作：

* 讓所有的廚師在溫水中以肥皂洗手，並繫上圍裙。
* 將所有工作檯清潔除菌。
* 使用食譜卡時，指示必須簡短、清楚並依順序排列。使用食物標籤、圖片符號、數字、簡短詞句及單字來製作孩子容易「閱讀」的食譜（圖25-4）。
* 在活動開始之前，將食譜、材料、清潔器具及廚具放置在一個大托盤中。
* 使用大而穩固、打不破的碗來混合材料。
* 讓孩子坐下來使用尖銳的廚具，例如，刀或削皮刀。
* 限制參與活動的人數，通常以四至六人為佳。

（二）第一次經驗

　　首次烹飪經驗應該以點心時間可以食用的簡單食譜為主，如讓孩子打奶油或準備速成布丁。在開始之前先測量材料，以確保烹飪活動的成功。成功相當重要，這樣孩子才會想參與以後的活動。

1.規劃

　　規劃一系列由淺入深的烹飪經驗，以多種形式準備同樣的食物，每次可增加一些新的東西，例如，將莓果加入速成香草布丁中，之後你可以加入其他種類的水果。

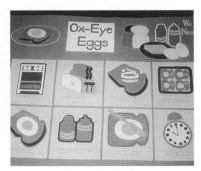

圖 25-4　即使是孩子也可以照著有圖片符號的食譜來烹飪

　　當你選擇食譜時，要注意可能會引起孩子過敏的各種食物，常見的禍首包括牛奶、奶製品和橘子汁。

　　限制可以參與任一項活動的孩子人數，通常參與的人數不要超過四至六人（圖25-5），孩子可能需要輪流操作，有些老師會把烹飪排在小組活動時間，這樣的話，孩子的人數自然受限，並且會被鼓勵輪流操作。

　　替所有參與的孩子蒐集足夠的工具以及摔不破的器具，塑膠碗和不尖銳的工具為佳。如果有安排削蘋果等活動時，每個孩子應該都有削皮刀，至於

切蘋果,則可以提供堅韌的塑膠刀。

2.烹飪

　　有些老師會在教室內設立一個活動廚房。在一張矮桌擺上材料、工具及其他器具,讓所有孩子可以觀看,即成一個活動廚房。找一個靠近插座的區域,這樣你就可以使用攜帶式電器,例如,電鍋或電烤盤,而不需用到爐火。為了避免意外發生,把鍋柄移到孩子拿不到的地方,提醒孩子注意安全守則。

圖 25-5　烹飪活動以小組進行的成效最佳

　　活動的一開始,要先告訴孩子你要做什麼,然後讓所有廚師(包括你自己)都用肥皂洗手,之後,依序解釋你要採用的步驟,討論不同尺寸的量杯與量匙,問一些簡單的問題,例如:「哪一個可以裝最多?」如果你沒有準備食譜,那就將步驟寫在黑板或是海報上,孩子會喜歡照著指示做。

　　在孩子進行準備步驟時,鼓勵他們討論發生了什麼情況,指出因為混合、烹煮或冷凍而導致食物狀態的改變,要求他們預測會發生什麼情況,盡可能包含所有與課程相關的科學、數學、語言及社會概念。指出任何新的食物、烹飪過程或器具的名稱。

　　清潔收拾也是經驗的重要部分,孩子也應該參與此一過程。餐具與材料必需還給廚房,餐桌與碗盤也必須清洗乾淨。

(三)品嚐經驗

　　在烹飪之後,品嚐也幫助孩子學習新的食物,新食物可以拿來與舊食物做比較,例如,拿萊姆與檸檬做比較,或拿番薯與馬鈴薯做比較,食物的溫度與口感也可以拿來討論。許多老師將烹飪區歸為學習區活動之一,這也限制了在特定時間可以參與活動的孩子人數。

飲食習慣

　　無庸置疑地,你必定會發現有些孩子的飲食習慣相當差,這些習慣經常是從別人身上學來的。如果他們的父母、親戚或同儕的飲食習慣不好,他們

也有可能會有相同的壞習慣。

　　你可以使用食物與營養經驗來培養並鼓勵良好的飲食習慣，在孩子面前品嚐各種食物，並可以鼓勵孩子照樣做。你也可以表現正確的飲食態度，提供建設性的建議是另一項改善飲食習慣的方法，例如，你可以說：「席斯，我很高興你今天嚐了豆子，你應該也發現豆子很好吃吧！」

（一）改變食慾

　　孩子不是每天都吃一樣份量的食物（圖25-6）。如果某天孩子的活動量大，或當天早餐吃得較少，那麼他的胃口可能會變得比較大。如果天氣很熱，或者孩子在來幼兒園之前剛吃過，那麼他可能覺得不那麼餓。疲憊與疾病也可能導致孩子食慾的改變，當孩子不想吃的時候，不要勉強他。

圖 25-6　稍早的餐點、活動量、天氣及健康狀況都會影響孩子的食慾

　　如果孩子在用餐時間持續一段時間沒有食慾，觀察他並思考下列問題：

* 孩子是否得到足夠的營養？
* 孩子是否在點心時間吃太多了？
* 孩子是否在用餐時間集中注意力？
* 孩子是否在用餐時間得到適當地鼓勵？
* 孩子是否總是在用餐時間感覺疲憊？

　　在觀察孩子之後，你可能會注意到上述問題之一，例如，如果孩子在點心時間吃太多，那麼就限制他可以吃的點心的分量。如果孩子是在用餐時間過於疲憊，那麼就讓他在吃東西之前有一段安靜下來的時間，然後你可以稱讚他，當他在餐桌上用餐時要增強這個經驗。

　　如果在這些觀察之後，問題仍然存在，你可能就要和孩子的父母聯絡。

（二）拒食

　　有時候孩子可能會拒吃某些食物，他們這麼做可能有幾種原因，孩子可

能看過成人或其他同儕拒吃這些食物，即使這些食物的準備方式並不相同。

你可以給孩子少量的該樣食物，同時也要確定你自己已吃完餐盤中所有的食物。

擺設餐桌

孩子應該要擺設餐桌，這個日常例行作息可以提供計算數量及空間關係的經驗。讓孩子輪流擺設餐桌。老師常會將這一項工作以及其他項教室內必須完成的工作列在圖表上。

從解釋規則著手教導孩子擺設餐桌。在擺設餐桌之前，孩子必須先洗手，然後他們必須以海綿或抹布及肥皂水清洗餐桌，之後他們才可以參與餐桌的擺設。

標示出餐具、餐盤及玻璃杯等位置的餐具墊，對初學者很有幫助，這些餐具墊也幫助孩子學習餐具的空間關係。教導孩子將餐盤擺在餐具墊的正中間，然後叉子擺在餐盤的左邊，叉子旁邊再擺上餐巾紙，然後將刀子擺在餐盤的右邊（如果有使用刀子的話），刀子旁邊再擺上湯匙，最後，玻璃杯擺在刀尖的正上方。

小型的餐桌裝飾品也是餐桌上的好夥伴。這些由特殊材質製成的餐桌裝飾品可以成為聊天的焦點，餐桌裝飾品可以是孩子從家裡帶來，或課堂上製作的。

餐桌服務及飲食

為了培養獨立性，孩子應該替自己及他人服務。將上菜托盤擺在各個餐桌上，這些必須是孩子可以承擔的大小以及重量。為了鼓勵自己動手，可以提供小水壺，讓孩子替自己倒牛奶、果汁或白開水（圖25-7）。

每一餐應從鼓勵孩子嘗試一點點各式菜色開始，差不多是一至兩份的上菜匙的量，如果孩子把盤中所有食物吃完了，允許他們再添一份。

正餐應該由一杯牛奶開始，有些孩子喜歡液

圖 25-7　孩子可以從小水壺中替自己倒飲料

體食物勝過固體，他們經常會把牛奶立刻喝完，然後再要一些。提醒孩子，在他們嚐過所有其他食物之前，將不會再給他們更多牛奶。

清潔收拾

　　清潔收拾也是飲食例行活動中的一部分，孩子應該學習自己清潔收拾。

　　在餐飲區旁邊擺輛餐車或一張小桌子，在主菜都吃完後，讓孩子將自己的盤子放在餐車上，如果還有甜點，他們可以留下餐具及杯子，甜點吃完後，孩子必須將自己的餐具收到餐車上。

摘要

　　食物與營養經驗對孩子極有價值，食物與營養經驗可以促進孩子認知的、身體的、社會的以及情緒的發展。

　　引導食物與營養經驗包含許多工作，包括規劃烹飪經驗、教導基本營養概念、擺設餐桌以及用餐，孩子在這方面所學習到的技能將可一生受用。

　　食物與營養經驗也與律動及活動有關，孩子可能會很興奮，所以需要特別督導。也因此，這些經驗都必須有完備的規劃，並且限制為分組活動。

　　身為老師，引導食物與營養經驗需要你更加費心，用心規劃及督導將使這些經驗對你與孩子有所幫助，並深受喜愛。

回顧與反思

● 請列出三項關於食物與營養經驗的活動。

● 對或錯。食物經驗可以促進全人發展。

● 請列出四項可以促進放鬆的食物與營養經驗的規則。

● 請舉出三項如何就孩子營養與家長互動的方式，並說明其中任一項。

● 製作＿＿＿＿＿＿＿＿，以食物標籤、圖片符號及簡單字詞，提供簡短、清楚的指示。

● 對或錯。允許十至十二名孩子同時參與烹飪經驗是一個好主意。

● 在孩子進行食物準備工作時，你應該＿＿＿＿＿。

　　A.準備下一項活動

　　B. 留下來參與，並鼓勵他們討論發生了什麼情形

　　C.清理工作區域

　　D.以上皆非

● 許多孩子從哪裡學到不好的飲食習慣？

● 如果孩子持續拒吃某一種食物，你應該＿＿＿＿＿。

　　A.忽視此行徑

　　B. 斥責孩子

　　C.先給孩子少量的該樣食物

　　D.強迫孩子吃掉

● 對或錯。為了促進獨立性，讓孩子為自己及他人擔任餐桌服務的工作。

應用與探討

- 設計一份給父母的簡訊，決定你想要包含的專欄與特定專題。
- 選擇營養概念，設計簡單的課程來教導這個概念。
- 選擇一份供孩子使用的簡單食譜，將食譜以圖表方式列出，讓孩子能夠了解。
- 選擇一份供孩子烹飪經驗使用的簡單食譜，準備一份有圖片符號的教具，可以用來教導孩子如何依食譜烹飪。
- 觀看週六上午為孩子設計的電視節目，將該節目時段出現的所有食物廣告記錄下來，判斷這些廣告是否傳達良好營養的正面訊息。在書面報告中，將你的發現做成摘要，簡單描述這些廣告如何影響孩子的食物選擇。
- 發展一套適合學齡前孩子烹飪的簡單食譜。

第二十六章

音樂及律動經驗的引導

何素娟

閱讀完本章之後，你將能夠：

❖ 解釋音樂經驗的優點
❖ 規劃音樂區
❖ 概述老師在音樂經驗裡的角色
❖ 說出一些節奏樂器
❖ 在課程中示範如何使用節奏樂器及其目的
❖ 列出規劃音樂活動的考慮要項
❖ 設計許多音樂活動
❖ 解釋如何教導不同的律動
❖ 描述律動如何促進孩子的發展

關鍵辭

分句法	全歌曲法
分句／全歌曲結合法	電子豎琴（一種齊特琴，按音符鍵便可奏出簡單的和音）
吟誦	身體的打擊演奏
聽覺辨音技巧	演默劇

　　在一個雨天的午後，柯爾太太注意到她班級裡的孩子都很焦躁不安，無法靜下來，他們需要一些活動。她決定用一些已設計好、能夠促進律動的音樂來引導他們做活動。

　　柯爾太太要孩子仔細聆聽，然後隨著音樂的感覺做動作。快節奏音樂會讓孩子快速地上下跳，慢節奏音樂會讓他們踮起腳尖、小心翼翼地踏著小腳步。

　　這個活動之後，柯爾太太覺得她已達到目的了，孩子透過聽覺練習釋放了被壓抑的精力，而且每一位孩子都合作地玩在一起。柯爾太太設計的包括了音樂及律動兩項。

　　音樂是一種溝通的形式（圖26-1）。在成人與孩子之間，它是一個重要溝通的形式，成人常會搖著小嬰兒，並唱著搖籃曲讓孩子睡著；成人會與孩

子玩音樂性的遊戲，例如：搶椅子遊戲、倫敦鐵橋，或是根據兒歌韻律一起拍手的遊戲。當成人與孩子玩耍時，成人傳達了許多訊息，他們跟孩子表達情感、傳達文化，他們教導孩子對音樂的感受，也教導了語言的技巧及音樂的元素。

老師在教室使用音樂有幾點原因。音樂可以：

圖 26-1　音樂可用在很多方面，例如溝通

* 建立共識感。
* 提供學習使用語言概念及字彙的機會。
* 提供練習數數技巧的機會。
* 為遊戲、吃飯、睡覺提供舒服的背景環境。
* 釋放緊張情緒及精力，並且使憤怒的情緒平靜下來。
* 透過律動及舞蹈來表達情緒。
* 控制行為。
* 使學習變得有趣。
* 教導辨音技巧。
* 幫助建立對音樂概念的認知，包括強／弱、高／低、快／慢、上／下。
* 幫助建立對不同文化背景的尊重（鼓勵孩子及他們的家庭分享他們的歌曲）。

音樂經驗的優點

當孩子被激勵去實驗、探索及表達他們自己時，音樂經驗是可以增進創造力的。音樂也可以增進情感及想法的表達，並且幫助孩子了解對他人的感受。對於孩子而言，音樂是一種很自然的表達方式。

當孩子參與活動時，語言技巧已經建立了；當孩子在聽及唱歌時，他們學習到新的字詞及聲音，並且發展出新的概念。

　　音樂活動幫助孩子在認知方面有所成長，他們記得整首歌曲的歌詞、學習唱出音符，也學習去比較一些概念，例如強／弱、快／慢等。

　　當孩子玩節奏性的活動及樂器時，他們身體也會成長，音樂經驗幫助孩子建立積極正面的自我概念。當孩子學習他們的文化及新的技巧時，他們也學會愛他們自己；孩子也學習透過音樂來回應心情，他們會變得更能輕鬆對待自己的情緒。

　　在每個幼兒園中，音樂應當是晨間例行作息很自然的一個活動。音樂經驗應是很自然、非正式地發生。隨時隨地都可以帶入教學的活動。

　　孩子會回應並且喜歡很多類型的音樂經驗，他們很高興聽音樂及有音樂的故事，他們喜歡隨著音樂唱歌及做動作，他們也喜歡玩簡單的節奏性樂器並發出聲音來（圖26-2）。此時四歲及五歲大的孩子甚至可能會創造出他們自己的歌曲。

圖 26-2　孩子喜歡聽鼓發出來的聲音

音樂區

　　規劃並布置可以鼓勵孩子來使用的音樂區，把音樂區放在教室中開放的空間裡以便彈性地運用，教室裡較動態的區域是最適合的。如果娃娃家及積木區也在附近的話，將能鼓勵創造性的遊戲。提供一些懶人椅及枕頭，以便孩子可以坐著聽音樂。

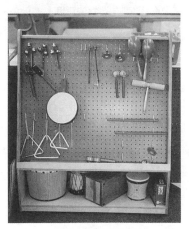

　　將樂器放在桌上或放在開放式的架子上（圖26-3），孩子必須能自由地使用樂器。放在架上或桌上的樂器包括：鼓、響板、沙鈴、響棒、吉他、小豎笛及錄音機。

　　買樂器時要注意品質，有品質的樂器才

圖 26-3　這個開放的樂器架鼓勵孩子進來玩

會有最好的聲音。可以透過當地的樂器專賣店、學校的文具店或目錄來買樂器及其他用品,也可查查電話簿上的店名、地址及電話號碼。這些公司通常會列在如學校用品、音樂樂器、音樂、鋼琴或樂器經銷商的標題下。

　　父母也是一個很好的樂器來源,他們常會很樂意地借或送幼兒園樂器。很多時候,一些不同文化的樂器都是由父母所提供的。

　　音樂區也必須包含舞者、樂器及歌者的照片。當地的樂器專賣店或許會樂意提供你這些資訊(表26-4)。

音樂區內的教具
・電子豎琴 ・CD 播放機 ・不同種類的 CD 片 ・錄音帶或卡帶 ・舞者、樂器、歌者的照片 ・節奏樂器 ・可以製造出聲音的東西(鐘、裝有小石頭的盒子) ・歌本 ・圍巾、彩帶 ・鋼琴、吉他(選擇性的)

表 26-4　列在這裡的東西是有效能的音樂區的一部分,還有什麼教具是你要加入的?

老師的角色

　　老師的角色就是要鼓勵音樂性的表達。為了達到這個目標,必須讓孩子感覺周遭的環境是可以隨著音樂探索及歌唱的,為了增加參與音樂性活動的時間,活動要多樣化。或許有些孩子不參與,或許他們是個遠距離觀察者、近距離觀察者、有條件的參與者,或是很熱衷的參與者。他們花在音樂性活動的時間會隨著他們的年齡、興趣及能力而有所不同。

　　和孩子一起唱歌是件很好玩的事,然而你會發現一個很普遍的情況——新手老師在一群孩子面前唱歌時會害羞。這種恐懼是不必要的,孩子不是批

評者,他們會很高興聽到他們的老師唱歌。

熱情是引導正向經驗的一個重要因素(圖26-5),你對音樂的喜愛是具有感染力的,分享一張表情豐富的臉,記得要微笑並且自我享受,如果你能做到,你將會看到孩子也正在微笑,並且也正沉浸在其中呢!

當唱歌給孩子聽或與孩子一起唱時,要用輕柔喜悅的聲音來唱歌。孩子比較容易找到人聲的音調,而比較不容易找到鋼琴或樂器的音調,因此,對於三歲大的孩子要盡可能地少用樂器。

避免強迫孩子一定要參與。歌唱是一種學習性行為,不論是自己獨唱或團體一起唱,都需要一些膽量。通常來說,學齡前的孩子會跟著團體一起唱,到了五歲大時,大部分的孩子會比較喜歡自己一個人唱。當孩子覺得自己已準備好要參與時,他就會參與。在此時,試著給孩子美好的音樂經驗,之後,孩子天生的創造力就會開花結果了。

音樂經驗不一定要有固定的時間或地點來介紹,在日常例行作息裡,時常在發生,例如,孩子對於音樂性的指令比口語性的指令反應來得好。就是因為這樣,很多老師會利用音樂來宣告事情、提供轉換時間及清潔活動的引導,或許老師也會用音樂來歡迎孩子的到來及離去。當然,周遭環境能誘發及支持音樂也是相當重要的,錄音機、錄音帶、CD片、節奏樂器及歌唱等,都能邀請孩子一同來分享、欣賞音樂。

(一)鼓勵發現

老師的另一個角色是培養孩子對樂器及其聲音的興趣,這個可以幫助孩子以有知覺的方式來成長。為了培養孩子的興趣,你也必須表現出你的興趣,例如,在團體活動時,或許你可以問一些這類的問題:

圖 26-5 對孩子而言,老師的熱情勝過於他所彈奏的樂器

＊ 你怎麼分辨不同的聲音?
＊ 這個聲音有什麼不同呢?
＊ 你能發出一個很快的聲音嗎?
＊ 你能發出一個很慢的聲音嗎?

> ＊ 你能發出一個很大的聲音嗎？
> ＊ 你能發出一個很輕柔的聲音嗎？

　　或許你也可以要求孩子傾聽每一位孩子所玩的樂器的聲音來增進其音樂知覺。在學習區時間裡，放四種或五種樂器在桌上；此外，也在團體時間介紹樂器，你可以對孩子說：「這裡有一些樂器，或許你們會想要玩喔！」或許所要做的就是引起孩子的好奇心。

　　為了鼓勵孩子，對於他們的努力都要稱讚，例如，你可說：「你演奏的聲音真有趣！」「你的聲音好美喔！」或者是「你發現了一個新方法耶！」來建立正向的自我概念。或許你也可以用懇愚的方式來鼓勵孩子，例如，你可以說：「你是怎麼弄的？教教我。」

（二）鼓勵不參與者

　　在每個團體裡都有一些比較喜歡觀察的孩子，這些孩子比較喜歡去聽和看團體在做什麼。一般來說，要這些不參與者去參與音樂活動，是需要耐心來引導的（圖26-6）。在韻律活動時，試著站在這類孩子旁邊，並且臉上帶著微笑，慢慢地握起他們的手，跟著韻律一起擺動；之後，繼續以點頭及對他們微笑，表現出你的認可及熱忱來鼓勵他們參與，熟練的助教也能幫忙鼓勵那些不想參與的孩子。

圖 26-6　透過與老師一對一的接觸，可以幫助那些不願意參與音樂活動的孩子

（三）選擇歌曲

為孩子選擇歌曲時，要考慮到孩子的年齡、能力及興趣，「簡單」更是一大重點。對於孩子而言，最好的歌曲是：

* 說一個故事。
* 有持續的反覆性。
* 有適合年齡的字彙。
* 有強烈明顯的氣氛或節奏。
* 不要超過一個八度音。大部分的孩子對於 C 到 A，或者 D 到 B 這個範圍的樂曲會覺得很舒適。
* 孩子可以感受或模仿的氣氛情境。
* 與孩子的發展程度相當。

選擇適當的歌曲是讓孩子參與的重要因素，開始時，要選他們喜歡的歌曲。為了引起孩子的興趣，你必須表達出對歌曲的熱情，例如，或許你可以要求孩子跟著最喜歡的歌曲拍手，孩子對於一首他們喜愛的歌不會厭倦，他們會一直重複，直到他們學會為止。

大部分的孩子喜歡許多不同型式的歌曲。常見事物及家庭的歌曲、搖籃曲、節慶歌曲、有動作的歌曲全都是孩子所喜愛的。有些歌曲最好給較大的孩子，另外一些因為其歌曲內容簡易，最好給較小的孩子，例如〈小星星〉。

孩子的歌唱本在音樂專賣店、專業的展覽會及幼教目錄上都找得到。可以用這些書來找一些新的歌曲，或許這些書也可以用在鋼琴、吉他或電子豎琴上。假如可能的話，隨手放一些這類的書。

（四）創造歌曲

創造歌曲最好的方法就是用已經知道的曲調加上新的字詞，例如：〈咩咩黑羊〉、〈小星星〉，及〈字母歌〉，這些曲調都可以用在其他歌曲上，你將會發現，在這些曲調換上新的字詞是學習語言技巧的好方法。

（五）教導歌曲

老師對音樂的態度會影響孩子的反應。身為老師，如果你對於音樂是很興奮且很喜歡的話，孩子也會喜歡音樂。要了解這首歌，就試著唱清楚一點，要用情感、適當的音高及節奏，如果需要的話，可用錄音帶來學歌，唱時要有生命力及熱情，當你做到時，孩子將會藉由模仿你的聲音而學會。教唱有三種方法：分句法、全歌曲法，以及分句／全歌曲結合法。

分句法是用在教導較長的歌曲及較小的孩子。

第一，告訴孩子他們要聽什麼歌，以便讓孩子預備，例如，告訴他們：「我要唱一首歌，這首歌是關於一隻叫威格的狗。我要你們仔細聽，並且告訴我威格在做什麼。」

在介紹之後，就唱完整首歌，之後停下來並討論這首歌，再來則是唱這首歌的一個樂句，並且要求孩子在你唱完之後重複唱一遍，一直持續地唱並增加樂句的長度，直到孩子唱完整首歌。在孩子都能唱這首歌之後，就讓孩子自行唱，這是為了避免孩子一直依賴老師領唱。

全歌曲法是用在教導較短及較簡單的歌曲上，請孩子仔細聽你唱，在他們聽你唱過一次之後，要求他們和你一起唱，重複這首歌幾次，並且確認孩子都知道歌詞。

分句／全歌曲結合法是用來教關鍵樂句。唱一句關鍵樂句，並讓孩子重複此樂句，持續這個動作直到你已介紹完歌曲的一些關鍵樂句。之後，唱整首歌曲，如果孩子可以的話，讓孩子加入。重複整首歌直到孩子已全部學會所有的歌詞。在關鍵樂句處，用節奏性的動作或一些道具來強調，會使歌曲更具意義（圖26-7），例如，〈強尼用鐵鎚敲打〉這首歌，在唱歌時，你和孩子可以模仿敲打的動作。

圖 26-7　五隻綠色斑點青蛙的道具幫助孩子學習並記起這首歌

（六）伴唱

很多老師喜歡在孩子唱歌時彈奏鋼琴、電子豎琴或吉他，樂器的效用

及你彈奏的技巧會影響你的選擇。要記住一點，你對音樂的喜愛比你完美的彈奏還來得重要。

　　有些老師縱使彈奏技巧極其熟練，他們也不使用樂器。這些老師相信彈奏樂器會分散整體的經驗，而孩子的注意力是短暫且會心不在焉。為了避免這樣的誘惑，可使用電子豎琴或吉他，在使用這些樂器時，讓孩子看到你的臉部表情及嘴唇的律動，他們會覺得你也參與在其中。

1. 鋼琴

　　鋼琴的聲音很清脆，而且可以彈奏樂曲來伴唱。要有成功的音樂經驗並不需要什麼高超的彈奏技巧，孩子很少會注意到少彈到的和弦或是不對的音符，相反地，他們注意的是音樂的熱情及樂趣。

2. 電子豎琴

　　電子豎琴是一種簡單的和弦樂器，可以用來伴奏。電子豎琴比鋼琴來得好用主要有幾個原因：它並不像鋼琴一樣那麼貴，而且方便攜帶，可以帶到外面去野餐、戶外教學及遊戲場時使用。

　　學習如何彈奏電子豎琴其實相當簡單，開始的時候要先把樂器固定好位置，如此一來，你就可以看得到樂器音符鍵。用你的左手去按和弦，再用你的右手去撥弦，一拍就撥一次弦。有許多老師利用自學指南，大約幾小時就學會如何彈了。

3. 吉他

　　吉他是一種弦樂器，比電子豎琴難學，但它跟電子豎琴一樣，是可以攜帶的，你可以帶吉他至遊戲場或戶外教學。也因此，吉他常是許多老師最喜愛的樂器。

節奏樂器

　　節奏樂器可以用來讓孩子參與音樂活動，孩子透過玩節奏樂器來表達他們的情感。那些已有一些唱歌興趣或技巧的孩子對節奏樂器是有迴響的（圖26-8），節奏

圖 26-8　別擔心孩子的音樂天分，他們可以玩節奏樂器玩得很起勁

樂器可以用在：

* 建立聽的技巧。
* 可替一拍的聲音或錄音帶伴奏。
* 分類聲音。
* 辨別聲音的不同。
* 生動地表現音樂或氣氛。
* 實驗聲音。
* 創作並編排聲音來溝通情感及想法。
* 藉由分辨安靜及大聲、強及弱，及其他聲音來發展分類技巧。

　　你的角色是必須購買樂器及創造一些可用在音樂區的東西。可在商店購買節奏樂器，或由老師、父母、義工，甚至是孩子自己來做。自行製作的樂器常常不會像在店裡買的樂器有那麼好的品質。然而，自製的樂器卻提供孩子一個清楚地看到許多聲音形成過程的良好機會。

（一）介紹節奏樂器

　　在個人或團體時間裡都可使用節奏樂器，給孩子樂器之前，必須先建立規則。團體使用節奏樂器時，有以下建議的指導原則：

* 很安靜地拿出樂器。此舉是避免孩子太過興奮而變得具有破壞性。有一個很好的方法是，選一個孩子來幫忙拿出樂器。這個動作是為了避免孩子因為想拿他們自己最愛的樂器而互相推擠。有些老師則喜歡將樂器放成一個大圓圈以免擁擠。
* 如果你有很多不同的樂器，一次只介紹一種樂器。不同類型的樂器數目應控制在二種、三種或四種以內，才能保持較小的音量。
* 向孩子說明，應小心愛護、拿取樂器。如果有孩子不愛護樂器，就要馬上拿走孩子手中的樂器。
* 在孩子將樂器放在手中之後，允許他們先玩一下。大部分的孩子會想要馬上玩他們的樂器。用一個訊息，例如打一聲鼓、舉起你的手來或彈電子豎琴讓孩子停止。

> ＊ 在孩子玩過並聽過樂器的聲音之後，輪流玩樂器。這是要讓每一位孩子
> 　 都有機會玩全部的樂器。
> ＊ 在活動之後，讓孩子將樂器放回盒子內、桌上或原位。

（二）做節奏樂器

　　有些老師有時間及資源可做節奏樂器。以下有做砂紙積木、砂紙棒、邦
哥鼓、康康鼓、響板、沙鈴、響棒、手搖鈴和椰子鐃鈸的方法。

1.砂紙積木

　　砂紙積木可用在任何年齡層。因此，它們也常是教室裡第一個節奏樂
器。有些教室裡每一位孩子都有一套砂紙積木。

　　砂紙積木可以製造聲音效果。將兩個砂紙積木放在一起、互相摩擦，即
可弄出輕柔的嗖嗖聲，表26-9有製作砂紙積木的方法。

砂紙積木
材料： 2 塊軟松木材質的積木，大小為 4 × 3 × 1 英吋 幾張粗的砂紙 有顏色的亮光漆 圖釘或訂書針 強力黏膠（以白膠為主） 二條長度 4 至 4.5 英吋長的皮帶或有彈性的塑膠 剪刀 鐵鎚
步驟： 1.將木頭粗糙的表面及邊緣磨平。 2.將積木塗上亮光漆，以增加美感、吸引人，並防止木頭變髒。 3.將皮帶或塑膠把手黏在每一個積木上。

（續表）

4.裁剪砂紙以符合每一個積木的底部及周邊的大小。	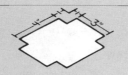
5.用圖釘或訂書機將砂紙固定在積木上（當砂紙被磨平時，必須更換新的砂紙）。	

表 26-9　只需要一點時間即可以做出這些不貴的砂紙積木

2.砂紙棒

買粗的砂紙及每根為一吋寬×十二吋長（約二‧五公分×三十公分）有暗榫的木質棒子。先用砂紙將每根棒子的暗榫包起來並黏緊，留一小段可以當作把手，之後將棒子的尾端用砂紙磨平滑。請孩子前後摩擦兩根棒子的暗榫以發出聲音。跟砂紙積木一樣，這樣的棒子是需要隨時更換砂紙的。

3.邦哥鼓

邦哥鼓是許多學齡前孩子最喜歡的樂器。有了鼓，他們可以敲敲鼓的邊緣、中心及其他位置來創造出很多聲音。

要做邦哥鼓要先蒐集剪刀、線、一些橡膠及一個頭尾都已打開的空的咖啡罐、一把鐵鎚及一個大的釘子。

首先把從咖啡罐拿下來的塑膠蓋放在橡膠上，沿著蓋子畫出兩個圓形來，可以畫大一點以便可以拉到邊緣來，將圓剪下。拿起鐵鎚及大釘子在圓的周圍打洞。打完洞之後，將這兩個橡膠圓放在罐子的兩邊蓋住，之後，用線將兩個橡膠圓的洞交互繫著。

4.康康鼓

做康康鼓可以當作孩子的團體活動。你將需要（有蓋子的）燕麥粉盒子、廣告顏料、水性的彩色筆及書面紙，有一個方法可以拿到所需空的燕麥粉盒，就是請父母從家中帶來。要做一個康康鼓，必須先請孩子用膠帶將盒子的開口黏起來。之後，給孩子廣告顏料、水性水彩筆或書面紙，並黏貼在他們的康康鼓上作為裝飾。響棒則可用來當作打鼓棒。

可以用大的空咖啡罐來做鐵罐康康鼓。用塑膠蓋的那一頭來剪出三塊大於蓋面二吋（約五公分）的包裝紙，其大小會比鐵罐的頂端還來得大，將其三片黏在一起，拉長已黏在一起的紙到咖啡罐的另一個底端，確保這張紙有

大橡皮筋或線圈住。

5. 沙鈴

　　製作沙鈴是一個可以讓孩子參與的簡單活動。為了蒐集製作樂器的材料，可要求父母幫孩子準備一個圓的鹽盒帶來學校。

　　要製作沙鈴，必須給每一位孩子一把乾的豆子、玉米粒或米，示範給孩子看如何將豆子或米倒入盒內。之後，給每一位孩子一條膠帶，把已被撕開的盒子上方黏起來。

　　在盒子都已裝滿並且黏好膠帶之後，孩子就可以裝飾一下他們的沙鈴；給孩子一些廣告顏料、彩色筆、蠟筆、有色的書面紙，以及膠水，在沙鈴裝飾好以後，將它們放在展示台。鼓勵孩子用不同材料製作出聲音多樣化的沙鈴。

6. 搖搖樂

　　蒐集空的廁所及廚房紙捲筒，將紙捲筒的一端用紙緊緊地貼住，將小的鵝卵石、玉米粒、豆子或米倒入每一個管內，之後將未封住的那端也封起來。如果想要裝飾的話，也可以將每個搖搖樂用書面紙、包裝紙或廣告顏料裝飾一下。

　　搖搖樂最常用在一些活潑及輕快的音樂上。示範給孩子看如何將搖搖樂拿到臉的高度，並且充滿活力地搖晃它們。你會發現孩子在用搖搖樂時是很快樂的。

7. 響棒

　　響棒通常是成對製作的。木棒的直徑約四分之三到一英吋，長十二英吋，末端磨平，可上防蛀漆或亮光漆來保護。

　　響棒也可以用竹子來做，這類的材質會產生一種回音，好的竹子來源是當地的木材經銷商。要製作響棒必須將竹子切成每段十至十二吋（約二十五至三十公分），再將其尾端黏起來以防止裂開。

　　教孩子一手各拿著一根響棒。一手拿穩響棒，另一手則用響棒的頂端來敲打固定的那一根響棒（圖26-10）。

　　鈴鐺棒就是在響棒尾端放個鈴鐺，可用小的鉤

圖 26-10　孩子很快就能學
　　　　　 會正確地玩響棒

鉤將鈴鐺勾在棒子上，並用老虎鉗將鉤鉤壓扁以免鈴鐺掉出來。你或許想要將棒子塗上一些較亮麗的色彩，這樣做可使它們更容易引起孩子的注意。

8.手搖鈴

製作手搖鈴的材料包括½至¾吋（約一公分至二公分）寬、五吋（約十二公分）長的鬆緊帶數條，每一條鬆緊帶需要五至六個鈴鐺，另外還需要針線來將鈴鐺縫在鬆緊帶上。

再將鬆緊帶的兩端縫在一起，可以用手縫或用機器縫，在圓的一邊縫上五至六個小鈴鐺，可用不同大小的鈴鐺以發出不同的聲音，孩子也會學到不同大小的鈴鐺會發出不同的聲音。

9.椰子鐃鈸

椰子鐃鈸是由一個椰子對半剖開所做成的，可發出很多的聲音，當把它們拍在一起，會發出像馬在奔跑的聲音，另外，也可以用響棒來敲打發出輕快的音樂。

要做椰子鐃鈸，必須先在超市買數個大的椰子，一個椰子可做成一對鐃鈸，用很利的刀子將椰子剖成兩半，將汁倒乾，並將果肉全部挖乾淨，接著再將殼的外面及裡面邊緣磨平，之後，在兩個殼塗上亮光漆或顏料即可。

（三）買節奏樂器

許多老師沒有時間製作他們活動中所需的所有樂器。因此，有些樂器必須要用買的。

買樂器要買堅固耐用的（圖26-11），例如，買沙鈴時要買一體成型的沙鈴，否則把手的部分可能會鬆開。三角鐵必須掛在堅固的掛鉤上。如果掛鉤不夠穩的話，那麼孩子在敲三角鐵時，可能會旋轉。鈴鐺則是必須一直繫在鬆緊帶上，不論是當手環還是腳環來用，這樣能使得鈴鐺的用途十分具有彈性。檢查一下鼓及鈴鼓的頭，以確定它們不僅十分牢固，並且要注意零件都緊緊繫縛在上面，以免皮膚被割傷。

試著買不同大小的樂器，這樣可以有較好的混音效果，通常，小的樂器聲音較高昂，而大的

圖26-11 音樂區內的樂器常常會用到，所以必須要很堅固耐用

樂器聲音較為低沉。

安排音樂時間

　　每天都要安排音樂時間，可以安排在故事之後、也可以在一天的開始、點心之後及自由活動時間之中；此外，還可以用在等待的時間裡，例如：回家時、戶外教學坐車途中，或者午餐前後。音樂可以用來提醒孩子可能已經忘記的規則，例如，如果山姆及吉兒沒有吊起他們的外套時，或許你可以唱：「在學校裡，我們吊起我們的外套，吊起我們的外套。」

　　除了這些即興的用法之外，音樂也可以用在四歲及五歲大孩子的分組時間。它必須在每天的同一時間裡進行，因為孩子是在固定的例行日常作息中成長的。

（一）使用團體音樂時間

　　團體音樂活動對於建立群體情感及榮譽是很有用的，而且是介紹新歌及新樂器的好時機。這些活動必須定焦在群體，而不是在個人。

　　團體時間必須相當地短，二至三歲大的孩子只能安排七至十分鐘，而對四至五歲大的孩子而言，你或許可以延長至十五分鐘。有些幼兒園會規劃兩節短的音樂時間。托嬰中心可能要調整他們的音樂時間，以符合孩子注意力短暫的發展階段。

團體音樂時間的建議

　　要有一段成功的團體音樂時間，你必須先設計好所有的教學流程，以下的建議可能可以提供一些幫助：

> ＊ 都要事先準備，確定你已備齊所有的樂器、音樂及所需的其他配件。
> ＊ 使用同一個叫孩子集合的訊號，這個訊號可能是一首歌、電子豎琴的一個和弦、一聲鼓聲或一個鋼琴的音。
> ＊ 讓孩子圍成一個圓或半圓坐著，孩子可以看到你，你也可以看到他們，為了幫助孩子坐在適當的位子裡，可以在地板上用粉筆、膠帶做記號，或者放上一塊正方形的地毯。

* 在教室裡的所有成人都必須參與活動，這樣可以鼓勵孩子遵守規則，這些成人也可以與孩子坐在地板上，並且幫助他們學習字詞，對音樂做出反應。
* 動態及靜態音樂活動要交互運用，如果要孩子一直聽著音樂，他們或許會覺得很無聊。同樣地，如果活動都是動態的肢體運動，他們或許很快就累了，或者是變得十分興奮。
* 獎勵孩子正向的行為，告訴他們那一種行為是你所期望的行為：安靜地坐好，耐心等待輪流、正確地握住樂器，用適當的音量來唱歌並唱得很清楚，如果只有一位孩子做一些破壞性行為，就忽略他。如果孩子持續這些不好的行為，持續地忽視他，要求其他老師將孩子帶開。在團體活動時間，當那些我行我素的孩子坐在一起時也必須將之強制分開。
* 每天使用一些熟悉的歌曲，包含手指謠，這類的歌曲是孩子的最愛，因為他們會發現很容易就學會了。

（二）使用個人音樂時間

團體音樂活動傾向強調一致性。在這段時間裡，孩子不能自由地表達出其創造力。因此，個人音樂活動也是音樂經驗裡重要的一環。

在個人活動裡，鼓勵孩子與音樂交談，在這段時間裡玩音樂，敲奏節奏性樂器、彈鋼琴，以及整天可使用的錄音機（圖26-12）。在音樂區有一位老師或成人也是一個很好的方法，成人的出現會鼓勵孩子進入這個學習區，並專心地享受音樂經驗。

圖 26-12　很多孩子喜歡花時間去聽錄音帶的音樂

音樂活動

聆聽、唱歌、玩節奏樂器以及跟著節奏律動都是屬於音樂活動。良好的音樂課程是包含這些所有的活動。

（一）聆聽

所有的音樂活動都包含傾聽。聆聽的能力對於學習而言相當地重要，好的傾聽技巧能幫助孩子建立適當的說話習慣、增進注意力及閱讀的技巧。

聽音樂可以豐富孩子的想像力，也可以幫助孩子放鬆及舒展緊張的情緒。當在歌唱或敲奏節奏樂器、彈鋼琴、放 CD 或放錄音帶時都可以聆聽。

孩子必須被教導如何傾聽，身為老師，你必須給他們一些傾聽的動機，例如，你可以說：「聽這段音樂，並且告訴我它給你的感覺。」在播放音樂後，讓孩子表達他們的情感。表26-13的遊戲可以幫助孩子發展聆聽的技巧。

聽覺遊戲	
這是什麼聲音啊？	身體的聲音
在家中不同的地點錄音。這些聲音包括水龍頭流動的水聲、沖馬桶的水聲、電話響的聲音、關門的聲音，或者是剪刀、打蛋器、門鈴、洗衣機、收錄音機、電動車庫門所發出的聲音。播放這些聲音給孩子聽，並要求他們說出這是什麼聲音。	告訴孩子你將要玩一個身體的聲音的遊戲。告訴他們閉上他們的眼睛或用手將眼睛遮住，並且仔細地聽。之後，你踏腳、彈彈手指、拍拍大腿、咂嘴，以及拍拍你的手。讓孩子去猜猜你如何弄出聲音來。
樂器的聲音	猜猜是什麼樂器
提供孩子一盒或一籃節奏樂器以便探索。之後問孩子以下的問題： ・什麼樂器發出的聲音像聖誕鈴聲？ ・什麼樂器發出的聲音像教堂的鐘聲？ ・什麼樂器發出的聲音像時鐘的滴答聲？ ・什麼樂器發出的聲音像打雷聲？	讓孩子熟悉教室裡的樂器。之後，根據孩子的發展階段或年齡，選一些可在「猜猜看是什麼樂器」這個遊戲中可使用的樂器。對於二歲大的孩子而言，只需選兩種樂器即可。而這兩種樂器的聲音要非常不同。當孩子進步時，再加入其他樂器。要玩這個遊戲前，

（續表）

・什麼樂器會發出很大的聲音？ ・什麼樂器會發出很小很安靜的聲音？	請孩子先閉上眼睛，並仔細聽聽你正在演奏的樂器的聲音。之後，他們可以猜猜看你彈奏什麼樂器。當孩子熟悉這個遊戲之後，較大的孩子可以來當老師，而你也必須閉上你的眼睛來參與這個猜猜看的遊戲。

表 26-13　當孩子玩這些遊戲時，他們會覺得很好玩，並可發展聽覺技巧

手指謠

　　手指謠是另一個教導聆聽技巧的有效方式。你應根據發展階段來選擇手指謠，例如，二歲大孩子的手指謠必須簡短且包含了簡單的字詞。

　　喜歡手指謠的老師或許想要訂購一些他們自己的手指謠書，這些書籍可經由當地的書商來訂購，也可以在專業的書展或學校書局裡買到。

　　有些老師比較喜歡選擇以主題歸類的手指謠手冊，例如〈兩顆小蘋果〉是以蘋果的數量、掉落或營養來歸類。〈滾一滾雙手〉是以轉換時間、移動或身體概念來歸類。〈這裡有顆球〉是尺寸或數字概念。〈擀麵糰〉是孩子最喜愛也最有科學概念的手指謠了，也可以在運用烹飪時間裡（表26-14）。

手指謠
〈兩顆小蘋果〉 　兩顆小蘋果，高高在樹上。（將手臂放在頭上。） 　兩顆小蘋果正在對我笑。（看著手並且微笑。） 　我用力地搖一搖樹。（做出一個搖晃的動作。） 　蘋果掉下來了。嗯，好香。（用手臂做出一個掉落的動作。將手放在嘴邊假裝在吃東西。）
〈滾一滾雙手〉 　滾一滾雙手，滾一滾雙手。（滾動雙手。） 　用你的手來拍一拍。（拍手。） 　滾一滾雙手，滾一滾雙手。（滾動雙手。） 　將手放在膝蓋上。（將手放膝蓋上。）

（續表）

〈這裡有顆球〉

　　這裡有顆球。（用拇指及食指做出一個小圓。）

　　這裡有顆球。（用雙手的拇指及食指做出一個大圓。）

　　我看到一顆好大的球。（用手臂做出一個最大的圓。）

　　我們來數一數？你準備好了嗎？一，二，三。

〈擀麵糰〉

　　（將左手放在臀部，讓左手臂做出一個大圈圈。再將右手放在圈圈內。）

　　麵糰薄又薄。（用右手攪拌。）

　　我們要烤什麼呢？我們要烤什麼呢？（張開手來表示。）

　　一個又大又漂亮的蛋糕。（將手伸直做出一個大蛋糕。）

表 26-14　你如何將這些手指謠歸類呢？

（二）歌唱

　　孩子最好的樂器就是他們的聲音。他們的聲音隨時都在，孩子從一出生時就學著怎麼唱歌，喔、呀、啊呀及哭聲也都是音樂，這些音調會跟著強度及節奏而不同，當孩子在成長時也會學習控制聲音。

　　在孩子牙牙學語之後，語調的模式也已然形成。大部分二歲大的孩子都會唱歌了，他們在穿衣服、吃東西，或玩耍時都喜歡唱歌，此時唱歌是一個很有意義的活動。

　　孩子的歌唱技巧因人而異，在一群二歲大的孩子中，或許有孩子能唱出音調及模仿音調來，而其他的孩子可能直到三或四歲大時，仍無法掌握這些技巧。

　　你或許會注意到那些口吃的孩子常常唱歌唱得很清楚，語言的技巧也可經由歌唱來增進（圖26-15）。

1.嘴巴的聲音

　　孩子的嘴巴可以用來咳嗽、發出咯咯聲、喝一小口水、親吻及發出嘶嘶聲。動物聲、火

圖 26-15　跟著音樂唱歌可以幫助很多孩子糾正其說話的問題

車聲、飛機聲、機械聲以及交通吵雜聲也都可以用嘴巴發出來。當孩子比較這些聲音時，他們會學習到，有些聲音快、有些聲音慢、有些大聲、有些安靜，因此，探索嘴巴的聲音是可以增加知識的。當孩子探索這些聲音時，也學習到其他事物，加入不同的聲音可以產生一種很獨特的音樂。

　　為了鼓勵孩子發出聲音，要在團體活動時帶些照片，例如，蒐集一些不同姿勢的大型狗、中型狗、小型狗，這些狗有的在叫，有的露出牠們的牙齒，或者跟主人一起玩耍。讓孩子看每一張照片，要求他們模仿不同的狗所發出的聲音。你也可以利用其他動物、人、機器、汽車、卡車及其他物品的照片來進行，這些活動將會幫助孩子對聲音變得更敏感。

2.韻文

　　所謂的「韻文」是由輕快的音調配合的一組口語文字所組成的。它是一首有著文字的形式、韻腳及一至三個音一直連續重複無意識的音節：「泰迪熊，泰迪熊，轉個圈」就是一首韻文，〈鵝媽媽〉韻律歌也都是韻文。韻文是兒歌的重要形式，孩子可用韻文來學習和大家一起唸文字。

　　韻文對於孩子而言是有益的活動，他們學習分享語言的喜樂，也學習到合作的概念。韻文中節奏性回答，對於那些以英文為第二外國語的孩子而言，是相當有用的。韻文對於那些說非標準英文的孩子而言，也是一個很重要的活動。害羞的孩子也能藉由韻文發展自信及自我表達的能力。

　　就像唱歌一樣，你將必須先做示範，唸韻文給孩子聽。剛開始時，可以大聲地反覆唸很多次，當孩子熟悉時，鼓勵他們跟著你唸。

律動經驗

　　律動是一個很重要的非語言學習工具，它提供了模仿的機會，孩子可以像大象一樣地走，像蟲一樣地爬，或者像飛行員一樣駕駛一架飛機，幾乎所有的孩子都會喜歡這些經驗（圖26-16）。

　　律動必須提供孩子以下的機會：

圖26-16　孩子喜歡透過律動來發現他們身體可以做些什麼

＊ 探索他們的身體移動的許多方式。

＊ 練習將律動與節奏結合。

＊ 發現可以透過律動，向他人表達心中的概念及想法。

＊ 學習如何將律動與空間結合。

　　有些孩子會很自然地玩律動活動，有些孩子則會很有自信或很扭捏，為了幫助這些孩子，開始時要設計比較短且簡單的律動。了解你對孩子反應的期待可以幫助你合宜地準備活動。

(一)孩子的反應

　　研究顯示，二至三歲大的孩子對於律動的反應大不相同。大部分兩歲的孩子會很主動地去回應節奏，但是是用他們自己的節奏來回應，他們的回應或許是在整個活動中，重複最基本、相同的動作。例如，在整首歌曲的過程中，一個二歲大的孩子可能只是簡單地跳上跳下。

　　到了三歲，孩子已有較好的協調動作，因此也比較能控制其節奏性的反應。三歲大的孩子將很可能用很多的動作來呼應，所以他們在相同一首歌曲時，可能會用手臂來圍個圈，跑來跑去、跳上跳下的。

　　孩子在四到六歲期間，肌肉的協調性更加進步了，此時，他們對律動及空間的興趣正在增加，如果你在這個階段觀察孩子，你將可注意到他們會對著音樂彈跳、跑、爬及跳舞，這些動作會跟著音樂的節奏而有所不同，如果節奏很快，他們的動作也很快，如果節奏很慢，他們的動作也跟著慢下來。

（二）老師的準備

　　要準備律動，首先必須選擇你的活動（表26-17），之後站在全身鏡之前練習這些動作。在活動中要做完每一個動作，如果可能的話，動作重複幾次會更好。

　　在教室裡，當孩子可以又看又聽時，他們會學得最好，而不只是簡短地解釋動作。或許你必須做出動作來，例如，在〈兩顆小蘋果〉的手指謠中，有一句「在天空中高高的」，此時高舉你的手放在頭上。用動作來強調某些字也可以增加興趣。

身體的動作		
手指的動作	手及手臂的動作	全身的動作
切	攜帶	彎
折	圍圈	彈跳
握	拍	爬
拍	掉落	緩慢地爬
摸	抓	匍匐爬行
捏	舉	跳舞
指	壓	奔馳
刺	拉	大步跳過
拉	伸展	跳
滾	擊掌	搖
擦	伸長	滾來滾去
撫平	掃過	跑
彈	搖	急走
搔癢		溜冰
碰觸		拖著腳走
打字		跳過
		溜
		搖擺

表 26-17　這些動作可以放在不同的律動中

（三）教導律動

　　大部分的律動中，我們必須鼓勵孩子探索及表現自己特別的動作。在活動之前及或期間，鈴鼓可以用來吸引孩子的興趣。鈴鼓非常有用，可以大聲或小聲，或慢或快，可用來象徵一匹奔跑的馬或一隻害怕的小貓。

　　要有成功的律動課程，你必須遵守一些要領：

* 在孩子安靜及充分休息之後，選一個好時間。
* 訂定空間的限制。必須有足夠的開放明亮的空間，如果空間受到限制，可將椅子及家具移到旁邊去。
* 告訴孩子當音樂停止時，他們也必須停止。
* 為了有不同的律動經驗，可提供一些道具，像彩帶、氣球、球，以及圍巾（圖 26-18）。

* 包含錄音帶、節奏樂器及口語指示的律動活動。
* 允許孩子透過許多重複的經驗來了解活動。
* 在孩子疲累之前結束。

或許你要孩子一同設計一些律動活動，要求孩子提出律動活動的建議，並請他們帶他們最喜歡的錄音帶來。在團體活動之後，可將錄音帶放在音樂區，這樣孩子將有機會再次聽到這些音樂。

身體拍打的活動

初期的律動應該是很簡單的，跺腳踏步、拍手、拍大腿及彈指都是簡單的動作，這些都稱作身體的拍打，所有的動作都包含著用身體來拍出節奏。

身體拍打的活動可以一次學超過一個動作，身體拍打的活動也可以幫助孩子建立聽覺分辨技巧——就是透過聆聽來分辨不同聲音的能力。

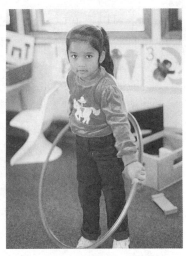

圖 26-18　使用道具可以為律動增加新花樣

跟著音樂跺腳踏步總是孩子最愛的動作。為了正確地踏步，孩子必須將腳收回，再往前及往後踏。

必須教導孩子怎麼穩住一隻手掌來拍手，你必須跟孩子說，要把這隻手掌當作樂器，而另外一隻手當作音槌，孩子必須用手臂來拍，並且手腕要放鬆，手肘往外。

拍大腿的方式很容易教，要示範拍大腿時，必須先放鬆你的手腕，放鬆手臂，用你的手去拍大腿。

要教孩子如何彈指時，要先高舉你的手，請孩子跟著你的動作來做，先彈指一次，讓孩子重複這個動作，在他們可以模仿你的動作之後，讓他們做兩次彈指的動作，可以的話再做第三次。只要他們能重複你的動作，就持續做這個動作。

在孩子已經學會了踏腳、拍手、輕拍、彈指，你就可以讓他們將兩個動

作結合在一起。他們可能「彈、彈、彈」，之後再「拍、拍、拍」。依據孩子的成熟度，或許你可以在一次的活動中介紹四種身體的拍打動作。

律動

孩子可以透過律動去學習探索及表達他們的想像力。第一次的律動必須集中注意於聆聽鼓的聲音，鼓是活動唯一需要的樂器。首先，告訴孩子仔細聽鼓聲，並觀察鼓聲給他們的感覺。對二歲大的孩子而言，給穩定的一聲即可；對較大的孩子，你或許可以改變節奏：快、慢、重、輕，以及大聲、小聲。之後，要求他們做些回應，鼓勵他們跑、爬、滾、走、單腳跳、跳躍及馳騁。在經過聆聽鼓聲的經驗後，以後很多的律動都可以用或者不用音樂來配合進行，要訣就是鼓勵孩子用他們的身體來表達自己。

（一）合作夥伴

這個活動最好是給四至五歲大的孩子，指導孩子選擇合作的夥伴。你也需要一個夥伴來示範，和你的夥伴彼此上下、左右移動，之後，讓孩子模仿你的動作。

（二）時間感

用敲一聲告訴孩子要跑得很快，當孩子將這個動作做得相當好時，再告訴他們要跑得非常地慢。之後再要求孩子在地板上跳得很快，再來，跟著口令指示跳得很慢。

（三）空間感

讓孩子站在你面前，確定每個孩子有足夠的空間可以自由移動，當你要告訴孩子做以下的動作時，配合動作來強調你的指令。

* 把你的腿舉到前面來。
* 把你的腿舉到後面來。
* 把你的腿舉到旁邊來。
* 舉起你的腿並向前一步。

* 舉起你的腿並向後一步。
* 舉起你的腿並向旁邊一步。
* 舉起手來摸天花板。
* 彎下身來摸地板。
* 伸直手摸向牆壁（圖 26-19）。
* 將手臂移到前面。
* 將手臂移到後面。

圖 26-19　伸展可以幫助孩子更清楚他們周圍的空間

（四）重量感

孩子可以經由自己的身體動作來學習到輕與重的不同。剛開始這個活動時，要給孩子言語上的指示及動作上的示範，當孩子要做動作時，告訴他們將焦點放在自己的身體上。給他們以下的指令：

* 用你的手用力地往地板下推。
* 用你的手輕輕地往地板下推。
* 慢慢地舉起手到空中。
* 快快地舉起手到空中。
* 用腳尖走路。
* 用你的腳踩踏地板。
* 盡你所能地慢慢踢腳。
* 盡你所能地用力踢腳。

（五）設計舞蹈動作

結合時間、空間及重量的動作，孩子可以學著發展出舞蹈動作。要教導這個概念時，讓孩子做下列的動作：

* 繞著地板上的圈圈走得很快。
* 繞著地板上的圈圈走得很慢。
* 用腳尖繞著圈圈走得很慢。
* 用腳尖繞著圈圈走得很快。
* 繞著圈圈用力跳。
* 在圈圈裡舉高你的手臂超過頭。
* 在圈圈內任意移動你的手臂。

（六）文字遊戲

文字遊戲可以幫助孩子用動作來表達自己的情感。要玩文字遊戲時，告知孩子做出你所說的那個字詞感覺的動作，例如用快樂、悲傷、生氣、想睡及懶惰這些字詞。孩子對這些字詞做出動作之後，提醒他們可以使用身體及臉部表情，並持續重複這些字詞。

（七）模仿律動

四歲及五歲大的孩子很喜歡玩模仿律動的遊戲，玩這類的律動，孩子將會需要較大的空間。給孩子以下的指令：

* 試著像一些大且重的東西一樣移動：一隻大象、一艘拖船、一台推土機、一架飛機。
* 試著像一些小但重的東西一樣移動：一隻肥青蛙、一個保齡球、一塊紅磚。
* 試著像一些大但輕的東西一樣移動：一朵雲、一個海灘球、一個降落傘。
* 試著像一些小且輕的東西一樣移動：一片雪花、一隻跳蚤、一根羽毛、一隻蝴蝶、一隻大黃蜂。

（八）默劇

默劇是指用身體動作而不是文字來說故事。它最好用在四歲、五歲及六

歲大的孩子身上。剛開始時要告訴孩子：「假裝你們將會得到一個禮物喔！」請孩子拿他們的禮物盒來給你看，那孩子就必須讓你看到他們用手臂及手做出的想像盒子的大小，繼續以下的指令：

* 感覺一下這個盒子。
* 拿穩盒子。
* 拆掉禮物的包裝。
* 將禮物拿出盒子。
* 再將禮物放入盒子裡。
* 再包起禮物。

孩子愛玩的另一個默劇遊戲是假裝自己是不同職業的人。請孩子想一種職業，之後再請孩子表現出這個職業的行為及動作，有時一個接一個來做這個活動是很有趣的，請一位孩子表演他／她所飾演的職業，讓班上其他的孩子來猜。

（九）假裝

假裝的遊戲最好是用在較大的孩子身上。請孩子假裝他們正在哭泣、唱歌、打拳擊、潛水、煮菜、大笑、打字、用力擦洗、畫畫、彈奏種樂器、飛翔、玩牌或正在建造一間房子（圖26-20）。有很多歌曲是孩子在假裝時可以唱的歌，包括〈我們去馬培林走走〉或〈這是我可以做的事〉，而〈彼得與狼〉這首音樂可玩戲劇活動。

另一個假裝的遊戲是請孩子想像有一個盒子在他們面前，之後，告訴孩子他們在盒子的外面，而且他們必須爬進盒子裡。等他們爬進盒子後，請他們再爬出來；然後，可再繼續請他們爬到盒子底下及盒子旁邊。

圖 26-20 較大的孩子可以假裝做出大笑這樣的表情

摘要

　　音樂是一種溝通的型態，它可以用來教導許多技巧。透過音樂的經驗，孩子發展了聆聽的技巧，他們也學會了有關情緒、情感，以及他們的文化和聲音。因此，音樂是學齡前課程一個重要的部分。

　　在教室內的音樂區必須設計得可以鼓勵孩子參與音樂活動及律動，必須製作或購買多樣化的樂器。

　　音樂及律動必須依孩子的年齡、能力以及內在的興趣來規劃，熱情是營造一個正向音樂經驗的重要因素。

　　律動提供孩子假裝及運動的機會，律動可以很容易地與音樂結合在一起而成為有意義的經驗。

回顧與反思

- 列出四個老師為孩子提供音樂經驗的原因。
- 對或錯。音樂經驗幫助孩子認知的發展。
- 音樂區應該_____。

　　A.是教室裡密集的一區

　　B.樂器放在高的架子或櫥櫃裡

　　C.包含了舞者、樂器及歌者的照片

　　D.以上皆非

- 為什麼熱情是引導成功的音樂經驗的重要因素？
- 對或錯。對於那些不參與的孩子必須強迫他們參與音樂活動。
- 對於孩子而言，最適合的歌曲必須是_____。

　　A.有一些重複或沒有重複的曲調

　　B.可以說一個故事

　　C.音階的範圍在二個或三個八度音

　　D.以上皆是

- 列出三種教歌曲的方法，並解釋其中一種方法。
- 為什麼電子豎琴及吉他是個伴奏的好樂器？
- 列出使用節奏樂器的四種方式。
- 對或錯。必須一整天都有音樂。

- ＿＿＿＿＿＿＿在建立同伴的情感上，音樂活動是很有用的。
- 說明五種指導團體音樂經驗的有用建議。
- 對或錯。所有的音樂活動都包含唱歌。
- ＿＿＿＿＿＿＿是一種有文字的型式、韻腳，及在一至三個音一直連續重複的無意識的音節。
- 列出律動的四個目的。
- 列出成功的律動活動的三個指導原則。
- ＿＿＿＿＿＿＿活動是包含了踏腳及拍手。
- 什麼是聽覺辨音技巧？
- 結合時間、空間、重量的律動，孩子可以學著發展動作成＿＿＿＿＿＿＿。
- ＿＿＿＿＿＿＿是讓孩子表現得像在說一個故事一樣。

應用與探討

- 在音樂課程中觀察一位老師。注意他教歌曲時所使用的方法，與同學分享這些方法。
- 規劃音樂區。開始先查看設備的目錄，列出一個音樂區的預算表，包含樂器及設備。
- 選一種律動活動並在你的班上示範。
- 選一首歌並教班上同學。
- 製作二或三種不同型態的節奏樂器，設計一個使用這些樂器的音樂活動。
- 參觀一間音樂專賣店，請經理說出一些最有名的兒童藝術家，編輯一份這些音樂作品的出版目錄。

第二十七章

戶外教學經驗的引導

何素娟

閱讀完本章之後，你將能夠：

❖ 描述戶外教學的重要性

❖ 解釋第一次戶外教學所應該注意的事情

❖ 列出在戶外教學時強化安全的方法

❖ 列出選擇戶外教學的流程

❖ 解釋主題式散步的型態和目的

❖ 由事前規劃到活動追蹤來設計戶外教學

關鍵辭

主題式散步

資源人士

行為期望

　　在最近的一次戶外教學後，卡拉說：「蘋果長在蘋果樹上。」艾伯特也說：「我也知道，而且我還知道其他的事，蘋果長在果園。」在聽到這樣的對話後，羅比也加入並說：「果園裡有紅色、綠色或黃色的蘋果。」藉由一次戶外教學，這些孩子都能說出他們對蘋果的概念。

　　在聽過孩子的討論後，史密斯先生為了促進孩子學習的深度，就說道：「聽起來你們已經知道了很多有關蘋果的事。」所有的孩子都同意，然後，史密斯先生建議他們把這個戶外教學寫成一個故事。

　　從戶外教學，孩子學習到許多和蘋果有關的概念，他們學習到顏色、大小、形狀和植物的成長。為孩子規劃這次的戶外教學時，史密斯先生有兩個主要目標，第一個是讓孩子們對蘋果的概念更為廣泛，第二個是介紹「果園」這個新的單字。

戶外教學的重要性

　　孩子只能從有限的經驗來探索他們的世界，他們所了解的知識大部分來

自於書本、圖片、電視以及電影，雖然這些電子媒體幫助孩子學習有關他們世界的一切，但卻依舊無法取代實際的經驗。孩子必須用到他們所有的感覺去了解世界，他們必須注視、聆聽、感受、品嚐及嗅聞（圖27-1），孩子使用愈多的感覺，他們就能學得愈多。

孩子藉由戶外教學獲取第一手的經驗，他們能夠注視、聆聽、觸摸以及感覺他們的世界。當孩子將字詞及概念和實際的物品及地方做聯結時，原本模糊不清的概念就會變得更清晰。戶外教學還幫助孩子：

圖 27-1　孩子經常透過書籍和錄影帶來學習動物的概念，而直接接觸活生生的動物更能增進他們的學習

* 建立敏銳的觀察技巧。
* 建立字彙。
* 學到新資訊以澄清概念。
* 學到有關他們社區的一切。
* 參與多樣的感官經驗。
* 獲得戲劇扮演時所需的新的洞察力。
* 學習有關他們的環境的一切。
* 學習在團體活動中遵守規定及指示。

第一次戶外教學

對孩子而言，第一次的戶外教學是一個非常新鮮的經驗，他們對這樣的活動並不是那麼熟悉，因此，或許會對即將發生的事感到焦慮。有鑑於此，第一次的戶外教學時間應該短一些、沒有危險性而且是附近的場所，例如，第一次的戶外教學可以在附近的巷道簡單地走走（圖27-2）。某些孩子可能會對離開幼兒園感到猶豫不決，他們害怕離開幼兒園時，爸爸媽媽來了會找不

圖 27-2　第一次的戶外教學必須是熟悉的環境

到他們，你必須一再向他們保證那是不可能發生的事，來紓解他們害怕的情緒。

　　為了安全起見，提醒孩子這也是他們的日常例行作息。你可以說：「首先，我們會到附近走一走，當我們回來時，我們會講一個故事，然後就是點心時間了。之後我們會在外面玩，然後就是回家的時間了。」知道這是一個熟悉的日常例行作息，將有助孩子紓解害怕的情緒。

　　經過幾次附近走走逛逛的經驗之後，戶外教學可以改到較熟悉的地方，到當地附近的百貨商場參觀常常是一種獎勵性的旅遊。在百貨商場裡，孩子可以看到並談論他們所知道的事物。

　　第一次戶外教學會建立或阻礙孩子的信心，因此，第一次戶外教學必須能符合孩子的發展需求。一般說來，二歲大的孩子最好做短距離戶外教學；三歲大的孩子可以考慮在距離上約一個小時左右較遠的戶外教學，若要去較遠的戶外教學，必須有更多的時間可以慢慢走或休息；對於四到五歲大的孩子，可以將時間再延長一點，通常這些孩子可以做持續好幾小時的戶外教學。只要是依據孩子的需求來計畫戶外教學的話，那就一定會成功。

選擇郊遊活動

　　你所選擇的郊遊活動將根據郊遊地點的位置和可運用的預算來決定。可以步行抵達的許多潛在郊遊地點將會比那些坐落在獨立區域的郊遊地點更常去。在大城市裡的郊遊地點可考慮使用大眾運輸系統，其他的郊遊地點則可

以使用他們的休旅車來做運輸工具。

　　戶外教學的地點有時會依據季節或氣候而有所不同。到南瓜園或果園的戶外教學可在秋季。有步行活動的戶外教學，例如，到動物園戶外教學，應該選擇在較溫暖的氣候進行。天氣較差時的備案，也應該規劃在課程裡面。

　　戶外教學有時會根據主題來選擇，例如，當孩子學習到與農場、食物或機械有關的事物時，或許可以選擇到農場做戶外教學；當學習到與健康有關的事情時，或許可以到牙醫診所、一般診所或醫院進行戶外教學。表27-3列舉出許多根據主題所做的戶外教學建議。

戶外教學的建議

戶外教學	相關的主題
機場	空中交通或飛機
麵包店	食物、社區的好幫手
鳥類保護區	鳥類
書局	閱讀
肉店老闆	食物、職業、工具
自助餐館	營養
車商	交通、汽車、卡車、輪子
洗車	車子、卡車、水
木匠的店	職業、建築
孩子的家	我的朋友、我們的鄰居
工地	建築物、建築、工具
牧場	食物、農場的動物、機器
牙科診所	健康、職業、牙齒
診所	健康、職業、我的身體
消防局	社區的好幫手、火災安全
汽車修理廠	工具、職業、機械
溫室	植物、春天、花、食物
商店	食物、社區的好幫手
美髮店	健康、我就是我、我最特別
孵卵所	動物
醫院	健康、職業、人們及地點

（續表）

戶外教學	相關的主題
洗衣店	健康、職業、衣服
圖書館	社區的好幫手、書
報社	書籍、職業、傳播
果園	大自然
寵物店	寵物、動物、職業
照相館	傳播、職業、藝術
天文館	宇宙、行星
警察局	社區的好幫手、安全
陶藝工作室	職業、藝術
家禽農場	食物、農場、蛋
影印店	書籍、職業、傳播
電台	傳播、職業、傾聽
火車站	交通、職業
獸醫院	寵物、動物、健康、職業
動物園	動物、家

表 27-3　在你的社區裡，可能會有更多與主題相關的戶外教學場地

主題式散步

　　簡單的戶外教學包括依據主題到幼兒園附近的地點走走，此即稱為「主題式散步」。幼兒園附近應該包含許多讓孩子覺得有趣和有學習意義、了解世界的機會，大部分的孩子享受走路，而且這樣的運動對孩子也是有益的，主題式散步也能提供機會，讓孩子的觀察力更加敏銳。

　　主題式散步可以集中在許多主題上，例如：數目、顏色、人群、職業、建築物、花、樹、車子。為了達到最佳的效果，每一次的主題式散步只探討一個主題。

　　在主題式散步開始之前，跟孩子討論可能會觀察的東西或事物。例如，如果主題是建築物，可以讓孩子去觀察他們所看到建築物的各種類型，他們可能會看到獨棟房子、公寓、辦公室大樓、商店和汽車服務中心。

　　對主題式散步而言，顏色是一項很好的主題，在整個主題式散步中，選擇一種或多種孩子應該可以注意到的顏色。二歲和三歲大的孩子只能要求他

們找一種顏色；年齡較大的孩子，特別是五歲大的孩子，可能會樂在其中地尋找多種顏色。事實上，對這些孩子而言，一段有趣的散步是可以記錄許多種他們所觀察的顏色。

以「形狀」為主題的散步是教孩子認識形狀的一種方式，在離開教室之前，和孩子一同複習他們會觀察到的形狀。至於孩子所觀察到的顏色或形狀的數目，則會依他們的年齡而有所不同。

到處都有各種形狀，輪胎是圓形的，大部分的人行道地磚是正方形的，門上的喇叭鎖可能是橢圓形或圓形的。被鼓勵用眼睛來認識形狀的孩子，心靈也是活躍的。

依據數字和字母的主題式散步也可能是很有用的學習經驗，當孩子散步時，他們將會到處看到數字及／或字母，包括車牌上、街道指示、商店櫥窗、廣告看板、路過的卡車、房子等。至於會看到多少數字或字母則是依據孩子的年齡、技巧和能力而有所不同。

人們在走路時，就可教導許多社會概念，孩子會看到有的人高、有的人矮，且有不同顏色的頭髮和眼睛，孩子也會注意到有些人戴眼鏡，有些人有鬍子，還有些人留長頭髮。

二歲大的孩子或許能夠辨認嬰兒、男士、女士、男孩或女孩；三歲大的孩子或許可以根據不同的穿著、頭髮顏色和身高來區分這些人的不同；四歲到五歲大的孩子有時已經可以描述他們所觀察到的人們的行為。

在以「職業」為主題的散步中，孩子觀察到人們做的事情，他們可能看到一位公車司機、卡車司機、銀行櫃員、街道清潔夫或者是油漆工人。

以「建築物」為主題的散步可能是較大的孩子有的特殊興趣。當你走近建築物時，注意該棟建築物建造的用意所在。當孩子看到一個「車庫－加油站」合而為一的建築物時，會討論為什麼建築物需要這麼大的窗戶和這麼大的門（大的窗戶用來看客戶、大的門是給車子和卡車進出的）。你也可以鼓勵孩子想像建築物裡面有什麼。

為了在主題式散步中獲得更多，記得帶一本記事本和筆、相機，甚至是攝影機，當孩子回到教室時便可以討論所記錄及觀察到的事物。在午餐時間、點心時間、或團體時間中，這些戶外觀察都是很好的討論主題。你可以聆聽孩子的討論，並注意到他們的興趣是什麼。

資源人士

　　為了促進更深入的學習，有時必須邀請有趣的人來班上分享；另一種選擇就是在戶外教學時，帶這些孩子去拜訪這些專業人士。這些貴賓或戶外教學者被稱為「資源人士」（圖27-4）。

　　父母、祖父母、曾祖父母、阿姨、叔叔、鄰居、親戚和朋友都會是最好的資源人士。問問他們的興趣、嗜好、相片、手工藝品、衣物和食物，他們都十分樂意分享。這些都可以私下詢問或透過問卷調查來完成。必須只選擇那些喜歡孩子的人，他們應該可以代表許多文化團體，涵括兩性，且有著不同的年紀。列出這些人士的名字、興趣和嗜好，把這個名單放在檔案中，在整個年度裡，可以從名單中選出能夠補充你課程主題的資源人士。

圖 27-4　消防隊員幾乎總在最有趣的資源人士名單中名列前茅

　　為了達到充分的教學效果，資源人士必須在和孩子碰面之前先做行前訓練溝通，要讓孩子和資源人士有成功的會面經驗，這是一個必要的步驟。告訴資源人士在你的班上有幾個孩子，他們的興趣、年齡，以及注意力集中的時間長短，建議一些他們可以問孩子的問題，讓他們知道他們的說明和用字必須要夠簡單。

　　告知資源人士：當拜訪孩子時，他們會變得非常興奮，他們會以他們的客人、教室和他們的朋友為傲，因為受到激勵，他們可能會過度主動。

　　如果可能的話，建議資源人士讓孩子可以「動手來參與活動」（圖27-5）。例如，如果一位祖母願意說明她如何栽種植

圖 27-5　親身體驗的經驗可幫助孩子釐清模糊的概念。在抱過羊之後，孩子在書本或在課堂聽到「羊」時，便會有真實的經驗可回憶

物，鼓勵她讓孩子也試著栽種植物。如果一個人示範打鼓，要求他讓每一位孩子都有機會去打打看。

在資源人士到教室拜訪或在戶外教學受訪之後，記得要寄封感謝卡或其他形式的感謝函（圖27-6），你可以寫個私人的謝卡，或是讓會寫字的孩子表達他們自己所想表達的感謝；較小的孩子可以口述感謝詞，由你來代筆，感謝這些人士的其他方法包括贈送孩子的作品或剛烤好的餅乾。

親愛的消防隊員：

　　謝謝你們給我們看你們的消防車。我們很高興可以坐在消防車上。謝謝你們帶我們看消防車的每個部分。謝謝你們示範鳴警報鈴，也謝謝你們給我們看消防隊員的衣服。我們也很高興能試穿。

愛你們，

蘿·史密斯的班級

圖 27-6　在你的社區裡，可運用給資源人士一張感謝函以建立幼兒園正面的形象

感謝也可以採取其他方式。在假日期間，孩子可以在消防隊門前或家中為長者歌頌；在二月時，手工製的情人節禮物可以寄到在本年度所有參與課程的資源人士手中；錄製感謝詞、在錄音帶上唱歌、寄上幼兒園中孩子的照片，都是感謝這些資源人士的其他一些方法。

規劃戶外教學

為孩子舉辦成功的戶外教學必須要小心仔細地做規劃，考慮的要點應該包括：專案經費、成本、時間表、「大人－小孩」比例、行為期許、教育目標和孩子的準備。身為老師，必須考慮到所有的因素，為了讓戶外教學有完善的準備，必須先到戶外教學的地點做事前的探勘。

（一）戶外教學事前探勘

任何成功的戶外教學在於事前的充分準備。在設定目標之後，如果你從未去過即將要去的戶外教學地點，記得先做好事前的探勘，將會讓你有機會：

* 描述戶外教學的目的和順利召開行前說明會。
* 說明孩子的興趣和他們必須用到的感官。
* 準備孩子可能會問的問題的旅遊資訊。
* 標示出洗手間的位置。
* 檢查任何潛在的危險。
* 如果必要的話,詢問有關停車問題。
* 觀察隨機教學的機會。
* 如果必要的話,修正戶外教學目標 。

　　建立戶外教學檔案夾。在某些幼兒園中,老師擁有自己的檔案夾(圖27-7);在其他園所,園長會為所有的人保留一本方便使用的檔案夾,這些檔案夾可以是一本筆記本、一個資料夾或一個索引檔案盒。一般而言,對於每一次的戶外教學可記下的資訊應包括:

* 戶外教學地點的名稱。
* 電話號碼。
* 地址。
* 聯絡人(導遊)。
* 成本。
* 與幼兒園的距離。
* 危險程度。
* 特殊的學習機會。
* 廁所位置及飲用水來源。

圖 27-7　戶外教學的檔案可提供一些社區戶外教學的場地

　　在戶外教學之前,父母或監護人已簽名的同意書必須放在每一位孩子的檔案裡(表27-8)。為了方便起見,許多園長把所有的戶外教學寫在同一種同意書格式中,這份同意書只要在參加前填上資料並簽名即可。在取得每次戶外教學的同意書上,可以省下老師許多的

時間，也為忙碌的父母省下不少時間。

布朗幼兒園‧戶外教學同意書

幼兒姓名：＿＿＿＿＿＿＿＿＿　　　　日　　期：＿＿＿＿＿＿＿＿＿

家長姓名：＿＿＿＿＿＿＿＿＿　　　　公司電話：＿＿＿＿＿＿＿＿＿

　　　　　＿＿＿＿＿＿＿＿＿　　　　公司電話：＿＿＿＿＿＿＿＿＿

住家地址：＿＿＿＿＿＿＿＿＿＿＿　　住家電話：＿＿＿＿＿＿＿＿＿

＿＿＿＿＿＿＿＿＿（幼兒姓名）為布朗幼兒園的新生，我同意我的孩子參加任何已計畫並由老師帶領監督的主題式散步及戶外教學活動，我了解因應不同的戶外教學會有不同類型的交通工具。

＿＿＿＿＿＿＿＿＿＿＿＿＿　　　　＿＿＿＿＿＿＿＿＿＿＿＿＿

（家長簽名）　　　　　　　　　　　（日期）

表 27-8　進行戶外教學活動前，這樣的家長同意書是必要的

　　在郊遊之前，要先準備你的「郊遊背包」，其中應該包含你隨身需要用到的基本物品，像衛生紙、急救箱、濕毛巾、垃圾袋、緊急電話號碼以及打電話用的銅板等等，這些是一定要準備的必需品，許多幼兒園甚至要求要帶急救表格及同意書的影本。依據郊遊的遠近及天氣，你可以幫孩子準備甜點和提神用品，對於較小的孩子，在上廁所時可能會有突發狀況，例如弄濕了衣物等，額外帶些衣物或許也是一個必須考量的要素。

　　在天氣很熱時，孩子常會口渴，必須確認手邊隨時有飲用水和其他營養飲料，用保溫熱水壺裝一壺水帶著走也是一個好方法。

　　對幼兒園而言，戶外教學會增加風險及責任，所以在戶外教學之前，必須教孩子如何安全地走路，就算只是在幼兒園附近走走，也是一個可教導孩子的空檔。在離開幼兒園外出走走之前，向孩子說明當過馬路時必須遵守的規則。走到行人穿越道時，要讓孩子複習這些規則；要過十字路口時，必須仔細小心地看交通號誌。老師自己也必須不斷地加強並遵守這些規則，這十分重要，因為孩子是藉由經驗和模仿來學習的。

（二）適合性

在選擇一趟郊遊之前，問問你自己：「這個郊遊合適孩子嗎？」考慮孩子的發展階段。對五歲大的孩子而言，到電視台做戶外教學可能是有趣而且具有教育意義的，同樣的戶外教學，對二歲大的孩子就不適合了。讓二歲大的孩子更感興趣的事情是他們周遭的環境，例如：寵物、動物、嬰兒、媽媽、爸爸和祖父母這些主題，是較能吸引兩歲大孩子的注意和興趣的。

對於剛出生到二十四個月大的孩子，戶外教學常常只是在住家附近走走，為了安全起見，使用嬰兒車比較好。許多幼兒園會購買可以坐六個孩子的特殊嬰兒車，這樣老師可以一次照顧較多孩子。

為孩子規劃戶外教學時，應避免到人潮擁擠處，人潮擁擠對孩子而言，挑戰性過大，而且，在人潮擁擠的地方很難看管孩子。到動物園和馬戲團做戶外教學時，通常會有很多的人，此時，你必須在事前探勘中，先問清楚什麼日子比較沒有那麼多人。當無法避免人潮擁擠時，需要向父母或其他自願者請求幫助。

選擇那些可以親自動手參與學習的戶外教學，孩子是很樂於接觸和做一些事情的。到農場做戶外教學時，問問看孩子是否能餵食動物、協助擠牛奶，及幫忙撿雞蛋（圖27-9）。到蘋果園做戶外教學時，讓孩子有機會摘蘋果及試吃蘋果。

圖 27-9 對於已發展成熟的孩子而言，寵物農莊是一個很有趣的經驗

（二）成本

在規劃戶外教學時，總是要計算出成本，這可以幫助你決定這樣的戶外教學是否是最經濟的。或許你會覺得租用一台巴士到動物園會超出你的預算，此時，你可以決定把原先這筆要用來租巴士的錢，花在教室的教材教具上。如果大部分的孩子已經都有去過動物園的經驗，你可以把這些錢花在較經濟實惠的戶外教學上面，這樣會讓孩子有更多新的經驗。

大部分的戶外教學花費很少，甚至根本不用花錢，特別是地點選在步行距離可到的地方，在某些個案中，唯一的成本費用是入場券及／或交通費。如果有入場費，幼兒園應在事前先打電話並確認是否有提供團體折扣價，有時候，你會因此有較大的折扣或免費的入場券。

1. 交通

運輸成本費用的差異很大，主要是由你所採用的運輸形式來決定（圖27-10）。對幼兒園來說，如果能擁有自己的旅行車，則戶外教學時成本最少。為了刪減成本，有些幼兒園會要求父母和老師開他們自己的車去。我們並不推薦這種型態的安排，一旦發生車禍，法律性的問題就會產生，而且司機及／或幼兒園可能會被訴請傷害賠償。

圖 27-10　孩子可以坐旅行車去附近的戶外教學場地

使用大眾運輸工具，如城市遊覽車或地下鐵，和租用巴士比起來會花費較少的成本，然而，大眾運輸工具也有缺點。大眾運輸工具擁擠且吵鬧，對孩子而言，壓迫感會很大；此外，在戶外教學的過程中，也會有孩子受傷或遺失的危險，通常意外會發生在孩子進出公車或火車時，這也是為何有些老師選擇不使用大眾運輸工具的原因。

如果你決定租用巴士，找一些名聲較好的公司，檢查該公司是否都符合每一州的安全檢查規範標準，說明你們要去的地方、你們會停留的時間、乘客的人數，以及你要求的價格，要求他們給你書面估價單。在你收到了每一家公司的估價單之後，找出能提供最好的服務，而且價錢最划算的公司，透

過檢查整個戶外教學的成本,你可以得到最划算的資源。

2.時間表規劃

　　早上十點左右是開始戶外教學最好的時刻。對許多季節而言,一天中的這個時間是最好的。首先,通常孩子已得到較充分的休息,這個時刻通常是孩子較易聆聽、觀察和接受指示的時候;其次,孩子早上來幼兒園的時間通常是不同的,有的父母會在早上七點就把孩子送到園所,其他父母可能到八點或九點才送孩子來。如果你把戶外教學的時間規劃在太早的時段,某些孩子會被剝奪這次學習的經驗;而且在較冷的季節時,清晨的溫度對孩子而言可能太冷了,對於需要走路的戶外教學,這一點必須要納入考慮。

　　午後的戶外教學也是很難規劃的,大部分的學齡前孩子需要在這個時間睡個午覺,當然,如果父母在下午很早就來接孩子回家,他們也會失去戶外教學的機會。

　　戶外教學應該在安靜的活動之後開始,這可以幫助孩子避免在這次的戶外教學中過度興奮和過度刺激,過度刺激的孩子會非常地好動而且難以管理。

　　常常被問到的一個問題是:「選擇什麼日子對戶外教學最好?」這個問題的答案完全在於團體性質和出席率。首先,要研究這個團體的行為模式和日常例行作息的時間,有些團體在星期五時,總是很疲勞而且沒精神,你必須為這樣的團體挑選星期五之前的某一天。視你的課程而定,星期一也許不是個好日子,孩子或許會因為前一天的假日活動而感到很疲倦;其次,考慮孩子出席的日子,如果你總是選到孩子確定無法出席的日子,他們或許也會喪失戶外教學的機會。

　　好的戶外教學日子也可能與所決定的地點有關。如果戶外教學需要正式的安排,則請接洽的人員建議一個日子,大部分的資源人士較喜歡選在星期三,這樣可以有較多的時間來準備這次的活動。

　　你必須在孩子的需求、孩子的時間及資源人士的時間中,小心仔細地規劃,這很花時間,然而,規劃完善的戶外教學會產生非常好的學習效果,而且孩子會感到非常快樂。

（四）「大人－小孩」比例

為了確保安全及戶外教學的成功，必須有足夠的安全人員，最好的大人－小孩比例是根據團體中孩子的數目、戶外教學的特性，及可能隱含的危險而定（圖27-11）。在幼兒園附近走走，通常可以由幼兒園老師一手包辦，對於使用大眾運輸交通工具或具潛在危險的戶外教學地點，必須要有更多的成人。

圖 27-11　戶外教學會有很多隱藏的危險性，為此，必須要有成人監督管理

對大部分的戶外教學而言，一個老師帶四到六個孩子的比例是足夠的，這樣可以就近看管或溝通。如果可能的話，提供較低的大人－小孩比例會更安全。對於二歲大的孩子，建議每兩個孩子就有一位成人陪同較好；一位成人可以帶四個三歲大的孩子、或帶五個四歲大的孩子、或帶六個五歲大的孩子，這樣會較安全；無論如何，如果某些孩子需要被就近看管，這樣的比例就要被調整。孩子也常常依脾氣來分組，例如，如果當山姆和法蘭克在一起就行為失控時，他們就應該被分開，把他們放在不同的組別裡。如果有一位孩子無法遵守規則，你可以指定一位成人專門帶他，通常需要一個沒有指定帶任何孩子的「額外的」成人，當一位老師必須處理緊急狀況或孩子需要一對一接觸時，這位大人就被派上用場了。

當這次的戶外教學需要更多成人時，或許可以請父母幫忙，在許多課程裡會保留一些有興趣幫忙戶外教學的父母名單和其他教職員工，當有需要幫忙時，必須在事前一週到幾週的時間通知他們。某些父母或義工可以在工作分配上做一些特殊的安排。在戶外教學之前，提供教職員工有關這次活動的相關資訊，出發的時間、抵達目的地的時間、在目的地停留的時間、在目的地預計進行的活動事項，以及回到幼兒園的時間等。除此之外，應該告知教職員工應有的行為期望。

（五）行為期望

行為期望必須在戶外教學之前先設計好並與孩子討論，孩子在戶外教學

被期望的行為準則，會隨著孩子和戶外教學的特性而不同。有些規則可以運用在所有的戶外教學活動中，無論是哪一種戶外教學，在大部分幼教課程中，規則大多相同。

為了得到最好的結果，要用正面的方法表達所有的規則，明確地告訴孩子，大家對他的行為的期望，例如，告訴孩子當他們在一家商店裡時，要把雙手擺在身體兩側。

戶外教學的第一個規則是：孩子必須一直戴著他們的名牌，這些名牌應該要很耐用，以便可以重複使用。孩子的名字、學校的名稱和學校的電話號碼應該都寫在名牌上，萬一孩子脫隊時，這樣的資訊就很有幫助，某些幼兒園只在孩子的名牌上印上學校的名稱和電話號碼，這樣做通常是為了防範綁架的一種保護措施。

戶外教學的第二個規則是：孩子講話必須輕聲細語，為了確保這樣的行為，老師必須做很好的示範，用較低沉的聲音說話，以避免過度興奮。

戶外教學的第三個規則是：孩子必須留在他們被指定的組別及照顧者裡，然後，成人要知道每位他們看管的孩子的名字（圖27-12）。

許多老師較喜歡讓孩子遵守「牽著你的夥伴的手」的規則，然而，這樣的規則不總是有用。對於那些有學習興趣、但是

圖 27-12　戶外教學時的良好行為之一是要一直在成人的視線範圍內

夥伴無法將注意力集中在學習經驗上的孩子而言，這樣的安排並不公平；再者，對某些孩子而言，持續的身體接觸可能會導致壓力。

可讓孩子牽著一條繩子而不是用牽手的方式，讓他們維持在一個小組裡面。去購買幾條二十呎（約六公尺）長的繩子，在繩子上每隔兩英呎左右就打個結，讓手可以握著。向孩子說明如何握著繩子打結的地方，並說明這次戶外教學中的期望。

（六）教育目標

為了在戶外教學中得到最好的學習成果，教育的目標必須謹慎地規劃，

例如，當戶外教學是到本地的汽車服務中心時，可以有很多的目標：

> ＊ 觀察正在工作的汽車修護工。
> ＊ 學習有關汽車維護事項。
> ＊ 看到機械如何運作。
> ＊ 學習字彙：技術人員、加油幫浦、噴油嘴及升降機。

在事前的探勘拜訪期間，必須和資源人士一起討論這些目標。

（七）孩子的準備

孩子該做的準備可以在戶外教學的幾天前開始進行，藉由角色扮演、閱讀一本書、分享錄影帶、看圖畫或只是簡單地談論戶外教學來介紹這次的戶外教學活動。

在戶外教學的那一天，告訴孩子可以觀察什麼（教育目標）以及如何表現（行為期望）。發給每位孩子一個寫上名字的名牌，將孩子分派給照顧者。在這之後，鼓勵孩子上廁所，說明在散步或某些戶外教學途中並不總是有廁所可用。

（八）父母的準備

父母在戶外教學之前就應該已經得到通知了，簡訊、行事曆或貼在公布欄或教室門上的注意事項都是有用的方法（圖27-13）。通知父母日期、地點、地址，以及明確的出發和返回時間，這將有助於父母規劃他們自己的時

圖 27-13　將通知單貼在幼兒園的公布欄上可以幫助
提醒家長即將來臨的戶外教學活動

間，以便能帶孩子來園和回家。

　　在出發之前，在教室門口貼上指示牌，註明你們已經出發去哪裡及你們何時會回來，這將能提供父母和留守的教職員工戶外教學的備忘錄。

　　和孩子的父母一同分享戶外教學的目標，這樣的資訊可以幫助他們計畫相關的家庭經驗，例如，補充戶外教學的討論和書籍。

（九）活動追蹤

　　為了幫助孩子明確地學習，必須設計追蹤活動（圖27-14），回到幼兒園後，討論他們所看到和所做的事，設計活動來增強他們在戶外教學中所學到的事物。

圖27-14　去冰淇淋店戶外教學之後，孩子在感謝函裡簽名

　　在參觀蘋果園的戶外教學後，可在教室延伸蘋果園的情景，例如，在午餐時討論蘋果。這樣的經驗也可以當作一個故事題材。在參觀麵包廠的戶外教學之後，孩子可能會烤麵包或餅乾；在參觀本地甜點工廠的戶外教學之後，孩子可能會做冰淇淋或奶油（表27-15）。

追蹤活動

戶外教學	活動
蘋果園	試吃不同的蘋果。 做切塊蘋果醬或蘋果鬆餅。 閱讀有關蘋果園的故事。 提供加了香料的蘋果醬、烤蘋果或一些其他形式的蘋果。
消防中心	在教室裡放有關消防員角色的拼圖和圖畫書。 閱讀有關消防員的故事。 在娃娃家放消防衣。 示範消防安全的程序。
印刷廠	提供橡皮章、打印台和可以蓋印的紙。 在教室放一台打字機或電腦。 用字母來玩遊戲。
美髮沙龍	提供一個有腳架的盒子，內含髮捲、梳子、刷子、毛巾和有髮捲的吹風機。 在娃娃家放一些有頭髮的洋娃娃和梳子。 拿一面鏡子，讓孩子比較他們每個人梳頭髮的方式。

表 27-15　戶外教學的追蹤活動可以簡單、也可以複雜

摘要

對孩子而言，戶外教學是一個有用的學習經驗，透過戶外教學，孩子可以得到周遭世界的第一手知識，這樣的學習可以是新經驗或強化前次的知識。

戶外教學需要做規劃，孩子必須為這個經驗做準備，他們的準備包括了事前的談論和活動、應遵守的規則及討論。

老師也必須要有所準備，這樣的準備包括戶外教學的選擇、事前探勘、設定目標、得到父母的同意，和安排交通工具。在戶外教學之後，應該寄感謝函給每位協助者。追蹤活動也將增強這次經驗的價值。

回顧與反思

- 列出孩子從戶外教學中體驗到的四種益處。
- 對年幼的孩子而言，第一次的戶外教學應該 _____ 。
  - A. 時間長而且獨一無二
  - B. 時間短而且沒有威脅性的
  - C. 在不熟悉的地方
  - D. 以上皆非
- 對或錯。戶外教學的地點和預算是影響你的選擇的兩個因素。
- 對或錯。為了得到最好的結果，在每一次的主題式散步中應學習很多個主題。
- 資源人士應該如何挑選？
- 列出在進行事前探勘時，老師可得到的四個機會。
- 當為年幼的孩子設計戶外教學時，應避免 _____ 。
  - A. 擁擠
  - B. 親自動手做活動
  - C. 適齡的活動
  - D. 以上皆是
- 為了到達戶外教學的地點，使用大眾運輸工具有何種缺點？
- 說明如何決定什麼日子是戶外教學最好的日子。
- 對或錯。對於使用大眾運輸交通工具或具潛在危險的戶外教學地點，更多的大人是必須的。
- 舉出包含年幼的孩子戶外教學的三個基本規則。

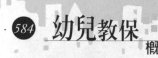
● 追蹤活動的目的是什麼？

應用與探討

● 準備一個檔案夾，蒐集在你的社區中，可以帶領年幼孩子進行戶外教學的資料。

● 編輯在戶外教學中應遵守的一系列安全規範。

● 規劃參觀美髮沙龍戶外教學後的一系列追蹤活動。

● 邀請一位園長向你們談談有關由他／她所執行過的成功的戶外教學。

● 為你的班級規劃一趟戶外教學，設計的步驟和為小組孩子設計戶外教學時一樣。

嬰兒和學步兒階段是一段探索與發現的時期

第二十八章

嬰兒和學步兒課程

王慧敏

閱讀完本章之後，你將能夠：

◈ 列出嬰兒－學步兒老師的特質

◈ 陳述合宜的嬰兒－學步兒照顧原則

◈ 規劃功能上和發展上合宜的嬰兒－學步兒環境

◈ 掌握嬰兒和學步兒的日常例行作息

◈ 選擇安全且適合發展的嬰兒－學步兒玩具

◈ 規劃嬰兒－學步兒課程

◈ 維護環境清潔衛生以預防疾病

關鍵辭

過度熟悉而玩膩

伊恩正在學走路，海克多剛會說他的第一句話，而龐恩則開始探索書本。和嬰幼兒一起工作常常會令人興奮驚喜（圖28-1）。在人生旅程中，這真是個奇特且富挑戰的階段，孩子自出生到三歲之間，其發展可說是比人生其他階段更為快速。然而對孩子而言，本階段正是發現與探索的重要時期。

身為嬰兒或學步兒的老師，你或許對這些孩子的成就感到驕傲，你將和他們一樣，對學會爬行或會走幾步而同樣感到驚喜。相同地，當他學會玩躲貓貓時，你也會感到非常高興。所有的事件對孩子而言都是重要的成就，他們學習快速，同時也有學習新技能的強烈慾望。

嬰幼兒老師的特質

身為嬰幼兒老師，你的行為將影響孩子的

圖 28-1　嬰兒和學步兒在探索周遭世界時，十分依賴成人

表現，孩子將以你對待他們的方式來回應。如果你溫暖且熱情，那麼他們也將親和且富愛心。對他們輕輕撫觸、面帶微笑、目光注視、說話有愛心，也要對他們擁抱、輕搖、歌唱，並且和他們一起玩。此外，必須有耐心並接納他們，嬰幼兒需要有回應的老師，他們也將因此而發展信賴、自信和自尊。

孩子很依賴和老師之間持續穩定的關係，所以你必須是有活力、健康的，並以和孩子互動為樂。你必須能夠隨時安撫和保護他們，因此，你必須要能夠掌握情境並了解他們的感覺，你的責任之一是協助孩子表達他們的感情，例如：喜悅、愛、生氣、滿足和悲傷。

嬰兒和學步兒需要老師提供穩定一致的指導，為了提供這種穩定一致的環境，所有的幼兒園教職員工必須一致認同什麼行為是可接受的，在大部分的案例中發現，訂下少數幾條規則有助於讓孩子一致遵守。

最後，你必須隨時注意嬰幼兒研究領域的新趨勢，閱讀專業期刊、書籍和雜誌是必要的，同時也要參加專業研習會或會議來充實新知。此外，和其他嬰幼兒老師討論分享你的觀察和需求將有助於專業成長。

嬰兒－學步兒照顧原則

為了提供良好品質的嬰兒和學步兒課程，下列為一般照顧原則：

* 提供安全且健康的環境（圖 28-2）。
* 發展和孩子及其家庭的互信關係。
* 尊重孩子及其家庭所表現的文化。
* 設計能符合每一位孩子個別差異的課程。
* 富愛心地照顧每一位孩子。
* 能立即回應孩子的挫折或不適。
* 遵從一致的日常例行作息來滿足孩子的需求。
* 提供探索的機會來鼓勵孩子的好奇心。
* 協助孩子發展信任、尊重以及面對所處世界的正向態度。
* 避免過度刺激。一下子給太多新的經驗將使孩子挫折，尤其是嬰兒。
* 規劃學習經驗以使孩子能熟練新的技能。

嬰兒環境規劃

提供良好品質的嬰兒環境並不能靠機運，此良好品質環境對嬰兒和老師而言必須是吸引人而且令人感到舒適的。嬰兒環境應能清楚反應日常例行作息，同時也應包括餵食、換尿布、哄睡、睡覺和遊戲各區域。

最方便的餵食區是靠近嬰幼兒園的出入口處，同時也能在父母送來嬰兒食物和奶瓶時將之放進冰箱。此區設備包括高腳椅、餵食桌、暖爐，以及大人尺

圖 28-2 學步兒十分好奇，為了他們的安全，必須把有毒材料放在他們拿不到的櫥櫃中，並將之上鎖

寸的舒適椅子。本區也應懸掛公布欄，以張貼嬰兒餵食表和餵食記錄。地面必須是可水洗的材質。

尿布更換區必須靠近水槽，地面和餵食區一樣可以水洗，以方便清潔殺菌。為了避免成人腰痠背痛，尿布台和尿布架最好是到成人腰部高度。尿布台牆面應懸放鏡子以便嬰兒能觀看自己。此外，旁邊的布告欄可張貼孩子的排泄記錄。

睡眠區通常需要較大空間，因為嬰兒床占較大的地板面積。本區理想位置是緊鄰尿布區。光線部分不需太傷腦筋，因為嬰兒睡眠時不需要在比較暗的房間。無論如何，檯燈可裝設在本區以控制尿布更換區的採光。

會爬行的嬰兒需要屬於他們的遊戲空間，並且與較大的孩子分開。為了安全考量，用低矮的分隔牆圈出爬行範圍。此外，地面鋪設短毛地毯也比較舒適、溫暖。

學步兒環境規劃

安全和健康是規劃學步兒環境的重要考量要項。學步兒比嬰兒需要更多的活動空間，尤其他們醒著的時候通常會到處活動。許多區域應該滿足學步兒的需求，包括接送、遊戲、休憩、尿布更換、餐點（休憩、尿布更換、餐

點區可以和嬰兒共用）。

接送區應靠嬰幼兒園主要出入口，牆面公布欄張貼給家長的訊息，此外，掛鉤可懸掛孩子的衣服。當站立在接送區，你應能夠清楚看到其他區域，尤其是遊戲區。本區也應該準備有趣且吸引孩子的設備以鼓勵孩子遊玩並減少分離焦慮。

學步兒需要遊戲區並能自由地活動（圖28-3），為了達到本目的，留下三分之一至二分之一的面積保持開放。如果區域太擁擠，有些孩子可能覺得玩得不舒服，結果導致更多的哭泣和衝突。當空間不足時，孩子容易互相碰撞。

圖 28-3　當孩子愈來愈好動就表示他們的空間需求增加了

雖然磁磚地面容易清理，許多老師仍喜歡在遊戲區鋪設地毯。鋪地毯有兩個好處，一是跌落時不易受傷，另一則是對爬行孩子而言較為溫暖。如果老師選用地毯，則必須購買織紋緊密且可以水洗的材質。

遊戲區的設備應能鼓勵孩子運用各種身體技能，因此應提供爬、走、攀爬的開放空間和設備。小型溜滑梯和鑽籠是兩類引發孩子探索和攀爬的設施，地面應鋪地墊和設置矮櫃。紙箱對學步兒也是很有吸引力的，所有的設備安排應使老師能環視全場安全為要。

戶外遊戲場應與室內遊戲場相連接。戶外遊戲場必須有可奔跑、爬行的寬敞草地區，草坪和地毯一樣都有防止墜落受傷的功能。

嬰兒和學步兒的保育

如果你的工作是照顧嬰兒和學步兒，你將會發現每位孩子有他／她自己的節奏，有的動作快速，有的則是慢郎中。身為嬰幼兒老師，你必須調整你自己的步調來迎合孩子的節奏。

所有的嬰兒和學步兒，不論其個別差異，都是透過需求能否得到立即回應來學習對他人的信任。孩子也將因獲得適當的照顧而感到快樂，你持續且

一致地注意嬰幼兒的需求，將使他們覺得自己是重要的，進而發展信任感。

（一）哭泣是溝通的手段

嬰兒通常是用哭來溝通，他們用哭來表達需求、挫折或僅是為了引人注意。他們感覺孤單、不舒服或被忽略時也會哭泣。除了這些原因外，你都不應忽視嬰幼兒哭泣，切記他們的哭泣都代表著某些含義。

支持嬰兒哭泣應被立即注意的研究顯示，如果嬰兒哭泣能獲得立即回應，那麼哭泣的頻率將會下降。

你可以觀察嬰兒的哭泣行為有個別差異存在，有的嬰兒哭的次數多、強度強，有的嬰兒則很少哭泣，而所有嬰兒有各種不同的哭泣原因。

身為嬰幼兒老師，你必須學習辨別每個嬰兒哭聲的含義，透過傾聽他的哭泣方式，你將會很快地學到他的需求是什麼。通常短而低的哭聲表示他肚子餓，而跟隨著低聲悲泣的高聲急促哭聲則表示他很沮喪挫折，然而有時哭泣的類型是會重疊的，例如，一個剛睡醒又肚子餓的嬰兒可能為了食物而哭，如果你沒有立即回應他的需求，那麼他的哭泣可能轉為高聲大哭。此外，你也必須學習辨別代表煩躁、尿布濕、無聊或太冷、太熱而不舒服的哭聲。

你必須先對嬰兒哭泣有所回應並解決問題，如果是尿布濕了，就應先幫他／她換尿布；同樣地，如果是肚子餓，就應餵食食物；如果你無法找到他哭泣的明顯原因，那麼就查閱嬰兒每日的照顧記錄。也許嬰兒是想睡、長牙、對藥物有反應或感冒。

嬰兒若因疲累而哭可透過幾種方式來安撫，有的喜歡被抱著，有的喜歡被輕輕搖著，通常對嬰兒輕聲說話或歌唱也會讓他安靜下來。

（二）分離焦慮

有些九至十二個月大的嬰兒對父母會有分離焦慮，你也許在嬰幼兒園每天都可以看到當父母離去時嬰兒會經歷這種焦慮，此即為分離焦慮。其象徵著嬰兒正在學習並發展和某人之間的特殊關係（圖28-4）。

父母有時也會對有分離焦慮的嬰兒感到不知所措，因為他們不忍看到孩子挫折沮喪，有的父母甚至有罪惡感，有的父母則會不恰當地把他的孩子和沒有哭泣的孩子做比較。

當孩子對分離感到焦慮，你應向父母說明此乃正常的行為，並且將持續一段時日。在這段期間，每日向父母報告孩子的進步情形是很重要的，因為此一訊息可降低父母因離開孩子而產生的罪惡感。

在嬰兒和學步兒註冊之前，盡可能讓他和父母一起來嬰幼兒園參觀拜訪，這也可以降低挫折感。如果時間允許，來園的第一天，孩子可在嬰幼兒園待上一小段時間，也許是一小時或兩小時，然後逐漸地增長留園時間，通常孩子需要花三至五週來適應新環境。

在孩子適應之前，你的支持、耐心和了解是他最為需要的。你將發現嬰兒和學步兒也許對陌生人、突然的舉動、噪音、陌生物品有反應。為了協助他，最好讓他以自己的速度來探索，同時也逐漸向他介紹新的事物。

圖 28-4　九到十二月大的嬰兒開始認得父母，並依賴父母，分離焦慮也就因此產生了

（三）掌握日常例行作息

對嬰兒和學步兒而言，日常例行作息比學齡前孩子多，每日可預測的例行事項對孩子來說是相當重要的，因為它將使孩子獲得安全感，同時也使孩子知道接下來所應期待的活動是什麼，以及這些活動的順序。一天的生活中將花很多時間在餵食、換尿布及如廁需求、準備小憩（圖28-5）。

家庭和嬰幼兒園之間針對嬰兒作息的協調與一致是重要的，為了達成此目的，父母必須每日提供有關嬰兒的相關資料。有效的方法之一是當父母和嬰兒來園時，讓父母

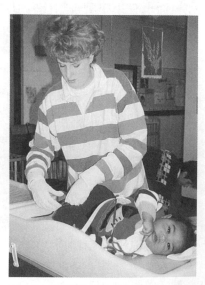

圖 28-5　照顧嬰兒的工作中，換尿布是日常例行作息重要的一部分

填寫嬰兒的每日記錄表。同樣地，嬰幼兒老師亦需每日記錄嬰兒的餵食和排泄狀況。此外，記錄內容上需包括嬰兒休憩和活動的相關訊息。表28-6為嬰兒每日記錄範例。

嬰兒每日記錄表

嬰兒姓名：＿＿＿＿＿＿＿＿	父母姓名：＿＿＿＿＿＿＿＿
日／日期：＿＿＿＿＿＿＿＿	來園時間：＿＿＿＿＿＿＿＿
父母簽名：＿＿＿＿＿＿＿＿	離園時間：＿＿＿＿＿＿＿＿
（家長填寫）	（教職員工填寫）

嬰兒狀況：□良好（反應如常） 　　　　　□有些煩躁 　　　　　□不佳（未如常反應）	喝奶：＿＿＿＿＿＿＿＿＿＿＿ 　　＿＿＿＿＿＿＿＿＿＿＿＿ 　　＿＿＿＿＿＿＿＿＿＿＿＿ 早餐：＿＿＿＿＿＿＿＿＿＿＿
嬰兒睡眠：□熟睡 　　　　　□多次甦醒 　　　　　□睡不好	時間：＿＿＿＿＿＿＿＿＿＿＿ 午餐：＿＿＿＿＿＿＿＿＿＿＿
嬰兒飲食：　　　量　　　時間 □來園前吃早餐＿＿＿＿＿＿＿ □來園前喝奶＿＿＿＿＿＿＿＿ □來園前吃食物＿＿＿＿＿＿＿ □早上未進食	時間：＿＿＿＿＿＿＿＿＿＿＿ 點心：＿＿＿＿＿＿＿＿＿＿＿ 時間：＿＿＿＿＿＿＿＿＿＿＿ 　　＿＿＿＿＿＿＿＿＿＿＿＿
大便：＿＿＿＿＿＿＿＿多次 　　＿＿＿＿＿＿＿＿＿一致	大便次數：＿＿＿＿＿＿＿＿＿ □正常　　　　□不正常
本日飲食改變＿＿＿＿＿＿＿＿ 　　＿＿＿＿＿＿＿＿＿＿＿＿	尿布濕次數：＿＿＿＿＿＿＿＿ 小睡＿＿＿＿＿＿＿　＿＿＿＿
特殊指示：＿＿＿＿＿＿＿＿＿ 　　＿＿＿＿＿＿＿＿＿＿＿＿	給藥時間：＿＿＿＿＿＿＿＿＿
用藥：＿＿＿＿＿＿＿＿＿＿＿ 最後一次給藥時間：＿＿＿＿＿	今天為嬰兒所做的：＿＿＿＿＿ 　　＿＿＿＿＿＿＿＿＿＿＿＿

表 28-6　嬰兒每日記錄表可作為家庭和嬰幼兒園活動作息之間的協調

1.嬰兒的餵食

嬰兒的生活中，吃和睡占去了不少時間，而營養對本階段的發展是相當重要的。你應與父母討論並洽詢關於嬰兒的飲食內容、變化和作息。有的嬰兒吃的食物較特殊，你也許會發現一些媽媽希望到嬰幼兒園來餵母奶，如果父母有此需求，那麼應提供安靜且舒適的空間以方便餵哺。

食物類型和餵食方式對嬰兒同樣地重要，大部分嬰兒是以奶瓶餵食。在良好品質的嬰幼兒園，每個嬰兒應持續地由一位老師來照顧，此方式較能夠一對一地關注孩子並在身體上有較親密的接觸，當老師抱著或輕搖嬰兒輕鬆自在地餵食，將有益於嬰兒和老師建立良好的關係。

嬰兒的食量和餵食次數通常有個別差異存在，有些嬰兒一次可能只喝四盎斯（約二百公撮）牛奶，而有的則喝八盎斯（約二百四十公撮）；有的每四小時喝一次奶，而有的則每兩小時喝一次。嬰兒的這些需求都必須被滿足，尤其是嬰兒被餵食的原因是因為他餓了，而非因為考量照顧者的方便性而餵食。

2.學步兒的餵食

孩子在餐前餐後洗手很重要，因為許多學步兒在地上爬行後會用手拿食物來吃。孩子吃東西之前記得讓他們洗手（圖28-7），如果沒有孩子尺寸的洗手槽，那麼可以裝一小桶水放在桌上讓孩子清洗。起初，孩子也許需要你來協助他們甩手和擦乾，此外，你也要提供洗手乳讓孩子搓洗雙手，用濕毛巾將肥皂泡擦淨，最後用擦手巾擦乾。

圖 28-7 較大的學步兒有時會自己洗手

無論如何，學步兒食物的提供應以能用手指拿取為原則，以方便學步兒自理食用。你可以提供數種尺寸和形狀的食物讓孩子練習自我餵食，例如：蘋果切片、熟的豆子、葡萄乾、熟蛋切塊、香蕉切片、軟起司。

學步兒吃飯時可讓他坐在高腳椅、吃飯桌或在低桌子前擺矮椅子，他們需要一些桌上空間來移動食物，因為處在此一年齡的孩子喜歡探索他們所吃的食物。在把食物放入嘴巴之前，他們會進行聞、觸、推等探索活動，此種行為應被鼓勵，因為食物探索活動可提供培養認知發展的重要感覺經驗。

3.尿布更換和大小便訓練

更換尿布是嬰幼兒老師每日要重複進行數次的例行工作，因此換尿布應該是令人愉快的經驗。對孩子要全心關注，並且在更換過程中要看著他／她的眼睛，對他微笑、歌唱、輕聲說話以及輕撫頭髮。由此，換尿布可以說是增進人際互動的時間。

檢查尿布是每日必須遵守的例行活動，以預防尿布疹及可能的感染。嬰兒必須經常更換尿布。大部分新生兒大約一天要用到十片尿布，更換尿布記錄表應該懸掛在更換區。如果嬰兒正在睡覺，不要把他們吵醒。除了每半小時檢查一次外，在喝奶以及睡覺前都應檢查。

隨著孩子逐漸長大，他／她抗拒被換尿布是很正常的，尤其是當他在遊戲而不願被中斷時，如果有此種情形出現，等待他幾分鐘是無妨的，等他結束該項活動再引導他到尿布更換區。通常在此轉換時間如果允許他帶玩具到尿布更換區，會使換尿布活動進行得更順利。

如果孩子有尿布疹，那麼當尿布髒污就馬上更換是很重要的，並且在發現有出現疹子的當日就必須告知父母，徵詢父母是否有他們慣用的藥膏或特別偏好的廠牌。有時候父母可能會洽詢你的意見。

在換尿布過程中，所有的教職員工都必須遵循下列步驟。首先，在換尿布前後都必須用肥皂和清水洗手。正確的清洗方式可避免疾病蔓延，因此，所有新加入的教職員工都必須學習如表28-8的正確步驟，包括肥皂的選擇和逐步的洗手指南。

換尿布衛生步驟

1.用足量洗手乳	6.幫嬰兒換尿布
2.加少量水並前後摩擦	7.檢查指甲縫是否沾有穢物
3.產生肥皂泡	8.重複步驟 1-5 把手洗淨
4.沖水	9.用乳液擦手以避免龜裂
5.用紙巾關水龍頭並把手擦乾	

表 28-8　正確洗手很重要，可避免換尿布時散播疾病

液狀洗手乳優於條狀洗手皂，因為一旦條狀洗手皂潮濕或呈果凍狀，都會滋生細菌。記住細菌也會在洗手乳滋長，因此每次填裝洗手乳時應先把瓶

子洗淨。

如果你手部皮膚有傷口，在幫孩子換尿布時應戴上質地輕的拋棄式手套以避免感染，醫藥專家都同意，皮膚傷口上要避免滋生細菌幾乎是不可能的事。每次更換尿布後，記得在尿布台或保潔墊上噴消毒液並洗手，然後在靠近工作桌附近的換尿布記錄表上寫下相關的資料，包括更換時間、是否小便或通便。如果孩子有痢疾，那麼排泄量、顏色的一致性等都必須加以記錄。在每日父母來園接回時，應將這些記錄表讓父母攜回參考。

有些學步兒或許正在學習大小便或對如廁訓練有興趣，對這些孩子而言，家庭和嬰幼兒園之間的協調一致是很重要的。和孩子討論如廁訓練的過程，並向父母解釋如果家庭和嬰幼兒園作息一致，將使學步兒的如廁訓練更為容易。

正如同換尿布一樣，如廁訓練也是為了達到健康目標。每次使用便盆後，坐墊應該噴灑消毒液並擦拭，便盆應倒乾淨並以消毒液清洗，最後老師自己須以清水和肥皂洗淨雙手。

4.休憩時間

所有孩子都需要或多或少的睡眠時間，並且孩子之間的睡眠量因人而異。新生兒一天大約睡十六至十七小時，而大部分嬰兒一天至少睡兩次，一次約一至三小時。如果睡眠不足，孩子會變得易怒且難以掌握，此外，嬰幼兒園裡若有孩子發生此種情形，其他孩子也會被干擾。

規劃休憩時間的考量之一是洽詢父母的意見。有些父母喜歡讓孩子晚睡早起，因為他們希望孩子能在嬰幼兒園睡得足，以便在父母下班後有精神和父母玩。然而有些父母可能上班地點較遠，他們則希望孩子在他們下班後能早點睡覺，甚至期望孩子能在回家路途中就入睡。

你可以把每個孩子的休憩時間錯開以迎合其個別需求。此種時間規劃型態將使你有充裕時間來餵食並哄搖孩子入睡。有時規劃要考慮個人和團體需求之間的協調性。一旦孩子個人作息表確立，亦應維持其前後一致性。

適合嬰兒和學步兒的玩具

為了符合嬰幼兒的個別特殊需求，提供合宜的設備有其必要。玩具可提供嬰幼兒感官刺激（圖28-9）。例如，不同的擺放玩具方式，你可以製造誘因

以促使孩子運用他的記憶力或動作能力。即使在生命起始的最初幾週，嬰兒就能觸、看和聽，一旦孩子運用這些能力，也就同時在培養他的身體的和認知的發展。

　　學步兒需要的玩具設備從軟積木到拼圖都是，為了增進語言能力，可提供圖畫書、故事書、錄音帶、扮演道具和玩偶，錄音帶可以用來促進音樂和律動能力，而感覺設備包括無鉛蠟筆、彩色筆、黏土等亦應提供給學步兒。

圖 28-9　許多玩具能刺激孩子的視覺、聽覺和觸覺

　　規劃學步兒環境時，平衡性是很重要的。你應該提供足量和多種類的玩具來鼓勵孩子探索。無論如何，避免過度刺激的問題，太多的選擇有時會使孩子困擾受挫。

　　許多嬰幼兒園以玩具清單列出所有的玩具，此種清單通常依發展階段來劃分，表28-10為玩具清單範本，此表有助於規劃孩子的活動，因為經常輪換玩具是必要的，而本清單可協助你記錄哪些玩具已玩過以及尚可提供哪些玩具。玩具清單的另一項優點是便於教師訂購新玩具。

（一）安全考量

　　為嬰兒及學步兒選擇玩具時，玩具安全性為首要考量，你必須仔細檢查每件玩具是否有尖角或鋒利的邊緣。為了避免刮傷，所有木製玩具的表面都必須刨光。小型玩具或有小零件的玩具都必須避免。如果物件厚度小於2½英吋（約六公分）或直徑小於2英吋（約五公分）將有誤食或導致窒息的危險。

　　每年都有許多嬰兒和學步兒誤食小玩具或零件的意外發生，並且產生窒息的危險。同時，嬰幼兒誤食小玩具亦將導致消化或呼吸問題。不幸地，大部分的塑膠玩具在 X 光片中無法顯現出來，因此玩具公司現在大多在嬰幼兒玩具上添加某種特殊的塑膠材質，此材質最普遍的是使用無毒的塑膠，如果玩具有此成分，那麼在 X 光片下就十分清晰可見，你在選擇玩具時，應查看玩具包裝或標籤是否含有此成分。

嬰幼兒園玩具清單

看	擠壓／操作	聲音
·會動的狗	·擠壓會有聲音的兔子	·木琴
·會動的農場動物	·擠壓會有聲音的豬	·有聲音的動物
·會動的模型	·探索箱	**大肌肉動作**
·金屬鏡子	·塑膠環	·橡膠球
·書籍	·各色塑膠有聲玩具	·推的玩具
抓握	·串珠	·車上的動物
·放在嬰兒床的吊環	·成串塑膠圓片	·小且輕的載貨車
·放在嬰兒床的音樂鈴	**拉／推**	·玩具火車
·放在嬰兒床的彩色玩具	·爆米花推車	·帶輪小羊
·會叫的青蛙	·有聲音的木製火車	·鑽籠
·有聲音的車子	·木製豬	·小型體操設備
撫慰的玩具	·割草機	·可坐乘的大型卡車
·猴子	·木汽車	·塑膠積木
·黑熊	·木貨車	**小肌肉動作**
·小羔羊（有聲音）	**踢和打**	·幾何形狀板
·粉紅豬	·大型塑膠海灘球	·積木
·棕色馬	·彩色泡泡球	·串珠
·小黑狗	·彈跳小丑	·小紙箱
·洋娃娃	**聲音**	·套套杯和套套箱
擠捏／操作	·音樂盒	·形狀分類箱
·擠壓會有聲音的魚	·鼓	·大串球
·擠壓會有聲音的紐結餅乾	·鈴鐺	·套圈圈
·擠壓會有聲音的老鼠	·錄音機、錄音帶	·拼圖

表 28-10　有助於計畫和訂購的玩具清單

（二）適合嬰兒的玩具

　　汽車是孩子最棒的第一個玩具，它能提供視覺吸引力並需要一些肢體互動。你應謹慎地選擇汽車玩具，避免購買不堅固的商品，如果嬰幼兒園有此種玩具汽車，那麼應該放在嬰幼兒拿不到的地方。對年紀更小的嬰兒，玩具

則最好懸掛離眼睛七到二十四英吋（約十八到六十公分）遠。

　　一個半月到三個半月大的嬰兒喜歡探索自己的雙手，因此雙手便成為他們的玩具。嬰兒喜歡前後搖晃雙手並研究他們。直到三到六個月大，他們仍會繼續保持研究雙手的興趣，即使把物品放進口中，他們還是持續地在觀察。

　　嬰兒大約在兩個月大開始出現微笑行為，他們同時也想觸摸所看到的東西。為了提供刺激，可在尿布台懸掛鏡子，你將發現觀察嬰兒對鏡中人微笑是件很有趣的事情。

　　很快地，嬰兒開始去抓取他觸摸得到的物品，此行為大約出現在三到六個月大。一旦他們有此行為，表示他們開始獲得有關周遭世界的訊息並發展智慧，你應該提供各種玩具讓孩子觸摸，包括軟質有聲音的玩具和絨毛玩具。

　　為了提供抓握練習，嬰兒需要各種伸手可及的玩具，不論是在玩具欄、嬰兒床或地板都可以。如果嬰兒喜歡把玩具放入口中，那麼應選擇安全玩具（圖28-11）。透過將物品放入口中的探索行為，嬰兒可以學習物品的特性。研究顯示，六到十個月大的嬰兒其唇部周圍的末梢神經相當敏感。

　　有聲玩具對嬰幼兒的發展相當重要，拿此類玩具給嬰兒把玩時，他／她將歷經一連串特殊過程。首先他會用眼睛觀察，然後把手伸向玩具，在觸及玩具之前，嬰兒會張開他的手，並且反覆嘗試將小玩具拿起。

　　針對嬰兒的行為觀察顯示，嬰兒手部動作的發展如下：首先，探索動作隨機出現；接下來，做出剪刀狀動作，嬰兒用整個手掌拿起東西；最後，嬰兒學會用鉗子狀手勢，透過此種方式，嬰兒能用拇指和食指撿拾物品。逐漸地，嬰兒修正他的手部動作來抓取標的物。

　　玩玩具可以增進手部肌肉動作發展，各種玩具例如擺在嬰兒床的體操玩具有助於探索動作。此外，可透過提供適合手掌抓握的小球或小玩具來促進剪刀狀動作的

圖 28-11　大的厚紙板書對嬰兒最為適合，因為他們喜歡用嘴巴來探索事物

發展；手指食物，例如，乾的即食燕麥片可用來練習鉗形拿起的動作。

　　隨著嬰兒的成長，他／她開始進行因果關係的實驗，在此之前，他對觀察自己雙手的興趣大於伸手可觸及的事物。大約在五到八個月大，嬰兒對自己手部動作的結果會有更多的注意。

　　在這年齡的嬰兒將以丟擲物品為樂，並且經常這麼做，包括從高腳椅或餐椅上丟銀製餐具和玩具下來，並專注觀察此行動的結果。當玩具掉在地上時，他會被玩具掉落的聲音嚇一跳。

　　在這年齡的嬰兒喜歡玩你丟我撿的遊戲，他／她開始對環境中簡單的小裝置感到興趣，電器插座也會引起他的注意，為了安全考量，所有插座都應覆上蓋子。其他吸引他的事物包括：電燈開關、門把、櫥櫃把手、電視按鈕、毯子鬚邊、門鎖，以及其他伸手可及的小物件（圖28-12），操弄這些物品令嬰兒感到很神奇。

圖 28-12　當學步兒在附近時，所有容易打開的櫥櫃門都必須上鎖

（三）適合學步兒的玩具

　　一旦嬰兒開始會爬或走，他／她便有持續地探索環境的慾望。為了鼓勵此種好奇心，環境的安全性為首要考量，你應該保持空間的寬敞和開放，讓學步兒能推拉玩具、騎乘大卡車或滾大龍球。

　　學步兒喜歡玩爬上爬下的遊戲，為了符合大肌肉動作需求，可提供小型溜滑梯、攀爬架或樓梯組。當學步兒在玩這些大肌肉動作設施時，你應確認能隨時看得見孩子，有些孩子也許想要走上溜滑梯，如果有此種情形出現，你應牽著他的手並引導他走回梯子。一旦他們學會使用這些設施的方法，一再反覆地玩這些設施對學步兒而言是再尋常不過了。在他們探索的歷程中，身體和認知將同時成長與發展。

　　小推車、獨輪手推車、娃娃推車、購物推車等也對學步兒具有吸引力。如果室內空間不足，必須限制這些玩具只能在戶外空間遊玩。

　　學步兒通常喜歡玩水，你可以在玩水區提供漂浮玩具、湯匙、海綿、杯

子等設備，並示範倒水、讓玩具浮動、擠海綿的方法。為了增加玩水的興趣，也可以在水裡添加彩色顏料。

學步兒也對書籍感到興趣，他們喜歡有關家庭、人、動物和物品的故事。書中的物品最好是孩子熟悉且容易指認的。他們喜歡故事書的摺頁特殊設計所帶來的驚喜，因為喜愛翻書頁，所以你可以選擇有大圖片的圖畫書，例如容易翻頁的厚紙板書或文字簡短的故事書，書的騎縫處必須耐翻。

玩偶對孩子也具有吸引力，孩子喜愛質軟且熟識的玩偶。化纖材質比塑膠或橡膠製玩偶適合孩子。購買玩偶前應先詢問是否可以水洗，在水桌常可發現玩偶漂浮在水上。

學步兒花最多時間的活動是凝視，他們大約花五分之一的時間坐著或站著凝視，也許是看圖畫、看別的小孩，或甚至是看你。因此，教室最好保持視覺上的吸引力。

有些孩子對特殊玩具不感興趣，此為「過度熟悉而玩膩」的徵兆。日復一日給相同玩具或許會使孩子感到無聊，一旦他們對某特殊玩具感到熟悉，他們也會一再反覆相同的玩法，當此種情形發生時，新的能力將不再發展，你就要適時地提供具有不同挑戰性的其他玩具。

孩子喜歡形形色色的玩具並需要有選擇的機會，但是無論如何，不要給予過多的選擇。學步兒需要有可掌握的安全感，你可間隔數日再更換部分玩具。

課程

課程的均衡是以孩子的需求為基礎，同時也需要考量孩子的成長和發展。嬰兒和學步兒的課程和較大學齡前孩子的課程有所差異，嬰兒應有屬於他自己的目標，身為老師，你要支持他們的成長。課程宜以簡單、基本的活動為原則，生理的活動，例如：餵食、哄睡、沐浴、輕搖、更換尿布和散步，而這些活動同時也包含著語言和非語言溝通，例如，對他歌唱、說話和傾聽。

針對學步兒的課程需要更多的規劃，每日應包括可增進身體動作、情緒、認知和社會發展的活動。大部分的這些活動都會在嬰幼兒園的各學習區出現。

（一）針對學步兒規劃的學習區

發展合宜的環境可以促進孩子自我引導以及適合年齡的學習。它不僅能讓孩子情緒穩定，並能挑戰他們的動作技能。學步兒需要有觀看、觸摸、移動和感覺的機會。

教室的出入口應能鼓勵孩子遊戲，因為動作發展對學步兒相當重要，因此教室中央應保持開放。本區適合擺設可移動的設備，例如鑽籠、軟墊、體操設備。學步兒同時也需要一些個人空間，讓他們可以休息或觀察別人。個人空間可以是小閣樓、山洞、沒有門的櫥櫃或教室的小角落，各學習區可以沿著教室牆壁設置。

類似的活動可以歸到相同學習區。每個學習區應該包括可讓孩子選擇的設備和材料。一個有趣的、設備良好的教室將具有邀請孩子參與的功能。學步兒課程應設置的學習區包括：美勞區、感覺區、小肌肉動作區、大肌肉動作區、音樂區和語文區。

規劃學習區時，你應該自問下列問題：

* 這些學習區是否鼓勵積極探索？
* 這些玩具是否適合發展？
* 是否能給孩子足夠的遊戲空間？
* 材料是否放在孩子視線的高度，並在他們伸手可及的範圍？
* 較重的玩具是否放在架子底層？
* 是否提供孩子可根據興趣作選擇的機會？
* 各類玩具是否包括可以獨自遊戲以及合作遊戲的功能？
* 是否經常檢查玩具的安全性，以避免有尖端銳邊、零件鬆脫以及孩子易誤食的小物件？
* 玩具是否定期輪換更新？

1. 美勞區

美勞區的活動對學步兒而言相當有趣，你在規劃美勞區時應鼓勵孩子能夠自由地創造。通常美勞活動可增進小肌肉動作發展，表28-13列出可進行的美勞活動。

美勞活動建議

· 提供無鉛材料，因為孩子喜歡把東西放入口中。
· 有足夠空間以避免孩子擺放畫筆、粉筆、彩色筆時相互干擾。
· 以塑膠布或報紙覆蓋桌子或地面。
· 提供大的塑膠圍兜作為美勞工作服。
· 提供毛巾或擦手巾，讓孩子在完成活動時能隨時擦手。
· 隨手擦乾地面以防滑倒。

表 28-13　規劃安全且健康的美勞活動，使學步兒不需記憶許多規則

　　手指畫的經驗對年幼的學步兒相當具有吸引力，並有安撫情緒的功能。手指膏、刮鬍泡、彩色的洗手乳都可以作為手指畫的材料。一旦孩子使用這些材料，用手指塗畫是他們喜歡進行的活動，透過此一歷程，他們可學習到不同的感覺經驗。

　　年紀較大的學步兒也喜歡畫畫，老師可提供各種不同的刷子讓孩子作畫，例如：筆刷、牙刷、家庭清潔刷、海綿刷等。通常老師會在顏料裡添加黏稠劑，以避免滲滴。一般而言，膠質粘土、澱粉類粉末或洗衣粉都可加以運用。

　　學步兒通常喜歡塗鴉，你可提供各種塗鴉工具，例如，較粗的蠟筆、粉筆及不含鉛的水彩筆。為了讓孩子對自己的行動有控制感，可以讓他們用較大型的工具，直到他們的動作控制能力有進步，才使用小一號的工具。

　　根據發展原則，大肌肉動作發展先於小肌肉動作發展，因此應提供大紙張讓學步兒塗鴉或畫畫。如果紙張太小，孩子容易畫到桌面或地板。

2.感覺區

　　感覺活動將刺激孩子許多感官經驗。大部分的感覺活動至少包括眼看、耳聽和手觸，許多老師通常會加上鼻嗅。此外，有特殊味道的食物也可在感覺桌進行活動。

　　表28-14列舉適於學步兒的感覺材料。應避免誤吞窒息之虞的小物件，此外，也要阻止學步兒將任何感覺玩具放入口中。

感覺活動相關設備

- 顏色水或有味道的水
- 肥皂泡沫
- 塑膠小船
- 白色的或加了幾滴食用色素的刮鬍膏
- 乾沙或濕沙、篩網、鏟子和小的帶輪卡車
- 乾或濕的燕麥
- 雪
- 冰塊
- 樂器，例如鼓、鈴鼓、腕鈴、鐃鈸
- 有強烈味道的常見食物，例如花生醬、柳橙

表 28-14 你會發現學步兒每天都對簡單的物品興味盎然

3.小肌肉動作區

大部分的小肌肉動作是由周遭玩具所引發。組裝玩具、蓋積木、盒子分類、拼圖、串珠、玩黏土等，都是促進小肌肉動作發展的安全玩具，這些玩具同時也提供學步兒問題解決、手眼協調和視覺分辨的機會。

4.大肌肉動作區

大肌肉活動可以有很多的進行方式，這些活動也許包括室內設備、戶外設備或簡單的運動。當孩子爬行、走路、奔跑時，都在發展他們的大肌肉動作技能。

不論是室內或戶外的大肌肉活動設施，都需要較大的空間，設施周圍也要有較多自由空間，可容納好幾位孩子一起遊玩。

球類、溜滑梯、跳墊、推拉玩具、小推車、大積木等設備都能用來促進大肌肉動作發展。此外，也可以透過讓孩子跑、爬或甚至在戶外追逐泡泡來增進他們的大肌肉動作。

5.音樂區

通常孩子喜歡聽音樂，用錄音帶或CD做教室活動的背景音樂會讓孩子感到相當愉快，並具有安撫情緒的作用，有些學步兒甚至會隨著音樂手舞足蹈。如果孩子沒有反應，你可以邀請他們隨著音樂一同起舞。此外，學步兒也喜歡用手敲鼓或拍手。

6.語文區

　　雖然有計畫的語言活動並未被強烈要求，但是你應該在任何時候鼓勵孩子的語言發展。在遊戲進行過程中，隨時和孩子說話，並鼓勵他們有所回應。你應該避免用兒語和學步兒說話，因為孩子通常會模仿大人的說話方式。因此你最好用完整句子並介紹新字彙和孩子交談，此外，使用副詞和形容詞將使描述更加地生動。

　　玩偶、打不破的鏡子、書本、圖片、海報、洋娃娃等，都可以擺置在語文區，這些材料應擺放在能讓孩子安全拿取的教具櫃（圖28-15）。

（二）活動檔案和照片蒐集

　　許多老師以檔案夾記錄進行成功的活動，檔案記錄可協助你記錄過去所進行的最佳活動。你也可請其他老師分享他們所喜愛的活動，觀察其他老師的教學，並記錄可茲參考的師生互動或活動內容。

　　你也可以開始蒐集自己的檔案圖片，最好的圖片來源是來自日曆、童書、雜誌、旅遊海報。嬰幼兒喜歡大型並且簡單的圖片，人物、動物、車輛、玩具圖片等都具有相當的吸引力。

圖 28-15　鼓勵孩子玩洋娃娃，是促進語言發展的方法之一

　　在展示圖片之前，可以事先把它張貼在色彩豐富的公布欄，為了將每張圖片加框，最好在周邊預留二分之一英吋的寬度。因為孩子喜歡觸摸圖片，你可以在表面加上透明防護片。

家長參與

　　與嬰兒及學步兒的家庭進行溝通是非常重要的，你應持續讓父母了解孩子每日的情形。同樣地，你也要鼓勵父母提供孩子在家重要事件的相關訊息。在新生註冊時，應記錄他們在家的作息、食物偏好、喜歡的玩具。你可以應用表格如表28-16來記錄有關資料，這些資料可以協助嬰幼兒園和家庭之間取得良好的協調。

嬰幼兒園

幼兒姓名＿＿＿＿＿＿＿＿＿＿＿＿＿　　出生日期＿＿＿＿＿＿＿＿＿＿＿＿＿

住家地址＿＿＿＿＿＿＿＿＿＿＿＿＿　　住家電話＿＿＿＿＿＿＿＿＿＿＿＿＿

＿＿＿＿＿＿＿＿＿＿＿＿＿＿＿＿＿＿＿＿＿＿＿＿＿＿＿＿＿＿＿＿＿＿＿＿＿

母親姓名＿＿＿＿＿＿＿＿＿＿＿＿＿　　父親姓名＿＿＿＿＿＿＿＿＿＿＿＿＿

工作地點＿＿＿＿＿＿＿＿＿＿＿＿＿　　工作地點＿＿＿＿＿＿＿＿＿＿＿＿＿

聯絡電話＿＿＿＿＿＿＿＿＿＿＿＿＿　　聯絡電話＿＿＿＿＿＿＿＿＿＿＿＿＿

假如有任何特殊家庭狀況，例如：離婚、分居、再婚、父母死亡、收養等，請說明。

＿＿＿＿＿＿＿＿＿＿＿＿＿＿＿＿＿＿＿＿＿＿＿＿＿＿＿＿＿＿＿＿＿＿＿＿＿

緊急聯絡人：

姓名＿＿＿＿＿＿＿＿＿＿＿＿＿＿＿　　電話＿＿＿＿＿＿＿＿＿＿＿＿＿＿＿

姓名＿＿＿＿＿＿＿＿＿＿＿＿＿＿＿　　電話＿＿＿＿＿＿＿＿＿＿＿＿＿＿＿

醫生或診所＿＿＿＿＿＿＿＿＿＿＿＿　　電話＿＿＿＿＿＿＿＿＿＿＿＿＿＿＿

環境與經驗

兄弟姐妹姓名	出生年月日	學校
＿＿＿＿＿＿＿	＿＿＿＿＿＿	＿＿＿＿＿
＿＿＿＿＿＿＿	＿＿＿＿＿＿	＿＿＿＿＿
＿＿＿＿＿＿＿	＿＿＿＿＿＿	＿＿＿＿＿

當你和雙親以外的人離開時，他會有何種反應？＿＿＿＿＿＿＿＿＿＿＿＿＿＿＿

請條列出進入本園之前孩子是否有到他園的經驗。＿＿＿＿＿＿＿＿＿＿＿＿＿＿

你的孩子在進到這些嬰幼兒園的反應如何？＿＿＿＿＿＿＿＿＿＿＿＿＿＿＿＿＿

＿＿＿＿＿＿＿＿＿＿＿＿＿＿＿＿＿＿＿＿＿＿＿＿＿＿＿＿＿＿＿＿＿＿＿＿＿

（續表）

身體動作發展

如廁訓練：

你的孩子是否已完成如廁訓練？ ＿＿＿＿＿＿＿＿＿＿＿＿＿＿＿＿＿＿

他是否通常能夠保持終日乾爽？ ＿＿＿＿＿＿＿＿＿＿＿＿＿＿＿＿＿＿

飲食習慣：

請描述你的孩子一般的飲食態度。

＿＿＿＿＿＿＿＿＿＿＿＿＿＿＿＿＿＿＿＿＿＿＿＿＿＿＿＿＿＿＿＿＿＿

＿＿＿＿＿＿＿＿＿＿＿＿＿＿＿＿＿＿＿＿＿＿＿＿＿＿＿＿＿＿＿＿＿＿

他特別喜歡何種食物？

＿＿＿＿＿＿＿＿＿＿＿＿＿＿＿＿＿＿＿＿＿＿＿＿＿＿＿＿＿＿＿＿＿＿

＿＿＿＿＿＿＿＿＿＿＿＿＿＿＿＿＿＿＿＿＿＿＿＿＿＿＿＿＿＿＿＿＿＿

他特別不喜歡什麼食物？

＿＿＿＿＿＿＿＿＿＿＿＿＿＿＿＿＿＿＿＿＿＿＿＿＿＿＿＿＿＿＿＿＿＿

＿＿＿＿＿＿＿＿＿＿＿＿＿＿＿＿＿＿＿＿＿＿＿＿＿＿＿＿＿＿＿＿＿＿

你的孩子是否有對任何食物過敏的情況？

＿＿＿＿＿＿＿＿＿＿＿＿＿＿＿＿＿＿＿＿＿＿＿＿＿＿＿＿＿＿＿＿＿＿

＿＿＿＿＿＿＿＿＿＿＿＿＿＿＿＿＿＿＿＿＿＿＿＿＿＿＿＿＿＿＿＿＿＿

是否有任何特殊的問題必須讓學校知道以協助你的孩子或家庭？包括任何視覺、聽覺、肢體障礙或任何你所察覺的特殊能力或能力不足。

＿＿＿＿＿＿＿＿＿＿＿＿＿＿＿＿＿＿＿＿＿＿＿＿＿＿＿＿＿＿＿＿＿＿

＿＿＿＿＿＿＿＿＿＿＿＿＿＿＿＿＿＿＿＿＿＿＿＿＿＿＿＿＿＿＿＿＿＿

喜愛的玩具

請描述你的孩子最喜愛的玩具。

＿＿＿＿＿＿＿＿＿＿＿＿＿＿＿＿＿＿＿＿＿＿＿＿＿＿＿＿＿＿＿＿＿＿

＿＿＿＿＿＿＿＿＿＿＿＿＿＿＿＿＿＿＿＿＿＿＿＿＿＿＿＿＿＿＿＿＿＿

最喜愛的活動

請描述你的孩子最喜愛的活動。

＿＿＿＿＿＿＿＿＿＿＿＿＿＿＿＿＿＿＿＿＿＿＿＿＿＿＿＿＿＿＿＿＿＿

＿＿＿＿＿＿＿＿＿＿＿＿＿＿＿＿＿＿＿＿＿＿＿＿＿＿＿＿＿＿＿＿＿＿

表 28-16 向父母強調本表所提供的訊息的重要性

　　為了提供孩子良好品質的學習經驗，父母的目標和關注事項應與老師分享。此外，分享孩子在家的任何異動對老師都是有幫助的，這些改變例如家人死亡都可能造成孩子的壓力；其他的改變可能是愉快的，例如，新的家庭

寵物或祖父母來訪。此外，家庭亦應讓老師知道孩子在家的大小便訓練作息。

你也許會期望和父母分享閱讀資料，有關如廁訓練、分離焦慮、語言發展、玩具選擇等主題的相關資訊都對父母有相當的助益，父母也非常喜歡獲得有關發展階段的資料。了解孩子一般的發展歷程可使父母放心。

記錄的保持

記錄的保持是嬰幼兒課程中重要的一部分。記錄應詳細追蹤孩子飲食、睡眠和排泄作息。同時也應記錄新學習的或隨著時間而改變的行為或是技能。

完善的記錄提供極有價值的資訊。父母對孩子每日的飲食、睡眠、排泄型態特別感興趣，不尋常的型態可能是生病或必須改變食物內容的徵兆。

透過記錄的維持，你可以了解孩子的進步情形以及任何問題的徵兆，早期偵測對孩子的發展是很重要的。

向父母報告孩子的每日作息時必須客觀且真實，切勿用負面或批判字眼，而應以正向態度來陳述，例如，避免用「馬克今天很煩躁難搞」的說法，而可以說「馬克長新牙讓他今天很不舒服」。無論如何，盡可能提供父母書面文字的補充說明。

維護環境以避免疾病

作為嬰幼兒園的一員，你必須採取某些措施以避免疾病產生。致病的細菌會在陰暗潮濕的環境中滋長。遊戲設施、小床、尿布台、推車、地板、桌子、高腳椅、餵食桌等，以及孩子的雙手，都必須清洗乾淨。

因為嬰幼兒會習慣用他們的嘴巴來探索，所以定期清洗玩具是很重要的。孩子的唾液在玩具表面會形成一層薄膜，微生物在這層膜的表面滋長，因此任何玩具，例如有聲玩具或嬰兒會放進口中的牙齒咬合玩具等，都必須每日清洗。如果嬰幼兒園有洗碗機，那麼你可以加以運用，大部分的小玩具都是可以用洗碗機來清洗的。

洗碗機無法清洗的玩具就用手來洗滌。首先，將玩具用熱水和清潔劑洗

滌後，再以清水沖洗。然後將一湯匙漂白水用一加侖清水加以稀釋，用以擦拭或噴灑玩具設備的每一部分，最後加以風乾。

嬰兒床和推車必須根據使用率，每天洗或每週清洗兩次。同樣地，地板、桌子、高腳椅和餵食桌也必須每日清洗，因為食物殘渣會導致微生物滋長。此清洗過程和洗玩具相似，首先以溫水和清潔劑洗滌每一細部，再以清水沖洗，接之用抗菌溶劑擦拭或噴灑，最後日曬或風乾。

髒污的雙手是嬰幼兒園疾病蔓延的普遍原因。為了避免疾病，你必須依循前面所討論的換尿布後的洗手步驟來洗淨雙手。

疾病的處理

生病的孩子如果仍到嬰幼兒園上學將會影響其他孩子的健康。嬰幼兒的環境必須是健康的，因此身為老師，有責任維持最健康的環境。為了達成此一目標，訂定嬰幼兒園疾病規章有其必要，此規則的擬訂將有助於你和父母決定孩子應帶回或留在嬰幼兒園。

在註冊之前，每位父母都應拿到嬰幼兒園疾病規章，此時嬰幼兒園應強調疾病規章的主要目標是為了保護每位孩子的健康（表28-17）。

嬰幼兒園所疾病規章

為了維護所有孩子的健康，如有下列情形，請將孩子留在家中：

· 口溫超過華氏 101 度（攝氏 38 度）或肛溫超過華氏 102 度（攝氏 39 度）。
· 痢疾。
· 不尋常的嘔吐。
· 支氣管炎症候，包括聲音沙啞及／或咳嗽。
· 嚴重感冒伴隨發燒和鼻涕。
· 未經醫生診斷的出疹。
· 小膿疱疹、水痘、腮線炎、麻疹、猩紅熱或百日咳。

表 28-17　疾病規章能避免當嬰幼兒生病時的處置失當

摘要

　　嬰兒和學步兒是人生歷程中很特殊的階段，他們剛開始認識世界並且快速地學習和成長。因此本階段所受到的照護品質對後來的發展相當地重要。

　　照顧嬰幼兒需要具備針對本年齡特性所規劃的獨特的學習區能力。強調的重點為日常例行作息的照顧，例如餵食、換尿布、睡眠。無論如何，嬰兒和學步兒也需要有支持其發展的環境，此環境應兼顧滿足發展需求的安全和健康考量。

　　嬰兒通常透過哭泣來溝通，身為老師，你必須學習判斷每個孩子哭泣所代表的意義並合宜地回應，分離焦慮對九到十二個月大的嬰兒也是很正常的。

　　為了滿足嬰兒和學步兒的特殊需求，合宜的設備是必須的，安全永遠是首要的考量。嬰幼兒課程迥異於較大的學齡前孩子，因為嬰兒課程主要包括簡單、基本的活動，而學步兒課程則需要較多的事先規劃，應該設置學習區以滿足學步兒的需求。

回顧與反思

- 列舉三項成功的嬰兒－學步兒教師的特質。
- 說明餵食區為何須坐落靠近嬰幼兒園入口？
- 說出學步兒空間所包含的五個主要學習區。
- 需保留多少比例的開放空間讓學步兒能自由地活動？
- 如果學會了＿＿＿＿＿＿，所有嬰兒和學步兒的需求能立即滿足。
- 要如何處理嬰兒的哭泣？

  A.忽略他

  B.餵哺他

  C.試著解決問題

  D.以上皆非
- 什麼是分離焦慮？
- 敘述嬰兒的餵食方式。
- 餵食之前是否應鼓勵學步兒去聞、摸和推他們的食物？
- 為什麼尿布更換區應使用液狀洗手乳？
- 說明兩項玩具清單的優點。
- 為什麼嬰兒喜歡從高腳椅丟下物品？
- 關於課程方面，嬰兒應建立他們自己的＿＿＿＿＿＿。

● 列出五個有關規劃學步兒活動的自我討論的問題。

● 向父母報告嬰幼兒日常例行作息時，你的態度應該如何？

● 嬰幼兒園疾病規章的目標為何？

應用與探討

● 蒐集並比較三家嬰幼兒園的疾病規章。

● 在活動檔案裡增加十個學步兒活動。

● 以同學或大型塑膠娃娃練習教導正確的洗手步驟。

● 在大標籤板上面規劃嬰兒的活動空間。

● 訪問醫院，詢問有關住院嬰兒的特殊照護方式，並向同學報告訪問結果。

● 邀請小兒科醫師到班級演講有關嬰兒和學步兒的疾病預防方法。

● 蒐集數家嬰幼兒園的照護記錄並討論其內容。

● 訪問幾位父母有關他們所期望的嬰幼兒老師的特質有哪些，並進行全班分享。

● 設計三個針對學步兒的隱密空間。

第二十九章

學齡兒童的課程

張嘉紓

- ❖ 描述三種學齡兒童課後托育的基本課程模式。
- ❖ 定義學齡兒童課程中，有效能老師的特質。
- ❖ 討論如何安排學齡兒童課後托育的室內及戶外環境。
- ❖ 解釋規劃課程時如何評量孩子的興趣。
- ❖ 列出學齡兒童中心每日課程表的內容。

關鍵辭

以孩子為中心的課程模式
以老師為中心的課程模式
以單元為中心的課程模式

　　近年來對兒童課後托育的需求有愈來愈多的趨勢，究其原因有二：第一，六至十二歲大的兒童中，母親在工作的比例愈來愈多；第二，單親家庭愈來愈多。

　　因為課後托育的費用負擔或缺少良好品質的課後托育中心，許多學齡兒童在課後無法受到照顧。目前八歲的菲力就是一個例子，他大概三點四十分從學校回到家，他是「鑰匙兒童」，當他回到家、打開前門、進入家裡並把門鎖上後就開始看電視，直到六點他媽媽工作回到家。

　　就像很多其他的媽媽一樣，菲力的媽媽付不起課後托育的費用。像菲力這樣的兒童有時被稱為鑰匙兒童，也就是放學回家後無人看顧他們，或由十五歲以下兄姊照顧。許多兒童每天都是好幾個小時獨自一人，無人照顧。

　　琳達是另一位八歲的兒童，不像菲力放學後回到空無一人的家中。她很幸運地可以在放學後到課後托育中心去。而琳達的表哥力卡，和琳達住在同一個社區，也到相同的課後托育中心。因為琳達的學校並沒有課後托育，車子會送琳達到力卡學校的課後托育中心。

　　父母需要依照個人考量來決定孩子幾歲可以獨自在家，一般的指導原則是，父母不應經常性地讓小學五年級以下的孩子一人在家。但是有些父母會

覺得偶爾讓有些年齡比較小但是有責任感、有規矩的孩子獨自在家是沒有關係的。相對地，也有些父母不放心讓比較不成熟的青春期孩子獨自在家。

對成熟的孩子而言，他們也可以在課後托育中心受惠。研究顯示，孩子如果缺少成人的監督會產生不同類型的問題，這些孩子比較可能經歷孤單和不健康的恐懼感，他們也可能缺乏運動和養成不健康的飲食習慣，良好品質的課後托育中心可以幫助孩子避免這些問題。

良好品質的學齡兒童課程

學齡兒童有其獨特的需要，他們需要挑戰、需要獨立，也需要別人接納原來的自己。

良好品質的課後托育課程就可以滿足學齡兒童的這些需要，此外，它還應該提供同儕的陪伴、監督以及安全的環境和刺激發展的活動等需求。良好的課後托育課程應該：

* 具有低師生比。
* 具備溫暖和關懷特質，並且訓練精良的教職員工。
* 動態區、靜態區和各個學習區有良好的規劃。
* 以孩子的興趣和需要為主的課程設計。
* 父母可以參與課程以達到和孩子分享的目的。
* 彈性的課程表以平均分配個別、分組及團體的活動。

（一）課程種類

有許多課後托育課程可供父母選擇（圖29-1），保母、工讀生或管家都可以提供在家照顧孩子的服務，而家庭式的課後托育中心及課後托育中心則是提供在家以外的托育服務。

許多需要自己付費的幼兒園有提供學齡兒童照護與交通的服務，這些幼兒園在整個學期中都會提供課後托育的課程，有些在暑假還會有暑期課程。一般而言，付得起學費的父母都會選擇這一類的幼兒園，通常參加這些課程的孩子都是在同一家幼兒園接受學前教育的。

有些社區或非營利組織則提供免費的課後托育服務，教堂也有為教友提供免費的課後托育服務。

（二）課程模式

圖 29-1　學齡兒童有許多不同種類的課後托育課程可供選擇

學齡兒童使用的課程模式包括：以老師為中心、以孩子為中心、以單元為中心等三種模式。良好的課程可能三種模式都會使用到，以滿足孩子在家裡跟在學校的經驗。

有好幾個因素會影響課程的選擇，這些因素包含年齡、興趣和孩子的能力。而老師的喜好和孩子在課後托育中心的時間也會影響課程的選用。

1.以孩子為中心的課程模式

所謂以孩子為中心的課程模式就是，課程容許孩子自己選擇活動，老師則以協助者及資源提供者的角色來鼓勵孩子參與。所以每日活動是由老師跟孩子一起計畫，活動內容也由可獲得的資源與孩子的興趣而定（圖29-2）。

2.以老師為中心的課程模式

以老師為中心的課程模式較有結構性，這包含了高度的教師指導。課程

圖 29-2　在以孩子為中心的課程模式下，孩子可選擇他們喜歡參與的活動

包含休閒以及補習課程,孩子也有機會上音樂及舞蹈課。

3.以單元為中心的課程模式

以單元為中心的課程模式是可以反映孩子興趣的課程,通常這些單元會以特殊事件跟假日為主題。老師則提供了許多和單元相關的活動,例如烹飪、科學、音樂及美術活動,老師也會選擇兒童的文學活動、戶外教學、戲劇活動和遊戲來豐富單元活動的種類;然後,孩子就可以選擇這些跟單元相關的活動去參與。

無論使用哪一種課程模式,學齡兒童的課程應該以發展孩子的競爭性跟自信為主。所謂的自信就是「我會做」的態度,這樣的態度可以幫助孩子建立閱讀和寫作的技巧,自信心同時也可以幫助孩子與其同儕發展正面的友誼。

(二)師生比

當教室中有足夠的老師去反映孩子的個別需要時,就可以增進課程的品質。研究顯示,低師生比和比較少的班級人數可以提升課程的品質。

學齡兒童的課後托育課程是:當孩子需要幫助時,必須能夠得到老師的幫助,包含課業方面的幫助。此外,他們也需要老師作為他們的模範並提供情緒上的支持和鼓勵。

適當的師生比對老師及孩子都有益處。在低師生比之下,老師可以密集地監督並創造一個安全的環境,也可以觀察每個孩子的興趣、需要及能力。

通常法律會規定兒童課程的師生比例,每個縣市的規定可能都不同,但是六歲以下孩子的師生比通常是1:10,而七歲以上孩子的師生比則建議為1:12。

老師的特質

誰應該照顧學齡兒童?良好品質的課後托育中心會僱用訓練良好的教職員工,這些人必須了解孩子的生長跟發展,對孩子的行為和能力也有適當的期望。這些教職員工會持續地激發創意和學習新的教學方法,並尊重多元文化。

因此,學齡兒童的教職員工必須體貼、有耐心,並且關懷別人。更重要

的是，他們必須正面地回應每一個孩子的特質及孩子不斷改變的需要。

（一）扮演協助者的角色

學齡兒童課程的老師必須像一個協助者，要求孩子去分享自己的看法並傾聽他人的觀點。老師也會以提供建議、鼓勵及介紹學習活動等方式來幫助孩子發展技巧及能力（圖29-3）。

此外，老師會使用示範、口頭解釋，以及在旁指導的方式來幫助孩子學習，也會用腦力激盪的方式，讓孩子運用邏輯推理的技巧。

圖 29-3　老師可以使用留言版來增加人際互動的機會

（二）使用正面的輔導方式

學齡兒童正在學習如何符合別人的社會期望，他們也在學習如何用行為來影響他人，透過行為的後果，學齡兒童學習到什麼是可接受及不可接受的行為。

有技巧的老師會利用正面的指導方式，幫助孩子做到自我約束，這些老師會鼓勵孩子的正面行為，例如：會輪流、幫助他人、與他人合作、溝通與協調人際問題等。老師會陪伴孩子學習社會生存的限制以及規則，有需要時，老師可以提醒孩子遵守規則。之後，老師可以再教導孩子更為人所接受的行為。

（三）鼓勵孩子參與

學齡兒童正在學習獨立，他們希望自己解決問題。因此，課後托育中心的老師應該鼓勵孩子參與日常的問題解決活動。此外，當老師在制定規則時，應該讓孩子參與討論，幫助孩子了解老師期待的行為，這樣就可以幫助孩子決定他們該如何表現。除了制定規則外，在選擇課程內容時，也可以邀請孩子參與。

（四）尊重孩子的多元文化

當學齡兒童逐漸注意到周遭環境時，他們就開始會做比較，在比較的過

程中，孩子不只了解自己，也了解其他人的特質。

認真的老師會幫助孩子欣賞文化的多元性，孩子應該學習欣賞其他文化的孩子如何以繪畫、文學作品和音樂表達美感（圖29-4）。老師可以利用玩具、遊戲、食物和節慶來教導孩子不同文化的表現，也可以使用童書、錄影帶、海報和拼圖來展現不同文化的正面形象。

讓孩子看看和他們來自相同文化背景的人，有助於孩子建立對母文化的榮譽感，而接觸不同文化的人，則有助於他們認識不同文化的差異。

圖 29-4 老師可以設計活動來幫助孩子欣賞文化的多元性

（五）參與體能活動

學齡兒童非常喜歡體能活動，在學校時，孩子坐在教室裡的時間很長，所以當他們到課後托育中心時，就會有無窮的精力要發洩，他們會希望四處走動、玩遊戲、跑跑跳跳。

雖然課後托育中心的老師不需要運動細胞很好，但是他們需要喜歡體能活動，也就是說，他們還是需要有體力並願意加入孩子的體能遊戲之中。

環境設計

中、低年級的孩子需要空間以練習發洩精力的技巧，良好品質的課後托育中心其環境必須能提供適當的空間、材料及設備，而且環境也需要反映孩子的興趣、年齡、能力及需要。在這樣的環境下，當孩子活動時，才可以讓他們遊戲、學習與成長。

理想的課後托育環境是為學齡兒童特別設計的，但是其他有著大的活動室跟戶外遊戲場的機構也可以改成課後托育的環境，因此許多課後托育中心都設在圖書館、休閒中心、體育館及教堂的地下室。

如果建築物原本不是專門為課後托育中心設計的，環境上就可能產生一些限制，所以提供一個適當的環境就很困難。老師在這樣子的環境下通常都

只有一點點時間去布置環境，他們每天必須有創意地準備好使用空間，例如，老師可以使用可移動式的教具櫃來存放遊戲器具、美勞用品、書籍跟其他教具等等（圖29-5）。老師也有可能在課程表中要求孩子幫忙布置及收拾。

圖 29-5 在公用的空間下，老師可以使用移動式的車子來儲存跟運送美勞用品

（一）室內空間

課後托育中心的室內空間必須要足夠招生人數使用，孩子需要個人、分組活動，以及團體活動空間，因此每個孩子至少需要三十五平方英呎的空間。

此外，孩子也需要安全的環境。對他們而言，課後托育中心就是家以外的另一個「家」，所以良好品質的課後托育中心的環境是非正式的，並且可以提供像家一樣的感覺的地方。在這樣子的環境下，孩子可以探索自己的興趣並發展一對一的人際互動關係。

室內空間需要好好規劃，讓它看起來很舒服，此外還要提供給孩子收放個人物品的置物櫃，這些物品和教室內使用的教具材料等應該有不同的放置空間，室內空間還可以使用一些抱枕、畫作、海報、軟墊椅子、地毯、沙發及窗簾來布置，這樣就可以營造一個溫馨及平易近人的環境。

課後托育中心的老師需要仔細規劃室內空間，就像學齡前的幼兒園一樣，空間需要包括各個學習區，也可能需要提供靜態活動所需的空間，另外也要設計一些開放空間以進行團體活動。

1.學習區

學習區是良好品質課後托育中心的重點，可能設置嗜好區、益智區、娃娃家、科學區、數學區、遊戲區、音樂區、娃娃家及美勞區，並試著標示每個學習區的名稱，以便了解孩子正在進行的工作。

安排有趣的學習區並鼓勵孩子自由選擇，課後托育中心應該使用開放式的教具櫃，並在教具櫃上貼好物品的標籤，這樣可以幫助孩子知道到哪裡拿取物品並歸回原位。

2.靜態活動區

室內空間還需要靜態活動區，孩子需要在靜態活動區裡做功課、使用電

腦、閱讀及放鬆（圖29-6）。在靜態活動區內，孩子必須不被其他人打擾，孩子通常會喜歡有彈性的安靜空間，在這樣的空間下，孩子可以自由擺設可移動式的家具和個人螢幕。

3. 開放空間

　　室內空間也需要有寬敞而且開放的空間，孩子可以用這些空間作為團體討論或特定事件所需空間，例如律動、戲劇活動和室內遊戲等。

圖 29-6　在教室中擺放豐富的圖書是很棒的事

（二）室外空間

　　課後托育中心所需的室外空間與室內空間一樣重要，孩子需要進行體能活動的空間，在一天結束時，他們需要吵鬧一下、玩玩遊戲，以及和好朋友在一起。

　　要進行這種活動，每個孩子至少需要七十五平方英呎的室外空間，確定室外空間不會有陌生人進來，或有交通問題。至於跑步、攀爬、擺盪和規則運動等活動區域要分開。動態遊戲區之外，也應提供靜態遊戲區。

課程設計

　　規劃良好的課程可以提供孩子具有吸引力並具挑戰性的課後托育課程。當你提供具有吸引力的課程時，你跟孩子都會因此受益。你受益是因為孩子會很喜歡參與，而孩子受益是因為他們有選擇性並且獲得發展新技巧及興趣的機會。

問題是「應該由誰設計課程？」答案是「每個人」，包括：孩子、父母跟教職員工。你應該聽取這些人的意見，從找出什麼是對這些人最重要的以便開始設計課程。

　　父母跟教職員工比較可能對你的課程有相同的期望，他們希望你在課後時間提供學齡兒童安全的環境，他們更希望你提供許多符合發展階段的不同活動，讓孩子可以發展新的技能。

　　這些期望可以幫助你規劃全部的課程，但是教室裡特定的每日活動設計還是應該以孩子的興趣為導向。

（一）評量孩子的興趣

　　沒有一個孩子是相同的，課後托育中心的老師必須要考慮到孩子個別的能力跟需要，此外，還應該注意到孩子的家庭背景及特殊情況，這樣可以幫助你規劃個別而有意義的課程以逐漸建構孩子的知識。

　　要規劃符合發展階段的托育課程，你首先要評量孩子的興趣。孩子的興趣常會不斷地改變，因此，你必須定期進行評估，以促進教學相長（圖29-7）。

　　老師可以使用非正式評量來蒐集資訊，例如，在分組活動時觀察孩子遊戲的情形以及和其他孩子互動的狀況。老師也可以藉由第一次面談、小組討論、自傳和問卷的方式來評估孩子。

1. 第一次面談

　　第一次面談的內容可以幫助你在學期剛開始、新生進入班級時評量孩子

圖 29-7　老師們在設計發展合宜的課程時，檢閱並比較評量結果

的興趣。面談技巧包括：讓一個孩子問另一個孩子關於他個人的問題，問題可以放在孩子喜歡的嗜好、運動、食物、節日、音樂、書籍、電視節目及休閒活動。

因為學齡兒童很喜歡使用機械，你可以將第一次面談用錄影機或錄音機錄下來，然後，你可以將錄影帶或錄音帶在團體時間和其他孩子分享，這樣可以幫助孩子更了解他們的同伴。

2.小組討論

小組討論是確定學齡兒童個別興趣一個非常有用的方法，定期地小組討論也可以幫助你即時發覺孩子興趣的改變。

小組討論對還不識字的孩子特別有效，可以從問下列的問題開始：

* 你的興趣是什麼？
* 你想學什麼新的興趣？
* 你喜歡什麼運動？
* 你有想學的新運動嗎？
* 你在學校喜歡的活動有哪些？
* 你喜歡的課程是什麼？
* 你最不喜歡的課程是什麼？
* 你想在這裡學到什麼？

3.自傳

另外一個了解孩子的方法就是透過自傳，自傳可以是文字敘述性的或者是照片、圖片式的。你可以要求孩子寫出或畫出以他／她本身為主題的事物，包括：我自己、我的家庭，以及我如何長大。你可以請孩子和全班分享他們自己的故事、照片、圖片，然後你要鼓勵孩子欣賞不同文化的多元性，並將每個孩子的故事、圖片、照片展示在展示區。

4.問卷

你可以設計一份問卷來評量孩子的興趣，識字的孩子可以獨自完成問卷的填寫，對於不識字的孩子，你可以先問他們問題，再將答案記錄下來。記得在設計問卷時，要盡量愈簡短愈好。

（二）團體規劃時間

在你蒐集有關孩子興趣的資料以後，你已經準備好開始規劃課程了。團體規劃時間對於規劃主題、節慶、特別事件、戶外教學特別有效率，你可以開始先要求孩子腦力激盪，列出所有可能的方案，要注意的是：你要尊重每個孩子的提案，要把每個方案寫在黑板上。

當所有的孩子都說出他們意見時，全班就可以開始討論，你要跟孩子解釋刪掉任何一個意見的原因，例如：費用問題、距離遠近、安全性或人力不足等。當你列出可能實現的方案時，鼓勵孩子決定方案的優先順序。

課程表安排

大部分的課後托育中心是在上學前或放學後開放，因此孩子如果上幼兒園或小學，每天就有多到五小時的時間在課後托育中心，而有些課後托育中心在假期跟暑假則是整天開放的。

課後托育中心的老師必須要小心地規劃每天的課程表以滿足孩子的需要，同時課程表也要夠彈性，以包容每個孩子的個別差異。

老師必須規劃在孩子到達及離開前的課程表安排，包括孩子用餐跟休息時間，此外還應包括孩子參與各種不同活動的時間，這當然也包括收拾及清潔時間。表29-8列出了課後托育中心典型的課程表。

（一）到達與離開時間

到達與離開的時間不只是代表課後托育課程的開始與結束而已，它也是和孩子及父母分享資訊的一個非常重要的時間。這些時間是家裡和課後托育中心的橋樑，你有時可以提供父母有關於他們的小孩的最新狀況，並尋求父母對活動的支持。此外，你也可以利用和父母互動的時間獲得有關家庭看法、角色及發生的事件的資訊，最後你可以利用這些資訊來影響孩子。

當孩子進入與離開教室時，你應該在教室裡和孩子打招呼並叫出孩子的姓名。此外你還要傾聽孩子的心聲，注意！要誠懇，因為你的聲音語調會告訴孩子你如何看待他們。

課後托育中心課程表

早上 6：00 到 8：30 • 孩子到園（孩子會依照父母工作的時間而在不同的時間到達） • 早餐時間 • 室內學習區活動，例如：遊戲、積木、木工、黏土、木栓板、美勞、書籍、聽故事書、討論、培養興趣、聊天、打電腦、玩紙牌、拼圖跟做功課 **早上 8：30 到中午 12：00** • 孩子上幼兒園或小學 **中午 12：00 到 12：30** • 午餐時間（上半天幼兒園的會回來） **下午 12：30 到 1：30** • 分組時間：自由選擇聽故事、小組討論、分享時間 **下午 1：30 到 2：00** • 休息時間	**下午 2：00 到 3：00** • 學習區活動，例如：戲劇、雕刻、沙坑、水、下棋、紙牌遊戲、烹飪、科學、閱讀、聽音樂、培養興趣 **下午 3：15 到 3：30** • 點心時間（幼兒園和小學兒童回到課後托育中心） **下午 3：30 到 5：30** • 戶外遊戲時間：戶外教學、體育活動、團體遊戲、玩沙、玩水和澆花、除草；跑、跳、攀爬和其他包括球類、跳繩的體能活動。音樂課和舞蹈課 **下午 5：30 到 6：00** • 團體時間：討論、課程規劃 **下午 6：00 到 6：30** • 室內的個別及分組活動時間、收拾、清潔、準備回家

表 29-8　完整的課後托育課程提供了每天十二個小時的照顧

（二）餐點時間

　　當你開始規劃班上課程的時間時，請先想想你自己的童年。當你從學校回到家時，你的第一個感覺是什麼？絕大部分的人都會回答「肚子餓」。同理，當孩子到達課後托育中心時也可能感到肚子餓，想要吃東西。

　　餐點時間也可以是學習的時間，餐點時間可以培養孩子負責任跟學習如何在社區生活的機會，例如，讓孩子學習準備食物，孩子也可以在餐桌前分享他們一天發生的事情。

　　你也可以利用餐點時間介紹不同文化的食物，並邀請孩子分享在家裡最

喜歡的食物，此外還可以請孩子幫忙針對節慶、生日和其他事件規劃特別的餐點。有特別事件時，你可以請孩子邀請客人來班上，例如父母或是祖父母（圖29-9）。

圖 29-9　學齡兒童喜歡準備節慶用品和聚會

（三）休息時間

許多課後托育課程包含例行的休息時間。休息時間的長短會依每個孩子的年齡、健康狀況，以及參與活動程度而有所不同。

某些孩子，特別是年齡小的孩子，必須在休息時間睡覺；其他的孩子，特別是年齡大的孩子，可能會在休息時間玩一些靜態活動。你可以鼓勵不睡覺的孩子玩一些比較安靜的遊戲、用耳機聽聽音樂或看看書，原則是這些活動不能打擾到其他孩子。

在休息時間播放輕柔的音樂可以幫助孩子放鬆，而有些孩子會喜歡你唸故事書給他們聽。

（四）活動時間

在課後托育課程中，你極有可能將最多的時間安排在各種不同的活動上。你也許會注意到，參與活動可減少孩子之間的衝突，所以你應該提供許多孩子熟悉及不熟悉的活動，以確保所有的孩子都有活動可以參與。提供活動的種類則要依照你課程時間的長短來決定。

課後托育課程重點應該放在靜態活動，有些孩子也許需要在放學後花時間完成他們的功課（圖29-10）。而有些孩子則喜歡看看書、拼拼圖或者玩一些安靜的遊戲，他們也可能喜歡跟朋友說說話。

圖 29-10　孩子通常會在課後托育中心完成他們的作業

課後托育時間通常比課前托育還要長，所以要提供更多種類的活動。孩子在學校坐了一整天之後，他們喜歡可以釋放精力的體能活動，因此他們會喜歡戶外遊戲、比賽性質的運動、準備點心跟執行想做的計畫。除此之外，孩子也許想參加社團，例如，童軍團或一些特別的團體活動。

另外有些孩子則需要在課後時間找個空間獨處充電一下，對這些孩子來說，整天和許多人相處、遵守老師的指令和完成工作都是壓力的來源。所以他們可能只是想要簡單的聽聽音樂、翻翻書、玩一些安靜的遊戲、做功課，甚至於休息。

1.活動之間的平衡

良好品質的課後托育課程並不是複製學校的活動，而是設計滿足孩子在家跟學校經驗的課程，所以課程的重點會強調休閒活動及課業活動（圖29-11）。不論哪一種活動，都應該要適合孩子的發展階段並提供孩子發展技能的機會。

課後托育課程的課堂安排需要平衡各種活動，課程可以區分為以孩子為中心及以老師為中心等兩種活動。老師要注意分配時間給分組、團體跟個人活動。此外，大型的體能活動，例如，分組運動比賽跟戶外遊戲也必須安排。最後，小肌肉動作相關的活動，例如：寫作及畫圖也應當要安排。

2.團體活動

雖然三、四年級的孩子還是需要有機會參與分組或自由選擇同伴的活動，但是有些課後托育課程的活動是要所有兒童的參與。聽故事、到戶外活動跟計畫想做的事就可以是團體活動，這類的活動可以提供孩子和其他孩子溝通、建立友誼和建立社交技巧的機會。

你可以使用不同的方法將孩子分組，例如：將孩子依照年齡、興趣及需要來分組。然而你也可以依照孩子喜歡的運動、喜歡的人物、汽車、食物、寵物及嗜好來分組。

混齡的編組方式由不同年齡的孩子組成，這種方式對任何年齡的孩子都有益處，

圖 29-11　好的課後托育課程可以提供孩子休閒娛樂活動

因為可以減少孩子之間的競爭。混齡方式讓年齡較大的孩子有發展領導溝通技巧的機會，另外，年齡較大的孩子也可以協助年齡較小的孩子玩遊戲跟做美勞，而年齡較小的孩子則可以藉由觀察年齡較大孩子的行為，及跟年齡較大孩子互動而有所學習。

　　活動也可以以特別的任務來分組，例如，出版刊物對孩子來說就是特別的任務，而小組工作包括寫作、編輯跟印刷。所以在小組內，孩子要決定誰是編輯者、採訪員跟製作者。刊物完成後，孩子可以和父母一同分享。

（五）收拾時間

　　課後托育課程應該要包含收拾時間，所有的孩子都必須參與收拾活動，因為孩子有責任要維護他們自己的環境。

　　你要讓孩子知道收拾時間應該做什麼。首先，你應該告訴孩子必須要將遊戲器具、玩具及設備物歸原處。其次，你也要教導孩子將他們個人的物品、完成的工作及美勞作品放到個人的置物櫃。讓孩子學習到完成這些工作是很光榮的，也可以因此幫助孩子建立榮譽感。

摘要

學齡兒童課後托育的需求日益增加，因為有太多的孩子放學後是獨自在家而無人照顧。此外，父母也不應該經常讓國小五年級以下的兒童獨自在家。

父母有許多兒童課後托育方式可選擇，包括：保母到家照顧、家庭式的課後照顧及課後托育中心。學齡兒童的課後托育課程通常有三種課程模式：以孩子為中心、以老師為中心或以單元為中心。良好品質的課後托育中心也需要訓練精良的教職員工，這些教職員工必須具備了解孩子的生長及發展的知能。此外，他們也要對孩子的行為跟能力有適當的期待，這些教職員工通常會持續地追求新知並學習新的教學技巧。

課後托育環境必須提供孩子適當的空間、器材跟教具，而且環境也需要能夠反映出孩子的興趣、年齡、能力及需要。此外，當孩子在他們個人空間裡，環境也必須能夠讓孩子可以遊戲、學習並具多元化。

通常父母及課後托育中心的教職員工對課後托育課程有比較相同的目標，他們想要孩子在放學後有安全的環境，也期望各種適合不同發展年齡的活動讓孩子發展新的技能。但是每天的活動計畫仍應多以孩子的興趣為中心。

大部分的課後托育中心都會在上學前跟放學後開放，如果孩子上幼兒園跟小學，他們每天有多到五小時可以參與課後托育課程，而有些課程也會在假期跟暑假全天開放。

回顧與反思

- ＿＿＿＿＿＿的意思是指孩子有時候一個人獨自在家裡。
- 列出孩子缺乏成人監督照顧的四種常見的問題。
- 簡述三種課後托育的模式。
- 為什麼低師生比會使孩子和老師受益？
- 列出五種良好品質課後托育課程老師的特質。
- 請描述良好品質課後托育中心的環境。
- 為了設計符合孩子發展的課程，老師首先應該做什麼？
- 列出可以評估孩子興趣的四種技巧。
- 在為學齡兒童設計課程時，重點應該放在＿＿＿＿＿活動上，而不是＿＿＿＿＿＿活動。

為什麼混齡的編組方式可以讓所有的孩子受益？

應用與探討

拜訪兩家不同課程模式的課後托育中心，並寫出兩種課程的異同之處。

拜訪一位課後托育中心的主管，並向其詢問：「老師的重要特質是什麼？」將你的發現與班上同學分享。

簡單測量一所課後托育中心室內及室外空間，並計算每個孩子有多少活動空間。

討論如何讓學齡兒童參與課程設計。

特殊孩子的引導

張嘉紓

關鍵辭

殘障人士教育法案	長期健康需要
融合教育	資賦優異
個別教育計畫	加速
個別家庭服務計畫	豐富
轉介	學習障礙
發音問題	

　　四歲大的米古充滿生命力，他有聽力障礙，他可以說話，但只聽得懂幾個簡單的字。五歲大的蘿西很活潑，她有色盲，無法辨識主要的顏色。史蒂芬則有腦性麻痺，需要特別的幫忙以便發展她的小肌肉動作。兩歲大的杜比已經被教會自己看書。這些都是特殊的孩子。

　　根據美國聯邦法律規定，特殊孩子到達三歲時，必須提供他們免費、適當的公民教育。國會通過的「殘障人士教育法案」（IDEA），要求美國各州要提供發展遲緩孩子教育的機會。在這個法案的規定下，所有三到五歲出現障礙並需要特殊教育服務的孩子必須有個別的教育課程；同樣的課程也提供給零到三歲、高危險群或發生明顯發展遲緩的孩子。凡可能發生身體的、認知的或情緒障礙的嬰兒、學步兒和學齡前幼兒，在聯邦政府的障礙兒童教育

法案下都被保有接受專業評估的權力。

融合教育或先前的「回歸主流」，都是用來形容將特殊孩子置於一般班級裡的教育型態。這種教育型態可以讓特殊孩子在最少限制的環境中學習，因為所有的孩子都是從與人際的互動中獲得技能。在融合的環境中，特殊孩子可以將一般孩子當成是模仿對象，進而在互動中達到發展目標的模仿。融合教室通常都由一般及特教老師一同教育孩子。

特殊需求有許多不同的類別，其中以溝通需求最為常見。溝通需求通常可以分為三類：聽力、口語及語言問題；而視力、肢體畸形及殘缺、長期的健康問題也都是特殊需求的類別之一。此外，文化差異、資賦優異及有天分的孩子也同樣有特殊需求（圖30-1）。

助教和義工在融合教育環境中幫助最大，應該要讓這些教職員工了解到這些特殊孩子的狀況及幫助他們的方法。如果可能的話，應該鼓勵成人在團體中接觸特殊孩子，為了讓接觸順利，教職員工也許必須調整教室裡的器材用具、改變期望，及／或在需要時給予額外的協助。

在融合環境中，一般孩子也可以協助特殊孩子適應環境，一般孩子也許可以將特殊孩子介紹到教室團體中。有時候，一般孩子可以幫助特殊孩子整理他的東西或練習新的技能，所以，一般孩子也可以從融合環境中受益。而從一般孩子的模範中，特殊孩子更可以發展出自己的適應技巧及解決問題的技巧。

與特殊孩子一起工作時，有一種情形需要特別加以注意：有時候教室裡的一般孩子會為特殊孩子做了太多的事。他們想幫忙特殊孩子、替他們完成工作，此時，你要提醒一般孩子：只有當特殊孩子需要幫忙時才幫助他們。你也應鼓勵教職員工、義工及其他孩子要對特殊孩子有耐心，並給他們多一些的鼓勵。

圖 30-1 如果孩子經常對事物感到好奇，並嘗試著找出問題的答案，就有可能是資賦優異的孩子

個別教育計畫

聯邦法規定，每一位被診斷為有障礙的孩子都需要有書面的個別教育計畫（IEP），個別教育計畫的用意在於保障有特殊需要的孩子都能有他自己的學習計畫。在法律規定下，父母具有參與制定計畫的權利，因此，個別教育計畫須由老師、父母或監護人，及特定障礙類別的專業人員等共同發展制定。制定個別教育計畫後，必須給父母一份，有些已經被診斷確定的孩子會來到你的幼兒園，而這些孩子就會有已經完成的個別教育計畫。通常個別教育計畫必須每年重新檢討一次，計畫起迄時間通常是每年的十月一日到隔年的九月三十日。如果孩子的障礙是可以矯正或是不需要特殊的調整時，這些孩子就不需要個別教育計畫。

每一份個別教育計畫必須具備六個部分，包括：

* 孩子目前技巧發展程度的評估說明。
* 孩子的年度長程計畫。
* 短期的教育目標。
* 如何將孩子融合於一般課程中的簡要說明。
* 將會提供的特別服務，以及服務的起始、結束日期。
* 教育目標的評量標準。

當學齡前的孩子被診斷有障礙時，就必須制定個別家庭服務計畫。個別家庭服務計畫包括：

* 幫助孩子發展相關的家庭需要。
* 孩子的教育目標。
* 提供給孩子及／或家庭的服務，並載明提供服務人員及開始日期。
* 將孩子轉介到別的服務及一般教育的轉銜計畫。

老師的角色

自從聯邦法規定將特殊孩子納入一般教室中，老師的角色就延伸了。現在老師必須：

* 幫忙發現特殊孩子。
* 與語言治療師、心理醫師、醫療相關專業人員，以及其他相關人員一起設計發展個別的課程。
* 同時照顧特殊孩子及一般孩子。
* 和父母分享資訊並建議轉介事宜。
* 參考父母、其他專業人員及相關人員的意見以決定課程內容。
* 鼓勵父母參與自己孩子的教育，強調這是父母的權利，了解父母的感覺及想法，和父母站在平等的地位成為工作夥伴，並經常與父母保持聯絡。

首先，身為老師，你必須去學習如何發現特殊孩子。之後，你必須對聽力、視力、語言、生理、學習、行為及健康障礙的孩子有基礎的了解，有了這些基礎知識之後，你就可以修改課程內容及教室環境以符合這些孩子的特殊需求。

（一）發現

早期發現特殊孩子，是孩子得以順利發展的主要關鍵（圖30-2），如果特殊孩子不能被及早發現，孩子可能就要經歷很多年的挫折與失敗，而這樣的挫折，就會造成孩子無法自我肯定，進而又形成了其他障礙。

許多孩子的特殊需求是在他們進入幼兒園後才被發現的，他們常常不是由家人所發現，身為老師的你，也許會是第一個發現孩子有語言、視力或者聽力問題的人，你也可能是第一個注意到孩子有認知的、情緒的或者身體障礙的人。

為了要發現特殊孩子，你必須知道孩子一般的發展狀況，當你懷疑孩子有某方面的問題時，要特別注意並觀察這名孩子。非正式的觀察記錄可以用來檢視孩子的需要，這些觀察記錄可以記在卡片上或紙上。進行行為觀察

時，要記下可能代表特殊需求的行為表徵，舉凡任何不尋常的社會的、認知的、情緒的或身體的發展都可能傳達著特殊需求的訊息。

例如，你也許會懷疑某個孩子有特殊的需求，逐漸地，你發現他有些方面不太正常，這時你就得仔細地觀察這個孩子，把任何不尋常的行為記錄下來。就拿泰利的例子來說，如果泰利在學習顏色的概念幾次以後，還是不能辨認主要的顏色，此時你就得仔細觀察他了，你可以自問：「泰利是不是色盲？」並將他的特殊行為拿來和一般發展行為與同伴的行為做比較。

圖 30-2　每年一次的聽力檢查對於早期發現孩子的聽力問題是很重要的工具

蒐集資料的方法有很多，例如，你可以檢查孩子的作品（圖30-3）、照片和錄影帶，另外，像是說明孩子在幾歲時應該有哪些技能的檢核表或項目檢查表，也是很好的資料。

在你發現並確定發現的結論之後，要向機構的主任或園長報告。他們會先確認你的觀察無誤。然後他們會再進行其他的測驗，以確定這名孩子的能力，最後，通常會約父母見面，一同進行討論。

圖 30-3　如果孩子的作品和其他同年齡孩子的作品十分不同時，這可能顯示孩子有特殊需求

在園方與父母的會談中，首先簡介一下被懷疑有問題的行為，先分享你的觀察記錄，把你所觀察到的行為告訴父母，然後詢問父母是否注意到這些行為也會在家發生。如果父母也確認你的觀察無誤，你可以建議父母帶孩子去做正式的評估。

有些父母也許不贊同你的擔憂或看法，如果這情形發生，你可以繼續進行你的觀察，並與父母多召開幾次會議，有時候請父母在家或在幼兒園參與有結構性的觀察，會幫助父母了解問題所在。記住：任何發現的延遲都會妨礙孩子的發展。

（二）轉介

當父母同意孩子有特殊問題存在時，要幫忙將孩子轉介到所需的服務機構。身為老師，你的角色就是幫助父母注意到他們小孩的轉介需要。之後，孩子就會接受診斷。公立學校必須負責計畫診斷的進行及負擔與診斷有關的費用，除非父母選擇要自行進行評估。但即使父母選擇自行進行評估，幼兒園的教職員工還是得依法將評估結果納入考量。你也許可以建議父母帶孩子給哪一位專家檢查，這就稱為轉介。如果是視力或生理方面的問題，也許可以先轉介到區公所或學校的護士；至於聽力、語言，或口語方面的問題就可以轉介到語言治療中心；而學習或行為方面的問題通常都會轉介到學校的心理醫生或當地的特約中心。視各州的規定而定，也有可能轉介到社會福利局。

聽力障礙

與一般孩子比較，有聽力障礙的孩子通常是從語彙的缺乏及語言發展的全面遲緩而被發現的，這樣的孩子可能只會說幾個簡單的字而已。在你開始改變你的課程之前，先了解孩子聽力受損的程度，而這樣的訊息只能由專業人員評估後得知。

孩子的聽力受損程度有可能從由輕度到重度，當孩子有輕度的聽力障礙時，他的字彙可能比其他正常學習的同伴來得少，這樣的孩子在團體活動、故事時間和戶外教學上，都可能會有學習的困難。他可能表現出不專心或不感興趣的樣子，也可能會聽不到對方一半以上的談話。

如果孩子有中度的聽力障礙，那麼在團體活動中也同樣會有學習困難，這樣的孩子所擁有的字彙非常少，要聽懂他的話，你必須跟他面對面站著，這樣你才可以讀他的唇語。

有重度或極重度的聽力障礙的孩子，他的言語很少可以聽得懂，這樣的孩子大部分都藉由視力、肢體動作及相關線索來與人溝通。

為了要彌補聽力障礙，很多聽力障礙的孩子會在耳朵裡配戴助聽器或在胸前配戴 Y 字形助聽器。配戴助聽器的好處是，它能調整到剛好可以彌補每一耳聽力受損程度的音量。Y 字形助聽器是最常見的，它有一個助聽器，由兩根管子連接到兩個耳朵去。

了解孩子所配戴助聽器的種類很重要，請父母告訴你有關助聽器的訊息。如果在課堂中孩子的助聽器掉出來，你必須要幫孩子將助聽器戴好，你同時也要知道如何檢查電池有沒有電，手邊最好隨時都有備用電池。

助聽器的目的是增強並放大所有的聲音，但是它無法使孩子的聽力完整無缺。事實上，所有的助聽器只有在半徑十英呎（約三公尺）內有效。安排座位時，將配戴助聽器的孩子座位遠離會引起分心的噪音，因為助聽器會將附近的聲音擴大。

教學上的建議

當走近有聽力障礙的孩子時，要蹲下來到他眼睛的高度（圖30-4），然後在跟孩子說話之前要先引起他的注意力。有時必須輕輕碰觸孩子的手或手臂才能引起他的注意。多練習幾次以後，你就知道你要離孩子多近，他才能知道你在說些什麼。除此之外，你應該也要遵循下列的建議：

圖 30-4　和聽力障礙孩子一同工作的重點是：調整你的教學方法來滿足特殊孩子的需求

* 以一般說話的音量及速度說話。
* 使用與其他孩子說話時相同的語法結構。
* 說下一句話前要給孩子時間回應。
* 如果孩子聽不懂你的話時，可以用不同方式再說一次，或者以示範的方式讓他明白。
* 當其他孩子和聽力障礙的孩子溝通時，鼓勵他們模仿你，也就是說，他們必須先引起聽力障礙孩子的注意力，看著他的眼睛，然後以一般說話的音量及速度和聽力障礙孩子說話。
* 當有需要時，運用手勢及臉部表情來補強所說的話。
* 在團體活動中，讓有聽力障礙的孩子坐在你前面，這樣可以鼓勵孩子在你說話時注視你的肢體語言及嘴唇。

　　除了運用上述技巧之外，也必須為有聽力障礙的孩子修改課程內容。在你開始修改課程內容之前，無論如何，你最好先徵詢語言或口語治療師的意見來做修改。

　　視覺技能對有聽力障礙的孩子是很重要的，訓練良好的視覺技能可以幫助他們彌補聽力的不足，但是，有聽力障礙的孩子無法自動地就擁有敏銳的視覺技能，為了符合他們的需求，要強調視覺活動。

* 使用具體的教材來呈現抽象的概念，例如，如果你在介紹南瓜時，就要用一個真的南瓜或一張南瓜的圖片（避免在說話的同時轉身在黑板畫南瓜，因為當你跟聽力障礙的孩子說話時，他們需要看見你的臉）。
* 提供各種分類遊戲和拼圖給有聽力障礙的孩子，讓他們練習視覺理解的技巧。
* 在教室的家具、器材和教材上貼上標籤。
* 選擇簡單、字體大，及說明整齊的故事書。在說故事時間，有聽力障礙的孩子通常依賴視覺多於聽覺。
* 利用交通號誌和遊戲場的三輪車教導安全規則。
* 利用燈光的控制來引導日常例行作息及轉換活動。開關燈光使其明滅來吸引孩子的注意力。
* 利用黏貼圖片來指示下一個活動。

即使有些有聽力障礙的孩子被訓練用手語來溝通，與其他孩子溝通還是強調唇語讀及說的口頭溝通方式，雖然專業人員常建議有聽力障礙的孩子使用不同的溝通方式或者使用助聽器，但有些父母會喜歡使用某種溝通方式更勝於其他。

口語及語言障礙

有的孩子來到學校拒絕說話，有的孩子也許會說話但是發音不清楚（老師及同儕都聽不懂）；另外有的孩子也許不能正確地記憶句子結構，這些孩子都是有口語或語言的障礙。

（一）發現

在修改課程內容之前，你必須先發現問題所在。非正式的觀察是最常用來發現口語及語言問題的方法，表30-5列出了在觀察口語及語言方面問題的幾個檢查項目，當孩子說話時，你必須注意聆聽他們說話的聲音及內容。

口語觀察表
孩子在發展評量檢測表發出的聲音和同年齡的孩子相同嗎？
孩子說話的速度及流暢性和他的年齡相符嗎？
孩子說的話是否可以聽得懂呢？
孩子說話的次數是否正常呢？
孩子是否能夠正確地記憶並重複說出句子呢？

表 30-5　如果你懷疑孩子有口語障礙，你可以依照表列項目仔細地觀察孩子

當孩子發某些音有困難時，把這些音記錄下來。對孩子來說，p、b、m、w 等子音與母音是最容易發音的。Cr、bl、sh、ch、th、j、r、e 是最難發的音，需要比較久的時間學習，表30-6列出了孩子在不同年齡層會發的音。

在各種不同的環境及情境下觀察並傾聽孩子說話，例如在遊戲場、各個學習區、吃飯時間，以及當他們和其他孩子說話時。在你發現問題時，把問題記錄下來並且繼續觀察以便蒐集資料。

口語聲音發展順序

年齡	發出聲音
$1^1/_2$-$3^1/_2$	p、m、h、n、w、b
2-4	k、d、t、n、g
$2^1/_2$-$5^1/_2$	f、y
3-6	r、l、s
$3^1/_2$-7	ch、sh、z
$4^1/_2$-8	i、r

表 30-6　當你觀察一位你認為也許有口語障礙的孩子時，請將上述規則記在心中

在重複觀察的基礎下，你就可以確定這名孩子很可能有語言障礙，然後，你就應與園長或主任分享觀察記錄。園長會決定是否召開家長會議，然後孩子也許會被轉介到語言治療中心接受評估。

（二）口齒不清晰

「大舌頭」及台語的「臭妮呆」都常是用來形容口齒不清晰的問題，這些形容詞隱含著孩子的舌頭或者發展程度是個問題。其實兩者的隱含都不正確，口齒不清晰大部分是因為母音、子音或兩者都被省略、扭曲或替換所造成的，孩子有可能發生一個或一個以上的口齒不清晰的問題。

如果某些音素被省略不發就是發音省略的錯誤，這會造成只有字的某部分被發音，例如：孩子想說ㄇㄚ，但是只發出ㄚ的聲音，或者想說ㄒㄧㄝ，但只發出ㄧㄝ的聲音。

孩子如果會扭曲音素，有時會難以分辨及發出想發的音，例如：孩子會將「ㄈㄚ」的音扭曲為「ㄏㄨㄚ」，「ㄔㄜ」子扭曲為「ㄊㄜ」子。

音素替換與發音型態有關，例如「ㄢ」和「ㄤ」、「ㄎ」和「ㄏ」、「ㄦ」和「ㄜ」等，孩子會習慣性地用某個音去替代類似的音。

在孩子被診斷有發音的問題後，應該要諮詢語言治療師，語言治療師將可以直接提供孩子治療或給你建議，你可以請教語言治療師如何幫助孩子。

身為老師，你對口齒不清晰孩子的反應有著很大的影響力。要幫助這名孩子，使他／她感覺你們的關係很穩固，你要一直對孩子有正向的反應，並

且要確定其他孩子有相同正向的反應。如果孩子不願口頭回答你的問題，不一定要要求孩子回答，相反地，你可以將正確的回答告訴他。

你要示範好的傾聽技巧及說話技巧給所有的孩子看。盡可能去注意所有的孩子，當他們說話時，直接注視他們的臉，並以口頭回答的方式，表示對他們說話的內容很感興趣，如果你不懂孩子的談話，你可以要求孩子重複他們說的話。

你需要鼓勵口齒不清晰的孩子說話，當他在參與活動時，你可以特別將語言融入活動中，例如，當孩子在玩分類箱時，你可以看著他在做什麼，然後告訴他，他正在做什麼，例如：「你正在把一塊大的紅色積木放進方形的洞裡。」

使用適合孩子發展程度的語言，例如，孩子可能指著一台大的紅色車子並且說：「ㄊㄜ子。」你就應該說：「這是一台大的紅色ㄔㄜ子。」這個技巧就稱為「附和」反應，也就是要矯正孩子的發音，並正確地將發音融入句子中。

有些孩子對於他們喜愛或有特別意義的東西會比較容易去解說它們，你也可以利用請孩子從家中帶他喜歡的東西來，然後請孩子向每個人解說那樣東西。

要經常在教室中提供各種不同的活動，因為活動的種類愈多，孩子就愈必須去談論，試著將孩子在家中的經驗、文化背景與教室中的活動加以連結。

你可以藉由問開放性的問題，要求所有的孩子都必須要溝通回答，包括那些有發音問題的孩子，而不是問「是或否」的問題，例如：你可以問孩子「你喜歡這本書的哪一部分？」而不是問孩子：「你喜不喜歡這本書？」

（三）聲音障礙

聲音的特徵包含音高、音量、音調及音質。聲音的高低就是音高，常常發現有些孩子有音高太高或太低的問題。

音量與說話時使用多少力氣或力量有關，聲音有可能強或弱，聲音強可能會比較大聲而變得吵雜，聲音弱可能不容易被聽到而妨礙溝通。

適當的說話聲音在平常的對話中，會使用不同的音高與音量，這就是所謂的音調。音高及音量的變化通常代表著說話者的情緒變化。

　　刺耳的聲音、沙啞的聲音、氣音及鼻音都是聲音品質的問題。刺耳的聲音通常比一般聲音要大聲，沙啞的聲音也許是喉嚨有問題，氣音聽起來就像笛子吹出來的聲音，鼻音則是聲音從鼻孔發出來而不是從喉嚨發出來。

　　要防止或是糾正聲音障礙，可以利用下列技巧幫助孩子提升聲音控制的能力：

> ＊ 鼓勵孩子在室內遊戲時使用正確的音量，你也許必須要說：「泰迪，請你在教室內用室內聽得到的聲音就可以囉！」
> ＊ 禁止孩子在戶外活動時常常尖叫或大聲喧嘩。
> ＊ 示範好的聲音特質，你的聲音應該要有合適的音高、音量、音質及音調。

（四）口吃

　　有口吃的孩子通常會有重複單字、支支吾吾、延長語音的現象，不過只有少數的孩子會在所有的時間都口吃，通常孩子只有在某種情況下才會口吃。

　　在語言發展的早期階段，很多孩子都會有口吃的經驗，而且通常發生在孩子有壓力的時候（圖30-7）。

　　孩子通常在溫馨、輕鬆的教室裡會表現最好，這樣的環境幫助所有的孩子有信心說話。

　　如果你的班上有口吃的孩子，將重心放在創造良好的說話情境上。

圖 30-7　感覺到有壓力的孩子比放輕鬆的孩子要容易發生口吃現象

> ＊ 設計活動讓所有的孩子有成功的說話經驗，然後讚美他們。
> ＊ 給孩子充分的時間讓他們說他們想說的話。
> ＊ 仔細聆聽孩子在說什麼，而不要注意口吃的部分。
> ＊ 避免催促孩子說話，不要幫他們說完一個字或一句話。

　　很不幸地，很多好意的人會給孩子建議，例如：「停一下，然後想一

想」，或者叫孩子「重說一遍」以及
「說慢一點」，這些建議通常會讓孩子
覺得更加害怕，而害怕的結果就是孩子
說話的困難可能會持續下去。沒有壓力
的環境是很重要的。當口吃很嚴重時，
語言治療師就必須要介入。

圖 30-8　有視力障礙的孩子通常會比較缺乏小肌肉的協調能力，他們需要藉由藝術活動來建構這些技能

視力障礙

　　視力障礙的孩子是特殊需要孩子中
最少出現的族群，常見的視力問題包括
弱視、近視、遠視，及／或色盲。在行
動上，視力障礙孩子和一般孩子差不
多，但是他們參與一些和肢體動作有關
的活動時會有行動上的限制（圖30-8）。

　　要了解視力障礙，你必須先了解正常的視力系統如何運作，不像孩子所
想像的，眼睛其實不是用來看東西的，眼睛的作用是吸取光線。眼睛吸取光
線後，就會將視覺刺激由視神經傳達到腦部，大腦會將視覺刺激解碼，最後
眼睛才真正看見。大部分眼睛本身的缺點是可以矯正的，但是如果是腦部或
視神經受損，那障礙就無法矯正。

（一）早期發現

　　早期發現視力障礙是很重要的一環。許多幼兒園每年都有「國家防盲協
會」的義工、鄉鎮區公所的護士，或其他專業人員舉辦視力檢查，似乎有問
題的孩子都會被轉介到眼科專家那裡進行全面的檢查。

　　幼兒園的教職員工需要仔細觀察孩子，以發現孩子是否有視力問題，某
些症狀可能代表著視力問題：

＊　經常搓揉眼睛。
＊　常撞到東西並且沒辦法在教室中行動自如。
＊　把頭調整到奇怪的角度看東西。

* 把東西拿到很靠近眼睛的地方。
* 斜視。
* 鬥雞眼。
* 眼睛結硬疤。
* 眼瞼紅腫。

（二）視力障礙的種類

孩子常見的視力障礙有許多種，弱視是一種你可以在教室中注意到的疾病，其他如青光眼、近視、遠視、色盲，以及一些無法矯正的狀況也可能會在孩子身上發現。

1.弱視

弱視通常稱為「懶惰眼」，這種障礙通常都是因為一眼不用而造成肌肉不平衡，如果早期發現孩子有弱視的情況，就可以是幾種可矯正的視力狀況之一。為了強迫孩子使用視力較弱的一眼，會在視力較強的一眼戴上眼罩，如果戴上眼罩還是無法矯正，就得進行手術治療。如果弱視沒有在六歲或七歲之前治療，孩子的視力也許就會很差。

2.青光眼

青光眼是一種因為淚液無法適當循環而引起的症狀，會造成眼壓過高，久而久之，這種壓力會破壞視神經。這種症狀可以用眼藥水治療，如果早期診斷出來，就可以防止視力退化。

3.近視

有些孩子無法看見遠處的東西，這些孩子就是患了近視眼，當眼睛焦距在視網膜前就會造成近視。

4.遠視

孩子無法看靠近他們的東西就是有遠視的困擾，視覺影像的焦點如果在視網膜的後面就會造成遠視。

5.色盲

色盲的意思就是無法看見正確的顏色，這是由遺傳而來。因為是隱性遺傳特質，所以主要會發生在男生身上。你應該可以很快地就發現有色盲的孩

子，因為他們無法辨認一種或數種主要的顏色。

6. 無法矯正的狀況

　　有許多種視力障礙是無法用眼鏡、手術或其他治療方法加以矯正的，因為疾病或傷害而導致視神經受損就是一個例子。在受損之後，視覺刺激無法傳達到腦部，也就無法擁有正常的視力。

（三）教學策略

　　你也許得視孩子的視力需求改變一下你的教室，下列教學策略也許會有幫助：

> * 經常讓孩子用眼睛去看，例如，如果遠視的孩子拒絕戴眼鏡，那就提供他們有一些有趣的小插畫及印刷品，這些孩子就會明白戴上眼鏡的重要性。
> * 設計一個視力單元幫助孩子了解視力。
> * 在購買黑板時要購買表面較為暗色的，然後使用黃色的粉筆在黑板上寫字。使用有顏色的，而不要用黑色的麥克筆在白板上寫字。對視力不好的孩子而言，強烈的反光會讓他們的眼睛很疲累。
> * 把孩子的作品掛在他們眼睛的高度。
> * 無論何時，安全都很重要，要維護安全的環境，玩完積木、車子和其他物品後，都要收拾好。
> * 聽力的指引對視力障礙的孩子是很重要的，所以盡量保持安靜以提供他們舒適的環境。
> * 在語文區，要提供一些圖案和線條都簡單清楚，而且字體大一點的書籍。
> * 在孩子辨認環境時，要提供許多可碰觸、可聞、可聽的線索（圖30-9），例如，在語文區使用一塊粗毛的地毯，在科學區使用會冒泡泡的魚缸或有香味的花朵。
> * 利用聽覺來提示活動的轉換，包括：唱歌、打鼓、彈鋼琴或敲鈴。
> * 在活動中，常常鼓勵孩子使用他們的感官，並描述他們所記得的。

　　請記住：有視力障礙的孩子也許需要學習一些一般孩子已經具備的技能，例如，一般孩子可以藉由觀摩他人而學習到用餐、上廁所及穿脫衣服的

技能，但是視力障礙的孩子到幼兒園來時也許還不具備這樣的技能，你必須教導他們這些技能。同時，你也必須教導他們熟悉教室的各個學習區，你可以重複指引他們從一個學習區到另一個學習區來讓他們熟悉環境。

圖 30-9 對有視力障礙的孩子而言，利用觸覺的活動對他們是很重要的

肢體障礙

大部分的學齡前孩子都可以爬、走、跑、攀爬，以及用不同的方式移動他們的身體，但是肢體障礙的孩子就有行動上的某些限制，也因為這樣的限制，使得他的經驗和其他一般孩子不太相同。

（一）肢體障礙的種類

就像其他有障礙的孩子一樣，肢體障礙的孩子通常以他功能障礙的程度來區分，障礙的程度可分為重度、中度或輕度。有重度肢體障礙的孩子通常無法獨自行動，他們通常必須使用輪椅來行動。有中度肢體障礙的孩子則可以自己進行比較多的活動，但還是得依靠很多教職員工的幫助。因為中、重度的肢體障礙孩子必須要有無障礙空間才能進出，因此他們也許不會到沒有無障礙空間的幼兒園就讀。

輕度肢體障礙的孩子幾乎可以做一般孩子可以做的活動。他們也許只需要走路輔助器或其他設備儀器來幫助他們四處走動，可預期的是，他們需要較長的時間來移動或完成工作。

在一般幼兒園遇到的肢體障礙孩子通常都是自己能行走的，他們可以從一個地方移到另一個地方。但是也許你可以選定一個肢體障礙孩子喜歡的學習區讓他活動，在這些學習區你會觀察到比較低的師生比，因為這樣才可以符合肢體障礙孩子的需求。

（二）腦性麻痺

腦性麻痺是因為腦部受傷所引起的。受傷的原因可能是因為在母親懷孕時遭受感染或營養不良導致、在分娩時傷到頭部或缺氧；此外，也可能會在發展階段因為癌症、腦外傷或腦部感染而引起。腦性麻痺的特徵就是缺乏自主動作的控制能力。

腦性麻痺的孩子通常會伴隨語言的問題，這是因為孩子無法控制用來發音的肌肉所導致。如果你班上的孩子有語言的問題，和父母或語言治療師討論，有重度腦性麻痺的孩子可以使用改良溝通的儀器，例如，溝通板上通常有一些有關於人、事、物的圖片，因此當孩子渴的時候，他就可以指著一杯牛奶的圖片表達他的意思。

腦性麻痺的孩子通常也缺乏小肌肉動作技能，因此他們無法達成許多生活自理的技能，例如，餐具及其他的用具對他們而言是很難使用的，職能治療師和孩子的父母能在餐具、蠟筆和其他用具的選擇上給你最佳建議。調整一些設備用具也許是必須的，例如，你也許可以在拼圖片上面黏上一個大的木把，如此一來，腦性麻痺的孩子就可以拿起或放進拼圖片。有很多調整過的玩具、個人用品，以及獨立生活的設備在市面上都買得到，可請教離你最近的輔具發展中心為你建議調整的用具。

（三）脊柱裂

脊柱裂是因為脊椎的骨頭沒有長在一起，神經便因此暴露在外面，造成癱瘓，這是一種先天性的疾病（在出生前就有，但不是遺傳而來），造成脊柱裂的原因至今不明。有這種疾病的孩子通常都會缺乏大小便的控制能力，他們通常無法知道他們何時尿濕了，因為他們的下半身是癱瘓的。

為了讓脊柱裂的孩子可以專心在學習活動上，他必須覺得舒適。你也許需要問類似這樣的問題：「你舒服嗎？」或是「你想換個姿勢坐嗎？」為了提供脊柱裂孩子最佳的環境，可以請教父母及物理治療師，他們也許會建議一些可以提供孩子維持平衡的姿勢。一些特別的問題，例如「學習活動應該在地板上或是在桌子上？」以及「教室的課桌椅要不要調整？」你都可以向他們請教。

（四）四肢缺損

偶爾你的教室中也許會有一位少一隻手掌、手臂或腳的孩子，也許四肢缺損是因為意外或癌症，也有可能是在出生時四肢就有缺損。通常四肢有缺損的孩子都會裝上義肢，有研究證明孩子可以很容易地適應義肢（圖30-10）。

圖 30-10　有了義肢的幫忙，肢體障礙的孩子就可以參與一般孩子可以參與的活動

為了讓孩子使用義肢，義肢應該適合孩子，而義肢也必須好好保養照顧。為了避免孩子沮喪，身為老師，你需要知道義肢要如何操作。父母通常都很歡迎老師詢問有關於義肢的問題，事實上，這些問題正是你對他們的小孩提供最好的照顧的證明，其他孩子會模仿老師對義肢坦然接受的態度。

（五）教學建議

雖然對有些孩子而言很困難，但是行動對所有的孩子都是很重要的。有肢體障礙的孩子也許必須用爬的，或使用特殊的用具，像輪椅或走路輔助器來行動，因此他們也許需要更多的時間與精力來完成小肌肉或大肌肉動作的工作，他們要花更長的時間上廁所或完成一個計畫，所以你需要在課程表中提供足夠的時間讓他們完成工作，因此，你也必須在硬體環境上做一些調整。

* 調整椅子以配合孩子。
* 提供空間給孩子的輪椅、支架、枴杖、走路輔助器或推車通行。
* 提供斜坡道好讓孩子可以到達教室。
* 把桌子調高，讓輪椅可以放進桌子底下。
* 在拼圖片上黏上木把，讓他們比較好拿起或放進去。
* 把所有的地毯或踏墊固定在地板上，以防止孩子滑倒或絆倒。
* 提供有雙柄的杯子和深底的碗，而不要提供盤子。
* 在點心時間盡量提供要用手指拿起來吃的食物。

健康障礙

　　有些孩子比其他孩子多病，這些孩子通常有長期的健康需求，長期的健康需求可以被定義為一種疾病超過一定的時間，有些孩子的疾病可能長達一輩子，有些孩子的疾病則只有幾個月。

　　有健康問題的孩子通常都會有健康時好時壞的週期，因為健康需求是最常見的特殊需求，你能否注意到不同的健康問題就變得極為重要。

（一）過敏

　　孩子最常見的健康問題就是過敏。研究顯示，超過百分之五十的人有中度到重度的過敏，而過敏是可能在任何年齡開始的。研究同時顯示，只有少部分有過敏的孩子被診斷出來。

　　過敏是對某種物質敏感，這種敏感會造成疹子、腫脹、打噴嚏或其他反應（圖30-11）。引起過敏的物質可分為四種：吸入性物質、攝取性物質、接觸性物質及可注入性物質。吸入性物質是在空氣中的物

圖 30-11　蚊蟲咬傷所引起的過敏反應可能會引起腫脹及皮膚刺痛

質被吸入體內；攝取性物質是食物、藥物、或從嘴巴吃進去的任何東西；接觸性物質是身體碰觸到的物質；可注入性物質是注入身體中的化學物品或藥物。

　　動物的皮屑、塵土、毛髮、跳蚤、孢芽、霉菌和植物的花粉都是在空氣中傳播的過敏物質，如果你的教室中有對動物皮屑嚴重過敏的孩子，你也許必須把所有有毛皮的動物，例如倉鼠等移走。

　　豆子、草莓、巧克力、肉桂、柑橘類的水果、玉米產品、可樂飲料、蛋類、魚、有殼類海鮮、牛奶、番茄和麥片都是身體會有所反應的典型食物。衣服的染色劑、加到肥皂和洗髮精的香水或顏料等，也都是接觸性的過敏物質，會導致身體的反應。其他例如阿司匹靈、盤尼西林和磺胺類藥劑都是會引起反應的常見藥物。在孩子註冊進入幼兒園時，向父母詢問他們的孩子是

否有過敏情形是很重要的。

　　如果有孩子會對食物過敏，你需要按照孩子的過敏情形來安排食物。試著在設計菜單時避免會引起孩子過敏的食物。有時候，你也許需要提供過敏孩子食物的替代品，例如，如果孩子對牛奶過敏，你必須提供另一種奶製品或其他替代品，父母經常會主動提供替代品以確定他們的孩子不會喝到牛奶。

　　化妝品／保養品、某些洗衣粉、羊毛和漿粉，當這些物質和身體接觸後就會引起過敏的反應，通常這些反應包括起紅色疹子及發癢，這些症狀通常警告你，孩子應該要避免接觸會引起他們過敏的物質。

　　有些物質從皮膚進入身體後會引起反應，例如，盤尼西林藥劑、蜜蜂或黃蜂叮咬的毒液等，你需要很注意昆蟲的叮咬，因為這些叮咬對有些孩子而言是會致命的。

　　蜜蜂或黃蜂叮咬通常會造成傷口紅腫，這就代表只有輕微的過敏。如果孩子是嚴重的過敏，可能紅腫會遍布全身並且導致孩子呼吸困難，若發生這種情形，要立刻尋求醫療協助，如果不立即給予治療，可能會造成死亡。

　　有些過敏的症狀也許和季節有關，例如，對樹木、花粉過敏的孩子也許在春天會經常打噴嚏。最主要的花粉季有三個：早春的樹木花粉、晚春和早夏的花草花粉，以及晚夏和秋季的雜草花粉。

　　你也許是第一個懷疑孩子有過敏的人，過敏的症狀列在表30-12，如果你懷疑孩子有過敏，可以和他的父母討論一下。

　　你也許要對過敏孩子的治療追蹤有些了解，基本上有三種治療過敏的方法。第一種是，過敏的人要避免會引起他們過敏的物質，例如，對巧克力過敏的孩子就不要給他有巧克力成份的食物。

　　其次，如果過敏的人無法避免過敏原，那麼，他可以降低過敏性。在這個過程中，醫生會在一段時間內注射少量的過敏原到身體裡面，讓過敏的人產生免疫力，最後他就可以對抗過敏原了。

　　最後，藥物也可以用來治療過敏症狀，例如，如果他是過敏引起鼻塞就可以用藥物來控制鼻塞症狀。

過敏的症狀	
眼睛	鼻子
・紅眼絲及大眼泡 ・持續揉眼睛引起紅眼睛 ・眼睛周圍有黑眼圈 ・眼睛有刺痛感並流很多眼淚 ・眼瞼被乾的眼睛黏液黏住打不開	・流鼻水 ・無法聞氣味 ・鼻子流出黃膿 ・經常打噴嚏 ・鼻子癢
嘴巴	皮膚
・經常乾咳 ・經常以嘴巴呼吸 ・喘息 ・嘴巴潰瘍	・經常起疹子 ・傷口不易癒合
喉嚨	身體
・發癢 ・淋巴腫大	・發抖 ・發燒 ・流汗 ・下腹痛 ・嘔吐

表 30-12　過敏常發生在孩子身上，因此學會辨認較常見的過敏症狀就變得十分重要

（二）關節炎

　　關節炎是一種在關節和周圍皮膚腫痛發炎造成紅腫的狀況，最常見的少年關節炎稱為類風濕性關節炎。當從紅腫變成疼痛時，孩子會經常疲倦、沒有胃口、發燒、關節痠痛和關節僵硬，這些症狀就是類風濕性關節炎的最初徵兆。

　　十年後，百分之六十到七十有類風濕性關節炎的孩子會好起來，但是成人的話，要復原的機會就非常小。

　　有關節炎的孩子通常都很難在一段長時間內保持同一姿勢，他們也許需要更多的時間從一個地方移到另一個地方，或者也需要可調整的玩具、餐具和衣服。一些需要手指運用靈巧的精細動作，例如剪紙或串珠，對他們而言就特別困難。類風濕性關節炎通常在早晨最嚴重，時間過了就會慢慢減緩，

最好給他們有規則但是不太刺激的活動，當疾病正在發作時，孩子會需要更多休息。

（三）氣喘

氣喘是一種反覆呼吸短促的疾病，不停地咳嗽、喘息。哮喘通常會伴隨氣喘，氣喘發作時可能持續幾個禮拜或幾個小時，但是也有些人終生都有氣喘。

氣喘通常都是由過敏引起的，在某些情況下，氣喘也可能是因為太過緊張或興奮而發作。氣喘發作時可以用藥物紓緩狀況，藥物通常指藥片或吸入器。

許多有氣喘的孩子對灰塵會過敏，為了避免氣喘發生，你也許必須改變一些外在環境，例如，移走絨毛玩具、枕頭或抱枕、地毯、窗簾／簾子，如果無法移走這些物件，至少要確定活動室每天都很乾淨。最好每天傍晚時用吸塵器把幼兒園的地板吸一吸、打掃一下，這樣到早晨就不會塵土飛揚，當孩子隔天來到幼兒園時也就沒有這方面的問題。

（四）注意力缺陷

是什麼讓卡拉這麼興奮、讓崔西這麼容易衝動？為什麼布魯斯這麼有破壞力？百分之五到十的學齡兒童有缺乏專注力及無法專心於手邊工作的問題，他們很容易分心，這些孩子就是有注意力缺陷（ADD）。許多有注意力缺陷的孩子也會有過動、停不下來和衝動的傾向，這樣就稱為注意力缺陷過動症（ADHD），這樣的孩子通常都會反抗並且不遵守教室的規則。

注意力缺陷過動症比較常發生在男孩身上，女孩與男孩發生的比例大概是1：5。造成注意力缺陷過動症的原因不清楚，但是，被診斷有注意力缺陷過動症的孩子通常用有安靜效果的藥物來治療，他們也常會接受行為治療。

（五）纖維膀胱症

纖維膀胱症（CF）是一種遺傳性的疾病，一出生時就會發生。這種慢性病的狀況包含經常性及嚴重性的肺發炎、無法增加體重，並且體重會減少、且大便有惡臭等症狀。這些症狀有的是因為汗腺產生的黏液所造成，這些黏液干擾了消化和呼吸系統。

鮮少有纖維膀胱症的孩子進入幼兒園，因為他們無法冒著會感染肺炎的風險，況且這些孩子要在醫生密切注意下接受治療。如果有纖維膀胱症的孩子進入你的幼兒園，他們經常需要休息一下並且喝大量的水，因此也需要經常去上廁所。老師必須去請教孩子的醫生及父母相關的特別照顧計畫。

（六）糖尿病

糖尿病是一種遺傳性的疾病。糖尿病的一般症狀包括經常想上廁所、體重減輕、經常肚子餓、發癢（尤其是鼠蹊部附近）、傷口不易癒合。但是也有些糖尿病的孩子並不會出現明顯的症狀。

糖尿病患者的身體無法完全處理吃進來的食物，特別是醣類，結果就造成胰臟無法產生胰島素賀爾蒙的適當水平，也就無法燃燒或儲存食物成為能量，進而導致身體的糖分增加，血液中的糖分也會隨著增加，當血液通過腎臟時，糖分會排泄到尿液中。缺乏醣類會導致疾病的發生，如果糖尿病不加以控制是會致命的。

特殊飲食對糖尿病患者而言十分重要，均衡攝取蛋白質、脂肪、醣類、維他命和礦物質是必須的。糖尿病患者的飲食也必須定量，也就是說，每日醣類的攝取量不能忽高忽低。

運動、胰島素和適當的飲食對控制糖尿病而言十分重要，胰島素在大部分的年輕糖尿病患者的治療中非常重要，每次注射的種類及分量必須由醫生決定。通常患有糖尿病的孩子會接受父母幫其注射胰島素。胰島素注射的量如果沒有隨孩子攝取的食物和活動量調整，胰島素反應也許會發生；太晚吃飯或活動過量也許也會引起胰島素反應。如果孩子發生胰島素反應，就會暴躁、緊張、無力和飢餓，也會變得臉色蒼白及汗流不止，顫抖、頭昏和頭痛也有可能會發生。如果此時不給予治療，胰島素反應會導致休克及昏迷，你可以給孩子吃簡單含有糖分的食物，像是橘子汁或糖果，這可以幫助緩和胰島素反應。

當有糖尿病的孩子在你的幼兒園時，有幾個教學的建議很重要，可參考表30-13。

給糖尿病孩子的老師的建議

- 詢問父母如何處理緊急情況。要求父母將這些建議寫下來，並將這資訊存放於孩子的檔案中。
- 每天準時吃飯及點心。
- 確認糖尿病孩子每天都有相同熱量的食物。
- 隨時準備補充醣分的食物在身邊，像是巧克力、糖果、汽水或橘子汁等，以避免胰島素反應的發生。
- 如果孩子失去意識要盡快將孩子送醫急救。

表 30-13　遵守上述的建議，以確定患有糖尿病的孩子在你的教室中會得到適當照顧

（七）癲癇

癲癇是因為腦部損傷而引起痙攣的不正常現象，有百分之一的人會有癲癇症，癲癇症的結果會造成中央神經系統的電波被干擾。癲癇症並不是疾病。

癲癇可以引起不同程度的反應或痙攣，癲癇大部分可以分成兩種：輕癲癇與大發作癲癇。輕癲癇的突然發作會造成數次無法察覺的反應，通常，可以觀察到的現象包括眼皮亂跳、姿勢突然保持不變、眼睛眨也不眨，以及在活動中暫時停止等。輕癲癇的發作時間也許只有五到十秒鐘而已。

身為老師，你也許無法每次都注意到輕癲癇的發作，不過你可以注意到的是孩子發生奇怪的行為或是孩子不專心，在輕癲癇發作期間會有短暫的知覺喪失，大部分這類的癲癇並不需藥物治療。

大發作癲癇要比輕癲癇嚴重多了。大發作癲癇發生時，孩子會失去意識，且身體也可能會抽動、翻動或變得僵硬，孩子也許會因為撞到物品或咬到舌頭而受傷。

當孩子恢復意識時，他／她也許會覺得困惑，事實上，孩子並不會記得癲癇發作的狀況。相反地，孩子可能會爬起來然後繼續進行教室活動。

癲癇症的治療主要是以藥物為主。癲癇藥物無非是防止或減少發作的頻率，很可惜地，許多治療癲癇的藥物會引起嚴重的副作用，例如好動和行為遲緩。

身為老師，你也許必須去控制癲癇發作，如果孩子昏倒，你必須：

* 讓孩子繼續躺在地板上，把該區域的雜物全部移走，讓孩子有足夠的空間翻動。
* 保持冷靜。
* 把孩子的頭抱在你的大腿上，避免抑制孩子的動作，可能的話，將孩子的身體轉向一側，讓口水可以流出來，使孩子不至於梗塞，千萬不要將你的手指或其他物品放進孩子的嘴巴。
* 如果孩子的身體抽動了兩分鐘仍沒有停止，就要緊急送醫治療。
* 在孩子恢復意識後，允許孩子繼續躺在地板上休息，為孩子蓋上毛毯並讓他睡覺。

（八）血友病

血友病是會導致血液無法凝結的一種血液遺傳的疾病，只要碰撞到物品，大量的內部（皮下）出血就會發生，這樣會引起關節的問題和極端的疼痛，孩子因此需要到醫院接受照顧，然而，真正的危險在於重要器官的內出血或流血而導致的死亡。

在父母的協助下，決定何種器具是孩子可以安全使用的。同時，你也應該要：

* 標明孩子可以使用的室內及室外器具。
* 詢問父母當孩子受傷時的處置方法。
* 細心注意孩子的遊戲情形，以避免意外的發生。

（九）白血病

白血病是一種癌症，它會影響製造血液的器官和血液，白血病會造成血液中的白血球數量大量增加。

白血病可能會致命。患有白血病的孩子比較不可能會進入一般幼兒園就讀，然而你還是可能發現已就讀的孩子罹患白血病，孩子必須到醫院接受治療，當白血病獲得控制，孩子也許會想要回到幼兒園來探望朋友。當孩子比

較好時，如果父母選擇讓患有白血病的孩子回到幼兒園，你就需要和所有孩子討論白血病，可以討論父母對孩子的希望及白血病的相關訊息。

融合特殊孩子

可以融入一般幼兒園的特殊孩子人數隨各幼兒園狀況而不同，應考量的幾個因素包括：老師的訓練和經驗、師生比和孩子的特殊需求。

圖 30-14 鼓勵特殊孩子嘗試新的經驗，也許可以幫助孩子喜歡學習區活動

先不管孩子的需求，特殊孩子應該依照發展程度而非年齡來分組，所以特殊孩子分組前要先經過詳細的觀察。

特殊孩子在幼兒園感到快樂這很重要（圖30-14），一些特殊孩子並沒有完整的家庭及社區經驗，另一些特殊孩子可能必須接受痛苦的醫學治療。對這些孩子而言，幼兒園提供了一個建立友誼及學習的機會。

為了要滿足特殊孩子的個別需求及建立老師的自信，你必須經常尋求專家的協助，例如，如果孩子有語言方面的問題，尋求語言治療師的協助就很重要，專家也可以幫你規劃對孩子有助益的活動。

如果在孩子第一次入園時，父母並沒有和孩子在一起，你要提供父母有關於孩子當時進步的情形。父母最關心孩子在學校適應的情形，有些老師會在孩子入園的第一或第二個禮拜中，以口頭或每天寫簡短字條的方式和父母分享孩子在幼兒園的正面經驗。

你班上的孩子必須準備好與特殊孩子相處，向孩子解釋教室中必須改變的事項，當你和孩子討論時，你的態度要正面並強調優點，這會幫助你班上的孩子注意正面的經驗。

將特殊孩子介紹給班上孩子認識，有些孩子會害怕特殊孩子。他們會害怕不正常或疾病的傳染，你要製造自由的氣氛讓孩子可以放心地問問題，並討論彼此不同的地方（圖30-15），你應該鼓勵較大的學齡前孩子去教育同伴關於其他孩子的特殊情形。有時候其他孩子的父母也會影響孩子對特殊孩子的態度。在回應其他父母的疑慮或恐懼時，要保護特殊孩子的個人隱私權。

你必須制定一些簡單的教室行為規則，對班上孩子強調：要鼓勵特殊孩子盡量能自己獨立。因為孩子有時會過於喜歡幫助別人，導致特殊孩子變得太過依賴而無法完全發展他／她的潛能。當特殊孩子愈來愈獨立時，他們就會覺得自己更好。

身為老師，你個人對特殊孩子的態度會左右班上孩子的態度。對此，為了讓你覺得自己可以勝任，在特殊孩子進入幼兒園之前，你要研讀一些與該特殊孩子相關的不正常狀況或病症（圖30-16）。如果特殊孩子已經在你的幼兒園後，你才明白該特殊狀況，你就必須盡量學習與該狀況有關的訊息，這樣可以幫助你減少可能有的恐懼。

圖 30-15　代表殘障人士的布偶也許可以幫助孩子認識同儕中的特殊孩子

在了解一些特殊狀況後，你就可以安排特殊孩子短暫地拜訪一下幼兒園，這次的拜訪可以減低特殊孩子、班上其他孩子——也許還包括父母心中的恐懼。

特殊孩子的父母也許會希望第一次到幼兒園的短暫拜訪可以陪伴孩子，這樣通常可以減低特殊孩子與父母的分離焦慮。

請記住：父母是孩子的最主要教導者。因此，父母參與規劃對孩子有助益、適當的學習經驗是很重要的。父母應該要一直參與滿足孩子個別需求及在家額外練習機會的課程規劃。

資賦優異孩子

李莫妮是一位幼教老師，她還沒準備好如何面對第一次帶班的所有孩子，因為班上有一位二歲大的孩子塞德自己學會認字，在

圖 30-16　如果帶班老師能先了解特殊孩子的需求，就會對帶領特殊孩子感到較有信心

十個月大時，塞德就會說出完整的句子。塞德是莫妮老師班上的少數個案，他是資賦優異孩子，而且需要幫助。

資賦優異孩子的特殊教育需求通常在傳統的教育中被忽略了，資賦優異孩子通常會花很多時間在他們早就已經會的事情上，只有少部分的資賦優異孩子接受適合他們需求及能力的指導。資賦優異孩子需要不同於一般課堂使用的課程與服務，這很重要，因為資賦優異孩子的技能和其他特殊孩子大不相同。

（一）資賦優異

所謂「資賦優異」可以被定義在幾個方面，傳統上，資賦優異是以智力測驗（IQ）為評斷標準，不過現在的學者主張有不同方面的資賦優異。

具有下列一到六項的傑出技能可以被定義為資賦優異生：

> * 創造性或多元思考能力。
> * 一般智能。（即 IQ＝智慧商數＝智力）
> * 領導能力。
> * 心理動力能力。
> * 特定的學科性向。
> * 視覺或表演藝術。

大約百分之三到五的孩子是資賦優異的，這些資賦優異孩子也許會成為政治領袖、藝術家、舞蹈家和科學家。這些孩子必須被發現，如此一來才能接受他們所需要的特殊教育。

（二）發現

發現資賦優異孩子是相當困難的，因為沒有任何一個單一測驗、評量表或觀察可以評量出所有方面的資賦優異。在學齡前階段，通常都由父母及老師進行觀察。

孩子的父母通常最熟知自己小孩的發展、興趣和能力。正因如此，父母或許更能發現他們的孩子是否資賦優異。

老師通常會注意資賦優異孩子的行為和同儕間的不同，但是由老師發現

資賦優異孩子並非是最好的方法。研究顯示，由老師發現的資賦優異孩子中有三分之一並不正確，此外，有一半以上的資賦優異孩子並不是由老師發現的。

　　可以運用某些特質來發現資賦優異孩子。很多資賦優異孩子對許多事物都會持續地感到好奇，但是他們的社交及情緒行為和同年齡的孩子相較則是相等或高些，而且通常也比較獨立，並具有強烈的學習動機，表30-17列出其他資賦優異孩子的特質。

> ## 資賦優異孩子的特質
>
> * 很早就會說話
> * 超出年齡的字彙
> * 敏銳的觀察能力：在戶外活動、影片或圖畫中比其他孩子學得更多
> * 超出年齡的長時間專注力
> * 好追根究柢的天性：不斷地問問題
> * 很有彈性：很容易適應新狀況
> * 堅持
> * 超出年齡的責任感
> * 自我批判
> * 要求完美
> * 記憶力很好
> * 注意他人的感覺

表 30-17　資賦優異孩子的早期發現可以增進未來的成長

（三）教導上的建議

　　要滿足資賦優異孩子的需求可用加快課程的進行及豐富課程內容來達成。加快課程是一種將資賦優異孩子分配到與較大孩子一組的過程，目標就是將資賦優異孩子的活動進行得比一般能力的孩子還快。和較大孩子相處一年後，資賦優異孩子已經準備好可以和更大的孩子相處。

　　豐富課程內容就是將學習經驗加深加廣，以提供資賦優異孩子特殊的課程，這個過程可以幫助資賦優異孩子發現他們感興趣的方面。

　　資賦優異孩子通常透過個別或小組的指導而接受到豐富的課程內容，你

或義工可以使用視聽媒體、遊戲和戶外教學來幫助學習。對資賦優異孩子有幫助的課程重點就是增進資賦優異孩子對於感興趣的事物的經驗。

你應該提供開放的學習活動給有創造力的孩子，這些孩子喜歡結構較鬆散的活動，這樣他們才有機會去表達、調查和發現他們自己的想法。

在某個領域，例如閱讀方面資賦優異的孩子，應該設計和他們能力相符的課程，也必須提供和他們興趣相符的不同種類的書籍，成人多花一些時間聽孩子閱讀，並對孩子說故事是很有幫助的。

應該設計很多分組活動來增進其領導的能力，這些活動提供孩子規劃、組織及做決定的機會。

身為資賦優異孩子的老師，你必須了解這些孩子面臨的問題，這些孩子常常容易自我批判，因此會對自己要求很嚴格。如果要幫助他們，你就必須提供一些引導，讓他們學習如何接受失敗。

有時候，因為批判的天性而使得資賦優異孩子不會參與其他孩子的活動。此時你就需要幫助資賦優異孩子去學習考慮其他人的感受，這樣可以幫助孩子改善他／她的社交技巧。

學習障礙

雖然每個教室中幾乎都有學習障礙的孩子，但他們的障礙可能很難加以界定，一般而言，學習障礙是指在學習上有一個或數個基本能力發生問題。

學習障礙的孩子有一些共同的特徵，他們也許無法遵循指令或記憶力很差。在聽完故事後，有些學習障礙的孩子記不住故事內容；有學習障礙的孩子在儲存、處理和製造資訊方面發生問題；有的學習障礙孩子無法辨認或寫出數字或字母；而手眼協調能力很差也是一個特徵。

這些學習障礙的特徵也許會以不同形式表現，身為老師，你需要仔細地觀察所有的孩子，以發現可能有學習障礙的孩子。請記住：每位孩子都有顯著的差異。

相同地，在正常範圍的發展下，孩子也會有顯著的差異，你也許會發現有些孩子在某方面有障礙，但是在其他方面則發展正常。

摘要

特殊孩子在法律上有權利接受完整及適當的教育，這些孩子在融合教育的理念下進入一般幼兒園就讀，因此，在教學生涯的任何時刻你都可能有機會接觸到特殊孩子。

除了讓特殊孩子進入一般幼兒園就讀外，特殊孩子還是需要個別教育計畫（IEP）。身為老師，你將需要知道如何發現特殊孩子，然後你必須指導特殊孩子，讓他／她可以接受最有效的教育。老師應該可以接納有聽力、說話、語言、視力、生理、健康、智力及行為問題的孩子，這些孩子應該要被融合到一般班級中。此外，老師也應該能發現資賦優異孩子並滿足其需求。

回顧與反思

- ＿＿＿＿＿＿的需求是最常見的特殊需求。
- ＿＿＿＿＿＿是指將一般孩子及特殊孩子安置在一般的教育場所。
- 請寫出個別教育計畫都具備的六個部分。
- 如果孩子有＿＿＿＿＿＿障礙就會比同年齡孩子使用更少的詞彙及有整體語言發展遲緩的現象。
- 對或錯。助聽器可以讓聽障孩子的聽力和一般孩子相同。
- 孩子會比較容易發出哪些音？
- 口齒不清晰通常都是因為將子音、母音或兩者都予以＿＿＿＿＿＿、＿＿＿＿＿＿，以及＿＿＿＿＿＿。
- 當孩子感到說話有壓力時，就比較容易發生＿＿＿＿＿＿狀況。
- 孩子特殊障礙類別中，＿＿＿＿＿＿障礙是最少發生的障礙類別之一。
- ＿＿＿＿＿＿是因為眼睛肌肉使用的不平衡所引起的。
- 說明近視和遠視有何不同。
- 如果一個腦性麻痺孩子進入你的班級就讀，你該如何做？
- ＿＿＿＿＿＿是因為脊椎的骨頭沒有密合所造成的狀況。
- 請列出四種教導肢體障礙孩子的建議。
- 孩子最常見的健康問題是＿＿＿＿＿＿。
    - A. 過敏
    - B. 注意力缺陷

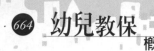
C. 糖尿病

D. 脊柱裂

◎ 對或錯。癲癇是一種疾病。

◎ ＿＿＿＿＿＿是一種遺傳性血液方面的疾病。

◎ 請列出資賦優異孩子的六個特徵。

◎ 請列出疑似學習障礙的四個現象。

◎ 對或錯。如果孩子在某個領域發生遲緩，有可能在其他領域會發展正常。

應用與探討

◎ 觀察特殊孩子在幼兒園的活動情形。

◎ 邀請語言治療師到你的班級討論口吃的相關議題。

◎ 討論對特殊孩子貼上標籤的缺點。

◎ 拜訪眼科醫生，並詢問如何發現及治療視力障礙。

◎ 列出幼兒園中可能會引起孩子過敏的物質。

◎ 和當地的社會局聯絡，向他們詢問有關於特殊孩子早期療育的資訊。

◎ 如果可能，造訪輔具中心並和他們討論輔具的使用。

第三十一章

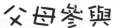

邱書璇

閱讀完本章之後，你將能夠：

- ❖ 列出父母參與的目標
- ❖ 列舉幼兒園父母參與各種方法的優點和缺點
- ❖ 描述積極的親師團體的重要性
- ❖ 設計幼兒園的簡訊
- ❖ 寫一封信給家長
- ❖ 計畫、進行以及追蹤親師會議
- ❖ 解釋如何進行父母成長團體
- ❖ 描述家長義工招募以及建立關係的過程

關鍵辭

父母參與
簡訊
信件
每日新聞快訊
巡迴袋
解決問題檔案
陽光電話
主題袋
增強

　　經常性的溝通可以建立並維持父母和幼兒園之間的合作關係：父母需要幼兒園給予安定以及情緒的支持；幼兒園需要從家庭的成員中了解影響孩子的家庭生活經驗。為了做到這些，幼兒園必須知道孩子成長家庭的信念以及文化，這只有在經由親師相互的支持和父母參與才能夠達成。

　　父母參與的形式與課程有關，並沒有一個父母參與的典型模範。父母參與活動可能包含：在教室裡協助、幫忙籌募活動的基金、在家裡教導孩子、補充教室的資源，以及參與父母成長團體。父母參與也會是一個課程成功與

否的關鍵（圖31-1）。

　　然而，可惜的是，呈現出親師之間關係的資料很少，有時教職員工和孩子的父母較少有正向的會面。根據往例，老師在接觸父母時，有時會忽略讚美孩子的努力和成就；相同地，父母也會忽略表達他們對於老師的感謝。

　　父母和老師之間的關係必須是相互的支持和學習。有時老師會很驚訝地發現，父母想要在有餘裕的時間和老師建立關係，父母想要多知道一點

圖 31-1　父母參與孩子的學校課程會使得孩子和父母雙方都得到許多好處

跟孩子的經驗、興趣和發展有關的事，老師和父母必須變成教育孩子的夥伴。

　　身為老師，你必須要和孩子的父母建立正向的關係。你可以留一些時間與父母溝通，特別是一天開始和結束的時候，分享你對於孩子發展行為的觀察和認知。父母會很喜歡知道他們孩子的表現，以及對於人和事的反應。剛開始時，先提出孩子的優點，然後再與父母溝通這些長處，這樣父母將較容易接受你之後所提的有關於孩子缺點的部分。

　　要永遠歡迎父母到幼兒園來，可能的話讓他們參與課程，父母可能是觀察者、資源提供者、義工或是特殊節慶時的客人，他們可以分享他們的興趣、嗜好或是種族的傳統。父母和老師之間應該是溝通順暢的，研究顯示，老師對自己的專業知能較有自信時，較願意讓父母參與他們的課程。同樣地，研究也顯示，和父母之間的良好關係，會影響老師的自尊及對工作的勝任感。

目標

　　父母參與可以幫助父母：

* 增進對於孩子成長和發展的了解。
* 在他們的親職角色上獲得信心。
* 了解孩子在幼兒園的學習經驗。
* 藉由觀察其他的孩子了解自己的孩子。
* 學習與孩子正向互動的新方法（圖31-2）。
* 能夠獲得社區資源的訊息。
* 增進孩子和父母的互動關係。
* 延伸幼兒園的學習到家庭當中。
* 了解親師合作如何促進孩子的發展。

父母參與的方式很多，包括：書信的溝通、親師會議以及討論團體，當父母看到他們的參與對孩子有益時，他們也會比較喜歡參與。

書信溝通

三種常見的書信溝通方式是簡訊、書信以及每日新聞快訊。簡訊是最常包含各種主題的溝通資料，是最基本的溝通形式；信件常常是只寫明一件主題並且在需要的時候寄給父母；每日新聞快訊包含了幾項父母可以和孩子討論的訊息。這些形式的溝通常常是用寫的或是印在紙上，然而，電子郵件也常常是一種選擇，使得父母和老師能夠達到有效的溝通。

圖 31-2 看到其他父母和孩子的互動，可使家長學到和自己孩子相處的新方法

信件溝通較受歡迎是因為對老師而言，這些形式的溝通，比會議或是大多數的電話聯絡，較不花時間和精力。如果寄出的信是有關於一些預定的事件的話，老師只需要打一封信，然後寄影本給所有的父母就可以了。

父母喜歡信件的溝通也基於同樣的理由，簡訊能夠在週末、午餐時間或是方便的時間閱讀，這也能夠節省父母的時間和精力。

使用簡訊或信件的第一步是去選擇一些合宜的格式。要記得幾個重點：

要使用主動的而不是被動的語氣，主動的語氣會讓人閱讀起來較愉悅，主動的語氣強調的是主角去做了一些事情，而被動的語氣則是強調事情是被做的，例如，主動的語氣會說：「麗茲閱讀書籍和畫畫。」而被動的語氣則會說：「閱讀書籍和畫畫是麗茲的主要活動。」

另外一項要注意的是父母的教育水準，你的寫作型態應該要配合他們的層次，一個共通的指標是簡訊的溝通要簡短、清楚而簡單。簡短的訊息對於忙碌的父母是較好的，而簡單、清楚的寫法能夠避免訊息的誤解。

(一) 簡訊

簡訊扮演著連結家庭和學校的角色，在大多數的幼兒園，簡訊是定期寄發的（圖31-3）。幼兒園也許會在每個月的第一個星期一寄出簡訊，有些幼兒園因為預算和資源的許可，可能會兩週寄一次簡訊。

簡訊可以包含各種的資訊，例如：

* 特殊活動的記錄。
* 孩子能夠在家裡面做的特別活動。
* 旅遊的指引。
* 幼兒園將要舉辦的活動。
* 有趣的短文。
* 與親職有關的書籍或文章的摘要。
* 營養的食譜。
* 孩子發展的資訊。
* 分類廣告。
* 邀請父母擔任義工的啟事。
* 孩子和父母會有興趣的社區活動預告。
* 會見老師的園地。
* 表揚父母的貢獻。
* 對於孩子能夠幫忙的家務的建議。
* 父母交流的園地。
* 幼兒園政策的提醒。
* 有助於親職教育的建議。

簡訊的設計也能夠留下一些空白的區域，讓老師寫下一些簡短的、個人的話語，這些應該是跟孩子有關的一些正向的話語，例如，老師可以寫：「我很高興讓您知道傑恩已經會綁鞋帶了。」

也可以提供另外一個區域給父母，在閱讀簡訊之後，可以寫下他們的評語或是想法，也許是對簡訊做回饋或是對未來的主題提供想法或是資訊。以這種方式，可以將簡訊變成一種雙向溝通的工具。

圖 31-3　使用電腦可以很快地寫好簡訊

（二）信件

信件是另一個書信溝通有用的工具。信件可以用來與一位家長或是全體的家長做接觸，信件常常只有一頁，而且幾週才寄一次。藉此給父母的信件可以做為簡訊的補充。

第一封寄給孩子父母的信應該要介紹老師和教職員工給他們認識，並且包含介紹教室的目標、規則和期待，第一封信也應該要歡迎父母到幼兒園觀察或是參與活動。

在第一封信之後的信件應該要包含的是幾週的主題；幼兒園所舉辦的特別活動；幾週的教育目標、學習目標、新的歌曲以及手指謠；還有音樂或是活動；郊遊的地點、時間、日期等；對父母所提供的一些幫忙表達感謝；分享一些父母和孩子在家裡能夠做的學習活動，包括介紹一下這些活動的基本原理，這會使得父母感覺自己正參與孩子的學習。父母的信件範例呈現在表31-4。

親愛的家長：

我們下週的課程重點是：「好好地吃——健康的飲食」。這是我們「自我認識」單元的延續，之前我們已經探討了「我們身體的運作」，以及「運動的重要性」。

下個禮拜孩子將會有各式各樣的課程經驗，我們將會玩蔬菜水果的拼盤，把對我們身體健康的食物都找出來；玩商店的活動；畫出洋蔥和馬鈴薯；以及嘗試享受各式各樣的水果。星期四我們會過得很特別，我們會到可奈果園去戶外教學，孩子會看到蘋果是怎麼清洗、乾燥、分類、裝袋以及裝箱的；我們也會嚐嚐水果以及喝可口的蘋果西打，在戶外教學之後我們將會寫一些經驗圖表出來。

【幼兒園的活動】
我們的課程會將焦點放在「健康的食物」上，活動會包含：
・製作、準備以及吃迷你披薩
・做蛋殼的鑲嵌彩繪
・在我們的娃娃家開一家餐廳
・故事扮演「營養早餐」，版本是來自於三隻小熊（我們上個禮拜有聽過這個故事）
・製作蘋果醬
・用滴管將顏色混在一起
・閱讀《法國的麵包和果醬》這本書

【在家的活動】
你可以在家裡做活動以補充孩子在幼兒園所學到的概念，這些活動包含：
・去逛超市，認出食物指引金字塔裡面的食物：麵包、穀類、米飯和通心粉；蔬菜、水果、肉類、家禽、魚以及替代的食物；牛奶、優酪乳和起司
・全家一起找一找舊的雜誌，剪出一些圖案做成營養食物的拼貼畫
・和孩子一起閱讀標籤，特別是把重點放在一些食物的醣類含量上（包含了各種形式的糖）
・鼓勵你的孩子去嘗試新的食物（你也可以）
・允許你的孩子在廚房裡幫忙
・讓你的孩子一起計畫餐點內容

祝您有個健康的飲食！

誠摯的茉蒂・基福老師

表 31-4　在寫信給家長時，要使用詳細的描述性語句，這是所有家長都能夠接受的經濟方式

　　父母在閱讀信件時，常常是跟孩子在一起的，因此偶爾你也可以在給父

母的信中提到孩子。當這麼做時，要確定提到教室裡的每個孩子，例如，如果課堂上提到蔬菜，問一問每個孩子，分享他們最喜歡的蔬菜，然後寫在給家長的信件中。

有時你也可以選擇在一週當中寄信，這封信件應該要列出孩子在特別的日子中所做的一些活動，它可能是一個事件，例如郊遊或是課堂裡面的活動（表31-5），這樣的信件能夠增進父母和孩子之間的學習經驗。

我們今天去蘋果園。 我們是坐一台黃色的巴士去的。 我們看到很多樹，還有很多蘋果在上面。 我們觀察到樹上美麗的蘋果。 導遊告訴我們蘋果有四個部分：蒂、皮、果 　　肉以及果核。 我們吃了綠色、黃色和紅色的蘋果。 明天我們將會做蘋果醬。	收信人：家長 寄信人：莉比小姐 活動：蘋果園之旅

表 31-5　這封信能夠促進父母和孩子之間的討論

（三）每日新聞快訊

父母和老師可能因為太忙，以至於無法面對面地深入溝通，每日新聞快訊是一個與父母溝通的有效工具。快訊可能會包含一些特別的事件或是有趣的事件，例如，以下所列出的：

* 我們今天做了藍莓鬆餅。
* 艾瑞卡今天中午午餐時牙齒掉了。
* 珍絲太太是幼兒園新來的廚房媽媽。
* 幼兒園裡面的寵物沙鼠叫「亨利」。
* 杜比有了一個新弟弟叫作伊凡。

每日新聞快訊可以張貼在幼兒園的主要出入口、在教室的門口或是在公

布欄上。有些老師甚至會用電腦螢幕每天分享這些資訊，有些則會以錄影帶錄下教室的活動，並且用電視螢幕放出來而成功地進行分享。

活動錄影

準備一些孩子參與活動的錄影帶與家人一起分享，你也許可以在一些特別的日子，例如生日、萬聖節、情人節和其他慶祝節日時錄影。錄下一些有趣的手指謠活動和說故事也可能是很有趣的，父母喜歡孩子參與和主題相關活動的錄影。你也可以錄下孩子在娃娃家演出故事、在積木區建築、準備食物和做實驗的一些活動。

親師會議

親師會議是使父母能夠參與幼兒園的一種方法，會議幫助父母和老師都能夠了解孩子。父母會分享孩子在家裡是什麼樣子，而老師也會分享孩子在幼兒園裡的模樣，當這兩種觀點能夠分享時，每個人都會有收穫——特別是孩子（圖31-6），之後能夠提出符合孩子需求的計畫。

圖 31-6　經由親師會議，父母能夠深入了解對孩子最好的教育方式

親師會議有三個階段，第一個階段是計畫，第二個階段是個別的會面，最後一個階段是追蹤。

(一)計畫

計畫包含訂定一些基本的規則，有助於你能夠成功地與父母合作，在會議之前要花一些時間去做計畫，好的會議不會平白無故發生，如果你想要贏得父母的尊重，就必須要細心地做計畫，一個會議是否成功大部分決定於你是一個怎麼樣的老師。

會議提供了檢視每個孩子發展的機會，這個時候應該要提供一些客觀的觀點去看孩子的全人發展，一開始要先蒐集孩子的發展資料，包括情緒的、

社會的、認知的和身體的發展記錄，這些記錄大部分可以來自於發展評量表，或是從一些特殊的記錄當中獲得。

有些老師在準備會議時會使用計畫單，在看過了孩子所有的資料和發展記錄後，這些資料可以記在計畫單上，內容包括：

* 日常例行作息。
* 遊戲資料。
* 活動的表現。
* 小肌肉發展。
* 大肌肉發展。
* 社會情緒發展。
* 和孩子以及成人的關係。
* 認知發展。
* 飲食習慣。
* 睡眠習慣。

計畫單也可以分成幾個部分，例如，其中一個部分可能包含一些日常例行作息：穿衣、休息的方式、飲食及清潔的習慣（表31-7）。

日常例行作息

穿衣：
_____不需幫忙　　_____一些　　_____需要很多幫忙

收拾：
_____能接受　　_____能幫忙　　_____需要鼓勵

休息：
_____能接受　　_____抗拒

用餐：
_____良好　　_____普通　　_____需要幫忙

如廁：
_____不需幫忙　　_____一些　　_____需要很多幫忙

表 31-7　如果使用計畫單，你可以分成幾個部分來記錄

　　準備孩子的資料與父母分享，可以蒐集一些筆記、發展評量表和觀察記錄，也可以蒐集一些孩子的美勞作品和父母分享，要確定每一個作品上面都有孩子的名字和資料。此外，照片、錄音帶和筆記也可能很有用處，在適當的時候，可以詢問每一個孩子有關於畫作的故事，在孩子侃侃而談時錄下這些故事。

　　錄影帶也可能在親師會議當中用到，在會議開始的前一週或兩週，錄下每個孩子參與活動的樣子，每個孩子大約三到五分鐘。在會議之前先看一看這些錄影帶，並且記下每一個孩子開始和結束的時間。

1.父母的準備

　　寄一封簡訊、解釋親師會議的目的，在簡訊中包含會議舉辦的時間以及會議的長短，一般來說一個半小時是比較適當的。此外，告知父母在會議中能夠提出問題，這會讓父母感覺較自由。

2.第一印象

　　老師給父母的第一印象是很重要的。把你要說的話做成備忘錄，其中包含了你想要討論的問題，在會議當中使用這些備忘錄，這會讓父母覺得你是準備好的。

　　在會議進行當中要記得你的聲調，如果你表現出緊張和焦慮的樣子，父母也會有同樣的感覺；如果你是平靜自在的，父母也會同樣地平靜自在。為了一個成功的會議，你必須要保持適當的聲調。

3.提出問題

　　在會議當中，你可以問家長一些問題以幫助他們思考，例如，邀請他們分享孩子在家裡的樣子？孩子的興趣是什麼？最好是在會議之前就想好你的問題。

　　如果你想要有比「是或不是」更多的答案，就要問一些開放式的問題，以W開頭的問題常常會較成功，這些包含了why（為什麼）、what（什麼）、how（如何）、when（何時）以及 where（哪裡），要確定有提供父母足夠的機會讓他們進行分享和問問題。

4.會場安排

　　會場安排會影響到會議的成功與否，要在幼兒園找一個隱密的地方，在會議進行當中不應該被打擾。你可以放一個牌子在門上，聲明親師會議正在進行中，請勿打擾。如果會議是在辦公室進行，要把電話拿起來或是安排語

音留言。

　　如果使用辦公室，椅子的擺置應該要有夥伴關係的感覺，要避免把座位隔著桌子擺放，這樣子的擺放會較有一方具有權威的感覺，如此將會降低夥伴關係的感覺。

5.時間安排

　　親師會議的時間安排也是一個問題，工作中的父母常常在特定的時間才會有空，在你開始要做會議的計畫時，要詢問父母什麼時間比較方便。有些老師會掛一個簽名單在教室的門上（圖31-8），想要跟老師碰面的父母，可以寫上一個適合的時間。雖然，你可能會發現有些父母沒有簽上會議的時間，然而，這樣子的會議簽單還是很有幫助的，如果父母沒有簽的時候，可以打電話給父母和他們約定會面的時間。

圖 31-8　許多父母每天會來幼兒園接送他們的孩子，靠近門口貼上簽名單是使這些父母預約會面時間的便利方法

　　你的時間也可能是預約會議時間所必須考量的因素，時間可能會被行政工作占滿，你要試著把會議的時間預定在：

* 午休時間（老師能夠利用這個時間開會）。
* 在上學前或是放學後。
* 每一個月的一天雇用一位職務代理人。
* 在午休時雇用一位職務代理人，讓父母能夠在這個時候來。
* 每兩個月或三個月的其中一天幼兒園不安排活動（除非父母實在沒有其他的時間，否則這個比較不考慮）。

　　父母的時間也必須要考慮，如果一個家庭不只一位孩子就讀幼兒園，會議的計畫時間可以是連接在一起的，這將能夠避免父母花很多的時間來回幼兒園。

　　在每個會議之後留十分鐘的休息時間，這將能讓你有機會去檢視每個重要的資訊，如果會議進行得比原訂計畫要長的話，這十分鐘也能提供一些彈

性運作的時間。

當親師會議難以安排在幼兒園進行時，會議也可以考慮在家庭舉行，這對雙薪家庭較方便。然而，這種形式的安排較不經濟，老師需要較多的時間往返，交通的費用也必須要考慮，因此並沒有很多的幼兒園提供這樣的選擇。

在家庭裡進行會面對老師而言也可能是很有價值的，可以看到孩子的家庭環境，對孩子也會有較多的了解，例如，老師可以觀察到親子之間的互動，也可以看到家庭環境。

（二）會議

會議的開始和結束要一直使用正向的評論，父母會比較喜歡聽到有關孩子的正向評論，當你分享評論時要試著放輕鬆，如果你滿緊張的，父母也會感覺得到。

避免使用一般性的評論，「湯尼做得很好。」或是「喬娣在學校表現不錯。」這並不能給父母許多資訊，寧願使用具體的形容，例如，你可以說：「崔維斯在常規的表現上真的有很大的進步，在準備到外面玩時，他已經不再需要穿衣服方面的協助；在轉換時間他在浴室能夠照顧自己；在休息時間，他能夠接受幼兒園的休息方式。同樣地，在打掃時間，他不需要鼓勵就能夠自己幫忙，而且我很高興，因為他甚至能夠鼓勵其他的孩子一起去幫忙。」

注意你所使用的語句，在你說話時，要把你自己放在父母的位置上，試著去想像你的評論所帶來的結果。你必須評估孩子的進步，而不要去批評，為此，你要永遠嘗試正向的表達（表31-9）。

在會面當中要注意一些情緒的暗示，這些暗示可能包含姿勢、聲調的改變或是表情。如果父母顯得不舒服時，要讓他們安心，以使傳達的資訊能夠獲得信任。

語言表達

負向的表達	正向的表達
麻煩製造者 ------------------------	在說故事時間打擾他人
低於年齡層 ------------------------	表現在他自己的程度上
懶惰 ------------------------------	能夠做得更好
固執 ------------------------------	以他自己的方式堅持著
孤僻 ------------------------------	發現要與他人相處是很困難的
笨拙 ------------------------------	在身體的協調上較不靈活
自私 ------------------------------	需要去學習與他人分享
炫耀 ------------------------------	試著去引起他人的注意

表 31-9　對他人說話時，練習使用正向的表達，這樣會比負向的話語較容易為人所接受

1.回答父母的問題

「黛薇娜表現得怎麼樣？」「凱莉在幼兒園的行為如何？」「克理斯已經能夠上幼兒園了嗎？」這些都是父母一般會問的問題，每個問題可能有許多的答案，在計畫會議時要準備好回答這些問題，問題可能會以不同的方式表達，但是基本上包含了：

* 我的孩子在幼兒園如何？
* 我在家裡要如何幫助他？
* 他和其他人相處得如何？
* 他能夠尊重別人的物權嗎？
* 他午休時睡多久？
* 他吃得均衡嗎？
* 他在所有方面的發展都有進步嗎？
* 他跟誰玩在一起？
* 他有任何特殊的能力嗎？

要準備好以正面的評述去回答這些問題，而不要根據行為給孩子貼上標籤，要使用正面的表達來解釋行為。

2.傾聽

大多數的人每分鐘能夠聽四百個英文字，但只能夠說一百三十一個字，基於這樣的差異，一個好的傾聽者不會搶著去說話，要給父母時間去完整陳述他的想法。

當父母在說話時，老師要表現出興趣和注意力，避免在聽話時準備你的答案。父母的最後一個句子可能會提供一些新的資訊，這也許會和你之前聽到的有一些不同的想法。

不要去打斷父母，也避免使用雙關語，要將焦點放在父母說的話並表示認同，這將有助於老師和父母之間友善而開放的溝通。

3.和家長們合作

有些孩子的父母會較難以合作，例如，害羞的父母，可能在會議一開始時不敢說話，為了讓這些父母放心，你要表現得很友善，在你說話時，給予這些父母一些誠摯的問候，對害羞的父母而言，第二次的會面會比第一次來得容易多了。

焦慮的父母總是需要再三的保證，這些父母常常會扭轉手，轉得手帕都變形了，或是彈手指來表現他們的緊張。如果父母表現出對於孩子發展的關心，要讓他們放心，父母常常並不了解孩子發展是有其不均衡性的，他們可能並不了解在短時間內發生突然的改變是有可能的。

自我意識很強的父母常常會表現出自信和笑容，這樣的父母常常會談到他們的孩子有多好，或者自己是一個多麼好的父親或母親。要記得，對於這些父母很重要是：自我認同是很珍貴的權利，要去認同父母的技能。

如果沒有控制得當，喜好批評的父母是很難相處的，這些父母對於孩子在幼兒園裡面的教學常常會有許多專家般的意見，要去接受他，也就是在他們說話時，不要表現出不同意或是驚訝，永遠不要與這樣的父母或是與其他的父母爭論，爭論只有引起反抗和不好的感覺，爭論並不會對孩子有利，成功的會議是建立在你和父母的良好關係上。

4.專業倫理

要一直表現出專業倫理，如果一位家長對於其他老師做出負面的評論，要忽略他，你對同事應該表現出正面的態度。不要去挑起對其他孩子或父母的負面評論，對這類的評論也不要做出反應。

5.結束會議

　　就像以正面評論開始會議一樣，結束也應該要以正面評論作綜合討論。開始時，先重複會議開頭所做的正面評論及重要主題，注意需要再提醒的事項，包含之前所提到的目標和行動；之後陳述幼兒園的目標，也提醒父母應該在家裡配合的事項；會議結束時，要再一次使用建設性、令人愉快的評論，讓父母知道你對於有機會和他們分享孩子的一切有多麼地感激。

　　歡迎父母在任何時間來幼兒園參觀，感謝他們的分享，強調分享資訊和建立共同目標的重要性，之後送他們到門口，最後再一次請他們對孩子放心並且鼓勵他們。

（三）追蹤

　　追蹤是再一次和父母接觸，以確定會議中達成的共識仍在執行並回報，親師會議應該是雙方的資訊共享，父母會從中獲得學習，身為老師也同樣教學相長，在這當中透過彼此的詳述可以了解以下的資訊：

> ＊ 孩子對幼兒園的反應，包含喜歡和不喜歡的部分。
> ＊ 孩子在幼兒園以外的時間在做什麼？
> ＊ 孩子的家庭責任是什麼？
> ＊ 孩子在家裡所表現的特別興趣是什麼？
> ＊ 孩子的健康狀態。
> ＊ 孩子在家裡和在幼兒園喜歡和誰一起玩？

　　把會議的備忘錄放在孩子的資料夾中，打一通電話或是寫一張紙條給父母，分享孩子的任何行為。有些老師每週會訂一個時間表與孩子的父母聯絡，他們用打電話或寫便條的方式，每個禮拜聯絡幾位父母，這樣過了幾個月後，每個父母都會從老師那兒聽到有關孩子的訊息。

 ## 討論團體

　　另一個父母參與孩子教育的方法是父母成長團體。經由討論，父母會較熟悉孩子的成長和發展的概念，他們也會學習、注意到一些家庭週期中的轉

捩點,並且學習到如何扮演父母角色。

在進行討論時,老師與父母要記得:

> ＊ 必須整合他們已經知道的一些新的資訊。
>
> ＊ 試著去嘗試錯誤。
>
> ＊ 要喜歡自我表達的學習經驗。
>
> ＊ 要明確地知道如何去做。
>
> ＊ 必須在身體上保持舒適。
>
> ＊ 由與他人互動中學習更多。
>
> ＊ 在使用到很多的感覺時,能夠享受學習。

父母成長團體對於學習新的觀念很有用處。討論能夠讓許多人參與,透過討論,個人的想法會受到挑戰,當團體經由討論交換經驗時,每個人便有機會去學習,複習他們自己的經驗,並思考他人的想法,表31-10列出一些能讓父母在父母成長團體中放鬆的技巧。

幫助父母放鬆的技巧

- 在牆上列出一些父母有興趣的事項。
- 提供茶點。
- 播放一些輕鬆的背景音樂。
- 提供名牌給每位父母,可以寫上他們的名字和孩子的名字。
- 安排圓形座位。
- 在每位父母到達時歡迎他們進入。
- 介紹父母,讓他們彼此認識。

表 31-10　父母應該在拜訪幼兒園時放鬆心情

父母成長團體也有一些缺點,首先,這是最花時間的一種方式,其他方式,例如影片或是演講通常都較快速,而且如果沒有掌握得很恰當的話,討論就可能離題(表31-11)。

準備

安排一個能夠讓父母彼此交談的房間,圓形或是馬蹄形的安排通常是較

討論團體的優點和缺點	
優點	**缺點**
・想法能夠仔細地討論。	・很花時間。
・許多父母可以參與。	・父母可能會一起出錯。
・如果父母了解討論的議題，父母也會是好的教育家。	・期待被告知如何去做的父母可能不喜歡這種方式。
・父母被迫去思考他們的問題。	・父母可能會做出錯誤的結論。
・不同意的事情可以澄清或是達到共識。	・可能會引起緊張和情緒化。

表 31-11 在你決定要進行團體討論之前，要先了解其優點和缺點。你的幼兒園是否已經為這樣的父母成長做了最好的安排？

好的。咖啡、茶、飲料或是白開水應該要讓父母在到達時方便取用，如果所有的父母並非都認識彼此的話，讓他們別上名牌，這些名牌應該要在父母名字的下面寫上孩子的名字，這將使得父母能夠認出他們孩子的朋友們的父母，你也可以要求父母在討論開始之前先自我介紹。為了鼓勵父母說話，你可以先放一個簡短的片子或是錄影帶，以提出所要討論的主題是什麼。

可能會產生的一些問題是：一些父母可能會不太習慣參與討論，有這種情形時，問一些需要回答的問題，例如，你可以問：「約翰，你的感覺是什麼？」此外，你也可以對於之前的評論做出一些澄清：「約翰，之前你說你反對體罰，為什麼你會有這樣的感覺？」

另外一個常常發生的問題是，會有一些小團體自己討論自己的，如果有這種情形發生，你必須要求他們分享他們的討論，藉以引起團體的注意。

其他參與的方法

有許多其他的方法可以參與孩子的教育，這些方法不像會議和父母成長團體這樣詳細，但它們也是一些很有用的方法，這些方法包括：可借閱的圖書館、旅行包、解決問題檔案、公布欄、陽光電話以及主題袋。

（一）借閱圖書館

「借閱圖書館」是一種分享親職資訊的方法，如果沒有適合的地方可使用，可在園長的辦公室放一些櫃子。圖書館要有與父母有關的書籍和期刊，有關閱讀的相關資訊可以在每天和父母接觸時、在會議中、在簡訊或公佈欄中提到。

（二）旅行包

另一個讓父母參與孩子教育的方法是旅行包，孩子可以輪流選擇他們喜歡的書籍、音樂錄影帶、拼圖或是遊戲帶回家，有些老師甚至會鼓勵他們帶紙張和畫畫的工具回去。當孩子們帶包包回家時，他們可以和父母分享他們喜歡的東西。

（三）解決問題檔案

有些幼兒園的園長會使用解決問題檔案來幫助父母，這些檔案資料包括：父母可能會面對的一些問題的資訊、閱讀的資料，像是期刊文章和剪報，每個問題都與親職相關，可以用摺疊的方式做成資料。解決問題檔案可包含的主題列在表31-12，這些檔案可在簡訊或是在親師會時公開傳送。

（四）公布欄

做一個給父母的公布欄是一種方便與父母聯繫的方法，可以寫上會議的時間、剪報以及幼兒園的資訊（圖31-13）；可以通知父母重要的事情、圖書館的資源以及教育電視的相關節目，可以提供選擇玩具、書籍和營養點心的建議，也可以發佈一些相關的資料，如：孩子的疾病、免疫的需要以及孩子成長和發展等，都是對家長很有幫助的。

公布欄掛在幼兒園裡最明顯和最常經過的地方，以紙或是吸引人的紡織品作為

圖 31-13　父母的公布欄可以設置在教
　　　　　室門外，公布父母感興趣的
　　　　　一些主題和訊息

解決問題的檔案標題	
零用錢	情緒發展
尿床	小肌肉發展
哭泣	大肌肉發展
混合家庭	遊戲
幼兒疾病	說謊
兒童虐待	偷竊
孩子的穿著	心智障礙
死亡	做噩夢
離婚	人格發展
食物	閱讀準備
認同	玩具的選擇
友誼	自尊
資賦優異孩子	分離焦慮
殘障	說話的問題
語言發展	電視
認知發展	牙齒
社會發展	吸吮大拇指

表 31-12　今日父母對許多與孩子相關的主題都很關心，解決問題檔案提供父母有用的資訊

底面，每次更改背景的顏色家長就會知道公布欄上有最新的資訊。

（五）陽光電話

　　陽光電話使得親師之間的關係有正向的發展，也會促成雙向的溝通。陽光電話是由老師打給家長以表達對他們孩子的讚美和支持，這種電話的目的是去和家長分享他們孩子最近所做的一些傑出的事或是有興趣的事，也可以讓家長知道老師對他們孩子的興趣和認識，例如：鮑爾老師可能會打給蘿絲太太，讓她知道她的孩子剛學會騎三輪車、跳繩，甚至是綁鞋帶。

　　某些家長有一些不好的學校經驗。以往這些家長在學時接到老師的電話，通常是表示他們做了一些什麼壞事。這樣子的電話常常會把焦點放在孩子的社會或學習問題上。對於這些家長，陽光電話會使他們改觀。

做得好的話，陽光電話能夠驅散這些負面的態度，並且對老師和幼兒園建立一些好感，陽光電話的目的應該是建立合作感。

陽光電話對於家長、老師和孩子都是很有價值的，對老師和家長而言，陽光電話的價值在於促進雙向的溝通；對孩子而言，電話是一件令人愉快的事，老師可以分享他們對於孩子個人的興趣和注意，然而陽光電話不應取代一般的親師會議。

有幾個原則是在使用電話時必須遵循的：

* 謹慎的選擇要說什麼，做好對話的計畫。
* 電話的長度保持約五分鐘之內。
* 一開始要先詢問家長此時是否適合談話，如果不適合則重新安排聯絡時間。
* 說明打電話的理由，使父母能夠立即感覺輕鬆。
* 要和父母分享有關孩子的正面陳述。
* 可能的話，也給予父母一些讚美和感謝的話。

有些父母對於用電話交談是較放鬆的，他們較習慣使用電話，因此對話也能夠相當的放鬆。許多的父母和老師在他們不需要面對面談話時，都較能感到輕鬆。

（六）主題包

為了教導父母如何在家裡增進孩子的學習，有些老師會使用主題包，也就是在孩子的背包中放一封給父母的介紹信。信的內容包括：主題包的目的以及內容、有關孩子發展的特別活動，以及幫助父母能夠參與孩子活動的特殊建議。

遊戲、玩偶、故事書、歌曲和表格都能放在主題包內，你甚至可以給家庭一個錄音帶，讓父母錄下孩子最喜歡的故事。也可以創新一點，研究一些主題以及腦力激盪，並且列出一些能夠在家庭中分享的相關活動，之後還可選出哪一個是最受父母歡迎的活動。

義工

　　父母會想要去參與孩子的教育，許多父母覺得有必要增進他們和幼兒園的關係，多數的父母也注意並提到他們想要參與幼兒園的委員會，這就是為什麼老師和園長必須盡力讓父母參與，要達到此一目標的方法之一是透過義工計畫。

　　一些老師會對於父母參與課程感到猶豫不決，他們的觀點包含：

* 父母可能沒有充分的時間參與義工活動。
* 父母可能會批評教學。
* 父母沒有足夠的能力來引導孩子的活動。
* 父母可能會想要接管教室的責任。
* 孩子在他們的父母出現時會顯得較愛表現。
* 父母可能會在幼兒園之外討論機密的資訊。

　　這些觀點其實都是需要討論的，然而大多數的問題可以藉由謹慎地募集義工以及義工訓練來解決，這些義工相對的也會獲得更多的成長，包括：

* 自我的滿足。
* 對於孩子的發展和引導有較佳的認識。
* 了解孩子學到什麼。
* 了解對孩子較適合的活動。
* 藉由觀察孩子和其他孩子的遊戲，能夠了解自己的孩子。
* 參與教育團體的經驗。

（一）募集

　　最好的義工是那些喜歡和孩子相處的人，或許他們是喜歡如專家般的去教導孩子，也或許是喜歡和孩子在一起的經驗，這些人都很支持幼兒園且會學習到許多與孩子有關的事，許多父母的才能或興趣對於你的課程是很有助

益的，表31-14的信件是在募集家長義工時可以使用的。家長義工常常想要知道他們要負責什麼工作，還有什麼是他們必須要知道的，最後他們也想要知道擔任義工的日期和時間，以及要花多長的時間。

　　家長義工必須是可靠的、喜歡孩子，並且身心健康。為了參與課程，家長義工必須要有一些事先的訓練。

收信人：家長

寄信人：希蒂・米諾園長

為了幫助我們提供良好品質的幼教課程，有時我們需要一些義工，如果您有興趣，請檢視以下的工作，看看哪一項是您能夠協助的。

- 書籍的修復
- 玩具和設備的修復
- 協助和陪同戶外教學
- 假日慶典活動的協助
- 公開活動的協助
- 藝術活動的協助
- 與孩子一起進行烹飪活動
- 簡訊的編輯
- 說故事給孩子聽
- 音樂演奏的分享
- 秋季家庭野餐的規劃
- 春季家庭野餐的規劃
- 做玩偶、娃娃的衣服和戲劇扮演的道具
- 圖書管理
- 行政的助理
- 其他：_____
　　　_____

請將填好的表格放在辦公室前的籃子裡，如果有任何問題請與我聯絡。

_____　　_____
（家長簽名）　　　　　　　　　　　（日期）

表 31-14　在為幼兒園募集義工時，書面溝通的效果不錯

（二）指導原則

　　為了使義工發揮最大的功效，要規劃義工訓練課程，在訓練課程中分享教職員工對他們的期待，包括教室的限制和規則說明，在你討論這些職責時，要讓父母覺得自己是受歡迎的。有關家長義工的指導列在表31-15。

有關家長義工的建議
一般參與 要記住總是要先考慮到孩子，用以下的方式來分享您對孩子的興趣： ・用一些話來讚美孩子，例如「我喜歡你的畫畫。」「你會把外套掛在鉤子上很棒！」或是「你能夠幫忙收拾真的很好。」 ・給予正向的建議，告訴孩子應該做什麼，例如，不要說：「不要把拼圖丟在地上。」而要告訴孩子：「把拼圖放在桌子上。」 ・跟孩子說話時要以他們的高度蹲著或坐著，要專心傾聽孩子說的話。 ・只有在需要時才和其他成人說話。 ・永遠不要做孩子自己該做的事，也就是要讓他們獨立，讓孩子自己掛他們的外套、靴子等等，只有在絕對必要時才協助他們，這樣孩子才會學到獨立。 ・避免在幼兒園以外談論孩子。
說故事時間 ・要跟孩子坐在圈圈內。 ・允許有興趣的孩子坐在你的腿上。 ・在說故事時要仔細地聆聽孩子說話，以表示你的興趣。 ・如果孩子要你說故事，要使所有的孩子都看得到書。
畫畫時間 ・孩子在畫畫時必須穿著工作服。 ・一次只讓一位孩子使用一邊的畫架。 ・鼓勵孩子把畫筆放在適當的容器中（每個畫畫的容器應該只放一枝畫筆）。 ・表示出你對孩子作品的興趣，但不要去打擾他們，不要問孩子他們在做什麼。 ・在孩子完成畫作之後，在左上角寫上他們的名字，只有第一個字母用大寫。 ・把完成的畫掛在要晾乾的架子上。 ・在一天結束時把作品帶回家。
音樂時間 ・參與孩子的活動。 ・補強老師的活動。 ・要表現出你對音樂的興趣。

表 31-15　家長義工開始他們在幼兒園的工作時，需要一些指導原則

如果你在家長義工指導會之前沒有見過家長的話，要為給他們良好的第一印象而努力，研究顯示，第一印象會維持很久，彼此的關係常常是建立在最初的四分鐘之內。

首先，要在一開始就讓父母感覺自在，歡迎他們，提供他們椅子，指導會議一開始要解釋家長義工在幼兒園是多麼地重要。

當你記得父母的名字時，父母會感覺很好，在你見到每個父母時，要注意他們名字，如果你沒有聽清楚，可以要求父母再重複一次，然後自己把名字重複唸一次。記憶專家指出，重複名字會讓你再記住大約百分之三十（圖31-16）。

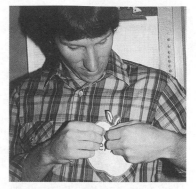

圖 31-16　戴著名牌會讓父母和老師雙方都受益，這會幫助每個人較快速地記住名字

可能的話，要在會議中提到父母的名字，這個過程稱為增強，經由反覆的互動，你將會記住父母的名字。研究顯示，人們記臉會比記名字的能力強，另外一個記得父母名字的方式，是去觀察他們的臉，注意他們的特徵，例如鼻子、眼睛或是頰骨，之後將名字和他們的臉連結起來，藉由記住父母的名字，會使得父母覺得自己是重要的。

（三）時間表

父母只有在他們覺得自己是被需要時才會再到幼兒園來，把你需要父母協助的時間表公布出來（表31-17），這將會幫助父母了解你的期待。你也必須告訴家長義工，如果有任何問題，你都可以回答他們。

（四）感謝函

在父母來當義工之後，給予他們感謝函，這將能表達你的感謝，也會鼓勵父母願意再來當義工。

家長義工時間表

時間	茱蒂老師	麗莎老師	家長瑞塔	家長喬治亞
上課之前	在上課之前的自由活動時間擺置設備。歡迎家長義工。	在上課之前擺設玩沙、玩水活動的設備，或是畫畫的設備。	在上課之前在畫架上放紙、幫忙畫畫活動。	在上課之前準備水桌。
9：00	迎接孩子。協助自由活動時間。	迎接孩子。協助自由遊戲活動。	協助畫畫。	監督水桌。
10：00	準備點心。	協助洗手。	移掉畫架並且準備點心桌。	拿走水箱和泥箱遊戲設備，並且準備洗手、協助點心時間。
10：30	協助說故事所需要的設備。	說故事。	協助茱蒂準備設備。	協助說故事和午休時間。
10：45	協助並介紹特別的活動或是交流日。	協助並介紹特別的活動或是交流日。	協助烹飪活動。	協助特定的活動。
11：00	協助律動。	在烹飪活動之後幫忙收拾設備。	協助律動。	協助律動。
11：15 - 11：45	準備餐點並收拾教室。	協助戶外活動。	協助戶外活動。	協助戶外活動。

表 31-17　家長義工在一天中能夠幫忙的時間表

摘要

　　老師和父母之間的合作很重要，父母在他們孩子身體的、情緒的、認知的和社會的發展上扮演重要的角色，他們是孩子主要的老師，也是幼兒園教職員工的夥伴，因此把他們納入課程當中是很合理的。

　　藉由與父母保持接觸，可以使父母融入孩子的學校課程，利用一些時間與他們溝通聯繫，特別是在一天的開始和結束時。進行親師會議可以讓你逐一地認識父母；父母成長團體使得所有的父母能夠分享他們的想法，並且互相認識及溝通；此外，還有一些常常會使用到的方式，例如：電話、簡訊、信件、通知單，如果可能的話，利用電子郵件也可以。

　　父母也可以在教室中以義工的方式扮演許多角色，有他們的協助，很多原本沒有成人協助就無法進行的新活動，變成有進行的可能。

回顧與反思

- 父母和幼兒園間必須去建立和維持的合作關係是什麼？
- 舉出在幼兒園課程中父母參與的四個目標。
- 舉出在作書寫溝通時，必須考慮的兩個重點。
- 簡訊必須＿＿＿＿＿。
    A. 包含一些特別的教室活動和即將進行的活動預告
    B. 要以負面的話語介紹
    C. 要很長而且鉅細靡遺地介紹
    D. 以上皆是
- 親師會議中的三個階段是什麼？
- 對或錯。每一次親師面談的時間大約五分鐘。
- 以 W 開頭的問題是能夠獲得父母的訊息的最有效方法，這些「W」是什麼？
- 在每一次親師會議之後，留下十分鐘的彈性時間目的是什麼？
- 對或錯。親師會議總是要以正向的評論開頭。
- 以較正面的表達方式重寫以下負面的話語。
    A. 自私
    B. 炫耀
    C. 懶惰

D. 笨拙

◎ 在與父母談話時，要避免在聆聽時＿＿＿＿＿＿。

◎ 在親師會議當中，對於焦慮的父母你應該要＿＿＿＿＿＿。

　　A. 忽略他

　　B. 休息

　　C. 給予保證、安心

　　D. 以上皆非

◎ 對或錯。成人總是傾向於犯一些個人的錯誤。

◎ 列出父母成長團體的兩個優點。

◎ 父母成長團體的缺點包括＿＿＿＿＿＿。

　　A. 參與的人太多

　　B. 討論可能會離題

　　C. 父母會取代了討論的重點

　　D. 以上皆是

◎ 借閱圖書館的目的是什麼？

◎ 什麼檔案提供了父母教養孩子的資訊？

◎ 陽光電話＿＿＿＿＿＿。

　　A. 是由老師打給父母

　　B. 是與父母分享孩子的正向行為

　　C. 能夠幫忙去除父母對幼兒園可能的負面感覺

　　D. 以上皆是

◎ 誰是最好的學校義工？

◎ 在父母擔任義工之後可以給他一張什麼？

應用與探討

◎ 訪談幾位幼教老師，找出他們用以促進親師合作的策略。

◎ 製作一份問題表，列出父母最常問老師的一些問題，再根據本章的內容寫下這些問題的答案。

◎ 討論和以下的父母建立正向關係的方法。

　　A. 害羞的父母

　　B. 焦慮的父母

C. 生氣的父母

D. 漠不關心的父母

◎ 寫一封給父母的信，提到關於去冰淇淋工廠戶外教學的事，使用積極的語氣。

◎ 蒐集幾家幼兒園的簡訊，分析他們的版面設計和內容，之後根據你的分析設計一份 ABC 幼兒園的簡訊。

◎ 邀請幼兒園的老師到班上討論親師會議的主題，事先準備好要提問的問題。

◎ 腦力激盪一些可以在父母成長團體中討論的主題，列成一張表。

◎ 列出幼教老師和父母合作的兩個優點。

◎ 發展出四歲大孩子相關議題檔案表。

第三十二章

教保人員的生涯規劃

張嘉紓

閱讀完本章之後，你將能夠：

- ◈ 排出喜歡工作的優先順序
- ◈ 完成履歷表
- ◈ 寫説明函
- ◈ 列出找工作的不同方法
- ◈ 計算生活所需的薪資範圍
- ◈ 列出面談中可以問的問題
- ◈ 準備一份教學檔案
- ◈ 解釋基本的面談程序
- ◈ 討論違法的問題以及如何回應

關鍵辭

淨收入
履歷表
潛在就業市場
建立人際關係網路
教學檔案

　　為未來的生涯做規劃令人感到興奮而且具有意義，但找工作卻是一件很重要而且具挑戰性的事情，要順利地找到工作，求職者必須計畫周詳。成功的求職者通常將找工作視為正式的工作看待，盡百分之百的力量完成，並且會事先做計畫。

　　許多幼教老師已經成功地利用好幾種找工作的技巧，有一種方法是直接跟雇主或幼兒園主任接洽，這種接洽方式有：用書面資料、到幼兒園參觀或者打電話。通常這些接觸方式都會在幼教老師修完學校課程之前進行。

　　看報紙上的求職欄是求職的另外一種方式（圖32-1），要記得每天檢查求職欄。如果你注意到一個很有吸引力的職務，就馬上跟幼兒園園長聯絡，如果報上有登電話號碼也可以先打一通電話問問看。在很多時候，幼兒園都會

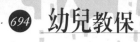

要求能馬上上班，因此不要浪費時間等待，要馬上和幼兒園聯絡。

排出喜歡工作的優先順序

幼兒教育有許多不同性質的工作，在你找工作之前，列出你會喜歡哪幾種工作性質，這樣可以幫助你找出適合的工作。列出所有喜歡的工作後，還要考慮你本身具備的技能。

如果你喜歡嬰兒並且很會照顧他們，你就可以考慮在嬰幼兒園工作，或者自己在家當保母。

表32-2列出了幾種幼兒托育的職務，依照喜歡程度排列出順序，這個過程可以幫助你找出理想中的工作。

圖 32-1　許多新的幼教老師是從報紙的求職欄找到工作的

喜歡工作表
_12_　親職教育指導員
_11_　嬰兒的照顧者或老師
_4_　學步兒的照顧者或老師
_1_　學前老師
_2_　幼兒保育員
_5_　蒙特梭利老師
_6_　家庭輔導員
_8_　助理老師
_9_　幼兒園主任或園長
_10_　副園長
_3_　幼兒園老師
_7_　幼兒園助理老師
_13_　先鋒計畫老師
_14_　學齡課後托育中心老師
（1代表最喜歡的工作）

表 32-2　你會如何排列表上所列的喜歡工作順序？

薪資

　　幼教老師的薪資都不太相同，找工作的考量之一就是薪資，因此你需要確定你所需的最少收入。你的淨收入是薪資扣除稅款及生活所需費用後的總額，對有些人來說，找出淨收入是很簡單的，他們只要很簡單地將生活必須的費用，例如：食物、房子費用、衣服跟車子加起來就可以。但是對其他人而言，找出淨收入是很複雜的。如果你是第二種人，你將需要準備第二份預算表，這份預算表可以定名為「我想要的花費」（表32-3）。預算的數字應該反映出理想的薪資。

月預算

	基本花費／月	「我希望」的花費／月
1.必需品		
食物	＿＿＿＿＿＿	＿＿＿＿＿＿
房屋	＿＿＿＿＿＿	＿＿＿＿＿＿
交通	＿＿＿＿＿＿	＿＿＿＿＿＿
個人用品	＿＿＿＿＿＿	＿＿＿＿＿＿
健康用品	＿＿＿＿＿＿	＿＿＿＿＿＿
衣服	＿＿＿＿＿＿	＿＿＿＿＿＿
保險	＿＿＿＿＿＿	＿＿＿＿＿＿
其他：＿＿＿＿＿		
小計1：	＿＿＿＿＿＿	＿＿＿＿＿＿
2.額外花費		
宴會	＿＿＿＿＿＿	＿＿＿＿＿＿
娛樂活動	＿＿＿＿＿＿	＿＿＿＿＿＿
禮物和捐款	＿＿＿＿＿＿	＿＿＿＿＿＿
儲蓄金	＿＿＿＿＿＿	＿＿＿＿＿＿
教育（非必須的）	＿＿＿＿＿＿	＿＿＿＿＿＿
其他：＿＿＿＿＿		
小計2：	＿＿＿＿＿＿	＿＿＿＿＿＿
3.稅金和社會福利金（小計1＋小計2）× 30%		
小計3：	＿＿＿＿＿＿	＿＿＿＿＿＿
4.雜支（小計1＋小計2）× 20%		
小計4：	＿＿＿＿＿＿	＿＿＿＿＿＿
5.總計		
小計1	＿＿＿＿＿＿	＿＿＿＿＿＿
小計2	＿＿＿＿＿＿	＿＿＿＿＿＿
小計3	＿＿＿＿＿＿	＿＿＿＿＿＿
小計4	＿＿＿＿＿＿	＿＿＿＿＿＿
總計：	＿＿＿＿＿＿	＿＿＿＿＿＿

表 32-3　在找工作時先知道自己需要多少薪資是很重要的

估算出預算的數字之後，將所有類別加總並寫在小計的地方，大部分的人比較會低估他們的需求，因此必須另外再加百分之二十到預算中，這樣就可以包括五花八門的費用。最後，還要分配部分金額付扣除款，例如所得稅、健康保險、社會福利，這樣你就獲得維持生活必須花費的薪資範圍。

履歷表

要找工作之前，首先要準備好履歷表，履歷表是對你的特質、技能和經驗做簡短摘要，履歷表的目的是要取得面談的機會及／或讓可能雇用你的人知道你的特質跟經驗。如果你的履歷表很有吸引力，雇主就可能會請你去面談。

履歷表同時還有其他目的。第一，履歷表具有自我檢視的作用，找工作時客觀地列出自己的背景和技能是相當有幫助的；其次，履歷表也可以作為面談內容的起點，因為好的履歷表會提供雇主在面談時想要知道的基本訊息，而且在面談之後，履歷表可以幫助雇主回想面談的情形以及你具有的相關經驗。

（一）準備履歷表

一份優良的履歷表在找工作時是很重要的。首先，雇主看到履歷表後馬上會對你產生印象，然後雇主可能因此想和你見見面。在許多情形下，履歷表是你通往求職面談的道路。

所有的履歷表都會寫明求職者的一些重要資料，包括：姓名、目前聯絡地址與電話號碼。如果你要找外縣市的工作，你的電話號碼就要包含區域號碼。

請記住，你的履歷表就代表你，所以履歷表必須精確及工整，文字盡量使用簡潔字句並且以工整的筆法寫作。履歷表還必須包含教育背景、全職及兼職的工作經驗、參加的專業活動或研習及其他證照。在排版上，將你最有用的經驗放在最前面，即使那可能不是最近的經驗。此外，用字必須要精準，例如，如果要表現出你是一個努力工作的人，你可以表達出這樣的訊息：「在過去兩個學期中平均每星期工作二十小時。」

使用履歷表當作求職的工具，目的就是將你的主動性及和善的一面表現

出來，履歷表的範例可參見表32-4。

（二）重點提示

雇主通常會很快地將履歷表看過一遍以確定你是否有足夠的教育背景跟經驗來勝任這個職位。如果你的經驗看起來可以滿足工作上的要求，履歷表的內容會被更仔細地閱讀。此時大部分的雇主會看看你不同工作之間的相距日期、任職工作總數及所受的教育。

你的工作史有任何的間斷嗎？工作間斷會讓雇主懷疑你工作上的問題，因為這些中斷也許代表你失業的長短，所以你可以有選擇性的將一些跟你要申請的職位無關的工作經驗去除，同時也要說明失業的原因，例如回學校再進修。

在列出的工作經驗中，要註明每一個工作開始跟結束的年份跟月份，因為只列出年份很容易引起雇主的疑惑，同時列出年份及月份也可以避免雇主對工作間的間隔產生疑問。無論如何，履歷表跟說明函都必須遵守誠信原則，因為雇主對於了解履歷表跟說明函的內容都十分有經驗，要避免不實的陳述。

此外，好的履歷表也要能夠反映過去經歷的成長，而且雇主最有興趣的是求職者最近的成就，因此最近的一個工作經驗應該多加強調。不過，有些履歷表的作者花了很大的篇幅在某一個教學職務上，這通常代表了兩件事情：第一，可能撰寫履歷表的經驗不足，第二，求職者沒有重新修改履歷表而只是增列新工作而已。通常來說，這些錯誤代表著求職者缺乏企圖心及計畫，雖然這些錯誤不一定會讓求職者失去面談的機會，但是它們代表著求職者需要再複習一些寫履歷表的方法。

雇主也會看履歷表是否太強調教育及非關工作因素的問題，當求職者離開學校好幾年，履歷表就應該強調工作經驗，強調部分次要的榮譽的求職者，也許會流於太過強調過去的事蹟。另外，如果求職者太強調非關工作的事蹟時，也許反映了他實際的興趣所在。

對於剛畢業的學生而言，寫履歷表較具挑戰性，如果求職者有一些或者甚至一直沒有工作經驗，那又該如何強調工作經驗？此時不要輕忽了任何之前所擔任的義工經驗，只要與你的領域相關的試教或義工服務都可以寫在你的履歷表上，加入和你所學相關的任何專業組織，例如幼教協會，也可以列

莎朗　卡密斯基

學校地址：　　　　　　　　　　　　　　居家地址：
威斯康辛大學史道爾分校　　　　　　　　立伯堤街 109 號
坦特大樓　　　　　　　　　　　　　　　瓦德，威斯康辛 54362
莫那莫密，威斯康辛 54751　　　　　　　(414) 555-4422
(715) 555-1111

學歷

威斯康辛大學史道爾分校
・ 1998 年 6 月畢業於幼兒教育系理科學士
・成績平均分數為 3.83（以 4.0 為標準）
・優秀學生從 1996 年至今
瓦德高中
・ 1993 年 6 月畢業
・活動：國家榮譽學會成員及學校樂團會員、女子排球隊隊長

經歷

喬治亞亞特蘭大維德托兒中心　　　　　　　　7/1997~9/1997
・暑期時所有課程活動的助理主教
・在藝術、科學、音樂及社會活動中創新教學輔助工具
・督導志工
威斯康辛大學史道爾分校幼兒教育系助教　　9/1996~6/1997
・調度教師教育資源教室：保存檔案、整理材料及教室使用的安排
瓦德公立學校　　　　　　　　　　　　　　9/1993~6/1994
・在特別的活動中協助幼稚園教師：協調及督導假日活動、準備教學輔助工具及維
　持教室角落活動

活動

國際關係會議　威斯康辛大學史道爾分校
・州立模範聯合國代表團
學生諮詢會　威斯康辛大學史道爾分校
・學生活動的諮詢者。協調一些特殊的學校事件如家長會
學生代表　威斯康辛大學史道爾分校
・拜訪社區的高中以招募學生來威斯康辛大學史道爾分校

興趣

高山或越野的滑雪、閱讀及烹飪。
如需進一步資料請告知。

表 32-4　履歷表範本

在履歷表上。你也許可以說明你主導過哪些團體或者在團體中發展了哪些技能。

通常排版不良或者寫作技巧及文法錯誤會嚴重影響求職者，這些錯誤也許會讓你在找工作時遇到困難。事實上，有些高學歷的求職者無法獲得面談機會是因為寫作技巧不好。在你寄出履歷表給雇主前，請一位寫作技巧良好的朋友先幫你看過履歷表是較聰明的方法。

找尋工作的方法

幼教領域的求職者可以使用許多方法來找工作，這些方法包括：郵寄履歷表給雇主、刊登求職廣告、應徵報紙上的求職欄。此外，同業、好友及人際網絡也提供了找工作的機會，成功的求職者還會尋找潛在的工作市場。

確認你的履歷表會讓適當的人收到，因此求職者要設法找出負責應徵工作者的名字，並將信寄給他。

（一）報紙廣告跟網路

找工作時，應徵報紙的求職廣告及回覆網路上公布的消息，有時很有幫助，求職者應該養成每天閱讀報紙分類廣告的習慣。報紙的廣告會依工作性質來分類，但是幼兒園徵人的廣告也許會被列在不同的地方，因此必須將全部的求職欄看完。與學齡前嬰幼兒有關的工作機會包含幼兒保育員、嬰幼兒園老師、學步兒老師、學齡前老師、幼教老師、學齡課後托育中心老師、園長、課程指導專家及活動指導者。如果是尋找管理階層的職位，就要仔細閱讀有關於指導者、園長或行政老師的職位。

如果求職者看到很有吸引力的廣告，可以依照廣告上的說明與雇主聯絡，有些廣告會刊登聯絡電話，此時就要趕快聯絡，也就是打電話或寄電子郵件（圖32-5），通常急需

圖 32-5　如果報紙廣告有附上電話就要馬上聯絡

用人的職位會附上電話號碼。

如果廣告上並沒有電話號碼，就將你的履歷表依照廣告上的地址或郵政信箱寄去，履歷表上最好註明你可以開始工作的日期及想應徵的職位。成功的求職者會將他們的求職信依照廣告上特定的要求做修改。

如果報紙廣告上並沒有列明給付的薪資，你的求職信就不用列明；如果你列出要求的薪資，有可能就會被排除在外，而得不到面談的機會。不過有些廣告會列出薪資數目或範圍，例如，廣告可能列出每小時多少錢或者金額的範圍。很多時候，當薪資是列出範圍時，通常會依照工作經驗或教育背景而有所調整（圖32-6）。

> 希伯根幼兒園徵求主教。應徵者必須具備立案的幼教進階學習機構所發出的認證（效期兩年）。月薪為 1,400-2,000 美元。
>
> 　連絡電話：1-414-555-4598
> 或 e-mail 至 eccenter@sheboygan.edu

圖 32-6　報紙廣告提供所需職務的簡單訊息

1. 網路求職

你想過利用網路求職嗎？使用網路瀏覽器就可以讓你在網路上找工作，透過高傳輸的資訊找工作可能會很有趣並且值回票價。雖然開始搜尋時，你有既定的目標，但是實際上你會遇到比你預期還要好的機會，在網路上有數以千計的網頁可以協助你，網頁將會提供你網址。加入和你的領域相關的聊天室也是求職的另外一種方式，有些專業的協會或組織會將會員名單、公布欄及群組列在網路上。

2. 刊登求職廣告

報紙上的分類廣告、專業期刊上的廣告或者網路上的廣告，都可以幫助你發布你需要工作的消息，如果你要在別的地區找工作，這些方法會很有幫助。例如，也許畢業後你會想要到紐約市當幼教老師，但是你住在芝加哥，那麼你就可以在紐約時報上的求職欄登廣告。

在登廣告之前，你可以寫信、寫電子郵件或者打電話去詢問刊登價格，刊登廣告的費用通常會依照城市、報紙的流通率、廣告的大小及刊登的天數而有所不同。通常費用會依照字數或行數來計算，因此你可依照自己的預算及刊登廣告的費用來控制廣告的長度。

刊登求職廣告是被動式的找工作方法，因為必須等雇主來聯絡你。大部分的雇主通常只會主動聯絡最適合的求職者，因此這個方法對於有經驗的求職者最為有利，但即使是有經驗的求職者，使用主動的求職方法也很好。

（二）學校的就業輔導室

通常學校都有提供就業服務，就業服務的目的是為畢業生找到工作。因此就業輔導室通常會設置在校園裡，而學校會鼓勵雇主打電話或用電子郵件的方式將工作機會告知學校（表32-7）。

當雇主和就業輔導室聯絡時，通常他們都可以找到適合的畢業生。在學校時，你最好準備一份有關自己的檔案，這檔案可以是書面的或者存在電腦磁片中。不管使用哪一種格式，檔案通常會包含學校就業輔導室提供的標準

職稱：
托兒所主教
全職
每年簽約一次，每次合約最多續約三年。

有效日期：
1998 年 8 月

工作職責：
在托兒所內擔任主教。計畫及實行適合三歲及四歲孩子的課程活動。督導至校內來實習的助教及志工。協助所長政策的執行。計畫及實施家長會、會議及相關的活動。

資格：
- 幼兒教育系學士畢業，碩士優先。
- 必須有德州教幼兒的證照。
- 有發展課程及評量課程的經驗。
- 至少有三年教導幼兒的教學經驗。
- 能積極正向地與他人溝通，並能與同事、家長、學生、志工及孩子合作。
- 能組織並與志工協調活動。
- 能在創意的環境中啟發孩子。
- 能展現其主動性及持續地進修專業性知識。

表 32-7 貼在學校教輔室的佈告常常有詳細的職缺說明

資訊，例如目前通訊地址、哪一年進入學校、取得何種學位以及過去的工作經驗；此外，你的檔案會包含履歷表，以及學校老師及／或先前雇主的推薦信。

（三）潛在的工作市場

當求職者把重心放在潛在的工作市場時，許多求職者可以成功地找到工作，這些潛在的工作市場存在於非正式的口頭訊息傳達，許多與照顧孩子相關的職位從來不會刊登在報紙的求職欄、學前教育的專業刊物或者學校的就業輔導室。相反地，這些工作是經由口耳相傳而來。要找到這些工作，求職者可以親自和雇主聯絡，聯絡方式可以是透過信件、電話或者電子郵件。有些求職者會先拜訪幼兒園，然後再詢問是否需要人，即使拜訪幼兒園時並沒有缺人，但有的求職者會在有空缺時再來電詢問。

求職者最好要認識一些社區內的幼教老師或教保人員，要認識其他工作夥伴的一個方法就是加入當地的幼教組織。

當你參加幼教組織時，盡可能地和很多人接觸，讓大家知道你在找工作及你何時可以上班。此外，在幼教組織中要主動，例如擔任義工，讓組織中的會員知道你有工作的意願並且有專業的工作動機。

（四）人際網絡

人際網絡是和可以幫助你的人建立關係的過程，人際網絡是一種和別人逐漸熟悉的重要技能，也是求職者最有利的工具，大約百分之八十的工作是經由某種人際網絡找到的。要讓你的履歷表脫穎而出的方法之一是，請你相關領域中有份量的人幫你寫推薦函。要找到這樣的人，你必須找出他們在哪裡出現，例如，你可以參加學前教育的各種組織、工作坊、會議、研討會、工作博覽會及園所參訪等會議。由於建立人際網絡是一種過程，所以需要藉由經常接觸來建立關係，這些接觸可以是面對面會談、電話聯絡、電子郵件、語音留言、信件及卡片等。

（五）維護檔案系統

將你聯絡過的幼兒園留下檔案，你可以將寄出的履歷表都影印下來或存檔，你也可以將每次和幼兒園聯絡的過程寫在卡片上或存在電腦裡（圖

32-8）。

如果雇主打電話給你，你就可以很快地將幼兒園資料及職位複習一遍，要達到這個目的，你要將求職的學校名稱、地址、電話號碼、聯絡人及寄出信件的日期都留下記錄。

如果你有回覆報紙上的求職廣告，你也許可以將報紙的求職廣告貼到你的卡片上。當你收到對方回應時（無論是正面或反面的消息），將消息記錄在卡片上，將面談過程及其他聯絡過程也記錄下來。

圖 32-8 記錄求職卡片是一種保存求職資訊的方法

準備面談

在面談或面談之後就可以決定是否會被錄用，面談是找工作中最重要的一個步驟。準備面談時要正面地思考，要想像自己充滿自信地、輕鬆地走進面談會場，養成熱情的習慣，請記住：充滿熱情是會傳染的，熱情代表著感謝和興趣。通常，如果求職者有熱情，和你面談的人也會感染到這種感覺。

雇主會想要僱用有不同技能並且自動自發的人。雇主想僱用的人必須是獨立的、有熱情的並對幼教工作有承諾的，雇主也想僱用努力工作並能夠快速學習的人，他們想要僱用可以妥善管理時間並會自己找工作做的人。要經營良好品質的幼兒園，雇主需要僱用機靈的員工。

表32-9列出了幼兒園的雇主最想要僱用的員工特質，在準備面談時，先看看表列的特質，並檢查你是否符合這些工作職位的特質。完成表列的檢視工作可以提升你的自我形象，這個活動可以幫助你清楚地了解自己的特質，同時也讓你準備好在面談中呈現有說服力的一面。

幼教工作者的正面特質	
・有彈性的	・可以支援別人的
・有活力的	・可信賴的
・有自信心的	・計畫能力好的
・熱情的	・對教學有熱忱的
・成熟的	・心胸開放的
・樂意做額外工作的	・行為有準則的
・有耐心的	・工作努力的
・合作的	・有工作動機的
・和別人容易相處的	・有自信的
・學習很快的	・細心的
・可以有效運用時間的	・自動自發的
・有創意的	・和善的
・愉快的	

表 32-9　發現你的特質，可以在面談中強調你最好的一面

準備問題

　　幾乎所有的面談中，求職者都有機會問問題，因此聰明的求職者通常會預先準備問題。盡可能地了解求職的幼兒園，和幼兒園的老師或家長談話都可以成為你在面談中要問的問題，而幼兒園的一般資訊都可以從當地的公會中獲得，在面談中你也許想問下列的問題：

　　＊　幼兒園的教育理念為何？

　　＊　老師可以自主的範圍為何？

　　＊　幼兒園是否鼓勵老師在職進修？如果是，老師多久可以在職進修一次？
　　　　誰來支付在職進修的費用？

　　＊　園所提供哪些視聽器材？

　　＊　多久舉辦一次親子座談？

　　＊　幼兒園是否每週會發出給父母的信或每月簡訊？如果是，那麼由誰負責
　　　　書寫跟編輯？

在面談中，問問題即是告訴了面談你的人：你對這個工作很在意，你想找的是適合你的工作。花一些時間練習你問問題及談話的技巧，像是眼神接觸及姿勢等。

面談

當你去面試時，帶著一份履歷表，準時到達，看起來要很專業。如果你是女性的求職者，要穿上有吸引力的套裝，如果你是男性的求職者，依照天氣穿上正式的西裝褲（而不是牛仔褲）跟襯衫，或者襯衫加上西裝背心或毛衣。要避免太過正式，試著穿專業幼教老師在工作時會穿的衣服。簡單的穿衣法則就是，你應該穿上適合求職工作的服裝、剪一個好看的髮型、鞋子擦亮一點、穿上乾淨的衣服，在面談中不要嚼口香糖，這個舉動也許會侵犯到面試者。請記住：你想要成功地被錄用。

和雇主見面時，你的眼睛要看著他、面帶微笑並且溫暖地和他握手問好。很多雇主會以簡單的自我介紹並歡迎你到幼兒園來作為面談的開始，接著，他們會跟你聊一下天氣或者幼兒園的活動，之後你也許會被告知有關工作的一些資料，然後面談者會問你有關於你的教育背景及工作經驗等相關的問題。你要提供雇主完整而且有重點的答案，避免只簡答「是」或「不是」，而要說「是，還有……」「不是，但是……」。在你回答完所有的問題後，雇主會問你是否有其他的問題要問，這時你就可以問先前準備好的問題，避免問休假及休息時間等相關問題，因為雇主也許會認為你最關心的並非是工作本身。

跟隨著面談者的起承轉合，在整個面談過程中要仔細地聆聽、聰明地回答、專注地看著對方，有需要時，問一些使你更了解工作內容的問題，其他幫助面談成功的訣竅列在表32-10。

要小心，不要提及你前一個雇主或者你自己的負面消息，因為雇主是要尋找正面的人來替他們工作，如果你前一份工作經驗是不愉快的，也許你這個工作也不會愉快，因此不要提及任何負面的訊息是很重要的，只要把重點放在工作上即可。

在整個面談的過程中，你需要強調你的正面特質。當被問及你在實習或者上個工作擔任的職務時，不要只說出日常例行作息或課程內容而已，而是

面談成功的訣竅

- 準時到達
- 以最合宜的服裝儀容出現
- 溫暖地與雇主握手，並誠懇地問候
- 說話時稱呼雇主的名字並保持微笑
- 帶一份履歷表與教學檔案
- 保持輕鬆、友善的態度
- 仔細聆聽
- 保持正面的態度
- 表現出熱情
- 強調你的優點
- 使用主動的語言談話
- 提出個人的問題
- 小心地回答問題
- 據實以答，如果你不知道答案就說不知道
- 不要只回答「是」或「不是」，要精準地回答問題
- 面談結束後要感謝雇主給予面談的機會
- 寄出感謝函

表 32-10　面談是一個幫你創造良好印象的機會，遵行上述的訣竅可以幫助你面談成功

要將你做過可以改善幼兒園或教室的特別事蹟說出來，例如，你也許可以告訴雇主你如何將安全教育加入課程中，也許在教三歲大的孩子以外，你還修改給父母的信函的格式並重新整理孩子的圖畫書。

（一）面談問題

　　未來的雇主通常在面談之前就會決定他們需要跟你分享哪些工作訊息，例如對工作的期望、職責及福利等，你會被詢問的一些特定的問題也許會被記錄下來（圖32-11），問題通常包括：

* 你可不可以談談你的教育背景？
* 你認為本園有什麼教育理念？
* 你上過的課程有哪些？
* 你有沒有工作經驗？如果有，可不可以描述一下你的職務？
* 你為什麼要換工作？
* 你認為幼教老師最重要的特質是什麼？
* 可不可以描述一下你的教學模式？
* 未來十年內，你有什麼生涯規劃？
* 你為什麼會對這個工作有興趣？

圖 32-11 雇主通常會事先準備好要問求職者的問題。在面談中，他們也許會將求職者的答案記錄下來

除了以上的問題外，你也可能會被問到下面幾個問題：

* 孩子遊戲的價值在哪裡？
* 你如何處理孩子打人的問題？
* 你如何設計適合孩子發展的課程？
* 你覺得推薦你的人會如何形容你？
* 你會如何掌控轉換時間？
* 你如何跟家長對談？
* 你最討厭孩子的地方是？
* 在設計幼兒課程時，你會使用哪一種模式？
* 如果有孩子踢你，並且說：「我不喜歡你！」你會怎麼做？

有受過面談技巧訓練的雇主也許會問下列的問題，以了解你在上一份工作的表現：

* 在你上一個職務中，你遭遇過什麼挫折？
* 你以前的主管批評過你哪些地方？
* 你以前的主管讚美過你哪些地方？
* 你過去有什麼事情需要主管的指導或協助？

雇主也可能會問一些有關工作熱忱的問題：

* 你為什麼選擇從事幼教工作？
* 你為什麼要來應徵這個工作？
* 你長期的工作目標是什麼？
* 你在這個工作中想追尋的是什麼？而這部分是你以前工作所沒有的。
* 三年後你想要什麼樣的職務？十年後呢？

　　雇主也經常問：「你覺得你的弱點是什麼？」如果被問到這個問題，你可以先坐著安靜一下，因為很快地回答問題通常都會出錯；被問到的每個問題都要先想一想，然後在心裡組織答案，想好之後再小心並正面地回答。回答這個問題時，不要暴露你的缺點，而是和雇主分享你的成長，例如，你可以說：「我在班級常規上已經發展出新的技巧。」或者「在過去的教學經驗中，我和家長互動的技巧有許多成長。」或者將你的弱點以正面的方式表達：「我太關心幼兒了！」「我太在乎我的工作了。」「我太勇於嘗試新的點子了！」等。

（二）教學檔案

　　帶著你的教學檔案來證明你的成長及成功經驗，你的教學檔案代表著你的努力、進步及成就，因此你的檔案中必須包含你具備競爭力的證據，表32-12包含了教學檔案的內容。

　　向雇主請求分享教學檔案的機會，你也許可以說：「我帶來了我的教學檔案，想和您一起分享。」當你和雇主一起分享教學檔案時，要說明內容，解釋你為什麼要選擇放這份資料在教學檔案中。

　　小心篩選資料才不會讓你的檔案像是剪貼簿一樣，這類的檔案應該要包括你個人的教學理念。組織檔案的方法之一就是，以表格方式列出兩個主要的標題，第一個標題可以是背景資料、履歷表及相關的教學經驗，其他例如你的教學目標、推薦信、老師工作考核評量也都可以包括在內。

　　第二個標題可以是教學實錄。這個部分的檔案應該將重點放在教學的真實過程及結果，教學計畫、單元及主題計畫、錄影帶、給父母的信，以及老師自製的教材都可以包含進去。

教學檔案

- 內容表格
- 軼事紀錄
- 重要的相關期刊文章
- 公布欄及教室環境設計的照片
- 給父母的信
- 教案
- 課程單元及主題
- 履歷表
- 教師工作考核評量
- 教學錄影帶
- 老師自製的教具
- 推薦函
- 教育理念及教學目標
- 課後活動

表 32-12　要隨時更新你檔案中的內容以反映你工作上的成長

（三）面談中會遇到的法律問題

　　在州及聯邦政府層面，法律禁止歧視不同年齡、性別、國籍、種族或宗教的人士。大部分的雇主並不會在面談中得知上述資訊而歧視求職者，但是，以上的資訊卻可能影響求職者是否被雇用，因此雇主詢問有關求職者的種族、國籍或宗教問題是不合法的。

　　此外，有些問題也禁止雇主詢問。例如，不可以詢問家中有孩子的求職者如果他／她來上班，家中的孩子如何照顧等問題。相同地，雇主也不可以詢問求職者配偶的工作或薪資等相關問題。

　　不可以詢問女性求職者最近是否會結婚、目前是否已懷孕、婚姻狀況如何，或者有幾個小孩等問題，表32-13列出了一些可以詢問的問題。為了避免歧視，所有工作的求職者在面談中都應該被詢問相同的問題。

　　儘管事實上問這些問題都是不合法的，但是求職者還是有可能被問到這些問題的其中幾項。有些未來的雇主也許故意問這些問題來歧視求職者，但

	合法的問題
主題	雇主可以問：
年齡	只確定你是否擁有合法證照所要求的年齡限制的問題
逮捕記錄	無
婚姻狀況	無
判刑記錄	只問會影響工作的判刑記錄的問題
教育程度	只問和工作相關的訓練及經驗的問題
家庭狀況	只問與工作時間相關的問題
殘障狀況	只問會影響工作進行的障礙狀況的問題
國籍	只問工作所需的語文聽、說、讀、寫的能力的問題
組織	只問和你工作相關的專業組織之參與狀況的問題
懷孕狀況	只問工作中預期會請的假的問題
宗教	只問預期會請的假的問題

表 32-13　雇主不可以問會造成歧視的問題

是有些雇主問這類問題只是單純地想讓求職者感到輕鬆些，或者只是想更加了解你而已，這些雇主甚至於不知道詢問這類的問題是違法的。

　　如果被問到違法的問題，你有權決定雇主的目的為何，在你的判斷之下，你可以使用歧視條款及運用機智來處理狀況。你也許只是簡單地決定回答問題，如果你相信雇主是故意要歧視你，然後卻給你工作機會，你也許可以問雇主為何要問那個問題，如果雇主的回答讓你產生疑問或擔心，你可以拒絕接受那個工作機會。

　　你也可能選擇不回答問題，但也不要指控雇主歧視你。相反地，你可以簡單並冷靜地說：「對不起，我不需要回答這個問題。」

（四）結束面談

　　面談可以用話語及／或行動作為結束。使用話語時，雇主也許會以「謝謝你來參加面試」來作為面談的結束。非話語的情形則會看見雇主坐直或起身，這個姿勢代表著面談結束。在這時候，雇主已經從你那裡獲得需要的資料，求職者可以謝謝雇主願意抽出寶貴時間來面試你作為回應（圖32-14）。

當求職者得知並沒有獲得該工作機會時，許多人會覺得不高興，如果你覺得不高興時，也不必覺得是你的錯，因為此時覺得沮喪或者自尊心低落都是很正常的，而這些感覺最終都會過去。

圖 32-14　確定要留給雇主深刻的印象

（五）感謝函

面談後永遠要記得寄張感謝函給雇主，因為寄感謝函會讓你顯得突出，在求職者當中，只有大約百分之十的人會做這個簡單的禮貌動作。如果適當的話，你可以在卡片中提及那裡的秘書，此外，感謝函也可以用來提示見過你的人回想起你，即使你沒有獲得那個工作機會，但是如果未來還有工作機會，他們會記得你的，甚至於他們也許會將你的名字推薦給其他要聘教職員工的幼兒園雇主。

任職後

正向的人際關係是在任何工作中成功的關鍵，身為新進員工，應該盡可能地和每位教職員工和睦相處（圖32-15），達成目標的最好方法就是去觀察、傾聽和提出溫和的問題。

你可以列出一張問題清單來，表示你對工作想要了解更多，並且想改善你的技能。當你想到任何問題時，

圖 32-15　想要工作順利，和工作夥伴和睦相處且和孩子愉快相處都同等重要

可以把它寫下來，時間允許時就可以問你的指導者，當指導者不知道答案時，他可能會引導你去找知道答案的人。對於工作夥伴，你要尊重他們的知識及經驗，這樣的態度會幫助你獲得良好的人際關係，並且在未來得到工作夥伴的相互尊重。

摘要

應徵幼教相關工作是很值得的，但是有時候卻也是令人沮喪的經驗。在找工作的同時，你會愈了解自己：喜歡的、不喜歡的、優點、缺點等。有計畫性地找工作是絕對不會無聊的！

即使每個人找工作的方法不一樣，但是還是有幾個找工作的指導原則，從履歷表開始，當你和雇主見面或談話時就可以使用履歷表。

當你獲得面試的機會時，要好好準備面試。帶著你的教學檔案與面試者分享，並且要準備好回答面試者的所有問題；此外，也要準備好你想要問的問題，將你自己以最專業的形象打扮好，並且表現出你對幼教行業的熱忱。

當你獲得工作機會後，要去觀察、傾聽及問問題，並盡可能地去促進良好的人際關係。

回顧與反思

● 如果你發現在報紙廣告中有一個非常有吸引力的工作要徵才，你應該_____。

　A. 等幾個星期然後和雇主聯絡。

　B. 馬上和雇主聯絡。

　C. 刊登你自己的求職廣告，然後希望雇主可以聯絡你。

　D. 以上皆非。

● 一份_____必須包含你的資格、技能和工作經驗。

● 對或錯。有些學經歷特出的求職者無法獲得工作面試的機會是因為拙劣的寫作技巧。

● 剛畢業的幼教人在履歷表上如何強調自己的工作經驗？

● 刊登求職廣告的主要缺點是什麼？

● 什麼是潛在的工作市場？

● 在潛在的工作市場中，你會採取什麼步驟得知工作機會？

● 當準備面試時，你應該_____。

　A. 以正面的方式思考

　B. 直到面試前一刻才想起有面試

　C. 最好處在緊張狀態

　D. 以上皆非

● 在面談中提問有關工作的問題，可以在雇主面前表現出你對於該工作是：_____

   A. 極度渴望的

   B. 重視的

   C. 猶豫不決的

   D. 以上皆非

● 對或錯。在工作面談時，你應該要穿著適合你應徵工作職務的服裝。

● 如果面談你的人問你：你的弱點是什麼，你應該_____

   A. 很快地回答

   B. 在回答前先想一下

   C. 拒絕回答

   D. 以上皆非

● 你的_____是記載著你的努力、進步及成就的故事。

● 對或錯。因為求職者的宗教信仰而歧視求職者是違法的。

● 為什麼在面談後要寄感謝函給面談你的雇主？

應用與探討

● 準備一份履歷表。完成時，請你的老師建議你該如何修改履歷表。

● 準備一份教學檔案，並和你的朋友練習如何描述內容。

● 從報紙中找出幼教相關行業的徵才廣告，並將這些職位依照你的興趣排出優先順序。

● 參加當地幼教組織的會議，並和與會的不同職務人士談談他們的工作以了解其工作內容。

● 製作一份問卷，調查當地幼教老師及助教的薪資。

● 和同學角色扮演雇主及求職者。

附　錄

零到十二歲兒童發展特色
零到二歲
身體領域

一個月	●還不會控制手跟腳的動作，因為動作還是反射性的。 ●需要頭部支撐。 ●沒有支撐時頭部會向前跟向後倒。 ●當俯臥時可以短暫的提起頭並將頭從一邊轉到另一邊。 ●哭泣時會扭曲整個身體。 ●會緊握拳頭或微微張開。 ●在手中放東西時可以握住東西但是很快就會掉下來。 ●在視線範圍中會短暫地追視物品。
二個月	●俯臥時可以將頭保持在身體的中線。 ●可以把頭抬起來幾分鐘。 ●仰握時可以轉頭。 ●溫和地轉動手臂及雙腿。 ●動作還是以反射性為主但是漸漸變的比較自主。 ●反射性的抓握物體但是抓握漸漸轉為自主性。 ●可以握住物體較長的時間但是幾分鐘後會放開物品。 ●可以比較長時間的注視物品。
三個月	●可以同時移動手跟腳。 ●可以自由轉動頭部。 ●可以抬起頭好幾分鐘。 ●在支撐下可以短暫坐一下。
四個月	●俯臥時可以將頭跟胸部抬離地面並使用手臂支撐。 ●俯臥時會翻滾。 ●如果支撐良好可以維持坐姿好幾分鐘。 ●更有技巧的使用雙手。 ●開始使用拇指與其他四指一起抓握物體。 ●視線可從手中物體轉移至手部再轉移至物體。 ●逐漸可以觸摸物品。

五個月	●仰臥時可以將頭跟肩膀抬離地表。 ●可以翻身。 ●支撐腋下可以站著並將身體上下移動，雙腳輪流著地。 ●在協助下可以變成坐姿。 ●在支撐下可以挺直背脊15-30分鐘。 ●可以伸手去抓物品。 ●開始以拇指跟食指抓物品。 ●以左手或右手拿物品。 ●可以將物品從一隻手轉換到另一隻手；常常會將物品掉落。
六個月	●從仰臥翻身為俯臥。 ●俯臥時會雙腳往前推並伸長手臂拿物品。 ●以雙手跟膝蓋支撐為爬行姿勢站起來但是會往前倒。 ●支撐下可以站起來。 ●可以坐一小段時間。 ●可以伸手拿物品然後將物品換到另外一隻手，再繼續拿其他物品。 ●以雙手握住物品。 ●自主的放開物品。
七個月	●利用腹部跟膝蓋的動作開始爬行。 ●站立時喜歡上下跳動。 ●可以自己站起來。 ●坐著時可以往前傾去抓東西。 ●可以利用手指精巧的進行抓握。 ●可以雙手各拿一個物品。 ●會敲打二個物品發出噪音。 ●可以長時間將物品握在手裡。 ●可以重複的拿物品、操作物品及搖動物品。
八個月	●可以長時間穩定地獨自坐著。 ●爬行。 ●以雙手抬高的方式轉換成坐姿。 ●學習指尖抓握，只使用拇指與指尖。 ●可以撿起小的物品跟線。

九個月	●單獨坐著。 ●會試著爬樓梯。 ●可以獨自扶著家具移動。 ●會用食指指、指引和戳東西。 ●會揮手表示再見。
十個月	●喜歡牽著照顧者的手走路。 ●會爬上椅子跟其他的家具。 ●少許的支撐下就可以站立。 ●可以將握住的東西放開而不是將物品掉落。
十一個月	●獨自站立。 ●可以站著並撿起物品。 ●可以握餐具跟杯子。 ●會試著用湯匙吃飯。 ●會脫掉鞋子跟襪子。
十二個月	●會爬上爬下樓梯。 ●會顯示慣用手。 ●也許可以脫掉衣服。 ●牽著單手走路。
十三～ 十五個月	●可以堆二個積木。 ●可以翻二到三頁書。 ●獨自走路。 ●走路時不會轉彎或突然停下來。。
十六～ 十八個月	●走上階梯。 ●拿著玩具也可以走得很好。 ●會很用力的投球。
十九～ 二十二個月	●塗鴉。 ●可以堆疊三塊積木。 ●會搓、壓、戳、拉黏土。 ●隨意的將四個環放進圓柱中。 ●可以向前向後踢。

二十二～ 二十四個月	●試圖在平衡木上站立。 ●堆六塊積木。 ●跑步不會跌倒。 ●騎三輪車。 ●踢大球。

認知領域	
一個月	●喜歡看人類的臉跟有規則的物品。 ●注意傾聽聲音跟人說話的聲音。 ●會以哭的方式要求協助。 ●聽到人類聲音跟音樂會感到舒服。
二個月	●眼睛轉動協調。 ●表現出喜歡的人跟物品。 ●會發出一些聲音但是最主要的口語還是哭聲。 ●表現出對某些聲音有興趣並且會停止吸吮來傾聽。
三個月	●會同時吸吮跟注視，因此可以同時控制二種動作。 ●發現手跟腳是自我的延伸。 ●以眼睛尋找聲音的來源。 ●開始單音節的聲音或者像母音的聲音——ㄨ、ㄚ、ㄛ。
四個月	●喜歡重複好玩的動作，像是搖手搖鈴。 ●喜歡看手跟腳。 ●會看著物品伸手抓它並和它做接觸。 ●發出第一個子音——ㄅㄆㄇㄉ。 ●當照顧者和他說話時會微笑並發出聲音。
五個月	●知道自己的名字，當被叫到名字時會回應。 ●會對著鏡子微笑。 ●會聽聲音認人。
六個月	●伸手抓一個或許多個物品。 ●仔細觀察物品，會翻轉它們看物體所有表面。 ●會變化聲音的大小、高低和速度。

七個月	●喜歡看書中熟悉的圖片。 ●開始模仿動作。 ●會說媽媽或爸爸但是無法將單字與人作連結。
八個月	●喜歡將物體放進或拿出容器。 ●開始會把一長串音節組合成令人難懂的話（牙牙學語）。 ●會模仿聲音當作物品的聲音，例如：ㄅㄨ　ㄅㄨ是火車。
九個月	●對幾個特定的字可以正確回應。 ●喜歡看容器內的物品。
十～十二個月	●連結特定的動作或事件到其他事件上。 ●會指出身體的器官。 ●喜歡看書中的圖案。 ●正確的將大小相套的套疊玩具套在一起。 ●當熟悉的東西不見時會開始尋找並已經有物體恆存的概念（告訴他可以吃餅乾時他會開始找餅乾）。
十三～ 十五個月	●會指出照片中家庭的成員。 ●會將需要開關的玩具交給照顧者來啟動玩具。 ●有四到十個字彙；但是字彙中大部分的名詞都是跟動物、食物及玩具有關。
十六～ 十八個月	●知道熟悉的人不見了（指著門說不見了）。 ●喜歡原因結果的關係（打鼓、打水、打開電視機）。 ●有十到二十個字彙。
十九～ 二十四個月	●模仿大人的行為。 ●會指出並說出書中的物品。 ●會使用身體的器官玩遊戲（在要求下會指出耳朵、鼻子、眼睛、牙齒等等）。 ●有二十到五十個字彙。
社會互動－情緒領域	
一個月	●對不舒服跟痛會有反應。 ●可以認出父母的聲音。 ●看到人類的臉會感到舒服。

二個月	●微笑。 ●可以表現出不高興、興奮、滿足、愉快。 ●可以藉由吸吮來安撫自己。 ●可以認真的直視人。 ●抱著他的時候會保持安靜。 ●以踢腳、揮動雙手跟微笑的方式看著一個人來表示喜歡。 ●會做出動作來引起注意。
三個月	●當抱著他或跟他說話時會表現出有安全感的樣子。 ●感覺出手跟腳是自我的延伸。 ●肚子餓的時候會滴滴咕咕，滿足時會咯咯笑。 ●以不同的聲音跟表情來溝通。 ●看到熟悉的臉孔時會以整個身體作回應。 ●會試著引起照顧者的注意力。
四個月	●會表達高興跟笑出聲音。 ●會對特別的物品產生依附關係。 ●對於持續的關懷及情感有所回應。 ●對社會互動越來越高興。 ●喜歡餵食時間的互動。 ●如果大部分醒著的時候是獨自一人，會變得比較沒有反應。
五個月	●如果分開會開始表現出害怕的行為。 ●會分辨熟人跟陌生人。 ●哭泣時有人回應可以建立信任感；如果哭泣時沒有人回應會變得焦慮不安跟過分的要求。 ●會玩躲貓貓遊戲。
六個月	●喜歡跟兒童玩。 ●對情感有回應並且會模仿。 ●喜歡注意力並可能以哭的方式獲得注意力。 ●開始緊黏主要照顧者。 ●互動時會笑。 ●對熟悉的臉孔會微笑但是對陌生人會嚴肅地瞪著他們。 ●喜歡照顧者經常注意他們。

七個月	●表現出更依賴照顧者來獲得安全感。
	●想要更獨立但是對情況感到害怕。
	●喜歡和別人互動。
	●喜歡兄弟姊妹的陪伴。
	●開始有幽默感。
八個月	●對陌生人會感到害怕。
	●可以預知被孤立而變得煩躁不安。
	●喜歡照顧者對他們表示愛跟支持。
	●喜歡探索新的地方但是想要可以回到照顧者身邊。
	●喜歡對著鏡子玩自我印象遊戲。
	●喜歡照顧者優於陌生人。
	●更注意到可以跟不可以做的事。
九個月	●對高度會表現出害怕；從椅子上爬下來也許會感到害怕。
	●對不熟悉的聲音感到害怕，像是吸塵器的聲音。
	●有興趣跟其他人玩遊戲。
	●喜歡玩遊戲像躲貓貓。
	●知道吃飯時間的互動性。
十個月	●比較不常哭。
	●會表達愉快、快樂、悲傷、不舒服跟生氣。
	●也許可以表現出象徵性的想法，給填充玩具愛。
	●對其他兒童更注意也更敏感。
	●喜歡聽音樂而且可能模仿其他人的動作來製造音樂。
十一個月	●偶爾會不聽話。
	●會分辨乖跟不乖的不同。
	●當搖頭時會說不，但是會繼續做被禁止的事。
	●喜歡被認同並避免不被認同。
	●模仿其他大人跟兒童的動作。
	●喜歡說不並搖頭來回應照顧者。
	●會測試照顧者的最大極限。
	●會反對他喜歡的活動被停止。

十二個月	● 開始有意願學習走路。 ● 開始發展自我跟獨立。 ● 表現出越來越多的負面態度。 ● 喜歡跟兄弟姊妹玩。 ● 喜歡和大人練習溝通。 ● 繼續測試照顧者的極限。
十三～ 十五個月	● 對個人成就感到驕傲。 ● 對人跟物品會表現出情感。 ● 當探索環境時喜歡照顧者在視線範圍。 ● 要求個人的注意力。 ● 對陌生人感到恐懼。 ● 表現出負面的態度。 ● 喜歡獨自遊戲。 ● 喜歡家庭成員優於其他人。 ● 會認出鏡中的自己並跟他用聲音溝通。
十六～ 十八個月	● 無法預測情緒不同的時間可能回應不同的情緒。 ● 無法忍受挫折。 ● 表現出負面的態度跟固執。 ● 對閃電、大的動物等等感到害怕。 ● 對父母以及照顧者有非常多的互動。 ● 會回應簡單的要求。 ● 會打跟戳同伴以為他們是物品。 ● 會為觀眾做表演。 ● 不能夠分享。
十九～ 二十一個月	● 對玩具表現出佔有慾，會將玩具藏起來不給其他人玩。 ● 喜歡將東西據為己有。 ● 在要求下會歸還別人的東西。 ● 開始對其他兒童或成人表示同情。 ● 持續的需要個人的注意。 ● 注意到人的消失並且說再見。 ● 喜歡脫掉衣服，赤裸身體並不會覺得不好意思。 ● 表現出對大人的信任。 ● 在大人身旁可以獨自玩耍。 ● 喜歡在其他兒童旁邊玩但是不會跟他們互動。 ● 在一小段時間內可以玩簡單的互動遊戲。

二十二～ 二十四個月	●會對父母及其他喜歡的人表達愛。 ●很容易因為別人的批評而受傷。 ●很容易感到挫折。 ●會表現出攻擊傾向，例如：打人、咬人等等。 ●自負傲慢的特質增強。 ●任何事都想以自己的方式進行。 ●會無所事事的閒蕩，但是喜歡取悅大人。 ●對大人更有回應及要求。 ●仍然喜歡一個人玩但是喜歡在其他人附近。 ●會參與跟父母動作相關的模仿遊戲。 ●和他人交談時會使用自己的名字來代表自己。 ●持續的測試父母跟照顧者的極限。 ●喜歡控制別人並命令別人。
二到三歲	
粗動作	
二十四～ 二十九個月	●跑步不會跌倒。 ●騎三輪車。 ●踢大的球。 ●原地跳。 ●玩盪鞦韆。 ●爬樓梯跟其他遊戲區的設備。 ●丟球而不會跌倒。 ●彎腰從地上撿東西。 ●扶著扶手可以雙腳在同一階梯的方式走上走下樓梯。 ●可以雙腳平衡地站在平衡木上。
三十～ 三十六個月	●踮腳尖走路。 ●可以跳高8½英吋（約22公分）。 ●單腳站可以試著平衡。 ●會走到大球前並撿起大球。 ●單腳站可以維持五秒。 ●用手臂接住大的球。 ●可以單腳輪流爬上樓梯。 ●騎三輪車。 ●雙腳跳一到三次。

三十七～四十八個月	●會用腳趾接腳跟走四步。 ●單腳站可以維持八秒。 ●站立時可以接住一個沙包。 ●單腳可以跳一到三次。 ●用雙手接住會彈跳的球。
精細動作	
二十四～二十九個月	●將鑰匙插入鑰匙孔。 ●會一頁一頁的翻書。 ●穿大一點的珠珠。 ●會仿畫圓圈。 ●會仿畫直線。 ●會仿畫橫線。 ●會堆六到七塊積木。 ●會用二塊以上的積木來搭火車。 ●在大部分的活動中會固定的使用一隻手。 ●正確的拿著剪刀。 ●會打開合起剪刀。
三十～三十六個月	●會堆八塊積木。 ●會仿寫 H。 ●會仿寫 V。 ●會仿畫圓圈。 ●會模仿用三塊積木搭橋。 ●用剪刀剪紙。
三十七～四十八個月	●拿水壺倒水。 ●仿畫十字。 ●堆九到十塊積木。 ●完成簡單的拼圖。 ●擺動拇指。 ●將紙對摺（在模仿下）。 ●畫一個人有三個器官。 ●將一個5英吋（約13公分）的紙剪成二半。 ●描畫菱形。 ●剪一個5英吋*1/2英吋的直線。

生活自理	
二十四～ 二十九個月	●會幫忙穿脫衣服。 ●會脫掉鞋子、襪子跟褲子。 ●拉上簡單的衣服。 ●拉下拉鍊。 ●打開扣子。 ●想上廁所時會告訴大人。 ●在白天時通常可以保持乾爽。
三十～ 三十六個月	●有時候會排便在褲子上。 ●解開大的扣子。 ●按下鈕扣。 ●可以自己坐上馬桶。 ●穿上鞋子。 ●從水壺倒水可以倒得很好。 ●使用刀子來切割東西。
三十七～ 四十八個月	●會洗手跟洗臉並擦乾。 ●解開安全帶。 ●在晚上通常可以保持乾爽。 ●會開關水龍頭。
語言溝通	
二十四～ 二十九個月	●連結二個以上的字彙（男生打人）。 ●發展三個字的關係像是：「我踢球」、「你回家」、「來看我的爸爸」。 ●由語調辨別是／否的疑問句（媽咪走？你看我？） ●使用「不」來否定整個句子（不要吃；媽媽不要；不要坐下）。 ●使用介係詞「在」（球在盒子裡、在家）。 ●使用量詞或形容詞代表多數，像二個、好多個。
三十～ 三十六個月	●在主詞後面使用否定句型（我不要吃；媽媽不要走）。 ●會使用不同的修飾語：數量（一些、很多、所有的）；所有格（我的、他的）；形容詞（漂亮的、新的、藍色的）。

三十七～四十八個月	●會問「什麼時候」的問題。 ●使用負面字彙時會使用否定句型，例如：我不要做不乖的小孩。 ●會連結二個句子，例如：它被打破了所以我們就沒有了。
語言理解	
二十四～二十九個月	●會回答例行的問題（這是什麼？你叫什麼名字？他在做什麼？）。 ●會指出洋娃娃或自己的六個身體部位。 ●會正確的回答有關於兒童環境的是或否問題（媽媽在睡覺嗎？爸爸在煮飯嗎？）。 ●理解代名詞的意義：我、我的。
三十～三十六個月	●會聽從二個步驟的指令。 ●會正確的回答熟悉事物的哪裡問題（爸爸在哪裡工作？你在哪裡睡覺？）。 ●理解代名詞的意義：他、他的。
三十七～四十八個月	●會正確回答誰的問題（這是誰的洋娃娃？）。 ●會正確的回答為什麼（引起或原因）的問題（為什麼這個女生在哭？）。 ●會正確的回答誰（人或動物）的問題（誰住在北極？）。 ●知道代名詞「你們」跟「他們」的意思。 ●會正確的回答如何的問題（媽媽如何打破盤子？）。
數學及閱讀	
三十～三十六個月	●在要求下可以給一個物品。 ●可以了解操作區物品輕重的概念。 ●可以了解操作區物品大小及高低的概念。 ●可以了解空間的概念：在什麼上面、在什麼下面、在什麼外面、放一起、拿走開。
三十七～四十八個月	●在要求下可以給二個物品。 ●會分辨單數跟多數。 ●了解量的概念：零。 ●了解比較小的概念；會指出比較小的物品。

三十七~四十八個月	●了解最大的意義可以百分之八十正確。 ●正確的數三個物品。 ●了解量的概念：全滿、多跟少。 ●可以了解空間的概念：上面、下面、分開跟朝向哪裡。 ●可以了解空間的概念：附近、前面、後面、高處、旁邊。
社會互動	
二十四~二十九個月	●喜歡在其他兒童旁邊遊戲但是不會一起合作遊戲。 ●成為掠奪者，會從其他兒童手中搶來喜歡的玩具。 ●不喜歡分享玩具。 ●還沒有學會說請給我，但是通常很喜歡玩其他兒童的玩具。 ●喜愛父母。 ●放棄喜歡的東西前也許會拉人頭髮跟咬人。
三十~三十六個月	●持續有很強的佔有慾但是如果提供替代品就可以放棄玩具。 ●在提示下學會說請給我。 ●更喜歡在其他兒童旁邊玩及跟他們一起玩。 ●開始合作性遊戲。 ●會分辨男孩和女孩。 ●喜歡被其他人接納。 ●喜歡和別人玩捉迷藏。 ●喜歡跟成人一對一遊戲。 ●喜歡跟其他兒童及照顧者玩翻滾遊戲。
三十七~四十八個月	●學習分享跟輪流。 ●聽從指令，幫其他人做事時會感到驕傲。 ●會做某些事來取悅照顧者。 ●很容易交朋友。 ●會在同伴中表述立場。 ●會試著安慰同伴及解決同伴難過的原因。 ●會開始尋找喜歡的同伴。 ●開始會選擇同伴，會喜歡一個優於另外一個。 ●會使用語言交朋友並使用語言離間其他人。

情緒發展	
二十四～ 二十九個月	●持續以自我為中心。 ●會表現出前一分鐘想要獨立但是下一分鐘又跑回父母身邊尋求保護。 ●喜歡立即得到滿足並且很難等待。 ●常表現否定的態度。 ●持續尋求照顧者對行為及成就的認同。 ●會表現出妒忌。 ●發展出怕黑；需要別人給予安慰。
三十～ 三十六個月	●會表現出負面的情緒並偶爾會發脾氣。 ●會有攻擊傾向。 ●也許會偷懶但是堅持自己做事情。 ●喜歡自己穿脫衣服，如果穿對需要讚美跟鼓勵。 ●因為錯誤被罵時會感到自己不夠好。 ●需要照顧者的認同。 ●想要獨立但是對新的經驗表現出害怕。 ●會依戀讓他感到安全的東西。 ●需要溫馨並且有規律的環境。 ●如果白天活動太過激動會無法入睡。
三十七～ 四十八個月	●經常是會跟別人合作的、快樂的及讓人贊同的。 ●行動能力改善了所以較少感到挫折。 ●當累了或肚子餓的時候還是會尋求照顧者的安慰。 ●學習更能被接受的方式來表達情緒。 ●會以語言來表達主要的情感。 ●會對黑暗、動物、故事內容跟奇怪的東西感到害怕。

四～五歲	
粗動作	
四歲	●用手接住沙包。 ●單腳跳。 ●會兩腳輪流走下樓梯。 ●會越過頭頂丟球。 ●拿杯子不會將杯內的水溢出。 ●會騎有兩個輔助輪的腳踏車。

四歲	●可以單腳維持平衡十秒鐘。 ●可以雙腳輪流跳。 ●可以腳趾接腳跟向後連續走四步。
五歲	●會隨音樂舞動。 ●可以從桌子的高度跳下。 ●會爬竹籬笆。 ●會試著跳繩。 ●會試著溜冰。 ●可以在平衡木上向前走、向後走及側著走。 ●會用手掌接球。

精細動作	
四歲	●看著示範會用三塊積木搭橋。 ●會完成六到八塊拼圖。 ●會依對角線摺紙（三摺）。 ●會仿畫四方形。
五歲	●會仿畫三角形。 ●會寫名字。 ●會寫簡單的字。 ●會正確的撥電話號碼。 ●會用黏土捏出物品形狀。 ●著色不會超出線外。

生活自理	
四歲	●會綁鞋帶。 ●會綁安全帶。 ●會以刀子切割東西。 ●在指導下可以自己穿脫衣服。 ●會分衣服的正反面。 ●會將分開的拉鍊拉上。
五歲	●可以獨立穿脫衣服。 ●可以自己洗澡。 ●鞋子不會穿錯腳。 ●會打開背後的鈕扣。

語言	
四歲	●了解已經的意思。 ●指出一元、五元跟十元。 ●可以遵守三個步驟的先後指令（桌子清乾淨、擦桌子、準備出門）。 ●了解代名詞我們。
五歲	●會連結二個句子。 ●說故事時，會做事情的描述。 ●會正確的使用代名詞。 ●會使用字句形容物體的尺寸、距離、天氣、時間跟位置。 ●會詢問字句的意義。 ●會回想故事的主要內容。 ●會自己編故事。
數學	
四歲	●了解在旁邊、下面、後面、前面的概念。 ●知道尺寸的概念：短的、胖的跟瘦的。 ●會數一到四，並會回答有關基本數字的問題像「這樣總共多少」？ ●當顯示出二到六個物件並問他「有多少個？」他會說出正確數字。 ●可以數一到九。 ●了解三角形跟圓形的概念。 ●了解最高的跟一樣大小的概念。
五歲	●了解正方形跟長方形的概念。 ●了解同樣形狀的概念。 ●了解第一跟最後的位置概念。 ●了解中間的位置概念。 ●會數一到二十。 ●會認數字一到十。 ●會寫數字一到五。 ●會正確的數出一到二十的物品。

社會情緒	
四歲	●可能不如三歲時的快樂及合作。 ●可能比較容易情緒起伏。 ●爭取獨立；不喜歡被當成小孩子。 ●有些固執並喜歡爭吵。 ●討厭被命令；認為他全部都知道而且可以全部自己完成。 ●學習向別人請求而不是用強奪方式獲得物品。 ●注意態度問題並會向別人尋求許可。 ●經常需要並尋求父母的認可。 ●對家庭成員跟家有強烈的感覺。 ●會引用父母的話並向朋友誇耀父母。 ●開始對朋友比對大人更有興趣。 ●會分享物品及玩具，特別是跟好朋友。 ●會請別人輪流但是自己無法等待。 ●喜歡跟朋友玩合作性遊戲的活動。
五歲	●表現出願意合作的意願。 ●更有耐心、寬宏大量、認真。 ●會以語言表達生氣而不是以肢體表現。 ●爭吵中更講道理。 ●發展出恐懼感。 ●喜歡被監督，可以接受指示並且會尋求許可。 ●有取悅父母及其他成人的強烈慾望。 ●還是會依賴父母的情緒支持與許可。 ●會以父母為傲。 ●幫助父母會覺得很高興。 ●會表現出保護年紀較小手足的行為。 ●觀察父母的行為來修正對角色的認同。 ●更喜歡社交及說話。 ●非常喜歡交朋友並建立友誼。 ●會選擇最好的朋友。 ●在小組中喜歡合作性的遊戲。 ●喜歡同年齡及同性別的朋友。 ●會長時間跟朋友遊戲。 ●學習愛護朋友的東西。

六到十二歲
身體發展

六歲	●變的比較修長，有比較長的手臂跟雙腿；幼兒時期的生理特徵持續消失。 ●乳牙開始掉，恆齒開始生長。 ●活潑好動。 ●喜歡跑步比喜歡走路還要多。 ●經常跌倒有小擦傷。
七～八歲	●看起來很瘦長，因為身體瘦瘦的，有長手跟長腳。 ●有更好的協調性；動作更流暢及優雅。 ●平衡感跟節奏感更加進步。 ●喜歡運動，特別是喧鬧的遊戲。 ●喜歡溜冰、跳躍和跳繩。 ●女孩發展比男孩快。 ●可以使用簡單的工具。
九～十歲	●協調性持續進步。 ●平衡感跟成就感持續進步。 ●可能發展出特別的生理技能。 ●喜歡有組織的遊戲。 ●可以跑、踢、丟、接、打。 ●小肌肉技巧進步。 ●可以技巧性的使用雙手來製造模型、做手工藝，跟使用工具。 ●喜歡畫畫。 ●花很多時間跟體力在玩體能活動。 ●女孩開始發展第二性徵。
十一～十二歲	●男孩身高增加不多。 ●女孩開始成長快速。 ●女孩開始有月經。 ●喜歡考驗力氣跟膽子。 ●對外表變得十分在意。

認知發展	
六歲	● 會問更複雜的問題而不是只問為什麼，並想要更詳細的答案。 ● 可以在活動中專注久一點的時間。 ● 記憶力增加。 ● 對時間概念有更好的理解力。 ● 在學校裡很好奇並且渴望學習。 ● 開始了解序列、保留、反轉跟多重分類的概念。 ● 可以分辨想像跟真實。 ● 可以了解並遵守規則。
七～八歲	● 了解規則的意義並且知道違反規則的結果是不好的。 ● 了解時間的概念。 ● 有較長的注意力。 ● 了解錢的價值並且準備好擁有零用錢。 ● 喜歡真實；對想像的故事比較不感興趣。 ● 開始喜歡收集某些物品。 ● 喜歡幫忙老師。 ● 喜歡讀有關動物跟科幻的故事書。 ● 對外國兒童相關的故事書有興趣。 ● 對於序列、保留、反轉跟多重分類的概念有更深入的了解。 ● 開始了解因果關係。
九～十歲	● 對問題或選擇可以考慮不只一個結論。 ● 對事實跟誠實有更多的了解。 ● 舉止行為喜歡跟大人一樣。 ● 對學習依然有高度的興趣。 ● 喜歡使用心智的遊戲。 ● 喜歡問父母問題並會告訴父母新的事實。 ● 越來越能夠自我評量。 ● 喜歡神秘的事跟秘密。 ● 較不喜歡看電視。 ● 持續喜歡收集某些物品。 ● 大約有五千四百個字彙。 ● 更能使用語言並能夠和成人對話。 ● 使用更多抽象的名詞。

十一~十二歲	●可以偵測出日常生活中遇到的問題並解決問題。
	●理解數學概念並能夠運用到日常活動中。
	●喜歡大組活動跟需要合作的課程。
	●喜歡主動學習、朗讀、背誦跟科學方案。
	●友誼重於學校功課。
	●大約有七千兩百個字彙。
	●喜歡跟老師長談。
	●喜歡長時間獨處沉思或工作，像做模型。
	●喜歡閱讀，尤其是神秘的事、冒險故事及名人傳記。
	●具備序列、保留、反轉跟多重分類的概念。
	●解決問題時會邏輯推理。
	●會用語言表達情緒。
社會情緒發展	
六歲	●越來越會社交；會選擇自己的朋友。
	●對手足越來越不會妒忌，因為外面的朋友越來越重要。
	●仍然以自我為中心，但是開始對小組活動產生興趣。
	●不太能夠等待跟輪流。
	●非常渴望做得正確並贏過對方。
	●聊天是為了確定事情的對錯。
	●想要所有的東西，很難做出抉擇。
	●會做惡夢。
	●幽默感通常都以實際的笑話或莫名其妙的事做表達。
	●開始了解別人的觀點。
	●學習分享跟輪流。
七歲	●容易退縮跟情緒化。
	●喜歡獨處或在幕後。
	●也許會覺得每個人都針對他。
	●需要成人跟同儕的認同。
	●非常認真；很難取悅。
	●對批評很敏感並且很容易受傷。

八歲	●很有精神；願意嘗試任何事物。 ●失敗會掉眼淚並且會自我指責，但是很快就會復原。 ●可以和同學和平相處。 ●會選擇同性別和同年齡的人做朋友。 ●對其他人的想法十分敏感。 ●對小組活動非常有興趣。 ●喜歡模仿同伴的行為舉止。 ●在團體中或自己喜歡的群體中進行小組活動。 ●會選擇最好的朋友，但是好朋友經常變動。
九歲	●非常安靜。 ●容易感到擔心。 ●對批評十分敏感。 ●會形成同性別的族群。 ●經常抱怨。 ●有絕對的喜好。 ●對獨立開始有新的動力；不喜歡聽父母的話。 ●會分辨對錯；必要時可以接受指責，但是通常會有藉口。 ●對朋友更感興趣、對家庭較不感興趣。 ●對小組活動及事物感到興趣。 ●喜歡競賽。
十歲	●通常是樂觀的。 ●喜歡人群並且被其他人所喜歡。 ●是值得依賴的並且合作的。 ●很容易並自然的遵守成人的指令。 ●喜歡接受責任並試著將事情做得很好。 ●喜歡被讚美跟鼓勵。 ●有很強的小組動機，但是可能會漸漸減少。 ●對好朋友開始表現出更忠誠，特別是女孩子。 ●喜歡成為團體的一份子。 ●喜歡老師的注意力及認同。

十一～十二歲	●比較不會以自我為中心。
	●表現出十分的熱情。
	●喜歡計畫並執行小組的活動。
	●願意對別人伸出友誼的雙手。
	●社交技巧進步。
	●更圓滑,特別是對朋友。
	●對年紀小的人有耐心而且友善。
	●如果青春期開始也許會變得情緒化並且表現出情緒爆發的跡象。
	●對同伴的衣著跟行為有強烈的認同感。
	●喜歡團體遊戲。
	●對異性開始有興趣;女孩的興趣通常比男孩高。

國家圖書館出版品預行編目資料

幼兒教保概論：與幼兒一起工作 / Judy Herr 作；尹亭雲等譯.
-- 初版. -- 臺北市：心理，2004[民 93]
面 ； 公分. --（幼兒教育；75）

譯自：Working with young children
ISBN 978-957-702-748-1（平裝）

1.學前教育

523.2   93022127

幼兒教育75　**幼兒教保概論：與幼兒一起工作**

作　　者：Judy Herr
譯　　者：尹亭雲、王慧敏、何素娟、汪麗真、邱書璇、洪慧娟、
　　　　　張嘉紓、賴碧慧
執行編輯：陳文玲
總 編 輯：林敬堯
發 行 人：洪有義
出 版 者：心理出版社股份有限公司
社　　址：台北市和平東路一段 180 號 7 樓
總　　機：(02) 23671490　　傳　　真：(02) 23671457
郵　　撥：19293172　心理出版社股份有限公司
電子信箱：psychoco@ms15.hinet.net
網　　址：www.psy.com.tw
駐美代表：Lisa Wu　　tel: 973 546-5845　　fax: 973 546-7651
登 記 證：局版北市業字第 1372 號
電腦排版：辰皓國際出版製作有限公司
印 刷 者：東縉彩色印刷有限公司
初版一刷：2004 年 8 月
初版四刷：2008 年 10 月

讀者意見回函卡

No.＿＿＿＿＿　　　　　　　　　　　填寫日期：　年　月　日

感謝您購買本公司出版品。為提升我們的服務品質，請惠填以下資料寄回本社【或傳真(02)2367-1457】提供我們出書、修訂及辦活動之參考。您將不定期收到本公司最新出版及活動訊息。謝謝您！

姓名：＿＿＿＿＿＿＿＿＿＿　　性別：1□男　2□女

職業：1□教師 2□學生 3□上班族 4□家庭主婦 5□自由業 6□其他＿＿＿

學歷：1□博士 2□碩士 3□大學 4□專科 5□高中 6□國中 7□國中以下

服務單位：＿＿＿＿＿＿＿＿　部門：＿＿＿＿＿　職稱：＿＿＿＿＿

服務地址：＿＿＿＿＿＿＿＿＿＿　電話：＿＿＿＿　傳真：＿＿＿＿

住家地址：＿＿＿＿＿＿＿＿＿＿　電話：＿＿＿＿　傳真：＿＿＿＿

電子郵件地址：＿＿＿＿＿＿＿＿＿＿＿＿＿＿＿＿＿＿

書名：＿＿＿＿＿＿＿＿＿＿＿＿＿＿＿＿＿＿＿＿

一、您認為本書的優點：（可複選）

　　❶□內容 ❷□文筆 ❸□校對 ❹□編排 ❺□封面 ❻□其他＿＿＿

二、您認為本書需再加強的地方：（可複選）

　　❶□內容 ❷□文筆 ❸□校對 ❹□編排 ❺□封面 ❻□其他＿＿＿

三、您購買本書的消息來源：（請單選）

　　❶□本公司 ❷□逛書局⇨＿＿＿書局 ❸□老師或親友介紹

　　❹□書展⇨＿＿書展 ❺□心理心雜誌 ❻□書評 ❼其他＿＿＿＿

四、您希望我們舉辦何種活動：（可複選）

　　❶□作者演講 ❷□研習會 ❸□研討會 ❹□書展 ❺□其他＿＿＿

五、您購買本書的原因：（可複選）

　　❶□對主題感興趣 ❷□上課教材⇨課程名稱＿＿＿＿＿＿＿＿＿

　　❸□舉辦活動　❹□其他＿＿＿＿＿＿＿　　　　（請翻頁繼續）

廣　告　回　信
台 北 郵 局 登 記 證
台 北 廣 字 第 940 號

（免貼郵票）

 心理出版社 股份有限公司

台北市 106 和平東路一段 180 號 7 樓

TEL: (02) 2367-1490
FAX: (02) 2367-1457
EMAIL:psychoco@ms15.hinet.net

沿線對折訂好後寄回

六、您希望我們多出版何種類型的書籍

❶□心理 ❷□輔導 ❸□教育 ❹□社工 ❺□測驗 ❻□其他

七、如果您是老師，是否有撰寫教科書的計劃：□有□無

　　書名／課程：＿＿＿＿＿＿＿＿＿＿＿＿＿＿＿＿＿

八、您教授／修習的課程：

上學期：＿＿＿＿＿＿＿＿＿＿＿＿＿＿＿＿＿＿

下學期：＿＿＿＿＿＿＿＿＿＿＿＿＿＿＿＿＿＿

進修班：＿＿＿＿＿＿＿＿＿＿＿＿＿＿＿＿＿＿

暑　假：＿＿＿＿＿＿＿＿＿＿＿＿＿＿＿＿＿＿

寒　假：＿＿＿＿＿＿＿＿＿＿＿＿＿＿＿＿＿＿

學分班：＿＿＿＿＿＿＿＿＿＿＿＿＿＿＿＿＿＿

九、您的其他意見

＿＿＿＿＿＿＿＿＿＿＿＿＿＿＿＿＿＿＿＿＿＿＿＿

謝謝您的指教！　　　　　　　　　　　　　51075